Günther Wartenberg
Wittenberger Reformation und territoriale Politik

# Arbeiten zur Kirchen- und Theologiegeschichte

Begründet von Helmar Junghans und Kurt Nowak
Herausgegeben von Wolfram Kinzig, Volker Leppin, Günther Wartenberg
Redaktion: Michael Beyer

Band 11

Günther Wartenberg

# Wittenberger Reformation und territoriale Politik

Ausgewählte Aufsätze

Herausgegeben von Jonas Flöter und Markus Hein

EVANGELISCHE VERLAGSANSTALT
Leipzig

Gedruckt mit freundlicher Unterstützung
der Vereinigten Evangelisch-Lutherischen Kirche Deutschlands,
des Gustav-Adolf-Werkes e.V., Diasporawerk der Evangelischen Kirche in Deutschland,
der Evangelisch-Lutherischen Landeskirche Sachsens und
der Arbeitsgemeinschaft für Sächsische Kirchengeschichte.

Die Deutsche Bibliothek – bibliographische Information

Die Deutsche Bibliothek verzeichnet diese Publikation in der Deutschen
Nationalbibliographie; detaillierte bibliographische Daten sind im
Internet über http://dnb.ddb.de abrufbar.

ISBN 3-374-02072-0
© 2003 bei Evangelische Verlagsanstalt GmbH · Leipzig
Printed in Germany · H 6831
Alle Rechte vorbehalten.
Layout: Institut für Kirchengeschichte, Theologische Fakultät, Leipzig
Satz: Markus Hein
Umschlaggestaltung: Jochen Busch
Drucken und Binden: Hubert und Co., Göttingen

ISBN 3-374-02072-0
www.eva-leipzig.de

# EDITORIAL

Kirchengeschichte und Theologie gehören zusammen. Viele Kirchenhistoriker und Kirchen-
historikerinnen verstehen ihre Disziplin als »Historische Theologie«. Umgekehrt beschäftigt sich, wer Systematische Theologie treibt, vielfach mit den Quellen der christlichen
Tradition und der Entwicklung des theologischen Denkens. Die Geschichte des theologischen Denkens ist eng verknüpft mit der Geschichte der Kirche. Ohne die Theologie fehlte
der Kirchengeschichte eine rational verantwortete, kohärente Rechenschaft über ihren Glauben, ohne die Kirchengeschichte wäre die Theologie in ihrer innerweltlichen Konkretion
nicht mehr zu lokalisieren.

In den »Arbeiten zur Kirchen- und Theologiegeschichte« erscheinen darum Monographien und Aufsatzbände, die sich um die Zusammenführung von kirchenhistorischen und
theologischen Studien bemühen. Arbeiten aus allen Epochen der Kirchen- und Theologiegeschichte sind willkommen. Das Kompositum »Kirchen- und Theologiegeschichte« versteht sich dabei als Integrationsbegriff. Die komplexe Fülle des Lebens der Kirchen und
Konfessionen muß auf vielen Wegen und mit vielfältigen Methoden dargestellt werden.
Der methodische und sachliche Horizont erstreckt sich von der Ereignis-, Institutions- und
Alltagsgeschichte bis zur Sozialgeschichte der theologischen Ideen und ihrer kirchlichen
Ausgestaltung.

Aus diesem Grund ist die Tür zur allgemeinen Geschichtsschreibung weit aufgestoßen.
Ohne den stetigen Austausch zwischen den historischen Disziplinen geriete die Kirchen-
und Theologiegeschichtsschreibung in die Gefahr der Isolation, wie umgekehrt die »pro-
fane« Historiographie ohne die von den Theologen und Theologinnen betriebene Nach-
bardisziplin eines entscheidenden Aspektes ihres Gegenstandes verlustig ginge. Da weder
die historische Arbeit der Theologie noch die außertheologische Geschichtsschreibung Anspruch auf eine »interpretation totale« zu erheben vermag, bleibt genügend Raum für die
Unterschiede des Verstehens.

Gefördert werden in der Reihe auch Beiträge, die sich rezeptionsgeschichtlichen Problemen, in der Kirchen- und Theologiegeschichte wirksam gewordenen geistesgeschichtlichen Fragestellungen sowie der Wissenschaftsgeschichte widmen.

# INHALTSVERZEICHNIS

# Universität Leipzig

# Abkürzungsverzeichnis

| | |
|---|---|
| /.../ | Seitenumbruch des Originalartikels (z. B. »/550/«) mit Seitenzahl der neuen Seite. |
| ABK | Akten und Briefe zur Kirchenpolitik Herzog Georgs von Sachsen/ hrsg. von Felician Geß. 2 Bde. Leipzig 1905, 1917. |
| ADB | Allgemeine Deutsche Biographie. |
| ARG | Archiv für Reformationsgeschichte. |
| BBKL | Biographisch-Bibliographisches Kirchenlexikon/ bearb. und hrsg. von Friedrich Wilhelm Bautz. Hamm 1975 ff. |
| Bf | Bischof. |
| BHGS | Hans Becker: Herzog Georg von Sachsen als kirchlicher und theologischer Schriftsteller. ARG 24 (1927), 161-269. |
| BSKG | Beiträge zur sächsischen Kirchengeschichte. |
| BVSAW.PH | Berichte über die Verhandlungen der Sächsischen Akademie der Wissenschaften zu Leipzig – Philologisch-Historische Klasse. |
| CR | Corpus Reformatorum. Bd. 1-28: Philipp Melanchthon: Opera ... omnia/ hrsg. von Gottlieb Bretschneider und Heinrich Ernst Bindseil. Halis Saxonum; Brunsvigae 1834-1860. |
| DDR | Deutsche Demokratische Republik. |
| ders. | derselbe. |
| Druffel | Briefe und Akten zur Geschichte des 16. Jahrhunderts mit besonderer Rücksicht auf Bayerns Fürstenhaus. Bd. 1-4 = Beiträge zur Reichsgeschichte 1546-1555/ hrsg. von August von Druffel. München 1873/1896. |
| EKO | Die evangelischen Kirchenordnungen des XVI. Jahrhunderts/ hrsg. von Emil Sehling. Leipzig u. a. 1902 ff. |
| EvDia | Die evangelische Diaspora. |
| EvTh | Evangelische Theologie. |
| GehStA Berlin | Geheimes Staatsarchiv Berlin (Dahlem). |
| Gf(.in) | Graf (Gräfin). |
| HAB Wolfenbüttel | Herzog August Bibliothek Wolfenbüttel. |
| HCh | Herbergen der Christenheit: Jahrbuch für deutsche Kirchengeschichte. |
| HHStA Wien | Österreichisches Staatsarchiv, Abt. Haus-, Hof- und Staatsarchiv Wien. |
| HZ | Historische Zeitschrift. |
| KDGK | Kürschners deutscher Gelehrtenkalender. |
| Kf(.in) | Kurfürst (Kurfürstin). |
| RE[3] | Realencyklopädie für protestantische Theologie und Kirche/ begr. von J[ohann] J[akob] Herzog; hrsg. von Albert Hauck. 3., verb. und verm. Aufl. 24 Bde. Gotha 1896-1913. |
| RGG[2] | Die Religion in Geschichte und Gegenwart. 2. Aufl./ hrsg. von Hermann Gunkel ... Tübingen 1927-1932. |
| RGG[3] | Die Religion in Geschichte und Gegenwart. 3. Aufl./ hrsg. von Kurt Galling ... Tübingen 1957-1965. |
| Kg(.in) | König (Königin). |
| Ks | Kaiser. |
| LuJ | Lutherjahrbuch. |
| MBW | Melanchthons Briefwechsel: Regesten/ hrsg. von Heinz Scheible. Bd. 1 ff. Stuttgart-Bad Cannstatt 1977 ff. |
| MelD | Melanchthon deutsch/ hrsg. von Michael Beyer ... 2 Bde. Leipzig 1997. |

| | |
|---|---|
| MfS | Ministerium für Staatssicherheit der DDR. |
| Mgf(.in) | Markgraf (Markgräfin). |
| MHF | Ministerium für Hoch- und Fachschulwesen der DDR. |
| MWA | Melanchthons Werke in Auswahl/ hrsg. von Robert Stupperich. 7 Bde. in 9 Teilbden. Gütersloh 1951-1975. |
| NASG | Neues Archiv für Sächsische Geschichte und Altertumskunde. |
| NDB | Neue Deutsche Biographie. |
| NKZ | Neue kirchliche Zeitschrift. |
| NSKBl | Neues Sächsisches Kirchenblatt. |
| NUC | National Union Catalog. |
| PfC | Julius Pflug: Correspondance/ ges. und hrsg. mit einer Einleitung von J[acques] V. Pollet. Bd. 1-5. Leiden 1969-1982. |
| PKMS | Politische Korrespondenz des Herzogs und Kurfürsten Moritz von Sachsen. Bd. 1 ff. Leipzig; Berlin 1900 ff. |
| PuN | Pietismus und Neuzeit: ein Jahrbuch zur Geschichte des neueren Protestantismus. |
| SächsHStA Dresden | Sächsisches Hauptstaatsarchiv Dresden. |
| SED | Sozialistische Einheitspartei Deutschlands. |
| StA Bamberg | Staatsarchiv Bamberg. |
| StA Leipzig | Stadtarchiv Leipzig. |
| StA Marburg | Staatsarchiv Marburg. |
| StA | Martin Luther: Studienausgabe/ unter Mitwirkung von ... hrsg. von Hans-Ulrich Delius. Bd. 1 ff. Berlin; Leipzig 1979 ff. |
| ThHStA Weimar | Thüringisches Hauptstaatsarchiv Weimar. |
| ThStKr | Theologische Studien und Kritiken. |
| TRE | Theologische Realenzyklopädie/ ... hrsg. von Gerhard Krause †; Gerhard Müller. Bd. 1 ff. Berlin; New York 1977 ff. |
| UA | Universitätsarchiv. |
| UB | Universitätsbibliothek. |
| VD 16 | Verzeichnis der im deutschen Sprachbereich erschienenen Drucke des XVI. Jahrhunderts/ hrsg. von der Bayerischen Staatsbibliothek in München in Verb. mit der Herzog August Bibliothek in Wolfenbüttel. 1. Abt.: Verfasser, Körperschaften, Anonyma/ Redaktion: Irmgard Bezzel. 22 Bde. Stuttgart 1983-1995. |
| WA | D. Martin Luthers Werke: kritische Gesamtausgabe. Abt. Schriften. Bd. 1 ff. Weimar 1883 ff. |
| WA Br | D. Martin Luthers Werke: kritische Gesamtausgabe. Abt. Briefwechsel. 18 Bde. Weimar 1930-1985. |
| WA DB | D. Martin Luthers Werke: kritische Gesamtausgabe. Abt. Die Deutsche Bibel. 12. Bde. [in 15 Teilbden.]. Weimar 1906-1961. |
| WA TR | D. Martin Luthers Werke: kritische Gesamtausgabe. Abt. Tischreden. 6 Bde. Weimar 1912-1921. |
| WEHS | Elisabeth Werl: Elisabeth, Herzogin zu Sachsen, die Schwester Landgraf Philipps von Hessen. Teil 1: Jugend in Hessen und Ehezeit am sächsischen Hof zu Dresden. Weida 1938. |
| ZBKG | Zeitschrift für bayerische Kirchengeschichte. |
| ZdZ | Die Zeichen der Zeit. |
| ZK | Zentralkommitee (der SED). |
| ZKG | Zeitschrift für Kirchengeschichte. |
| ZNW | Zeitschrift für Neutestamentliche Wissenschaft. |

# VORWORT

In diesem Jahr begeht Günther Wartenberg, Professor für Kirchengeschichte an der Theologischen Fakultät der Universität Leipzig, seinen 60. Geburtstag. Dies ist ein schöner Anlaß, einen Band mit ausgewählten Aufsätzen vorzulegen, die zwei Hauptthemen seiner wissenschaftlichen Arbeit repräsentieren. Seit drei Jahrzehnten widmet sich Günther Wartenberg Forschungen zur Wittenberger Reformation, der Integration der territorialen Kirchengeschichte in die allgemeine (Kirchen-) Geschichte sowie der Erforschung der Geschichte der Leipziger Universität. Die vielfältigen von ihm organisierten Tagungen und Arbeitstreffen verdeutlichen dies ebenso wie seine langjährige Mitarbeit und sein Vorsitz bei der Arbeitsgemeinschaft für Sächsische Kirchengeschichte und die Tätigkeit als (geschäftsführender) Direktor des Instituts für Sächsische Geschichte und Volkskunde e.V., Dresden, bis 2002. Der Aufbau des 1997 gegründeten Instituts ist wesentlich auch seiner Initiative zu danken. Die von ihm gemeinsam mit Frau Professorin Dr. Irene Dingel seit 2000 veranstalteten Frühjahrstagungen zur Wittenberger Reformation zeigen seine nachhaltige Auseinandersetzung mit dem Forschungsgegenstand; sein Engagement als Chairman of the Continuation Committee of the International Luther Congress verweisen auf die intensive Teilnahme am internationalen Forschungsgespräch.

Über die Beschäftigung mit Moritz von Sachsen fand Günther Wartenberg zu den Fragestellungen der Reformation. Im Zentrum steht dabei die Verzahnung von Politik und Theologie sowie deren gegenseitige Einflußnahme – im 16. Jahrhundert noch eine Selbstverständlichkeit. Deutlich wird die gesellschaftsverändernde Wirkung der Wittenberger Reformation, sei es bei der Neuordnung des Kirchenwesens, des Gottesdienstes oder des Schulwesens. Hier steht Philipp Melanchthon, der praeceptor germaniae, für die große Bedeutung, die Schule und Bildung für Kirche und Gesellschaft in der Folge der Reformation bis hin zum Pietismus mit seinen Lehrprogrammen erhielten.

Daß dem engagierten Kirchenhistoriker an der Universität Leipzig die Bedeutung dieser Bildungsfragen auch ein persönliches Anliegen ist, spiegelt der Entwicklungsweg Günther Wartenbergs in den Jahren nach der »Wende«. Von 1990 bis 1997 versah er innerhalb des Rektoratskollegiums das Prorektorat für Lehre und Studium. Damit band er sich eng an die Universität Leipzig und machte deren Entwicklung zu seiner zweiten »Herzenssache«. Diese Verbindung von Forschungsinteresse und universitärem Engagement kommt auch den Vorbereitungen auf das Universitätsjubiläum 2009 zugute. Die Geschichte der Alma Mater Lipsiensis bildet den zweiten Schwerpunkt dieses Bandes.

Andere Forschungsfelder die über Sachsen und den engeren Wirkungsraum der Wittenberger Reformation hinausreichen, konnten in diesem Band nicht aufgenommen werden. Günther Wartenbergs starkes Engagement für die Diasporawissenschaft und das Gustav-Adolf-Werk setzt eine spezifische Tradition der Theologischen Fakultät in Leipzig fort. Erwähnt werden muß sein unermüdliches Sorgen um die Sicherstellung der Lehre an seiner Fakultät und damit auch um den Pfarrernachwuchs in Sachsen.

An dieser Stelle möchten wir allen danken, die am Entstehen dieses Bandes mitgewirkt haben – Herrn Matthias Beier, Herrn Dr. Michael Beyer, Frau Maike Goldhahn und nicht zuletzt Herrn Alexander Wieckowski für ihre Mühe bei der Bearbeitung der Texte und des Registers sowie Herrn Thomas Döring (Universitätsbibliothek Leipzig, Porträtstichsammlung) und Frau Marita Pesenecker (Kreismuseum Grimma), daß sie Bildvorlagen zur Verfügung stellten.

Für die Möglichkeit, den Band in der von ihnen mitherausgegebenen Reihe »Arbeiten zur Kirchen- und Theologiegeschichte« erscheinen zu lassen, danken wir Herrn Professor Dr. Wolfram Kinzig und Herrn Professor Dr. Volker Leppin. Schließlich gilt unser besonderer Dank der Vereinigten Evangelisch-Lutherischen Kirche in Deutschland, dem Gustav-Adolf-Werk der EKD, der Evangelisch-Lutherischen Landeskirche Sachsens und der Arbeitsgemeinschaft für Sächsische Kirchengeschichte für gewährte Druckkostenbeihilfen. Ihre Unterstützung kann in der gegenwärtig schwierigen Zeit nicht hoch genug veranschlagt werden. Der Evangelischen Verlagsanstalt sind wir für die gute Zusammenarbeit und dafür, daß der Band rechtzeitig erscheinen konnnte, sehr verbunden.

Leipzig, Ostern 2003                                                        Die Herausgeber

# POLITIK UND THEOLOGIE

# Luthers Beziehungen zu den sächsischen Fürsten[*]

Für die Entwicklung der Lutherschen Reformation erwies sich ihre Verflechtung mit der Geschichte der wettinischen Territorien als nicht unwichtig, die seit der Leipziger Hauptteilung vom 26. August 1485 Kurfürst Ernst und Herzog Albrecht als Stammväter der Ernestiner und der Albertiner regierten. Zu den bemerkenswerten und vorwärtsdrängenden Faktoren der allgemeinen Reformationsgeschichte gehörte die unterschiedliche Stellungnahme der beiden Sachsen in der Luthersache. Für die Zeit nach 1526 kommen die beiden Kurfürsten Johann der Beständige und Johann Friedrich der Großmütige sowie ihr Antipode, Herzog Georg der Bärtige, in Frage, während dessen Bruder Heinrich der Fromme mit seinen Söhnen Moritz und August erst mit der Einführung der Reformation in ihrem Herrschaftsbereich (1538/1539) für unser Thema Bedeutung erlangen. Zu berücksichtigen sind weiter die nach Sachsen eingeheirateten Fürstinnen Katharina von Mecklenburg, Sibylla von Jülich-Cleve und Elisabeth von Hessen. Kaum in Erscheinung traten der seit 1542 in Coburg residierende Johann Ernst[1], die zu Lebzeiten Georgs verstorbenen Söhne Johann und Friedrich[2] sowie die Söhne Johann Friedrichs.[3]

---

* Erstabdruck in: Leben und Werk Martin Luthers von 1526-1546: Festgabe zu seinem 500. Geburtstag/ im Auftrag des Theologischen Arbeitskreises für reformationsgeschichtliche Forschung hrsg. von Helmar Junghans. Berlin; Göttingen 1983, 549-571. 916-929.

1 Johann Ernst, * 10. Mai 1521 in Coburg, einziger Sohn aus der zweiten Ehe Johanns mit Margarethe von Anhalt († 9. Oktober 1521), übte mit seinem Stiefbruder Johann Friedrich gemäß dem väterlichen Testament von 1532 bis 1542 gemeinsam die Regierungsgewalt aus. Seine Heirat am 12. Februar 1542 mit Katharina von Braunschweig-Grubenhagen machte eine eigene Hofhaltung nötig, die er in Coburg erhielt. Nach dem Beispiel von 1513 sicherte eine Mutschierung Johann Ernst die Einkünfte der Coburger Pflege sowie jährlich 14 000 Gulden zu. Da ihm die innere Verwaltung dieses Gebietes zustand, wandte sich Luther am 29. April 1544 wegen der Beihilfe für zwei ehemalige Mönche zum Studium in Wittenberg an ihn (WA Br 10, 558 f [Nr. 3986]). Die herzogliche Zustimmung erfolgte am 8. Mai 1544 (ebd, 563 f [Nr. 3989]). Für die ernestinische Politik hatte Johann Ernst keine Bedeutung. Seine mehrfache Erwähnung in Briefen und Gutachten geht auf die gemeinschaftliche Regierung zurück. Der erste Teil von Luthers »Genesisvorlesung«, den Veit Dietrich herausgab, war Johann Ernst gewidmet (WA 44, X f. XIV). Durch die Wittenberger Kapitulation verlor er 1547 Stadt und Amt Königsberg in Franken. Johann Ernst starb am 8. Februar 1563, ohne Kinder zu hinterlassen; vgl. A[ugust] BECK: Johann Ernst, Herzog von Sachsen-Coburg. ADB 14, 369; MJF 3, 122-124; GTh 3, 151. 226 f.

2 Friedrich, * 15. März 1504, zweiter Sohn Herzog Georgs und der Herzogin Barbara (1478-1534), wurde nach dem Tod des älteren Bruders Johann im Mai 1537 von den albertinischen Landständen als Nachfolger anerkannt, um im Herzogtum das altgläubige Kirchenwesen zu erhalten. Diesem Ziel diente auch seine Heirat am 27. Januar 1539 mit der Gräfin Elisabeth von Mansfeld; am 26. Februar 1539 starb Friedrich in Dresden. Nikolaus von Amsdorf schrieb am 11. Dezember 1538 an Luther über die bevorstehende Hochzeit, von der nichts Gutes erwartet wurde (WA Br 8, 333, 13-16 [Nr. 3280]). Für Luther zwang Georg seinen Sohn zur Heirat und brachte ihn dadurch selbst um (WA TR 5, 501 f [Nr. 6128]; 416 [Nr. 5986]). Den Tod Friedrichs sah man als Strafe und Gericht Gottes

## I Ernestiner

### 1 Kurfürst Johann der Beständige

Genau ein Jahr nach der bis in unser Jahrhundert den mitteldeutschen Raum bestimmenden Leipziger Teilung starb Kurfürst Ernst in Colditz, und entsprechend seiner testamentarischen Festlegung traten die beiden Söhne Friedrich und Johann die gemeinsame Regierung an. Zum Verantwortungsbereich des jüngeren, am 30. Juni 1468 in Meißen geborenen Johann[4] gehörte mehr und mehr das ernestinische Thüringen mit dem Vogtland und Franken, besonders nach der Verwaltungsteilung von 1513, als dieser einen eigenen Hof in Weimar mit

für Georgs Kampf gegen das Evangelium (WA TR 4, 271 [Nr. 4379]; 294 f [4398]; 407 [Nr. 4623]; 461 f [Nr. 4740]; 5, 164 [Nr. 5455]). Mit Genugtuung wurde die Nachricht aus Dresden registriert, daß die Witwe Friedrichs nicht schwanger war (WA TR 4, 364 [Nr. 4527]); vgl. C[arl] A[ugust] H[ugo] BURKHARDT: Hofnachrichten über Herzog Georg und seinen Sohn Friedrich: 1539. NASG 9 (1888), 137-139; Otto RICHTER: Prinz Friedrichs Hochzeit und Tod: 1539. Dresdener Geschichtsblätter 3 (1901-1904), 273-279; Ernst KROKER: Georg des Bärtigen letzter Trumpf. Leipziger Kalender 9 (1912), 86-94. – Zu Johann vgl. unten Anm. 179. 186.

3 Johann Friedrich (II.) der Mittlere, * 8. Januar 1529 in Weimar, ältester Sohn Johann Friedrichs (I.) und Sibyllas, wurde gemeinsam mit dem am 11. März 1530 in Torgau geborenen jüngeren Bruder Johann Wilhelm erzogen. Sie erhielten seit 1539 ihren Unterricht bei Basilius Monner, der u. a. Luthers »Der kleine Katechismus für die gemeinen Pfarrherrn und Prediger« (1529) heranzog. Auf dessen Bitten schrieb Luther die Vorrede zu einer Ausgabe von vier lateinischen Reden der beiden Brüder: Illustrium principum iuniorum Saxoniae declamationes [...] Cum praefatione D. M. Lutheri, 1543 (WA 54, [12] 14 f). Bereits am 6. September 1541 dankte Luther den beiden für einen nicht überlieferten Brief und wünschte viel Erfolg in der weiteren Erziehung (WA Br 9, 509 f [Nr. 3664]). Die Abfassung des Schreibens an Luther wird Monner veranlaßt haben wie auch das Johann Wilhelms an Johannes Luther, der seinen Vater nachahmen soll (ebd, 506 f [Nr. 3662]), am 1. September 1541. Im Sommer 1544 schrieb Luther an Anton Lauterbach, er habe den jungen Fürsten ein Büchlein über die Trunkenheit zugesagt, das aber nicht erschienen ist (WA 10, 614, 15 f [Nr. 4013]). Von 1554 bis 1565 regierten Johann Friedrich (II.) und Johann Wilhelm gemeinsam. Diesem gelang es, nach der Katastrophe seines Bruders 1566/1567 in den »Grumbachschen Händeln«, das Territorium den Ernestinern zu erhalten. Er starb am 2. März 1573 in Weimar, Johann Friedrich (II.) am 9. Mai 1595 als Verbannter in Steyr (Oberösterreich). Für Johann Wilhelm wird bezeugt, daß er Luthers Predigten hörte, immer seine Schriften heranzog und zitierte; vgl. F[riedrich] G[eorg] A[ugust] LOBETHAN: Kurze Lebens- und Regierungsgeschichte des Herzogs zu Sachsen Johann Wilhelm: aus Tileman Heshusens Leichenrede auf diesen Fürsten. Musäum für die Sächsische Geschichte, Litteratur und Staatskunde 1 (1794), 106-127. – Johann Friedrich (III.) d. J., * 17. Januar 1538, † 31. Oktober 1565 in Jena, trat durch sein Alter in keine Verbindung zu Luther; vgl. E[rnst] WÜLCKER: Johann Friedrich der Jüngere. ADB 14, 343; vgl. MJF 3, 257-261; M[ax] VOLLERT: Basilius Monner, der erste Rechtslehrer an der Universität Jena. Zeitschrift des Vereins für Thüringische Geschichte und Altertumskunde 38 (1932), 40-51. – Zu Johann Friedrich (II.) vgl. E[rnst] WÜLCKER: Johann Friedrich, Herzog zu Sachsen. ADB 14, 340-343; August BECK: Johann Friedrich der Mittlere, Herzog von Sachsen. Weimar 1858, 5 f; GTh 3, 243-254; Thomas KLEIN: Johann Friedrich (II.) der Mittlere. NDB 10 (1974), 530. – Zu Johann Wilhelm vgl. GTh 3, 254-257; Thomas KLEIN: Johann Wilhelm. NDB 10 (1974), 530 f.

4 Zu Johann vgl. Theodor KOLDE: Johann der Beständige. RE³ 9, 237-244; Thomas KLEIN: Johann der Beständige. NDB 10 (1974), 522-524; Johannes BECKER: Kurfürst Johann von Sachsen und seine Beziehungen zu Luther. Teil 1: 1520-1528. Leipzig 1890. Phil. Diss. Leipzig 1890; GTh 3, 181 f. 210-225; zum Verhältnis zu Luther jetzt KEGPV, 92-261; WWTh, 293-295; Übersicht über die ältere Literatur zu Johann bei Georg Christoph KREYSIG: Historische Bibliothec von Ober-Sachsen ... Teil 1. verb. Aufl. Leipzig 1749, 54-56.

Kanzlei, Räten und Finanzverwaltung erhielt.[5] Die gemeinsame Herrschaft blieb jedoch erhalten, was sich besonders in der zusammen verantworteten Außen- und Innenpolitik ausdrückte, ohne daß Friedrich der Weise seine bestimmende Rolle aufgab.[6] Dadurch war Johann, der nach Friedrichs Tod am 5. Mai 1525 Kurfürst wurde, auf seine Regierungsaufgabe gut vorbereitet und auch in die Reichspolitik eingearbeitet, zumal er die Luthersache aufmerksam verfolgt hatte.

Die zu beobachtende Gleichförmigkeit in den politischen Entscheidungen der beiden Brüder galt nicht für ihre Haltung zur reformatorischen Bewegung. Während Friedrich trotz zunehmender Sympathien für seinen geächteten Wittenberger Professor in vielen Punkten am alten Glauben festhielt und sich zu Reformen kaum entschließen konnte,[7] bezog der ebenfalls religiös sehr interessierte Johann klare Positionen und förderte die Reformation. Das bedeutete aber noch keine ausschließliche Parteinahme für Luther. Trafen doch gerade im thüringischen Raum unterschiedliche reformatorische Richtungen aufeinander, die in der Predigt des Evangeliums und der Beseitigung kirchlicher Mißbräuche einen gemeinsamen Ausgangspunkt /550/ hatten, sich aber in der praktischen Durchführung zeitweise (Jakob Strauß[8] in Eisenach, Hofprediger Wolfgang Stein[9] in Weimar) oder für immer (Thomas Müntzer, Andreas Bodenstein aus Karlstadt in Orlamünde) von Luthers weiterem Weg unterschieden.

Die bei Johann bis 1525 zu beobachtende Offenheit gegenüber den unterschiedlichen reformatorischen Strömungen bezog sich in besonderem Maße auf Luther. Dieser widmete dem Herzog am 29. März 1520 seine Schrift »Von den guten Werken«.[10] Der Briefwechsel zwischen Friedrich und seinem Bruder bestätigt, wie wachsam und mit welcher Anteilnahme Johann den weiteren Verlauf der Luthersache verfolgte. Immer wieder ermahnte er den Kurfürsten, sich für Luther einzusetzen.[11] Man wird nicht fehlgehen, wenn man Johann einen ernst zu nehmenden Einfluß auf Friedrichs politische Entscheidungen um Luther – im Gegensatz zu anderen Bereichen – zuschreibt. Die Predigten, die Luther am 24. und 25. Oktober 1521 vor dem Weimarer Hof hielt, veranlaßten Johann, den Reformator zu bitten, die darin geäußerten Gedanken zum Recht und zu den Grenzen der Obrigkeit niederzuschreiben. Diesem Wunsch kam Luther nach und verfaßte wenige Wochen später das Büchlein »Von weltlicher Oberkeit, wie weit man ihr Gehorsam schuldig sei«, das er ebenfalls

---

5 Zu dieser Teilung (Mutschierung) vgl. BVKH, 277 f.

6 GTh 3, 183-210.

7 Vgl. Georg BUCHWALD: Zur mittelalterlichen Frömmigkeit am Kursächsischen Hof kurz vor der Reformation. ARG 27 (1930), 62-110; KEGPV, 35-79; WWTh, 291-293; Bernd STEPHAN: Beiträge zu einer Biographie Kurfürst Friedrichs III. von Sachsen, des Weisen (1463-1525). Leipzig [1980], Anm. 474. 600. 646-649. 651. (MS). Theol. Diss. A Leipzig 1980.

8 Vgl. Carl HINRICHS: Luther und Müntzer: ihre Auseinandersetzung über Obrigkeit und Widerstandsrecht. Nachdruck der 2., unver. Aufl. Berlin 1971, 30-32. 84-89; RBPJS, 34-95.

9 Vgl. Otto CLEMEN: Wolfgang Stein aus Zwickau, Hofprediger in Weimar und Superintendent in Weißenfels. ZKG 45 (1926), 555-562; Günther WARTENBERG: Landesherrschaft und Reformation: Moritz von Sachsen und die albertinische Kirchenpolitik bis 1546. Gütersloh; Weimar 1988, 261-263.

10 WA 6, (196) 202-276. 631; WA 9, (226) 229-301. 799 f. 805.

11 Theodor KOLDE: Friedrich der Weise und die Anfänge der Reformation: eine kirchenhistorische Skizze mit archivalischen Beilagen. Erlangen 1881, 25-27. Die entsprechenden Briefe Johanns an Friedrich von 1521 bis 1525: ebd, 42-47. 50. 52 f. 55 f. 58.

dem Herzog zueignete.[12] Persönliche Begegnungen in Wittenberg Anfang 1525 und nach Friedrichs Tod verstärkten die Hinneigung Johanns zu Luther. So können wir von einem guten persönlichen Verhältnis zwischen Luther und seinem Landesherrn bei der Regierungsübernahme durch Johann ausgehen, ohne daß jener der einzige reformatorische Theologe war, der bei dem neuen Kurfürsten Gehör fand.

Mit Johann trat ein Fürst an die Spitze des ernestinischen Territoriums, der für seine Person die Entscheidung zugunsten der Reformation bereits vollzogen hatte. Diese veränderte Ausgangslage eröffnete die Möglichkeit, die bisherige unentschiedene, weitgehend passive Haltung Friedrichs durch eine bewußte evangelische Politik seines Nachfolgers abzulösen. Das Übergreifen der Bauernunruhen auf Thüringen verlangte ein energisches Handeln des Landesherrn. Dieses vollzog sich in einer gemeinsamen Militäraktion der beiden Sachsen und Hessens. Dabei gelang es Herzog Georg jedoch nicht, den Sieg über Müntzer und die aufständischen Bauern zu einem allgemeinen Kampf gegen Luther und die reformatorische Bewegung auszunutzen und weiterzuführen. Kurfürst Johann und Landgraf Philipp von Hessen waren in Mühlhausen ausschließlich zu einem förmlichen gegenseitigen Hilfsversprechen bei künftigen Bedrohungen bereit.[13] Nur kurze Zeit bestand unter dem Eindruck des Bauernkrieges die Interessengemeinschaft der Wettiner. Um seine Bundesgenossen gegen die Aufständischen unter Druck zu setzen, verhandelte Georg in Dessau mit Kardinal Albrecht, Kurfürst Joachim I. von Brandenburg und den Herzögen Erich und Heinrich von Braunschweig mit dem Ziel, die Mühlhäuser Vereinbarung in ein antireformatorisches Bündnis umzuwandeln.[14] Eindeutig warnte der Albertiner seinen Vetter, den von Papst und Kaiser zum Ketzer erklärten Luther zu unterstützen und entgegen dem kaiserlichen Verbot dessen Bücher zu dulden.[15]

Georg konnte mit seinem gegen kirchliche Neuerungen gerichteten Eifer in der Umgebung des Kurfürsten mit Unterstützung rechnen. So klagte Luther bitterböse über die Tyrannen am Hof, die noch mehr gegen das Evangelium wüten würden als Georg und sein Anhang, wenn sie nur könnten.[16] In der kritischen Situation eines Regierungswechsels und der gefährlichen Unruhe im Innern widerstand Johann dem Werben Georgs; zu sehr war seine evangelische Überzeugung gefestigt; in der ihn sein Sohn Johann Friedrich noch bestärkte. Zufrieden schrieb Luther am 29. September 1525 an Michael Stiefel, daß die beiden Fürsten offen das Evangelium bekennen und befolgen würden.[17] Die Bauernunruhen

---

12  WA 11, (229) 245-281. 480-484; vgl. Becker: Kurfürst Johann von Sachsen …, 19-22; zum eigentlichen Anlaß im Zusammenhang mit dem albertinischen Verbot von Luthers »Septembertestament« BML, 106-112, und oben Seite 41. – Zu den Predigten am 24. und 25. Oktober WA 13 111, (CLX-CLXII) 371-385.

13  ABK 2, 254 f (Nr. 1006).

14  ABK 2, 352 f (Nr. 1089), Abschied von Dessau; der Entwurf stammte von Georg mit wenigen Korrekturen durch Simon Pistoris.

15  ABK 2, 322, 19-28 (Nr. 1066), Georg an Johann am 27. Juni 1525; der Entwurf stammte ebenfalls von Georg mit Korrekturen durch Pistoris. Am 29. Juni antwortete Johann zurückhaltend, daß er es wegen der Messe als christlicher Kurfürst des Reiches so halten werde, wie er es vor Gott, dem Kaiser, den Reichsständen, vor Georg und jedermann verantworten kann. Ebd, 328, 15-19 (Nr. 1069).

16  WA Br 3, 553 f (Nr. 910), Luther an Wenzeslaus Linck am 1. August 1525.

17  WA Br 3, 584, 9 f (Nr. 928). – Am 15. August (?) 1525 konnte Luther an Johannes Brießmann nach Königsberg schreiben, daß Johann bisher allen Versuchen Georgs widerstanden habe. Ebd, 556, 20-22 (Nr. 911).

und die offensive antilutherische Politik Georgs beschleunigten die nach Friedrichs Tod erforderlichen Veränderungen in der ernestinischen Politik, den Übergang zu einer aktiven evangelischen Innen- und Außenpolitik. /551/

Mit der Alleinregierung Johanns nahm der Briefwechsel Luthers mit seinem Kurfürsten merklich zu. Insgesamt richtete Luther 122 Briefe an Johann, während umgekehrt 56 nachweisbar sind.[18] In der Regel wandte sich Luther jetzt direkt an seinen Landesherrn. Vor 1525 diente Stein mehrfach als Vermittler von Schreiben.[19] Später holte der prolutherische Kanzler Gregor Brück im Auftrage seines Herrn Gutachten und Meinungsäußerungen der Wittenberger Theologen ein.[20] Die Zunahme der Briefe ist nicht nur ein Zeichen des unkomplizierten Verhältnisses zwischen dem Landesfürsten und Luther, es zeigt weiter die gewachsenen Einflußmöglichkeiten auf das nach 1525 durch die Bauernunruhen, den inneren Zustand der reformatorischen Erneuerung und nicht zuletzt durch die reichspolitischen Herausforderungen sich immer wieder verändernde Handlungsfeld der kursächsischen Politik. Während seine Überlegungen zur Bündnisfrage, zu den »Packschen Händeln«, zur Vorbereitung des Augsburger Reichstages Antworten auf entsprechende Anfragen Johanns oder seiner Räte gewesen sind, ergriff Luther zu innenpolitischen Fragen die Initiative.

Kaum war der seelsorgerlich gehaltene Trostbrief zum Tod Friedrichs I. in den Händen seines Nachfolgers, arbeitete Luther eine Denkschrift zum Zustand der Landesuniversität aus.[22] Ohne dem neuen Kurfürsten eine Einarbeitungsfrist zu lassen, setzte er diesem beharrlich zu, um die Schwierigkeiten der für die Pfarrausbildung so wichtigen Lehranstalt zu beheben. Die Mahnschreiben[23] und das sofortige Vorbringen seiner Wünsche – das gilt in gewissem Sinne auch für die verbesserte finanzielle Ausstattung der Pfarrstellen – dürften auf die Sorge Luthers zurückgehen, daß Johann die angesprochenen Bereiche vernachlässigen oder auf andere Berater hören könnte, zumal dieser kein besonderes »Verwaltungstalent« besaß.[24] Wir wissen von einem ausführlichen Gespräch Luthers mit den Kurfürsten während des Aufenthaltes zur Huldigung in Wittenberg im Juli 1525. Dabei gehörte neben

---

18 Diese Zahlen beziehen sich auf die Regierungszeit. Von den 122 an den Kurfürsten sind 14 Kollektivschreiben. Johann richtete 11 der 56 Briefe an Luther und seine Mitarbeiter. Nach Georg BUCHWALD: Lutherana. ARG 25 (1928), 41 f. 44 sind von 1525 bis 1528 elf verlorene Briefe Johanns an Luther nachzuweisen.

19 WA Br 3, 60 (Nr. 604). 69 f (Nr. 613). 252 f (Nr. 718). 342 f (Nr. 774). 356 f (Nr. 781).

20 WA Br 6, 37-39 (Nr. 1782). 154 (Nr. 1848). 157 f (Nr. 1851); vgl. Georg MENTZ: Beiträge zur Charakteristik des kursächsischen Kanzlers Dr. Gregor Brück: Stücke aus seinem Briefwechsel. Archiv für Urkundenforschung 6 (1918), 311-318; Ekkehart FABIAN: Dr. Gregor Brück: 1557-1957. Lebensbild und Schriftwechselverzeichnis. Tübingen 1957, 15 f; DERS.: Brück (Bruck gen. Pontanus), Gregor. TRE 7 (1981), 214 f.

21 WA Br 3, 496 f (Nr. 867): Luther an Johann am 15. Mai 1525. Seelsorgerliche Briefe sandte Luther an seinen Kurfürsten ebenfalls während des Augsburger Reichstages am 20. Mai 1530 (WA Br 5, 324-328 [Nr. 1577]), am 30. Juni 1530 (ebd, 421 f [Nr. 1615]), am 9. Juli 1530 (ebd, 453-455 [Nr. 1633]; WA BR 12, 117-119 [Nr. 4239 a]).

22 WA Br 3, 501, 1-3 (Nr. 870).

23 So am 15. September 1525 (WA Br 3, 5 74 f 8 [Nr. 921]). Luther nutzte auch den Umweg über Spalatin, dem er am 6. Oktober 1525 schrieb, man höre, der Kurfürst wolle sich von seiner Universität abwenden (ebd, 566 f [Nr. 916]); vgl. Becker: Kurfürst Johann von Sachsen ..., 37-41; Walter FRIEDENSBURG: Geschichte der Universität Wittenberg. Halle 1917, 174-177.

24 Dazu BVKH, 278; ERNESTINISCHE LANDTAGSAKTEN. Bd. 1: Die Landtage von 1487-1532/ bearb. von C[arl] A[ugust] H[ugo] Burkhardt. Jena 1902, XXXIII-XLII.

der Universitätsreform eine allgemeine Visitation des weltlichen Regiments zu den verhandelten Themen. Am 31. Oktober 1525 erneuerte Luther dieses Anliegen und wünschte
im Interesse aller Bewohner, die Stadträte und Amtleute zu überprüfen.[25] Der Antrag blieb
ohne Echo. Kurz verwies Johann auf die Einsetzung neuer Amtleute und die allgemeinen
Schwierigkeiten durch den Aufruhr.[26] Es liegt nahe, daß man in solchen innenpolitischen
Fragen am Hof Stellungnahmen der Theologen nicht wünschte.

Anders erging es dem ebenfalls am 31. Oktober vorgebrachten Vorschlag, den Unterhalt
der Geistlichen und die materielle Ausstattung der Pfarrstellen zu gewährleisten.[27] Der
Kurfürst war nicht unvorbereitet – bereits Anfang Mai hatte Nikolaus Hausmann umfangreiche Vorschläge Johann zugeschickt[28] – und wünschte in seiner Antwort weitere Überlegungen.[29] Dadurch wurde ein Prozeß intensiver und über Monate sich hinziehender Verhandlungen zwischen dem kurfürstlichen Hof und den Wittenberger Theologen eingeleitet, der zu
den allgemeinen Visitationen von 1527 bis 1529 und zum »Unterricht der Visitatoren an
die Pfarrherrn im Kurfürstentum Sachsen« führte. Luthers Anregungen für die Unterhaltung
der Pfarrer und Prediger bildeten so den vielleicht von Johann gewünschten Anstoß für die
notwendige Neuordnung der kirchlichen Struktur, die im Kurfürstentum Sachsen nur im
Einverständnis mit Luther erfolgreich sein konnte. Erst nach den unter Mitwirkung von
Luther abgeschlossenen Vorbereitungen ging die kurfürstliche Instruktion vom 16. Juni
1527[30] aus. In gleicher Weise ermöglichte die entschiedene Förderung der Reformation
durch Johann die Einführung der Messe in deutscher Sprache, wie sie September/Oktober
1525 in Wittenberg erfolgte.[31]

Neben Angelegenheiten der Universität und der kirchlichen Neuerung waren es die
zahlreichen Fürbitten und Fürsprachen, in denen sich Luther an seinen Landesherrn wandte.
Zumeist handelte es sich um Pfarrstellenvermittlungen – zahlreiche Stellenbesetzungen
erfolgten auf Veranlassung Johanns – und Klagen über die mangelnde Unterhaltung der
Geistlichen.[32] /552/ Nur selten erhielt Luther eine Absage oder mußte seine Bitte mehrfach
wiederholen. Man darf davon ausgehen, daß Johann bei schwierigen Fragen gründlich

---

25 WA Br 3, 595, 56-63 (Nr. 937).

26 WA Br 3, 614, 31-42 (Nr. 944): Johann an Luther am 7. November 1525. Auf das weltliche Regiment kam Luther nach den bekannten Quellen gegenüber Johann nur noch am 3. Oktober 1530 zu
sprechen, indem er über Mängel in der Verwaltung der Coburger Pflege klagte (WA Br 5, 646, 23-33
[Nr. 1732]).

27 WA Br 3, 594, 39-55 (Nr. 937).

28 Das Gutachten vom 2. Mai 1525 im ThHStA Weimar: Reg li 129, 2$^r$-12$^v$. Zu Hausmanns Ansichten
vgl. BGSKV, 4-8.

29 WA Br 3, 613, 23-30 (Nr. 944).

30 EKO 1I, (35 f) 142-148.

31 Vgl. Helmar JUNGHANS: Wittenberg als Lutherstadt. Berlin 1979, 116. Die Abschaffung der Messe
in Wittenberg und Altenburg, wo sich die Stiftsherren im Georgenstift trotz der kurfürstlichen Befehle von 1525 erst zur Visitation Ende 1527 dem Verbot beugten. Vgl. TLBG, 45-50. Zu Ostern (16.
April) 1525 hatte in Lochau die deutsche Messe im Beisein des Hofes stattgefunden. Ein kurfürstliches
Mandat vom Februar 1526 legte die Anfang 1526 gedruckte »Deutsche Messe und Ordnung Gottes-
diensts« als gottesdienstliche Norm fest; vgl. WA 19, 51 f.

32 Vgl. Becker: Kurfürst Johann von Sachsen ..., 44 f; Norbert STEIN: Luthers Gutachten und Weisungen an die weltlichen Obrigkeiten zum Aufbau eines evangelischen Kirchenwesens. Freiburg 1960,
33-36. (MS). Phil. Diss. Freiburg 1960; TLBG, 32. 35 f.

nachforschen ließ, bevor er Stellung nahm. In einigen überlieferten Fällen entschied der Kurfürst abweichend von Luthers Ratschlägen, so in dem sich von 1528 bis 1531 hinziehenden Streit zwischen Rat und Predigern in Zwickau.[33] In Ehefragen wurde Luther ebenfalls befragt, ohne daß Johann und seine Räte den Vorstellungen der Wittenberger immer folgten.[34] Der Klagen der Wittenberger im Streit um den Umfang der Befestigungsarbeiten nahm sich Luther erfolgreich an und wurde als Bürger der Stadt Wittenberg tätig.[35]

Luther diente dem Kurfürsten außerdem als politischer Berater. Kaum erfuhr jener von der Absprache zwischen Kursachsen und Hessen vom 9. März 1528, bis zum 1. Juni zur Wahrung der evangelischen Lehre mit einem Präventivkrieg als Antwort auf das angebliche Breslauer Bündnis zu beginnen, versuchte er mit allen Mitteln, den Kurfürsten umzustimmen. Die vom albertinischen Rat Otto von Pack erdichtete Vereinbarung altgläubiger Fürsten vom März 1527 sollte dazu dienen, das Wormser Edikt gewaltsam durchzuführen. Als Seelsorger, aus Gehorsamkeit gegenüber seinem Landesherrn und aus Gottes Gebot fühlte Luther sich verpflichtet, tätig zu werden.[36] Seinem Eintreten und Melanchthons Fürsprache war es mit zu danken, daß der geplante Überraschungsangriff unterblieb und es zum Friedensschluß kam. Unter Einfluß der Wittenberger Theologen begegnete Johann auch in Zukunft einer auf Offensive ausgerichteten Politik – wie sie Hessen vertrat – mit Zurückhaltung. So sprach sich Luther gegen den am 22. April 1529 in Speyer vereinbarten Bündnisentwurf zwischen Kursachsen, Hessen, Ulm, Straßburg und Nürnberg aus.[37] Es gelang ihm, den Kurfürsten zunächst auf das einheitliche Bekenntnis als Grundlage für ein politisches Bündnis und auf Gewaltlosigkeit gegenüber dem Kaiser festzulegen.[38]

Der Verlauf des Augsburger Reichstages führte noch Ende Oktober 1530 die kurfürstlichen Räte und Theologen in Torgau zusammen, um über das Widerstandsrecht zu beraten. Dabei erkannte Luther unter dem Eindruck juristischer Gutachten bestimmte Situationen an, die aus seiner Sicht einen Widerstand gegen den Kaiser zuließen.[39] Damit war für Kursachsen der Weg zu einem Schutzbund gegen Angriffe Karls V. frei, ohne daß sich der Widerspruch der Theologen wie während der »Packschen Händel« wiederholen und die

---

33 Der Konflikt begann mit Streitigkeiten zwischen Paul Lindenau und dem Zwickauer Rat; vgl. WA Br 4, 380 f (Nr. 1222); WA Br 5, 34 f (Nr. 1393). 52 f (Nr. 1407). 58 f (Nr. 1412); zum Höhepunkt der Auseinandersetzungen 1531 vgl. WA Br 6, 45-47 (Nr. 1788-1790). 50 f (Nr. 1792). 62-69 (Nr. 1801). 76-79 (Nr. 1804). 80-83 (Nr. 1806 f). 101 f (Nr. 1821). 124-126 (Nr. 1827 f). 160-165 (Nr. 1854 f); Ernst FABIAN: Der Streit Luthers mit dem Zwickauer Rate im Jahre 1531. Mitteilungen des Altertumsvereins für Zwickau und Umgebung 8 (1905), 71-176; GLK, 65-92; Kurt ALAND: Martin Luther als Staatsbürger. In: AKE, 429-438; KEGPV, 207-216; vgl. auch Eike WOLGAST: Luthers Beziehungen zu den Bürgern. In: Leben und Werk Martin Luthers von 1526-1546 …, 609-611.

34 WA Br 3, 620-627 (Nr. 949); WA Br 4, 65-69 (Nr. 1006). In der Ehesache des Pfarrers Jobst Kein zu Allstedt entschied der Kurfürst abweichend (ebd, 17 f [Nr. 972]. 21 f [Nr. 975]); in einem anderen Fall widerriefen Luther und Bugenhagen ihre Entscheidung (ebd, 352-355 [Nr. 1211]. 417-420 [Nr. 1245 f]; vgl. Walther KÖHLER: Luther als »Eherichter«. BSKG 47 (1942), 18-27.

35 Buchwald: Lutherana, 45-50.

36 So WA Br 4, 431, 6-8 (Nr. 1246). Über Luthers Haltung zu den »Packschen Händeln« und zum Offensivkrieg vgl. Becker: Kurfürst Johann von Sachsen …, 62-79; DPH, 116-120. 164-167; WWTh, 114-125; vgl. auch oben Seite 31 f. Die Theologen fanden Unterstützung bei Brück und Anarg von Wildenfels.

37 WA Br 5, 75-81 (Nr. 1424): Luther an Johann am 22. Mai 1529; vgl. WWTh, 129-135.

38 WA Br 5, 249-262 (Nr. 1536), am 6. März 1530; vgl. WWTh, 154-162.

39 WA Br 5, 661-664 (Nr. 1740: Beilagen); vgl. WWTh, 173-185.

kurfürstliche Politik verunsichern konnte. Bei den Gesprächen, die zum Nürnberger Anstand 1532 führten, folgte Johann erneut Luthers Ratschlag. Er bestimmte im Gegensatz zu Bruck und dem Kurprinzen, in der Vereinbarung auf die Einbeziehung der Reichsstände zu verzichten, die sich in Zukunft zur »Confessio Augustana« bekennen könnten.[40] In der Wahl Erzherzog Ferdinands zum römischen König drang Luther nicht durch, der dem Kurfürsten eine aktive Mitwirkung empfohlen hatte.[41] Johann Friedrich reiste jedoch in Vertretung seines Vaters nach Köln, protestierte aus reichsrechtlichen Erwägungen gegen das Verfahren und verließ bereits am 29. Dezember 1530 die Stadt. Die Wahl am 5. Januar 1531 wartete er nicht ab.

Zum Erbe der Leipziger Teilung gehörten die Streitigkeiten zwischen Ernestinern und Albertinern, die sich nach 1500 mit dem Regierungsantritt Herzog Georgs zunehmend verschärft hatten, so daß es nicht erst des Wirkens Luthers bedurfte, um die Spannungen unter den Wettinern anwachsen zu lassen, die sich nun auch auf die Religions- und Kirchenpolitik ausdehnten. Kurfürst Friedrich war dem diplomatischen Geschick und dem Durchsetzungsvermögen seines Vetters kaum gewachsen. Welchen Grad die Auseinandersetzungen erreicht hatten, zeigte der Streit um Erfurt, der sich 1507/1508 – wie 35 Jahre später bei der »Wurzener Fehde« – zu einem bewaffneten Konflikt auszuweiten drohte.[42] Daher war das gemeinsame Auftreten der Wettiner im Bauernkrieg eine Ausnahme, die Folge einer innenpolitischen Notlage und vielleicht das Ergebnis der Sorge vor einem militärischen Zusammenwirken zwischen /553/ Sachsen-Meißen und Hessen, zu dem erst der 1524 erfolgte Anschluß des jungen Landgrafen an die Reformation die kursächsischen Beziehungen verbessert hatte. Johann bemühte sich immer um ein störungsfreies Verhältnis zu Georg und versuchte, die alten Streitfragen durch Verhandlungen zu lösen. Greifbares Ergebnis war der auf einem Ausschußtag der albertinischen und ernestinischen Landstände erarbeitete Kompromiß, der »Grimmaische Machtspruch« vom 17. Juli 1531,[43] der jedoch nur kurze Zeit für Beruhigung sorgte. Dabei blieb etwa ab 1526 die Luthersache schließlich ausgeklammert, nachdem Georg erkennen mußte, daß seine Warnungen und Mahnungen keinen Erfolg hatten. Johann selbst forderte von Luther mehrfach, sich gegenüber dem Albertiner zu mäßigen und persönliche Angriffe zu unterlassen. Diesen auch über Brück vorgetragenen Wünschen kam Luther bereitwillig nach.[44] Der Briefwechsel zwischen Dresden und Weimar in der Luthersache

---

40 WA Br 6, 259-265 (Nr. 1903 f). 307-311 (Nr. 1933). 313-315 (Nr. 1935). 323-332 (Nr. 1942-1945). Zu den Verhandlungen in Schweinfurt und Nürnberg, die zum Anstand vom 23. Juli 1532 führten, vgl. WWTh, 203-224.

41 WA Br 5, 697-700 (Nr. 1761): Luther an Johann am 12. Dezember 1530; WA Br 6, 260, 20-24 (Nr. 1903); vgl. MJF 1, 75-80; WWTh, 201 f.

42 Zum Verhältnis der Ernestiner zu den Albertinern vgl. H[ans] VIRCK: Die Ernestiner und Herzog Georg. NASG 30 (1909), 1-75; Ernestinische Landtagsakten 1, XXVI-XXXIII; GTh 3, 194-201. 203.

43 SächsHStA Dresden: Urkunde 10627; Ausfertigung auf Pergament, 25 angehängte Siegel; gedruckt: TEUTSCHES REICHS-ARCHIV/ hrsg. von Johann Christian Lünig. Partis specialis continuatio 2. Leipzig 1712, 256-260 (Nr. 47). – Zu den Verhandlungen vom 3. bis 17. Juli 1531 vgl. Ernestinische Landtagsakten 1, 243-250 (Nr. 439-455).

44 WA Br 6, 154 (Nr. 1848): Luther an Johann am 29. Juli 1531; vgl. ebd, 90-92 (Nr. 1814): Luther an Brück am 8. Mai 1531. Johann hatte 1526 auf Wunsch von Landgraf Philipp durch Melanchthon und Hieronymus Schurf Luther zur Mäßigung gemahnt (WA Br 4, 45 f [Nr. 991]: Johann an Luther [nach dem 9. April 1526]). Dieser Aufforderung entsprach Luther Mitte April 1526 gegenüber dem Kurfürsten (ebd, 54 [Nr. 997]). Ähnlich versuchte Johann am 18. Januar 1529 von Weimar aus, Luther zurückzuhalten (WA Br 5, 7-9 [Nr. 1373]).

und die deswegen erfolgten Verhandlungen der Räte beider Seiten geben uns Aufschluß, wie Johann offiziell über Luther urteilte: Er wisse nur, »er sey der h. schryft gelert« und habe seine Lehre »gottlicher clarer schryft ergrundet, [...]«.[45] Für seine Schriften wäre Luther selbst verantwortlich. Wie Friedrich lehnte es Johann ab, in theologischen Fragen zu urteilen, für die Luther allein zuständig wäre.[46] Sollte diesem die Anstiftung zum Aufruhr tatsächlich nachgewiesen werden, würde der Kurfürst gegen ihn vorgehen. Außerdem verbat er sich die mit den Anwürfen Georgs verbundene Einmischung in seinen Herrschaftsbereich.[47] Mit diesen maßvollen aber zugleich entschiedenen Antworten entschärfte Johann die innerwettinischen Gegensätze, ohne aber im Verhalten Luthers zu Georg und umgekehrt einen Wandel herbeizuführen.

Als gute Quelle für die Beziehungen Luthers zu den sächsischen Fürsten bieten sich ferner die Tischreden an, wenn auch die Überlieferungsprobleme ihre vorteilhafte Unmittelbarkeit beeinträchtigen. Allgemein spiegeln die mitgeschriebenen Gespräche die tiefe Hochachtung und Verehrung wider, die Luther für den ersten evangelischen Kurfürsten im ernestinischen Sachsen empfand und die stärker waren als die Sympathien für seinen Vorgänger oder seinen Nachfolger. Er lobte Johanns Geduld, seine Langmut und seine Frömmigkeit.[48] Vier Themen kehren immer wieder: Johanns Verhalten im Bauernkrieg,[49] seine Standhaftigkeit auf dem Augsburger Reichstag 1530, die Umstände seines Todes am 16. August 1531 sowie der Vergleich mit seinem Sohn Johann Friedrich I.[50] In Augsburg habe Johann, so erzählte Luther mehrfach, große Tapferkeit und Tugend bewiesen, die Theologen ermuntert, auf sein Land und seine Leute keine Rücksicht zu nehmen, sondern mit ihm das Evangelium zu bekennen.[51]

Luther und Melanchthon wurden am 15. August 1531 zum sterbenden Kurfürsten nach Schweinitz gerufen und erlebten dort die letzten Stunden eines Fürsten, von dem Luther sagen konnte, die Glocken klängen anders, wenn einer einen Toten wisse, den er liebge-

---

45 ABK 2, 393, 29 f (Nr. 1131): Johann an Georg am 1. September 1525.

46 Ebd, 328, 14 f (Nr. 1069): Johann an Georg am 29. Juni 1525; ebd, 423, 15-23 (Nr. 1164): Johann an Georg am 11. November 1525; ebd, 526, 10-13 (Nr. 1279): kurfürstliche Instruktion vom 15. April 1525 für Gespräche mit Georg.

47 Ebd, 485, 23-34; ebd, 486, 8-15 (Nr. 1202): Albertinischer Bericht über die Verhandlungen der wettinischen Räte in Wurzen, nach dem 15. Januar 1526; ebd, 526, 1-9 (Nr. 1239).

48 WA TR 2, 195 f (Nr. 1731). 213 (Nr. 1777). 259 (Nr. 1906 B). 600 f (Nr. 2682); WA TR 3, 239 f (Nr. 3265a.b); eine allgemeine Würdigung enthalten Luthers Verse unter ein Cranachbild von Johann in WA 35, 589 f; zur Frömmigkeit: WA TR 6, 293 (Nr. 6959), Johann habe sich jeden Tag 6 Stunden aus der Bibel vorlesen lassen und Predigten mitgeschrieben; dazu Georg BERBIG: Luther-Urkunden aus Coburg und Gotha. Teil 2: Die Nachschrift einer reformatorischen Predigt aus der Hand des Herzogs Johann zu Sachsen i. J. 1520. ZKG 21 (1901), 145-148; R[udolf] EHWALD: Noch eine Predigtnachschrift Johann des Beständigen. ZKG 21 (1901), 524-527.

49 In den entsprechenden Tischreden erwähnte Luther, daß Johann gesagt habe, wenn Gott, der ihn zum Fürsten gemacht habe, ihn nicht mehr haben wolle, so geschehe sein Wille; vgl. u. a. WA TR 1, 78 (Nr. 166); WA TR 2, 311 (Nr. 2071). 496 (Nr. 2505); WA TR 5, 107 (Nr. 5375n).

50 Wiederkehrendes Thema in WA TR 2, 195 f (Nr. 1731). 547 (Nr. 2616b). WA TR 5, 503 f (Nr. 6132): Abhängigkeit Johann Friedrichs von seinen Räten; ebd, 614 (Nr. 2721a.b); 259 (Nr. 1906B): Entschlossenheit des Kurprinzen.

51 WA TR 1, 125 f (Nr. 304); WA TR 2, 575 f (Nr. 2645); WA TR 3, 101 f (Nr. 2934a); WA TR 4, 139 f (Nr. 4107); WA TR 6, 165 f (Nr. 6756); ebd, 312 f (Nr. 6997); ebd, 332, 20-24 (Nr. 7024); dazu auch in der Leichenpredigt WA 36, 246, 11-17.

habt habe.[52] Diese Ergebenheit zog sich auch durch die Leichenpredigt, die Luther am 18. August 1532 dem Toten in der Schloßkirche zu Wittenberg hielt.[53] Die Rede über 1 Th 4, 13 f wiederholte das Lob für den Verstorbenen: Er wäre ein »seer fromer, freundlicher man gewesen [...], on alles falsch, jnn dem ich noch nie mein lebtag einigen zorn noch neid gespûret hab, der alles leichtiglich tragen und vergeben kunde, und mehr denn zu viel mild gewesen [...]«.[54] Luther wollte jedoch den »lieben herrn nicht so gar rein machen«.[55] Johann sei auch ein Mensch gewesen und habe zuweilen in der Regierung Fehler gemacht.[56] Er warnte ebenfalls davor, ihn zu einem »lebendigen heiligen« zu machen.[57] Diese Sicht zeigt bei aller Bewunderung eine realistische Sicht, die nicht einer unkritischen Fürstenverherrlichung verfällt.

Unter Johann erhielten die Wittenberger Theologen – wenn auch Luthers Rat die meiste Aufmerksamkeit galt – eine entscheidende Rolle in der politischen Entscheidungsfindung zugewiesen. Regelmäßig wurde ihre Meinung eingeholt, was aber nicht für innenpolitische Entscheidungen oder die Landtagsverhandlungen zutraf. Die Einwirkung vollzog sich in persönlichen /554/ Gesprächen, in Briefen und Gutachten sowie in Predigten.[58] Der Einfluß der Theologen wirkte sich indessen nicht so aus, daß politische Entscheidungen am kurfürstlichen Hof unmittelbar von ihrem Votum abhingen. Daß der politische Weg Kursachsens zwischen 1525 und 1532 mit Luthers Überlegungen so oft übereinstimmte, war nicht darauf zurückzuführen, daß das Entscheidungszentrum in Wittenberg lag,[59] sondern

---

52 WA TR 2, 197 (Nr. 1738). Zum Tode Johanns: ebd, 542 (Nr. 2607a). 600 f (Nr. 2682); WA TR 4, 364 (Nr. 4528).

53 WA 36, (XX-XXIV) 237-254. Über den gleichen Text predigte Luther auf Wunsch Johann Friedrichs am 20. August 1532 auf dem Wittenberger Schloß (WA 36, [XXVI] 255-270), wobei er auf Johann nicht einging. Beide Predigten: Zwo Predigten über der Leiche des Kurfürsten Herzog Johann zu Sachsen, 1532.

54 WA 36, 245, 16-19.

55 WA 36, 245, 16.

56 WA 36, 245, 20.

57 WA 36, 249, 12.

58 Zu Luthers Predigten in der Schloßkirche zu Wittenberg vgl. Buchwald: Lutherana, 71-77:

| 26./28. Januar 1525 | Ps 5 | vor Johann und Johann Friedrich | WA 17 1, (XXII) 32-38 |
|---|---|---|---|
| 21. Februar 1525 | Ps 11 | vor denselben | 17 1, (XXIII) 52-56 |
| 15. Juli 1525 | 2 K 1, 3-5 | vor denselben | 17 1, (XLVI f) 325-331 |
| 16. Juli 1525 | Mt 5, 20-26 | vor denselben | 17 1, (XLVII) 331-334 |
| 17. Juli 1525 | Ps 37, 1-6 | vor denselben | 17 1, (XLVII) 334-336 |
| 9. Juni 1526 | Ps 112, 1-4 | vor denselben | 19, (294) 298-315 |
| 22. Juni 1526 | Ps 112, 4-10 | vor denselben | 19, (294) 315-336 |
| 3. November 1526 | Ph 1, 3-11 | vor denselben | 20, 534 f |
| 3. April 1528 | Tt 1, 7 | vor Johann | 27, 85-88 |
| 4. April 1528 | Tt 1, 6-8 | vor Johann | 27, 88-91 |
| 5. April 1528 | Ph 2, 1-7 | vor Johann | 27, 91-95 |
| 11. November 1530 | E 6, 10 f | vor Johann | 31, (LXXI) 150-158 |

Hinzu kommen Predigten in Torgau und an anderen Orten in Anwesenheit Johanns. Dafür haben wir indirekte Belege, so die Aufforderung Johanns an Luther am 4. Mai 1531, nach Torgau zur Predigt vor Herzogin Katharina und Herzog Heinrich zu kommen (WA Br 6, 90 [Nr. 1813]); vgl. oben S. 48.

59 Die starke Einflußnahme Luthers auf Kurfürst Johann fiel auch Landgraf Philipp auf; vgl. WA Br 5, 198, 36-46 (Nr. 1503). 203, 14-17 (Nr. 1507). vgl. WWTh, 293 f.

daß der Kurfürst und wichtige Räte wie Brück die anstehenden Fragen ähnlich beurteilten. Das gute Verhältnis Johanns zu Luther hatte neben der persönlichen auch eine sachliche Grundlage. Die Reichspolitik und besonders die Religions- und Kirchenpolitik dieser Jahre mit den notwendigen prinzipiellen Weichenstellungen, verlangten ein nicht für jede Zeit erforderliches, enges Zusammenwirken von Politikern und Theologen. Für die evangelische Sache erwies es sich als günstig, daß sich das Miteinander unter Johann ohne Schwierigkeiten vollziehen konnte.

### 2 Kurfürst Johann Friedrich (I.) der Großmütige

In den Tischreden vom August 1532 ist ein bemerkenswerter Vergleich Johann Friedrichs mit seinen beiden Vorgängern Johann und Friedrich zu finden: Mit Kurfürst Friedrich sei die Weisheit und mit Kurfürst Johann die Frömmigkeit gestorben. Jetzt regiere der Adel und wirke auf den jungen Herrn ein. Dieser sei jedoch genügend klug, habe auch eine eigene, hartnäckig vertretene Meinung, so daß er vom Adel lernen könne. Der Einfluß des Adels, der sich wie die Bauern für klüger als die Theologen hielte, könne zu einem Blutbad führen.[60] Wenn hier auch die übliche Sehnsucht des 48jährigen Luther nach der besseren Vergangenheit mitschwingt, zeigt sich doch das neue und veränderte Verhältnis, das sich zwischen ihm und dem um zwanzig Jahre jüngeren Johann Friedrich nach dessen Regierungsantritt entwickelte. Ebenso ist ein gewisser Bruch im Vergleich zu den Beziehungen bis zum 16. August 1532 zu erkennen, der zum Teil mit der neuen politischen Rolle Johann Friedrichs als regierender Fürst zu erklären und teilweise auf veränderte Kräfteverhältnisse zurückzuführen ist, worauf die zitierte Tischrede anspielt. Die zu beobachtende Wandlung in der Art und Weise jener Beziehungen änderte jedoch nichts an Johann Friedrichs Haltung zur Reformation. Auch über die politisch wechselvollen und harten Jahre 1546/1547 hinaus blieb er bis zu seinem Tod am 3. März 1554 ein überzeugter und konsequenter Anhänger der neuen Lehre.

Der am 30. Juni 1503 in Torgau geborene Johann Friedrich,[61] dessen Mutter, Sophie von Mecklenburg, kurz nach seiner Geburt am 12. Juli starb, bekundete bereits 1520 seine große Sympathie für Luther, dem er von erfolgreichen Vorstößen zugunsten des Reformators bei seinem Onkel, Kurfürst Friedrich, berichten konnte.[62] Luthers Freude über die innere Anteilnahme des Kurprinzen zeigt deutlich die Widmung vom 10. März 1521[63] zu »Das Magnificat verdeutscht und ausgelegt«, die auch Ermahnungen für die spätere Regierungstätigkeit enthält. Die Aufgeschlossenheit des jungen Fürsten gegenüber Luther wird auf Alexius Chrosner zurückgehen, der von 1512 bis 1519 am Hof Johanns als Erzieher tätig war.[64] Ihm folgte als Hofmeister bis 1524 Veit Warbeck,[65] der ebenfalls eifrig für die neue

---

60 WA TR 2, 258-260 (Nr. 1906); ähnlich 265 f (Nr. 1933). 556, 21-29 (Nr. 2629a).

61 Für Johann Friedrich liegt die umfangreiche, dreibändige Biographie von Georg Mentz (MJF) vor; Theodor KOLDE: Johann Friedrich der Großmütige. RE³ 9, 244-249; GTh 3, 225-245; Thomas KLEIN: Johann Friedrich (I.) der Großmütige. NDB 10 (1974), 525 f; zum Verhältnis zu Luther vgl. MJF 1, 29-51; 3, 261-269. 588 (Register); Aland: Martin Luther …, 448 f; KEGPV, 263-269; WWTh, 296-299.

62 WA Br 2, 237 f (Nr. 363): Johann Friedrich an Luther am 20. Dezember 1520; vgl. dazu 205, 2-13 (Nr. 347): Luther an Johann Friedrich am 30. Oktober 1520.

63 Die Widmung in WA 7, (538) 544 f; StA 1, 314-316.

64 Alexius Chrosner aus Colditz erhielt 1516 ein Kanonikat am Georgstift in Altenburg, war von 1524 bis 1527 Hofprediger in Dresden, kehrte nach Altenburg zurück, wo er am 13. Mai 1535 starb.

Lehre eintrat. Mehrfach ließ sich Johann Friedrich von Luther in theologischen Fragen beraten, so im Frühjahr 1522 im Zusammenhang mit der Wittenberger Bewegung zum Empfang des Abendmahls sub utraque, zur Notwendigkeit, das Sakrament mit den Händen zu ergreifen, zum Fleischessen an Fastentagen,[66] 1524 zur Geltung des mosaischen Gesetzes. Mit Brück vertrat er klar den Standpunkt Luthers am Weimarer Hof und verhinderte, daß sein Vater den Gedanken Steins folgte.[67] Auf den Kurprinzen konnte sich Luther in den Auseinandersetzungen mit Karlstadt, Müntzer, Strauß u. a. verlassen. In den Überlegungen zur weiteren Gestaltung des reformatorischen Kirchenwesens war Johann Friedrich seit seiner Hinwendung zu Luther stets ein folgerichtiger Verfechter der Wittenberger Vorstellungen. /555/

Die Regierungsübernahme seines Vaters eröffnete auch ihm ein reiches Betätigungsfeld. Daß Luther sich bereits vor 1532 mehrfach an Johann Friedrich wandte, zeigt dessen aktive Position in der ernestinischen Politik. An allen politischen Entscheidungen wirkte er mit. In den »Packschen Händeln« sprach er sich für ein offensives Handeln aus.[68] Während des 2. Speyrer Reichstages im Frühjahr 1529 führte er die Regierung in Weimar und bat Luther um Rat.[69] Auf dem Augsburger Reichstag 1530 unterschrieb auch der künftige Kurfürst die »Confessia Augustana«, in den Ausschußberatungen vertrat er energisch die evangelische Seite. Bei den Verhandlungen zum Nürnberger Anstand 1532 war er der kursächsische Verhandlungsführer. Wenn auch die Entscheidungsbefugnis bei Johann lag, kam das politische Zusammenwirken von Vater und Sohn einer gemeinschaftlichen Regierung gleich. Daher ist es nicht verwunderlich, wenn Johann Friedrich außen- und innenpolitisch das 1532 Erreichte auszubauen versuchte und zunächst bis etwa 1536 die um Ausgleich mit Habsburg bemühte Politik weiterführte.

---

Sein Dienst unter Herzog Georg schuf Mißtrauen auch in Wittenberg; vgl. Otto CLEMEN: Alexius Chrosner: Herzog Georgs von Sachsen evangelischer Hofprediger. Leipzig 1907; [Johann Karl] SEIDEMANN: Alexius Chrosner. ADB 4, 252; MJF 1, 7-11. 30; Paul VETTER: Zu Alexius Krosners Lebensgeschichte. NASG 33 (1912), 332-340; DERS.: Neues zu Alexius Krosners Lebensgeschichte. NASG 40 (1919), 164-170; Reinhold JAUERNIG: Alexius Crosner (Krosner). NDB 3 (1957), 423 f. – Ein Verzeichnis über Kleinodien, Kleider und Bücher Johann Friedrichs zum Ausscheiden Chrosners zu Michaelis 1519 (ThHStA Weimar: Reg D Nr. 148, 2$^r$-9$^r$; gedruckt MJF 1, 95 f [Nr. 1]) enthält an Lutherschriften: Die sieben Bußpsalmen mit deutscher Auslegung, 1517; Auslegung des 109. (110.) Psalms, 1518; Ein Sermon von der Betrachtung des heiligen Leidens Christi, 1519; Acta Fratris M. Lutheri Augustiniani apud Legatum Apostolicum Augustae, 1518; Ein Sermon von dem hochwürdigen Sakrament des heiligen wahren Leichnahms Christi und von den Brüderschaften, 1519.

65 Zu Veit Warbeck, dessen Tochter Anna 1554 Luthers Sohn Paul heiratete vgl. J[ohannes] BOLTE: Warbeck. ADB 41, 165 f; G[eorg] MENTZ: Die Briefe G. Spalatins an V. Warbeck: nebst ergänzenden Aktenstücken. ARG 1 (1903/1904), 197-246.

66 Antwort Luthers auf diese Anfrage vom 18. März 1522 in WA Br 2, 437 f (Nr. 461).

67 Luther antwortete zur Geltung des alttestamentlichen Rechts am 18. Juni 1524 (WA Br 3, 305-308 [Nr. 753]); über die Situation am Weimarer Hof Johann Friedrichs Entgegnung vom 24. Juni 1524 (ebd, 309-311 [Nr. 754]). Der Briefwechsel betraf auch die durch Strauß aufgeworfene Zinsfrage; vgl. KEGPV, 80-83. 265-267.

68 MJF 1, 61-67.

69 So am 12. März und 13. April 1529 zur Nachfolge für Paul Lindenau in Zwickau und zu dessen weiterer Verwendung (WA Br 5, 34 f [Nr. 1393]. 52 f [Nr. 1407]) und am 21. März 1529 in einem Brief an Luther, die Theologische und die Juristische Fakultät wegen der Behandlung des Wiedertäufers Hans Sturm (ebd, 42-44 [Nr. 1399]).

Mit Johann Friedrich trat im ernestinischen Sachsen ein Fürst die Herrschaft an, der bereits vor der alleinigen Regierungsverantwortung die Tätigkeit Luthers als Ratgeber erfahren hatte und dessen Positionen kannte. Hinzu kommt, daß er durch sein Studium der Bibel und der zeitgenössischen theologischen Literatur für die Auseinandersetzungen mit den Altgläubigen gut gerüstet und mehr als seine beiden Vorgänger dem theologisch äußerst erfahrenen Herzog Georg gewachsen war. Umgekehrt gab dieses Vertrautsein mit Theologie dem jungen Kurfürsten das Bewußtsein, Lehrfragen beurteilen zu können und bei den dogmatischen Ausgleichsversuchen ein gewisses »Aufsichts- und Akzeptationsrecht«[70] zu beanspruchen. Diese Tendenz zeigte sich in der Aufforderung, ohne kurfürstliche Zustimmung bei den Verhandlungen 1536 in Wittenberg mit der Theologengesandtschaft aus England eine »endliche Vorgleichung« nicht vorzunehmen.[71] Ähnlich ermahnte Johann Friedrich bei den Gesprächen über die »Wittenberger Konkordie« (1536), an der »Confessio Augustana« und der »Apologio Confessionis« festzuhalten, in der Abendmahlsfrage festzubleiben sowie den Oberdeutschen »in keinem Wege und mit Nichten, auch in dem wenigsten Stück und Artikel, …« zu weichen.[72] Bei den Vorarbeiten für den Schmalkaldischen Bundestag 1537 behielt sich der Kurfürst ebenfalls die letzte Entscheidung vor.[73] Der damit ausgesprochene Anspruch belegt weniger ein Mißtrauen gegenüber dem politischen Verständnis der beauflagten Theologen als den Stellenwert theologischer Absprachen für die Bündnis- und Reichspolitik.

Johann Friedrich war nicht der Fürst, der sich beraten lassen mußte, um zu Entscheidungen zu kommen; er konsultierte die Wittenberger Theologen, um sich bereits abzeichnende Entschlüsse bestätigen zu lassen. Schließlich waren durch die Visitation, die Existenz der Visitationskommissionen und die Errichtung der Superintendenturen für das ernestinische Kirchenwesen unter Johann Festlegungen getroffen worden, die eine verwaltungsmäßige Weiterarbeit ohne neue Grundsatzentscheidungen ermöglichten. Die Torgauer Verhandlungen vom Herbst 1531 mit der Einräumung eines begrenzten Widerstandsrechtes hatten die Linie für das Verhalten Kursachsens gegenüber Kaiser und Reich festgelegt. Sie leiteten einen Rückzug der Theologen aus der allgemeinen Politik ein und verminderten ihre beratende Präsenz bei entsprechenden Verhandlungen. Sie wurden oft zu Zuschauern, womit sich Luther nicht so leicht abfinden konnte. Sarkastisch schrieb er am 1. September 1535 während der Verhandlungen mit Frankreich an Justus Jonas von der Weisheit des Hofes und versuchte, der Entlassung aus politischer Mitwirkung einen Sinn zu geben: »Incipio enim nunc unice gaudere, nos ab aula comtemni et excludi, et interpretor hoc favente Deo fieri, ne istis turbis misceamur, de quibus forte olim ingemiscere cogemur. At nunc tuti sumus, sine conscientia nostra fieri, quicquid /556/ fit, et hoc, quod Demosthenes sero optavit, nos mane iam obtinemus, scilicet ne ad rempublicam adhibeamur. Confirmet hoc Deus, Amen.«[74]

---

70 WWTh, 298.

71 WA Br 7, 284, 27-33 (Nr. 2249); MBW 2, 208 (Nr. 1635): Johann Friedrich an Luther, Justus Jonas, Bugenhagen, Melanchthon und Caspar Cruciger vom September/Oktober 1535; WA Br 7, 341, 32-41 (Nr. 2282): Johann Friedrich an Luther am 9. Januar 1538.

72 WA Br 7, 411, 18-23 (Nr. 3022): Johann Friedrich an Luther am 14. Mai 1538. Über Luthers »Beständigkeit« war der Kurfürst sich sicher, um der »Anderen willen« (Melanchthon) schickte er Brück nach Wittenberg (ebd, 411, 24-26).

73 WA Br 7, 612-614 (Nr. 3116); MBW 2, 286 (Nr. 1822): Johann Friedrich an Luther, Jonas, Bugenhagen, Melanchthon und Cruciger am 11. Dezember 1536.

74 WA Br 7, 246, 6-11 (Nr. 2232). Aus diesen Zeilen spricht kaum dankbare Freude; so WWTh, 296 f.

Von 1532 bis 1546 sind insgesamt 172 Briefe und Gutachten Luthers an Johann Friedrich erhalten, von denen 60 gemeinsame Äußerungen der Wittenberger Theologen unter Mitwirkung Luthers enthalten.[75] Diese Zunahme der Gemeinschaftsgutachten erklärt sich aus der Weiterentwicklung der Wittenberger Reformation, aus der Tatsache, daß in Melanchthon, Jonas, Johannes Bugenhagen und Caspar Cruciger gleichbedeutende Partner neben Luther getreten waren. Sie hatten in den Verhandlungen auf dem Reichstag, bei Religionsgesprächen, bei der Einführung der Reformation in anderen Territorien, in der Ausarbeitung von Kirchenordnungen, in der Visitation Autorität erworben, die der Kurfürst und seine Räte anerkannten. Damit trat der Kreis der Theologen immer mehr in den Vordergrund, der nach Luthers Tod die Wittenberger Theologie repräsentieren sollte. Fördernd wirkte sich dabei die gemeinsame Arbeit bei der Neugestaltung des ernestinischen Kirchenwesens nach 1527 aus, in deren Verlauf für Fragen der kirchlichen Praxis, für Ehefragen und für Pfarrstellenbesetzungen mit den Visitationen, mit den Superintendenten und ab 1539 mit dem Konsistorium in Wittenberg Entscheidungszentren unabhängig und teilweise außerhalb von Wittenberg entstanden waren. Dadurch gingen die Bereiche Ehefälle und Pfarrstellenbesetzungen in der Korrespondenz Luthers mit seinem Landesherrn stark zurück. Schwerpunkte blieben die Bittbriefe[76] sowie Schriftstücke zur Religions-, Bündnis- und Reichspolitik.

Erleichtert hatte Luther den Religionsanstand vom 23. Juli 1532 begrüßt. Dieser blieb vorläufig Grundlage der Politik Johann Friedrichs. In die gleiche Richtung wies der Frieden von Kaaden, der am 28. Juni 1534 die Württemberger Frage löste und die Voraussetzungen für normale Beziehungen zwischen Habsburg und Kursachsen schuf. Der enttäuschende Besuch des Kurfürsten im Herbst 1535 in Wien brachte zwar die Belehnung Johann Friedrichs durch König Ferdinand. Der Wiener Vertrag vom 20. November 1535 schob jedoch die Bestätigung des sächsisch-jülichschen Heiratsvertrages, die Aussetzung der Religionsverfahren am Reichskammergericht und die rechtliche Anerkennung Ferdinands als römischer König durch Kursachsen wieder hinaus. Eine vorläufige Regelung brachten erst die Speyrer Verträge von 1544 zwischen Johann Friedrich und Karl V. Die erfolglose Neutralitätspolitik gegenüber Habsburg zwang den Kurfürsten zur offensiveren Politik, die der Stärkung des Schmalkaldischen Bundes, den Gesprächen mit England und Frankreich, dem Ausbau des Widerstandsrechtes und der Konzilspolitik zugute kam, aber nicht ohne Schwankungen verlief.[77]

Zu den militärischen Auseinandersetzungen im Vorfeld des Schmalkaldischen Krieges gehörte die gewaltsame Rückführung Herzog Ulrichs nach Württemberg im Frühjahr 1534.

---

75 TLBG, 11, hat 165 Briefe. Hinzu kommen noch viele verlorene Stücke; Buchwald: Lutherana, 64 f. 67 f. 70 weist aus den Rechnungsbüchern im ThHStA Weimar noch 9 Briefe an und 2 von Luther nach.

76 Zu den Bittbriefen vgl. TLBG, 17 f. 33-38. In Fragen der Stellenbesetzung wurde Luther in besonderen Fällen beim Kurfürsten tätig, so bei der Nachfolge für Spalatin in Altenburg (WA Br 10, 55-58 [Nr. 4084]). 100 f [Nr. 4111]). In gleicher Weise galt das auch für Ehesachen, so bei der Zusage von Herzog Ernst von Braunschweig-Grubenhagen an Anna von Starschedel, sie heiraten zu wollen; vgl. WA Br 9, 385-389 (Nr. 3609). 412 f (Nr. 3618). 455 f (Nr. 3634). 467 (Nr. 3641). 470-473 (Nr. 3644); Dr. Martin Luthers Briefwechsel/ bearb. von Ernst Ludwig Enders u. a. Bd. 16. Frankfurt; Leipzig 1915, 16, 117-120 (Nr. 3456); WA Br 9, 693-696 (Nr. 4047). 10, 86 f (Nr. 4102). 102-104 (Nr. 4113 f).

77 Zur kurfürstlichen Politik vgl. MJF 2, 1-463; GTh 3, 227-235.

Dieser Militäraktion standen Luther und Melanchthon skeptisch gegenüber. Nach einer Tischrede von 1540[78] wurden beide vor dem Einfall in Württemberg nach Weimar gerufen, um sich gegenüber Johann Friedrich und Philipp von Hessen zu äußern. Sie wandten alle Beredsamkeit auf, um den Landgrafen von dem Kriegszug abzuhalten. Die Wittenberger befürchteten Nachteile für das Evangelium sowie den Bruch des allgemeinen Landfriedens und damit eine Gefährdung der Verhandlungsergebnisse von 1532 in Nürnberg. Über diese Ratschläge empörte sich Philipp, während sie für die neutrale, friedensfördernde Haltung Johann Friedrichs mit ausschlaggebend gewesen sein werden. Erleichtert schrieb Luther nach dem hessischen Sieg, Gott habe ihre Furcht in Frieden verwandelt.[79]

Im Zusammenhang mit der Wahl Ferdinands zum römischen König kam es zur politischen Zusammenarbeit zwischen Hessen, Bayern, Kursachsen und Frankreich. Im Hinblick auf die Ausgleichsversuche Johann Friedrichs mit Habsburg zog der Kurfürst sich aus den Gesprächen mit Frankreich zurück und begegnete erneuten Annäherungsversuchen von Franz I. im Sommer /557/ 1535 mit großer Zurückhaltung. So verweigerte er Melanchthon die Erlaubnis zur Reise nach Frankreich,[80] obwohl Luther dieses Vorhaben besonders unterstützte. Melanchthon wollte als Privatmann reisen, um den König nicht zu verärgern, sich nicht den Ruf eines Furchtsamen zuzuziehen und den Räten Franz I., die einen Ausgleich mit den Protestanten anstrebten, nicht in den Rücken zu fallen.[81] Luther bemühte sich persönlich in Torgau, den Kurfürsten umzustimmen; auch ein nachgereichtes Schreiben[82] half nichts. Eine Reise entsprach nicht den politischen Absichten Kursachsens und mußte unterbleiben, auch wenn deren Ablehnung den Protestanten in Frankreich neue Verfolgungen bringen konnte. Luther bezog sich in dem erwähnten Brief ausdrücklich auf die Hilferufe der »ehrlichen fromen leute [...], so dem feuer kaum entgangen sind«.[83] Ihn beeindruckten kaum die vom Kurfürsten vorgebrachten politischen Gründe. Er warnte seinen Landesherrn, die Realpolitik nicht zu stark zu betonen, denn niemand wisse, »was Gott thun wil, welches gedancken sind ia allzeit hoher vnd besser, denn die vnsern«.[84] Luther teilte ferner nicht die kurfürstlichen Befürchtungen, daß Melanchthon sich zu nachgiebig verhalten könne. Die Frage nach der Ernsthaftigkeit der französischen Wünsche und ihre Verankerung in einem antihabsburgischen Grundkonzept spielten für Luther und Melanchthon keine Rolle, wie sie sich den politischen Auswirkungen ihrer theologischen Entscheidungen ebenfalls nicht stellten. Das zeigte sich deutlich bei den Unterredungen mit den Gesandten Heinrichs VIII., dessen Aufnahme in den Schmalkaldischen Bund Luther sehr befürwortete. Den Gedankenaustausch über die Ehesache wollte er auf die Theologen

---

78 WA TR 4, 625-630 (Nr. 5038); vgl. Jakob WILLE: Philipp der Großmüthige von Hessen und die Restitution Ulrichs von Württemberg 1526-1535. Tübingen 1882, 168. 182; KEGPV, 366-368.

79 WA Br 7, 89, 10-12 (Nr. 2128): Luther an Justus Menius am 14. Juli 1534. Anfang 1534 ließ Philipp durch seinen Hofprediger, Konrad Öttinger, Luther über die beabsichtigte Restitution Herzog Ulrichs unterrichten (WA Br 7, 4-6 [Nr. 2078]).

80 CR 2, 907-910 (Nr. 1304): Johann Friedrich an Brück am 19. August 1535; vgl. WA Br 7, 228.

81 CR 2, 903-905 (Nr. 1302); MBW 2, 197 (Nr. 1603): Melanchthon an Johann Friedrich am [15. August] 1535; vgl. WA Br 7, 228.

82 WA Br 7, 227-230 (Nr. 2221): Luther an Johann Friedrich am 17. August 1535; vgl. WWTh, 230-232.

83 WA Br 7, 229, 8 f.

84 WA Br 7, 229, 19 f.

begrenzen: »Das gehet die Fursten nichts an.«[85] Die Verhandlungen mit England zogen sich ergebnislos bis 1539 hin. Die Wittenberger Theologen billigten die kursächsische Stellungnahme, daß die von Straßburg und Martin Bucer befürworteten weiteren Unterhandlungen wegen der dogmatischen Differenzen zurückzuweisen waren.[86] Das von ihm selbst angeforderte theologische Gutachten für die weitere Verhandlung um »vnser gewissen halben«,[87] wartete Johann Friedrich bei seiner Entscheidung allerdings nicht ab.

Die Bulle von Papst Paul III., die für den 23. Mai 1537 das Konzil nach Mantua ausschrieb, veranlaßte die deutschen Protestanten zu umfangreichen Verhandlungen, die ihren Höhepunkt im Schmalkaldener Bundestag vom Februar 1537 erreichten. Die kursächsischen Vorbereitungen dafür vermitteln ein gutes Bild vom Miteinander und Gegeneinander der Theologen und des Kurfürsten im religionspolitischen Bereich.[88] So wartete Johann Friedrich nicht die Stellungnahme der befragten Theologen ab. Durch fest umrissene Instruktionen an Brück prägte und lenkte er die sich bis Anfang Januar 1537 hinziehenden innersächsischen Überlegungen. Außerdem verfaßte er eigene Gutachten, um die Verhandlungen auch inhaltlich zu bestimmen. Konnte er Vorschlägen der Wittenberger Theologen nicht zustimmen, wie bei deren Wunsch, das Konzil trotz der päpstlichen Einladung zu beschicken,[89] sandte er Brück erneut nach Wittenberg. Um die Meinungsbildung unter den Theologen zu beschleunigen, reiste Johann Friedrich Ende November selbst dorthin. Am 11. Dezember erhielt schließlich Luther den Auftrag, festzustellen, in welchen Artikeln und wieweit es »kegen Gott zu verantworten und mit gutem Gewissen umb christlicher Liebe willen zu Erhaltung Friedens und Einigkeit in der Christenheit nachzulassen und zu weichen, […]« wäre.[90] Dieses Gutachten sollte mit anderen Theologen – unter ihnen Nikolaus von Amsdorf, Georg Spalatin und Johann Agricola – beraten und verabschiedet werden. Das Ergebnis jener Verhandlungen, die »Schmalkaldischen Artikel«, billigte der Kurfürst Anfang Januar.[91]

Zu den Anzeichen einer offensiveren Politik gehörten die Bestrebungen Johann Friedrichs, der Reformation in benachbarten Territorien zum Durchbruch zu verhelfen.[92] Dabei verknüpften sich oft wie im Streit um das Burggrafenamt in Halle (Saale), das dem Inhaber richterliche Gewalt in der Stadt einräumte, religiöse und territorialpolitische, dynastische

---

85 WA Br 7, 268, 20 (Nr. 2241): Luther an Brück am 12. September 1535; ebd, 268, 8-17 die Empfehlung der Aufnahme Heinrichs VIII. in den Schmalkaldischen Bund. Zu den Verhandlungen mit England vgl. Friedrich PRÜSER: England und die Schmalkaldener: 1535-1540. Leipzig 1929; WWTh, 232-239; siehe auch James ATKINSON: Luthers Beziehungen zu England. In: Leben und Werk Martin Luthers ..., 681-683. 685 f.

86 WA Br 8, 572-577 (Nr. 3396); MBW 2, 469 f (Nr. 2293): Luther, Jonas, Bugenhagen und Melanchthon an Johann Friedrich am 23. Oktober 1539. Luther schickte dem Kurfürsten ein inhaltlich gleiches, eigenes Gutachten mit; vgl. WA Br 8, 577 f (Nr. 3397); vgl. Prüser: England ..., 209 f.

87 WA Br 8, 565, 20 f (Nr. 3392); MBW 2, 467 (Nr. 2289): Johann Friedrich an Luther, Bugenhagen, Jonas und Melanchthon am 12. Oktober 1539.

88 Vgl. H[ans] VIRCK: Zu den Beratungen der Protestanten über die Konzilsbulle vom 4. Juni 1536. ZKG 13 (1892), 487-512; MJF 2, 105-113; VLSA; VEGL; WWTh, 224-230.

89 CR 3, 119-125 (Nr. 1456); MBW 2, 263 f (Nr. 1769): Gutachten Luthers, Bugenhagens, Crucigers, Hieronymus Schurfs, Melchior Klings und Melanchthons für Johann Friedrich vom [6. August] 1536; vgl. Virck: Zu den Beratungen ..., 489-491; WA Br 7, 478 f.

90 WA Br 7, 613, 14-16 (Nr. 3116).

91 WA Br 8, 4-6 (Nr. 3125): Johann Friedrich an Luther am 7. Januar 1531.

92 So MJF 2, 270 f.

Interessen. /558/ Im Kampf um die Vormachtstellung im mitteldeutschen Raum erwies sich die Religionsfrage als nutzbares Instrument, um über den Rechtstitel eines Burggrafen von Halle Teile des Magdeburger Erzstifts in ernestinischen Besitz zu bringen. Eine weitere Triebfeder waren die innerwettinischen Differenzen, da Herzog Moritz für die Albertiner das gleiche Ziel verfolgte.[93]

Die kurfürstliche Politik gegenüber der Saalestadt schwankte zwischen einem Schutzbündnis mit Halle und einem Vertrag mit ihrem Landesherrn, Kardinal Albrecht von Mainz, der durch materielle und territoriale Entschädigungen das Burggrafenamt ablösen wollte. Dieser Regelung waren Brück und Johann Friedrich zeitweise nicht abgeneigt, während Luther unter dem drängenden Einfluß von Jonas, der 1541 Superintendent in Halle geworden war, und den evangelischen Einwohnern Halles jeden Vertrag mit Albrecht erfolgreich torpedierte.[94] Dabei überschätzte Luther die rechtlichen Möglichkeiten des Burggrafenamtes, dessen Anwendungsbereich schon im 15. Jahrhundert nicht eindeutig war und das dem Kurfürsten weder eine Schutzfunktion noch eine Sorgepflicht in Glaubenssachen zusprach. Entsprachen die Wittenberger Theologen dem Wunsch Brücks im Vorfeld des 1. Braunschweiger Krieges, durch einen hinhaltenden Ratschlag Halle davon zurückzuhalten, gegen die Klöster vorzugehen,[95] so warnte Luther den Kurfürsten nach dem schnellen Sieg über Herzog Heinrich d. J. von Braunschweig, seine Truppen gegen Halle zu führen.[96] Johann Friedrich bereitete die Zusage, nur die Reichsstände anzugreifen, die den Braunschweiger unterstützen würden, gegenüber dem in Nürnberg tagenden Reichstag Schwierigkeiten. Diese Verpflichtung unterstrich Luther. Sollten die »pfaffen oder stende« keinen »bestendigen« Frieden zugestehen, müßte der Feldzug gegen Heinrich auf Halle, das Erzstift oder weitere Gebiete ausgedehnt werden.[97] Johann Friedrich erschien geradezu als Vollstrecker des guten Werkes, das Gott in Halle angefangen hatte. Der Folgen war sich Luther voll bewußt: Ein gewaltsames Vorgehen gegen Halle konnte zu einem allgemeinen Religionskrieg führen. Würde aber Frieden angeboten, empfahl er dessen Annahme, auch wenn er nicht ehrlich gemeint wäre: »Inndes mussen wir yhre lügen dulden, bis Gott das Ende treffe.«[98]

Wie der Kurfürst auf dieses Votum reagierte, ist nicht überliefert. Der Kriegszug gegen Halle unterblieb. Bei dem kurfürstlichen Entschluß hat die Stellungnahme entscheidend mitgewirkt, ohne aber ausschlaggebend gewesen zu sein.[99] Kursachsen nutzte eine sehr günstige militärische Situation nicht, um den eigenen und damit den gesamtprotestantischen

---

93 Vgl. Erich Brandenburg: Moritz von Sachsen. Bd. 1: Bis zur Wittenberger Kapitulation (1547). Leipzig 1898, 225-232. 259-274. 386-392. 412-417.

94 So wandte sich Luther bereits 1538 gegen den »Zerbster Vertrag«, der dem Erzstift den Erwerb des Grafenamtes gegen die Überlassung von zwei Ämtern an Kursachsen zugestand (WA TR 3, 608 f [Nr. 3778]. 616 f [Nr. 379 1]; WA Br 9, 394, 5-8 [Nr. 3611]). Im September 1542 intervenierte Luther erneut (WA Br 10, 141-146 [Nr. 3788-3791]). Zum Tauziehen um das Burggrafenamt in Halle vgl. Erich Brandenburg: Luther, Kursachsen und Magdeburg in den Jahren 1541 und 1542. Deutsche Zeitschrift für Geschichtswissenschaft 1 (1896/97), 259-297; MJF2, 509-527; WWTh, 253-262.

95 WWTh, 256 f.

96 WA Br 10, 125-128 (Nr. 3780): Luther an Johann Friedrich am 21. August 1542; die kurfürstliche Anfrage vom 18. August siehe ebd., 119-123 (Nr. 3778).

97 WA Br 10, 126, 16-20 (Nr. 3780).

98 WA Br 10, 127, 65 f.

99 Am 6. November 1542 schloß Johann Friedrich mit Halle ein geheimes Schutzbündnis; vgl. MJF 2, 526 f; zur Rolle der Theologen vgl. WWTh, 261 f.

Machtbereich auszudehnen. Die politischen, rechtlichen und moralischen Folgen einer kriegerischen Aktion schätzten Johann Friedrich und seine Räte größer ein, als bei der gewaltsamen Einsetzung des Nikolaus von Amsdorf zum evangelischen Bischof von Naumburg-Zeitz am 17. Januar 1542. Diesem offensichtlichen Rechtsbruch, den Karl V. 1546 bei der Verhängung der Reichsacht gegen Johann Friedrich mit heranzog, widersetzten sich die Wittenberger Theologen zunächst ebenfalls.[100]

Die Spannungen zwischen Herzog Georg und Luther überschatteten unter Johann Friedrich ebenfalls die innerwettinischen Beziehungen. Bereits die Ausführung des »Grimmaischen Machtspruches« vom 17. Juli 1531 erwies sich als schwierig. Der neue Kurfürst erkannte ihn nicht mehr an und beantragte neue Entscheidungen der Ständevertreter. Die sehr komplizierten und von gegenseitigem Mißtrauen bestimmten Gespräche der Beauftragten führten zum »Grimmaer Vertrag« vom 18. November 1533, der u.a. alle Schmähbücher und Schmähschriften – besonders die der Theologen – verbot.[101] Dieser Festlegung waren gereizte Briefe zwischen Dresden und Weimar vorausgegangen wegen Luthers Schreiben zum Abendmahlsempfang an Leipziger Evangelische, das Georgs Religionspolitik direkt angriff.[102] Johann Friedrich trat klar auf Luthers Seite: Er könne diesem eine Trostschrift an beleidigte und verfolgte Christen nicht verbieten.[103] Mehr rhetorisch klingt die Bereitschaft, Luther zur Verantwortung /559/ zu ziehen, falls sich zeige, daß er »Aufruhr erregen« wollte. Beweise die Unterredung seine Unschuld, wolle der Kurfürst »den guten Mann entschuldigt haben«.[104] Den albertinischen Gesandten, die wegen Luthers »Verantwortung der aufgelegten Aufruhr von Herzog Georg samt einem Trostbrief an die Christen, von ihm aus Leipzig unschuldig verjagt«. (1533)[105] zum Kurfürsten geschickt worden waren, antwortete Johann Friedrich mit einem vor diesem und seinem Hof verlesenen Bekenntnis zu Luther und seiner Lehre.

Ende 1534 kam es wegen der Belehnung von Adligen, die sowohl von den Albertinern als auch von den Ernestinern Güter zu Lehen hatten, aber in der Religion mit ihrem Hauptlehnsfürsten nicht übereinstimmten, zu einem neuen Konflikt, den erst Landgraf Philipp am 3. Juni 1536 in Naumburg entschärfen konnte.[106] Georg verknüpfte diesen Streit mit der angeblichen, von Herzogin Elisabeth von Braunschweig verbreiteten Aufforderung

---

100 Die Gutachten in der Naumburg-Zeitzer Bischofsfrage: WA Br 12, 314-347 (Nr. 4282-4287); MBW 3, 231 (Nr. 2829). 233-235 (Nr. 2834 f). 237 f (Nr. 2839-2841); vgl. Hans-Ulrich DELIUS: Das bischofslose Jahr: das Bistum Naumburg-Zeitz im Jahr vor der Einsetzung Nikolaus von Amsdorfs durch Luther. HCh [9] (1973/1974), 65-95.

101 Teutsches Reichs-Archiv ..., 261-266 (Nr. 49); vgl. MJF 2, 466 f.

102 WA Br 6, 448-452 (Nr. 2009): am 11. April 1533; vgl. oben Seite 42-45.

103 WA Br 6, 452.

104 WA Br 6, 464.

105 WA 38, (86) 96-127. In der Erklärung vom 10. August 1533 ließ der Kurfürst verkünden, er könne Luther »nicht anders denn für den zu halten, der nie anders denn wider Aufruhr geprediget, gelehret und geschrieben habe, wie auch seine Schrifften ausweisen. Und daß Luther der sey, den Gott für einen sondern Mann auserwehlet habe, sein heiliges Wort lauter, rein und treulich zu predigen, darbey auch er, der Churfurst zu Sachsen etc. biß in seine Gruben zu bleiben gedencke« (WA 38, 135 f).

106 Zur Belehnung der evangelischen Adligen im Herzogtum bzw. der noch altgläubigen im Kurfürstentum vgl. Günther WARTENBERG: Die evangelische Bewegung im albertinischen Sachsen nach 1525. In: Reform – Reformation – Revolution/ hrsg. im Auftrag des Rektors der Karl-Marx-Universität von Siegfried Hoyer. Leipzig 1980, 154; MJF 2, 468-478.

Luthers am 1. November 1534 in der Stadtkirche zu Wittenberg, gegen den Herzog zu beten. Vermutlich hatte der Reformator sich beim Essen in Anwesenheit Elisabeths heftig gegen den Albertiner gewandt. Außer diesem schrieben auch Herzog Johann und Herzogin Elisabeth von Sachsen an ihren Vetter,[107] der die Angelegenheit an Luther weitergab.[108] In einer ausgewogenen Antwort an Elisabeth von Sachsen verwies er ferner auf die unüberbrückbaren Unterschiede in der Religionsfrage unter den Wettinern, auf die sich steigernde Verfolgung der Evangelischen durch Georg sowie auf die Polemik der albertinischen Theologen gegen die Anhänger der Reformation. Er schlug vor, Gott zu überlassen, was den Fürsten an den Predigern der anderen Seite jeweils mißfiel, um zu einem befriedigenden Miteinander zu gelangen.[109] Durch Brück wünschte Johann Friedrich von den Wittenbergern, die Angriffe des Johannes Cochlaeus und der anderen herzoglichen Schreiber gegen den Kurfürsten, die übrigen protestantischen Fürsten sowie Luther seit dem »Grimmaer Vertrag« von 1533 zusammenzustellen.[110] Er wollte für die zu erwartenden Beschwerden besser gerüstet sein. Von sich aus beabsichtigte Johann Friedrich nicht, die Auseinandersetzungen zu schüren. So hielt er es für besser, wenn Luther gegenüber Georg »ein wenig leis« auftreten würde.[111] Der »Naumburger Vertrag« bestimmte in dieser Sache, daß der Herzog sich mit mehrfachen Versicherungen der Ernestiner zufrieden geben sollte, Luther wisse nichts von jenem Gebet.

Der religiöse Gegensatz unter den Wettinern bewirkte den Austritt Georgs aus der sächsisch-brandenburgisch-hessischen Erbeinigung im März 1537, da die übrigen Fürsten den Eid auf die Heiligen ablehnten und statt römischer Kurie »christliche Kirche« setzen wollten.[112] Die Hinwendung des Freiberger Hofes unter Herzog Heinrich und Herzogin Katharina zu Luther und die Einführung der Reformation im Rochlitzer Gebiet belasteten ebenfalls die Beziehungen Johann Friedrichs zu Georg, den die bewußte Parteinahme des Kurfürsten für Luther und die evangelische Sache mehr und mehr verbitterten.

Mit Sorge nahm Johann Friedrich die immer wieder aufflackernden Streitigkeiten unter den Wittenberger Theologen und ihren Schülern wahr. In diesen Auseinandersetzungen konnte er nicht neutral bleiben; die Parteien wandten sich an ihn und wünschten seine Entscheidungen. Dabei bemühte er sich stets, größere Erschütterungen, die das Ansehen der Protestanten im Reich untergraben hätten, zu verhüten. Den Stellungnahmen von Luther und seinen Mitarbeitern folgte der Kurfürst nicht sofort und gewährte seine Gunst erstaunlich lange den Kontrahenten des Reformators, indem er ohne gründliche Untersuchungen keine Entscheidungen fällen ließ, die aber letztlich nicht gegen Luther ausfielen.

In der Kontroverse mit Agricola[113] wurde Brück zunächst zu direkten Gesprächen nach Wittenberg geschickt. Im Frühjahr 1540 erhielten der Landvogt Bernhard von Mila und der Jurist Benedictus Pauli schließlich den Auftrag, einen Ausgleich auf dem Rechtsweg

---

107 Vgl. MJF 2, 469 f; WA Br 7, 134-136 (Vorgeschichte zu Nr. 2160 f).

108 WA Br 7, 136 f (Nr. 2160): Johann Friedrich an Luther am 21. Dezember 1534.

109 MJF 3, 352 f (Nr. 4) am 20. Dezember 1534.

110 WA Br 7, 138, 25-37 (Nr. 2161) am 21. Dezember 1534.

111 WA Br 7, 139, 53-55.

112 MJF 2, 480 f.

113 Eingehend bei RJAL, 132-219. Die Briefe, Gutachten und Thesen von 1536 bis 1545 zu diesem Streit in NUB 1, 291-356; vgl. Joachim ROGGE: Innerlutherische Streitigkeiten um Gesetz und Evangelium, Rechtfertigung und Heiligung. In: Leben und Werk Martin Luthers ..., 187-204.

zustande zu bringen. Die Quellen dieses antinomistischen Streites zeigen, wie ungern Johann Friedrich /560/ die Auseinandersetzungen sah. Als dem nach Brandenburg geflohenen Agricola eine Verständigung mit Luther gelang, teilten die kurfürstlichen Räte am 28. Februar 1542 jenem die Aufhebung aller Reisebeschränkungen im Kurfürstentum mit. Entscheidend war dafür, daß er sich mit Luther »entlich gar Christlich versonet vnd vorglichen« hatte.[114]

Jakob Schenk, den Wegbereiter der Reformation im albertinischen Freiberg, behandelte Johann Friedrich ebenfalls mit einer gewissen Schonung und berief ihn im Juni 1537, als er in der Bergstadt nicht mehr bleiben konnte und sich den Unwillen der Wittenberger zugezogen hatte, mit Wissen Luthers als Hofprediger nach Weimar.[115]

Wie Schenk benutzte Conrad Cordatus sichtbar werdende Unterschiede und abweichende Formulierungen in der Lehre zwischen Luther und Melanchthon, um als besonders guter Lutheranhänger zu erscheinen und sich im Wittenberger Theologenkreis zu profilieren. Cordatus griff Cruciger wegen Äußerungen zur Bedeutung der guten Werke bei der Rechtfertigung durch den Glauben an; er wollte damit eigentlich Melanchthon treffen.[116] Während Luther gelassen reagierte, wurden Brück und Johann Friedrich unruhig; wobei der einflußreiche Rat unter dem Eindruck privater Äußerungen Luthers bereits am 12. Mai 1536 über Unstimmigkeiten in Wittenberg berichtete und die Möglichkeit einer Spaltung und eines Weggangs Melanchthons nach Tübingen beschwor.[117] Wie sehr dem Kurfürsten die Einheit seiner führenden Theologen am Herzen lag, zeigte seine persönliche Anwesenheit bei geheimen Verhandlungen Brücks am 5. Mai 1537 mit Luther und Bugenhagen, in deren Verlauf neben dem Cordatusstreit die Änderungen Melanchthons an der »Confessio Augustana«, die Unstimmigkeiten mit den Juristen u. a. zur Sprache kamen. Eine Niederschrift, die diese Zusammenkunft sicherlich vorbereitete, zeigt die zunehmende Sorge vor der Aufspaltung der Universität in eine Gruppe um Melanchthon und Cruciger und eine um Luther und Bugenhagen sowie vor den innen- und außenpolitischen Folgen der Differenzen.[118] Die Dispute der Theologen trafen den Kurfürsten in seiner Frömmigkeit. Sein Vertrauen zu Luther blieb dabei ungebrochen. Ihm gab er die entscheidende Stimme bei der Beilegung der Auseinandersetzungen.

Johann Friedrich kommt das Verdienst zu, sich bereits frühzeitig um die Sammlung und Herausgabe von Lutherschriften gekümmert zu haben. Mindestens seit 1540 sammelte Johannes Aurifaber Material.[119] Zur gleichen Zeit veranlaßte der Kurfürst, die Predigten des Reformators abzuschreiben. Unter der Redaktion von Georg Rörer und Cruciger be-

---

114 NUB 1, 352 (Nr. 35); vgl. RJAL, 213.
115 Zu Schenk vgl. Johann Karl SEIDEMANN: Dr. Jacob Schenk, der vermeintliche Antinomer, Freibergs Reformator etc. Leipzig 1875. – Aktenmaterial und weitere Literatur bei Günther WARTENBERG: Die Einwirkungen Luthers auf die reformatorische Bewegung im Freiberger Gebiet und auf die Herausbildung des evangelischen Kirchenwesens unter Herzog Heinrich von Sachsen. HCh [13] (1981/82), 97-103 mit Anmerkungen = in diesem Bd. S. 121-146.
116 Zu Cordatus vgl. Ernst KÄHLER: Cordatus (Hertz), Konrad. NDB 3 (1957), 356 f, zum Streit WA Br 7, 541-545 (Nr. 3081: Beilage); WA Br 8, 80 f (Nr. 3153: Beilage).
117 Otto CLEMEN: Beiträge zur Lutherforschung. ZKG 34 (1913), 96. 100; WA Br 7, 412 f (Nr. 3022: Beilage).
118 WA Br 8, 80-84 (Nr. 3135: Beilage).
119 MJF 3, 268 f; Helmar JUNGHANS: Aurifaber, Johannes. TRE 4 (1979), 753, 10-13.

gann seit 1539 die Wittenberger Ausgabe von Luthers Werken zu erscheinen. Für den Arbeitsbeginn und die Weiterführung der ersten Gesamtedition setzte sich Johann Friedrich ebenfalls ein. An seinen Befehl, die Ausgabe zu beschleunigen, erinnerte Luther im Vorwort zum ersten Band.[120]

Wie unter Johann vollzog sich die Einflußnahme Luthers auf Johann Friedrich und die gegenseitige Verständigung in persönlichen Begegnungen und durch Briefe. Nicht zu unterschätzen sind die zahlreichen Predigten.[121] Hinzu kommt die Lektüre von Lutherschriften, die für den Kurprinzen auf jeden Fall nachzuweisen ist. Für die Mitwirkung der Wittenberger

---

120 WA 54, 179, 19-21. Zum Drängen Johann Friedrichs ebd, 60, 464 f; Eike WOLGAST: Die Wittenberger Luther-Ausgabe: zur Überlieferungsgeschichte der Werke Luthers im 16. Jahrhundert. Nieuwkoop 1971, 90 f.

121 Zu den Predigten vor Kurfürst Johann Friedrich in der Wittenberger Schloßkirche vgl. Buchwald: Lutherana, 77-83:

| | | |
|---|---|---|
| 22. August 1532 | 1 Th 4, 13-15 | WA 36, (XXIV) 255-270 |
| 23. August 1532 | L 15, 1-10 | WA 36, (XXIV f) 270-286 |
| 24. August 1532 | L 15, 1-10 | WA 36, (XXV) 287-304 |
| 25. August 1532 | L 10, 23-29 | WA 36, (XXV) 304-309 |
| 4. September 1532 | L 16, 1 f | WA 36, (XXVI) 309-314 |
| 5. September 1532 | L 16, 9 | WA 36, (XXVI) 314-319 |
| 6. September 1532 | L 16, 10-12 | WA 36, (XXVI) 319-323 |
| 18. Dezember 1533 | Mt 1 | WA 37, (XXVIII) 211-217 |
| 19. Dezember 1533 | Mt 1 | WA 37, (XXVIII) 217-221 |
| 20. Dezember 1533 | Mt 1 | WA 37, (XXVIII) 222-226 |
| 28. Februar 1534 | Mt 4, 1-10 | WA 37, (XXXI) 308-312; 41, 740-742 |
| 8. März 1534 | L 11, 14-18 | WA 37, (XXXI) 317-322 |
| 16. April 1534 | Mt 5, 20-22 | WA 37, (XXXIII) 381-385 |
| 20. April 1534 | Ps 110, 1 f | WA 37, (XXXIII) 387-390 |
| 23. August 1534 | Mc 7, 31-37 | WA 37, (XXXVII f) 506-520 |
| 24. August 1534 | Ps 130, 1-6 | WA 37, (XXXVIII) 520-526 |
| 27. (?) Januar 1535 | Ps 5, 1-7 | WA 41, (XVIII) 6-17; RN |
| 8. Mai 1535 | Ps 110, 1 | WA 41, (XIX-XXI) 79-121; RN |
| 3. Mai 1536 | Ps 25, 8-10 | WA 41, (XXXIII) 569-573; RN |
| 7. Mai 1536 | J 16, 16-23 | WA 41, (XXXIII) 573-578; RN |
| 23. Juli 1536 | Mt 5, 20-26 | WA 41, (XXXVI) 637-642; RN |
| 24. Juli 1536 | R 6, 3-11 | WA 41, (XXXVI) 642-646; RN |
| 12. September 1536 (Torgau) | L 10, 23-37 | WA 41, (XXXVII f) 663-667; RN |
| 1. Dezember 1536 | Ps 126, 1-3 | WA 41, (XL) 720-723; RN |
| 2. Dezember 1536 | Ps 126, 4 | WA 41, (XL) 724-728; RN |
| 6. Mai 1537 | J 16, 23-26 | WA 45, (XXIV) 81-84 |
| 11. Oktober 1537 | Tt 3, 3-5 | WA 45, (XXX) 165-171 |
| 12. Oktober 1537 | Tt 3, 5 f | WA 45, (XXX) 171-175 |
| 14. Oktober 1537 | Mt 22, 1 | WA 45, (XXX) 175-180 |
| 16. Oktober 1537 | Tt 3, 5-7 | WA 45, (XXX f) 181-185 |
| 21. November 1537 | Kol 1, 9-17 | WA 45, (XXXIV f) 265-297 |
| 22. November 1537 | Kol 1, 18-20 | WA 45, (XXXV) 297-324 |
| 3. Februar 1538 | Mt 8, 23-25 | WA 46, (XVIII f) 161-166 |
| 26. Februar 1538 | 1 Th 1, 1 f | WA 46, (XX) 186-194 |
| 21. März 1538 | 1 Th 1, 4-8 | WA 46, (XXI) 212-218 |
| 21. April 1538 | Auferstehung Christi | WA 46, (XXIV) 314-322 |
| am Nachmittag | Auferstehung Christi | WA 46, (XXIV) 322-328 |
| 22. April 1538 | J 20, 16 | WA 46, (XXIV) 329-354 |
| 10. Oktober 1538 | 1 T 5, 20-23 | WA 46, (XXX) 502-508 |
| 12. Oktober 1538 | 1 T 5, 21 | WA 46, (XXX) 509-512 |
| 1. Mai 1540 | 1 K 2, 9 | WA 49, (XXIII) 164-166 |
| 12. April 1545 | 1 J 5, 4-10 | WA 49, (XLVIII) 701-708. |

Theologen hatten sich gewisse Formen herausgebildet, die nach 1532 noch ausgebaut wurden. Luther blieb Partner bei der politischen Entscheidungsfindung, zumal seine Ratschläge von einem Theologen kamen, der seine Umwelt genau beobachtete und die Chancen und Gefahren des Ineinanders von Religion und Politik für seine theologischen Anliegen erfaßt hatte. Seine Voten waren politische Äußerungen, die am kurfürstlichen Hof gehört, aber nicht immer befolgt wurden. Neben der unterschiedlichen Betrachtungsweise des Politikers und des Theologen und dem abweichenden Entscheidungshorizont sind die komplizierter werdende politische Lage und das Geschick der kaiserlichen Diplomatie in Rechnung zu stellen, dem Johann Friedrich und seine Räte kaum gewachsen waren. Daher waren die theologischen Überlegungen wenig geeignet, bei Einzel- und Ermessensfragen Richtschnur zu sein. Sie erhielten vielmehr /561/ die Aufgabe, immer wieder die Grundfragen einer Politik, die dem Evangelium dienen wollte, zur Sprache zu bringen.

Die angeführten Beispiele zeigen keinesfalls eine bedingungslose Abhängigkeit Johann Friedrichs von Luther, wenn es auch vielen Räten nicht gefiel, daß die Theologen in solchem Maße in den Entscheidungsprozeß einbezogen wurden.[122] Johann Friedrich nahm ihre Bedenken nicht einfach zur Kenntnis, sondern trat mit ihnen in einen nicht immer widerspruchsfreien Dialog, um zu einem Konsens zu gelangen. Für die tiefe, persönliche Frömmigkeit des Kurfürsten war die Bestätigung seiner politischen Entschlüsse durch Luther und seine Mitarbeiter unerläßlich. Bei den innerprotestantischen Verhandlungen erforderte die Autorität Luthers auch außerhalb Kursachsens, daß er sich äußerte. Die Sonderstellung Luthers erkannte Johann Friedrich voll an.[123] Es sind schon die Anzeichen einer Entwicklung zu spüren, die den Reformator aus dem Bereich menschlicher Kritik herausnahm. Unter diesem Gesichtspunkt war es nicht nur von innenpolitischer Bedeutung, wenn die Wittenberger Theologen, als wichtiger Faktor der Meinungsbildung, die ernestinische Gesamtpolitik mittrugen.

Johann Friedrich sah als die Grundlagen für sein Wirken die Bibel und die »Confessio Augustana« an. Als Kurfürst fühlte er sich verpflichtet, das bestehende Reichsrecht zu wahren. Er verstand es aber nicht, unter Benutzung des Schmalkaldischen Bundes, eine dynamische und zielgerichtete Politik zu führen, wie sie Philipp von Hessen einige Zeit erfolgreich praktizierte. Ein ausgeprägtes Standesbewußtsein und zähes Festhalten an einmal getroffenen Entscheidungen standen einer wirkungsvollen kursächsischen Politik ebenfalls im Wege. Wenn die Regierungszeit Johann Friedrichs in einer Katastrophe endete und die sich bietenden politischen Chancen ungenutzt blieben, so lag das nicht an den Stellungnahmen aus Wittenberg, sondern an der Art und Weise, wie der letzte ernestinische Kurfürst Politik betrieb. Er betonte das Recht der eigenen Entscheidung, das Empfehlungen,

---

122 Zu Luthers Einfluß am kursächsischen Hof vgl. SCHRIFTEN DR. MELCHIORS VON OSSE: mit einem Lebensabriß und einem Anhange von Briefen und Akten/ hrsg. von Oswald Artur Hecker. Leipzig 1922, 62.

123 MJF 3, 267 f. Charakteristisch ist der Satz im Schreiben des Kurfürsten an seine Räte in Worms am 26. August 1545: »D. Martinus habet spiritum singularem qui sibi modum in his poni non patitur« (Veit Ludwig VON SECKENDORF: Commentarius historicus et apologeticus de Lutheranismo. Bd. 3. 2. Aufl. Lipsiae 1694, 556b). In diesen Zusammenhang gehören die Vergünstigungen, die Luther von seinen Landesherren erhielt; für die Geschenke von 1525 bis 1546 vgl. Buchwald: Lutherana, 83-93 Am 4. Februar 1532 verschrieb ihm Johann das Schwarze Kloster zu Wittenberg (WA Br 6, 257 f [Nr. 1902]).

Zustimmung und Ablehnung anderer wenig wirksam werden ließ. Es fiel Johann Friedrich sehr schwer, mit der politischen Entwicklung Schritt zu halten und die Veränderungen politisch umzusetzen, ein Lernvorgang, dem sich Luther gestellt hatte.

## 3 Kurfürstin Sibylla

Bereits 1518 plante die ernestinische Diplomatie eine Heirat zwischen Johann Friedrich und der am 17. Juli 1512 in Düsseldorf geborenen Sibylla von Jülich-Cleve,[124] einer Tochter des Herzogs Johann III. und der Herzogin Maria. Ziel dieser Heirat war es, Lehnsstreitigkeiten Sachsens mit Cleve beizulegen. Daß dieses Vorhaben erst im Sommer 1525 weiter verfolgt wurde, lag an der im Zusammenhang mit der Kaiserwahl Karls V. angebahnten Eheverbindung zwischen Johann Friedrich und der Infantin Katharina, einer Schwester des jungen Kaisers. Veränderte politische Interessen am Kaiserhof und auch die Religionsfrage ließen das Projekt scheitern. Katharina wurde 1524 mit König Johann III. von Portugal verheiratet. Dadurch trat der Heiratsplan mit Cleve wieder in den Vordergrund, die offiziellen Verhandlungen kamen am 8. August 1526 zum Abschluß.[125] Einen Monat später fand in Burg (Wupper) die Hochzeit statt, bei der Friedrich Myconius, seit 1525 Pfarrer in Gotha, die Trauung hielt. Die feierliche Heimführung der Kurprinzessin wurde am 2. Juni 1527 mit den üblichen Festlichkeiten in Torgau begangen.

Sibylla kam in eine neue Umgebung, was in besonderer Weise für die kirchlichen Verhältnisse galt. Das klare Bekenntnis Johann Friedrichs zur Reformation war kein Hindernis für die Heirat gewesen. Am Düsseldorfer Hof herrschte zwar ein reformfreundliches Klima, unter dem Einfluß von Erasmus stehende Räte bestimmten die Politik und vor allem die Kirchenpolitik. Die Anhänger Luthers konnten indessen mit wenig Sympathien rechnen. Gerade während /562/ der Eheverhandlungen erging ein Mandat und drohte mit Haft, Verlust des Eigentums, mit Verbannung.[126] Ein erhalten gebliebenes Gebetbuch Sibyllas, das ihr als Erinnerung an die niederrheinische Heimat nach Sachsen mitgegeben wurde, bezeugt ihre Verankerung in der spätmittelalterlichen Frömmigkeit zur Zeit ihrer Ankunft am kurfürstlichen Hof.[127]

---

124 K[arl] W[ilhelm] BOUTERWEK: Sibylla, Kurfürstin von Sachsen, geborene Herzogin von Jülich, Cleve, Berg etc. Zeitschrift des Bergischen Geschichtsvereins 7 (1871), 105-165; H. MICHELSEN: Eine deutsche Fürstin der Reformationszeit: Kurfürstin Sibylla zu Sachsen, Herzogin von Cleve, Jülich, Berg. Wissenschaftliche Beilage zur Leipziger Zeitung (1899), 401-404; [Theodor] FLATHE: Sibylia, Kurfürstin von Sachsen. ADB 34, 141.

125 Zu den Heiratsverhandlungen MJF 1, 18-25. Am 10. Juni 1525 schickte Luther an Spalatin einen nicht mehr erhaltenen Brief für Kurfürst Johann mit, der mehrfach (WA Br 3, 526, Anm. 2) auf die Heirat Johann Friedrichs bezogen worden ist; vgl. ebd, 525, 3-5 (Nr. 886).

126 Der herzogliche Befehl, gegen die Verbreitung von Luthers Lehre einzuschreiten, erging am 26. März 1525; vgl. JÜLICH-BERGISCHE KIRCHENPOLITIK AM AUSGANGE DES MITTELALTERS UND IN DER REFORMATIONSZEIT/ hrsg. von Otto R. Redlich. Bd. 1: Urkunden und Akten: 1400-1553. Bonn 1907, 229-231 (Nr. 225); vgl. Anton GAIL: Johann von Vlatten und der Einfluß des Erasmus von Rotterdam auf die Kirchenpolitik der vereinigten Herzogtümer. Düsseldorfer Jahrbuch 45 (1951), 1-109.

127 DAS GEBETBUCH DER HERZOGIN SIBYLLA VON CLEVE (COD. GERM. 84)/ untersucht und erl. von Herbert Reiners. München 1924.

Doch bald wandte sie sich der neuen Lehre zu. Dieser Schritt geschah nicht aus Anpassung an die andere Umwelt, sondern aus Überzeugung. Zu Luther trat sie in ein herzliches Verhältnis. Zahlreiche Briefe, den ersten schrieb Sibylla am 14. Januar 1529 an Luther,[128] belegen diese Verbindung, in die auch Käthe Luther mit einbezogen war. Mit ihrem Gemahl teilte die Kurfürstin die besondere Verehrung für den Reformator und die Sorge um sein Wohlergehen. In seiner Lehre fand sie die Kraft, mit den Folgen des Schmalkaldischen Krieges und der fünfjährigen Trennung von Johann Friedrich fertig zu werden. Ihre Briefe an den gefangenen Kurfürsten[129] bezeugen eindrucksvoll ihren Glauben. Die Bibel und Lutherschriften gehörten zu ihrer ständigen Lektüre. Wie sehr sie unter dem Eindruck dieser Bücher stand, zeigt ihr Versuch, dem Gefangenen trotz kaiserlicher Postzensur Luthers »Das schöne Confitemini, an der Zahl der 118. Psalm« von 1530 zu schicken.[130]

In die Politik griff Sibylla im Gegensatz zu den Herzoginnen Katharina und Elisabeth nicht ein. Die Berührungspunkte mit Luther beschränkten sich auf ihre Familie und ihr persönliches Glaubensleben. Es überrascht nicht, wenn Luther die Ehe des kurfürstlichen Paares hervorhob und als Muster hinstellte.[131]

## II Die Albertiner

### 1 Herzog Georg der Bärtige

Als ältester Sohn des Herzogs Albrecht des Beherzten und Sidonias (Zdeňka), einer Tochter des Böhmenkönigs Georg Podiebrad, wurde Georg im August 1471 in Meißen geboren.[132] Ihm wurde eine gute Erziehung zuteil. Durch die häufige Abwesenheit Albrechts als Befehls-

---

128 Dr. Martin Luthers Briefwechsel ... Bd. 7. Frankfurt; Leipzig 1897, 91 f (Nr. 1480); weitere Briefe zwischen Sibylla und Luther am 14. Januar 1529 (ebd, 40-42 [Nr. 1435]), am 27. März 1544 (WA Br 10, 545-548 [Nr. 3977]), am 30. März 1544 (ebd, 548 f [Nr. 3978]), am 28. April 1544 (ebd, 557 [Nr. 3985]), am 21. Mai 1544 (ebd, 581 f ([Nr. 3995]).

129 BRIEFE DER HERZOGIN SIBYLLA ZU JÜLICH-CLEVE-BERG AN IHREN GEMAHL JOHANN FRIEDRICH DEN GROSSMÜTHIGEN, KURFÜRSTEN VON SACHSEN/ hrsg. von C[arl] A[ugust] H[ugo] Burkhardt. Zeitschrift des Bergischen Geschichtsvereins 5 (1868/70), 1-184. Bonn 1869.

130 Ebd, 140 (Nr. 84) am 28. Oktober 1551. Sie nannte Luther dabei nicht mit Namen aus Furcht für den weiteren Briefverkehr. Die Schrift wurde ausgelegt »durch den fromen man der dott« ist.

131 Vgl. WA TR 5, 600 (Nr. 6318); MJF 1, 26. Davon ging auch Justus Menius aus, der Sibylla am 8. März 1529 seine »Oeconomia christiana« widmete, zu der Luther eine Vorrede schrieb, die allerdings an den Wittenberger Hauptmann Hans von Metzsch gerichtet war (WA 30 11, (49) 60-63; RN).

132 Zu Georg vgl. Adolf Moritz SCHULZE: Georg und Luther oder Ehrenrettung des Herzogs Georg von Sachsen: ein Beitrag zur Geschichte der Reformation. Leipzig 1834; [Theodor] FLATHE: Georg, Herzog von Sachsen. ADB 8, 684-687; Franz DIBELIUS: Georg der Bärtige, Herzog von Sachsen. RE³ 6, 529-533; BHGS; Gisela REICHEL: Herzog Georg der Bärtige und Erasmus von Rotterdam: eine Studie über Humanismus und Reformation im albertinischen Sachsen. Leipzig 1947. (MS). Phil. Diss. Leipzig 1947; Aland: Martin Luther ..., 422-424; Otto VOSSLER: Georg der Bärtige und seine Ablehnung Luthers. HZ 184 (1957), 272-291 = DERS.: Geist und Geschichte: von der Reformation bis zur Gegenwart. München 1964, 9-26; Ingetraut LUDOLPHY: Die Ursachen der Gegnerschaft zwischen Luther und Herzog Georg von Sachsen. In: Verantwortung: Untersuchungen über Fragen aus Theologie und Geschichte/ zum sechzigsten Geburtstag von Gottfried Noth hrsg. vom Ev.-Luth. Landeskirchenamt Sachsens. Berlin 1964, 155-170 = LuJ 32 (1965), 28-44; DIES.: Der Kampf Herzog Georgs von Sachsen gegen die Einführung der Reformation. In: HStM, 165-185; Elisabeth WERL: Georg der Bärtige (oder der Reiche), Herzog von Sachsen. NDB 6 (1964), 224-227; KEGPV, 288-316.

haber im Dienst des Kaisers war die Mutter die prägende Persönlichkeit der Kindheit und Jugend Georgs. Sie hatte ihn zum Geistlichen bestimmt,[133] aus Sorge um das Seelenheil ihres Vaters, der wenige Monate vor der Geburt Georgs im Bannfluch von Papst Paul II. gestorben war. Diese Angst stimulierte in besonderer Weise die Frömmigkeit der Herzogin und beeinflußte das religiöse Klima nachhaltig, in dem Georg aufwuchs. Er wußte um die schmerzlichen Folgen der Trennung von dem herrschenden Kirchenwesen. Das Schicksal seines Großvaters gab ihm unter dem Einfluß der Mutter ein Gespür für Ketzerei und Rechtgläubigkeit in der Sicht der spätmittelalterlichen, päpstlichen Kirche.

Rücksichten auf die Interessen der Familie und des Territoriums veranlaßten Albrecht, seinen jüngsten Sohn Friedrich für die kirchliche Laufbahn vorzusehen und seinen ältesten mit der Verwaltung des Landes zu betrauen. 1488 übergab er Georg die Regentschaft, während er für das Reich und die Habsburger außerhalb seines Herzogtums kämpfte. Damit erhielt der 17jährige Gelegenheit, in der Regierung des durch die Leipziger Teilung entstandenen albertinischen Landes Erfahrungen zu sammeln. Die zunehmende innere Stabilität und Konsolidierung von Sachsen-Meißen als eigenes Territorium ist das Ergebnis seiner politischen Wirksamkeit.

Georg führte eine gute Innenpolitik.[134] Er reformierte die Verwaltung und nahm die Einteilung in Ämter vor. Zielgerichtet und geschickt überwand er die hohen finanziellen Belastungen, durch die Kämpfe um Friesland hervorgerufen, und erreichte mit Unterstützung seiner politisch erfahrenen und eingearbeiteten Räte ein gesundes Finanzwesen. Zwischen Fürst und Landständen entwickelte sich ein spannungsfreies Verhältnis, das durch die gleichen Interessen /563/ zu einem einheitlichen und reibungslosen Regierungsstil führte. Das galt ebenfalls für die Religionsfrage. Ohne den Rückhalt bei den Ständen hätte Georg seine antilutherische Politik nicht bis zu seinem Tod am 17. April 1539 durchhalten können. Der Adel und die städtischen Führungsschichten standen in der Luthersache hinter Georg. Obwohl Ständevertreter und einige Räte seit 1537 für Reformen wie Laienkelch und Priesterehe eintraten, wollten diese gerade dadurch das herzogliche Sachsen vor einer Reformation nach Wittenberger Vorbild bewahren.[135] Georg verschloß sich solchen Wünschen. Deutlicher als die Reformkräfte erkannte er, daß jedes Zugeständnis ohne päpstliche Billigung den mühsam errichteten Damm gegen die evangelische Bewegung nur zerstören mußte. In Georgs Innenpolitik ist seine Fürsorge für Geistlichkeit und Klöster einzuordnen. Als Landesherr fühlte er sich verpflichtet, für das Seelenheil seiner Untertanen zu sorgen, was für ihn das radikale Ausmerzen aller evangelischen Einflüsse bedeutete.

---

133 Elisabeth WERL: Herzogin Sidonia von Sachsen und ihr ältester Sohn Herzog Georg. HCh [3] (1959), 8-19.

134 Vgl. STAAT UND STÄNDE UNTER DEN HERZÖGEN ALBRECHT UND GEORG: 1485-1539/ bearb. von Woldemar Goerlitz. Leipzig 1928, 478-482; Felician GESS: Die Klostervisitationen des Herzog Georg von Sachsen. Leipzig 1888; Oswald Artur HECKER: Religion und Politik in den letzten Lebensjahren Herzog Georgs des Bärtigen von Sachsen. Leipzig 1912.

135 Vgl. ebd, 58-116; Robert STUPPERICH: Der Humanismus und die Wiedervereinigung der Konfessionen. Leipzig 1936, 39-49; Günther WARTENBERG: Die Leipziger Religionsgespräche von 1534 bis 1539: ihre Bedeutung für die sächsisch-albertinische Innenpolitik und für das Wirken Georgs von Karlowitz. In: RGRZ, 35-41.

Die Quellen für Georgs Lutherfeindschaft sind in der persönlichen Frömmigkeit, seinem ausgeprägten Verhältnis zur kirchlichen und staatlichen Ordnung, in seinen staatspolitischen, rechtlichen und ethischen Anschauungen zu suchen. Hinzu kam die durch die Leipziger Teilung vorgezeichnete Rivalität der beiden wettinischen Territorien, die sowohl zur Habsburgtreue als auch zur Parteinahme gegen die Reformation geführt hat. Bei der einer nur schwer auflösbaren Lebensgemeinschaft gleichenden Verknüpfung des kurfürstlichen und herzoglichen Sachsens, die sich aus der Art der Teilung ergab, traf jede politische und wirtschaftliche Entscheidung das andere Gebiet mit. Daher mußte Georg in der Luthersache Stellung beziehen.[136] Wollte er der ernestinischen Verzögerungstaktik und dem stillschweigenden Gewähren nicht folgen, blieb ihm nur die Entscheidung zwischen voller Zustimmung und radikaler Ablehnung. Daß der Albertiner sich für den zweiten Weg entschied, ist weniger aus dem Gegensatz zu seinem kurfürstlichen Vetter zu erklären, als aus der persönlichen Entwicklung des Herzogs und aus dem sich seit 1485 für den Albertiner ergebenden außenpolitischen Handlungsspielraum.

Dem Thesenanschlag begegnete Georg mit viel Sympathie. Aus den von ihm für den Wormser Reichstag von 1521 erarbeiteten »Gravamina« wissen wir, daß er die Ablaßpraxis kritisierte.[137] Die Leipziger Disputation vom 27. Juni bis 15. Juli 1519 förderte der Herzog und setzte sie gegen den Widerstand der Universität und des Merseburger Bischofs, Adolf von Anhalt, in der Hoffnung auf »besserung der mistbrauch under den Cristen« durch, wie er Ende 1525 an Luther schrieb.[138] Luthers Aussage während der Disputation zu Johann Eck, daß »etlich des Hussen artikel, darumb er vordammet, wern aufs Cristlichste« gestellt, rief den energischen Widerspruch Georgs hervor[139] und leitete den Prozeß der Abwendung ein. Die Furcht vor dem Hussitismus war nicht nur herzogliches Familienerbe, sie war im Meißner Gebiet weit verbreitet und wurde vom Bischof, Johann VII. von Schleinitz, geteilt. Luthers »Ein Sermon von dem hochwürdigen Sakrament des heiligen wahren Leichnams Christi und von den Brüderschaften«[140] mit dem Wunsch nach dem Laienkelch wurde in Dresden und Meißen als prohussitisch empfunden. Das Büchlein veranlaßte den Herzog zu seiner ersten Beschwerde über Luther bei Kurfürst Friedrich[141] und den Bischof zum Mandat vom 24. Januar 1520, das jene Schrift verbot und ihre Einziehung anordnete.[142] Bei dem weiteren Vorgehen gegen Luther arbeiteten der herzogliche Hof und Bischof Johann VII. eng zusammen. Das Wormser Edikt und die päpstliche Bannbulle vom 5. Januar 1521 setzten für den Albertiner die Maßstäbe und wurden zu den Grundlagen seiner weiteren Religionspolitik. Folgerichtig erwirkte Georg aufgrund der

---

136 Dazu Vossler: Georg der Bärtige …, 9 f.

137 ABK 1, 150-153 (Nr. 189).

138 ABK 2, 427, 35 - 475, 1 (Nr. 1195): Georg an Luther am 28. Dezember 1525. Zur Leipziger Disputation vgl. Johann Karl SEIDEMANN: Die Leipziger Disputation im Jahre 1519: aus bisher unbenutzten Quellen historisch dargestellt und durch Urkunden erläutert. Dresden 1843; Friedrich SEIFERT: Die Reformation in Leipzig. Leipzig 1883, 32-63.

139 ABK 2, 475, 4.

140 WA 2, (738) 742-758; WA 9, 791-793; WA 21, 159-161 = StA 1, (270) 272-287.

141 ABK 1, 110 f (Nr. 146): am 27. Dezember 1519; vgl. Albrecht LOBECK: Das Hochstift Meißen im Zeitalter der Reformation bis zum Tode Herzog Heinrichs 1541/ besorgt von Heinrich Bornkamm und Heinz Scheible. Köln 1971, 54-56. (Mitteldeutsche Forschungen; 65).

142 Text des Mandates in WA 6, 151-153.

Wittenberger Ereignisse von 1521/1522 am 20. Januar 1522 ein Mandat beim Reichsregiment in Nürnberg gegen die religiösen Neuerungen.[143]

Zum ersten direkten Zusammenstoß führte ein Brief Luthers von Ende März 1522 an Hartmuth von Kronberg, den dieser mit seiner eigenen Antwort drucken ließ: »Ein Missive allen /564/ denen, so von wegen des Wortes Gottes Verfolgung leiden«.[144] Darin stellte Luther ohne direkte Namensnennung (»die wasser blaße N.«) Georgs »Tyrannei« der großen Kraft gegenüber, die in Christi Auferstehung offenbar geworden sei. Georg trotze dem Himmel mit seinem »hohenn bauch« und habe dem Evangelium entsagt.[145] Der Herzog fühlte sich getroffen und erkundigte sich bei Luther nach dessen Autorschaft.[146] Dieser entgegnete sofort mit spitzer Feder, er sei bereit, alles zu verteidigen, was er heimlich oder öffentlich gegen Georg geredet oder getan habe. Zugleich verwahrte er sich gegen Verleumdungen und Angriffe. Er würde schweigen, wenn Georg die »Christliche warheyt nicht so schendlich lestern und verfolgen« würde.[147] Alle Versuche des Herzogs, über Kurfürst Friedrich, über das Reichsregiment sowie direkt bei Luther einen Widerruf zu erwirken oder ihn bestrafen zu lassen, führten nicht zum Ziel.[148] Das am 7. November 1522 in Dresden ergangene Verbot des »Septembertestaments«[149] verschärfte den Konflikt. Dem herzoglichen Sachsen waren Bayern, Brandenburg, Österreich und andere altgläubige Gebiete gefolgt. Dieser Anspruch der Obrigkeit, über den Glauben ihrer Untertanen zu bestimmen, empörte Luther, da sie dazu nach seiner Meinung weder ein Recht noch ein Mandat hätten.[150]

Nachdem Luther die am 16. Juni 1524 erfolgte Erhebung der Reliquien des wenige Monate zuvor heiliggesprochenen Benno literarisch verspottet hatte,[151] leitete der Briefwechsel zwischen Luther und Georg zum Jahreswechsel 1525/1526 in ihrem Verhältnis einen neuen Abschnitt ein. Die Unterdrückung des Bauernaufstandes hatte zur Annäherung der Albertiner und Ernestiner geführt. Der Regierungsantritt von Kurfürst Johann weckte auf beiden Seiten Erwartungen, daß in der Religionsfrage eine Verständigung möglich wäre. Dazu gehörte der von Georg abgelehnte Vorschlag von Johann und Landgraf Philipp zu einem Religionsgespräch. Die Predigten Chrosners seit August/September 1524 als Hofprediger in Dresden nährten Hoffnungen auf eine Sinnesänderung des Herzogs. Auf diesem Hintergrund ist Luthers versöhnlich gehaltenes Schreiben vom 21. Dezember 1525 an Georg

---

143 ABK 1, 250-252 (Nr. 288). Zur Rolle Georgs vgl. Des kursächsischen Rates Hans von der Planitz Berichte aus dem Reichsregiment in Nürnberg 1521-1523/ hrsg. von Ernst Wülcker und Hans Virck. Leipzig 1899, 59 f (Nr. 27). 67 f (Nr. 29). 72 f (Nr. 31): an Kurfürst Friedrich am 2., 16. und 28. Januar 1522; Lobeck: Das Hochstift Meißen …, 64; am 10. Februar 1522 erließ Georg ein entsprechendes eigenes Ausschreiben (ABK 1, 269-271 [Nr. 299]); dazu BHGS, 171-173.

144 WA 10 II, (42) 53-60. 503 f; vgl. WA Br 2, 484 f (Nr. 466). 497-502 (Nr. 475).

145 WA 10 II, 55, 19-24.

146 ABK 1, 407 f (Nr. 417) = WA Br 2, 642 (Nr. 564) am 30. Dezember 1522 (ABK datiert mit 28. Dezember falsch).

147 ABK 1, 418 f (Nr. 422) = WA Br 3, 4-6 (Nr. 567) am 3. Januar 1523.

148 KEGPV, 291; BML, 266-268.

149 ABK 1, 386 f (Nr. 400); vgl. BHGS, 179-182.

150 Vgl. oben Anm. 12; zu den Verboten WA 11, 267, 14-29, Anm. 1.

151 Wider den neuen Abgott und alten Teufel, der zu Meißen soll erhoben werden, 1524 (WA 15, (170) 183-198. 812 f); vgl. Otto Langer: Bischof Benno von Meißen: sein Leben, seine Kanonisation. Teil 2. Mitteilungen des Vereins für Geschichte der Stadt Meißen 2 (1891), 99-144; Lobeck: Das Hochstift Meißen …, 70 f.

zu sehen. Der Reformator wollte ihn »noch einmal freundlich und demüthig« ersuchen. Er bat den Herzog, seine Lehre nicht mehr zu verfolgen, und entschuldigte sich für das, was er gegen den Herzog geschrieben und geredet habe. Eine Verfolgung des Evangeliums und seiner Prediger führe aber nicht zum Ziel, da sie auf Christi Zusage bauen könnten.[152]

In einem eigenhändig entworfenen Brief antwortete Georg am 28. Dezember ausführlich. Dabei griff er auf sein Verhalten gegenüber Luther seit der Leipziger Disputation zurück. Er kannte nur die Rückkehr in den Schoß der »Christlichen Kirche«. Neben seiner Lehre, deren Früchte sich in Ketzerei, in Empörung gegen die Obrigkeit, in Plünderung der Klöster, im Auslaufen der Nonnen und Mönche zeigen würden, hielt er Luther vor allem seine Heirat mit Katharina von Bora als Eidbruch vor.[153] Diese beiden Briefe führten zu einer weiteren Verhärtung der Ansichten auf beiden Seiten. Gerade der Brief Georgs zeigte, wie wenig es ihm auf ein Gespräch oder auf einen Ausgleich ankam. Er war nicht in der Lage, Luthers Anliegen zu verstehen. Daher konnte er über das Versöhnungsangebot des »meineidigen Mönches« so schnell hinweggehen. Georg wurde nicht müde, von seinem Vetter Johann eine Verurteilung Luthers zu fordern.

Die »Packschen Händel« führten zu einem weiteren Konflikt. Am 14. Juni 1528 schrieb Luther an Wenzeslaus Linck, daß er allen Entschuldigungen von herzoglicher Seite nicht glaube. Da man das Evangelium auslöschen wolle, sollte alles Bestreiten der Bündnisabsichten der altgläubigen Fürsten die eigentlichen Absichten nur verschleiern.[154] Als Georg von diesen Vorwürfen erfuhr, schickte er umgehend einen Boten nach Wittenberg, um von Luther die Bestätigung der Echtheit seines Briefes an Linck zu erhalten.[155]

Am kurfürstlichen Hof ging ebenfalls eine Beschwerde ein. Johann bemühte sich noch um ein entschuldigendes Schreiben Luthers nach Dresden, als eine Verteidigungsschrift Georgs[156] /565/ und eine schroffe Entgegnung des Reformators eine neue Lage schufen. Der angestaute Unmut über Georgs abweisende und hochmütige Antwort vom Januar 1526 sowie über die Vorrede zum Neuen Testament des Hieronymus Emser von 1527[157] kam bei Luther zum Ausbruch. Es muß ihm unangenehm gewesen sein, daß sein persönlicher Brief an Linck dem Albertiner bekannt geworden war. Daher gab er der Schrift den Titel »Von heimlichen und gestohlenen Briefen, samt einem Psalm ausgelegt«.[158] Georg sei ein Dieb und verklage ihn mit fremdem Gut beim Kurfürsten. Erwartungsgemäß ließ der Herzog bei Johann protestieren und schrieb eine Erwiderung.[159] Der Kurfürst kam in eine schwierige

---

152 ABK 2, 459-461 (Nr. 1191) = WA Br 3, 637-644 (Nr. 945) am 21. Dezember 1525.

153 ABK 2, 473-478 (Nr. 1195) = WA Br 3, 646-653 (Nr. 956); zu diesem Briefwechsel BHGS, 175-178.

154 WA Br 4, 481-484 (Nr. 1285).

155 WA Br 4, 593 f (Nr. 1343) am 28. Oktober 1528; vgl. BHGS, 217-244; Otto CLEMEN: Neue Aktenstücke zum Streit zwischen Herzog Georg von Sachsen und Luther über dessen Brief an Linck. BSKG 41/42 (1932/1933), 13-22; KEGPV, 295-301; BML, 549-551.

156 WElcher gestalt wir Georg ... von Martino Luther, des getichten Bůndtnůs halben inn schrifften vnerfindtlich angegeben, Vnd darauff vnnßere antwort. Vgl. WA 30 II, 5-10; RN; vgl. BHGS, 223-230.

157 Die Vorrede verfaßte Georg; vgl. ABK 2, 775-780 (Nr. 1467) 1. August 1527; vgl. BHGS, 188-195.

158 WA 30 II, (1) 25-48. 711 f; RN.

159 Zum Protest Georgs WA Br 5, 7; die Gegenschrift trug den Titel: »Ayn Kurtzer bericht, So wir Georg [...], Auff etlich New rasend luginen, die Martin Luther in ainem truck wider vnser Entschuldigung, der gedichten Bündtnůs halben, hat lassen außgeen, zůthůn verursacht« (1529); vgl. WA 30 II, 11-14; RN; vgl. BHGS, 232-238.

Situation. Er half sich mit dem Hinweis, daß der auslösende Brief an Linck vor den Abschluß-verhandlungen zu den »Packschen Händeln« abgegangen sei. Er forderte jedoch von Luther, in Zukunft nichts ohne seine Einwilligung gegen Georg oder andere Fürsten und Personen drucken zu lassen.[160] Der Wittenberger Rat erhielt den Auftrag, die Drucker entsprechend zu überwachen.[161] Verbalinjurien gegen Fürsten konnte Johann nicht dulden, ohne unter außen-politischen Druck zu geraten. Er bemühte sich ferner um ein leidliches Verhältnis zu seinem Vetter. Durch Luthers Bücher wollte er es nicht zum endgültigen Bruch kommen lassen.

Luther fügte sich dem kurfürstlichen Gebot und unterließ weitere Angriffe auf Georg. Der Streit flammte jedoch 1531 wieder auf. Anlaß waren Schmähungen der kaiserlichen Politik durch Luther und nicht Angriffe auf den Albertiner. Georg verwahrte sich gegen zwei Schriften Luthers, mit denen dieser auf den Ausgang des Augsburger Reichstages von 1530 antwortete,[162] und machte sich zum Anwalt des Kaisers. Der Herzog glaubte, Johann zwingen zu können, aus Rücksicht auf Karl V. einzuschreiten. Er hatte auf dem Reichstag den Kaiser in seiner Politik gegenüber den evangelischen Ständen bestärkt und sich für eine unnachgiebige Haltung eingesetzt. Von der durch den Kurfürsten angekün-digten Untersuchung erwartete Georg wohl nicht viel, da er erneut eine Gegenschrift ver-faßte, die sowohl anonym als auch unter dem Namen des Franziskus Arnoldi, Pfarrer von Cölln (Meißen), erschien.[163] Darin hielt er Luther vor, er verführe die Leser zu Ungehor-sam und Aufruhr, und sah es als Ziel seiner Polemik an, die Christen vor Luther zu warnen.

Luther bekam dieses Buch wieder vor Erscheinen zugespielt und schrieb sofort eine Erwiderung, die einen Höhepunkt in der Beschimpfung des Herzogs darstellte: »Wider den Meuchler zu Dresden«.[164] Er nutzte die Anonymität in Georgs Schrift, um ungehindert Grobheiten zu Papier zu bringen, wie sie uns wohl nur noch gegen Herzog Heinrich d. J. von Braunschweig begegnen. Sachlich bringt die Verwahrung nichts Neues. Trotz eines kurfürstlichen Befehls hatte er weiter geschrieben.[165] Kurfürst Johann erfuhr erst davon, als die Schrift bereits auf der Leipziger Ostermesse auslag. Der Hof mahnte erneut zur Zurückhaltung,[166] um die innerwettinischen Schlichtungsverhandlungen in Grimma nicht zu stören.

---

160 WA Br 5, 8, 10 - 9, 19 (Nr. 1373) vom 18. Januar 1529.

161 WA Br 5, 7 f (Nr. 1373: Vor- und Nachgeschichte): Johann an Hans von Metzsch und den Rat zu Wittenberg am 19. Januar 1529; vgl. WA 48, 262.

162 Warnung an seine lieben Deutschen, 1531 (WA 30 III, [252] 276-320. [390] 392-398; RN); Glosse auf das vermeinte kaiserliche Edikt, 1531 (ebd, [321] 331-388. [390] 398 f. 583; RN); vgl. WA TR 1, 323-328 (Nr. 679).

163 Widder des Luthers warnung an die Tewtschen – vgl. WA 30 III, 424-430; RN; vgl. BHGS, 251-258. – Zu Arnoldi vgl. [Johann Karl] SEIDEMANN: Arnoldi. ADB 1, 591; August FRANZEN: Arnoldi, Franz. NDB 1 (1953), 389 f.

164 WA 30 III, (413) 446-47 1; RN.

165 WA Br 6, 72, 2 - 73, 5 (Nr. 1803). Luther antwortete auf Brücks Klagen über die Veröffentlichung der Schrift am 8. Mai 1531, daß er befürchtet habe, wenn seine Bücher »gen hofe zuuor solten komen, Sie [würden des Meis]ters so viel finden, das nimer mehr [nichts draus würd]e...« (WA Br 6, 91, 6-9 [Nr. 1814]), am 8. Mai 1531.

166 Dazu Luthers zustimmende Bereitschaft gegenüber Kurfürst Johann am 29. Juli 1531; vgl. WA Br 6, 154 (Nr. 1848).

Ein weiterer Konflikt ergab sich aus der Konfrontation des Herzogs mit der evangelischen Bewegung im albertinischen Sachsen. Die Kontrolle der Teilnehmer an der Osterkommunion 1533 durch Blechzeichen mußte Luther herausfordern. Sie brachte ferner die betroffenen Leipziger in Gewissensnöte. Diese fragten in Wittenberg an, ob sie aus Rücksicht auf ihre Obrigkeit das Abendmahl sub una empfangen könnten »vnter dem schein, als hetten sie beyder gestalt« erhalten.[167] Erbost antwortete Luther am 11. April 1533: Georgs Forderung erforsche die »heimlikeit des gewissens«. Sie sei Sünde »wider Gott vnd den Heyligen geist« und Georgs Verlangen sei »troziglich dem morder vnd reuber« zurückzuweisen.[168] Der Leipziger Rat erkundete die Zusammenhänge und berichtete pflichtbewußt nach Dresden. Von dort liefen wieder Beschwerden beim Kurfürsten ein. Johann Friedrich als neuer Kurfürst reagierte nicht so zurückhaltend. Am 12. Mai ermunterte er Luther, sich zu dem Vorwurf, er schüre den Aufruhr, zu äußern[169] und löste vermutlich die Schrift »Verantwortung der aufgelegten Aufruhr /566/ von Herzog Georg samt einem Trostbrief an die Christen, von ihm aus Leipzig unschuldig verjagt« aus, die wieder mit Herzog Georg abrechnete.[170]

Der Streit war damit noch nicht zu Ende, doch antwortete Georg nicht mehr persönlich. Vielleicht führte die aktive Unterstützung für den Reformator durch Johann Friedrich dazu, daß Georg die literarische Fehde lieber seinen Mitarbeitern überließ, unter ihnen dem Nachfolger Emsers als Hofkaplan in Dresden, Cochlaeus, der bereits eifrig gegen Luther geschrieben hatte.[171] Zudem beendete der »Grimmaer Vertrag« vom 18. November 1533[172] den öffentlichen Streit zwischen Dresden und Wittenberg. Daran änderte die Auseinandersetzung um das angebliche Gebet Luthers gegen Georg von 1534 bis 1536 ebenfalls nichts.[173] Obwohl Luther keine Schrift mehr gegen den Herzog veröffentlichte, blieb seine Haltung unverändert, was Äußerungen in Briefen und Tischreden belegen.[174] Das galt auch für den Tod Georgs, den er als Gottes Werk ansah sowie als Erhörung seines Gebetes charakterisierte.[175]

Die andauernde Kontroverse zwischen Luther und Herzog Georg gehört zu den wenig erfreulichen Kapiteln der Reformationsgeschichte. In dem seit 1522 geführten Streit standen die Positionen bereits zu Beginn fest. Der Albertiner war für alle Reformmaßnahmen

---

167 WA Br 6, 449, 5-8 (Nr. 2009).
168 WA Br 6, 449, 13 - 450, 20; vgl. Seifert: Die Reformation ..., 100-114. 119-125.
169 WA Br 6, 464 f (Nr. 2018).
170 WA 38, (86) 96-127. 668.
171 Zu Cochlaeus in Dresden vgl. Martin SPAHN: Johannes Cochläus: ein Lebensbild aus der Zeit der Kirchenspaltung. Berlin 1898, 133-268; Remigius BÄUMER: Johannes Cochlaeus und die Reform der Kirche. In: Reformatio ecclesiae: Beiträge zu kirchlichen Reformbemühungen von der Alten Kirche bis zur Neuzeit = Festgabe für Erwin Iserloh/ hrsg. von Remigius Bäumer. Paderborn; Wien; Zürich 1980, 332-354; DERS.: Johannes Cochlaeus (1479-1552): Leben und Werk im Dienst der katholischen Reform. Münster 1980, 31-33. 41-43.
172 Vgl. oben Anm. 101.
173 Vgl. oben Seite 32 f; unten Seite 47 Anm. 183.
174 So in WA TR 3, 20 (Nr. 3581); WA TR 4, 23 f (Nr. 3942). 103 (Nr. 4054). 294 f (Nr. 4398 f). 355 (Nr. 4510). 370 (Nr. 4547). 373 (Nr. 4552). 376 f (Nr. 4556). 401 f (Nr. 4909 f). 415 (Nr. 4643). 461 f (Nr. 4740); WA Br 7, 429, 11 f (Nr. 3035); WA Br 8, 463, 24-26 (Nr. 3349) u. a.
175 Dazu WA TR 4, 23 f (Nr. 3942). 271 (Nr. 4379). 327 (Nr. 4467). 354 f (Nr. 4509). 361 (Nr. 4523). 362-364 (Nr. 4526). 365 (Nr. 4532). 378 (Nr. 4560). 379 (Nr. 4563 f). 466 (Nr. 4748). 569 (Nr. 4887). 677 (Nr. 5128).

offen, nur mußten sie innerhalb der bisherigen Ordnung und unter Mitwirkung der kirchlichen und politischen Autoritäten erfolgen. Da diese zu Veränderungen jedoch unfähig waren, mußte Georg mit seinem Konzept scheitern und mit seinen Streitschriften weitgehend ins Leere stoßen. Der Herzog unterzog sich nach 1522 nicht mehr der Mühe, den berechtigten Anliegen Luthers nachzugehen. Von seinen Vorentscheidungen, wie eine Reform auszusehen und wie sie abzulaufen habe, beurteilte er alle Schritte des Reformators. Die herzogliche Polemik richtete sich nicht mehr in erster Linie gegen Luther. Sie hatte eine innenpolitische Funktion, um die Schwankenden von einer Hinwendung zur Reformation abzuhalten. Außerdem sollte sie dem steigenden publizistischen Erfolg Luthers entgegenwirken, um das Kampfmittel der Flugschriften nicht nur den Evangelischen zu überlassen.

Allerdings erleichterte der harte Ton in Luthers Schriften nicht ein Eingehen des Herzogs auf den Reformator. Georg sah sich in seiner fürstlichen Ehre gekränkt, auf die Luther in der Tat wenig Rücksicht nahm, und fand in den sich steigernden Verbalinjurien eine Bestätigung für seine These, daß Luther der Urheber von Unordnung und Aufruhr sei. Für Luther war Georg dagegen zu einem Werkzeug des Teufels geworden, der das Evangelium unterdrückte und damit seinen Aufgabenbereich als Landesfürst weit überschritt. Die Fehde mit Georg war so zu einem Problem geworden, das Luther in seinem theologischen Denken aufwühlte und Grundpositionen berührte. Von diesem Beurteilungsschema wertete er jede Handlung des Herzogs. Das Bild des jeweiligen Gegners war festgeschrieben und hatte beide Seiten so festgelegt, daß ein wirkliches Gespräch überhaupt nicht möglich war. Luther und Georg hatten erkannt, wie gefährlich das Wirken der jeweils anderen Seite für die eigenen Ziele geworden war. Obwohl Georg die Reformation im Herzogtum nicht aufhalten konnte, war sein Weg der Verbindung von Reformen mit Unterdrückung der Evangelischen und aktiver Zurückweisung von Luther der einzige, der dem bisherigen Kirchenwesen die Chance des Überlebens eröffnet hätte. Es gelang Georg, Teile seiner Bevölkerung an die altgläubige Kirche zu binden. Instinktiv erkannte er die Sprengkraft in Luthers Lehre und ihre weitreichenden Konsequenzen für die Gesellschaft. Der verbissene, zähe Kampf unterstreicht, wie ernsthaft Luther und Herzog Georg den Gegensatz empfanden, der sie trennte.

### 2 Herzogin Elisabeth (zu Rochlitz)

Seit März 1519 lebte die am 4. März 1502 geborene Elisabeth, Tochter Wilhelms II. und Annas von Hessen als Gemahlin Herzog Johanns am albertinischen Hof in Dresden.[176] Sie bekam /567/ bald den Zwiespalt in der Religionsfrage zu spüren, der sich nach dem Tod

---

176 Grundlegend für Herzogin Elisabeth sind die Arbeiten von Elisabeth Werl, die über den Aufenthalt der Herzogin am Dresdener Hof von 1517 bis 1537 eine auf Aktenmaterial fußende Dissertation bei Rudolf Kötzschke in Leipzig schrieb (WEHS); vgl. weiter Elisabeth WERL: Elisabeth: Herzogin von Sachsen. In: Sächsische Lebensbilder/ hrsg. von der Sächsischen Kommission für Geschichte. Bd. 2. Leipzig 1938, 48-69; DIES.: Herzogin Elisabeth von Sachsen (1502-1557) als Schwester Landgraf Philipps des Gr. von Hessen. Hessisches Jahrbuch für Landesgeschichte 7 (1957), 199-229; DIES.: Herzogin Elisabeth von Sachsen, 1502-1557. NDB 4 (1959), 451. Die ältere Literatur ist verarbeitet bei Arthur FUCKEL: Herzogin Elisabeth von Rochlitz, die Schwester Philipps des Großmütigen. Zeitschrift des Vereins für Hennebergische Geschichte und Landeskunde in Schmalkalden 16 (1911), 8-34; Hans WOLTER: Die Haltung deutscher Laienfürsten zur frühen Reformation. Archiv für mittelrheinische Kirchengeschichte 24 (1972), 102 gibt der Hinwendung zur Reformation einen stark politischen Akzent.

Kurfürst Friedrichs zwischen den Albertinern und Ernestinern weiter verschärfte. Gespräche mit ihrem Bruder, Landgraf Philipp, haben Elisabeth mit Luthers Gedanken bekannt gemacht. Weitere Anstöße gingen von den Predigten Chrosners aus.[177] Im Mai 1526 traf sie mit Johann Friedrich in Dresden zusammen. Beide vereinbarten ein gemeinsames Wirken für das Evangelium. Ein Ergebnis dieser Zusammenkunft war der von Elisabeth energisch geförderte Plan eines Religionsgespräches zwischen albertinischen und ernestinischen Räten unter Beteiligung Luthers, um die Mißbräuche bis zu einem Konzil abzustellen und um das arme Volk nicht »sein lebtag inst bobest gefengnist«[178] zu lassen. Wenn auch Herzog Georg diesen Plan bestimmt ablehnte, zeigte sich doch Elisabeths mutiges Eintreten für die evangelische Sache und für Luther.

Ihr umfangreicher Briefwechsel mit Johann Friedrich und Philipp läßt die Schwierigkeiten erkennen, in welche die junge Herzogin durch ihre von der offiziellen Religionspolitik abweichende Haltung kam. Das Abendmahl nahm sie Ende 1526 aus Rücksicht auf ihren Gemahl noch sub una. Dessen Stellung zu Luther sah sie wohl zu optimistisch, wenn sie am 10. April 1527 ihrem Bruder schrieb, daß jenem die martinische Sache »nich so gar obel« gefiele. Nur dürfte Luther nicht so sehr Herzog Georg und andere Leute schelten.[179] Hier spricht sie auch ihre eigene Kritik am Reformator aus, da sie glaubte, die Ablehnung durch Herzog Georg ginge auf Luthers persönliches Auftreten zurück.

Nach dem Marburger Religionsgespräch korrespondierte Elisabeth mit Philipp über das Abendmahl, wobei sie ihren Bruder zur Rede stellte und für Luthers Auffassung eintrat. Quelle ihrer bemerkenswerten theologischen Kenntnisse waren vor allem dessen Schriften. Am 8. Oktober 1530 versprach ihr Johann Friedrich, eine gewünschte, neue Lutherschrift zu schicken.[180] 1533 weigerte sie sich erfolgreich, dem Schwiegervater ihre Lutherschriften auszuliefern.[181]

Im gleichen Jahr lehnte sie es ab, nach der bisherigen Ordnung zu beichten und das Abendmahl zu empfangen, da sie ihren Gegnern am Hof nicht vergeben könne. Ihre offene Lebensart und ihr freimütiges Auftreten hatten Verleumdungen ausgelöst, denen Herzog Georg lange Zeit Glauben schenkte. Herzog Johann hielt zu seiner Gemahlin, er konnte sich jedoch gegen seinen Vater nicht durchsetzen. Sicher hat die Religionsfrage die Intrigen altgläubiger Kreise gefördert und unterstützt. Für die Verdächtigungen finden sich in

---

177 WEHS, 74 f; zu Chrosner siehe oben Anm. 64.

178 ABK 2, 547, 5 f (Nr. 1258): Elisabeth an Johann Friedrich am 6. Juni 1526; vgl. WEHS, 76-78.

179 WEHS, 80. – Über Johanns Stellung zur Reformation haben wir Berichte in den Tischreden. Danach habe er seinem Vater geschworen, nach Antritt der Regierung ein ewiger Feind der Lutheranhänger zu bleiben und durch Lukas Cranach diesen Eid Luther mitgeteilt (WA TR 3, 380 [Nr. 3531]. 429-431 [Nr. 3581]). WEHS, 132 bezweifelt auf dem Hintergrund der Aussagen Elisabeths diese lutherfeindliche Haltung Johanns und sieht sie im Zusammenhang mit der Abwehr von Luthers Angriffen gegen Georg: »Ein Feind von Luthers Lehre ist Herzog Hans in seinem Innern nicht gewesen.« Johann hat die Politik gegen Luther und die evangelische Bewegung seines Vaters stets unterstützt. Außer dem Wunsch auf dem Sterbebett, sub utraque zu kommunizieren (vgl. unten Anm. 186), gibt es keine Belege für eine reformationsfreundliche Haltung.

180 NUF 1, 135 (20): »Was die fier ewangelisten und die profetten belanget, die doctor Martinus in neulickeit sol haben ausgehen lassen, darvon weis ich nochmals nichtes, wan ich sie aber bekomme, wil ich sie [...] zuschicken, [...]«; vgl. WEHS, 84.

181 WEHS, 100.

den Quellen keine Belege. Elisabeth fühlte sich in ihrer Ehre als Fürstin gekränkt und forderte, um sich von den Vorwürfen zu reinigen, eine öffentliche Erklärung. Die Versuche Herzog Johanns und der Hofräte mit Georg von Karlowitz an der Spitze, sie in der Abendmahlsfrage zum Einlenken zu bewegen, scheiterten.[182]

In den innerwettinischen Streitigkeiten versuchte Elisabeth eifrig zu vermitteln, so bei der umstrittenen Gebetsaufforderung Luthers gegen Georg zu Allerheiligen 1534 und in der Belehnung albertinischer Adliger, die evangelisch geworden waren und zugleich Besitz im Kurfürstentum hatten.[183] Immer wieder kritisierte sie Luthers heftige Worte gegen ihren Schwiegervater oder auch Kardinal Albrecht. Luther sei doch auch ein Mensch und kein Gott. Wo er evangelisch schreibe, lobe sie ihn, aber wo er »schelt wey ein alt wib, holt ich nicht von ym«.[184] Elisabeth kannte Luther aus seinen Schriften und aus Berichten anderer, persönlich begegnete sie ihm nicht. Über einen Briefwechsel zwischen beiden schweigen die Quellen.[185] Die wohlwollende, kritische Distanz ist Folge der Spannungen zwischen Wittenberg und dem albertinischen Hof. Durch ihren persönlichen Umgang verstand sie weder viele Angriffe Luthers auf Georg noch erkannte sie deren theologische Triebfeder.

Der unerwartete Tod Herzog Johanns am 11. Januar 1537[186] beendete ihren Aufenthalt in Dresden. Sie zog sich auf ihr Wittum nach Rochlitz zurück, bis sie am 2. März 1547 – vertrieben /568/ durch den Schmalkaldischen Krieg – nach Kassel und am 2. November 1548 nach Schmalkalden ging, wo sie am 6. Dezember 1557 starb. Im Rochlitzer Gebiet führte sie selbständig die Reformation ein.[187] Johann Friedrich und Philipp unterstützten sie durch die Sendung von Geistlichen. Wohl mit Rücksicht auf Georg und das Selbstbewußtsein Elisabeths wurde auf eine Mitwirkung Luthers verzichtet.

Elisabeth gehörte zu den wenigen Fürstinnen der Reformationszeit, die immer wieder versuchten, politisch zu wirken. Ihr kamen die verwandtschaftlichen Bindungen an die beiden Führer des Schmalkaldischen Bundes zugute, die sie in jeder Weise für Vermittlungsaktionen nutzte. Ziel war die Ausbreitung des Evangeliums. Der vorliegende Briefwechsel unterstreicht diesen unermüdlichen Einsatz.

---

182 WEHS, 99-102.

183 Dazu oben 32 f; WEHS, 124 f. Im Streit um die Gebetsaufforderung beschwerte sich auch Johann bei Johann Friedrich; vgl. WA Br 7, 134-139 (Nr. 2160 f). 141-144 (Nr. 2163 f).

184 WEHS, 126.

185 In dem überlieferten Briefwechsel Luthers erscheint ihr Name nur mit dem Vorwurf, für das Bekanntwerden von Philipps Doppelehe verantwortlich zu sein (WA Br 9, 127, 11-15 [Nr. 3491]. 138, 12 f [Nr. 3497]. 148, 19 f [Nr. 3503]); dazu Werl: Herzogin Elisabeth von Sachsen ..., 216-222.

186 Zum Tod Johanns vgl. WEHS, 130 f; WA TR 3, 429-431 (Nr. 3581). Danach habe Georg den Wunsch des sterbenden Sohnes nach beiderlei Gestalt unterlaufen mit dem Hinweis, Luther empfehle vielen das Sakrament in einer Gestalt. Luther sah den Tod Johanns wie später den Herzog Friedrichs (vgl. oben Anm. 2) als Strafe Gottes; vgl. WA TR 3, 380 (Nr. 3531). 429-431 (Nr. 3581); WA TR 4, 406-408 (Nr. 4623); WA TR 5, 163 f (Nr. 5455). In diesem Zusammenhang ist auch der Vorwurf des unsittlichen Lebens und der Abneigung zur Ehe gegen diese beiden Albertiner zu sehen (ebd, 501 f [Nr. 6128]. 600 (Nr. 6318).

187 Dazu vor allem Elisabeth WERL: Aus der Reformationsgeschichte der Stadt Mittweida. In: HStM, 223-240.

### 3 Herzog Heinrich der Fromme

Der »Brüderliche Vertrag« vom 30. Mai 1505 zwischen Georg und seinem am 16. März 1473 zu Dresden geborenen Bruder Heinrich[188] überließ diesem die beiden Ämter Freiberg und Wolkenstein. Heinrichs späte Heirat mit Katharina von Mecklenburg und die rasch wachsende Kinderschar am Freiberger Hof verstärkten bald das Gewicht Heinrichs im albertinischen Sachsen.

Lange sträubte er sich gegen die von seiner Gemahlin verfolgte Begünstigung der Lutheranhänger in Freiberg. Nicht zu unterschätzen war der Druck, der von der wachsenden evangelischen Bewegung in der Bergstadt ausging. Bis 1531/1532 unterstützte Heinrich die Religionspolitik Georgs. Eine Wendung leitete der Besuch Katharinas und Heinrichs im Frühjahr 1531 in Torgau ein. Kurfürst Johann forderte Luther am 4. Mai auf, am nächsten Tag in die Residenz zu kommen und auf Wunsch der Gäste zu predigen.[189] Nachhaltiger wirkte die persönliche Begegnung während eines weiteren Aufenthaltes des herzoglichen Paares in Wittenberg im April 1534. Luther predigte zweimal im Schloß. Ein Augenzeuge berichtete über ein freundliches Gespräch Heinrichs mit dem Reformator.[190]

Eine neue Entwicklung in der Freiberger Reformation trat durch den von Luther gesandten Jakob Schenk[191] ein, der am 1. Juli 1536 das Amt eines Predigers der Herzogin antrat. Mit ihm kam ein Mann an den Hof Heinrichs, der mit Unterstützung von Katharina beharrlich und energisch das Werk der Reformation vorantrieb und den Boden für den Übergang zur neuen Lehre bereitete. Schenk war zu einem günstigen Zeitpunkt in die Bergstadt gekommen. Seit Februar beschäftigte Luther der Fall des Freiberger Kartenmalers Matthes Lotther.[192] Dieser hatte den Besuch der altgläubigen Messe im »Götzenhaus« abgelehnt, das »Auslaufen« zur evangelischen Predigt als Wallfahrt diffamiert und es für möglich gehalten, seiner Familie selbst das Abendmahl zu reichen. In dieser Sache richtete Luther drei Briefe an Heinrich, wobei er Lotther zunächst in die Nähe von Karlstadt stellte und den Verdacht täuferischer Ansichten äußerte. Später jedoch unterstützte er

---

188 Zu Heinrich vgl. [Theodor] FLATHE: Heinrich der Fromme. ADB 11, 601 f; Erich BRANDENBURG: Herzog Heinrich der Fromme von Sachsen und die Religionsparteien im Reiche (1537-1541). NASG 17 (1896), 121-200. 241-303 = Dresden 1896; Walther HELLRIEGEL: Die Reformation im Freiberger Ländchen. [Freiberg] 1937; S[imon] ISSLEIB: Herzog Heinrich als evangelischer Fürst: 1537-1541. BSKG 19 (1905), 143-215; Aland: Martin Luther ..., 438-440; Elisabeth WERL: Heinrich, der Fromme, Herzog von Sachsen. NDB 8 (1969), 391-393; Martin SCHMIDT: Die Reformation im Freiberger Ländchen (im Albertinischen Sachsen) 1537 und ihre prototypische Bedeutung. In: Humanismus und Reformation als kulturelle Kräfte in der deutschen Geschichte: ein Tagungsbericht/ hrsg. von Lewis W. Spitz in Verbindung mit Otto Büsch und Bodo Rollka. Berlin; New York 1981, 104-120; Wartenberg: Die Einwirkungen Luthers ..., 93-117.

189 WA Br 6, 90 (Nr. 1813).

190 Am 23. August 1534 predigte Luther über Mc 7, 31-37 (WA 37, [XXXVII f] 506-520), am 24. August über Ps 130, 1-6 (ebd, [XXXVIII] 520-526). Über beide Predigten berichtete Franz Burkhard an Fürst Joachim I. von Anhalt-Dessau am 24. August 1534: »Es hath auch Dominus Doctor Martinus zwue schöner predig gethan, eyne gestern, dye ander heut frue vmb siben horen, welche Hertzog Heynrich mit vleyß gehöret vnnd freuntlich vielerley geredth« (GEORG HELTS BRIEFWECHSEL/ hrsg. von Otto Clemen. Leipzig 1907, 76 [112]).

191 Vgl. oben Anm. 115.

192 Vgl. Paul VETTER: Lutherana 1: Luthers Streit mit Herzog Heinrich von Sachsen. NASG 29 (1908), 82-94.

Lotther und beteuerte dessen Unschuld unter dem Eindruck des schweigenden Herzogs und der Berichte des Kartenmalers, der trotz geschworener Urfehde von Freiberg nach Wittenberg geflohen war. Die deutliche Antwort aus Freiberg verärgerte Luther.[193]

Gelang es noch, einen Bruch zwischen Freiberg und Wittenberg abzuwenden, so kühlte sich das bisher gute Verhältnis von Schenk zu Luther ab. Im Vorfeld der offiziellen Einführung der Reformation in Freiberg zu Pfingsten (20. Mai) 1537 kam es zum Streit um den Laienkelch. Daß der »Unterricht der Visitatoren an die Pfarrherrn im Kurfürstentum Sachsen« das Abendmahl unter einer Gestalt noch zuließ, lehnte Schenk ab. Der Konflikt darüber zog sich lange hin, in ihn waren zunächst Jonas und Melanchthon verwickelt, die später Luther unterstützte. Trotz des kurfürstlichen Verbotes an die Wittenberger von Mitte Oktober 1537 trat keine Ruhe /569/ ein, zumal Schenk des Antinomismus und des Versuchs beschuldigt wurde, die Freiberger Geistlichen seinem persönlichen Regiment zu unterwerfen. Mit Zustimmung Luthers erhielt Schenk trotz gegenteiliger Bemühungen Katharinas einen Ruf als Hofprediger nach Weimar.[194] Sein Scheitern hing neben eigenen Fehlern mit den Schwierigkeiten Luthers zusammen, die wirkliche Lage am Freiberger Hof zu erkennen. Der Streit um Schenk entwickelte sich zu einem Kampf um den Einfluß der Wittenberger Theologen auf den weiteren Weg der Freiberger Reformation. Tatsächlich hatte Schenk versucht, einen den Freiberger Bedingungen entsprechenden Kurs zu steuern. Luther, Jonas und Melanchthon setzten sich durch. Sie kümmerten sich um den Nachfolger Schenks, ohne daß Herzog Heinrich tätig wurde, der auch nichts unternahm, um seinen Obersuperintendenten zu halten.

Mit frohen Erwartungen begleitete Luther den Regierungsantritt Heinrichs. Er wünschte wie viele, daß die wettinischen Fürsten einig bleiben und so die Reformation in die Nachbargebiete tragen würden.[195] Die Wittenberger Theologen unterstützten in jeder Weise das Reformationswerk im Herzogtum. Luther, Jonas, Cruciger und Melanchthon reisten nach Leipzig, um dort zu Pfingsten (25. Mai) 1539 den Beginn der kirchlichen Neuordnung feierlich zu begehen.[196] Danach erteilten sie Ratschläge für die nächsten Schritte[197] und kümmerten sich um geeignete Pfarrer für albertinische Orte.[198] Die im Auftrag des Meißner Bischofs, Johann VIII. von Maltitz, ausgearbeitete »Christliche Lehre«, den »Liber

---

193 Vgl. WA Br 7, 365-367 (Nr. 2296): Luther an Lorenz Kastner, Clemens Glaser und Gregor Heymann in Freiberg am 11. Februar 1536; ebd, 427 f (Nr. 3034): Luther an Herzog Heinrich am 7. Juni 1536; ebd, 458 (Nr. 3042): Luther an denselben am 4. Juli 1536; ebd, 583-585 (Nr. 3100): Luther an denselben am 2. November 1536. Zu der Antwort Heinrichs auf den letzten Brief vgl. WA Br 7, 583 f.

194 Vgl. Seidemann: Dr. Jacob Schenk ..., 22-37; Paul VETTER: Lutherana 3: Luthers Stellung im Streite Jacob Schenks mit Melanchthon und Jonas 1537. NASG 30 (1909), 80-84. 105-107; DERS.: Lutherana 4: Luther und Schenks Abberufung aus Freiberg im Jahre 1538. NASG 32 (1911), 23-53.

195 WA TR 4, 378 (Nr. 4561) vom 3. Mai 1539.

196 Zum Aufenthalt in Leipzig vgl. WA TR 4, 405-408 (Nr. 4620-4624); CR 3, 711 f (Nr. 1813) = MBW 2, 439 f (Nr. 2210): Melanchthon an Joachim Camerarius am 26. Mai 1539; Seifert: Die Reformation ..., 160-175.

197 So in WA Br 8, 438-441 (Nr. 3334). 482-484 (Nr. 3353); CR 3, 712-714 (Nr. 1814) = MBW 2, 455 (Nr. 2252): Gutachten Melanchthons für Johann Friedrich vom [Juli] 1539.

198 So MBW 2, 434-436 (Nr. 2194-2198). 449 f (Nr. 2236): Melanchthon im Mai/Juni 1539 an Kurfürst Johann Friedrich; BrJJ 1, 366-369 (Nr. 460-462). 373 f (Nr. 467): Spalatin an Jonas im September/ Oktober 1539. Zur Mitwirkung Luthers vgl. Wartenberg: Die Einwirkungen Luthers ..., 116, Anm. 105.

Misnicus«, wiesen die Theologen zurück.[199] Dieses Gutachten war die einzige Äußerung Luthers und seiner Freunde, die sich sofort auf die Entwicklung des evangelischen Kirchenwesens in Sachsen-Meißen auswirkte und den Versuch der altgläubigen Reformkräfte, die Visitation aufzuhalten, scheitern ließ.

Aufmerksam verfolgte man in Wittenberg die Visitation. Den auftretenden Schwierigkeiten, die nicht ungewöhnlich waren, begegnete Luther mit Unverständnis. Er mahnte am 25. Juli 1539 den Herzog, die mit Kursachsen abgestimmte Instruktion voll durchzuführen.[200] Die Antwort verwies auf die besonderen Verhältnisse im Herzogtum, verteidigte das bisherige Verfahren, die Mißbräuche zu beseitigen sowie für rechten Gottesdienst zu sorgen, und kündigte eine weitere Visitation an.[201] Auf diese konzentrierte Luther bald seine Bemühungen. Er versuchte, über Johann Friedrich, Brück und den Dresdener Superintendenten, Johann Cellarius, auf Heinrich Einfluß zu nehmen und geeignete Visitatoren zu bestimmen. Als die neue Visitation dann auf die ernestinische Mitarbeit verzichtete, zeigte sich Luther sehr ungehalten. Er schrieb von Eigenmächtigkeit und Hochmut, der ohne Wittenberg auskommen wolle, und führte die zunehmend eigenständige albertinische Kirchenpolitik auf den Einfluß der Räte und das Wiedererwachen des Geistes von Georg zurück.[202] Daß diese Entwicklung aus veränderten innen- und außenpolitischen Zielen der Albertiner hervorgegangen war, vermochte der selbstbewußte Luther nicht zu erkennen, der das kirchenpolitische Handeln am Dresdener Hof – wie später unter Herzog Moritz – zu sehr im Blickwinkel der kurfürstlichen Politik sah.

Die überlieferten Briefe zwischen Heinrich und Luther tragen offiziellen Charakter und sind das Ergebnis der vom Herzog seit 1536 verfolgten Kirchenpolitik. Es überrascht bei dem deutlichen Wohlwollen, das Luther diesem Albertiner, seinem Eintreten für das Evangelium und seiner Frömmigkeit entgegenbrachte,[203] daß es nicht zu dem persönlichen Verhältnis kam, das den Reformator mit den Ernestinern verband. Ein Grund dürfte die Tatsache sein, daß Heinrich erst im Alter Luther zum ersten Mal begegnete. Der unmittelbare Gedankenaustausch fehlte. Die Mühe, die dem alten Herzog das Regieren machte, wird ihn nicht ermutigt haben, die Verbindung mit Wittenberg zu suchen. Bis zum Tod Herzog Georgs verbot es außerdem die Ehre des albertinischen Hauses, einen direkten Briefwechsel aufzunehmen oder zu pflegen. /570/

---

199 WA Br 8, 469-481 (Nr. 3352) = MBW 2, 450 f (Nr. 2238): Luther, Jonas, Melanchthon an Johann Friedrich am 1. Juli 1539; WA Br 8, 515-518 (Nr. 3369): Luther, Jonas und Bugenhagen an Johann Friedrich im Juli 1539; vgl. Lobeck: Das Hochstift Meißen ..., 99-119; Walter KALINER: Julius Pflugs Verhältnis zur »Christlichen Lehre« des Johann Maltitz. Leipzig 1972.
200 WA Br 8, 505-507 (Nr. 3364).
201 WA Br 8, 524-526 (Nr. 3372) am 5. August 1539.
202 WA Br 8, 610 f (Nr. 3414): Luther an Johann Cellarius am 26. November 1539; WA Br 9, 1 f (Nr. 3427): Luther an Johann Friedrich am 2. Januar 1540.
203 WA TR 4, 370 f (Nr. 4548). 402 (Nr. 4610); WA TR 5, 163 f (Nr. 5455).

## 4 Herzogin Katharina

Die treibende Kraft bei der Einführung der Reformation im Freiberger Gebiet war Katharina, Tochter Herzog Magnus' II. von Mecklenburg, die seit 1512 in Freiberg residierte.[204] Unter welchen Umständen sie sich der neuen Lehre zuwandte, wissen wir nicht. Neben Kontakten zu den »Martinianern« in der Stadt ist mit der Lektüre von Lutherschriften zu rechnen,[205] für deren Verbreitung sie auch später, besonders im Freiberger Nonnenkloster, sorgte.

Spätestens seit Anfang 1524 galt Katharina in Freiberg als Beschützerin der Evangelischen. Im Kondolenzbrief an Johann Friedrich zum Tod Friedrichs des Weisen bekannte sie sich zur neuen Lehre und bat ihren Neffen um Rat und Unterstützung.[206] Damit wurde die für den Reformationsprozeß in Freiberg unerläßliche Zusammenarbeit zwischen Katharina und dem späteren Kurfürsten eingeleitet. Die energische Herzogin bildete in den folgenden Jahren den Mittelpunkt der evangelischen Partei am Hof und förderte in jeder Weise die Lutheranhänger in der Residenzstadt. Am Ziel ihres beharrlichen Bemühens war sie am 20. Mai 1537, als mit der ersten Visitation der Ausbau des neuen Kirchenwesens eingeleitet wurde.

Die ernestinische Mitarbeit in Freiberg bewirkte die aktive Einbeziehung von Luther. Er veranlaßte die Berufung eines evangelischen Predigers, den sowohl Katharina als auch Freiberger Bürger gewünscht hatten.[207] Als es um das weitere Schicksal Schenks ging, verhandelte Katharina zweimal ohne Erfolg mit dem Reformator persönlich in Wittenberg, um den Weggang des von ihr sehr geschätzten Predigers zu verhindern.[208]

Während des feierlichen Beginns der Reformation im gesamten Herzogtum 1539 ließ Katharina sich von Luther am 25. Mai in Leipzig eingehend beraten.[209] Sie wußte um dessen Rolle im ernestinischen Sachsen und wird auch aus taktischen Überlegungen dieses Gespräch gesucht haben, um die kurfürstliche Religionspolitik kennenzulernen. Anknüpfend an ihre Pionierrolle beim Übergang des Freiberger Gebietes zur neuen Lehre, sah Luther in der Herzogin die politische Kraft in Sachsen-Meißen, die nach 1539 die Reformation zu Ende führen konnte. So bat er sie am 28. Juli 1539, alles zu tun, damit die »Visitation ia statlich fort gehe« und die sich vor allem in Leipzig regenden Gegenkräfte zurückgedrängt würden.[210] Als die weitere Kirchenpolitik im Herzogtum immer weniger den Wittenberger

---

204 Neben der oben in Anm. 188 genannten Literatur sind für Katharina heranzuziehen: Karl VON WEBER: Zur Lebensgeschichte der Herzogin Katharina von Sachsen. Archiv der sächsischen Geschichte 6 (1868), 1-35; Elisabeth WERL: Katharina, Herzogin von Sachsen. NDB 11 (1977), 325 f (mit weiterer Literatur).

205 Vgl. Stephan: Beiträge zu einer Biographie ..., 449 Anm. 715; ebd, 450 Anm. 717.

206 Seidemann: Dr. Jacob Schenk ..., 119 f am 12. Mai 1525: ThHStA Weimar: Reg N 71, 1 f, Ausfertigung mit eigenhändiger Unterschrift.

207 Johann Friedrich forderte am 14. Mai 1536 schon Luther auf, Katharina zu schreiben, daß der gewünschte Prediger nicht geschickt werden könnte (WA Br 7, 411, 33-42 [Nr. 3072]). Über Luthers Bemühen, Schenk nach Freiberg zu bringen vgl. WA Br 8, 118, 80-85 (Nr. 3174). 126, 9-12 (Nr. 3176).

208 WA TR 3, 691 f (Nr. 3895) am 20. Juni 1538. Zu diesem Aufenthalt Katharinas während einer Reise nach Mecklenburg vgl. Buchwald: Lutherana, 83.

209 WA TR 4, 406 (Nr. 4622) am 25. Mai 1539.

210 WA Br 8, 509 f (Nr. 3366). Zum ähnlichen Brief Luthers an Heinrich vgl. oben Anm. 200. Am 31. Juli 1539 berichtete Luther an Jonas über diese Briefe (ebd, 513, 7 f [Nr. 3368]).

Vorstellungen entsprach, plante Luther sogar eine Reise nach Freiberg, die er aber am 25. Juni 1540 absagen mußte, da Johann Friedrich ihn nach Weimar rief. In diesem Brief erinnerte er die Herzogin daran, daß sie ihm »zu Leipzick grosse hoffnung« gemacht habe, daß »der kirchen vnd der schulen, welchs der hochste gottis dienst ist, mocht nicht vergessen noch gering geachtet werden, [...]«.[211] Die ernsten Warnungen zeigten wenig Erfolg. Vielmehr war Katharina über Luthers herbe Kritik, die er am Dresdener Hof übte, ungehalten,[212] da sie zusammen mit Anton von Schönberg die Politik dort bestimmte.

Katharina gilt in der Reformationsgeschichte als hochmütige, kühl berechnende, herrschsüchtige und rücksichtslose Fürstin. Die Reformation habe sie vor allem durchgesetzt, um ihren Schwager Georg zu brüskieren.[213] Ohne diese Charakteristik hier zu überprüfen, dürfte ihre spätere Haltung bis zu ihrem Tod am 6. Juni 1561 in Torgau zeigen, daß ihr frühes Bekenntnis zu Luther mehr als nur ein politischer Schachzug war. Daß sie wünschte, ihren beiden bereits verstorbenen Schwestern – Anna, die Mutter Philipps von Hessen, und Sophie, die Mutter Johann Friedrichs – nachzueifern, kann nicht überraschen, ebensowenig ihre Erkenntnis, daß die Reformation sowie die Verbindung mit den Ernestinern dem Freiberger Hof mehr politischen Spielraum bot. Für Kompromisse in der Religionsfrage trat sie nicht ein. Das »Leipziger Interim« lehnte sie ab. Nach 1547 unterstützte sie nach ihren Möglichkeiten die bewußt evangelischen Kräfte im albertinischen Sachsen. /571/

### 5 Herzog Moritz

Höhepunkt und zugleich Wendepunkt in den Beziehungen zwischen Luther und dem am 21. März 1521 in Freiberg geborenen Moritz,[214] dem ältesten Sohn Heinrichs und Katharinas von Sachsen, war die »Wurzener Fehde« im März/April 1542. Ausgelöst durch den ernestinischen Handstreich gegen das um Wurzen liegende Stiftsgebiet des Meißner Bischofs, das unter gesamtwettinischer Schutzherrschaft stand, gelang es dem aus Hessen herbeigeeilten Philipp nur unter Mithilfe Luthers, den drohenden militärischen Zusammenstoß abzuwenden sowie den »Oschatzer Vertrag« vom 10. April 1542 zu vermitteln.[215] Überrascht und beunruhigt über diesen Zusammenstoß zweier Fürsten, die sich beide zur Reformation bekannten, wollte Luther ein Flugblatt an die verfeindeten Parteien ausgehen lassen, um so zum Frieden und Ausgleich zu mahnen.[216] Die dabei scheinbar gewahrte Unparteilichkeit gab er sofort in gleichzeitigen Briefen und Tischreden auf. Er hielt Moritz Undankbarkeit und jugendliche Unerfahrenheit vor, die ihn zum Werkzeug altgläubiger Räte habe werden lassen. Nach einer Tischrede stellte der empörte Luther den jungen Albertiner in eine Reihe

---

211 WA Br 12, 303-305 (Nr. 4278); WA Br 9, 158 f (Nr. 3506).
212 WA Br 9, 222, 5 f (Nr. 3529): Luther an Lauterbach am 27. August 1540.
213 So besonders abwertend bei Wolter: Die Haltung deutscher Laienfürsten ..., 102 f.
214 Zu Moritz vgl. S[imon] Issleib: Moritz von Sachsen als evangelischer Fürst: 1541-1553. BSKG 20 (1906), 1-213; Brandenburg: Moritz von Sachsen 1; Emil Sehling: Die Kirchengesetzgebung unter Moritz von Sachsen 1544-1549 und Georg von Anhalt. Leipzig 1899; Aland: Martin Luther ..., 440 f; Günther Wartenberg: Martin Luther und Moritz von Sachsen. LuJ 42 (1975), 52-70 – in diesem Band S. 55-67); ders.: Landesherrrschaft und Reformation ...
215 PKMS 1, 407-411 (Nr. 340). Zur »Wurzener Fehde« vgl. Wartenberg: Martin Luther ..., 57-62; WWTh, 262-269.
216 WA Br 10, 31-37 (Nr. 3733).

mit seinem alten Feind Georg von Sachsen: Er müsse nun auch Moritz totbeten, damit die Albertiner aussterben und ihre Gebiete an die Ernestiner fallen könnten.[217] Daß nach dieser einseitigen Stellungnahme jede direkte Verbindung Luthers zum Dresdener Hof endgültig zerschnitten war, dürfte nicht überraschen. Die Ansätze zu einer positiveren Beurteilung des erst wenige Monate – seit August 1541 – regierenden Nachfolgers von Heinrich waren damit ebenfalls zerstört.

Persönlich begegnete Luther dem Herzog vermutlich während dessen Aufenthalt am Torgauer Hof von 1537 bis 1539[218] und sicher Ende Mai 1539 in Leipzig. Diese Zusammentreffen blieben auf den 16- bzw. 18jährigen Fürsten ohne nachhaltige Wirkung.

Wie unter Heinrich beeinflußten die innerwettinischen Querelen die herzogliche Religions- und Kirchenpolitik. Zielstrebig führte Moritz die Reformation weiter. Das sich entwickelnde Kirchenwesen als Teil des territorialen Staatsgefüges baute er aus. Den Wittenberger Theologen räumte er dabei keinen Einfluß ein, wenn man von dem indirekten über ihre Schüler im Herzogtum absieht. Als Berater wurden die Superintendenten, Fürst Georg von Anhalt und einige Räte wie Georg von Komerstadt, Johannes Rivius, Ludwig Fachs tätig. Dem albertinischen Streben nach kirchenpolitischer Eigenständigkeit entsprach die Skepsis Luthers gegenüber diesem Weg. So beklagte er sich am 22. Oktober 1543 bei dem Dresdener Superintendenten, Daniel Greiser, über die Einmischung des Hofes in die Aufgaben der Kirche. Anlaß war dazu die Anweisung von Simon Pistoris an Greiser, wie er sich in einer Ehesache zu verhalten habe.[219] Mit der Ordination Georgs von Anhalt am 2. August 1545 im Merseburger Dom, der 1544 mit der Wahl Herzog Augusts zum Administrator des Bistums Koadjutor in geistlichen Dingen geworden war,[220] billigte Luther indirekt die albertinische Stifterpolitik.

Moritz begegnete Luther kühl und zurückhaltend, ohne die Polemik aufzunehmen oder zu beachten. In seinem Denken hatten Luthers Probleme keinen Platz. So schrieb er seinen Räten aus Wien, die ihm im Juni 1542 über Luthers Angriffe auf den Meißner Adel im Zusammenhang mit der »Wurzener Fehde« berichtet hatten: Es sei Luthers Art, nicht nur den Adel, sondern auch den Kaiser, den König und die Fürsten »anzutasten«. Doch sollte das nicht überbewertet werden. Sie könnten sich, wenn sie wollten, nach den wahren Zusammenhängen jener Anfeindungen erkundigen und ihm berichten.[221] Dieses distanzierte Verhältnis des jungen Albertiners zeigte ebenfalls die allgemeine Antwort, mit der Moritz

---

217 WA TR 5, 144, 15-22 (Nr. 5428a). In einer anderen Fassung dieser Tischrede sind Georg von Karlowitz und Simon Pistoris als Anstifter, die Moritz beeinflußt haben, in einem Jahr totzubeten (ebd, 135, 3-6 [Nr. 5428]).

218 Vgl. Wartenberg: Martin Luther ..., 53 vor allem Anm. 5 (in diesem Band Seite 56). Zu dem aus dieser Zeit überlieferten »vaticinium Lutheri«, das den jungen Moritz mit einem jungen Löwen oder jungen Wolf verglich, den sich Johann Friedrich aufziehen würde, noch die Fassung der Tischrede in WA 48, 695 f (Nr. 7139).

219 WA Br 10, 436 f (Nr. 3930); der Befehl des Pistoris ebd, 437 Anm. 1. Es ist fraglich, ob dieser Brief Luthers ein direkter Angriff auf die Bannvorschriften in der albertinischen Landesordnung vom 21. Mai 1543 ist; so noch Wartenberg: Martin Luther ..., 64 (in diesem Band Seite 63).

220 Vgl. Albert FRAUSTADT: Die Einführung der Reformation im Hochstift Merseburg. Leipzig 1843, 180-184; Wartenberg: Martin Luther ..., 66 (in diesem Band Seite 64 f).

221 PKMS 1, 452, 31 - 453, 4 (Nr. 370) am 30. Juni 1542.

sich am 21. Februar 1546 bei Johann Friedrich für die Mitteilung von Luthers Tod bedankte: Er habe davon »in dieser fährlichen Zeit mit beschwertem Gemüthe und doch gerne vernommen, daß er im Glauben beständig als ein christlicher Lehrer verharret und seliglich abgeschieden, sunder Zweifel, er werde nach lang gethaner Arbeit die ewige Belohnung haben«.[222]

---

222 ThHStA Weimar: Reg I pag 272-276 Nr. 7, 15[r/v]; gedruckt: DENKMALE, DEM D. MARTIN LUTHER VON DER HOCHACHTUNG UND LIEBE SEINER ZEITGENOSSEN ERRICHTET [...]/ hrsg. von K[arl] Ed[uard] Förstemann. Nordhausen 1846, 127 (Nr. 33). Den Tod Luthers hatte Graf Hans Georg von Mansfeld am 18. Februar 1546 an Moritz berichtet (BrJJ 2, 180 f [Nr. 782]).

# Martin Luther und Moritz von Sachsen[*]

In die Regierungszeit des in der späten Reformationszeit so umstrittenen Moritz von Sachsen fällt die endgültige Festigung evangelischen Kirchentums im albertinischen Sachsen. Unter Mitwirkung von Georg von Anhalt und später von Philipp Melanchthon erhält die sächsische Kirche ihre »erste wirkliche Verfassung«.[1] Welche Rolle spielt Martin Luther bei dieser Entwicklung in der zweiten Phase der sächsisch-albertinischen Reformation? Wie steht der Reformator zu Moritz und seiner Politik? Wie sieht sein Moritzbild aus?

Über persönliche Verbindungen zwischen Luther und dem jungen Moritz haben wir keine zuverlässigen Nachrichten. Wir kennen keine Briefe von Moritz an Luther, umgekehrt nur wenige Schreiben mit Fürbitten in Angelegenheiten Dritter.[2] Diese Tatsache allein deutet schon auf ein kühles /53/ Verhältnis. Mit persönlichen Begegnungen können wir auf jeden Fall für den Aufenthalt von Moritz am Hof Johann Friedrichs[3] und für die feierliche Einführung der Reformation in Leipzig am 25. Mai 1539[4] rechnen. Für die Zeit in Torgau und Wittenberg überliefert Georg Arnold ein »Lutheri vaticinium«, das in der jetzigen Fassung – wie die entsprechende Tischrede – mit Sicherheit aus der Zeit nach 1547 stammt. Ein

---

[*] Erstabdruck in: LuJ 42 (1975), 52-70.

1 Emil SEHLING: Die Kirchengesetzgebung unter Moritz von Sachsen 1544-1549 und Georg von Anhalt. Leipzig 1899, III. Zur Kirchenpolitik von Moritz vgl. außerdem: Heinrich BORNKAMM: Das Ringen reformatorischer Motive in den Anfängen der sächsischen Kirchenverfassung. In: ders.: Das Jahrhundert der Reformation. 2. Aufl. Göttingen 1966, 202-219 = ARG 41 (1948), 93-115; Erich BRANDENBURG: Zur Entstehung des landesherrlichen Kirchenregiments im albertinischen Sachsen. Historische Vierteljahrsschrift 4 (1901), 195-237; Helga-Maria KÜHN: Die Einziehung des geistlichen Gutes im albertinischen Sachsen 1539-1553. Köln; Graz 1966. (Mitteldeutsche Forschungen; 43); S[imon] ISSLEIB: Moritz von Sachsen als evangelischer Fürst: 1541-1553. BSKG 20 (1906), 1-213; EKO 1 I, 92-103.

2 Als Quellenmaterial wurden benutzt: WA TR; WA Br; PKMS 1. 2. Für Luthers Briefwechsel konnte dankenswerterweise das Namensregister benutzt werden, das eine Arbeitsgruppe an der Sektion Theologie der Martin-Luther-Universität zu Halle unter Leitung von Erdmann Schott zusammengestellt hat (vgl. jetzt WA Br 16).

3 Über diese Zeit sind wir sehr schlecht orientiert. Erich BRANDENBURG: Moritz von Sachsen. Bd. 1: Bis zur Wittenberger Kapitulation 1547. Leipzig 1898, 21-23; Simon ISSLEIB: Die Jugend Moritzens von Sachsen: 1521-1541. NASG 26 (1905), 280-282. Sein Hofmeister wird der kursächsische Erbmarschall und Freund Luthers, Hans Löser, der Moritz bis zu seinem Tode Anfang Juli 1541 treue Dienste leistet, besonders bei den Verhandlungen mit den Eltern des Herzogs (PKMS 1, 34, Anm. 1; ebd, 55. 76-78. 99 f. 101. 116-120. 142 f. 156). Zu Löser WA Br 3, 118 f.

4 Auf Wunsch Herzog Heinrichs kommen die Wittenberger Theologen Cruciger, Jonas, Melanchthon und Luther nach Leipzig. Am Pfingstsonntagabend (24. Mai) predigt Luther vor den anwesenden Fürsten, zu denen auch Moritz gehört, in der Hofkapelle auf der Pleißenburg. Am Sonntag gibt Herzogin Katharina ein Mittagessen für Luther – WA TR 4, 406, 11 (Nr. 4622), an dem vielleicht auch Moritz teilnahm. Er ist auf jeden Fall bei der gemeinsamen Abreise des Herzogs und seiner Gäste am 25. Mai über das Kloster Eicha nach Grimma dabei – WA TR 4, 406 (Nr. 4623 f). Friedrich SEIFERT: Die Durchführung der Reformation in Leipzig 1539-1545. BSKG 1 (1882), 128-136.

angeblicher Lutherausspruch soll den »Verräter« verleumden: Luther habe bei einem Essen auf die Frage des Kurfürsten, was er von Moritz halte, geantwortet, Johann Friedrich möge zusehen, daß er sich nicht einen jungen Löwen aufziehe.[5] /54/

Die für die Lage der Evangelischen so verhängnisvolle Doppelehe Philipps von Hessen weckt das Interesse des jungen Moritz. Noch bevor der Landgraf seinem zukünftigen Schwiegersohn Pfingsten 1540 die Einzelheiten mitteilt, schreibt Moritz am 26. März an Dr. Ludwig Fachs, Luther habe eine geheime Schrift verfaßt, »das ein mann zwei eheweiber nemen möge«.[6] Er bittet den Leipziger Bürgermeister um geheime Nachforschungen und nach Möglichkeit um Zusendung eines Exemplars. Ohne sich über die Ehesache an sich zu äußern, nimmt Moritz sofort Partei für Philipp von Hessen. Er teilt nicht die moralische Entrüstung am Dresdener Hof. Bei seinem Aufenthalt in Hessen stattet er der Nebenfrau einen Besuch ab. Auf Bitten des Landgrafen tritt er für Anna von der Sale ein, die bei ihrer Rückkehr nach Sachsen in Dresden verhört wird und alle Schriftstücke ausliefern muß.[7] Wir haben keine Belege, daß Moritz sich zur Haltung der Wittenberger Theologen äußert, von einem 19jährigen kann das auch nicht erwartet werden. Bei der erwähnten Schrift scheint ihn mehr die Frage der Rechtmäßigkeit einer Doppelehe zu interessieren als der konkrete Anlaß für die angebliche Lutherschrift. Der Quellenlage entspricht es keineswegs, daß das Verhalten der Theologen für die innere Entwicklung des jungen Herzogs bedeutungsvoll wird und daß »das wegwerfende Urteil, das Moritz später über Luther« fällt, mit auf dieses Ereignis zurückgeht.[8] Theologen oder Luther selbst haben auf die cha-

---

5 Georg ARNOLD: Gründliche Beschreibung Lebens und Thaten des … Herrn Moritzens … anfänglich lateinisch geschrieben, hernach übers. durch David Schirmer, nunmehro … erl. und verm. durch Immanul Weber. Gießen; Frankfurt am Main 1719, 16. WA TR 5, 318, 7-12 (Nr. 5678), dort wird Moritz mit einem jungen Wolf verglichen. Die Tischrede ist enthalten in Bav 2, 932 (vom Naumburger Ratsherr Valentin Beyer, der Vorlagen des Interimsgegners Nikolaus Medler benutzt, Bd. 2, am 14. Januar 1549 begonnen, WA TR 1, XXXIX f; 5, XXXV), Clem 943, 67 b (Handschrift um 1550 gesammelt, WA TR 2, XIII), Math L, 502 (Mathesius hat die Sammlung des Georg Plato Ende 1547/ Anfang 1548 abgeschrieben; vgl. Ernst KROKER: Luthers Tischreden in der Mathesischen Sammlung. Leipzig 1903, 50 f) und Rhed 202 b. Die Entstehungszeit der Handschriften spricht für eine spätere Anekdote, WA TR 5, 318, Anm. 8: nach 1547. Bei Julius KÖSTLIN: Martin Luther/ hrsg. von Gustav Kawerau. 5. Aufl. Bd. 2. Berlin 1903, 566, wird auf die Tischrede hingewiesen, Moritz aber mit einem freien Hahn verglichen, leider ohne Quellenangabe. In seinem biographisch-psychologischen Roman gestaltet Hans BAUMGARTEN: Moritz von Sachsen, der Gegenspieler Karls V. Berlin 1942, 13 f nach Arnold eine kleine Szene an der Tafel zu Torgau.

6 Brief in PKMS 1, 61. Vermutlich handelt es sich um das von Luther und Melanchthon mitunterzeichnete Gutachten vom 10. Dezember 1539 (WA Br 8, 638-644 [Nr. 3423]). Hildegard JUNG: Kurfürst Moritz von Sachsen. Hagen 1966, 36, irrt, wenn sie Hans Löser an Justus Jonas schreiben läßt. Anna von der Sale hatte ursprünglich gefordert, daß Moritz der heimlichen Ehe zustimmen und als Nachfolger Heinrichs Trauzeuge sein solle. Vgl. Instruktion Philipps vom 12. Januar 1540 für die nicht erfolgte Sendung von Hans von Schönfeld an Moritz (PKMS 1, 53 f) und William Walker ROCKWELL: Die Doppelehe des Landgrafen Philipp von Hessen. Marburg 1904, 34 f. 36. 316.

7 Über die Ereignisse in Dresden und die Haltung von Moritz siehe Rockwell: Die Doppelehe …, 51-55. Bei den Bemühungen Philipps, seiner »Schwiegermutter« zu helfen, wird auch Moritz eingeschaltet, vgl. PKMS 1, 63-67. 75. 80.

8 Brandenburg: Moritz …, 47. Baumgarten: Moritz von Sachsen …, 28 f, geht soweit, zu behaupten, Moritz habe bei dem ganzen Ehehandel erkannt, daß der Reformator selbst »die Religion der Politik« anpaßt.

rakterliche Entwicklung des Albertiners keinen Einfluß. Da er die Doppelehe Philipps nie kritisiert, dürfte bei ihm /55/ der Beichtrat Luthers keinen Anstoß erregen, ebensowenig die spätere Kritik der Wittenberger am Landgrafen, weil Moritz ihre Äußerungen auch danach nicht beachtet, wie im Wurzener Fladenkrieg und in den Kämpfen mit Herzog Heinrich von Braunschweig.

Wie sein Landesherr knüpft Luther große Erwartungen – nicht zuletzt wegen des unerträglichen Verhältnisses zu Georg[9] – an die Regierungsübernahme durch Moritz. Mit Interesse verfolgt er alle Bemühungen von Herzog Georg, im albertinischen Sachsen die katholische Kirche zu erhalten und seinen Bruder Heinrich und dessen Söhne von der Nachfolge auszuschließen. Dazu gehört die Verheiratung des schwachsinnigen Friedrich, dem Georg schon zu seinen Lebzeiten die Erbhuldigung leisten lassen will: »er solt ein herr des landes sein repulso Mauritio his verbis: Den (fatuum) wollen wir haben tzum erben vnd nicht diesen, videlicet Mauritium.«[10] In einer Tischrede vom 5. April 1539 bezeichnet Luther die beiden Söhne Heinrichs, Moritz und August, als »domini illius ducatus«. Für die negative Haltung des Reformators zu den Dresdener Räten ist seine Bitte interessant: Gott möge den beiden helfen und ihnen treue Räte geben.[11]

Sein Mißtrauen und seine polemischen Angriffe gegen den Dresdener Hof und die Meißner Adligen hat Luther nie aufgegeben. Sie ziehen sich wie ein roter Faden durch alle Briefe von 1539 bis 1546.[12] Dem sich im /56/ Herbst 1539 wieder verschlechternden Verhältnis der Wettiner untereinander entspricht der scharfe Angriff gegen »superbia et avaritia« in Dresden. Herzog Heinrich ist alt und ohnmächtig, seine Söhne »nondum audent, nec ipsi possent, si etiam auderent«.[13] Zu den ersten Anordnungen des neuen Herzogs gehören die Aufforderung an die Bischöfe zu Meißen und Merseburg, die Reformation einzuführen, die Ausschußverhandlungen im November über die Verwendung der geistlichen Güter und Fragen der Kirchenordnung. Die dafür hinzugezogenen Superintendenten der Markgrafschaft Meißen sind mit der neuen Entwicklung offensichtlich sehr zufrieden; die Stagnation in der Einführung reformatorischen Kirchentums unter Heinrich wird über-

---

9 Ingetraut LUDOLPHY: Die Ursachen der Gegnerschaft zwischen Luther und Herzog Georg von Sachsen. LuJ 32 (1965), 28-44; Otto VOSSLER: Herzog Georg der Bärtige und seine Ablehnung Luthers. In: ders.: Geist und Geschichte. München 1964, 9-24 = HZ 184 (1957), 272-291.

10 WA TR 4, 462, 2-4 (Nr. 4740) vom 20. Februar 1539; PKMS 1, 13. 15. 17. 26. 28; Erich BRANDENBURG: Herzog Heinrich der Fromme von Sachsen und die Religionsparteien im Reiche (1537-1541). Dresden 1896, 51-55.

11 WA TR 4, 327, 25 f (Nr. 4467). Der Text Aurifabers in WA TR 2, 432, 37 – 433, 6 (Nr. 2358) enthält nicht den Hinweis auf Moritz und August. Durch ihre Entstehungsgeschichte und Überlieferung haben die Tischreden nicht den gleichen Quellenwert wie die Briefe Luthers. Möglicherweise geht »Dux Mauritius« von 4467 auf den Pfarrer Paul Richter (Iudex) zurück, der die Handschrift Ser aus Vorlagen Anton Lauterbachs 1553/54 abschreibt (WA TR 4, XIII), mit größerer Sicherheit aber der Zusatz »cum suo fratre«, der auf die Regierungsübernahme durch August zurückgeht und nicht auf die 1541 von Katharina betriebene Landesteilung.

12 So WA Br 9, 518, 6 (Nr. 3670): Luther an seine Frau vom 18. September 1541; WA Br 10, 84, 5 f (Nr. 3761): Luther an Daniel Greser vom 16. Juni 1542; ebd, 402, 10-12 (Nr. 3917): Luther an Lauterbach vom 30. September 1543; WA Br 11, 253, 1-22 (Nr. 4183): Luther an Nikolaus von Amsdorf vom 8. Januar 1546; ebd, 300, 24 f (Nr. 4207): Luther an seine Frau vom 14. Februar 1546.

13 WA Br 9, 68, 5 f (Nr. 3540): Luther an Lauterbach vom 3. März 1540. Zum Geiz und zur Sparsamkeit in Dresden WA TR 5, 46, 10-12 (Nr. 5287) zwischen 3. und 19. Oktober 1540.

wunden. Darauf spielt Luther in seinem Brief an Anton Lauterbach vom 28. November an, »intellexi laetus, vobis placere Principem Mauritium, oroque, ut Deus eum ita servet et gubernet«.[14] Ähnlich äußert sich Luther bereits am 10. November: »Deus confortet principem Mauritium in fide vera et in politia salutari!«[15] In beiden Briefen ist jedoch das Lob für die Regierungstätigkeit des neuen Herzogs mit Warnungen vor dem wahren Türken und den Umtrieben des Satans verbunden. Die zunehmende Entfremdung zwischen Moritz und Johann Friedrich zeigt sich auch in Luthers Briefen. In einem von Mitte März 1542 stammenden Bittschreiben für einen Mansfelder Bürger an den Herzog benutzt der Absender seine Empörung über Graf Albrecht von Mansfeld zu allgemeinen Angriffen gegen den Adel. Moritz, »der noch ein Junger Furst ist, vndt Gottes wort vndt wergk bey zeit lernen 744444kan«, soll sich vor den »geitzigen vndt Tyrannischen Rathschlägen« der Adligen hüten.«[16] /57/

Der Albertiner setzt in der Kirchenpolitik die Linie seines Vaters fort, der sich mit der zweiten Visitation (Dezember 1539 bis Oktober 1540) mehr und mehr vom Einfluß des ernestinischen Hofes und damit auch der Wittenberger Theologen gelöst hat.[17] Moritz fordert die Superintendenten seines Landes, die Universität und seine Räte zu Gutachten auf. Offizielle Aufforderungen an Luther sind uns nicht bekannt und unwahrscheinlich. Nur von seinen Freunden – vor allem von Lauterbach[18] und Daniel Greser[19] – erfährt er vom Fortgang der Reformation und kirchlichen Neuordnung im albertinischen Sachsen. Bevor wir aber Luthers Haltung dazu darlegen, müssen wir über die Wurzener Fehde im März/ April 1542 sprechen.

Der Fladenkrieg erhellt schlagartig und für alle sichtbar das gespannte Verhältnis der Wettiner untereinander. Ihre Beziehungen erreichen bis zum Ausbruch des Schmalkaldischen Krieges ihren tiefsten Punkt, ebenso die Beurteilung des Albertiners durch Luther.

---

14 WA Br 9, 557, 4 f (Nr. 3692): Luther an Lauterbach vom 28. November 1541. Zu den Verhandlungen Ißleib: Moritz ..., 9-18. Ebenso freundlich zum Regierungsantritt von Moritz Luther an Lauterbach am 25. September 1541: »Gaudens audiui Tyrannos tuos coerceri paulatim; speramus quoque in dies meliora« (WA Br 9, 521, 9 f [Nr. 3672]).

15 WA Br 9, 547, 6 f (Nr. 3692). Ausdruck der Hoffnungen Luthers ist sein Bittschreiben an Moritz für den ehemaligen Dresdner Augustinermönch Lukas Pittig vom 17. September 1541 (WA Br 9, 516-518 [Nr. 3669). Melanchthon berichtet Nikolaus Medler am 12. Oktober 1541 von einem Brief Luthers an den Herzog für einen alten, blinden und armen Priester, der nicht erhalten ist (CR 4, 677 [Nr. 2389]; 694 f [Nr. 2398]).

16 WA Br 10, 8, 32 - 9, 2 (Nr. 3723): Luther an Herzog Moritz; die Abfassungszeit ist umstritten. Im Gegensatz zu Georg VOIGT: Moritz von Sachsen: 1541-1547. Leipzig 1876, 31, Anm. 4 scheint das Schreiben doch besser vor die Wurzener Fehde zu passen. Schon im April/Mai 1542 wendet sich Luther wegen der Streitigkeiten innerhalb der Mansfelder Grafen nicht mehr direkt an Moritz. Kurfürst Johann Friedrich (WA Br 10, 27 f [Nr. 3731] vom 1. April 1542) und Landgraf Philipp (WA Br 10, 60 f [Nr. 3749] vom 5. Mai 1542) sollen den Herzog als Lehnsherrn zum Eingreifen veranlassen.

17 Brandenburg: Herzog Heinrich ..., 84 f; Karl PALLAS: Ein bisher unbekannter Brief des Herzogs Heinrich von Sachsen an Luther vom 5. August 1539. Zeitschrift des Vereins für Kirchengeschichte der Provinz Sachsen 21 (1925), 83-89.

18 Reinhold HOFMANN: Reformationsgeschichte der Stadt Pirna. BSKG 8 (1893), 144-157. 260-277.

19 Franz LAU: Hans Daniel Greser. NDB 7 (1966), 49 f; Heinrich BUTTE: Daniel Greser: eines Hessen in Sachsen erfülltes Leben. Jahrbuch der Hessischen Kirchengeschichtlichen Vereinigung 2 (1950/ 1951), 144-171.

Als sich der Meißner Bischof Johann von Maltitz weigert, den von Johann Friedrich beanspruchten Teil der Türkensteuer nach Wittenberg zu entrichten, läßt der Kurfürst in der Überzeugung, das Amt Wurzen liege in seinem Fürstentum, die Stadt schließlich besetzen, die Steuer eintreiben und die Reformation einführen. Dieses Vorgehen verletzt eindeutig die Rechte von Moritz als Mitschutzfürsten des Bistums, das seit 1485 unter gemeinsamer Schutzherrschaft der Wettiner steht. Für den Herzog kommen noch territorialpolitische und militärische Gesichtspunkte hinzu. Er darf nicht zulassen, daß sein Vetter sich im Amt Wurzen festsetzt und damit den für die Albertiner lebenswichtigen Muldenpaß jederzeit sperren kann. Dem /58/ Dresdener Hof erscheint die rechtswidrige Handlung Johann Friedrichs als direkte Fortsetzung der im Bistum Naumburg-Zeitz praktizierten Angliederungspolitik im Zeichen der Reformation, als weiterer Fall in einer langen Kette von Übergriffen (z. B. Dobrilug, Erfurt). Nur das entschlossene Eingreifen von Landgraf Philipp verhindert eine unmittelbare militärische Konfrontation und vermittelt den Oschatzer Vertrag vom 10. April 1542, der aber keine echte Versöhnung bewirkt und die Entscheidung nur vertagt.[20]

Wo steht nun Luther in diesem Streit? Als er von der bedrohlichen Lage erfährt, verfaßte er sofort eine zum Frieden mahnende Flugschrift an beide Parteien.[21] Obwohl der Prediger und das geistliche Amt für solche weltlichen /59/ Sachen nicht zuständig sind, will Luther

---

20 Das Quellenmaterial zur Wurzener Fehde PKMS 1, 344 f. 357-411; der Vertrag zu Oschatz ebd, 407-411. Schon am 22. August 1541 werden Rüstungen Johann Friedrichs gegen den Bischof von Meißen vermutet (PKMS 1, 186: Graf Kaspar von Mansfeld, Ernst von Miltitz und Dr. Pistoris an Herzog Moritz). Über den Fladenkrieg vgl. Brandenburg: Moritz ..., 194-206; Friedrich Albert von LANGENN: Moritz, Herzog und Churfürst zu Sachsen. Bd. 1. Leipzig 1844, 132-144; Voigt: Moritz ..., 23-26. Zum ernestinischen Material [Carl August Hugo] BURKHARDT: Die Wurzener Fehde. Archiv für Sächsische Geschichte 4 (1866), 57-81; JOHANN FRIEDRICH DER GROSSMÜTIGE 1503-1554. Teil 2: Vom Regierungsantritt bis zum Beginn des Schmalkaldischen Krieges. Jena 1908, 499-505. In Archiv für Sächsische Geschichte 3 (1865), 235-240, wird ein zeitgenössischer Bericht über die Ereignisse in Wurzen selbst abgedruckt, der im »Chronicon incerti auctori« enthalten ist (Handschrift in Sächsischer Landes- und Universitätsbibliothek Dresden R 93, 230-234).

21 WA Br 10, 31-37 (Nr. 3733). Die Ermahnung zum Frieden müssen auch Moritz und seine Räte gekannt haben, wie die in Dresden vorhandene Abschrift zeigt (SächsHStA Dresden: Loc. 9138: Allerhand Handschreiben, 12). Eingehend besprochen wird diese Schrift von Köstlin: Martin Luther ... 2, 566-568; Hermann KUNST: Martin Luther und der Krieg. Stuttgart 1968, 43-50; Georg MEYER: Martin Luther und Wurzen. Mitteilungen des Wurzener Geschichts- und Altertumsvereins 3 (1918), 4-8; Voigt: Moritz ..., 27-31. Erdmann NEUSS: Luthers Stellungnahme zu den Kriegsfällen seiner Zeit: Luthers Seelsorge und Paränese in den politischen Auseinandersetzungen der Reformationszeit und ihre Bedeutung für das Verständnis der Zwei-Reiche-Lehre. Theol. Diss. Halle 1970, 233-241. Unter Berücksichtigung der einschlägigen Stellen wird besonders im Abschnitt über die Wurzener Fehde auf Luthers Brief an die kriegführenden Parteien eingegangen, den Neuß kennzeichnet als »Beispiel evangelischer Seelsorge an zwei protestantischen Fürsten, die vom Evangelium her anzusprechen waren«. Für Moritz ist hier jedoch Vorsicht geboten, er hat das Evangelium nie als Richtschnur seines Handelns anerkannt. Auch für Neuß gehörte Luthers Sympathie ganz dem Kurfürsten, dessen Vorgehen der Reformator nicht unparteiisch würdigen kann. Daß seine Polemik neben der Furcht vor einem Deutschland drohendem Strafgericht auf Verärgerung über die »Undankbarkeit« des Herzogs zurückgeht, berücksichtigt zu wenig die Problematik und historischen Hintergründe der innersächsischen Beziehungen. Vgl. unter Anm. 26 f. Ausführlicher Bericht über die Fehde in einem Brief von Hieronymus Besold an Veit Dietrich von Mitte April 1542 (DR. MARTIN LUTHER'S BRIEFWECHSEL/ hrsg. von Ernst Ludwig Enders. Bd. 14. Leipzig 1912, 246-249).

dem Befehl vom 1 Tim 2, 1 f nachkommen. Danach sollen die Geistlichen für die weltliche Herrschaft um Frieden auf Erden und gegen den Teufel beten, der als Stifter und Anfänger alles Unfriedens auch »so eilend vnd plotzlich diesen vnlust erregt hat« (Zeile 14). Dann ist es die Aufgabe der Kirche, die Betrübten zu trösten, die Angefochtenen zu vermahnen oder die Halsstarrigen zu schrecken. Die Streitenden sollen Luther anhören, weil er nicht sein, sondern Gottes Wort redet und beide Seiten ihn als Prediger des Evangeliums anerkennen (Lk 10, 16). Der Kurfürst und der Herzog sollen das 1. Gebot befolgen und nach Frieden trachten, auch unter Verlust von Leib und Gut, denn nur mit Verletzung des Gewissens kann der Streit fortgesetzt werden. Nach Röm 12, 15 muß der eine Teil, auch wenn er unschuldig ist, dem anderen Frieden und Bereitschaft zum Schiedsspruch anbieten. Außerdem ist Gott der Rächer alles Unrechts. Verhandlungen, eine Untersuchung oder Vermittlung durch das Hofgericht oder Fürsten der Erbeinigung sind noch nicht versucht worden.

Die Tragweite und die näheren Umstände des Streites sind Luther offenbar unbekannt, wenn er von einem »liderlichen vnd geringen« Schaden (Zeile 37 f) spricht, die Konfrontation mit einer Laus oder Nisse (Zeile 99) vergleicht oder meint, daß es nur um die Stadt Wurzen gehe.[22] Mit Recht befürchtet er von einem Krieg Nachteile für das Evangelium und das Ansehen der Protestanten im Reich. Eigentlich ist es gar kein Krieg, sondern ein Hausaufruhr, da Vater und Sohn, Bruder und Vetter übereinanderherfallen. Gott möge verhüten, daß eine Partei jede Vermittlung ablehnt, »mit dem kopff wider Gott laüffen vnd dem rachgyrigen wutigen zorn nach /60/ toben wolte« (Zeile 123 f). Im Kriegsfall will Luther auf die Seite treten, die Frieden und Ausgleich angeboten hat, leiden kann und will. Ihm ist es gleich, ob es Johann Friedrich oder Moritz ist. Dieser Teil soll sich getrost und fröhlich wehren. Das gilt auch für die im Heer mitkämpfenden Adligen, Bürger und Bauern. Sie können sich auf Luther berufen, der »solch blut vnd verdamnis ihenes teils auff« sich nehmen will (Zeile 138 f). Die jede friedliche Übereinkunft ablehnende Gegenpartei hat sich selbst in Bann getan und sich Gottes Fluch ergeben, auch wenn sie das Recht auf ihrer Seite hätte.

Aus konkretem Anlaß äußert sich Luther erneut allgemein[23] über das Verhalten der Kirche und ihrer Glieder in bewaffneten Auseinandersetzungen und weltlichen Streitfällen. Nicht einfache Zustimmung, sondern »hoc possumus, quod iure possumus« (Zeile 163).

---

Über die Stimmung in Wittenberg beim Eintreffen der Nachricht vom drohenden wettinischen Krieg berichtet Johann Mathesius in seiner 13. Predigt: »Ich hab vil sehnliche seufftzer vnd nasser augen desmals zu Wittenberg gehen vnd fliessen sehen bey guten leuten.« Das Sendschreiben des »friedlichen Doctor« ist beiden Feldherrn zugeschickt worden (Johann MATHESIUS: Ausgewählte Werke. Bd. 3: Luthers Leben in Predigten/ hrsg. von Georg Loesche. Prag 1906, 337 [Bibliothek Deutscher Schriftsteller aus Böhmen; 9]). Zu erwähnen ist noch, daß Luther auf Wunsch Philipps seinen Kurfürsten zum Frieden mahnt (WA Br 10, 42 f [Nr. 3737], Luther an Johann Friedrich vom 9. April 1542).

22 Ähnlich, WA Br 10, 45, 9 f (Nr. 3739): Luther an Landgraf Philipp vom 10. April 1542; WA Br 10, 48, 11 f (Nr. 3741): Luther an von Amsdorf vom 13. April 1542.

23 Auf die Rolle des Sendschreibens im Thema »Luther und der Krieg« kann hier nicht eingegangen werden. Vgl. neben Kunst: Martin Luther und der Krieg ... auch Gustav KAWERAU: Luthers Gedanken über den Krieg. Schriften des Vereins für Reformationsgeschichte 24 (1916) 1. Stück, 35-56; Peter MEINHOLD: Römer 13: Obrigkeit – Widerstand – Revolution – Krieg. Stuttgart 1960, 145-149; Julius RICHTER: Luthers Gedanken über »gerechter Krieg«. EvTh 20 (1960), 125-142.

So sollen die Söldner den unfriedlichen und rachgierigen Fürsten verlassen, »Denn Niemand ist gezwungen, sondern viel mehr yhm verboten, fursten vnd herrn gehorsam zu sein oder Eid zu halten zü seiner seelen verdamnis, das ist wider Gott vnd Recht« (Zeile 160-162). Als Luther von der Vermittlung des Landgrafen hört, zieht er sofort sein Sendschreiben zurück und überschickt das Manuskript dem kursächsischen Kanzler Dr. Gregor Brück.

Hätten wir nur diese ausführliche, für die Öffentlichkeit bestimmte Mahnung des Reformators, so wäre an seiner Stellungnahme nichts auszusetzen. Wir könnten in der Tat eine unparteiische Haltung feststellen. In Privatbriefen und Tischreden spricht Luther jedoch eine andere Sprache. Wir müssen vermuten, daß er bewußt die Frage in seinem Ausschreiben umgeht, auf welcher Seite das Recht steht. Er schreibt am 12. April an Brück, daß er seinen »trotz vnd trost hab mussen setzen auff die Not wehre vnd erbotens recht«, weil Wittenberger Juristen die Rechtlichkeit des kurfürstlichen Vorgehens in Zweifel zogen.[24] Vermutlich hat Luther geglaubt, daß /61/ Moritz jede Verhandlung ablehnt und dadurch eine kriegerische Auseinandersetzung unvermeidlich ist. Ohne nach den eigentlichen Streitpunkten zu fragen, tritt er auf die Seite seines Kurfürsten, dessen Handeln er billigt. Vielleicht ist Luther auch verärgert, daß Moritz einen nicht überlieferten Mahnbrief unbeantwortet ließ.[25] Von dieser proernestinischen Position her werden die maßlosen Angriffe verständlich, die ganz dem Stil der Schmähschriften der Reformationszeit entsprechen. Moritz wäre ohne Unterstützung seines Vaters durch die Kurfürsten Friedrich den Weisen und Johann den Beständigen gegen Herzog Georg nicht einmal geboren oder überhaupt etwas geworden![26] Dieser Vorwurf der Undankbarkeit gegenüber den Ernestinern – vor allem gegen Johann Friedrich – kehrt immer wieder und wird später im Schmalkaldischen Krieg Schlagwort der flazianischen Propaganda.[27] Durch sein Handeln erregt Moritz Gottes Zorn und sein Gericht, wenn er nicht für diese böse Tat (Wurzener Fehde) genügend büßt. Zieht er mit gegen die Türken, »soll vns nicht allein der Turcke, sondern auch wol blitz vnd donner erschlahen, wo ein solcher vngebusseter bluthund, der vettermord, brudermord, schwiger, ja vater vnd sonmord

---

24 WA Br 10, 47, 6-11 (Nr. 3740): Luther an Kanzler Gregor Brück vom 12. April 1542. An Philipp schreibt Luther, daß er über die Rechtslage nicht Bescheid weiß und auch nicht wissen will (WA Br 10, 44 15-17 [Nr. 3736]), ebenso an Johann Friedrich (WA Br 10, 42, 12 f [Nr. 3737]). Meint Besold Moritz, wenn er in dem Anm. 21 erwähnten Brief schreibt, indem er sich auf Luthers Sendschreiben bezieht: »Principem (!) enim ab instituto deterrebat, populum vero hortabatur, ut, si pergeret, omnes eum (!) desererent, nisi mallent animas una cum corporis amittere.« (Dr. Martin Luthers Briefwechsel ... 14, 249, 88-91).

25 Darüber wieder Besold: Luther »dehortabatur per literas Mauricium ab incepto. Verum cum nihil responsi acciperet, alteras mittere easque in publicum edere iam constituerat, ut ab omnibus legerentur« (Dr. Martin Luthers Briefwechsel ... 14, 249, 79-83). Bemerkenswert ist, daß Besold das 1. Schreiben nicht finden konnte, weil es verheimlicht wird. Er hofft aber, es über Cruciger oder Rörer zu bekommen (ebd, 100-102). An jenen Brief denkt Luther, wenn er am 8. April an Brück schreibt: »Weil H. Moritz niemant hat wollen horen« (WA Br 10, 38, 16 und Anm. 5 [Nr. 3734]).

26 WA Br 10, 29, 21-23 (Nr. 3732): Luther an von Amsdorf vom 7. April 1542. Anm. 7 verweist darauf, daß Herzog Georg seinem Bruder die Ehe nicht gestatten wollte; so DIE HANDSCHRIFTLICHE GESCHICHTE RATZEBERGER'S ÜBER LUTHER UND SEINE ZEIT/ hrsg. Von Christian Gotthold Neudecker. Jena 1850, 65 f; WA TR 4, 363, 14-17 (Nr. 4526); WA TR 4, 407, 27 (zu Nr. 4623).

27 Zur Undankbarkeit von Moritz: WA Br 10, 45, 5-8 (Nr. 3739); WA Br 10, 47, 18-25 (Nr. 3740); WA TR 5, 146, 8 f (Nr. 5428a). Zur Unterstützung von Heinrich und Moritz durch Johann Friedrich PKMS 1, 9-12. 14 f. 38. 116-120. 139 f. 148 f. 154 f. 160.

so halsstarriglich furgenommen«.[28] Nicht unzufrieden über diese Worte, schreibt Luther an Brück, daß er dem Landgrafen »einen scharffen brieff geschrieben wider den torichten blut hund H. Moritz«.[29] Die von ihm erwartete Niederlage wird /62/ Moritz zur Besinnung bringen, »(den itzt alle wellt, auch sein Eigen leute, fur Thoricht hellt, so sol er sich zieren) solte blutigen kopff mit den seinen vnd eine schlappe dauon bringen, da mit yhm das schwerd hinfurder nicht so leise sticken wurde«.[30] Daß der Meißner Adel besser weg-kommt, ist nicht zu erwarten. So werden sie als gleisnerische Bluthunde beschimpft, mit Kain, Absalom, Judas und Herodes verglichen.[31]

Während Luther unter dem Einfluß des Landgrafen, der nach Beilegung der Wurzener Fehde am 5. Mai über Wittenberg zurückreist, für Moritz wieder freundlichere Worte fin-det, sind besonders die albertinischen Räte Simon Pistorius d. J.[32] und Georg von Karlowitz[33] Zielscheibe seiner Polemik. Der Herzog sei nach Aussage Philipps neben Johann Rivius der einzige, dem die Reformation in Sachsen-Meißen am Herzen liege.[34] Vier Wochen später urteilt Luther, daß Moritz wegen seiner Jugend und Unerfahrenheit leicht zu ent-schuldigen sei. Obwohl Adel und die »Satanae catena« wüten und alles zu befürchten ist, kann man »sperare tamen meliora, quia Christus viuit«.[35] Diese zurückhaltende und abwartende, aber nicht negative Beurteilung /63/ des Albertiners können wir auch in der folgenden Zeit feststellen.[36] Bittschriften jedoch richtet Luther nicht mehr nach Dresden.

---

28 WA Br 10, 45, 12-14 (Nr. 3739).

29 WA Br 10, 47, 15 f (Nr. 3740).

30 WA Br 10, 37, 7-10 (Nr. 3734). Weitere Urteile über Moritz ebd, 42, 14-16 (Nr. 3737): »... das H. Moritz vnrecht thet mit solchem verderblichen blutrostigem furnemen sein recht selbst zü setzen, Ehe denn solch Tunckel vnd disputirlich recht vnd klar wurde.«; ebd, 48, 5 f. 10 f (Nr. 3741): furiosus et superbus iuvenis, die Visitation in Wurzen hat er »licet furens« vorgeschlagen.

31 Ebd, 47, 27-29 (Nr. 3740). Vgl. Anm. 12.

32 Über ihn [August von] Eisenhart: Simon Pistoris von Seuselitz. ADB 26, 186-189. Seine Haltung zu Luther und die Beurteilung durch den Reformator schwankt. Dazu Otto Clemen: Eine Anleitung zum juristischen Studium von Simon Pistoris. NASG 31 (1910), 136 f. Während Luther am 25. September 1541 noch an Lauterbach schreiben kann: »De Pistore, vetere Cancellario, bona spes est« (WA Br 9, 521, 10 [Nr. 3672]), ist Luther wenige Monate später von ihm wie von Moritz enttäuscht: »porro veteratorem illum papistam mutari posse scio, si lupus fiet« (WA Br 10, 283, 5 f [Nr. 3861]: Luther an Lauterbach vom 2. April 1543) und warnt den Pirnaer Freund ständig vor Pistoris (ebd, 91, 3 f [Nr. 3764] vom 5. Juli 1542; ebd, 441, 12-20 [Nr. 3933] vom 3. November 1543; ebd, 62, 3 f [Nr. 3750] vom 7. Mai 1542 u. a.).

33 Elisabeth Werl: Georg von Carlowitz. NDB 3 (1957), 146 f. WA Br 10, 52, 3 (Nr. 3743): Luther an Hieronymus Weller vom 19. April 1542; ebd, 91, 5 – 92, 1 (Nr. 3764). 135, 12 f (Nr. 3784): Luther an Lauterbach vom 27. August 1542; ebd, 441, 16 (Nr. 3933); ebd, 596, 1 f (Nr. 4005): Luther an Lauterbach vom 20. Juni 1544 u. a.

34 WA Br 10, 62, 8 f (Nr. 3750). Vgl. Brandenburg: Moritz ..., 294. Zu Rivius vgl. [Georg] Müller: Johann Rivius. ADB 28, 709-713; WA Br 10, 63, Anm. 5.

35 Ebd, 92, 8 f (Nr. 3764).

36 Ebd, 446, 10 f (Nr. 3937): Luther an Lauterbach vom 17. November 1543: »Deus servet Principem verstrum cum nostro ...«; WA Br 10, 596, 3 f (Nr. 4005): »Dominus conservet mentem Principis Mauritii [im Gegensatz zu Karlowitz] in salutem populorum multorum, ...« Beide Äußerungen stammen aus der Zeit der Feldzüge gegen Frankreich im Herbst 1543 und Sommer 1544 und sind sicher Entgegnungen auf Sorgen, die sich Lauterbach bei einem möglichen Tod des Herzogs um die evangelische Sache in Sachsen-Meißen macht. Die allgemeinen formelhaften Entgegnungen dürfen nicht überbewertet werden, wie Voigt: Moritz ..., 35, der Nr. 4005 als »eine zufriedene und hoffnungs-erfüllte« Äußerung auffaßt.

Seit der Wurzener Fehde ist jede direkte Verbindung zum Dresdener Hof endgültig zerschnitten.[37]

Die zornigen Angriffe bleiben dem Meißner Adel nicht unbekannt. Von Hieronymus
Weller verlangen sie die Herausgabe eines Lutherbriefes.[38] Die Dresdener Räte melden
Luthers Verhalten dem Herzog nach Wien. Sachlich und ohne Erregung – die Invektiven
aus Wittenberg berühren ihn nicht mehr, die tiefe Kluft zu Luther wird deutlich – antwortet
Moritz: »Doctor Martini Lutters uber die vom adel angezogens schreiben betreffend, obwol
in betrachtung, dass er seinem gebrauch nach nit allein adelsgenossen, sonder die grosse
potentaten, als kaiser, konig und fursten, anzutasten pflegt, daran dann soviel nit gelegen,
so mogt Ir doch Euch indem der gewissen warheit erkunden, und obs not neben Eurm
bedenken weiter an uns gelangen lassen.«[39] Als Luther selbst erfährt, daß Briefe seinen
Gegnern in die /64/ Hände gefallen sind, schreibt er wütend an Lauterbach: Die Meißner
könnten ihn ruhig angreifen und sich mit seinen Briefen brüsten. Die Mordbrenner werden
noch mehr hören als Herzog Georg, von ihnen fürchte er keinen.[40]

Luthers Freunde berichten ständig über die Kirchenpolitik im Herzogtum nach Wittenberg. In diesen Briefen spielen Bann und Kirchenzucht eine besondere Rolle. In der Landesordnung vom 21. Mai 1543 versucht Moritz, diese Fragen zu lösen. Die Kirchenzucht wird
zwar Aufgabe der Geistlichen, der Bann soll jedoch mit Wissen der Obrigkeit ausgesprochen
werden. Der Gebannte ist aus dem öffentlichen Leben auszuschließen. Bleibt alles ohne
Erfolg, soll der Übeltäter dem Herzog oder dem Amtmann gemeldet werden.[41] Dieses »mix-
tum compositum von Kirchenzucht und obrigkeitlicher Sittenzucht«[42] empört Luther. Er
könne nichts Gutes von dieser Form des Bannes erwarten, schreibt er an Greser. Gott wird

---

37 An den Großenhainer Superintendenten Johann Reimann schreibt Luther am 14. März 1543: »In
Ducatu Mauriciano nihil tibi possum servire« (WA Br 10, 277, 3 f [Nr. 3857]). Zu Reimann vgl.
Franz TETZNER: Johann Reimann. NASG 31 (1910), 287-306. Johann Pfeffinger bittet Luther am
28. Mai 1543, sich für die Witwe des Döbelner Pfarrers Christian Neumann bei Moritz einzusetzen,
denn »ego eum statuerim ex multis causis gravissimis abstinere ab aula vestri Ducis, nihil possum ei
patrocinari literis ad Principem Mauritium« (WA Br 10, 324, 7-9 [Nr. 3880]). Bei den Bemühungen,
die streitenden Mansfelder Grafen zu versöhnen wendet sich Luther schon 1542 nicht mehr direkt
an Moritz. Vgl. Anm. 16.

38 WA Br 10, 113, 2 f (Nr. 3734). Vgl. [Georg] MÜLLER: Hieronymus Weller von Molsdorf. ADB 44,
472-476.

39 PKMS 1, 452, 31 - 453, 4: Moritz an seine Statthalter vom 30. Juni 1542, Feldlager vor Wien. In
einem Brief vom gleichen Tag an ungenannte Räte (PKMS 1, 454) schreibt der Herzog, er wolle es
jetzt dabei belassen, weil er wegen Luther schon mehrfach und jetzt an seine Räte geschrieben habe.
Nach einem Brief von Bischof Sigmund von Merseburg an Herzog Heinrich von Braunschweig
vom 16. April 1542 sei Moritz über einen Brief Luthers an Weller »fast daruber bewegt wurden«
(PKMS 1, 416, Anm. 2). Vgl. Brandenburg: Moritz …, 206; Langenn: Moritz … 1, 150 f.

40 WA Br 10, 135, 7-11 (Nr. 3784); dazu Voigt: Moritz …, 32.

41 Der Abschnitt über den Bann in der Landesordnung bei EKO 1 I, 287; Ißleib: Moritz..., 61.

42 Bornkamm: Das Ringen …, 204. Voigt: Moritz …, 33 führt Luthers Verärgerung darauf zurück, daß
man auf bloße Anordnung des Landesherren vorgegangen sei, ohne Rat in Wittenberg einzuholen.
Ähnlich Brandenburg: Moritz …, 310 f der aber richtig weiter schreibt, daß Luther in dieser Zeit in
seinem Urteil »zwischen halber Anerkennung des Geleisteten und tiefem Mißtrauen gegen seine
Urheber« schwankte. Das Motiv der gekränkten Eitelkeit, das die theologischen Gründe völlig über-
sieht, auch bei Christa HÜLMS: Kurfürst Moritz von Sachsen: Wandel des Urteils über seine Politik.
Kritische Untersuchung zur Persönlichkeitswertung in der Geschichte. Phil. Diss. Leipzig 1960, 36.

keinen Segen geben, wenn die Höfe nach ihrem Gutdünken die Kirche regieren, was nur den dazu Berufenen zukommt. »Distincta volumus officia ecclesiae et aule, aut deserere vtrunque. Sathan pergit esse Sathan. Sub Papa miscuit ecclesiam politiae, sub nostro tempore uult miscere politiam ecclesiae. Sed nos resistemus deo fauente et studebimus pro nostra uirili uocaciones distinctas seruare.«[43] Der Bann gehört nach Vorschrift der Evangelien zu den Aufgaben /65/ der Kirche und der zu ihrer Leitung Bestimmten. Diesem Grundsatz entspricht die Ziegenhainer Zuchtordnung vom November 1538, die Luther als nachahmenswertes Beispiel Lauterbach empfiehlt.[44] Der Ratschlag hat, wie Emil Sehling mit Recht annimmt, die Verhandlungen auf der Lätarekonferenz nachhaltig beeinflußt.[45] Moritz ist an einem direkten Einfluß von Wittenberg nicht interessiert. Er versammelt die Superintendenten seines Herzogtums und Georg von Anhalt, der immer mehr die entscheidende Rolle in der Kirchengesetzgebung spielen wird. Luther hätte gern auf Wunsch seiner Freunde teilgenommen, wurde aber nicht eingeladen.[46] /66/

Am 2. August 1545 ordiniert Luther in Merseburg Fürst Georg von Anhalt, den Koadjutor in geistlichen Dingen für das Bistum Merseburg.[47] Die weltliche Gewalt übt der vom Kapitel gewählte Administrator August von Sachsen aus. Daß die Weihe Luther vollzieht, wie

---

43 WA Br 10, 436, 12-16 (Nr. 3930): Luther an Greser vom 22. Oktober 1543. Im gleichen Sinn, aber zugespitzt auf Karlowitz und Pistoris WA Br 10, 440, 4 - 441, 24 (Nr. 3933). Auf den Brief an Greser kann nicht ausführlich eingegangen werden, dazu Georg Müller: Verfassungs- und Verwaltungsgeschichte der sächsischen Landeskirche. BSKG 9 (1894), 101-104; Karl Rieker: Die rechtliche Stellung der evangelischen Kirche Deutschland in ihrer geschichtlichen Entwicklung bis zur Gegenwart. Leipzig 1893, 169 f; Rudolph Sohm: Kirchenrecht. Nachdruck der Ausgabe 1892. Bd. 1. München 1923, 603.

44 WA Br 10, 284, 17 f (Nr. 3861). Zu Luthers Anschauung über Gemeindezucht und ihre Verwirklichung in Hessen Wilhelm Maurer: Gemeindezucht – Gemeindeamt – Konfirmation. Kassel 1940, 9-22. (Schriftenreihe des Pfarrervereins Kurhessen-Waldeck; 2).

45 Sehling: Kirchengesetzgebung ..., 4-6; über die Konferenz selbst ebd, 1-13. 121-156; Ißleib: Moritz ..., 76-78. Später versucht Lauterbach vergeblich, Luther zu einer Schrift über die Kirchenzucht zu bewegen (WA Br 10, 596, 4 f [Nr. 4005]; 614, 13 [Nr. 4013], Luther an Lauterbach von Juli/August 1544). Den starken Einfluß Luthers beweist auch, daß Georg von Anhalt später seine für die Pastoren des Bistums bestimmte Dienstanweisung Luther zur Begutachtung sendet, der am 22. Juli 1545 zurückschreibt: »omnia mihi vehementer placent« (WA Br 11, 45, 7 [Nr. 4381]). Die Instruktion hat der Leipziger Beratung am 25. August 1545 vorgelegen (vgl. Sehling: Kirchengesetzgebung ..., 59-73). Nicht darauf beziehen kann sich die scharfe Kritik in WA TR 5, 617, 14 – 618, 2 f (Nr. 6354); ebd, 647, 43 – 648, 4 (Nr. 6407); dazu WA Br 11, 146 f, Anm. 1. Zur Elevationsfrage Luther an Georg von Anhalt am 10. Juli 1545 (WA Br 11, 132-137 [Nr. 4331]), am 26. Juni 1542 (WA Br 10, 85-88 [Nr. 3762]) und am 19. Oktober 1545 an Lauterbach: »Vnitas spiritus longe est praeferenda« (WA Br 11, 200, 15 [Nr. 4161]).

46 WA Br 10, 543, 3 f (Nr. 3975): Luther an Lauterbach vom 12. März 1544. Über den Teilnehmerkreis wissen wir nichts. Mit Recht vermutet Bornkamm: Das Ringen ..., 205 die Superintendenten und die für das Leipziger Konsistorium vorgesehenen Theologen. Danach kämen in Frage neben Georg von Anhalt die Superintendenten Nikolaus Ortmannsdorf (Annaberg), Wolfgang Fues (Chemnitz), Caspar Zeuner (Freiberg), Jacob Klappe (Großenhain), Johann Pfeffinger (Leipzig), Martin Zimmermann (? Meißen), Daniel Greser (Dresden), Johann Buchner (Oschatz), Anton Lauterbach (Pirna), der Propst zu St. Thomas in Leipzig und Jurist Ambrosius Rauch, der 1543 evangelisch wurde, sowie die Theologieprofessoren Alexander Alesius, Caspar Borner, Wolfgang Schirmeister und Bernhard Ziegler. Hinzu kommt vermutlich auch Johann Sauer, der aber bereits im Herbst 1544 Leipzig verläßt und wieder katholisch wird.

bei Nikolaus von Amsdorf im Bistum Naumburg-Zeitz, darf nicht überbewertet werden. Es kennzeichnet vor allem das gute Verhältnis des Anhaltiners zu den Wittenberger Theologen.[48] Moritz, der sonst die ernestinischen Theologen aus seiner Kirchenpolitik ausschaltet, erhebt keine Einwände. Seine Beziehungen zu Luther sind nicht besser geworden. Vielleicht ist es dem Herzog sogar erwünscht, daß Luther den reinen Repräsentationsakt vollzieht und damit einen Teil albertinischer Kirchenpolitik sanktioniert.[49]

Diese unpolemische und pragmatische Haltung von Moritz gegenüber Luther, die er nicht zuletzt mit Rücksicht auf die öffentliche Meinung /67/ im Herzogtum einnehmen muß, zeigt sich in anderen Fragen ebenfalls. Luthers Schriften, besonders seine Postille, werden den albertinischen Geistlichen empfohlen.[50] Die 1545 wieder aufflammenden Streitigkeiten zwischen den Schweizer Theologen und Luther behandelt Moritz ohne Parteinahme und bedauert sie sicher aus politischen Gründen.[51] Für die 1545/46 zwischen Philipp und ihm geführten Verhandlungen über die Konzilsfrage und einen möglichen Ausgleich mit den Altgläubigen, bittet er den Landgrafen, die erforderlichen Gutachten von den Theolo-

---

47 Franz LAU: Georg III. von Anhalt (1507-1553), erster evangelischer Bischof von Merseburg. WZ Leipzig 3 (1953/1954), 139-152. Berichte über die Ordination bei Friedrich WESTPHAL: Fürst Georg der Gottselige zu Anhalt. 2. Aufl. Dessau 1917, 133-137, und Albert FRAUSTADT: Die Einführung der Reformation im Hochstift Merseburg. Leipzig 1843, 180-184. Zu Georg als Bischof vgl. Sehling: Kirchengesetzgebung ..., 21-39.

48 Dazu Westphal: Fürst Georg ..., 89-103; Georg STIER: Regesten aus Luthers Briefen, Anhalt und dessen Fürsten betreffend. Mitteilungen des Vereins für Anhaltische Geschichte und Altertumskunde 4 (1886), 1-30. Das von den Wittenberger Theologen unterschriebene Ordinationszeugnis WA Br 11, 155-158 (Nr. 441). Nach Johann Christoff BECKMANN: Historie des Fürstentums Anhalt. Teil 5. Zerbst 1710, 159 hat Georg 1542 bei der Wurzener Fehde Luther zur Mäßigung aufgefordert, der geantwortet habe, er wolle seine scharfe Feder zur Seite legen und beten helfen.

49 Ißleib: Moritz..., 105 f sieht die Weihe durch Luther als Bestätigung dafür, daß Moritz »jede Kriecherei gegen den Papst« fernlag. Nach WA TR 5, 286, 3-5 (Nr. 5635b) hat Luther am 12. Mai 1544 die Wahl Augusts zum Administrator als Raub der Meißner am Kirchengut angesehen, zu dieser Umwandlung von »bona ecclesiastica« in bona »politica« habe er nie geraten; »ego sum mundus a sanguine isto«. Die Ernennung von Georg muß dann Luther beruhigt haben, denn sonst hätte Luther kaum die Weihe vollzogen. Ob bei der scharfen Äußerung Luthers auch das Unbehagen des ernestinischen Hofes über den Machtzuwachs der Albertiner mitschwingt? In einer Tischrede von Mitte Juni 1544 über drei Klöster werden erwähnt, die Moritz säkularisiert habe, wie der Landgraf und der Kurfürst (WA TR 5, 306, 10-12 [Nr. 3663]). Vgl. Fraustadt: Die Einführung der Reformation ..., 150; Köstlin: Martin Luther ... 2, 562. Das geringe Ansehen Luthers am Dresdener Hof zeigt, daß nach einem Brief von Brück an den kursächsischen Rat Hans von Ponikau vom 13. September 1544 (PKMS 2, 118, Anm. 1) die albertinischen Räte es »übel vermerkt« hätten, daß Georg sich mit Luther in Wittenberg über die Amtsführung beraten habe.

50 Ißleib: Moritz ..., 89. 94 f. 102.

51 PKMS 2, 221 f: Instruktion von Moritz für seinen Sekretär Faust für eine Sendung an Philipp von Ende April 1545: Er hat das Büchlein der Züricher gegen Luther erhalten, hört ungern vom Theologenstreit. Ebenso an Johann Friedrich vom 1. Mai 1545 (PKMS 2, 232): Die Streitigkeiten werden vielen ein Ärgernis sein, in seinem Land will er den Verkauf der Züricher Bücher verbieten. Die Sache wird auch in den Verhandlungen zwischen Philipp und Moritz am 9. Mai 1545 besprochen (PKMS 2, 260) und im März/Mai 1545 bei den wettinischen Ausgleichsverhandlungen zwischen Brück und Komerstadt (PKMS 2, 244, Anm. 1). Dabei will der albertinische Rat Luther »schier die schuld geben, dass man zu keiner kirchenordnung kommen konnt oder keme« (PKMS 2, 199 f, Anm. 3) und fordert Überlegungen, um solche Streitigkeiten in Zukunft zu verhüten. Vgl. Brandenburg: Moritz ..., 363-366.

gen anfertigen zu lassen. An die Wittenberger, die ihm vermutlich nicht beweglich genug sind, denkt der Herzog nicht.[52] In der Tagespolitik berufen sich Moritz und seine Räte ganz selten auf Luther.[53] Den Dank für die Mitteilung von Luthers Tod an Johann Friedrich verbindet er – ohne auf das Werk des Reformators würdigend /68/ einzugehen – mit dem Wunsch, daß der Allmächtige sein Wort erhalten, fördern und durch gelehrte Prediger ausbreiten wird.[54]

Die wichtigsten[55] der bisher bekannten Zeugnisse über die Haltung Luthers zu Moritz von Sachsen und seiner Politik haben wir besprochen. Viele Fragen konnten nur angeschnitten werden und bleiben unbeantwortet: Welche Rolle spielen die Schüler und Freunde Luthers bei der kirchlichen Neuordnung im Herzogtum? Welchen Einfluß haben Georg Komerstadt, Georg von Karlowitz, Simon Pistoris, Johann Rivius u. a. tatsächlich? Wie weit reicht der Einfluß des ernestinischen Kirchenwesens? Eine umfassende Bearbeitung der vorhandenen Quellen ist dafür erforderlich. Das jetzt ausgebreitete Material reicht jedoch aus, um die Grundlinien im Moritzbild des Reformators festzustellen.

Zu keiner Zeit können wir von einem guten Verhältnis sprechen. Luther sieht Moritz mit den Augen des ernestinischen Hofes. Seine Urteile spiegeln oft die offizielle und öffentliche Meinung in Kursachsen wider. Die Auswirkungen der Leipziger Teilung von 1485 bestimmen auch die Haltung Luthers zu Moritz und umgekehrt. Er sieht die Kirchenpolitik im Herzogtum nicht unbefangen, nicht als Theologe, sondern als Untertan Johann Friedrichs. Dessen bevormundende Politik hat die hoffnungsvollen Ansätze zu einer ge-

---

52 Ißleib: Moritz ..., 121-124. 127-130. Über den Briefwechsel mit Philipp PKMS 2, 417 f, Anm. 1. Am 11. Januar 1546 schreibt Philipp, er wolle die gewünschten Gutachten senden, Moritz habe aber selbst gelehrte Theologen wie Luther und Melanchthon in der Nähe. Dabei vergißt der Landgraf, daß er beim Regierungsantritt von Moritz seinem Schwiegersohn geraten hat, in Fragen der Kirchenordnung an Bucer oder Melanchthon sich zu wenden, Luther wird dabei nicht genannt. Philipp an Moritz vom 29. Juni 1541 (Langenn: Moritz ... 2, 212); Brandenburg: Moritz ..., 67.

53 Zu einer Instruktion für eine Gesandtschaft der Kurfürsten Joachim II. und Herzog Moritz an Johann Friedrich und Philipp vom Juli 1546 ist ein abweichender Entwurf von Simon Pistoris erhalten, der auf die Gutachten Luthers und Melanchthons in der Frage des Widerstandes gegen den Kaiser hinweist (PKMS 2, 738, Anm. 3). In dem ungedruckten Material zur Politischen Korrespondenz von Moritz beruft sich Joachim von Brandenburg auf Luther in einem umfangreichen Schreiben vom 7. November 1548, mit dem er Moritz für das Interim gewinnen will (SächsHStA Dresden: Loc. 10298: Interim domesticum secundum, 207a-234a).

54 Der Brief von Moritz, Freiberg, 22. Februar 1546, nach dem Original in Weimar in: Denkmale, dem D. Martin Luther von der Hochachtung und Liebe seiner Zeitgenossen errichtet .../ hrsg. von Karl Eduard Förstemann. Nordhausen 1846, 127. Luthers Tod war Moritz von Johann Friedrich (Christof Schubart: Die Berichte über Luthers Tod und Begräbnis. Weimar 1917, 26) und Graf Hans Georg von Mansfeld mitgeteilt worden (PKMS 2, 525; Briefwechsel des Justus Jonas/ hrsg. von Gustav Kawerau. Bd. 2. Halle 1884. 180 f [Nr. 7821]).

55 Zu den nicht berücksichtigten und unergiebigen Zeugnissen gehören die über die unterschiedliche Handhabung der verbotenen Ehegrade im ernestinischen und albertinischen Teil (WA Br 10, 356-364 [Nr. 3998]: Johann Friedrich an Luther, Brück und Bugenhagen vom 11. August 1543; ebd, 464, 37-39 [Nr. 3945]: Luther an Johann Heß vom 10. Dezember 1543) und allgemeine Bemerkungen über die Teilnahme von Moritz am Feldzug gegen Herzog Heinrich von Braunschweig (WA Br 10, 454, 4 – 456, 14 [Nr. 3942]: Johann Friedrich an Luther, Bugenhagen, Melanchthon vom 2. Dezember 1543; WA Br 11, 183, 16-18 [Nr. 4155]: Johann Friedrich an Luther vom 3. Oktober 1545; ebd, 201, 18 [Nr. 4162]: Luther an von Amsdorf vom 21. Oktober 1545). Zu den Ehegraden in der albertinischen Landesordnung noch WA TR 4, 542 (Nr. 4844).

meinsamen Politik zunichte gemacht, die nach der Einführung der Reformation im albertinischen Teil möglich war. Die Wurzener Fehde /69/ zeigt spätestens, daß eine militärische Auseinandersetzung unvermeidlich ist, wenn nicht beide Seiten Mißtrauen und Rivalitätsdenken abbauen. Moritz kennt nicht die stürmischen Anfangsjahre der Reformation, die auch jeden Fürsten zu einer persönlichen Auseinandersetzung mit Luthers Lehre gezwungen haben. Zu dieser streitbaren protestantischen Generation gehört er nicht mehr. Für ihn ist die Reformation eine politische Kraft, die für die Erweiterung der eigenen Macht nach innen und außen ausgenutzt werden kann. Nur so ist die Politik des Albertiners zu verstehen, seine evangelische, aber antiernestinische und antischmalkaldische Haltung. Dem entspricht die zielstrebige Einführung des evangelischen Glaubens und die Ordnung des Kirchenwesens als Teil der unter Moritz begonnenen Verwaltungsreform in Sachsen-Meißen. Die politischen Querelen zwischen Albertinern und Ernestinern müssen sich zwangsläufig auf die Kirchenpolitik auswirken. Bei dem Ineinander von Politik und Reformation muß Moritz eine eigene, von Wittenberg unabhängige Landeskirche aufbauen, um seine politische Selbständigkeit zu wahren. Er kann in Luther nur einen Exponenten der ernestinischen Politik sehen. Seine Räte haben nichts dazu getan, um dieses Bild abzubauen. Moritz von Sachsen kann dem Reformator nur mit der gleichen kühlen Zurückhaltung begegnen, wie er die Politik seines Vetters beargwöhnt.

Im Streit der Wettiner muß Luther Partei ergreifen. Es ist nur natürlich, daß er dort zu finden ist, wo nach seiner Überzeugung die evangelische Sache am besten vertreten wird. In seiner Beurteilung des jungen Herzogs läßt Luther sich von seiner Gegnerschaft zu Georg und dem nicht immer guten Verhältnis zu Heinrich leiten. Sein Mißtrauen den Albertinern gegenüber ist tief verwurzelt. Hinzukommt, daß die gleichen Räte, die bis 1539 in Dresden die Politik bestimmt haben, unter Moritz wieder die wichtigsten Ämter innehaben (Christoph und Georg von Karlowitz, Ernst von Miltitz, Simon Pistoris u. a.) Luther sieht sie als heimliche Katholiken an, deren Werkzeug Moritz ist.[56] Befangenheit und Vorurteile, von denen sich Luther /70/ nie lösen kann, prägen sein Moritzbild, das nachhaltig das Bild des Herzogs und späteren Kurfürsten Moritz von Sachsen in der Geschichte beeinflußt hat.[57]

---

56 Ganz typisch dafür Melanchthon in der ausführlichen Tischrede über die Wurzener Fehde: »Hertzog Moritz ist gleich wie eine pfeiffe; was die rethe ime einblaßen, das pfeift er« (WA TR 5, 135, 20-22 [Nr. 5428]). Nach Melanchthons Meinung wollten die Dresdener Räte den Fladenkrieg benutzen, um die Wittenberger Theologen zu beseitigen: »Qui Ducem Mauritium incitaverant, putabant se bellam occasionem nactos, nos trucidandi. Nam res tanta non est ab ipso adolescente orta« (CR 4, 809 [Nr. 2483]: Melanchthon an Johannes Brenz vom 2. Mai 1542). Im Gegensatz zu Luther hat sich das Verhältnis von Melanchthon zu Moritz dann zunehmend freundlicher gestaltet.

57 Hierzu besonders Hülms: Kurfürst Moritz ..., 1-38. Dort wird leider das Verhalten des Reformators zum Herzog nur gestreift, wir finden nur die Feststellung, daß Luther auf die populäre, konfessionelle Kampfliteratur besonders gewirkt habe. Als Beispiel dafür: Ernst-Otto REICHERT: Amsdorff und das Interim: Erstausgabe seiner Schriften mit Kommentar und historischer Einleitung. Theol. Diss. Halle 1955. A, 56-60; B, 1-14. 141-155.

*Kurfürst Moritz von Sachsen*
*(Lithographie, 1796)*

# Die Politik des Kurfürsten Moritz von Sachsen gegenüber Frankreich zwischen 1548 und 1550[*]

Verärgert über die kaiserliche Religionspolitik verließ Kurfürst Moritz von Sachsen Ende Mai 1548 den Augsburger Reichstag. Ohne Einverständnis von Landständen und Theologen war er nicht gewillt, dem Interim zuzustimmen. Es erschien ihm unmöglich, mit dem kaiserlichen Religionsgesetz die während des Schmalkaldischen Krieges in Mitteldeutschland und innerhalb seines Territoriums aufgebrochenen Gegensätze auszugleichen, den Emotionen gegen den »Judas von Meißen« entgegenzuwirken, die bisherigen ernestinischen Gebiete voll zu integrieren. Die zähen Verhandlungen mit dem Albertiner und der politische Druck auf die widerstrebenden und zögernden Reichsstände verdeutlichten die Entschlossenheit, mit der Karl V. und Ferdinand I. das Interim durchsetzen und zugleich die politische Opposition zurückdrängen wollten. Daher ist es nicht überraschend, wenn der jüngste Kurfürst des Reiches sich bereits ab 1548 bemühte, seine Position unter den Fürsten zu stärken und in Gesprächen die beiderseitigen Beziehungen zu entwickeln. Das gilt für Kurfürst Joachim II. von Brandenburg, Herzog Heinrich d. J. von Braunschweig-Wolfenbüttel, König Ferdinand I., aber auch für Markgraf Johann von Brandenburg-Küstrin, mit dem ihn die Ablehnung des Augsburger Interims verband. Die Vorbereitungen für eine Heirat Herzog Augusts mit der dänischen Königstochter Anna gehörten ebenfalls in das Konzept der Konsolidierung und Bewahrung der 1547 /72/ in Mitteldeutschland geschaffenen Verhältnisse sowie der Suche nach möglichen Bundesgenossen gegen die schwankende kaiserliche Politik. Während Kurbrandenburg und Kursachsen gleiche Interessen und ihre Stellung als Kurfürstentümer verbanden, entwickelte sich zwischen Moritz und Johann vorübergehend ein freundschaftliches Verhältnis, das sich durch die kursächsische Politik in der Interimsfrage und gegenüber der Alten Stadt Magdeburg aber bald wieder abkühlte.

Der Anstoß ging von Johann aus, der am 26. Juni 1548 sich entschuldigte, daß er Moritz auf der Rückreise vom Reichstag nicht besucht hatte.[1] Vermutlich war dieser Gedankenaustausch noch in Augsburg vereinbart worden. In der gemeinsamen Ablehnung des Interims sah der Markgraf eine tragfähige Grundlage für Absprachen. Er schlug eine Begegnung vor. Wenn auch Moritz in seiner sofort erfolgten Antwort,[2] in der er seine bisher eingenommene Haltung zur kaiserlichen Religionspolitik bekräftigte, wegen einer Zusammenkunft zur Vorsicht mahnte, trafen sich die beiden Fürsten doch Mitte August auf der Jagd im Elbsandsteingebirge.[3] Aus späteren Briefen lassen sich die Ergebnisse der Geheimgespräche

[*] Erstabdruck in: Deutschland und Frankreich in der frühen Neuzeit: Festschrift für Hermann Weber zum 65. Geburtstag/ hrsg. von Heinz Duchhardt und Eberhard Schmidt. München 1987, 71-102.
1 SächsHStA Dresden: Loc. 10297: Interim und Handlung zu Meißen ..., 339b-440a. Ausfertigung (PKMS 4, 65 f [Nr. 23]).
2 Meißen, 4. Juli 1548, GehStA PK Berlin: Abt. Merseburg, Rep 41 Nr. 3, Ausf.; PKMS 4, 66 – Nr. 23a.
3 Vgl. Hohnstein, 2. August 1548, Moritz an Johann (GehStA Berlin, Abt. Merseburg, ebd Ausfertigung; PKMS 4, 66 [Nr. 23a]).

erschließen. Sowohl in Pommern wie in Polen sollten wegen der Unterstützung eines Widerstandes gegen den Kaiser Erkundungen erfolgen.[4] Im Verlauf der Hochzeit Herzog Augusts Anfang Oktober in Torgau konnte Johann eine schriftliche Vollmacht von Moritz zu Verhandlungen mit dem Starosten von Posen erlangen. Diese nennt als Ziel der Kontakte mit Andreas von Gorka, vom polnischen König eine Verpflichtung zum gegenseitigen Beistand bei jedem nur möglichen Angriff zu erhalten.[5] Innenpolitische Streitigkeiten veranlaßten jedoch Sigismund II. August, sich den Habsburgern zu nähern, so daß dieser /73/ Bündnisversuch nicht zum Ziel kam.

In den nächsten Monaten setzte Moritz zunächst auf einen Ausgleich mit dem Kaiser, um endlich die Freilassung Landgraf Philipps von Hessen zu bewirken, um Entscheidungen Karls V. in den sich hinschleppenden Ausgleichsverhandlungen mit den Ernestinern zu erreichen sowie um die zähen Verhandlungen mit König Ferdinand über das erzgebirgische Amt Schwarzenberg und den Ersatz für die böhmischen Lehen Eilenburg, Leisnig und Colditz ohne größere Verluste zu beenden. Die kaiserlichen Mandate zur Exekution der Acht gegen die Alte Stadt Magdeburg verlangten politisches Taktieren. Auch glaubte man in Dresden, nur durch punktuelles Entgegenkommen in der Interimsfrage – was vor allem die Adiaphora betraf – das für andere Entscheidungen notwendige Wohlwollen des Reichsoberhauptes zu erhalten. So bildeten die Verbindungen zu Johann nur eine Linie im politischen Handeln des Kurfürsten, die Moritz von sich aus nie aus den Augen ließ. Der Markgraf konnte nur schwer die Vielschichtigkeit kursächsischer Politik in diesen Monaten durchschauen. Er vermutete Verrat an der evangelischen Sache und begegnete nach dem Leipziger Landtag dem Albertiner zunehmend mit Mißtrauen, das erst Anfang 1551 wieder abgebaut werden konnte.

Mit der Torgauer Abrede vom 6. Oktober 1548 hatten die beiden Verbündeten Karls V. im Schmalkaldischen Krieg den Weg für ein antikaiserliches Bündnis betreten, dessen äußerlicher Anlaß die Religionspolitik der Habsburger bildete. Bewaffneter Widerstand gegen den Sieger von Mühlberg erschien Moritz und Johann möglich. Der Grundstein zum späteren Fürstenaufstand war gelegt. Obwohl die Absichten des im Brennpunkt der Reichspolitik stehenden Kurfürsten mit denen des Regenten /74/ einer Sekundogenitur jenseits der Oder wenig übereinstimmten, tat Moritz alles, um den Markgrafen an sich zu binden. Das gemeinsame evangelische Bekenntnis reichte in der Interimssituation jedoch nicht aus, um trotz politischer Differenzen zu einem festeren Bündnis zu kommen. Neben Polen spielte vermutlich Dänemark eine gewisse Rolle,[6] von Frankreich war noch nicht die Rede, da es sich zunächst um ein defensives Verteidigungsbündnis evangelischer Territorien handelte.

---

4 Vgl. Ludwig MOLLWO: Markgraf Johann von Küstrin. Hildesheim 1926, 211; Hans KIEWNING: Herzog Albrechts von Preußen und Markgraf Johanns von Brandenburg Anteil am Fürstenbund gegen Karl V. Teil 1: 1547-1550. Altpreussische Monatsschrift 26 (1899), 629 f.

5 SächsHStA Dresden: Loc. 7277: Mgf. Johanns Händel mit Moritz 1548/53, 5a. Entwurf Johann eigenh.; Druffel 1, 167 (Nr. 224); PKMS 4, 160 f (Nr. 117).

6 Möglicherweise ist so die Klage von Moritz gegenüber Johann zu verstehen, daß zwei Boten, die er in dieser Angelegenheit abfertigte, noch nicht zurückgekehrt sind; Dresden, 16. Januar 1549 (GehStA PK: Abt. Merseburg, Rep 41, 2a, 14a, Ausfertigung; PKMS 4, 295 [Nr. 252]). Über die Bündnisbemühungen des Kurfürsten muß am kaiserlichen Hof etwas bekanntgeworden sein, denn am 6. Januar 1549 berichtete Franz Kram von dem Gerücht, Moritz und Johann hätten sich mit den sächsischen

Für die umsichtige und vorsichtige Art, mit der Moritz nach den demütigenden Erfahrungen mit der kaiserlichen Diplomatie Entscheidungen vorbereitete und Pläne weiterverfolgte, spricht seine Reise nach Italien Anfang 1549. Äußerlicher Anlaß war die Begrüßung Prinz Philipps von Spanien an der Grenze des Reiches in Trient. Die Besuche in Venedig, Mantua und Mailand belegen sein Interesse, sich selbst ein Bild von der politischen Lage zu machen. Dazu gehörte ferner ein Besuch bei dem franzosenfreundlichen Herzog Herkules II. von Ferrara.[7] Der habsburgisch-französische Gegensatz blieb dem jungen Kurfürsten sicher nicht verborgen. Ohne daß wir Anhaltspunkte dafür haben, muß ihm die Rolle Frankreichs bei einer Auseinandersetzung der deutschen Fürsten mit Karl V. klar ins Blickfeld getreten sein. Prinz Philipp wurde in die Bemühungen um eine Freilassung Philipps von Hessen einbezogen. Der Kardinal von Trient, Christoph von Madruzzo, unternahm alles, um in Moritz die Hoffnung zu nähren, mit dem Prinzen könne dieses Problem endlich gelöst werden.[8] Daher bemühte sich die kursächsische Politik in diesen Monaten, keinen Zweifel an der Kaisertreue des Kurfürsten aufkommen zu lassen. Moritz selbst schrieb an Karl V. und trat energisch Gerüchten /75/ entgegen, daß sein Bruder an einem antikaiserlichen Bündnis beteiligt sei.[9] In diesem Zusammenhang überrascht es nicht, wenn der Albertiner gegenüber dem Werben Johanns jetzt mehr Zurückhaltung zeigte, was jedoch nicht eine Aufgabe der Bündnispläne bedeutete.

Die habsburgfreundliche Grundkonzeption der albertinischen Außenpolitik nach 1541 und die damit verbundene Weigerung, dem Schmalkaldischen Bund beizutreten, verhinderten in diesen Jahren Kontakte zwischen dem herzoglichen Sachsen und Frankreich. Durch den hessisch-habsburgischen Geheimvertrag vom 13. Juni 1541 verpflichtete sich Moritz, mit dem Rivalen Karls V. kein Bündnis einzugehen.[10] Die antifranzösische Politik

---

Städten verbunden (SächsHStA Dresden: Loc. 8238: Magister Franz Schriften … 1549, 8a-14a. Ausfertigung; PKMS 4, 66 [Nr. 24a]). Am 20. Januar schreibt Kram, das Gerede über neue Bündnisse des Kurfürsten sei zur Ruhe gekommen. Zur älteren Literatur zu unserem Thema vgl. Karl Erich Born: Moritz von Sachsen und die Fürstenverschwörung gegen Karl V. HZ 191 (1960), 18, Anm. 1 f; außerdem: Jean-Daniel Pariset: Humanisme – réforme et diplomatie: les relations entre la France et l'Allemagne au milieu du XVIe siècle d'après des documents inédits. Strasbourg 1981; ders.: La France et les princes allemands. Francia 10 (1982), 229-301.

7 Vgl. August von Druffel: Herzog Herkules von Ferrara und seine Beziehungen zu dem Kurfürsten Moritz von Sachsen und zu den Jesuiten. Sitzungsberichte der philosophisch-philologischen und historischen Classe der Königl. Bayerischen Akademie der Wissenschaften 1 (1878), 322-331.

8 Vgl. Torgau, 6. Mai 1549: Antwort des Kurfürsten Moritz an Heinrich Lersner (StA Marburg: PA 1019, 30a-35a. Ausfertigung; PKMS 4, 368 [Nr. 317a]); Simon Issleib: Die Gefangenschaft Philipps von Hessen 1547-1552. NASG 14 (1893), 229-235.

9 Torgau, 17. April 1549 (HHStA Wien: Saxonica 2a, 81 f. Ausfertigung; PKMS 4, 265 f [Nr. 323a]).

10 PKMS 1, 147. 148 f (Nr. 161. 163); vgl. Erich Brandenburg: Moritz von Sachsen. Bd. 1: Bis zur Wittenberger Kapitulation (1547). Leipzig 1898, 102-105. Zu den Beziehungen des Schmalkaldischen Bundes zu Frankreich vgl. Heinrich Lutz: Christianitas afflicta: Europa, das Reich und die päpstliche Politik im Niedergang der Hegemonie Kaiser Karls V. (1552-1556). Göttingen 1904, 62-64; ders.: Kaiser Karl V.: Frankreich und das Reich. In: Heinrich Lutz; Friedrich Hermann Schubert; Hermann Weber: Frankreich und das Reich im 16. und 17. Jahrhundert. Göttingen 1968, 15-17; Stephan Skalweit: Die »Affaire des placards« und ihr reformationsgeschichtlicher Hintergrund. In: Festgabe für Hubert Jedin zum 17. Juni 1965/ hrsg. von Erwin Iserloh und Konrad Repgen. Teil 1. Münster 1965, 445-465; Pariset: Humanisme …, 39-70; Alfred Kohler: Die innerdeutsche und die außerdeutsche Opposition gegen das politische System Karls V. In: Das römisch-deutsche Reich im politischen System Karls V./ hrsg. von Heinrich Lutz unter Mitarbeit von Elisabeth Müller-Luckner. München 1982, 118-122.

des Kaisers wurde von ihm mitgetragen. Nachdem 1543 ein Dienstvertrag mit dem Reichs-oberhaupt an Moritz' Forderungen gescheitert war,[11] nahm er im folgenden Jahr als Oberst über 1000 Reiter mit Herzog August am Krieg des Reiches gegen Frankreich teil.[12] Jedes Gerücht von Verhandlungen über den Eintritt in französischen Dienst wies er von sich, während er dem englischen König Heinrich VIII. im Herbst 1544 einen Kriegsdienst gegen Frankreich anbieten ließ.[13] Als Johann Friedrich d.Ä. Anfang 1547 Leipzig belagerte, ver-suchte man vermutlich von ernestinischer Seite mit der brieflichen Aufforderung an August, seine angeblichen Dienstzusagen gegenüber Frankreich zu erfüllen, die albertinischen Brü-der zu entzweien.[14] Ähnliche Absichten hatte schon König Franz I. verfolgt, als er am 5. April 1545 August eine französische Bestallung antrug.[15] So wie dieser das französische Ansinnen ablehnte, ließ er sich auch später nicht – trotz vieler Spannungen mit dem Bruder – gegen Moritz gebrauchen.

Zu Recht vermutet Karl Erich Born eine Zäsur in der albertinischen Politik im Sommer 1549 und führt /76/ sie auf das Bekanntwerden des innerhabsburgischen Streites um die Nachfolge im Reich zurück.[16] Im August 1549 erwiderte König Ferdinand den von Moritz ihm zwei Monate zuvor in Prag abgestatteten Besuch.[17] Zu den Themen der Gespräche in Marienberg gehörten die allgemeine Entwicklung im Reich, das Interim und seine Verwirk-lichung in Sachsen, die Exekution der Acht gegen die Alte Stadt Magdeburg, die Gefangen-schaft Landgraf Philipps. Noch während der Verhandlungen erhielt Moritz die Mitteilung, daß trotz aller Fürbitten ein Ende der Gefängniszeit Philipps nicht zu erwarten sei. Der Druck aus Hessen auf den Kurfürsten nahm zu. Am Tage der Abreise des Königs, am 22. August, erschienen die beiden hessischen Gesandten Wilhelm von Schachten und Simon Bing mit einer ausführlichen Instruktion an Moritz und Joachim II., um die beiden Kurfürsten zu größeren Bemühungen um die Freilassung zu bewegen.[18] Zugleich nutzten aber der Gastgeber und die beiden Hessen die Gelegenheit zu einer umfassenden Bestandsaufnahme in der landgräflichen Sache. Nur aus der späteren Entwicklung erscheint die Versicherung des Albertiners, alles für die Befreiung zu tun, mehr als eine rhetorische Floskel.[19] Neben den bisherigen Bemühungen durch Gesandtschaften und Fürbitten und Eingehen auf die

---

11 Brandenburg: Moritz von Sachsen ..., 230-245.

12 Zum Dienstvertrag vom 7. April 1544 vgl. PKMS 2, 39-42 (Nr. 583); Brandenburg: Moritz von Sachsen ..., 274 f.

13 So durch Christoph Haller von Hallerstein (PKMS 2, 121-124 [Nr. 635]).

14 PKMS 3, 63 f (Nr. 47 f).

15 SächsHStA Dresden: Loc. 8086: Frankreich oder französische Händel 1545/65, 1a. Ausfertigung; vgl. Felix JOËL: Herzog August bis zur Erlangung der Kurwürde. NASG 19 (1898), 147 f.

16 Born: Moritz von Sachsen ..., 25 f.

17 Zu dem 14tägigen Aufenthalt Ferdinands in Kursachsen gibt es kaum Nachrichten in den Dresdener Akten; vgl. den Bericht des päpstlichen Nuntius in Prag, Marcello Cervini, an Alessandro Farnese, 20. August 1549 (NUNTIATURBERICHTE AUS DEUTSCHLAND 1533-1549. Bd. 11: Nuntiatur des Bischofs Pietro Bertano von Fano 1548-1549/ bearb. von Walter Friedensburg. Berlin 1915, 435-439.) und das Schreiben König Ferdinands an Karl V., Prag, 21. August 1549 (Druffel 1, 281-283 [Nr. 330]).

18 Instruktion vom 15. August (StA Marburg: PA 1023, 1a-6a. Ausfertigung; PKMS 4, 487-489 [Nr. 423a]) und die Antwort Moritz vom 25. August (StA Marburg: PA 1020, 30a-32b. Ausfertigung; PKMS 4, 487-489 [Nr. 423]).

19 Annaberg, 25. August 1549, Moritz an Wilhelm (StA Marburg: PA 2759, 2a-3a. Ausfertigung; PKMS 4, 487-489 [Nr. 423a]).

kaiserlichen Auflagen, die Freiheit für Philipp zu erlangen, entstand der Plan, eine Flucht des Landgrafen vorzubereiten. Der »abschid uffem gebirg« sah vor, Heinrich von Schachten, einen Bruder Wilhelms, nach Frankreich zu senden, um dem Landgrafen dort eine Zuflucht zu ermöglichen.[20] Ein militärisches Zusammengehen mit König Heinrich II. war noch nicht geplant. Für die Befreiungsaktion wurde Klaus Berner in Aussicht genommen, mit dem die ersten Gespräche noch Ende Oktober stattfanden, die Mitte Dezember ohne /77/ Ergebnis fortgesetzt wurden. Nicht zu erfüllende Geldforderungen des Befehlshabers protestantischer Truppen in Norddeutschland an Hessen, die noch aus dem Schmalkaldischen Krieg stammten, verhinderten seinen Einsatz.[21] Enttäuschung und Verärgerung über die kaiserliche Hinhaltetaktik gegenüber dem gefangenen Landgrafen veranlaßten Moritz, sich an Frankreich zu wenden. Dieser Entschluß war bereits gefaßt, bevor er im März 1550 mit Markgraf Albrecht Alkibiades von Brandenburg-Kulmbach sich absprach, bevor er – vermutlich durch Herzog August – vom Königsberger Bund erfuhr und bevor die Fürsten um Johann von Küstrin in Frankreich Anschluß suchten.

Die in der bisherigen Literatur immer wieder hervorgehobene Parallelität der Ansuchen von Moritz und von Johann und seinen Verbündeten[22] erklärt sich durch die langsame Verwirklichung der Annaberger Absprachen. Moritz selbst wünschte am 27. September 1549 vor einer Weiterführung »des bewußten Handels« noch eine Zusammenkunft mit Bing, da er über »die Sache« weiter nachgedacht habe.[23] Der Rat wartete die erwähnten Unterhandlungen mit Berner am 26. Oktober ab und reiste nach Sachsen.[24] Nach einem Bericht vom Frühjahr 1550 ging der Albertiner bei den Geheimberatungen einen Schritt in dem angestrebten Einvernehmen mit Frankreich weiter. Heinrich von Schachten sollte dort erkunden, was Moritz »des orts vor wind und sich zu versehen« habe. Würde der Abgesandte Aufgeschlossenheit spüren, sollte er den König um ein »frundlichs briflin« bitten, aus dem der Kurfürst seine weiteren Entscheidungen ableiten könne.[25] Die Frage der Kosten für die Befreiungsaktion wurde ebenfalls besprochen. Der Kurfürst stellte 1000 fl. zur Verfügung, die am 30. November in Hessen übergeben wurden.[26] Berner /78/ sollte eine kursächsische Bestallung erhalten.[27] Im Dresdener Hauptstaatsarchiv liegt der Entwurf für eine Verschreibung von Herzog August für den Befehlshaber über 5000 fl., die Weihnachten 1552 zu bezahlen waren.[28] Moritz war bereit, die Kosten für die Vorbereitung der Flucht des Landgrafen zu übernehmen. Das Projekt blieb jedoch zunächst unausgeführt, da Berner wenig Bereitschaft zeigte; möglicherweise mißtraute er den beiden Albertinern und vermutete

20 Dazu rückblickend im Bericht Heinrichs von Schachten vom 18. April 1550 (StA Marburg: PA 1039, 13a-15a; PKMS 4, 613-615 [Nr. 534]); Carl Adolf CORNELIUS: Churfürst Moritz gegenüber der Fürstenverschwörung in den Jahren 1550-51. Abhandlungen der historischen Classe der Königl. Bayerischen Akademie der Wissenschaften 10 (1867), 659-661.
21 Vgl. StA Marburg: PA 1038, 6ab; PKMS 4, 515 (Nr. 445a). Zu den Verhandlungen im Dezember StA Marburg: 1038, 15a. 16a; PKMS 4, 515 (Nr. 445a).
22 So zuletzt Pariset: Humanisme …, 99.
23 StA Marburg: PA 1038, 2a. Ausfertigung; PKMS 4, 515 (Nr. 445).
24 StA Marburg: PA 1038, 6ab; PKMS 4, 515 (Nr. 445a).
25 Vgl. Anm. 20.
26 StA Marburg: PA 1038, 10a. Entwurf; PKMS 4, 532 f (Nr. 464).
27 SächsHStA Dresden: Kopial 220, 62a. Entwurf; PKMS 4, 556 (Nr. 483).
28 SächsHStA Dresden: Kopial 220, 29ab; PKMS 4, 556 (Nr. 483).

eine Falle, denn wir haben von der genannten Bestallung und der Verschreibung keine Ausfertigungen. Die Annäherung an Frankreich wurde davon nicht betroffen. Vorsichtig bezog Moritz jetzt seine Person mit ein. Die neuen Akzente in der albertinischen Politik zeigen sich ebenfalls in der veränderten Stellung zum Interim. Im Spätherbst 1549 laufen die Versuche aus, durch Modifikation und Eingriffe in die Kirchenordnung den Kaiser zufrieden zu stellen. Die Öffnung nach Frankreich bedeutete keinen Kurswechsel, sie wurde von Moritz selbständig und ohne Räte, nur im Einverständnis mit seinem Bruder und mit Wissen seiner Frau Agnes, einer Tochter des Landgrafen, systematisch weiterverfolgt. Am 1. Februar 1550 zog Heinrich von Schachten nach Frankreich, nachdem die Räte ihn – wohl zur Tarnung – mit Kredenz und Instruktion offiziell zu Herzogin Christine von Lothringen abgeordnet hatten.[29]

Wilhelm von Schachten und Bing schickten am 16. Februar 1550 einen Zwischenbericht an Moritz,[30] um ihre Bemühungen zu unterstreichen und die Absendung Heinrichs von Schachten mitzuteilen. Nicht ganz klar wird die ebenfalls erwähnte Sendung von Berner an die andere »meit«, die eine beträchtliche finanzielle Unterstützung zugesagt habe, was aber wegen anderer Sachen abgelehnt wurde. Ob es sich dabei um König Christian III. /79/ von Dänemark handelt? Mit dem kurzen Satz, er wolle sich nach dem Inhalt jenes Briefes richten, antwortete Moritz.[31] Bevor er am 4. April die beiden Vertrauten aus Hessen wieder nach Dresden einlud,[32] beriet er sich Mitte März mit Albrecht Alkibiades in Zwickau. Die Initiative war vom Kurfürsten ausgegangen, der den Markgrafen wegen seines für England geworbenen Kriegsvolks zum Kommen aufgefordert hatte. Er mußte sicherstellen, daß diese Truppen, falls England sie nicht benötigte, nicht zu einer Bedrohung des neuen Kursachsen wurden.

Unter dem Eindruck der englischen Wünsche sowie der unerfüllten Versprechungen des Kaisers hatte Albrecht im August 1549 seinen Dienstvertrag mit den Habsburgern gelöst. So lag die Unterredung mit dem einstigen Waffengefährten aus dem Schmalkaldischen Krieg auch im Interesse des Markgrafen. Mit ihm muß Moritz die Pläne gegenüber Frankreich besprochen haben, da der unternehmungslustige Kriegsmann sofort sich veranlaßt sah, ein weitreichendes Konzept zu entwerfen und Ende März dem Kurfürsten zu übersenden.[33] Ziel des Bedenkens ist es, in wohl vorbereiteten und gut durchdachten Unterhandlungen die untragbare Servitut des Kaisers abzuschütteln, ohne sie mit einer anderen, einer französischen, zu vertauschen. Die Religionsfrage spielt eine untergeordnete Rolle. Zugleich unterrichtete Albrecht Alkibiades den Kurfürsten über seine Begegnung mit Herzog August auf der Rückreise in Weißenfels. Aus dem Brief[34] geht hervor, daß dieser über den

---

29 Kassel, 25. Januar 1550 (StA Marburg: PA 1039, 1a. Entwurf; PKMS 4, 532 f [Nr. 464a]).

30 StA Marburg: PA 1039, 3a. Entwurf; PKMS 4, 582 (Nr. 505).

31 StA Marburg: PA 1039, 4a. Ausfertigung, Dresden, 3. März 1550; PKMS 4, 582 (Nr. 505a).

32 StA Marburg: PA 1039, 9a. Ausfertigung; PKMS 4, 613-615 (Nr. 534a).

33 SächsHStA Dresden: Loc. 7281: Französische Verbündnisse, 29a-35a. Entwurf; PKMS 4, 599-601 (Nr. 522); Druffel 1, 376-383 (Nr. 400). Zu den Gesprächen vgl. Johannes VOIGT: Markgraf Albrecht Alcibiades von Brandenburg-Kulmbach. Bd. 1. Berlin 1852, 207-210.

34 Plassenburg, 27. März 1550 (SächsHStA Dresden: Loc. 7281: Französische Verbündnisse, 21a-28a. Ausfertigung; PKMS 4, 602-604 [Nr. 523]). Zum Königsberger Bund vgl. Kiewning: Herzog Albrechts von Preußen ..., 653-656, Pariset: Humanisme ..., 116 Anm. 12.

am 26. Februar 1550 in Königsberg abgeschlossenen Bund zwischen Herzog Albrecht von Preußen, Herzog Johann Albrecht von Mecklenburg und Markgraf Johann voll unterrichtet war, daß August mit seinem Bruder das weitere Vorgehen abgestimmt hatte und daß Albrecht /80/ Alkibiades in die kursächsischen, gegen den Kaiser gerichteten Planungen einbezogen war. Voraussetzung für den inneralbertinischen Konsens war der brüderliche Vertrag vom 5. März 1550, der die gegenseitigen Streitigkeiten zu Augusts Zufriedenheit beigelegt hatte.[35]

Mit doppeltem Auftrag zogen Wilhelm von Schachten und Bing Anfang April nach Kursachsen. Von Landgraf Wilhelm und Landgraf Ludwig erhielten sie ein Schreiben, das Moritz und Joachim II. aufforderte, sich entsprechend ihrer Verpflichtung vom 4. Juni 1547 bis zum 31. Juli 1550 nach Marburg in Haft zu begeben, wenn bis zu diesem Zeitpunkt Philipp von Hessen nicht entlassen sein sollte.[36] Dieses war für die aufmerksame Öffentlichkeit bestimmt wie auch die intensiven Verhandlungen zwischen brandenburgischen, kursächsischen und hessischen Räten mit Wilhelm und Moritz Anfang Juni in Langensalza[37] und das Tauziehen über einen möglichen Besuch des Reichstages durch die beiden Kurfürsten. Die in den hessischen und sächsischen Protokollen festgehaltenen heftigen Kontroversen sollten mißtrauische und argwöhnische Beobachter beruhigen, um ohne großes Aufsehen die Fluchtpläne vorantreiben zu können. Dabei ist sicher, daß fast allen beteiligten Räten ihre Rolle als Architekten einer Fassade, hinter der die Geheimverhandlungen mit Frankreich weitergingen, nicht bewußt gewesen ist. Nicht übersehen werden darf, daß Moritz sich außerdem den Weg einer Verständigung mit dem Kaiser offenhalten wollte und die Mehrgleisigkeit für die albertinische Politik jener Monate charakteristisch war. Nach dem Einverständnis mit August und Albrecht Alkibiades stand er vor der Aufgabe, die Auswirkungen des Königsberger Bündnisses zu begrenzen und mögliche Verbindungen mit den Ernestinern /81/ zu verhindern. Herzog Johann Wilhelm weilte im Februar 1550 in Königsberg und hatte an den Gesprächen der gegen das Interim eingestellten Fürsten teilgenommen.[38] Ihre möglichen Bundesgenossen mußten neutralisiert oder in die eigene Politik einbezogen werden. Da vom Kaiser kaum ein wirkungsvoller Schutz zu erwarten war – die Bettelbriefe vom Winter 1546/47 um Hilfe gegen Johann Friedrich dienten als Warnung –, sah Moritz sich genötigt, die Gespräche mit Frankreich fortzuführen und zu Absprachen zu gelangen. Auf Christian III. von Dänemark konnte er über Herzog August einwirken.

Wilhelm von Schachten und Bing brachten ermutigende Ergebnisse der Sendung Heinrichs von Schachten nach Frankreich mit: Heinrich II. wollte Philipp nach seiner Flucht aufnehmen. Daß Moritz »statlich und mer dan ein ander f. wider inen sich hab prauchen lassen«, wollte der König vergessen und ihm mit Freundschaft begegnen. Da er ihm jedoch nichts Schriftliches mitgeschickt habe, könne er den gewünschten kurzen Brief nicht verfassen lassen. Der Kurfürst werde auch dem mündlichen Bericht glauben. Der König

---

35 Die Urkunde Nr. 11406. Ausfertigung; PKMS 4, 586-588 (Nr. 510).

36 Kassel, 4. April 1550 (SächsHStA Dresden: Loc. 9144: Landgreffische Handlung … 1551 Nr. 8, 6a-9a. Ausfertigung; PKMS 4, 609 f [Nr. 531]).

37 Dazu die Materialien für die Verhandlungen vom 2.-5. Juni 1550 in SächsHStA Dresden: Loc. 9144: Landgreffische Handlung … 1551 Nr. 8; PKMS 4, 638-642 (Nr. 557).

38 Vgl. Karl HAHN: Herzog Johann Wilhelm von Weimar und seine Beziehungen zu Frankreich. Zeitschrift des Vereins für Thüringische Geschichte und Altertumskunde 26 (1908), 12 f.

erklärte sich bereit, weitere Abgesandte unter strengstem Stillschweigen zu empfangen.[39] Die Gespräche der beiden Hessen mit Moritz betrafen sowohl die vorzubereitende Befreiung des Landgrafen als auch den damit verbundenen Fortgang der Verhandlungen mit den Franzosen. Die vereinbarten, erneuten Beratungen mit Berner erfolgten Anfang Mai.[40] Zur gleichen Zeit ließ Moritz weitere 600 fl. in Hessen übergeben.[41] Ob der am 7. Mai gegenüber dem Kurfürsten angekündigte Erkundungsritt Berners[42] tatsächlich stattfand, läßt sich aus den Akten nicht belegen. Schließlich vereinbarte man in Dresden eine neue Gesandtschaft nach Frankreich und besprach die kursächsische Instruktion, /82/ mit der Heinrich von Gleisenthal als Vertrauter von Moritz am 1. Juni in Kassel eintreffen sollte, um mit Heinrich von Schachten zu reisen.[43] Mit der Entsendung eines eigenen Gesandten bekundete Moritz die Absicht, die Zusammenarbeit mit Heinrich II. fortzuführen und auszuweiten. Seine Kriegsdienste von 1545 entschuldigte er in der Instruktion als damals »gewesener pensionirer«. An ein Bündnis oder eine gemeinsame militärische Aktion gegen den Kaiser dachte der Albertiner noch nicht. Ihm ging es um die Zusage, ob er beim König »Sicherheit gnad und frundschaft« findet, wenn er in Verbindung mit Philipps Gefangenschaft in Bedrängnis geraten würde. Als Gegenleistung bot er seine Dienste auf dem bevorstehenden Reichstag an. Zum weiteren »handel« sollte Heinrich einen Vertreter schicken, mit dem er persönlich reden könne, da er »frembder Sprachen unerfaren« sei. Weil am Rande der Besprechungen zu Langensalza die Sendung nach Frankreich erneut behandelt wurde, erhielt Heinrich von Schachten erst am 11. Juni von Landgraf Wilhelm seine Instruktion. Diese schloß ebenfalls die Bitte um Asyl ein, aber mit dem Zusatz, Möglichkeiten für einen Widerstand im Reich und in Hessen zu benennen.[44]

Mit gewisser Ungeduld wartete Moritz auf die französische Antwort;[45] im politischen Handeln duldete er keine Verzögerungen. Während die Gesandten aus Frankreich zurückreisten, lehnte Karl V. gegenüber dem kurbrandenburgischen Rat Jacob Schilling und dem kursächsischen Christoph von Karlowitz die Entlassung des Landgrafen mit Bestimmtheit ab. Dabei führte der kaiserliche Vertreter, Georg Sigismund Seld, das Fehlen einiger Fürsten auf dem Reichstag auf französische Einwirkungen zurück, ohne Moritz und Joachim dazu zu rechnen, denn diese würden seiner Meinung nach als /83/ treue Untertanen solchen Bestrebungen nicht folgen.[46] Moritz reagierte sofort und ließ durch seine Räte in Augsburg dem Kaiser seine Ergebenheit und Treue bekunden. Er bat, sich verantworten zu können, wenn er denunziert würde.[47] Bei der Korrektur des ursprünglichen Entwurfs tilgte Ludwig Fachs die zweimalige Erwähnung des französischen Königs und den Hinweis auf die Kriegs-

---

39 Vgl. Anm. 20.
40 StA Marburg: PA 1039, 25ab. 22a-23b. Entwurf; PKMS 4, 615 f (Nr. 535a).
41 StA Marburg: PA 1039, 22a; PKMS 4, 615 (Nr. 535a).
42 Ebd.
43 StA Marburg: PA 1039, 22a; Cornelius: Churfürst ..., 661 f.
44 StA Marburg: PA 1039, 30a. Entwurf; PKMS 4, 643 f (Nr. 560); Cornelius: Churfürst ..., 662 f.
45 Lochau, 7. Juli 1550, Moritz an Wilhelm von Schachten und Bing (StA Marburg: PA 1039, 31a. Ausfertigung; PKMS 4, 643 f [Nr. 560a]).
46 Augsburg, 15. Juli 1550 (SächsHStA Dresden: Loc. 9144: Landgreffische Handlung ... 1551 Nr. 8, 108b-114b. Abschrift; PKMS 4, 663 f [Nr. 581]; Druffel 1, 447 f [Nr. 448]).
47 SächsHStA Dresden: Loc. 9144: Landgreffische Handlung ... 1551 Nr. 8, 115a; PKMS 4, 665 (Nr. 582).

dienste gegen Frankreich.[48] Bei der mehrfach umgearbeiteten Antwort von Moritz und Joachim II. an den Kaiser vom 16. August wurden ebenfalls alle Bezüge auf Frankreich im albertinischen Entwurf gestrichen: Moritz weise alle Verdächtigungen zurück, die ihn einer Zusammenarbeit mit Heinrich II. bezichtigten. Im Auftrag des Kaisers habe er sich im Krieg gegen Frankreich verdient gemacht, so daß er kaum das Vertrauen des Königs gewinnen könne.[49] Offensichtlich kannten die Erstverfasser der Entwürfe die inzwischen geknüpften Beziehungen zu Frankreich nicht. In der Tat konnte Moritz Mitte August 1550 nicht mehr erklären, daß nach Frankreich keine Verbindungen bestehen, und an einer Behandlung dieser Problematik in den Verhandlungen mit Karl V. nicht interessiert sein. Zur gleichen Zeit entstand in Zschopau der Entwurf einer Instruktion für eine zweite Sendung Gleisenthals nach Frankreich.[50] Wilhelm von Schachten und Bing waren dafür in die Abgeschiedenheit des Erzgebirges gekommen. Diese Werbung markierte einen wichtigen Schritt im Vorfeld des Fürstenaufstandes. Sie enthält den Vorschlag zu einem Bündnis, um gemeinsam der kaiserlichen Übermacht zu begegnen. Ausführlich schildert die Instruktion, wie die landgräfliche Sache sich seit 1547 entwickelt hatte – ein entsprechender Bericht lag bei –, welche Infamie die weitere Haft Philipps für ihn bedeute und daß er erst jetzt die wahren Absichten des Kaisers /84/ wahrgenommen habe. Als Ziel seines Vorstoßes benannte Moritz die Wiederherstellung seiner Ehre und die Wahrung deutscher Libertät.

Die Zeit der gegenseitigen Beobachtung und Annäherungsversuche war zu Ende. Moritz hatte sich für eine zeitlich begrenzte und mit bestimmten Zielen verbundene Allianz mit Frankreich entschlossen. Am 19. September schrieb er nach Hessen, daß Gleisenthal abgefertigt sei, denn der »handel« habe sich durch weitere Überlegungen hingezogen. Dabei kündigte er seine Reise nach Augsburg zum Reichstag an, um »zum letztern mal umb erledigung« des Landgrafen zu bitten.[51] Mit dieser Begründung beabsichtigte er, Zweifel an seiner Bereitschaft zum Bruch mit Karl V. zu zerstreuen. Ob Moritz tatsächlich nach Augsburg aufbrechen wollte, läßt sich nicht entscheiden. Die mehrfach geäußerte Absicht könnte auch als ein Hinhalten des Kaisers verstanden werden. Nicht ohne Eindruck blieb die Warnung Konrads von Hanstein vom 14. September, Moritz laufe Gefahr, Land, Leben und Herrschaft zu verlieren.[52] Das längere Ausbleiben Gleisenthals ließ ihn eine Entdeckung seiner Pläne befürchten.[53] Der Kurfürst war sich der Tragweite und des Risikos seines Kooperationsangebotes an Heinrich II. bewußt. Die Stimmung in Augsburg vermittelt ein Bericht Johann Friedrichs d. Ä. an seinen Kanzler Erasmus von Minckwitz.[54] Den Herzog erfüllte gesteigertes Mißtrauen, daß sich in die Ausgleichsversuche mit Moritz Herzog

---

48 PKMS 4, 665 (Nr. 582), Anm. 1.

49 SächsHStA Dresden: Loc. 9143: Lg. Philipp zu Hessen Kapitulation ... 3 1549/51, 80b-81b; PKMS 4, 690 f (Nr. 606), Anm. 1.

50 StA Marburg: PA 1039, 38a-39b. Entwurf; PKMS 4, 687 f (Nr. 604); Cornelius: Churfürst ..., 663-665.

51 StA Marburg: PA 1039, 47ab. Ausfertigung; PKMS 4, 726 f (Nr. 635); Cornelius: Churfürst ..., 666 f.

52 StA Marburg: PA 1039, 52ab. Abschrift; PKMS 4, 722 (Nr. 632).

53 Weidenhain, 24. September 1550, Moritz an Wilhelm von Schachten und Bing (StA Marburg: PA 1039, 49ab. 50a Zettel. Ausfertigung; PKMS 4, 733-736 [Nr. 642]; Cornelius: Churfürst ..., 668).

54 SächsHStA Dresden: Loc. 9142: Kf. Johann Friedrich Custodie 1550/52, 37a-41a. 42ab Zettel. Entwurf; PKMS 4, 708 f (Nr. 620).

August und Markgraf Johann eingeschaltet hatten. Er vermutete »etwas sonderlichs vnd Neues« und ein neues Bündnis, weil viele Fürsten dem Reichstag fernblieben. Denn die öffentlichen Erklärungen der kursächsischen Vertreter auf dem Reichstag zur Religion und zum Konzil[55] würden Moritz noch Schwierigkeiten bereiten. Mit dem »Kauffman so /85/ bis here in bewustem geldhandel zu thun gehabt« meint der Ernestiner vermutlich den französischen König. In der Tat hatte das klare Eintreten Kursachsens für ein allgemeines, freies, christliches Konzil aufhorchen lassen und viel Zustimmung erhalten, aber andere wie Johann Friedrich verunsichert. Damit wurde nicht nur die traditionelle protestantische Konzilspolitik wieder aufgenommen, sondern auch das kaiserliche Religionskonzept von 1548 ernsthaft in Frage gestellt. Die Entscheidung für eine Koalition mit Frankreich führte zu mehr Distanz zum Kaiser und zu größerem Selbstbewußtsein in der Reichspolitik.

Ende September trat in der Magdeburger Frage eine folgenschwere Wendung ein. Mit Truppen von der abgebrochenen Belagerung der Stadt Magdeburg erschien Herzog Georg von Mecklenburg im Erzstift und schlug die Magdeburger bei Hillersleben vernichtend. Vor den Toren der geächteten Stadt lag ein gut gerüstetes Heer, das jederzeit für den Kaiser die Exekution der Reichsacht durchführen, seinen Befehlshaber in den Besitz Magdeburgs setzen und diesem Einfluß auf die Besetzung des vakanten erzbischöflichen Stuhls einräumen konnte. Wenn die Truppen dem Kaiser unterstanden, bildeten sie ein Druckmittel gegen unbotmäßige Reichsstände. Moritz mußte versuchen, die drohende Gefahr abzuwenden. Nur so bewahrte er seinen politischen Spielraum und seinen Einfluß in Magdeburg. Noch vor der Schlacht bei Hillersleben schlug er Herzog Georg ein Treffen vor,[56] in dessen Verlauf er die Übernahme der Truppen vereinbarte. Georg trat in seinen Dienst, am 2. Oktober schworen die Truppen dem Kurfürsten.[57] Die Gefährdung seiner politischen Pläne war gebannt, auch die Möglichkeit beseitigt, daß Georg mit den Truppen gegen seine Brüder zog. Die Verhandlungen mit /86/ Frankreich konnten weitergeführt werden, nur mußte dem König erklärt werden, daß die wegen der Truppen vor Magdeburg geführten Verhandlungen mit Karl V. keine politische Wende bedeuteten. Durch schnelles Handeln hatte Moritz das Heer vor Magdeburg für sich gewonnen. In die Unterhandlungen mit Frankreich, aber auch in die Gespräche mit dem Reich wegen Magdeburg konnte er diesen Machtzuwachs einbringen, der aber gefährlich wurde, wenn er ihn zur Exekution der mehrfach erneuerten Reichsacht gegen die Alte Stadt Magdeburg verpflichtete. Das Problem Magdeburg war weder ohne noch gegen Moritz zu lösen. Spätestens am 6. Oktober dachte dieser nicht

---

55 U. a. SächsHStA Dresden: Loc. 10189: Ein von D. Franz Kram ... 1550, 28a-29a. Abschrift; PKMS 4, 679-681 (Nr. 596). Am 21. August berichtete Kram an Komerstadt (SächsHStA Dresden: Loc. 10189: Ein von D. Franz Kram ... 1550, 95a-96a. Ausfertigung; PKMS 4, 700 f [Nr. 614]), wie die Erklärung zum Konzil das Vertrauen von denen zum Kurfürsten gestärkt habe, die keine Erzpapisten seien.

56 Den Auftrag hatte Joachim von Gersdorf (SächsHStA Dresden: Loc. 9151: Magdeburgische Belagerung 2, 1550, 66a. 69a Ausfertigung; PKMS 4, 731 f [Nr. 640]). Dort auch ein Bericht über den Sieg Herzog Georgs (SächsHStA Dresden: Loc. 9153: Magdeburgische Sachen ... bei Dr. Mordeisen 1550/51, 38ab. Abschrift). Vgl. Simon Issleib: Magdeburgs Belagerung durch Moritz von Sachsen 1550-1551. NASG 5 (1884), 180 f.

57 Leipzig, 6. Oktober 1550, Moritz an Karl V. (HHStA Wien: Kriegsakten 1, 83a-85b. Ausfertigung; PKMS 4, 760 f [Nr. 664]; Druffel 1, 512 [Nr. 498]. Vgl. Ißleib: Magdeburgs Belagerung ..., 183 f).

mehr an einen Besuch des Reichstages.[58] Vor den »Klauen« des Kaisers warnten ihn nun auch die Hessen.[59] Die Magdeburger Ereignisse gaben zudem einen triftigen Entschuldigungsgrund, um Sachsen nicht zu verlassen.

Ohne den kaiserlichen Auftrag abzuwarten, der erst Ende Oktober im Feldlager vor Magdeburg eintraf,[60] versuchte Moritz in den folgenden Wochen, die geächtete Stadt zu einem Vertrag zu bewegen. Für sein weiteres Vorgehen wäre es vorteilhaft gewesen, wenn diese Übereinkunft sowohl das Domkapitel und die Stände des Erzstifts, Karl V. und die Magdeburger zufrieden gestellt als auch den kursächsischen Interessen entsprochen hätte und wenn sie die Pläne mit Frankreich nicht berührt hätte. In mühsamen und zeitraubenden Verhandlungen versuchten vor allem Beauftragte Fürst Georgs von Anhalt, Albrecht Alkibiades, Joachim II., Markgraf Johann, Johann von Heideck, Berner, Graf Christoph von Oldenburg, der mecklenburgische Kanzler Johann Scheyring u. a., einen Ausgleich zustandezubringen.[61] Die Stadt hielt alle Vorschläge für unannehmbar und hoffte auf Entsatz und Hilfe aus Norddeutschland. /87/ Ob Johann von Küstrin ernsthaft an einer Verständigung interessiert war, bleibt offen, da er und seine Verbündeten mit französischer Unterstützung rechneten. So wird mancher Unterhändler weniger an einem Vertragsabschluß interessiert gewesen sein, als vielmehr an direkten Gesprächen mit der Stadt, um Magdeburg zu stärken. Solche Hoffnungen erfüllten Moritz mit Sorge, der glaubte, daß jene alles, auch seine antikaiserlichen Pläne, verderben würden.[62] Für die weitere Entwicklung erhielten seine Unterredungen mit Heideck große Bedeutung.[63] Durch ihn bekam er Zugang zu den Interimsgegnern in Norddeutschland. Heideck blieb zunächst noch Truppenführer dieser Fürsten und Städte. Es gab aber wohl schon Absprachen, die dann vor Verden Anfang 1551 den Obersten im Entsatzheer für Magdeburg in albertinischen Dienst führten.

Anfang November kehrte Gleisenthal endlich mit der französischen Antwort nach Sachsen zurück.[64] Der König erklärte sich zwar zur Hilfe bereit, feste Zusagen gab er jedoch nicht. Er wünschte genauere Angaben über die Verbündeten des Kurfürsten, über die Stärke seiner Truppen, die finanziellen Mittel und die weiteren Pläne.[65] An weiteren Verhandlungen zeigte sich Heinrich II. interessiert, er wollte sich jedoch noch nicht binden, um so weniger als zu gleicher Zeit die norddeutschen Fürsten um Johann von Küstrin ihn ebenfalls umwarben.[66] Im Gegensatz zu Moritz konnte der König abwarten.

---

58 Moritz an Wilhelm von Schachten und Bing (StA Marburg: PA 1039, 59a-60a. Ausfertigung; PKMS 4, 733-736 [Nr. 642a]; Cornelius: Churfürst ..., 668 f).

59 StA Marburg: ebd, 55a-57a. Entwurf; PKMS 4, 733-736 (Nr. 642a).

60 Augsburg, 3. Oktober 1550 (SächsHStA Dresden: Loc. 9151: Magdeburgische Belagerung 2, 1550, 308a-309a. Ausfertigung, PKMS 4, 751-754 [Nr. 657]).

61 Zu den Verhandlungen vgl. Ißleib: Magdeburgs Belagerung ..., 190-201.

62 StA Marburg: PA 1039, 83a-84a. Ausfertigung; PKMS 4, 835 (Nr. 733); Cornelius: Churfürst ..., 674.

63 Ebd. Zur gleichen Zeit bat Moritz den König, beim Kaiser sich für eine Aussöhnung Heidecks einzusetzen (HHStA Wien: Saxonica 1e, Ausfertigung; PKMS 4, 841 f [Nr. 737a]).

64 Torgau, 7. November 1550: Moritz an Wilhelm von Schachten und Bing (StA Marburg: PA 1039, 79a. Ausfertigung; PKMS 4, 761-763 [Nr. 666a]; Cornelius: Churfürst ..., 673).

65 Dazu das Antwortmemorial Moritz an Heinrich II., 5. Dezember 1550 (SächsHStA Dresden: Loc. 7281: Französische Verbündnisse, 66a-68b. Entwurf; PKMS 4, 883-885 [Nr. 766]; Cornelius: Churfürst ..., 678-680).

66 Dazu Pariset: Humanisme ..., 102.

Mit der zweiten Absendung Gleisenthals hatte der Albertiner sich so weit vorgewagt, daß er eigentlich nur mit Frankreich seine politischen Absichten erreichen konnte. Er mußte die Voraussetzungen für eine positive Entscheidung in Paris schaffen. Diesem Ziel diente seine Politik seit September 1550, vor allem /88/ auch in der Magdeburger Frage. Die Truppen Herzog Georgs brachte er an sich, da es ihn nicht »wenig graust hat, es wurd ein trüb wetter« über ihn »fallen von wegen der handelung, dorumb Gleis(enthal) aussen gewesen«.[67] Er hatte vermutlich mit einer kaiserlichen Strafaktion gerechnet. Mitte November sah er keine Möglichkeit, die Knechte wieder zu entlassen, weil Karl V. jetzt auf die Exekution der Reichsacht hinarbeitete und Entschlüsse angekündigt hatte. Ohne französische Zusagen erschien es Moritz unklug, dem kaiserlichen Befehl nicht zu entsprechen. In diesem Sinne ließ er durch Christoph von Karlowitz in Augsburg über seine Bestallung als Oberfeldherr des Kaisers und des Reiches gegen Magdeburg verhandeln.[68] Sollte Moritz diese Funktion erhalten, so geriet er zwar in Zwielicht wegen seiner evangelischen Haltung, aber die politische Aufwertung kam ihm in den Verhandlungen mit Frankreich zugute. Allerdings mußte Heinrich II. versichert werden, daß er ernsthaft gegen die Stadt nicht vorgehen wolle.[69] Die Übernahme des Oberbefehls im Kampf gegen Magdeburg entzog vorerst allen Gerüchten den Boden, der Kurfürst habe sich gegen den Kaiser verbündet, und gestattete ungestörte, nicht unter Zeitdruck stehende Unterhandlungen mit Frankreich. Er zeigte deutlich, auch wenn er es in Abrede stellte, welche Politik er bei einem Scheitern der französischen Allianz beabsichtigte. Für die Zeitgenossen blieb es unverständlich, wie ein Fürst auf dem Reichstag gegen Interim und für ein wirkliches Konzil eintreten und zugleich Magdeburg, »vnsers her Gots Cantzley«[70], belagern konnte. Das ernestinische Schlagwort vom »Judas von Meißen« erhielt neue Nahrung. Diesen Zwiespalt, auch in seinen innenpolitischen Auswirkungen,[71] nahm Moritz bewußt in Kauf. /89/ Trotz der Anwesenheit des Lazarus von Schwendi seit Herbst 1550 als kaiserlicher Kommissar von Magdeburg durchschaute Karl V. die Doppelstrategie des Albertiners nicht, die mit zum Erfolg des Fürstenaufstandes beitrug. Der Mut zum Risiko, taktisches Geschick, schnelles Handeln verhinderten, daß er sich nicht, wie er selbst befürchtete, »tzussen tzueien stulen« setzte.[72]

Nach der Rückkehr Gleisenthals wünschte Moritz dringend eine Aussprache mit Wilhelm von Schachten und Bing.[73] Dabei hoffte er auch auf eine hessische Zustimmung zu seinem Bündnisangebot an Frankreich, denn Landgraf Wilhelm hatte zunächst nur für seine Person Förderung zugesagt, aber wegen der Wichtigkeit und der ihm fehlenden Regierungsverantwortung eine Nachfrage bei seinem Vater angekündigt.[74] Dieser gab den bisherigen Versu-

---

67 StA Marburg: PA 1039, 83a.

68 Vgl. Ißleib: Magdeburgs Belagerung ..., 211-218 und das Material in PKMS 4.

69 SächsHStA Dresden: Loc 7281: Französische Verbündnisse, 68b (vgl. Anm. 65).

70 Torgau, 12. November 1550: Valerius Krakau an Christoph von Karlowitz, SächsHStA Dresden: Loc. 10188: Reichstagshändel 1550/55, 269a. Ausfertigung; PKMS 4, 830 (Nr. 729).

71 Vgl. Julius Traugott Jakob von KÖNNERITZ: Weigerung der Leipziger Ritterschaft gegen Magdeburg zu ziehen ... 1550 ff. Archiv für Sächsische Geschichte 4 (1865), 123-166; Günther WARTENBERG: Nachwirkungen des Bauernkrieges in der albertinischen Politik unter Moritz von Sachsen (1547-1551). Jahrbuch für Regionalgeschichte 7 (1979), 249 f = in diesem Band S. 105-113.

72 StA Marburg: PA 1039, 83b (vgl. Anm. 62).

73 StA Marburg: PA 1039, 79a (vgl. Anm. 64).

74 Kassel, 9. Oktober 1550: Wilhelm an Moritz (StA Marburg: PA 1039, 65a. Entwurf; PKMS 4, 761-763 [Nr. 666]; Cornelius: Churfürst ..., 669).

chen, ihn freizubekommen, den Vorzug und hielt ein Zusammengehen mit Moritz nur für den Fall gerechtfertigt, wenn durch Bitten nichts erreicht und der Kaiser mit Frankreich oder anderen Krieg führen würde.[75] Als letzte Möglichkeit billigte der gefangene Landgraf vorsichtig und verklausuliert ein militärisches Vorgehen. Aus anderen Äußerungen wissen wir, daß Philipp seinem Schwiegersohn nicht traute und ihn für unfähig hielt: Er mache nur »eitel wortt die kein waffe haben« und sei ein Werkzeug seiner Räte Georg von Komerstadt und Christoph von Karlowitz.[76] Der vom Albertiner enttäuschte Landgraf gab eindeutig dem Fluchtunternehmen den Vorzug. Es verwundert nicht, wenn die Hessen keine besondere Eile zeigten und Moritz nochmals mahnen und drängen mußte. Er erinnerte an die dürren Blätter, die »kurcz aber lang abfallen mechten«[77]. Neben der Notwendigkeit, sofort und entschlossen zu handeln, steht hinter dem Bild die /90/ Erwartung, daß Karl V. bald sterben werde. Der Kurfürst schärfte Wilhelm ein, »die ding so fil muglich« zu fördern, denn jeder Verzug bringe Schaden.[78] Die Ermahnung hatte Erfolg. Am 24. November erhielten die beiden Räte ihre Instruktion,[79] und am 2. Dezember meldeten sie sich aus Großsalze bei Moritz, der ein Treffen in Wittenberg ankündigte,[80] das am 5. Dezember schließlich zustandekam.

Die hessische Instruktion enthielt wenig Neues. Sie entsprach der bereits erwähnten Antwort des inhaftierten Philipp. Seine Zweifel und Bedenken lassen sich deutlich an den Forderungen ablesen. Dieses Mißtrauen muß für den Kurfürsten wenig ermutigend gewesen sein, besonders das Verlangen, sich entsprechend der Verpflichtungen von 1547 in Haft zu begeben, um jedem seine Aufrichtigkeit und sein ernsthaftes Bemühen zu zeigen. Es ist schwer vorstellbar, daß Wilhelm von Schachten und Bing in dieser Instruktion ihren eigentlichen Verhandlungsauftrag sahen. Bei den Wittenberger Beratungen – das Protokoll Bings bestätigte Moritz am 6. Dezember in Leipzig[81] – nahm der Albertiner die hessischen Wünsche höflich zur Kenntnis. Dem Begehren, sich in Kassel zur Haft einzustellen, stimmte er zu, wollte sie aber bis zum Beginn der Empörung gegen den Kaiser aufschieben, um diese zu rechtfertigen. Wenn der Franzose »recht den rappen ruren und zum werck thun wolt«, werde er sich einfinden. Der Tod des Kaisers, bis »die beid augen zugehen«, sollte für eine Befreiung Philipps nicht abgewartet werden. Viel wichtiger war für Moritz ein Gedankenaustausch mit den Hessen über die Magdeburger Belagerung. Da die Hoffnungen auf einen schnellen Vertragsabschluß sich zerschlagen hatten, versuchte er die Zwänge zu verdeutlichen, in die er durch die kaiserliche /91/ Aufforderung geriet, den Oberbefehl zu übernehmen. Für ihn war noch nicht entschieden, ob er das Angebot Karls V. ablehnen oder eine Bestallung auf zwei oder drei Monate annehmen sollte, um dann ohne Bindungen Heinrich II. unterstützen zu können. Ausschlaggebend sollte der Abschluß der Gespräche mit Frankreich sein. Moritz befürchtete, daß der Franzose ihm ausweichen und eher den

75 StA Marburg: PA 1039, 72a. Ausfertigung; PKMS 4, 761-763 (Nr. 666a); Cornelius: Churfürst …, 672.

76 StA Marburg: PA 1035, 172a; PKMS 4, 763 (Nr. 667).

77 StA Marburg: PA 1039, 79a (vgl. Anm. 64).

78 StA Marburg: PA 1039, 81a. Ausfertigung; PKMS 4, 835 (Nr. 733a).

79 StA Marburg: PA 1040, 5a-6a. Ausfertigung; PKMS 4, 863 f (Nr. 753); Cornelius: Churfürst …, 676.

80 StA Marburg: PA 1040, 7a. Entw.; PKMS 4, 863 f (Nr. 753a).

81 StA Marburg: PA 1041, 11a-12a. Niederschrift; PKMS 4, 863 f (Nr. 753a). Cornelius: Churfürst …, 677 f.

norddeutschen Fürsten gegen ihn – vielleicht in Verbindung mit den Ernestinern beistehen könnte. Mit dem deutlichen Hinweis, er kenne seine Gegner, erklärte er den Hessen unumwunden, daß er nicht bereit sei, seine 1547 im Reich errungene Position aufzugeben. Er lasse sich nicht zur Seite schieben, lieber wolle er sich dem Kaiser, seiner Schwester Maria und seinem »schwarm« ganz unterwerfen, damit er »ungefressen pleiben mug«[82].

Als weiteres Ergebnis der Beratungen liegt der Text eines kurfürstlichen Schreibens an Heinrich II. vor,[83] dessen Weitergabe die Hessen zusagten. In ihm wich Moritz der Antwort auf die durch Gleisenthal übermittelten Fragen des Königs geschickt aus. Bis auf die Truppenstärke, die er mit 7000 Reitern und 30000 Knechten sehr hoch veranschlagte, verschob er alles auf eine persönliche Begegnung mit jenem. Von ihr erhoffte er sich offensichtlich endgültige Klarheit über sein Ansehen in Paris und die dort vertretene Politik gegenüber den um Beistand werbenden deutschen Fürsten. Außerdem ließ er Heinrich II. wissen, daß er nach Ablauf seiner dreimonatigen Bestallung vor Magdeburg sich nach den inzwischen getroffenen Vereinbarungen richten werde.

Mit der festen Absicht, die Moritz bedrängenden Konfliktherde zu beseitigen und das allgemeine Mißtrauen gegen ihn abzubauen, kehrten Wilhelm /92/ von Schachten und Bing heim. Am 15. Dezember berichteten sie Moritz über ihr Vorgehen: Das Befreiungskommando für Philipp sei unterwegs in die Niederlande. Die Artikel zur Aussöhnung Magdeburgs, die ihnen Moritz überstellte, hätten sie durch Berner in die Stadt geschickt. Heinrich von Schachten soll nachgesandt werden, um Verhandlungen anzubahnen.[84] Mit den Ernestinern wurden ebenfalls Verbindungen aufgenommen.[85] Ein Bote Georgs von Reckerodt forderte keinen Verzug der Verhandlungen des Albertiners mit dem König. Daher sollte er sofort einen Gesandten abfertigen, um den »anderen Leuten« zuvorzukommen.[86]

Die von Moritz hergestellte Verbindung zwischen Befehlsgewalt vor Magdeburg und Absprachen mit Frankreich sowie ihre zeitliche Reihenfolge gerieten zunehmend in Gefahr. Die im Königsberger Bund vereinigten Fürsten ruhten nicht, bevor sie nicht ein Entsatzheer unter dem Befehl Graf Volrads von Mansfeld und Heidecks aufgestellt hatten.[87] Die Nachrichten über Truppenansammlungen in Mecklenburg sowie in den Städten Bremen und Verden verdichteten sich. Ende November und Anfang Dezember berichtete Moritz davon an die Reichsstände und an den Kaiser.[88] Dieser befahl am 16. Dezember den Ständen des

---

82 So Wilhelm von Schachten und Bing an Georg von Reckerode, 22. November 1550 (StA Marburg: PA 1041, 27a-28b. Entwurf; PKMS 4, 913-915 [Nr. 790]; Cornelius: Churfürst …, 682 f).

83 Vgl. Anm. 65.

84 StA Marburg: PA 1041, 4a-5b. Entwurf; PKMS 4, 883-885 (Nr. 766a); Cornelius: Churfürst …, 680 f.

85 Kassel, 15. Dezember 1550: Wilhelm von Schachten an Eberhard von der Thann (StA Marburg: PA 1041, 9ab. Entwurf; PKMS 4, 883-885 [Nr. 766a]).

86 StA Marburg: PA 1041, 5b (vgl. Anm. 84).

87 Vgl. u. a. Himmelstedt, 10. Dezember 1550: Markgraf Johann an Herzog Johann Albrecht von Mecklenburg (Frankfurt am Main. Bundesarchiv Außenstelle: Bestand Schwerin, Aw 260 Nr. 117. Abschrift; PKMS 4, 923-927 [Nr. 797a]); Quarz, 19. Dezember 1550: Johann an Johann Albrecht (Frankfurt am Main, Bundesarchiv Außenstelle: Bestand Schwerin, Aw 55, 930-941. Ausfertigung; PKMS 4, 923-927 [Nr. 797a]).

88 So Magdeburg Neustadt, 3. Dezember 1550: Moritz und Kurfürst Joachim II. an Karl V. (HHStA Wien: Kriegsakten 15. Ausfertigung; PKMS 4, 917-919 [Nr. 792]; Druffel 1, 539 [Nr. 536]); vgl. Ißleib: Magdeburgs Belagerung …, 206. 209 f.

Ober- und Niedersächsischen Kreises, jene Truppen zu zerstreuen.[89] In Erwartung dieser Aufforderung verließ Moritz mit Albrecht Alkibiades am 17. Dezember das Lager vor Magdeburg und zog in Eilmärschen nach Norden. Am 20. Dezember stieß Herzog Heinrich bei Burgdorf zu ihm.[90] Der Kurfürst sah zu Recht in dem Heer im Stift Verden eine Bedrohung seiner politischen Zukunft. War es Teil einer breit angelegten Allianz unter Einschluß Frankreichs, so konnte nicht nur Magdeburg entsetzt, sondern auch die Ernestiner auf Moritz' Kosten restituiert werden. Daher /93/ geriet der streitbare Albertiner unter Handlungszwang, wenn er nicht das 1547 Erreichte verspielen sollte. Er entschied sich weder für den Kaiser noch zum Eingehen oder zur Kapitulation vor den gegnerischen Fürsten und Städten. Mit seiner Gewaltaktion, von der Schwendi, der Kaiser, albertinische Räte ihm abrieten,[91] versuchte er, die militärische Basis des Königsberger Bundes zu zerschlagen. Ob er vor dem Abmarsch erneut mit Heideck in Verbindung trat, ist zu bezweifeln. Noch von Magdeburg erläuterte er vielmehr in ultimativer Form den Hessen seine Position.[92] Bitter beklagte er das fehlende Vertrauen. Vorwurfsvoll schrieb er an Wilhelm von Schachten und Bing, ihm werde glaubhaft berichtet, das Verdener Kriegsvolk diene der Entledigung des Landgrafen und Heinrich II. beabsichtige einen Angriff. Würde das stimmen, »wer es viel tausend gulden wert, das ich solchs von euch wer berichtet worden.« Würde das Mißtrauen nicht beseitigt, dann gebe Gott »dem Deutzland gutte nacht«[93]. Moritz unterstrich seine Entschlossenheit, nicht abzuwarten, sondern seinen Gegnern, sei es der Kaiser oder die ständische Opposition, sich mit allen Mitteln zu widersetzen.

Dieser Brief wirkte in Hessen wie ein Alarmsignal. Das bisher mühevoll geknüpfte Netz, um dem Kaiser zu widerstehen, schien gefährdet. Die Empfänger wandten sich sofort an Reckerodt, um die Verbindungen nach Frankreich nicht abreißen zu lassen.[94] Sie versuchten, den Kurfürsten zu beruhigen, und bestritten, von den Hintergründen der Truppenansammlung bei Verden zu wissen.[95] Außerdem berichteten sie von der unverzüglichen

89 SächsHStA Dresden: Loc. 10189: Ein Buch von D. Franz Kram ..., 309a-310b. Abschrift; PKMS 4, 901 (Nr. 780).

90 Dazu der Bericht von Moritz über die Ereignisse vom 17. bis 27. Dezember 1550 (SächsHStA Dresden: Loc. 9152: Etliche an Dr. Komerstadt ... 1550, 40a-43a. Abschrift; PKMS 4, 903-907 [Nr. 783]).

91 So Christoph von Karlowitz am 22. Dezember 1550 (SächsHStA Dresden: Loc. 10189: Summarischer Auszug ... 1550, 118a-124b. Ausfertigung; PKMS 4, 917-919 [Nr. 792]) und Schwendi am 23. Dezember 1550 (SächsHStA Dresden: Loc. 9151: Magdeburgische Belagerung 2, 1550, 636a-637a. Ausfertigung; PKMS 4, 919 f [Nr. 793]).

92 StA Marburg: PA 1041, 11ab. Ausfertigung; PKMS 4, 883-885 [Nr. 766a]; Cornelius: Churfürst ..., 681.

93 StA Marburg: PA 1041, 11b. Schwendi vermutete Frankreich hinter der Truppenansammlung und bat Moritz mehrfach um Erkundigungen, so am 25. Dezember (SächsHStA Dresden: Loc. 9151: Magdeburgische Belagerung 2, 1550, 643a. Ausfertigung; PKMS 4, 922 f [Nr. 795]); 27. Dezember (SächsHStA Dresden: Loc. 9151: Magdeburgische Belagerung 2, 1550, 639b. Ausfertigung; PKMS 4, 927 f [Nr. 798]); 30. Dezember 1550 (SächsHStA Dresden: Loc. 9151: Magdeburgische Belagerung 2, 1550, 638b. Ausfertigung; PKMS 4, 933 f [Nr. 804]).

94 Kassel, 22. Dezember 1550 (StA Marburg: PA 1041, 27a-28b. Entwurf; PKMS 4, 913-915 – Nr. 790; Cornelius: Churfürst ..., 682 f).

95 Kassel, 22. Dezember 1550: Wilhelm von Schachten und Bing an Moritz (StA Marburg: PA 1041, 15a-16b. Entwurf; PKMS 4, 920 f [Nr. 794a]; Cornelius: Churfürst ..., 683-685).

Absendung Heinrichs von Schachten an Heideck,[96] um die Kriegsknechte und Moritz in einen »verstand und vetrauen ze pringen«[97]. Mit Verhandlungen /94/ und militärischem Druck strebte Moritz danach, ohne militärische Konfrontation die Verdener Truppen zu gewinnen oder zum Abzug zu bewegen. Ein Kampf hätte ihm die angestrebte Verbindung mit den norddeutschen Interimsgegnern sehr erschwert, wobei sein Sieg nicht ohne Weiteres feststand. Am 7. Januar 1551 kam ein Vertrag zustande,[98] der mit einem Schlag nicht nur die militärische Situation zugunsten von Moritz veränderte, sondern ihn an die Spitze der antikaiserlichen Opposition stellte. Die Fürsten um Johann und die Seestädte verfügten über keine Mittel mehr, um den Kurfürsten auszuschließen, wenn ihr Vorhaben überhaupt noch Erfolg haben sollte. Das galt ebenso für Frankreich. Moritz hatte sich innerhalb weniger Wochen zum einzig möglichen Partner unter den deutschen Fürsten profiliert. Wenn Heinrich II. weiter an ein Zusammengehen mit den unzufriedenen deutschen Ständen dachte, konnte er nur mit ihm verhandeln. Ohne die Überzeugungsarbeit Heinrichs von Schachten wäre dieses Ergebnis nicht möglich gewesen. Von Bedeutung ist auch, daß neben Heideck der andere Befehlshaber der Verdener Truppen, Graf Volrad, ebenfalls sich von der Aufrichtigkeit des Albertiners überzeugte. Bereits am 31. Dezember 1550 trat er dafür ein, diesen in die »gemein sach« einzubeziehen.[99]

Die Kapitulation der Verdener Truppen ist ein persönlicher Triumph des Kurfürsten und eine sichtbare Bestätigung seiner politischen Fähigkeiten. In kaiserlichem Auftrag war er nach Norddeutschland gezogen. Der Erfolg stärkte das Vertrauen des Reichsoberhauptes in den Albertiner und vermittelte Karl V. das trügerische Bewußtsein, in Moritz den geeignetsten Fürsten zum Oberbefehlshaber vor Magdeburg bestimmt zu haben. Die formelle Ernennung erreichte ihn am 11. Januar /95/ noch vor Verden[100] und unterstrich das unverminderte Fortbestehen der Magdeburger Frage. Da Heideck mit seinen Regimentern in kurfürstlichen Dienst trat, band Moritz nicht nur einen bedeutenden Befehlshaber, sondern auch wichtige Truppenkontingente an seine Person. Der Verdener Vertrag gab dem Kurfürsten seine politische Unabhängigkeit wieder zurück. Das zu gleicher Zeit bekanntgewordene Scheitern der Flucht Philipps[101] wies Hessen weiter an den erfolgreichen Kurfürsten. Dessen Vertrauensverhältnis zu Wilhelm von Schachten, Bing und Heideck wurde zur Grundlage, auf der ein alle Gegner Karls V. umfassendes Bündnis entstand. Moritz gelang es, die Voraussetzungen für ein einheitliches Vorgehen der bisher nebeneinander und gegeneinander operierenden antikaiserlichen Kräfte – Königsberger Bund, Seestädte,

---

96 Die Instruktion vom 23. Dezember 1550 (StA Marburg: PA 1041, 22a-33b. Entwurf; PKMS 4, 920 f [Nr. 794]; Cornelius: Churfürst ..., 685-687).

97 StA Marburg: ebd, 16a (vgl. Anm. 95).

98 SächsHStA Dresden: Loc. 9151: Magdeburgische Belagerung 2, 1550, 613a. Ausfertigung; PKMS 4, 959 f (Nr. 819).

99 Graf Volrad an Heideck, Frankfurt am Main Bundesarchiv Außenstelle: Bestand Schwerin, Aw 260 Nr. 137. Ausfertigung; PKMS 4, 923-927 (Nr. 797a).

100 Augsburg, 27. Dezember 1550 (SächsHStA Dresden: Loc. 10189: Summarischer Auszug ... 1550, 140a-141a. Ausfertigung; PKMS 4, 928 [Nr. 800]).

101 Am 11. Januar 1551 erreichte Moritz ein Brief Krams aus Augsburg vom 2. Januar (SächsHStA Dresden: Loc. 10189: Summarischer Bericht ... 1550, 159a-163a. Ausfertigung; PKMS 4, 942-944 [Nr. 809]).

Kursachsen und Hessen – und für erfolgversprechende Gespräche mit Frankreich zu schaffen. Darin liegt die eigentliche Bedeutung des Verdener Vertrages als Grundstein für den Erfolg des Fürstenaufstandes und als Abschluß der Annäherungsphase an Frankreich im Blick auf die weitere Vorbereitung der reichsständischen Empörung unter Moritz von Sachsen im Frühjahr 1552.[102]

---

102 Zur weiteren Entwicklung bis zum Fürstenaufstand neben Born: Moritz von Sachsen ... und Pariset: Humanisme ... besonders Simon IssLEIB: Moritz von Sachsen gegen Karl V. bis zum Kriegszuge 1552. NASG 6 (1885), 210-250; Lutz: Christianitas afflicta ..., 64-71; Gerhard PFEIFFER: »Christliches Verständnis« und »teutsche Libertät«. In: Reformatio und Confessio: Festschrift für Wilhelm Maurer/ hrsg. von Friedrich Wilhelm Kantzenbach und Gerhard Müller. Berlin 1965, 98-112; Kohler: Die innerdeutsche und die außerdeutsche Opposition ..., 125-127.

*Philipp Melanchton*
*(Kupferstich von Albrecht Dürer, 1526)*

# Philipp Melanchthon und die sächsisch-albertinische Interimspolitik*

Das Thema »Philipp Melanchthon und das Augsburger Interim« führt nicht nur in ein schwieriges Kapitel sächsischer Geschichte, es betrifft in gleicher Weise eine umstrittene, in ihrer Bedeutung keineswegs aufgearbeitete Phase im Leben Melanchthons, aber auch das politische Handeln des ersten albertinischen Kurfürsten Moritz von Sachsen im Spannungsfeld Reich und Territorium. Melanchthons Stellung zum »Augsburger Interim« 1548/49 wird allgemein negativ beurteilt. Die Sympathien neigen sich seinen Gegnern zu, der Kompromißlosigkeit eines Matthias Flacius, Nikolaus von Amsdorf, Nikolaus Gallus[1] u.a., wobei politische Vorentscheidungen /61/ und systematisch-theologische Zusammenhänge eine nicht unerhebliche Rolle spielen.

Ohne Kenntnisnahme der schon lange – wie im »Corpus Reformatorum« – zugänglichen Quellen wird Melanchthon zum Urheber eines angeblichen »Leipziger Interims« gestempelt. So konzipierte er nach Herbert Sowade das »Leipziger Interim« als protestantische Antwort auf das »Augsburger Interim« für das Kurfürstentum Sachsen.[2] »Nachgiebigkeit« ist ein häufig benutztes Stichwort, um Melanchthons Verhalten zu charakterisieren. Für Walther von Loewenich ist dieser dem Kurfürsten Moritz sehr entgegengekommen. Er sieht in der Wittenberger Haltung einen gefährlichen, unhaltbaren Kompromiß und lobt die Verdienste von Flacius.[3] Zu weit geht Emanuel Hirsch, wenn er Melanchthons öffentliche Stellungnahme auf unglückliche diplomatische Berechnung, Mangel an Glauben und fehlenden persönlichen Mut zurückführt.[4] Holzschnittartig aktualisiert Christian Stoll die Interimsfrage für die Situation Ende 1935 im deutschen Kirchenkampf. Da nach seiner Überzeugung eine Kirche im Interim in Gefahr lebt,[5] sieht er nur den »schwachher-

---

* Erstabdruck in: LuJ 55 (1988), 60-82.

1 Zu von Amsdorf vgl. Joachim ROGGE: Amsdorff, Nikolaus von. TRE 2 (1978), 487-497; Otto LERCHE: Amsdorf und Melanchthon. Berlin 1937; Ernst-Otto REICHERT: Amsdorff und das Interim. Theol. Diss. Halle 1955; DERS.: In tanta Ecclesiarum mestitia …: eine Antwort Nikolaus von Amsdorffs an Philipp Melanchthon. ZKG 78 (1967), 253-270. – Zu Flacius vgl. Oliver K. OLSON: Flacius Illyricus, Matthias. TRE 11 (1983), 206-214. – Zu Gallus vgl. Gerhard SIMON: Gallus, Nikolaus. TRE 12 (1984), 21-23; Hartmut VOIT: Nikolaus Gallus: ein Beitrag zur Reformationsgeschichte der nachlutherischen Zeit. Neustadt a. d. Aisch 1977, 62-124. 135-171; DERS.: Nikolaus Gallus und das Interim: eine anonyme Druckschrift aus dem Jahre 1548. ZKG 65 (1974), 277-285.

2 Herbert SOWADE: Das Augsburger Interim: das kaiserliche Religionsgesetz von 1548 in seiner politischen und theologischen Relevanz für eine Einung der Christen. MS kath.-theol. Diss. 1977, 40.

3 Walther VON LOEWENICH: Das »Interim« von 1548. (1947/49). In: ders.: Von Augustin zu Luther. Witten 1959, 405.

4 Emanuel HIRSCH: Melanchthon und das Interim. ARG 17 (1920), 65.

5 Christian STOLL: Interim! 2., unveränd. Aufl. München 1936, 18. (Bekennende Kirche; 36) charakterisiert die Vorläufige Leitung der Deutschen Evangelischen Kirche als »ein kirchliches Interim« und den Reichskirchenausschuß als »das staatliche Interim« (ebd, 7 f).

zigen« Melanchthon, der den Ernst der Entscheidung nicht erkannt hatte.[6] Ebenso eindeutig entscheidet sich Hans Christoph von Hase für Flacius.[7] Der zeitgeschichtliche Aspekt ist unübersehbar, wie auch von Loewenich im Blick auf den Kirchenkampf von dem unüberhörbaren »Warnungssignal« der Geschichte des Interims spricht.[8] /62/

Positivere Wertungen, wie sie von Clyde L. Manschreck,[9] Franz Lau,[10] Heinz Scheible[11] oder Johannes Herrmann[12] vorliegen, werden kaum zur Kenntnis genommen. Gewisse Schwierigkeiten bereitet die Quellenaufbereitung. Der entsprechende Band aus Melanchthons Briefwechsel für die Jahre von 1547 bis 1549 ist erst vor kurzem veröffentlicht worden.[13] Die sächsisch-albertinischen Akten zu diesem Problemkreis enthält vor allem der Band 4 der »Politischen Korrespondenz des Herzogs und Kurfürsten Moritz von Sachsen«, der sich aber noch im Druck befindet.[14]

Melanchthons Auftreten in der Interimsfrage, vor allem im Umkreis des angeblichen »Leipziger Interims«, ist nur durch eine Analyse der politischen Situation und der gesamtalbertinischen Politik zu verstehen und zu würdigen. Welche Rolle spielten einzelne Räte, die Landstände, die beiden altgläubigen Bischöfe Julius von Pflug von Naumburg-Zeitz und Johann VIII. von Maltitz in Meißen oder Fürst Georg III. von Anhalt-Dessau und die albertinischen Superintendenten? Von erheblicher Bedeutung sind die politischen und theologischen Voraussetzungen, mit denen das neue Kursachsen versuchte, die Interimskrise zu meistern. Wie weit spiegeln sich übergeordnete innen- und außenpolitische Interessen im Ablauf des Interimsgeschehens wider? Außerdem ist davon auszugehen, daß die Ereignisse im albertinischen Sachsen kaum mit der Interimszeit in Süddeutschland zu vergleichen sind.[15] Es gibt hier tatsächlich einen »sächsischen Weg«, dessen Besonderheiten eine Beurteilung nochmals erschweren. /63/

---

6 Ebd, 5.

7 Hans Christoph VON HASE: Die Gestalt der Kirche Luthers: der casus confessionis im Kampf des Matthias Flacius gegen das Interim von 1548. Göttingen 1940. Für ihn löste die Haltung Melanchthons die »stärkste innere Erschütterung der Kirche« aus (ebd, 30). Die kursächsischen Theologen haben »sich nur allzurasch in die Rolle des Hoftheologen bei ihrem neuen Kurfürsten hineingefunden« und sind »Diener der eigennützigen Territorialpolitik Moritzens« geworden (ebd, 89).

8 Von Loewenich: Das »Interim« ..., 406.

9 Clyde L. MANSCHRECK: The role of Melanchthon in the Adiaphora controversy. ARG 48 (1957), 165-182.

10 Franz LAU: Melanchthon und die Ordnung der Kirche. In: Philipp Melanchthon: Forschungsbeiträge zur vierhundertsten Wiederkehr seines Todestages dargeboten in Wittenberg 1960/ hrsg. von Walter Elliger. Göttingen 1961, 111-113.

11 Heinz SCHEIBLE: Melanchthons Brief an Carlowitz. ARG 57 (1966), 102-130.

12 Johannes HERRMANN: Augsburg – Leipzig – Passau: das Leipziger Interim nach Akten des Landeshauptarchives Dresden 1547-1952. Theol. Diss. Leipzig. 1962.

13 MELANCHTHONS BRIEFWECHSEL. Bd. 5: Regesten 4530-5707 (1547-1549)/ bearb. von Heinz Scheible unter Mitwirkung von Walter Thüringer. Stuttgart-Bad Cannstatt 1987.

14 Das entsprechende sächsische Material befindet sich in PKMS 3 und 4.

15 Zum Verlauf der Interimsereignisse in außersächsischen Territorien Vgl. DAS AUGSBURGER INTERIM VON 1548/ hrsg. von Joachim Mehlhausen. Neukirchen-Vluyn 1970, 161-166 (Lit.); Joachim MEHLHAUSEN: Interim. TRE 16 (1987), 233 f.

## *I  Die kirchenpolitische Entwicklung bis zur Eröffnung des Augsburger Reichstages 1547*

Bis zum Ausbruch des Schmalkaldischen Krieges gelang es Herzog Moritz trotz erheblicher Anstrengungen nicht, eine allgemein akzeptierte Kirchenordnung für sein Territorium ausarbeiten zu lassen.[16] Im Verlauf der Visitationen 1539/40 entstanden als Strukturelemente zunächst die Superintendenturen[17] und 1545 die Konsistorien in Meißen und Merseburg.[18] Diese arbeiteten sehr unterschiedlich. War es in Merseburg eine Behörde im Verantwortungsbereich des Koadjutors in geistlichen Sachen, Georg von Anhalt, zur Erfüllung seiner bischöflichen Aufgaben, so widmete sich das Meißner Konsistorium vor allem Ehefragen. Sein Verhältnis zu den Superintendenturen blieb ungeklärt. Ungelöste Fragen gingen den Hofräten in Dresden zu. Letzte Entscheidungen blieben dem Herzog vorbehalten. Die »Heinrichsagende« von 1539 regelte die kirchliche Praxis.[19] Auf verschiedenen Konferenzen – so zu Lätare 1544 und Bartholomäus 1545 in Leipzig und zu den beiden Zusammenkünften 1544 und 1546 im ehemaligen Zisterzienserkloster Altzella bei Nossen bemühten sich Fürst Georg, einige Superintendenten und Mitglieder der Leipziger Theologischen Fakultät sowie herzogliche Räte vergeblich, eine einheitliche Linie für die Erarbeitung einer Kirchenordnung zu finden.[20] Die Streitpunkte betrafen nicht die Lehrfragen, sondern den Gebrauch des Chorrocks,[21] die Elevation der Abendmahlselemente, einige Feiertage und die Disziplinargewalt gegenüber den Geistlichen. Georg von Anhalt, der in Fragen der Zeremonien konservativer /64/ dachte, konnte sich gegen die opponierenden Superintendenten, die sich teilweise auf Luther beriefen, nicht durchsetzen. Dieser hatte am 2. April 1543 an den Pirnaer Superintendenten Anton Lauterbach klar geschrieben, daß die Elevation zu den Zeremonien gehöre, über die wir Herren und denen wir nicht als Sklaven unterworfen seien.[22] Beim Chorrock verwiesen die Superintendenten ebenfalls auf Gefahren und Mißverständnisse: Ihre Lehre würde in Zweifel gezogen und das falsche Vertrauen auf die Kleidung wieder aufleben.[23] In dieser Auseinandersetzung vermied es Herzog Moritz, Position zu beziehen und die Streitfälle durch landesherrliche Entscheidungen zu klären. Die weitere Entscheidung wurde stark davon beeinflußt, daß der Streit um die Adiaphora die albertinischen Theologen bereits vor 1547 beschäftigte, daß im albertinischen Sachsen

---

16 Vgl. Günther WARTENBERG: Landesherrschaft und Reformation: Moritz von Sachsen und die albertinische Kirchenpolitik bis 1546. Gütersloh; Weimar 1988, 108-232.

17 Wartenberg: Landesherrschaft und Reformation ..., 232-235.

18 Ebd, 212-217.

19 Agenda || Das ist / || Kyrchenordnung / wie || sich die Pfarrherrn vnd Seelsorger ... Hertzog Heinrichen || zu Sachsen V.G.H. || Fu(e)rstenthumb || gestell- || let. Leipzig: Nikolaus Wolrab, 1540 = EKO 1, 264-281.

20 Vgl. Wartenberg: Landesherrschaft und Reformation ..., 204-232.

21 Der aus Leinen gearbeitete Chorrock diente seit dem 13. Jh. als Sakralgewand für alle Weihegrade bei der Sakramentsverwaltung und wurde zum eigentlichen Amtsgewand des Priesters. Viele evangelische Pfarrer – so auch die albertinischen Superintendenten – empfanden ihn als Sinnbild des papistischen Geistlichen. Vgl. ebd, 224 f; zu den Streitpunkten ebd, 217-232.

22 WA Br 9, 626, 41-50 (Nr. 3421).

23 SächsHStA Dresden: Loc. 9353: Herzog Moritz' Antragen an die Landschaft 1541, 27ᵛ f.

keine einheitliche Regelung galt und daß einige Geistliche bestimmte Forderungen des »Augsburger Interims« schon oder noch praktizierten.

Das militärische Vorgehen von Moritz gegen seinen ernestinischen Vetter, Kurfürst Johann Friedrich, führte zu ernsten Störungen im Verhältnis des Albertiners zu seinen Theologen. Gegen ihre massive Kritik mußte er sich verteidigen. Mehrfach warf er den Prädikanten Mißbrauch des göttlichen Wortes und Einmischung in weltliche Sachen vor.[24] Die Versicherung, der Kaiser kämpfe nicht gegen die christliche Religion und damit nicht gegen das Evangelium[25], fand keinen Glauben. Kategorisch weigerten sich die Leipziger Pfarrer gemeinsam mit Superintendent Johann Pfeffinger, für den Kaiser zu beten oder ihn in der Verkündigung zu schonen, da Karl V. wie der Papst das Wort Gottes verfolge.[26] Hof- und Feldprediger Johannes Weiß (Albinus) verließ während der Belagerung Zwickaus das herzogliche Heer.[27] /65/

Superintendent Lorenz Schröter siedelte von Meißen in das ernestinische Thüringen über.[28] Diese Vertrauenskrise gehörte zu den Faktoren, die besonders die weitere Kirchenpolitik prägten. Das Aufbegehren einzelner Pfarrer war zugleich Ausdruck der allgemeinen Stimmung und der Volksmeinung, die eindeutig auf Seiten Johann Friedrichs stand.[29] Bis 1549 zogen sich die gerichtlichen Untersuchungen und Prozesse gegen Bewohner des albertinischen Territoriums innerhalb der Grenzen vor dem 19. Mai 1547 hin, die heimlich oder öffentlich den seit dem 20. Juli 1546 geächteten Kurfürsten Johann Friedrich unterstützt hatten. Dieses Potential nutzte die ernestinische Propaganda geschickt aus. Bei allen politischen Entscheidungen mußte Moritz diese öffentliche Meinung im Blick haben. Der Vorwurf, sich als »Judas von Meißen« verhalten zu haben, durfte keine weitere Nahrung erhalten. Die notwendige Integration der im Mai 1547 hinzugewonnenen, bisher ernestinischen Gebiete – der Kurkreis und die Gebiete östlich der Saale mit den Ämtern Torgau, Düben, Eilenburg, Grimma, Eicha-Naunhof, Colditz, Leisnig, Borna, Altenburg, Zwickau,

---

24 Vgl. Wartenberg: Landesherrschaft und Reformation ..., 209-212. Für die Vorwürfe z. B. der Brief des Herzogs vom 29. November 1546 an Fürst Georg (PKMS 2, 955 f [Nr. 1072]).

25 So die Erklärung Karls V. gegenüber Herzog Moritz, Regensburg, 29. Juli 1546 (PKMS 2, 752 f [Nr. 968]): » ... doch unser gemuet, will, noch meinung nit gewesen, auch noch nit, die christenlich religion und das wort gottes (wie uns etlich mit ungrund auflegen und in die leute tragen) mit dem schwert zu vertilgen ...«.

26 Vgl. ihre Eingabe, Leipzig, 12. September 1546, an den Herzog (SächsHStA Dresden: Loc. 9026: Fürst Georg von Anhalt ..., 94ʳ-98ʳ. Ausfertigung; SächsHStA Dresden, Loc. 9138: Allerhand Sendschreiben ..., 81ʳ-86ʳ. Abschrift).

27 Dazu Wartenberg: Landesherrschaft und Reformation ..., 112-114.

28 Ebd, 259-261.

29 Vgl. die Einleitung in PKMS 3, 35-37; zu den Prozessen ebd, 689 f (Nr. 948); zur Propaganda gegen Moritz ebd, 422 f (Nr. 601); DIE HISTORISCHEN VOLKSLIEDER DER DEUTSCHEN VOM 13. BIS 16. JAHRHUNDERT/ ges. und erl. von R[ochus] von Liliencron. Bd. 4. Nachdruck der Ausgabe Leipzig 1869. Hildesheim 1966, 386-467. 494-520; Richard DOEBNER: Ein Passionsspiel auf Kurfürst Johann Friedrich den Grossmütigen. NASG 4 (1883), 215-222; Fritz BEHREND: Die Leidensgeschichte des Herrn als Form im politisch-literarischen Kampf besonders im Reformationszeitalter. ARG 14 (1917), 53-63; Johannes HERRMANN: Armenbibel als »Schmähgemälde« im Schmalkaldischen Krieg. LuJ 32 (1965), 67-73; Günther WARTENBERG: Nachwirkungen des Bauernkrieges in der albertinischen Politik unter Moritz von Sachsen (1547-1551). Jahrbuch für Regionalgeschichte 7 (1979), 245 f. In diesem Band Seite 105-113.

Werdau, Schneeberg, Schwarzenberg, Schlettau und Eisenberg sowie die Ämter Allstedt und Sachsenburg – erforderte ebenfalls eine klare proevangelische Kirchenpolitik.

Entsprechend verhielt sich der neue Kurfürst im Juli 1547 auf dem Leipziger Landtag. Ausdrücklich berief Moritz sich erneut auf die kaiserliche Zusage, die christliche Religion nicht mit dem Schwert vertilgen zu wollen. Er selbst habe ohne Wissen der Stände keine Verpflichtungen übernommen. Das göttliche Wort wolle er in seinem Land bewahren und sich nicht wieder auf die Mißbräuche einlassen, die Gott und seinem Wort entgegenstünden.[30] Deutlicher wurde /66/ Moritz gegenüber den gleichzeitig versammelten Theologen, zu denen neben Fürst Georg und Melanchthon alle Superintendenten und Vertreter der Universitäten Leipzig und Wittenberg gehörten. Der neue Kurfürst garantierte ihnen Lehr- und Bekenntnisfreiheit. Zugleich wünschte er eine Übereinkunft in Lehre und Zeremonien, die das politische Zusammenwachsen des neuen Kurfürstentums fördern sollten.[31] Der Albertiner knüpfte an seine kirchenordnenden Versuche bis Ende 1546 an. Der im September 1547 beginnende Reichstag verhinderte jedoch weitere Beschlüsse und die geplante Veröffentlichung der 1545 vereinbarten Superintendentialinstruktion, die Luther seinerzeit gebilligt und die die Superintendenten der ehemals ernestinischen Gebiete durchgesehen und befürwortet hatten.[32]

Das Hauptergebnis jener Begegnung zwischen Moritz und den führenden Theologen seines Herrschaftsgebietes war die Herausbildung einer Vertrauensbasis. Durch sein persönliches Auftreten muß der junge Kurfürst viele Teilnehmer – vor allem die Wittenberger Theologen – überzeugt haben, nicht zuletzt durch seine Zusicherungen in der Religionsfrage. Ihnen stand ein Fürst gegenüber, der das evangelische Kirchentum weiter schützen und den Protestantismus bewahren wollte. Diese Erfahrung erleichterte Melanchthon offensichtlich die Rückkehr nach Wittenberg, wo am 16. Oktober 1547 Caspar Cruciger die Wiedereröffnung der Universität ankündigte,[33] und ließ ihn bald zum kirchenpolitischen Berater des neuen Kurfürsten werden. Mitte Oktober 1547 übersandte er Kurfürst Moritz ein Gutachten zur Konzilsfrage. Darin lehnte er sowohl eine Fortsetzung der bisherigen Trienter Kirchenversammlung als auch eine vorherige Unterwerfung unter ihre Beschlüsse ab und forderte für die Protestanten ein allgemeines Rederecht während der Verhandlungen, gab jedoch einem Religionsgespräch den Vorzug vor einem Konzil.[34] Diesem Thema galten außerdem eingehende Verhandlungen der Landstände Ende des /67/ Jahres in Torgau,[35] zu denen ebenfalls Melanchthon hinzugezogen wurde. Die Teilnehmer lehnten jede Änderung der »vox Evangelii« ab.[36]

---

30 PKMS 3, 464 (Nr. 674).

31 PKMS 3, 488 (Nr. 696). 490 f (Nr. 698) (= CR 6, 605 f [Nr. 3944]. 610 f [Nr. 3946], Auszug = MBW 5, 144 [Nr. 4812]. 145 f [Nr. 4814]).

32 Dazu Emil Sehling: Die Kirchengesetzgebung unter Moritz von Sachsen 1544-1549 und Georg von Anhalt. Leipzig 1899, 68-76. 193-222 (zum Text).

33 Der Rektoratserlaß in CR 6, 700 f (Nr. 4036); Urkundenbuch der Universität Wittenberg. Teil 1: 1502-1611/ bearb. von Walter Friedensburg. Magdeburg 1926, 298 f (Nr. 300).

34 CR 6, 795-799 (Nr. 4138) = MBW 5, 189 (Nr. 4920).

35 Zu den Torgauer Verhandlungen vgl. PKMS 3, 673-678 (Nr. 937 f). 680-687 (Nr. 942 f) und Herrmann: Augsburg …, 22a-25.

36 [Torgau], 29. Dezember [1547], Melanchthon an Joachim Camerarius (CR 6, 758 [Nr. 4102] = MBW 5, 226 [Nr. 5005]).

Wenige Wochen vor den unheilvollen Auseinandersetzungen um das »Augsburger Interim« reichte der Konsens in Lehrfragen von Moritz über die Räte und Landstände bis hin zu den Wittenberger Theologen. Diese Übereinstimmung hat der junge Kurfürst auch unter schärfstem Druck während der Frühjahrsverhandlungen in Augsburg nicht aufgegeben. Kontinuität und Festhalten am Bekenntnis bestimmten seit 1541 die albertinische Kirchen- und Religionspolitik. Nach dem Regierungsantritt ließ Moritz keinen Zweifel an seiner evangelischen Haltung aufkommen. In der Fürsorge für die evangelische Kirche seines Territoriums unterschied er sich von keinem seiner Standesgenossen. Eine religiöse Motivation seiner Parteinahme im Schmalkaldischen Krieg wies er stets zurück, wie er auch gerade die Zusagen in der Religionsfrage gegenüber seinen Landständen eingehalten hat. Die Bewahrung der lutherischen Lehre als Kriegsziel im Kampf gegen den Kaiser 1552 war nicht nur »Vorwand«[37], denn die Sorge um das Wort Gottes war bei allen politischen Bedingtheiten Teil landesherrlichen Handelns, zu dem sich gerade Moritz von Sachsen verpflichtet fühlte. Seine evangelische Glaubensüberzeugung läßt sich allerdings nur aus den politischen Entscheidungen ableiten, direkte Zeugnisse fehlen.[38]

## II Das »Augsburger Interim« und Kurfürst Moritz von Sachsen

Als Melanchthon Anfang 1548 in Torgau über die Finanzierung der Wittenberger Universität mit dem für Schul-, Kirchen- und Universitätsfragen zuständigen Rat Georg Komerstadt verhandelte, traf Moritz erneut mit ihm zusammen. Der Kurfürst scheint ihn von dem zu erwartenden kaiserlichen /68/ Religionsgesetz unterrichtet zu haben.[39] Die albertinische Politik bezog die Wittenberger Theologen voll in die Überlegungen zu Religionsfragen ein. Sie wußten über die Ereignisse in Augsburg Bescheid und warnten ihren Landesherrn bereits am 22. Januar 1548 vor einem »interim«, das nur Unruhe hervorbringen und zu unnötigen Veränderungen führen würde.[40] Moritz war sicher nicht unvorbereitet, als ihn Mitte März König Ferdinand I. mit dem Entwurf zu einem »Interim« konfrontierte. In den nachfolgenden Verhandlungen mit Kurfürst Friedrich II. von der Pfalz, Kurfürst Joachim II. von Brandenburg und Karl V. lehnte der Albertiner jede verbindliche und endgültige Stellungnahme ab.[41] Trotz des massiven kaiserlichen Drucks behauptete er diese Position, in der ihn Melanchthon, aber auch Komerstadt, bestärkten. Eine eingehende Analyse der

---

37 So Reiner GROSS: Kurfürst Moritz von Sachsen und die Sicherung der Reformation im Reich. In: Martin Luther: Leistung und Erbe/ hrsg. von Horst Bartel, Gerhard Brendler, Hans Hühner und Adolf Laube. Berlin 1986, 225.

38 Material zu dieser Frage bei Simon ISSLEIB: Moritz von Sachsen als evangelischer Fürst: 1541-1553. BSKG 20 (1907), 1-213.

39 Die Begegnung fand am 6. Januar 1548 statt; vgl. CR 6, 771 f (Nr. 4112). 773 f (Nr. 4115) = MBW 5, 230 (Nr. 5015). 231 f (Nr. 5019).

40 CR 6, 795 (Nr. 4137) = MBW 5, 239 (Nr. 5040).

41 Protokoll über die Verhandlungen vom 17. bis 24. März 1548 in PKMS 3, 755-758 (Nr. 1030). Vgl. Horst RABE: Reichsbund und Interim: die Verfassungs- und Religionspolitik Karls V. und der Reichstag von Augsburg 1547/1548. Köln; Wien 1971, 431 f; Albrecht Pius LUTTENBERGER: Glaubenseinheit und Reichsfriede: Konzeptionen und Wege konfessionsneutraler Reichspolitik 1530-1552 (Kurpfalz, Jülich, Kurbrandenburg). Göttingen 1982, 466.

Gutachten Melanchthons[42] – teilweise gemeinsam mit Cruciger, Georg Major und Pfeffinger – steht noch aus. Die Aufforderung der Räte an die Theologen, deutlich die Möglichkeiten eines Vergleichs zu beurteilen,[43] ist für die kursächsische Verhandlungsführung charakteristisch. Denn so wurden die Grenzen eines möglichen Kompromisses abgesteckt.

Erhebliche Bedeutung erlangte das Gutachten der Theologen vom 22. April 1548, in dem das »Augsburger Interim« insgesamt abgelehnt wird. Allerdings benannte es auch die Punkte, in denen die Verfasser unter gewissen Voraussetzungen eine Zustimmung oder einen Kompromiß für möglich hielten: bischöfliches /69/ Amt, Zeremonien, Feste, Fasten, Messe an allen Sonn- und Feiertagen, auch an Wochentagen je nach Größe des Ortes.[44] Hier zeichneten sich bereits die Sachverhalte ab, die in der späteren sächsischen Diskussion über das »Augsburger Interim« eine Rolle spielen sollten.

Jenes Gutachten beriet Komerstadt sofort mit Georg von Karlowitz, Melchior von Ossa, Heinrich Hildebrand von Einsiedel, Wolf Koller und Georg von Schleinitz.[45] Ihre Meinung übermittelten die Hofräte dem Kurfürsten nach Augsburg. Sie bestärkten ihn in seiner hinhaltenden Taktik. Die strittigen Artikel sollten auf ein Religionsgespräch verschoben werden, dem Beratungen der Theologen der evangelischen Reichsstände vorausgehen sollten. In der Absicht, den Zustimmungsbeschluß den Landständen zuzuschieben, sahen sie die willkommene Möglichkeit, einer Entscheidung auszuweichen. Ausdrücklich beharrten die Räte auf der Mitwirkung der Theologen am weiteren Verhandlungsprozeß. Sie befürchteten anderenfalls eine große Unruhe im Volk, auch in den Nachbargebieten. Für die sächsischen Interimsverhandlungen ergab sich sowohl eine enge Kooperation zwischen Moritz und den Theologen als auch zwischen den Hofräten und den Theologen.

Die Aussage des Albertiners, er habe selbst, außer in einigen Punkten, keine besonderen Bedenken und hoffe, die Zustimmung seiner Untertanen zu erreichen,[46] war mehr eine diplomatische Formel, als daß sich hier ein politisches Ziel artikulierte. Bereits in Augsburg muß es Moritz klar gewesen sein, daß er ohne Gefährdung seiner neuen Stellung das kaiserliche Religionsgesetz nicht einführen konnte. Am 24. Mai 1548 verließ der Kurfürst den Reichstag, um Erfahrungen im Umgang mit Kaiser, König und ihren Räten reicher

---

42 So in Altzella am 31. März 1548 (PKMS 3, 764-766 [Nr. 1040] = CR 6, 839-842 [Nr. 4189] = MBW 5, 263 f [Nr. 5105]), 1. April 1548 (PKMS 3, 765 f [zu Nr. 1040] = CR 6, 842-845 [Nr. 4190] = MBW 5, 266 [Nr. 5101]), 2. April 1548 (PKMS 3, 770 [Nr. 1045] = MBW 5, 267 f [Nr. 5112]), 10./11. April 1548 (PKMS 3, 777 f [Nr. 1057] = CR 6, 853-855 [Nr. 4201] = MBW 5, 269 f [Nr. 5117]), 22. April 1548 (vgl. Anm. 44), 24. April 1548 (PKMS 3, 788-790 [Nr. 1070] = CR 6, 876 f [Nr. 4215] = MBW 5, 280 [Nr. 5137]), 29. April 1548 (PKMS 3, 797 [Nr. 1077] = CR 6, 888-890 [Nr. 4220] = MBW 5, 282 [Nr. 5141]), 24./25. Mai 1548 (CR 6, 908-912 [Nr. 4244] = MBW 5, 293 [Nr. 5170]; vgl. Herrmann: Augsburg ..., 26-29. 37-44).

43 So am 25. April 1548 (PKMS 3, 792 [Nr. 1073]).

44 PKMS 3, 788-790 (Nr. 1070) = CR 6, 865-874 (Nr. 4212) = MBW 5, 276 f (Nr. 5130).

45 Während Georg von Karlowitz und von Ossa zu den Räten gehörten, die stärker für eine Reform der altgläubigen Kirchenstruktur eintraten und an einem Ausgleich interessiert waren, um eine konfessionelle Spaltung zu verhindern, gehörten von Einsiedel und von Schleinitz zur evangelischen Gruppe unter den Hofräten. Für Koller liegen kaum Nachrichten vor, allerdings ist er nicht zu den konservativen Kräften zu rechnen. Zu von Karlowitz vgl. Wartenberg: Landesherrschaft und Reformation ..., 87-89; zu von Schleinitz ebd, 147 f.

46 So verstand Karl V. Aussagen von Moritz gegenüber Ferdinand; vgl. PKMS 3, 858 (Nr. 1105).

geworden. Mit dem Reichstagsabschied vom 30. Juni wurde das »Augsburger Interim« Reichsgesetz.[47] Die albertinische Politik konnte nicht einfach zur Tagesordnung /70/ übergehen. Sie mußte reagieren. Moritz war sich der Schlüsselrolle bewußt, die das neue Kursachsen bei der Umsetzung dieses Interims spielte. Nur die Einführung in diesem Territorium hätte die Chancen für eine Realisierung und damit für eine erfolgreiche kaiserliche Religionspolitik erhöht. Der Kurfürst mußte über das Vorgehen Karls V. enttäuscht sein, das seine innenpolitische Stellung nur verschlechterte. Moritz sah sich gezwungen, seine Glaubwürdigkeit im evangelischen Lager zu erhalten bzw. zurückzugewinnen. Die albertinische Konzils- und Interimspolitik diente in hohem Maße der Profilierung des Albertiners als evangelischer Fürst. Den kaiserlichen Machtanspruch in der Religionsfrage, der auf ein Zurückdrängen der ständischen Einflüsse zielte, wollte Moritz als Fürst des Reiches nicht anerkennen. Er fürchtete die Möglichkeit von Unruhen und Auseinandersetzungen, die das 1547 Erreichte in Frage stellten. Abgesehen davon bestimmte die protestantische Grundhaltung alle Entscheidungen des jungen Kurfürsten. Das »Augsburger Interim« kam ihm daher völlig ungelegen. Die vom Kaiser heraufbeschworene Krise verlangte den vollen Einsatz, um die entstandenen Schwierigkeiten zu bewältigen.

## III Die Abwehr und Überwindung des »Augsburger Interims«

Für eine radikale Zurückweisung des »Augsburger Interims« konnte sich die albertinische Politik nicht entscheiden. Ein solcher Schritt entsprach nicht den politischen Denkmustern des Kurfürsten und seiner Berater. In zahlreichen Fragen fühlte man sich in Dresden vom Kaiser abhängig. Die Gefangenschaft Philipps von Hessen und die schwebenden Verhandlungen mit den Ernestinern gaben Karl V. Druckmittel in die Hand. Sehr groß war die Furcht vor einem militärischen Eingreifen des Kaisers, wozu der fortdauernde Widerstand der Alten Stadt Magdeburg, Bremens, Braunschweigs und norddeutscher Fürsten um Markgraf Johann von Brandenburg-Küstrin Anlaß bieten konnte. Diese Sorge spiegelt sich in zahlreichen Briefen Melanchthons wider.[48] Man hatte das Rauben und Plündern der spanischen Truppen 1547 erfahren und sah, wie sie in Süddeutschland als politisches Faustpfand dienten. Wie weit bei dem /71/ Bemühen, Zeit zu gewinnen, die Erwartung eine Rolle spielte, ein möglicher Tod Karls V. könnte die Verhandlungssituation völlig verändern, soll hier außer Betracht bleiben. Anfang September schlug Lazarus von Schwendi, der im Auftrag des Kaisers Reichsstände zum Vorgehen gegen das geächtete Magdeburg bewegen sollte, in einem Gutachten König Ferdinand I. vor, der Kaiser solle mit einigen Regimentern unter dem Vorwand eines Reichstages nach Sachsen ziehen, auf das sich die Hoffnungen der Oberdeutschen und des ganzen Reiches richteten, und damit das böse Gift

---

47 Abschied der || ... Reichsztag zu(o) Aug- || spurg vffgericht / Anno Domini || M.D.XLVIII. || Meyntz: Juonem Scho(e)ffer 1549. Vgl. Rabe: Reichsbund und Interim ..., 454. Eine Niederschrift für die mündlich vorgebrachten Einwände der sächsischen Räte im Auftrag von Kurfürst Moritz SächsHStA Dresden, Loc. 10186: Proposition Ksl. Majestät geschehen zu Augsburg 1547/48, 388$^r$-393$^v$; PKMS 4, (29).

48 So z.B. CR 7, 328-330 (4480) = MBW 5, 424 (5434); CR 7, 334 f (4486) = MBW 5, 428 f (5446); CR 7, 344 (4499) = MBW 5, 436 f (5465).

und den bösen Willen beseitigen.[49] Von Schwendi zog ein Resümee des bisherigen Umgangs mit dem »Augsburger Interim« in Kursachsen und charakterisierte zutreffend die albertinische Politik. An diesem Territorium entschied sich die kaiserliche Religionspolitik. Somit hatte die Furcht Melanchthons durchaus einen realen Hintergrund.

Bevor die einzelnen Etappen in den kursächsischen Bemühungen um das »Augsburger Interim« benannt werden, ist festzuhalten, daß es zu keiner Zeit im albertinischen Sachsen eine politische Kraft gab, die ernsthaft an die Einführung des »Augsburger Interims« gedacht hat. Auch Michael Helding, der Ende 1550 als letzter altgläubiger Bischof in Merseburg einzog, mußte bald das Scheitern aller Rekatholisierungsversuche feststellen.

Sofort nach der Rückkehr aus Augsburg traf sich Moritz am 9. Juni 1548 mit Melanchthon in Leipzig und beauftragte ihn, zusammen mit anderen Theologen ein neues Gutachten für die bevorstehenden Landtagsverhandlungen auszuarbeiten.[50] Das am 16. Juni von Melanchthon, Johannes Bugenhagen, Cruciger, Major und Pfeffinger unterzeichnete Votum fiel negativ aus.[51] Ebenso verhielten sich die Anfang Juli mit dem Ausschuß der Landstände nach Meißen geladenen Theologen: die Wittenberger Professoren Johann Forster, Melanchthon, Cruciger und Major, die Superintendenten von Leipzig und Dresden – Pfeffinger und Daniel Greiser – sowie der geistliche Koadjutor des Administrators für das Bistum Merseburg, Georg von Anhalt. Dieser wurde in die weiteren Gespräche stärker einbezogen, während Melanchthon /72/ offensichtlich vorübergehend in den Hintergrund trat. Die Vertreter von Ritterschaft und Städten schlossen sich der Meinung der Theologen an.[52] Es war also nicht möglich, das »Augsburger Interim« in Kursachsen einzuführen. Daher mußte ein Ausweg gefunden werden, um den ständigen Mahnungen von Kaiser und König etwas entgegenzusetzen.

In diesem Bemühen sind drei Phasen zu unterscheiden. Die erste reichte bis Ende 1548 und umfaßte das Bemühen um eine abgemilderte, annehmbare Form, die in den »Leipziger Artikeln« vorliegt; die zweite erstreckte sich von Januar bis Mai 1549 und war bestimmt von der Absicht, das Problem über eine Agende zu lösen; die dritte war von der Veröffentlichung des »Auszuges« Anfang Juli 1549 und dessen verschleppter Einführung beherrscht. Die schrittweise Neuorientierung der albertinischen Außenpolitik im Herbst 1549 ließ dann die Interimsfrage zurücktreten.[53]

---

49 HHStA Wien: Kleine Reichsstände – Magdeburg 430, 214-252. Ausfertigung (PKMS 4, 504-506 [Nr. 435]).

50 Melanchthon schrieb am 9. Juni 1548 darüber an Georg von Anhalt (CR 6, 922 [Nr. 4256] = MBW 5, 296 [Nr. 5178]).

51 SächsHStA Dresden: Loc. 7434: Agenda, wie es in des Kf. zu Sachsen Landen ..., 320$^r$-344$^v$. Ausfertigung (u. a. PKMS 4, 54-60 [Nr. 14] = CR 6, 924-942 [Nr. 4259] = MBW 5, 297-299 [Nr. 5182]).

52 SächsHStA Dresden: Loc. 10297: Interim und Handlung zu Meißen ..., 204$^r$-210$^r$. Entwurf (PKMS 4, 86 [Nr. 39] = CR 7, 65-68 [Nr. 4292] = MBW 5, 313 f [Nr. 5215]).

53 Dazu Günther Wartenberg: Die Politik des Kurfürsten Moritz von Sachsen gegenüber Frankreich zwischen 1548 und 1550. In: Deutschland und Frankreich in der frühen Neuzeit: Festschrift für Hermann Weber zum 65. Geburtstag/ hrsg. von Heinz Duchhardt und Eberhard Schmitt. München 1987, 75-77 = in diesem Band oben Seite 69-85; weiter die Einleitung zu PKMS 4.

### 1 Die »Leipziger Artikel«

In den Monaten bis zum Leipziger Landtag, der am 21. Dezember 1548 begann, versuchte Moritz in mehrfachen Anläufen und auf verschiedenen Wegen, gegenüber den kaiserlichen Ansprüchen einen Schutzwall aufzubauen. Dabei übernahmen die Räte die Regie. Die Theologen wurden zu Beratern. Zunächst war man am 23./24. August 1548 in Pegau[54] bemüht, in direkten Verhandlungen mit den Repräsentanten der alten Lehre im Kurfürstentum, den Bischöfen Julius von Pflug und Johann VIII. von Maltitz, eine Lösung zu erreichen, die einem Kompromiß zwischen der von den Vertretern der Landstände und den Theologen ausgesprochenen Ablehnung und den kaiserlichen Forderungen entsprach. Diese sächsische Lösung strebte bereits an, durch Nachgeben in äußeren Dingen eine gewisse Fassade aufzubauen, hinter der grundlegende Änderungen /73/ sich erübrigten. Die kurfürstliche Instruktion zeigte deutlich, daß Moritz über diese Mitteldinge hinaus nicht entgegenkommen wollte.[55] Für den weiteren Gang der Verhandlungen erhielten die von Melanchthon, Fürst Georg, Forster und Paul Eber in Pegau aufgestellten Hauptartikel großes Gewicht, die »den gemeinen und öffentlichen Kirchenstandt und das Volk« betrafen und die deshalb rein gehalten werden mußten. Dazu zählten die Rechtfertigung, die Buße, die Beichte, die Form der Messe und die Ablehnung der Heiligenanrufung.[56] Diese Unterscheidung zwischen Grundartikeln und Mitteldingen machten sich die Räte zu eigen. Sie wurde nach dem Scheitern der Pegauer Verhandlungen zur nächsten Lösungsvariante, in deren Verlauf die Theologen und die Räte ihren Konsensus wahrten, wobei die Theologen sich jedoch den eher politisch denkenden Räten in ihren Positionen annäherten.

Weitere Verhandlungen fanden am 18. Oktober in Torgau[57] und am 21./ 22. November in Altzella[58] statt. In den sehr intensiven Gesprächen drängten die Räte wohl unter dem Eindruck einer Gesandtschaft Melchior von Ossas zu König Ferdinand I. die Theologen erfolgreich zur Nachgiebigkeit. Eine Vorlage der Räte bildete die Grundlage des Meinungsaustausches. Dieser Torgauer Text fand nicht die volle Billigung der Theologen, die eine Liste mit Änderungswünschen übergaben: nähere Definition der Adiaphora, Verzicht auf die alten Gesänge und Legenden, eine strengere Kirchenzucht, Verhandlungen mit den Bischöfen über die Ordination, Nachdenken über die Anwesenheit von Kommunikanten bei der Messe.[59] Die Verhandlungen wurden vertagt. Sorgenvoll betrachteten die Theologen die weitere Entwicklung. Melanchthon befürchtete ein Diktat der Räte ohne weitere Möglichkeiten für eine Diskussion.[60]

---

54 Dazu der Bericht von Fachs an Moritz in SächsHStA Dresden: Loc. 10297: Interim und Handlung zu Meißen ..., 312ʳ-316ʳ: PKMS 4, 123 f (Nr. 76) = PfC 3, 672-675 (Doc. 60); Herrmann: Augsburg ..., 64-73. Zu den sächsischen Interimsverhandlungen vgl. S[imon] IssLEIB: Das Interim in Sachsen 1548-1552. NASG 15 (1894), 193-226; PfC 3, 49-64. 632-690; Einleitung zu PKMS 4.

55 SächsHStA Dresden: Loc. 10297: Interim und Handlung zu Meißen ..., 216ʳ-223ᵛ. Ausfertigung (PKMS 4, 110-112 [Nr. 70] = CR 7, 108-113 [Nr. 4328]).

56 CR 7, 117-119 (Nr. 4332) = MBW 5, 340 (Nr. 5264).

57 Bericht in SächsHStA Dresden: Loc. 10298: Interim domesticum secundum ..., 100ʳ-102ʳ. Reinschrift (PKMS 4, 167 [Nr. 127] = PfC 3, 677 f [Doc. 62]; vgl. Herrmann: Augsburg ..., 91-95).

58 Ebd, 96-101. Material zu Altzella: PKMS 4, 220-223. 224 f (Nr. 174-176. 179 f).

59 SächsHStA Dresden: Loc. 10298: Interim domesticum secundum ..., 102ʳ f; PKMS 4, 167 (Nr. 127) = CR 7, 181 f (zu Nr. 4390) = PfC 3, 678, 20-42 (Doc. 62) = MBW 5, 374 (Nr. 5335).

60 So Melanchthon an Georg von Anhalt, 24. Oktober 1548 (CR 7, 185 f [Nr. 4394] = MBW 5, 377 [Nr. 5342]).

Zunächst wünschten die Räte in Altzella von den Theologen, zu denen noch Bugenhagen, Joachim Camerarius,[61] Lauterbach und der Freiberger /74/ Superintendent Caspar Zeuner eingeladen worden waren, eine Kirchenordnung auf der Grundlage der »Heinrichsagende«, der Adiaphora des »Augsburger Interims« und der spätmittelalterlichen Agende zu erarbeiten, um die Mitteldinge näher bestimmen zu können. Dieses Papier spielte dann erst Anfang 1549 im Zusammenhang mit der »Georgsagende« eine Rolle. Außerdem gaben die Räte einen politischen Situationsbericht. Sie beschworen die Gefahr einer völligen Vernichtung der Kirche und erinnerten an den Ungehorsam gegenüber kurfürstlichen Befehlen, an die Predigt gegen das »Augsburger Interim«. Die starke Betonung von Frieden und Einigkeit sollte die Theologen offensichtlich unter Druck setzen. Aus Süddeutschland einlaufende Nachrichten[62] unterstützten die düsteren Voraussagen der Räte, die trotz moderaten Auftretens und freundlicher Interpretationsversuche letztlich die Zustimmung der Theologen zu ihren Artikeln erlangen wollten. Schließlich erreichten sie das Einverständnis, die Vorlage dem Kurfürsten zuzusenden. Von den Teilnehmern unterschrieben Bugenhagen, Georg von Anhalt, von Ossa und Christoph von Karlowitz. Verhandlungen über Meßkanon und Chrisma wurden in Aussicht gestellt. Die Abschlußerklärung verzeichnete ausdrücklich die Zustimmung aller Teilnehmer zu den Artikeln.[63] Die Räte konnten zufrieden sein. Sie hatten die Einwilligung der Theologen zu einem Papier erreicht, das den Landständen und der altgläubigen Seite präsentiert werden konnte. Zusammen mit dem in Pegau erarbeiteten Rechtfertigungsartikel wurden jene »Zellaer Artikel« auf dem Leipziger Landtag vorgelegt. Der Text erhielt von den Flacianern bald den Schimpfnamen »Leipziger Interim«. Tatsächlich ist er eine Beschlußvorlage der kurfürstlichen Räte für den Landtag und damit eine politische Schrift, an deren Entstehung Melanchthon zwar mitgewirkt hat, die aber nicht auf ihn zurückgeht. Daher ist diese Vorlage sachgemäß mit »Leipziger Artikel« zu benennen.[64]

Um die Rätevorlage behandeln zu können, erbaten die Landstände ein Votum /75/ der Theologen.[65] Diese erstatteten einerseits ein internes Gutachten zu den Räteartikeln[66] und gaben andererseits eine öffentliche Erklärung[67] ab. Die Vertreter von Ritterschaft und Städten schlossen sich der Stellungnahme der Theologen an, Sie lehnten die Artikel zur Firmung

---

61 Camerarius hatte bereits vor 1547 an Verhandlungen zur Kirchenpolitik teilgenommen, er selbst gehörte nicht zur Theologischen Fakultät in Leipzig. Nahm er als Freund Melanchthons teil?

62 Vgl. CR 7, 184 f (Nr. 4393) = MBW 5, 376 f (Nr. 5341); CR 7, 185 f (Nr. 4394) = MBW 5, 377 (Nr. 5342).

63 SächsHStA Dresden: Loc. 10298: Interim domesticum secundum ..., 297ʳ. Abschrift (PKMS 4, 225 [Nr. 180]), »Zellaer Artikel« mit den Unterschriften von Georg von Anhalt, Bugenhagen, von Ossa und Christoph von Karlowitz.

64 Zur terminologischen Frage vgl. Heinz Scheible, der für »Empfehlung einer evangelischen Interimsordnung für Kursachsen« eintritt (MBW 5, 401). Die »Leipziger Artikel« u. a. SächsHStA Dresden: Loc. 10298: Interim domesticum secundum ..., 308ʳ-316ʳ (PKMS 4, 254-260 [Nr. 212]).

65 So in SächsHStA Dresden: Loc. 9354: Handlung auf dem Landtag zu Leipzig 21. Dezember 1548 (Griebners Nachlaß), 4ᵛ-5ᵛ. Abschrift: (PKMS 4, 262 [Nr. 214], Anm. 1).

66 SächsHStA Dresden: Loc. 10298: Interim domesticum secundum ..., 292ʳ-295ᵛ. Abschrift (PKMS 4, 261 [Nr. 213] = CR 7, 255-258 [Nr. 4432] = MBW 5, 400 [Nr. 5386]).

67 SächsHStA Dresden: Loc. 9354: Landtag zu Leipzig anno 1548/49, 311ʳ-313ʳ. Reinschrift, Melanchthon unterschrieben (PKMS 4, 262 [Nr. 215] = CR 7, 267-269 [Nr. 4436] = MBW 5, 402 [Nr. 5389]).

und zur Letzten Ölung ab, ebenso die Privatmessen. Ferner baten sie um Schutz gegen bischöfliche Übergriffe. Sie wünschten Lieder, Kollektengebete und Konsekration in deutscher Sprache.[68] In Geheimverhandlungen im kleinen Kreis wurde versucht, den Widerstand der Landstände und der Theologen zu überwinden. Die Theologen wollten vor allem den »Zellaer Text« nur als Verhandlungsvorschlag, als Grenze für ein Entgegenkommen verstanden wissen. In Leipzig traten die Vertreter von Ritterschaft und Städten gemeinsam mit den Theologen den aus politischen Gründen am Erfolg interessierten Räten entgegen. Die Stimmung unter den Landständen zeigte die Forderung, die »Augsburgische Konfession« und die Visitationsordnung von 1539/40[69] in Kraft zu belassen. Die Rätevorlage, die »Leipziger Artikel«, wurde nicht als neue Kirchenordnung empfunden. Eine Verabschiedung erfolgte nicht. Der Artikel über die Bischöfe blieb offen. Ihre weitere Funktion sollten direkte Verhandlungen mit von Pflug und von Maltitz klären.

Die Räte zeigten sich enttäuscht. Sie bestanden nicht mehr – wie auch Moritz selbst – auf einer förmlichen Zustimmung. In der abschließenden Antwort stellte der Kurfürst vielmehr eine Kirchenordnung in Aussicht, die den Ständevertretern nach der Erarbeitung durch die Theologen zur Bewilligung vorgelegt werden sollte.[70] Nachdem das theoretische Rahmenkonzept, das die »Leipziger Artikel« darstellten, gescheitert war, wurde nun versucht, von der Praxis her das Interimsproblem zu entschärfen. Dazu kam, daß die Bischöfe von Naumburg-Zeitz /76/ und von Meißen nur sehr allgemein dem Kaiser über die kursächsischen Bemühungen um das »Augsburger Interim« berichteten und die »Leipziger Artikel« nicht billigten.[71] Obwohl der »Auszug« vom Juli 1549 vom »Beschluß des Landtags« spricht, ist eine ausdrückliche Zustimmung der Landstände und der Theologen zu der Rätevorlage nie erfolgt.[72] Unter diesem Aspekt erübrigte sich die Einführung.

## 2 Die »Georgsagende«

Stellten die Räteartikel bereits eine entscheidende Aufweichung des »Augsburger Interims« dar – die Ablehnung durch die Bischöfe ist daher nicht überraschend –, verstärkte sich dieser Prozeß bei der Ausarbeitung der in Aussicht gestellten Kirchenordnung, die als »Interimsagende« bezeichnet wird, aber zutreffender den Namen »Georgsagende« ver-

---

68 SächsHStA Dresden: Loc. 9354: Handlung auf dem Landtag zu Leipzig 1548 (Griebners Nachlaß), 10ᵛ-12ʳ. Abschrift (PKMS 4 , 266 [Nr. 224]).

69 Dabei handelt es sich um die Ausgabe des »Unterrichts der Visitatoren ...« von 1528 für das albertinische Sachsen; vgl. StA 3, 404 f.

70 SächsHStA Dresden: Loc. 9354: Handlung auf dem Landtag zu Leipzig 1547, 137ʳ-139ᵛ. Abschrift (PKMS 4, 273-274 [Nr. 233]) = CR 7, 284 f [Nr. 4447 A]).

71 SächsHStA Dresden: Loc. 9354: Landtag zu Leipzig Weihnachten Anno 1548/49, 163ʳ-166ʳ. Ausfertigung (PKMS 4, 269 [Nr. 227]) = CR 7, 277-280 [Nr. 4444] = PfC 3, 679-681 [Doc. 63]). Zum Brief an den Kaiser vom 1. Januar 1549 HHStA Wien: Reichskanzlei, Religionsakten fasz. 19, 213 (PKMS 4, 283 [Nr. 241] = Pollet 3, 166 f [Nr. 407]).

72 So im Titel des »Auszuges«; vgl. Anm. 81: »Ausstzugk aus dem Beschlus des Jüngst gehaltenen Landtags zu Leiptzigk in Weynachten des Neun vnd viertzigsten Jars«. Im Januar und Februar 1549 weist Melanchthon mehrfach in Briefen darauf hin, daß in Leipzig nichts verabschiedet worden sei. So auch Herzog August an König Christian III. von Dänemark, 24. Januar 1549 (Rigsarkivet Kopenhagen: TKUA Sachsen A I Nr. 3. Ausfertigung; PKMS 4, 303 f [Nr. 259]) wenn er schreibt, daß nichts ausgegangen oder befohlen sei.

dient.[73] Denn Georg von Anhalt trug die Hauptlast der Arbeit in den Monaten Januar und Februar 1549. Der Text ist von seinen Anschauungen geprägt. Weiter beteiligten sich Pfeffinger, Camerarius, Bugenhagen, Major, Forster, Greiser und Melanchthon an der Abfassung. Die einzelnen Abschnitte der »Georgsagende« griffen vor allem auf die »Heinrichsagende« zurück und nahmen die Erfahrungen des Anhaltiners während seiner Merseburger Zeit auf. Weder das »Augsburger Interim« noch die »Leipziger Artikel« beeinflußten die Texte spürbar. Die Erarbeitung der Agende ist zugleich unter dem Gesichtspunkt zu sehen, daß für das Kurfürstentum in den 1547 neu gezogenen Grenzen eine einheitliche Agende bisher fehlte und daß Moritz seit 1541 nach gleichförmigen Zeremonien strebte. Die intensiven Bemühungen Georgs von Anhalt, seine Vorstellungen, die in den Zeremonien dem »Augsburger Interim« nahekamen, durchzusetzen, scheiterten ebenfalls. /77/ Die Ständevertreter, denen am 10. April 1549 die »Georgsagende« vorgelegt wurde, sahen sich nicht in der Lage, das Werk zu prüfen: Sie sei zu umfangreich und gehöre in den Aufgabenbereich der Theologen.[74] Starken Einfluß auf diese Entscheidung hatte die scharfe, antiinterimistische Predigt des Torgauer Superintendenten Gabriel Didymus, der damit zur Eröffnung der Ausschußverhandlungen die Agende öffentlich ablehnte.[75] Die altgläubigen Bischöfe meldeten ebenfalls erhebliche Bedenken an und widerrieten einer Veröffentlichung.[76]

Als am 1. und 2. Mai sich die albertinischen Superintendenten in Grimma versammelten,[77] verhandelte man zwar noch über das Werk Georgs von Anhalt, eine Publikation war indessen nicht mehr vorgesehen. Die Räte dachten an Abschriften, aus denen die Superintendenten Auskunft geben sollten. Die kurfürstliche Politik hatte sich von kaiserlichen Interimsplänen schon so weit entfernt, daß die »Georgsagende« kaum noch als Beitrag zur Einführung des »Augsburger Interims« dem Kaiser gegenüber vertreten werden konnte. Umgekehrt zeigte der energische Protest des Didymus – erst kurz zuvor hatte Flacius Wittenberg verlassen[78] –, was für ein Störpotential die Agende enthielt. Georg /78/ von Anhalt schied aus

---

73 Vgl. Emil FRIEDBERG: Agenda, wie es in des Churfürsten zu Sachsen Landen in den Kirchen gehalten wird. Halle 1869; Sehling: Die Kirchengesetzgebung ..., 96-110; Herrmann: Augsburg ..., 137-145.

74 SächsHStA Dresden: Loc. 7434: Torgauer und Grimmaer Tag ..., 21$^r$-22$^v$. Reinschrift: PKMS 4, 377 f (Nr. 327).

75 So ist die Nachricht zu verstehen, daß ein Flacianer die in Torgau Anwesenden beeinflußt habe. Vgl. Albert CHALYBAEUS: Die Durchführung des Leipziger Interims. Phil. Diss. Leipzig 1904, 49, Anm. 1.

76 Zeitz, 8. April 1549, präsentiert Torgau 10. April: von Pflug an Moritz (SächsHStA Dresden: Loc. 7434: Torgauer und Grimmaer Tag ..., 14$^r$-15$^r$. Ausfertigung; PKMS 4, 376 f [Nr. 326] = PfC 3, 189 f [Doc. 422]); Stolpen, 9. April 1549, präsentiert Torgau 14. April: Bischof Johann an Moritz (SächsHStA Dresden: Loc. 7434: Torgauer und Grimmaer Tag ..., 18$^v$ f. Ausfertigung, zu PKMS 4, 376 [Nr. 326]).

77 Über die Verhandlungen in Grimma berichtete Bugenhagen an Herzog Franz von Lüneburg am 20. Mai 1549 (DR. JOHANNES BUGENHAGENS BRIEFWECHSEL/ ges. und hrsg. durch Otto Voigt. Nachdruck der Ausgabe Gotha 1910; mit einem Vorwort und Nachträgen von Eike Wolgast unter Mitarb. von Hans Volz. Hildesheim 1966, 645 f [229 b]) und an Herzog Albrecht von Preußen am 25. Mai 1549 (ebd, 450 f [230]); vgl. Herrmann: Augsburg ..., 153 f. Die kurfürstlich-sächsischen Räte berichteten am 1. Mai an Moritz (SächsHStA Dresden: Loc. 7434: Torgauer und Grimmaer Tag ..., 38$^r$ f; PKMS 4, 404 [Nr. 360] = CR 7, 389 f [Nr. 4522]).

78 Am 29. März 1549 schrieb Melanchthon an Georg von Anhalt, daß Flacius nicht Zuschauer einer »mutationis rituum« werden wollte (CR 7, 356 [Nr. 4507] = MBW 5, 448 [Nr. 5487]). Für Melanchthon ist die »Georgsagende« in erster Linie eine Kirchenordnung. Die Wittenberger Theologen unterstützten ihn in dieser Auffassung, so in ihrer Antwort auf die Vorwürfe Zwillings, Torgau, 13.

den weiteren Bemühungen um die Bewältigung der Interimskrise aus. Der Kanzler Ludwig Fachs zog sich ebenfalls zurück. Sein Nachfolger wurde Ulrich Mordeisen, der wieder stärker Melanchthon heranzog.

### 3 Der »Auszug«

Die Publikation des »Auszuges« ist die unmittelbare Folge des Besuches von Moritz im Juni 1549 in Prag bei König Ferdinand I. Dieser muß den Kurfürsten erneut gedrängt haben, mehr für die Einführung des »Augsburger Interims« zu tun. Die Räte und Theologen wurden um Gutachten gebeten. Fachs dachte daran, die »äußerlichen Bräuche« einzuführen.[79] Melanchthon schlug in acht Punkten die Einführung von Mitteldingen vor.[80] Während er unabhängig von den »Leipziger Artikeln« argumentierte, hielt sich der »Auszug« enger an diese Beschlußvorlage.

Das entsprechende Mandat vom 4. Juli 1549 erwähnt die Bischöfe nicht mehr, die in den weiteren kirchenpolitischen Entwürfen als Altgläubige offensichtlich keinen Platz mehr hatten.[81] Die Auslieferung des »Auszuges« erfolgte jedoch später, in Leipzig ging er erst am 27. September 1549 ein.[82] Vermutlich wurde er zurückdatiert, um jede Verbindung mit dem Gegenbesuch Ferdinands Anfang August zu vermeiden. Im Herbst und bis Ende 1549 kam es zu verschiedenen Protesten gegen den »Auszug«, so von den Pfarrern der Superintendentur Annaberg.[83] Superintendent Jacob Klappe in Großenhain bekam Schwierigkeiten, weil er sich weigerte, auf Befehl der Räte den Chorrock anzuziehen. Abgesetzt wurde er nicht.[84] Es liegt nahe, daß dieser »Auszug« /79/ ebenfalls trotz entsprechender Mandate nicht eingeführt wurde. Zum einen war der Widerstand sehr erheblich, zum anderen traten die kursächsischen Versuche, die Außenpolitik umzuorientieren, in ein entscheidendes Stadium. Die Einladung zu einem neuen Reichstag trug ebenfalls dazu bei, daß der »Auszug« eine Ankündigung blieb.

---

April 1549 (SächsHStA Dresden: Loc. 7434: Torgauer und Grimmaer Tag …, 25ʳ-28ᵛ. Abschrift; PKMS 4, 383 f [Nr. 333] = CR 7, 363-366 [Nr. 4515] = MBW 5, 455 f [Nr. 5501]). Sie charakterisierten die Agende als Ordnung »zu einer ehrlichen Gleichheit der Lehre und Ceremonien« im kurfürstlichen Sachsen.

79 SächsHStA Dresden: Loc. 7434: Torgauer und Grimmaer Tag …, 143ʳ-144ᵛ; vgl. Herrmann: Augsburg …, 167.

80 SächsHStA Dresden: Loc. 7434: Torgauer und Grimmaer Tag …, 97ʳ-102ᵛ. Ausfertigung, eigenhändig (PKMS 4, 447 [Nr. 394] = MBW 5, 485 [Nr. 5561]). Das Gutachten gehört in das Vorfeld des »Auszuges«.

81 Das Einführungsmandat in SächsHStA Dresden, Loc. 7434: Torgauer und Grimmaer Tag …, 93ʳ-94ᵛ; PKMS 4, 449 f (Nr. 396) = CR 7, 424-426 (Nr. 4555) = Chalybaeus: Die Durchführung …, 77 f. Ein Druck des »Auszuges« SächsHStA Dresden, Loc. 7434: Torgauer und Grimmaer Tag …, 110ʳ f; PKMS 4, 450-453, (Nr. 397) = CR 7, 426-428 (Nr. 4556) = Chalybaeus: Die Durchführung …, 73-76.

82 StA Leipzig: Tit VII B Nr. I b, 155ʳ-156ᵛ. Nach Wolfenbüttel, Herzog August Bibliothek: cod. Guelf. 12.9. Aug. 2°, 438ᵛ, hat Michael Schultes das Ausschreiben am 18. August in Torgau gesehen. Die Verkündigung erfolgte dort zu Michaelis 1549.

83 31. Oktober 1549 an Superintendent Wolfgang Pfendtner; ThHStA Weimar: Reg M pag 435 Nr. 12, 321ʳf. Abschrift (PKMS 4, 527 [Nr. 457]).

84 Zu den Auseinandersetzungen Ende Dezember 1548 / Anfang Januar 1551 SächsHStA Dresden: Loc. 9872: Dem Pfarrer zu Hain … 1550; PKMS 4, 553 (Nr. 480); vgl. Chalybaeus: Die Durchführung …, 19-22.

Die im Zusammenhang mit dem sächsischen Interimsstreit überlieferten – zumeist nur in flacianischen Gegenschriften – wenigen Amtsentsetzungen gehören in andere Zusammenhänge, wie die Folgen des Schmalkaldischen Krieges, die im Herbst 1550 begonnene Belagerung Magdeburgs oder innerstädtische Auseinandersetzungen.[85] Die Ablehnung der albertinischen Interimspolitik führte offensichtlich noch nicht zur Absetzung. Didymus verlor erst sein Amt, als er in einer Predigt dem anwesenden Kurfürsten dessen angeblichen Abfall vom evangelischen Glauben vorhielt.[86] Streitigkeiten über das Tragen des Chorrocks führten bei den Torgauer Diakonen Michael Schultes und Schmindus schließlich zur Absetzung.[87] Der Kurfürst scheint erst dann eingegriffen /80/ zu haben, wenn der Widerstand zu größerer Unruhe unter der Bevölkerung zu führen drohte.

Die Untersuchung des zur Verfügung stehenden albertinischen Aktenmaterials hat deutlich gezeigt, daß zu keinem Zeitpunkt auch nur Teile des »Augsburger Interims« im Kurfürstentum Sachsen eingeführt worden sind. Die Visitationsinstruktion von 1555[88] enthält

---

85 Das überlieferte Material wurde von Chalybaeus untersucht. Bei Wolfgang Fues in Chemnitz erfolgte die Absetzung erst am 17. April 1551 im Zusammenhang mit Predigten gegen die Belagerung Magdeburgs durch Kurfürst Moritz. Obwohl Fues gegen das »Augsburger Interim« polemisierte, zögerte man in Dresden mit Gegenmaßnahmen (dazu Chalybaeus: Die Durchführung ..., 22-27). Trotz seines offensichtlichen Widerstandes gegen das »Augsburger Interim« verlor Pfendtner in Annaberg nicht sein Amt (dazu Wolfenbüttel, Herzog August Bibliothek: cod. Guelf. 12.9. Aug. 2°, 413ᵛ-414ᵛ und Chalybaeus: Die Durchführung ..., 27-29). Bei der Amtsentsetzung Leonhard Beyers in Zwickau Anfang 1549 betonte Melanchthon bereits am 9. Dezember 1548 gegenüber Fachs, daß Streitigkeiten des Pfarrers mit dem Rat die eigentliche Ursache gewesen sind (MBW 5, 393 f [Nr. 5374]), ebenso Unstimmigkeiten zwischen Beyer und Christoph Ering MBW 5, 239 [Nr. 5038]). Die Wittenberger Theologen hatten sich vergeblich um einen Ausgleich bemüht. Die Diskussion um das »Augsburger Interim« verschärfte die Spannungen und diente dem Rat dazu, Beyer abzuschieben (vgl. Chalybaeus: Die Durchführung ..., 43-46) Simon Burkhard wurde wegen aufrührerischer Predigt bereits am 11. Juni 1548 als Pfarrer von Crimmitschau abgesetzt. Bei den Berichten über Entlassungen in Pfaffroda, Rochlitz, Leisnig und Meißen liegt kein Zusammenhang mit der Interimsfrage vor, teilweise handelt es sich um Amtsniederlegungen, deren Grund nicht bekannt ist (vgl. Chalybaeus: Die Durchführung ..., 64 f). So kommt Chalybaeus zu Recht zu dem Schluß, daß »in keinem einzigen Falle als Grund das Leipziger Interim nachzuweisen« ist (ebd, 65). Die Auswertung der Akten in SächsHStA Dresden bestätigt dieses Urteil.

86 Vgl. Wolferbüttel, Herzog August Bibliothek: cod. Guelf. 12.9. Aug. 2°, 450ʳ und Chalybaeus: Die Durchführung ..., 47.

87 Die Entlassung erfolgte erst, als die Betroffenen sich öffentlich gegen die kurfürstliche Religionspolitik wandten und Vermittlungsversuche der Wittenberger Theologen keinen Erfolg hatten. Das Material zu den Vorgängen in Torgau vor allem in Wolfenbüttel, Herzog August Bibliothek: cod. Guelf. 12.9. Aug. 2°, 382ᵛ-435ᵛ. Didymus und Schultes vermochten Bugenhagen, Melanchthon, Forster und Major nicht zu folgen, wenn diese immer wieder unterstrichen, die »Georgsagende« werde nicht wegen des »Augsburger Interims« ausgearbeitet, die Mitteldinge beträfen nicht das Bekenntnis und »sub servitute« – womit sie den kaiserlichen Druck umschrieben – könne man bei den Adiaphora nachgeben (vgl. die Darstellung bei Chalybaeus: Die Durchführung ..., 46-58). Zu Didymus vgl. Theodor Kolbe: Didymus, Gabriel. RE³ 4, 639-641; R[einhold] Jauernig: Zwilling (Didymus), Gabriel. RGG³ 6, 1951. Schultes (Praetorius; † um 1600) ging als Pfarrer nach Creuzburg (Kr. Eisenach), verweigerte 1562 die Unterschrift unter die »Declaratio« des Victorinus Strigel und verlor sein Amt. Bis zu seiner Rückkehr nach Creuzburg 1569 war er Pfarrer in Roben (Kr. Gera), 1573 wurde er als Flacianer erneut abgesetzt.

88 EKO 1 I, 305-311.

keine Hinweise auf notwendige Änderungen, die sich aus der Befolgung von Vorschriften des »Augsburger Interims« ergeben hätten. Den Abschluß des Ringens um dieses Interim in Kursachsen bildet die in Vorbereitung auf das Trienter Konzil im Sommer 1551 entstandene »Confessio Saxonica«, die sich ausdrücklich als repetitio der »Augsburgischen Konfession« verstand.[89] Sie wurde nur von Theologen unterschrieben; deren Priorität in theologischen Fragen war wieder hergestellt. Die »Confessio Saxonica« fand u. a. Zustimmung von Pommern, Mecklenburg und Hessen, von Territorien, die sich teilweise 1552 am Fürstenkrieg gegen Karl V. beteiligten. Damit war die theologische Rehabilitation Kursachsens vollzogen, das seine Existenz der Politik des Kurfürsten Moritz verdankte. /81/

## IV Die albertinische Interimspolitik im Spannungsfeld von Landes- und Reichspolitik

Die albertinische Interimspolitik ist von ihrem politischen Umfeld nicht zu trennen. Sie ist nur verstehbar, wenn sie in die allgemeine Außenpolitik, vor allem gegenüber Kaiser und König, einbezogen wird. Man war sich in Dresden bewußt, daß die Entwicklung nicht abgewartet werden konnte. Die zahlreichen Schritte, zu einer praktischen Lösung zu kommen, lassen sich als Folgen des Drucks von seiten Karls V. und Ferdinands I. erklären. Die sächsische Interimspolitik prägten Reaktion und Abwehr. Die politische Intention und Tragweite der »Leipziger Artikel« sind deutlich gewesen. Die Betonung der Mitteldinge ist ebenfalls mehr Ausdruck politischen Taktierens als eine theologische Fragestellung während der Bemühungen, die durch das »Augsburger Interim« ausgelöste Krise durchzustehen. Im albertinischen Kursachsen gab es 1548/49 keinen status confessionis. In diesen Monaten bestand niemals die Gefahr einer Rückführung des Territoriums zum alten Kirchenwesen. Es ist auffällig, in welchem Maße knapp zehn Jahre nach Einführung der Reformation im albertinischen Sachsen – für die bisherigen ernestinischen Gebiete gilt das in anderer Weise – die evangelische Verkündigung so verwurzelt war, daß einer obrigkeitlichen Änderung sichtbare Grenzen gezogen waren. Bei der Beurteilung der sächsischen Interimspolitik wurde der innerwettinische Gegensatz bisher oft nicht behandelt. Sie erschien als Fortsetzung der mutmaßlichen Verratspolitik von 1546/47, die in den Wittenberger Theologen ihre Helfershelfer gefunden hatte. Zumindest von Amsdorf sah einen solchen Zusammenhang ganz deutlich.[90] Die theologischen Spannungen im Albertinischen und um Moritz kamen einem ernestinischen Restaurationsdenken sehr entgegen.

Bei der Beurteilung der albertinischen Interimspolitik sollte untersucht werden, wie weit die Stellungnahmen lutherischer Theologen zum »Augsburger Interim«, zu den »Leip-

---

89 Zum Text und zur Vorgeschichte der »Confessio Saxonica« vgl. MELANCHTHONS WERKE. Bd. 6: Bekenntnisse und kleine Lehrschriften/ hrsg. von Robert Stupperich. Göttingen 1955, 80-167 und CR 28, 339-461; ebd 461-467 die Zustimmung der Theologen Markgraf Johanns von Brandenburg, der Grafen von Mansfeld, Markgraf Georg Friedrichs von Brandenburg-Ansbach, Pommerns und Augsburgs.

90 Dazu vor allem Reichert: Amsdorff und das Interim ... Noch nach dem Passauer Vertrag, der einen Schlußstrich unter die Interimsdiskussion zog, bestärkten von Amsdorf und Flacius den Dresdner Hofkapellmeister Johann Walter in seiner Haltung, das Abendmahl nicht von einem Pfarrer zu empfangen, der den Chorrock trägt (das Material Wolfenbüttel, Herzog August Bibliothek: cod. Guelf. 12.9. Aug. 2°, 493ᵛ-508ᵛ).

ziger Artikeln« und zum »Auszug« von den gesamtpolitischen Interessen ihrer Territorien oder Städte mit beeinflußt waren. So gehörte in der Alten Stadt Magdeburg die radikale Ablehnung aller Interimsüberlegungen zum antikaiserlichen Widerstand und stärkte den Willen zur Selbstbehauptung. /82/ Es ergaben sich auch für die Behandlung der Adiaphora unterschiedliche Gesichtspunkte. Die Beurteilung durch Melanchthon entsprach der kursächsischen Lage von 1548/49. Dabei unterschätzte er jedoch die Rolle der Mitteldinge im Vollzug der Frömmigkeit wie auch einen möglichen Wandel der Situation. Eine Theologie, die den Kompromiß ablehnt, wird für Melanchthon kaum Verständnis aufbringen können. Dieser war mehr an dem Fortbestand funktionstüchtiger evangelischer Gemeinden interessiert als an Aktionen, die diese preisgaben. Die Pflicht zum Widerstand für Prediger und Lehrer erkannte er durchaus an. Er billigte aber der Obrigkeit Ermessensentscheidungen in den Mitteldingen zu: Erkennt ein Fürst, daß das »Augsburger Interim« die Wahrheit verletzt, müsse er es ablehnen und dem Kaiser die Grenzen für seine Zustimmung erklären.[91] Mit dieser Aussage beschrieb Melanchthon zutreffend die Grundposition der von Moritz praktizierten Interimspolitik.

Die Ereignisse in Kursachsen nach Abschluß des Augsburger Reichstages 1548 und die Entladung theologischer Gegensätze im interimistischen Streit sollten zugleich Anstoß sein, um über die Bedeutung der Adiaphora, des Kompromisses wie auch des status confessionis in der Theologie nachzudenken und die Frage zu untersuchen: Berief sich Melanchthon zu Recht auf Luther?

---

91 So am 31. Juli 1548 an Markgraf Johann: CR 7, 84-87 (Nr. 4308) = MBW 5, 324 (Nr. 5238).

*Kurfürst Moritz von Sachsen*
*(Lithographie um 1610)*

# Nachwirkungen des Bauernkrieges in der albertinischen Politik unter Moritz von Sachsen (1547-1551)[*]

Die Niederlage der Bauern 1525/26 beseitigte für die Territorialfürsten zunächst die äußere Gefahr, keineswegs aber die nicht weniger gefährliche Weiterwirkung und Ausstrahlung dieser revolutionären Ereignisse. Wie fest diese und die Furcht vor ihnen im Denken der Fürsten und ihrer Räte verhaftet waren, verdeutlichen Hinweise auf den Bauernkrieg und Vergleiche mit ihm in der politischen Korrespondenz des kurfürstlichen Sachsen um 1550.[1] 25 Jahre danach war das blutige Geschehen von 1525 noch lebendig und mußte in die Überlegungen albertinischer Politik unter Kurfürst Moritz einbezogen werden.

Die erfolgreiche »Schlacht« bei Mühlberg am 24. April 1547 brachte Karl V. zwar auf den Höhepunkt seiner Macht, sein eigentliches Kriegsziel, den militärischen und politischen Widerstand der evangelischen Reichsstände zu brechen, erreichte er jedoch nicht. Als ungelöste Probleme blieben die Alte Stadt Magdeburg, die nach und nach zum geächteten und befehdeten Kristallisationspunkt der antikaiserlichen Kräfte im norddeutschen Raum wurde, und die Religionsfrage. Der wichtigste Bundesgenosse des Kaisers im Schmalkaldischen oder Sächsischen Krieg, Moritz von Sachsen, brachte Karl V. um die politischen Früchte seines Sieges über Herzog Johann Friedrich und Landgraf Philipp. Das Augsburger Interim wurde im sächsischen Kurfürstentum nicht wirksam. Die Belagerung Magdeburgs war direkter Ausgangspunkt für den Fürstenaufstand 1552.

Moritz erreichte das nicht durch eine unüberlegte, starre Opposition gegen Kaiser und Reich, sondern durch geschicktes, oft zweifelhaftes und nicht durchschaubares Taktieren, Hinhalten und Vermitteln. Eine solche Position mußte im Spannungsfeld von Reformation und Politik, evangelischem Bekenntnis und dynastischem Hausmachtstreben des Albertiners zwangsläufig zu innenpolitischen Erschütterungen und Unruhen führen, die sich in der Abwehr des Interims (1548/49) und im Protest gegen die Belagerung Magdeburgs (1550/51) artikulierten. Diesen beiden Zeitabschnitten verstärkter Opposition gegen den jungen Kurfürsten und seine Politik wollen wir uns unter zwei Aspekten zuwenden: Wie schlägt sich der Unwille und Widerstand der Bewohner in den Entscheidungen und Überlegungen der albertinischen Politik nieder? Welche Rolle spielen dabei der Bauernkrieg und Thomas Müntzer? /244/

[*] Erstabdruck in: Jahrbuch für Regionalgeschichte 7 (1979), 243-251.

[1] Benutzt wurde das Material der Politischen Korrespondenz des Herzogs und Kurfürsten Moritz von Sachsen, das als Forschungsauftrag der Historischen Kommission der Sächsischen Akademie der Wissenschaften bearbeitet wird. Nur ein Teil der Belege wird genannt, weiteres Material enthalten die in Vorbereitung befindlichen Bände der Korrespondenz. Unsere Untersuchung beschränkt sich auf die bis 1547 albertinischen Gebiete. Herzlicher Dank gebührt dem Sächsischen Hauptstaatsarchiv Dresden für die freundliche Unterstützung und unermüdliche Bereitstellung der Akten. Zur Volksbewegung nach 1525 liegt vor: Helmut BRÄUER: Zur städtischen Volksbewegung vom Ausgang des Großen Deutschen Bauernkrieges bis zur Mitte des 16. Jahrhunderts im Gebiet zwischen Freiberger und Zwickauer Mulde. Sächsische Heimatblätter 15 (1969), 262-269.

Zunächst gilt jedoch unsere Aufmerksamkeit den Bemühungen der Reichsstadt Mühlhausen um ihre Restitution. Nach der Schlacht bei Frankenhausen zwangen die verbündeten Fürsten die Stadt in dem am 29. Mai 1525 aufgerichteten Sühnebrief unter dem Vorwand des verletzten Landfriedens, ihre Reichsunmittelbarkeit aufzugeben. Seit dem Augsburger Reichstag 1530 bemühte sich Mühlhausen zunächst geheim, später offen mit Unterstützung der katholischen Partei im Reich, vor allem Heinrichs von Braunschweig, um eine kaiserliche Kassation jenes drückenden Sühnebriefes. Bedingt durch Rücksichtnahme auf die evangelischen Reichsstände, konnte das Restitutionsedikt König Ferdinands I. von 1542 nach der kaiserlichen Bestätigung am 29. Februar 1548 wirksam werden. Diesen Vorgang brauchten wir nicht zu erwähnen, wenn nicht in den sächsischen Verwahrungsschriften und Eingaben von Oktober 1547 bis September 1548[2] im zähen diplomatischen Ringen zwischen Moritz, der nach Mühlberg die alleinige Schutzherrschaft anstrebte, und den Mühlhäusern die Ereignisse vom Frühjahr 1525 ausgesprochen würden. Neben dem Hauptvorwurf, Mühlhausen sei Urheber und Haupt der Verschwörung gewesen, lassen sich die Argumente der albertinischen Räte in drei Punkten zusammenfassen[3]:

1. Die Stadt hat sich den aufrührerischen Bauern angeschlossen, mit 8000 oder mehr Mann an militärischen Aktionen gegen Klöster, Edelsitze und Städte auf sächsischem (Langensalza, Tennstedt, Kindelbrück und Sangerhausen werden genannt) und hessischem Gebiet teilgenommen sowie Grafen, Adlige, Städte und Bauern zum Anschluß gezwungen.

2. Ratsherren, die nicht eidbrüchig gegen Kaiser und Reich werden wollten, sind abgesetzt und ausgewiesen worden.

3. Die Stadt hat sich zur Obrigkeit »aufgeworfen«. Sie habe vorgehabt, alle Schlösser, Städte, Dörfer und Landschaften im Umkreis von zehn Meilen zu besetzen und zu befestigen, um von dort aus weiter vorgehen zu können.

Der Name Müntzer fehlt in diesem geschichtlichen Rückblick, der in seinen Grundzügen bereits in einer Eingabe von Kurfürst Johann, Herzog Georg und Landgraf Philipp an Karl V. vom 6. Dezember 1530 zu finden ist.[4] Eindeutig spricht aus ihm die Sprache des Siegers, wenn auch Einzelheiten mit dem historischen Verlauf übereinstimmen. Keinesfalls dürfen wir übersehen, daß es sich in erster Linie um eine Rechtfertigung des bewaffneten Vorgehens gegen Mühlhausen und der Annektion der freien Reichsstadt handelt. Möglicherweise hat aber der Streit mit Mühlhausen 1547/48 bei einigen sächsischen Räten die Ereignisse von 1525 stärker in das Bewußtsein zurückgerufen. Moritz konnte 1548 die Restitution nicht aufhalten, benutzte aber die erste sich bietende Gelegenheit, um die Mühlhäuser seine Macht spüren zu lassen. War es ihnen noch im Februar 1550 möglich gewesen, dem Kurfürsten jede Hilfe abzuschlagen,[5] zwangen sie die mit Aufhebung der

---

2 Anton SCHILLING: Moritz von Sachsen in seinen Beziehungen zur Reichsstadt Mühlhausen in Thüringen 1539-1548. Phil. Diss. Halle 1913, 81-112.

3 SächsHStA Dresden: Loc. 10159: Mühlhausen alte und neue Händel, 79ab. 191ab.

4 SächsHStA Dresden: Loc. 9135: Aufruhr zu Mühlhausen 1528-1541 3, 26a-28b. Abgedruckt bei Heinrich NEBELSIECK: Briefe und Akten zur Reformationsgeschichte der Stadt Mühlhausen i. Th. Zeitschrift des Vereins für Thüringische Geschichte und Altertumskunde 17 (1907), 429-431.

5 Mühlhausen, 20. Februar 1550, Rat an Wolf Koller und Dr. Kitzing (SächsHStA Dresden: Loc. 10513: Straße und Geleit ... 1546/47, 279a).

Magdeburger Belagerung nach Thüringen verlegten Truppen zum Einlenken. Ihnen blieb nur die Bitte um Schutz, wie zur Zeit Herzog Georgs, »vor der bäuerischen Erregung«[6].
/245/

Ende Dezember 1546 wurden die wettinischen Gebiete mit zum Schauplatz des Schmalkaldischen Krieges.[7] Damit war eine starke Oppositionsbewegung in Sachsen-Meißen verbunden, die ihrem angestauten Unmut über die prohabsburgische und damit antiernestinische Politik Ausdruck gab. Die Unruhen waren im Gegensatz zu 1525 weitgehend religiös motiviert und auf einzelne Personen und Orte beschränkt. Trotzdem signalisierten sie die allgemeine Stimmung und konnten, von Johann Friedrich ausgenutzt, gefährliche Ausmaße annehmen. Moritz nahm diese Opposition sehr ernst. Mehrfach klagte er in Briefen an Kaiser und König, daß der Feind und seine Prädikanten ihm das Landvolk »abwendig« gemacht haben.[8] Der »gemeine Mann« glaube noch, daß Johann Friedrich die Religion verteidige.[9] So zögerte der Herzog, sein Landvolk aufzubieten und zu bewaffnen, bevor nicht königliche und kaiserliche Truppen als Gegengewicht gegen eine mögliche Rebellion herangezogen waren. Offenbar mißtraute Moritz vor allem den Bauern. Resignierend schrieb Simon Pistoris: Überall sind wir verraten und verkauft, auch von denen, auf die man sich verlassen hat.[10] Zentren des Widerstandes waren Marienberg, Freiberg, Chemnitz, Döbeln, Mittweida, Leipzig, Meißen und Dresden, wie aus den Akten[11] der sich bis Ende 1549 hinschleppenden Prozesse gegen ungehorsame Untertanen hervorgeht. Besondere Vorwürfe richteten sich gegen die Pfarrer, die in ihren Predigten gegen Moritz zu Felde zogen.[12] Der Fall von Döbeln, Mühlberg und Oschatz wurde auf Verrat der Ortsgeistlichkeit zurückgeführt.[13] Eine Denkschrift, die vermutlich in das Frühjahr 1547 gehört, forderte u.a. beständiges Regiment, die Beseitigung jeder Rebellion und deren Ursa-

---

6 Wilhelm GEBSER: Bündnisse, Schutz- und Dienstverträge der Städte Erfurt, Mühlhausen, Nordhausen. Phil. Diss. Göttingen 1909, 44. Ebd, 43-47 über die Verhandlungen, die zum erneuerten Schutzbrief vom 4. Februar 1552 (SächsHStA Dresden: Loc. 10159: Stadt Mühlhausen Aussöhnungs-, Schutz- und andere Händel 1525/73, 141a-142a. 153a-156a. 157a-161a) führen. Bei den Verhandlungen im Januar/Februar 1552 spielt der Vorwurf, die Stadt habe sich durch Müntzer und seine Anhänger aufwiegeln lassen, wieder eine Rolle, so in der kurfürstlichen Instruktion, Dresden, 7. Januar 1552, für Hans von Germar, Wolf Marschall von Gosserstedt und Joachim von Kneutling (SächsHStA Dresden: ebd, 38a-41b).

7 Vgl. Erich BRANDENBURG: Moritz von Sachsen. Bd. 1: Bis zur Wittenberger Kapitulation (1547). Leipzig 1898, 493-557.

8 SächsHStA Dresden: Loc. 9141: Kaiserliche und königliche Antworten …, 46a-47a.

9 Chemnitz, 7. Februar 1547, Moritz an die böhmischen Stände (SächsHStA Dresden: ebd, 70a-78a).

10 28. Januar 1547 an Komerstadt (SächsHStA Dresden: Loc. 9141: Sachsen contra Sachsen, 159ab).

11 SächsHStA Dresden: Loc. 9142: Schwarzbuch … 1547 und Loc. 9142: Schwarzbuch, fiskalischer Prozeß … 1547/50. Vgl. O[swald]-A[rtur] HECKER: Stimmung der Dresdener im Schmalkaldischen Kriege 1546-47. Dresdener Geschichtsblätter 19 (1910), 105-124.

12 Dresden, 28. Februar 1547, Georg von Karlowitz an Christoph Türck (SächsHStA Dresden: Loc. 9141: Der Räte zu Dresden …1547, 126a-127a).

13 Zu Oschatz: Chemnitz, 24. Januar 1547, Moritz an seine Räte in Dresden (SächsHStA Dresden: Loc. 9141: Der Räte zu Dresden … 1547, 76a-77b); Dresden, 5. Februar 1547 (?) an »Herrn Peter« in Oschatz (ThHStA Weimar: Reg J [Nr. XI], 491). Zu Mühlberg: 24. Januar 1547, Pistoris an Komerstadt (SächsHStA Dresden: Loc. 9141: Sachsen contra Sachsen, 129a). Zu Döbeln: SächsHStA Dresden: Loc. 9142: Schwarzbuch …1547, 217a-220a.

chen. Dazu sind die Kanzeln mit frommen und friedliebenden Prädikanten zu bestellen, Schwärmer und Aufrührer dagegen zu meiden und wie Gift auszusondern.[14] Interessant dürfte hier die Bezeichnung »Schwärmer« sein für Geistliche, die gegen Moritz predigten und sich nicht »obrichkeitsgetreu« verhielten.

Zu einer großen Volksbewegung kam es im Frühjahr 1547 nicht. Die harte Realität des Krieges, Verwüstung, Plünderung und harte Kontributionen von /246/ beiden Seiten, die Tatsache, daß Johann Friedrich einen Großteil der albertinischen Gebiete besetzt hielt, und die Anwesenheit der kaiserlichen und königlichen Truppen waren vermutlich die Ursachen. Hinzu kommt, daß der junge Kurfürst auffallend zurückhaltend gegen Verrat und Kollaboration vorging, seine evangelische Gesinnung stets betonte, an der bisherigen kirchlichen Ordnung nichts änderte und die Wittenberger Theologen, voran Philipp Melanchthon, im Juni 1547 für sich gewinnen konnte.

Wenige Monate später stellte das kaiserliche Interim die kurfürstlichen Bemühungen um Ausgleich und Befriedung in Frage.[15] In diese Zeit fällt ein Brief von Komerstadt, der zusammen mit einigen Räten Aufruhr befürchtete, wenn die kaiserlichen Pläne auch in Kursachsen durchgesetzt werden sollten. Am 19. Februar 1548 schreibt er, besorgt über die zahlreich auftauchenden Schmähschriften, an seinen in Augsburg weilenden Kurfürsten: Die vielen Drucke bedeuteten eine große Gefahr, denn man kann leicht pfeifen, wo man gern tanzt. »So werdet es viel Bluts kosten, auch viel lande wüst machen, Erger dan der Pawern Krieg«.[16] Aus diesen Zeilen spricht zunächst Sorge um das 1547 Erreichte. Andererseits will der Absender, indem er die unsichere Lage herausstellt, den Kurfürsten warnen und dessen Widerstand gegen das Augsburger Interim stärken. Der Bauernkrieg, den Komerstadt während seiner Tätigkeit in Zwickau ab 1525 selbst erlebt hat, ist hier abschreckendes Beispiel. Diese Wirkung wird gesteigert durch die Vermutung, daß Unruhen blutiger sein werden als 1525. Das damalige blutige Strafgericht der Sieger war noch in Erinnerung.

Ähnlich befürchtete Ludwig Fachs in einem Gutachten Mitte Februar 1548, daß durch Änderungen in der Religion nachträglich der »gemeine Mann« den Schmalkaldischen Krieg doch als Vernichtungskampf gegen die Augsburgische Konfession ansehen und ein Aufstand der Untertanen die Folge sein würde.[17] Noch deutlicher wurde Komerstadt seinem Herrn gegenüber: Alle Untertanen würden abfallen und von hundert nicht einer beim Kurfürsten bleiben.[18]

---

14 SächsHStA Dresden: Loc. 9140: Handlung zwischen den Kurfürsten zu Sachsen ... 1547, 172ab (In diesem Entwurf ist der Satz über die Prädikanten gestrichen).

15 Zum Interim in Sachsen vor allem Johannes HERRMANN: Augsburg–Leipzig–Passau: das Leipziger Interim nach Akten des Landeshauptarchives Dresden 1547-1552. Theol. Diss. Leipzig 1962. Die Ereignisse referiert nach den Akten Simon IsSLEIB: Moritz von Sachsen 1547-1548. NASG 13 (1892), 188-220; DERS.: Das Interim in Sachsen 1548-1552. NASG 15 (1894), 193-236.

16 SächsHStA Dresden: Loc. 10186: Schreiben nach Augsburg ...1547/48, 35a.

17 SächsHStA Dresden: Loc. 10297: Interim Augustanum 1548, 4a. Moritz benutzt die These von drohenden Unruhen, um den Kardinal von Trient, Christoph von Madruzzo, für die Säkularisierung der Klostergüter zu gewinnen, da deren Rückforderung zum Aufstand führen würde, Augsburg, 11. November 1547 (SächsHStA Dresden: Loc. 10324: Trientisch Concilium ...1552, 108a-109b).

18 SächsHStA Dresden: Loc. 10186: Schreiben nach Augsburg ...1547/48, 27a-29a. Dort lesen wir auch, daß der gemeine Mann ohne Rücksicht auf Leib und Gut unruhig würde, wenn man Georg von Anhalt aus dem Stift Merseburg verdrängt und die Mißbräuche wieder einführt.

Als Moritz und seine Räte erkannten, daß Karl V. notfalls mit Gewalt das Interim in Verbindung mit der Exekution der Reichsacht gegen Magdeburg durchführen könnte, liefen die Bemühungen ab Herbst 1548 darauf hinaus, trotz Widerspruch alles das einzuführen, was nicht gegen Gottes Wort ist, was mit Gott und gutem Gewissen getan werden kann.[19] Intensive Vorarbeiten Georg /247/ von Anhalts und der Wittenberger Theologen führten schließlich zum Leipziger Interim, dem die Landstände Ende Dezember 1548 zustimmten. Diese Mittellinie mußte in das Schußfeld der entschlossenen Gegner des Interims geraten. Ihre Schmähschriften ergossen sich über den mittel- und norddeutschen Raum. Besonders polemisierten sie gegen Moritz, seine Räte und die beteiligten Theologen, zu denen auch Melanchthon gehörte.

Auf dieses Murren der Theologen, wie Kurfürst Joachim II. von Brandenburg am 7. November 1548 an Moritz schrieb,[20] ist wenig Wert zu legen, da die Geschichte der Reformation beweise, daß der Heilige Geist die Theologen oft nicht geleitet habe. Nach Luthers Gefangennahme 1521 hätte das Spiel angefangen, jeder wollte Luther gleich sein. Dem Bildersturm folgten Wiedertäufer und Sakramentierer. Die Geistlichen wiegelten dann die Bauern auf, die nicht nur Pfaffen und Mönche totschlugen, sondern auch Adel und Obrigkeit ausrotten wollten, was zu einem schrecklichen und blutigen Aufruhr führte. Nachdem die Gelehrten die armen Leute verführten und der Aufstand ausbrach, hätten sie sich zurückgezogen und zur Unterdrückung der Bauern aufgerufen, die sie doch erst zum Aufruhr »reizten«. Denkt Joachim hier an Luther?

Entgegen Christi Befehl mischten sich die Theologen in weltliche Dinge und herrschten tyrannischer als das Papsttum. In der antikaiserlichen Propaganda während des Schmalkaldischen Krieges sah Joachim Mißbrauch des Evangeliums und Gotteslästerung. Moritz sollte sich erinnern, wie die Theologen ihn beim letzten Aufruhr von der Kanzel geschmäht haben. Wenn sie könnten, wie sie wollten, würde die Elbe nicht genug Wasser haben, um den Kurfürsten zu ertränken. Joachim, der im Gegensatz zu Moritz dem Augsburger Interim ohne Bedenken zugestimmt hatte, bemühte sich in diesem Brief, Moritz ebenfalls zur bedingungslosen Annahme zu bewegen. Er dachte bei seinen Angriffen sicher nicht nur an Nikolaus von Amsdorf, Matthias Flacius, Nikolaus Gallus u. a., sondern an alle Theologen, die nicht bereit waren, ohne Einschränkungen dem kurbrandenburgischen Beispiel zu folgen. Kritik am Interim ist Einmischung in weltliche Dinge, die den Fürsten zur Entscheidung zustehen. Joachim wollte Moritz warnen, nicht zu sehr auf seine Theologen zu hören. Außerdem wußte er, daß die Haltung der kursächsischen Pfarrer und Prädikanten in Brandenburg Schule machen würde.

Im gleichen Brief schrieb Joachim: Jetzt ist der dritte Aufruhr von den Bauern, Fürsten und Städten auf die evangelischen Prediger geraten.[21] Damit war der Bauernkrieg als Werk der vom Heiligen Geist verlassenen Theologen der erste Aufruhr gegen die gottgesetzte

---

19 Diesen Grundsatz finden wir in der ersten Schrift der kurfürstlichen Räte an die in Zella versammelten Theologen vom 20. November 1548 (SächsHStA Dresden: Loc. 10298: Interim domesticum secundum, 147a-149a. 180a-181b. 288a-290a; SächsHStA Dresden: Loc. 10186: Reichstagshändel zu Augsburg, 220a-221b; Stadtbibliothek Bautzen Aa6, 203a-204b. Gedruckt: CR 7, 207-209 [Nr. 4405]).

20 SächsHStA Dresden: Loc. 10298: Interim domesticum secundum, 208a-234a, besonders 209ab. 212b. Vgl. Jahrbuch für Brandenburgische Kirchengeschichte 4 (1907), 63-69.

21 SächsHStA Dresden: Loc. 10298: Interim domesticum secundum, 220a.

Obrigkeit, der zweite Aufruhr der Kampf von Fürsten und Reichsstädten im Schmalkaldischen Krieg gegen den Kaiser als ihre Obrigkeit, das Murren der Theologen gegenwärtig der dritte Aufruhr gegen ihre Landesfürsten und den Kaiser. Der Bauernkrieg diente dazu, jede vom fürstlichen Standpunkt abweichende theologische Meinung undifferenziert zu diffamieren, wozu Joachim auch die bedächtigen Einwürfe der kursächsischen Theologen zählte. Vielleicht meinte er, daß die Theologen einen »zweiten Bauernkrieg« heraufbeschwören könnten.

Nach der Verabschiedung des Leipziger Interims entschloß sich Moritz mit der Landschaft im Rücken, gegen die Kritiker am Interim im eigenen Land vorzugehen. Wer verdächtig predigte oder lehrte, sollte verhaftet oder ganz abgesetzt werden. In der Instruktion für die Regierungsgeschäfte während seiner Abwesenheit vom 10. Januar 1549 forderte Moritz, den früheren Hofprediger Johannes /248/ Weiß (Albinus)[22] an der Meißner Fürstenschule abzusetzen sowie die Pfarrer in Zwickau (Leonhard Beyer)[23] und Annaberg (Wolfgang Pfendner)[24] zu beobachten. Falls der Annaberger gegen den Landtagsbeschluß predige, sollten die Räte sofort eingreifen.[25] Nach der Instruktion vom 26. April 1549 für die in Grimma wegen der praktischen Durchführung des Dezemberbeschlusses versammelten Theologen predigten Pfarrer offen oder versteckt gegen den Kurfürsten und säten Mißtrauen, wodurch sie den gemeinen Mann zum Ungehorsam verleiteten.[26] Die in den folgenden Monaten versuchte Einführung einzelner Teile der neuen Ordnung stieß in Annaberg, Freiberg, Großenhain und

---

22 Johannes Weiße, geb. 1498 Kronach/Oberfr., gest. 2. August 1561 Meißen; Studium Wittenberg (imm. 1. Mai 1520, vgl. ALBUM ACADEMIAE VITEBERGENSIS/ hrsg. von Karl Eduard Förstemann. Bd. 1. Leipzig 1841, 91b. 14 f); 1540 Erster evangelischer Stadtpfarrer in Meißen; vermutlich bereits im Frühjahr 1541 Hofprediger in Dresden; als Gegner der Politik von Herzog Moritz im Schmalkaldischen Krieg wird er im November 1546 vor Zwickau beurlaubt und kehrt nach Meißen zurück; 1551 in Braunschweig; 1552 begnadigt; als Feldprediger Teilnehmer am Fürstenaufstand und an der Schlacht bei Sievershausen; 1553 Superintendent Meißen, Mitglied des Konsistoriums und Domprediger. Vgl. EINE TRÖSTLICHE // LEICHPREDIGT / DES EHRWÜRDIGEN // HERRN JOHAN WEISSEN / [...] / DURCH // MAGISTRUM ALEXIUM PRAETORIUM / [...] 1561 [...] Görlitz: Fritzsch, 1586; Johann Ludwig RÜLING: Geschichte der Reformation zu Meißen im Jahre 1539 und folgenden Jahren, [...] Meißen 1839, 33-95. 205-209.

23 Leonhard Beyer aus München; Studium Wittenberg (imm. Frühjahr 1514, vgl. Album Academiae Vitebergensis ..., 51a); begleitet Luther zur Heidelberger Disputation; geht zurück nach München, wo er für die Reformation arbeitet und gefangengesetzt wird; 1524/25 wieder in Wittenberg; 1525 Prediger in Guben; 1532 Superintendent in Zwickau; wegen Widerstands gegen das Leipziger Interim vom Zwickauer Rat Anfang 1549 auf Befehl von Kurfürst Moritz entlassen; geht zu Markgraf Johann von Küstrin; Superintendent in Cottbus, wo er vermutlich 1552 stirbt. Vgl. Gustav BOSSERT: Reiff, Leonhard. RE³ 16, 555-557. Zu Beyer in Zwickau vgl. Ernst FABIAN: Urkundliche Beiträge zur Geschichte Zwickaus in der Zeit des Schmalkaldischen Krieges. Zwickauer Wochenblatt 83 (1885) Nr. 26 f; DERS.: Die Beziehungen Melanchthons zur Stadt Zwickau. NASG 11 (1890), 61-63. 69-73.

24 Wolfgang Pfendner aus Hohlfeld/Franken; Studium in Leipzig (Sommer 1530 imm.); vermutlich der letzte altgläubige Rektor von St. Afra zu Meißen; 1541 Diakonus und 1545 Archidiakonus an St. Nikolai in Leipzig; 1546 Superintendent in Annaberg; 1546 Lic. theol. Leipzig, dort 3. Juni 1551 D. theol.; 15. Juli 1551 responsio pro loco und kurze Zeit später Mitglied der Theol. Fakultät; gest. 25. März 1556 in Annaberg.

25 SächsHStA Dresden: Loc. 10041: Kf. Moritz heimgelassene Instruktion, 38a-43a.

26 SächsHStA Dresden: Loc. 7434: Sächsische Kirchenordnung bel. 1549, 2a-4a, Ausfertigung; SächsHStA Dresden: Loc. 7434: Pegauer und Grimmaer Tag ..., 35a-36b, Entwurf mit Randnotizen von Christoph von Karlowitz und Ludwig Fachs.

anderswo auf Schwierigkeiten.[27] Nach einem Bericht aus Freiberg drohten Bauern, ihren Pfarrer zu erschlagen, weil er meinte: Was Moritz glaubt, damit gedenke /249/ auch er selig zu werden.[28] Daß letztlich das Interim in Kursachsen nicht eingeführt wurde, ist neben der sich verändernden kurfürstlichen Politik, die mehr und mehr den Anschluß an die antikaiserlichen Kräfte suchte, auch auf den Widerstand der Bevölkerung zurückzuführen. Die Opposition vieler Pfarrer wäre undenkbar, wenn ihre Gemeinden sie nicht unterstützt hätten.

Die Sorge der kurfürstlichen Räte, aber auch ihre erfolglosen Bemühungen zeigen die immer wiederkehrenden und erneuerten Strafandrohungen gegen Unruhestifter, Verfasser und Verbreiter der Schmähliteratur. Das Ausschreiben vom 25. April 1549 bezeichnete die Schreiber von Schmähschriften gegen den Kurfürsten und seine am Leipziger Interim beteiligten Theologen als Müntzerische Geister.[29] Kurz zuvor begegnet uns »müntzerisch« in einem Brief Ulrich Mordeisens an Komerstadt: »Munzerische büchlein, wi ir es wol nennet ist weit under die leut khomen und gebirt selzame reden«.[30] Müntzerisch bedeutet rebellisch, aufrührerisch, ähnlich wie bei Kurfürst Joachim II., aber nicht allgemein, sondern charakterisiert die Theologen, die gegen die vom albertinischen Hof in Verbindung mit führenden Theologen festgelegte kirchenpolitische und theologische Linie verstoßen. Der Begriff »müntzerisch« soll auch hier diffamieren und abstempeln sowie andeuten, daß seine Vertreter als Ketzer und Häretiker mit dem Schicksal Thomas Müntzers zu rechnen haben. Für den Dresdner Hof ist eine solche Haltung unchristlich und unbegründet; »müntzerisch« wäre damit gleich flacianisch.

Zu den nach Mühlberg mit dem Kaiser unausgesöhnten Städten gehörte neben Bremen die alte Hansestadt Magdeburg, Mitbegründerin des Schmalkaldischen Bundes, »Reliquie der Rebellion«[31]. Magdeburg wurde Zentrum des kompromißlosen Kampfes gegen jede

---

27 Über den Streit mit Jacob Klappe in Großenhain um das Anziehen des Chorrocks im Januar 1550 SächsHStA Dresden: Loc. 9872: Dem Pfarrer zu Hain … 1550. Zu Freiberg: ThHStA Weimar: Reg M 442-445 (Nr. 14). Der Widerstand zeigte sich in der zögernden Einführung und Bitte um Interpretation, so die Pfarrer der Superintendentur Annaberg am 31. Oktober 1549 (ThHStA Weimar: Reg M pag 435 [Nr. 12], 1-18, 321ab) und eine Theologenversammlung in Leipzig, 18. Dezember 1549 (SächsHStA Dresden: Loc. 7434: Torgauer und Grimmaer Tag, 139a-140a). In Torgau sind es Gabriel Dydimus und Michael Schultheiß, die am 24. Juni 1549 auf kurfürstlichen Befehl durch Bugenhagen, Maior, Förster und Melanchthon in Wittenberg verhört werden. Bericht dazu ThHStA Weimar: Reg M pag 435 [Nr. 12], 1-18, 169a-171a. 180b-181b, Abschriften; SächsHStA Dresden: Loc. 7434: Torgauer und Grimmaer Tag …, 84a-86a, (Ausfertigung). 89a-90b (Abschrift). Dort Bl. 62a-69a. 82a-83a. 97a-102b weiteres Material. Vgl. Albert CHALYBÄUS: Die Durchführung des Leipziger Interims. Phil. Diss. Leipzig 1905, 19-22 (Großenhain). 22-27 (Chemnitz). 27-29 (Annaberg).

28 29. November 1549 (ThHStA Weimar: Reg M 442-445 [Nr. 14]).

29 Als Druck im StA Leipzig: Tit VII B Nr. 13, 22a-23b und im ThHStA Weimar: Reg K fol 262 (Nr. 8). Dieses Ausschreiben wird am 12. November 1550 erneuert (Druck im StA Leipzig: Tit. LX A Nr. 3 und im HHStA Wien: Saxonica 2d, abgedruckt: CODEX AUGUSTEUS/ hrsg. von Christian Lüning. Bd. 1. Leipzig 1724, 29 f). Ähnliche Ausschreiben am 4. Juli 1549 (StA Leipzig: Tit VII Nr. 1b, 155a-156b; SächsHStA Dresden: Loc. 10298: Interim domesticum secundum, 340ab, abgedruckt: CR 7, 424-426 [Nr. 4555]) und am 26. Juni 1550 (StA Leipzig: ebd, 159ab).

30 Torgau, 6. März 1549 (SächsHStA Dresden: Loc. 10041: Allerlei Händel … 1549, 169b).

31 Augsburg, 13. November 1550: Christoph von Karlowitz an Kurfürst Moritz (SächsHStA Dresden: Loc. 10189: Summarischer Auszug … 1550, 7a-10b). Der gleiche Ausdruck bei Franz Kram an Moritz, Augsburg, 12. Dezember 1550 (SächsHStA Dresden: ebd, 12a-15b). Zur Magdeburger Belagerung liegt nur vor Simon ISSLEIB: Magdeburger Belagerung durch Moritz von Sachsen 1550-1551. NASG 5 (1884), 177-226. 273-308.

Form des Interims und damit auch gegen die kursächsische Religionspolitik. Alle über Moritz Unzufriedenen richteten ihre Augen auf die Stadt.[32] Wie in der Person Johann Friedrichs während des Schmalkaldischen Krieges hatte die Rebellion hier einen Ansatzpunkt. Diese Lage wurde immer gefährlicher, je länger die Stadt sich behauptete. Unter den Vorwürfen gegen die Ächter finden wir: Vertrieb aufrührerischer Schriften unter dem gemeinen Mann; jeder wird aufgenommen, auch wenn er zum Aufruhr neigt. Ihre Prädikanten schreiben gegen die kursächsischen Theologen, die sie als Abtrünnige bezeichnen, und erregen Sekten, die dem deutschen Land Beschwerung bringen.[33] /250/

Magdeburgs Propaganda fiel in Kursachsen auf fruchtbaren Boden. Viele Bauern weigerten sich, Schanzarbeiten zu leisten. Sie wollten gegen ihre Glaubensbrüder keine Wälle aufrichten.[34] Valerius Krakow schrieb an den prohabsburgischen Christoph von Karlowitz: Gegen »Hierusalem vnd vnsers her Gots Cantzley«[35] will sich bald niemand gebrauchen lassen, kaum der Hundertste unterstützt den Kurfürsten.[36] Die Ritterschaft des Leipziger Kreises lehnte es ab, vor Magdeburg zu ziehen. Hier kam zum religiösen Motiv der Selbstbehauptungswille der schriftsässigen Adligen gegen Moritz, der auf dem Weg zum Territorialstaat alle Vorrechte der Stände abbauen wollte. Der Kurfürst zog die aufsässigen Adligen zur Verantwortung. Dabei hielt er ihnen u. a. vor, daß bei Gefahr für den Landfrieden die Lehnsleute sich nicht auf das Gewissen berufen könnten und in jedem Fall zur Heeresfolge verpflichtet wären. Denn wenn der Edelmann wegen seines Gewissens dem Herrn nicht mehr dienen würde, könnte der Bauer es für seinen Herrn und Junker vielleicht auch nicht mehr tun. Die Ritter sollten sich erinnern, »was sich im 25. Jahr zugetragen«[37]. Die Ereignisse um 1525, den beteiligten Räten und Adligen gut bekannt, dienten als Warnung. In dieser Weise wird der Bauernkrieg mehrfach benutzt worden sein. Herzog Georg entgegnete z. B. den sich über seine Visitatoren beschwerenden Prälaten 1538, wenn ihnen diese Visitation nicht passe, müßten sie sich wieder von den Bauern visitieren lassen.[38]

---

32 Z. B. Neustadt Magdeburg, 5. März 1551, Lazarus von Schwendi an Moritz (SächsHStA Dresden: Loc. 9151: Magdeburgische Belagerung 3, 161a-162b); Neustadt Magdeburg, 18. März 1551, Moritz an Karl V. (SächsHStA Dresden: ebd, 124a-127b, Entwurf; SächsHStA Dresden: Loc. 10188: Reichstagshändel 1550/51, 185a-188a, Abschrift; StA Magdeburg: RepA2 Nr. 216a, 92a-94a, Ausfertigung[!]).

33 19. August 1549, SächsHStA Dresden: Loc. 9150: Magdeburgische Belagerung 1, 371a-384a.

34 SächsHStA Dresden: Loc. 9151: Magdeburgische Belagerung 2, 243a. 245a. 324a-325a. Amtssassen aus dem ehemals ernestinischen Kurkreis weigern sich, Bauern zum Schanzen zu schicken. Dazu: SächsHStA Dresden: Loc. 7191: Bernhards von Heynitz Bestrickung 1550; SächsHStA Dresden: Kopial 209, 104ab; SächsHStA Dresden: Loc. 9152: Kfl. Sachs. Lehnsleute Verweigerung ..., 97a.

35 Torgau, 12. November 1550 (SächsHStA Dresden: Loc. 10188: Reichstagshändel 1550/55, 269a).

36 Dresden, 11. Februar 1551 (SächsHStA Dresden: Loc. 10188: Reichstagshändel 1550/55, 276a-277b).

37 SächsHStA Dresden: Loc. 9152: Landtags- und andere Händel wider etliche von der Ritterschaft 1547/57, 35b. Vgl. Julius Traugott Jakob VON KÖNNERITZ: Weigerung der Leipziger Ritterschaft, gegen Magdeburg zu ziehn ... 1550 ff. Archiv für Sächsische Geschichte 4 (1866), 123-166.

38 Ludwig CARDAUNS: Zur Kirchenpolitik Herzog Georgs von Sachsen vornehmlich in seinen letzten Regierungsjahren. Quellen und Forschungen aus italienischen Archiven und Bibliotheken 10 (1907), 118.

Nur kurz können wir auf eine weitere Verbindungslinie zwischen Bauernkrieg und Magdeburger Belagerung eingehen: Die Vorbildwirkung der Schweiz. In der uns zur Verfügung stehenden kurfürstlichen Korrespondenz begegnet uns ebenfalls der Vorwurf der »Schweizerei«. Die Magdeburger wären an ihrem Herrn treulos geworden und wollten Fürsten, Herrn und Adel vertreiben, »wie die Schweitzer«.[39] »Zudem so waißt man auch wol wa die von Magdenburg neben anndern stetten hintrachten ader nauß wellen, vnnd wie Sy mit einen schweitzerischen bundt umbgeen, vnd Adel vnd fürsten gern vortriben vnd verJagten...«[40]. Ebenso warnte der zur Belagerung abgesandte kaiserliche Kommissar Lazarus Schwendi mehrfach Kurfürst Moritz vor einer allgemeinen »schweizerei«, falls Magdeburg nicht bestraft würde.[41] Der Schweizerei entsprachen gegen den Adel gerichtete Schriften. Moritz verwies seine Anfang November 1550 in Torgau versammelten Landstände auf einen Druck, der nicht »Euangelisch« zu /251/ nennen wäre und in dem es hieß: »Deuzsch landt hette keine not, wurden die vom Adel von jedem shock fier Mandel geschlagen todt«.[42]

In unserem Zusammenhang können wir dem Begriff »Schweizerei« nicht weiter nachgehen. Ob die Ächter selbst so wie auch Programme im Bauernkrieg[43] an eine politische Ordnung nach dem Vorbild der Schweizer Eidgenossenschaft gedacht hatten, wissen wir nicht. Eine gründliche Untersuchung der zahllosen Schriften und Drucke, die von der Alten Stadt Magdeburg ausgingen, müßte erfolgen. Unsere Belege stammen alle aus Briefen und Berichten der Belagerung. Die Vermutung liegt nahe, daß »Schweizerei« den Widerstand Magdeburgs diffamieren soll. Der Vorwurf, die Ächter wollten einen Bund gegen Adel und Fürsten gründen, könnte dann mit dazu dienen, die nicht sehr große Bereitschaft zum Kampf gegen die rebellische Stadt zu fördern. Gleichzeitig wird die ängstliche Furcht vor einer Beispielwirkung Magdeburgs sichtbar, das in der Verteidigung seiner städtischen Freiheiten gegen Kaiser und Erzbischof zur Bejahung des bewaffneten Widerstands gegen die Obrigkeit gekommen ist.[44]

---

39 21. Dezember 1548 (SächsHStA Dresden: Loc. 9153: Landtag zu Leipzig ... anno 1548/49, 260ab [Protokoll einer Zusammenkunft der mit der Exekution der Acht beauftragten Stände zu Halle]).

40 SächsHStA Dresden: Loc. 9153: Magdeburgische Sachen ... bei Dr. Mordeisen 1550/51, 4ab (Gutachten für Moritz, Anfang 1550).

41 Lager vor Magdeburg, 9. April 1551 (SächsHStA Dresden: Loc. 9151: Magdeburgische Belagerung 3, 175ab); Lager vor Magdeburg, 17. Juni 1551 (SächsHStA Dresden: ebd, 541a-543a).

42 SächsHStA Dresden: Loc. 9155: Handlung auf dem Landtag zu Torgau 19. November 1550, 37a. 156a-158a. 247a-249b; ThHStA Weimar: Reg L fol. 570-598 fasc. H 2, 135a-136b; StA Leipzig: Tit II A Nr. 3 Vol. 3, 160b-163a.

43 Vgl. Siegfried HOYER: Der deutsche Bauernkrieg als Forschungsgegenstand. WZ Leipzig 23 (1974), 458.

44 Hier müssen weitere Untersuchungen einsetzen, die besonders die Weiterwirkung der Magdeburger Widerstandslehre und ihre Ausstrahlung auf die Schweiz und Frankreich zum Ziel haben. Einzubeziehen sind dabei auch die gleichgesinnten Hansestädte, wie Goslar, Lüneburg und Bremen.

*Herzog Heinrich von Sachsen, der Fromme*
*(Lithographie, 19. Jahrhundert; Kreismuseum Grimma)*

# Der Versuch eigenständiger Kirchenpolitik im albertinischen Sachsen

## Zum Leipziger Konsistorialausschuß von 1543/1544[*]

Zwölf Jahre vergingen vom Beginn der allgemeinen Visitation 1527 im kurfürstlichen Sachsen bis zur versuchsweisen Errichtung eines Konsistoriums in Wittenberg für den Kurkreis.[1] Auf diesen Zeitraum erstreckten sich die vorsichtigen Versuche, eine zentrale Behörde zu schaffen, die die bisher von den Bischöfen ausgeübten Jurisdiktionsbefugnisse übernehmen konnte. Erste Ansätze ergaben sich durch das Zusammenwirken von Superintendenten und Amtleuten bei Ehesachen. Berufungsinstanzen waren die Visitationskommissionen, der kurfürstliche Hof oder die Wittenberger Theologen. Dem Großen Ausschuß der Landstände blieb es vorbehalten, Exaudi 1537 beim Kurfürsten für die Schaffung von Konsistorien einzutreten. Theologen und Juristen der Wittenberger Universität erstatteten 1538 ein Gutachten, das die geplanten Konsistorien nicht nur als Ehegerichte, sondern auch als allgemeine Verwaltungs- und Aufsichtsbehörden für alle Sachen der kirchlichen Jurisdiktion konzipierte. Diese Überlegungen blieben – nicht ohne Einwirken Luthers – zunächst Vorschläge. 1542 wurden sie aufgenommen, als man für das drei Jahre vorher nur für Ehefälle, Disziplinarfragen und Pfarrbesoldung geschaffene Wittenberger Konsistorium eine Ordnung ausarbeitete, deren landesherrliche Bestätigung nach den vorhandenen Quellen aber nicht erfolgte.

Als Herzog Moritz, der im August 1541 seinem Vater Heinrich im herzoglichen Sachsen nachfolgte, sich um den Aufbau eines evangelischen Kirchenwesens bemühte, war der Entscheidungsprozeß über Form und Aufgaben von Konsistorien im Kurfürstentum noch nicht abgeschlossen. Es ist daher nicht überraschend, wenn wir beim Suchen nach einer zweckmäßigen Struktur der werdenden albertinischen Landeskirche eigenständigen Ansätzen begegnen, zumal die innerwettinischen Streitigkeiten die Übernahme von Wittenberger Vorschlägen behinderten. Zu den selbständigen Versuchen am Dresdener Hof gehörten die »Räte der Religionssachen«, die Moritz am 26. Mai 1542 als Kirchenbehörde für die Zeit seiner Abwesenheit in Ungarn errichtete,[2] und die Konstituierung des Leipziger Konsistorialausschusses von 1543/1544.

---

* Erstabdruck in: Theologische Versuche 13 (1983), 127-131.

1 Zur Entwicklung der Konsistorialverfassung vgl. Otto MEJER: Anfänge des Wittenberger Consistoriums. In: ders.: Zum Kirchenrechte des Reformationsjahrhunderts. Hannover 1891, 3-83; Georg MÜLLER: Verfassungs- und Verwaltungsgeschichte der sächsischen Landeskirche. BSKG 9 (1894), 106-114; Heinrich HERZOG: Das Meißner Konsistorium und die Anfänge des sächsischen Konsistorialwesens. In: Das Hochstift Meissen: Aufsätze zur sächsischen Kirchengeschichte/ hrsg. von Franz Lau. Berlin 1973, 270-274; zur Haltung Luthers vgl. Karl TRÜDINGER: Luthers Briefe und Gutachten an weltliche Obrigkeiten zur Durchführung der Reformation. Münster 1975, 82-85. Unser Beitrag gehört zu einer größeren Untersuchung über die Kirchen- und Religionspolitik unter Herzog Moritz von Sachsen.

2 PKMS 1, 439-441 (Nr. 361).

Der Plan, im Herzogtum Sachsen ebenfalls Konsistorien zu errichten, ging bis auf die erste Visitation zurück. Gregor Brück empfahl sie 1539 in einem Gutachten.[3] Die dem Leipziger Rat am 6. August 1539 zugestellten Ordnungen enthielten auch einen Abschnitt zu Ehesachen. Dieser bestimmte ein vierköpfiges Kollegium zur Entscheidung in irrigen Ehefällen, bis vom Landesfürsten »ein ordenlich consistorien oder dergleichen« bestellt würde.[4] Mitglieder dieser Berufungsinstanz waren der Propst zu St. Thomas, Ambrosius Rauch, Superintendent Johannes Pfeffinger oder sein Beauftragter aus den Reihen der Leipziger Geistlichen sowie zwei Mitglieder des Leipziger Rates. Rauch hatte wohl den Vorsitz, wie aus dem Visitationsbescheid für ihn hervorgeht.[5] Ehesachen gehörten bereits in katholischer Zeit zu seinem Aufgabenbereich. Bemerkenswert ist, daß die juristischen Mitglieder vom Leipziger Rat und nicht von der Universität stammen sollten. Die /128/ für Rauch bestimmten Visitationsartikel gingen über die allgemeine Bestimmung zu den Ehesachen hinaus: Der Superintendent und seine Prediger brauchten nicht bei allen Ehesachen anwesend zu sein. »Casus conscientiarum« waren vom Thomaspropst dem Superintendenten zu übergeben. Ende Juli 1539 wurde für Annaberg festgelegt, sich bei Streitfragen so lange an den Leipziger Superintendenten zu wenden, bis Herzog Heinrich dafür ein Konsistorium errichten würde.[6] Am 16. August 1539 erhielt in Oschatz der Superintendent und Pfarrer die Befugnis, Ehesachen seines Bereiches bis zur Aufrichtung eines Konsistoriums mit »seinen mitverordneten« zu entscheiden. Danach sollten dem geplanten Konsistorium alle Ehefälle zugewiesen werden. Abweichend von Annaberg erschienen als Berufungsinstanz der Superintendent und der Propst (Rauch) zu Leipzig.[7]

Die Instruktion für die zweite Visitation dagegen sah vor, daß die Superintendenten sich bei beschwerlichen und bedenklichen Fällen Rat bei den Juristen, Predigern und Superintendenten in Leipzig holen sollten,[8] während der Abschied für das albertinische Thüringen vom 11. Oktober 1540 nur den Leipziger Superintendenten nannte.[9] Eine weitere Variante bot die Visitationsordnung für Weißenfels vom 10. August 1540: Nichtgelöste Ehefragen waren »an die vorordneten in ehesachen zu Leipzig« weiterzuleiten.[10]

Wir haben die in den Visitationsordnungen vorgefundenen Hinweise auf die Funktion des Leipziger »Ehegerichts« zusammengestellt. Sie sind bisher als Teil der Vorgeschichte des albertinischen Konsistoriums weitgehend übersehen worden. Wie diese Instanz und ob sie überhaupt gearbeitet hat, dafür liegen keine Belege vor. Die unterschiedlichen Weisun-

---

3 Heinrich GEFFCKEN: Zur ältesten Geschichte und ehegerichtlichen Praxis des Leipziger Konsistoriums. Deutsche Zeitschrift für Kirchenrecht 4 (1894), 13.

4 StA Leipzig: VII Nr. 2, 23a-24a; gedruckt: EKO 1 I, 591a.

5 Friedrich SEIFERT: Die Reformation in Leipzig. Leipzig 1883, 188. Dort Abdruck der Visitationsartikel für Rauch, die dieser Fürst Georg von Anhalt am 27. Januar 1540 zuschickte.

6 EKO1 I, 521b; gedruckt: Oswald Bernhard WOLF: Zur Geschichte der Reformation in Annaberg. Annaberg 1886, 27.

7 EKO 1 I, 625b.

8 Ebd, 284a. Ob mit Juristen die Rechtsgelehrten der Universität Leipzig gemeint sind, wie Herzog: Das Meißner Konsistorium ..., 275, annimmt, ist nicht erwiesen, es könnten auch Mitglieder des Leipziger Rates entsprechend der Bestimmung von 1539 sein.

9 EKO 1 I, 285a, ebenso im Abschied für (Langen)salza vom 6. Oktober 1540. In: EKO 1 I, 655a.

10 EKO 1 I, 692b; gedruckt: Gustav Heinrich HEYDENREICH: Kirchen- und Schul-Chronik der Stadt und Ephorie Weissenfels ... Weissenfels 1840, 25.

gen an die Superintendenten deuten darauf hin, daß unter den Visitatoren eine einheitliche Auffassung nicht bestand, daß von Herzog Heinrich ein genauer Befehl dazu ebenfalls nicht vorlag und daß jenes Kollegium nach den Plänen vom August 1539 nicht Wirklichkeit wurde, da sonst bei der zweiten Visitation und später ausdrücklich darauf verwiesen worden wäre. Wir können davon ausgehen, daß sich die Absicht, bereits während der ersten Visitation in Leipzig ein Ehegericht zu schaffen, zerschlagen hat, nicht zuletzt deshalb, weil Erfahrungen über eine evangelische Rechtspraxis fehlten, weil man an die katholische nicht anknüpfen wollte und auch das Anfang 1539 gebildete Wittenberger Konsistorium erst 1542 eine vorläufige Ordnung erhielt.

Der Gedanke, nach ernestinischem Vorbild ein Konsistorium für Sachsen-Meißen zu schaffen, blieb wach. Ende 1541 forderten die Meißner und Thüringer Superintendenten seine Einrichtung.[11] Ein Jahr später erinnerte der Freiberger Superintendent Caspar Zeuner Herzog Moritz an die zwiespältigen Urteile und Meinungen bei der Ehegerichtsbarkeit. Er möge durch Rechtsgelehrte christliche Konsistorien bestellen, um jene und andere Gebrechen zu entscheiden. Zeuner wünschte ferner, daß die Juristen sich mit den Rechtsverständigen in Wittenberg abstimmten.[12] Sein Ziel war in Übereinstimmung mit den anderen Superintendenten ein christliches, evangelisches Konsistorium als Ehegericht. Orientierungspunkte waren dabei nicht die alten bischöflichen Konsistorien, sondern Wittenberg, nicht Anknüpfung und Weiterführung des Bisherigen, sondern Neuanfang.

Vor beiden Möglichkeiten stand auch Moritz. Die Landesordnung vom 21. Mai 1543 brachte keine Entscheidung. Der Herzog selbst beschritt einen Mittelweg. Ohne Zustimmung von Theologen wollte er keine organisatorischen Tatsachen schaffen und bat daher am 2. August 1543 die Theologische Fakultät der Landesuniversität und /129/ Joachim Camerarius um ein Gutachten für die weitere Gestaltung der Landeskirche.[13] Vermutlich standen sich die Superintendenten mit ihrem Wunsch, ein Konsistorium nach ernestinischem Muster zu schaffen, und die Gruppe um Georg von Karlowitz, der die bestehenden kirchlichen Strukturen möglichst erhalten wollte, unversöhnlich gegenüber. Die Fakultät wurde als dritte Größe in die Auseinandersetzung gebracht. Dafür spricht, daß Moritz schrieb, ihm sei erklärt worden – vermutlich von den Superintendenten –, ein Obersuperintendent, der die Funktionen eines Bischofs übernimmt – so lautete der Vorschlag der Stände –, schade der evangelischen Lehre und fördere die Papisterei. Die Theologen der Universität sollten sich unter Abwägen aller Gesichtspunkte zu dem Vorschlag äußern. Wir kennen ihre Antwort nicht. Da aber von einem Obersuperintendenten nie mehr die Rede ist, haben die Leipziger diese Institution sicher abgelehnt.

Diese Vermutung unterstreicht die herzogliche Anordnung vom 22. September 1543, daß Rauch, Pfeffinger und von der Universität die Theologen Alexander Alesius, Caspar Borner, Johannes Sauer und Bernhard Ziegler, die Juristen Ludwig Fachs, Johannes Scheffel und als Vertreter für Fachs Martin Lussel sowie Camerarius »ein consistorium zu Leipzigk

---

11 SächsHStA Dresden: Loc. 10599: Visitationsacta ... 1542/59, 25b.

12 In Zeuners Bericht an Herzog Moritz, Freiberg, 15. November 1542 (SächsHStA Dresden: Loc. 10600: Berichte der Superattendenten im Lande Meißen anno 1542, 114a).

13 SächsHStA Dresden: Kopial 181, 152a. Entwurf; vgl. Simon ISSLEIB: Moritz von Sachsen als evangelischer Fürst: 1541 bis 1553. BSKG 20 (1906), 64 f.

anrichten, halden und üben«.[14] Doch sollte es nicht nur ein Ehegericht sein, auch Fragen der Lehre und Zeremonien waren ihm vorbehalten. Die Aufgeforderten sollten außerdem über die Bannpraxis beraten. Dieser Erlaß war zunächst eine Absichtserklärung und keine Gründungsurkunde für ein Leipziger Konsistorium. Weitergehende Verhandlungen wurden Komerstadt bei seinem geplanten Besuch in Leipzig vorbehalten. Moritz wollte vorläufig keine neue Behörde konstituieren. Er knüpfte an die Regelung der ersten Visitation an und beauftragte einen aus Theologen und Juristen zusammengesetzten Ausschuß mit der Entscheidung von Lehr- und Ehefragen. Im Gegensatz zu 1539 waren wie in Wittenberg Angehörige der Universität beteiligt und die Zuständigkeit erweitert. Daß es sich um eine Übergangslösung handelte und man diese als einen Schritt auf dem Weg zu einem Konsistorium im eigentlichen Sinn verstand, geht aus Philipp Melanchthons Brief vom 10. Oktober 1543 an Herzog Albrecht von Preußen hervor.[15] Moritz war wohl mehr an einem Gutachten zur Anwendung des Bannes interessiert, dem er vielleicht durch Aufwerten seiner Verfasser Gewicht verschaffen wollte. Die Leipziger zeigten indessen wenig Interesse und Eile, denn Ende November mußten die Räte aus Dresden in Abwesenheit des Herzogs den Bericht über die Durchführung der herzoglichen Anordnung anmahnen.[16] Die Antwort darauf ist nicht überliefert. Mitte Oktober verhandelten Georg Komerstadt, Camerarius und Borner in Sornzig (Kr. Oschatz), wobei an erster Stelle über das Konsistorium gesprochen wurde, das, nach Borners Meinung allein mit bischöflichem Recht ausgestattet, die Kirchensachen entscheiden müßte und nicht der Hof. Als Arbeitsgrundlage brachten die Leipziger die Wittenberger Konsistorialordnung von 1542 mit,[17] die damit zum erstenmal in den Verhandlungen über die kirchliche Struktur des herzoglichen Sachsens auftaucht. Möglicherweise lag in der Absicht der Universität, ein Konsistorium ohne Einflußnahme der Dresdener Räte zu schaffen, die Ursache für die zögernde Behandlung des herzoglichen Auftrags im September. Vielleicht hatten Camerarius und Borner im Gespräch mit Komerstadt erkannt, daß die Hofräte ihre Vorstellungen nicht billigten. Ob hier der Grund für die bescheidene Existenz jenes Konsistorialausschusses zu suchen ist? /130/

Durch die Forschung ist bisher ein Ehefall bekannt, den am 11. Dezember 1543 Moritz »den Verordneten des Newen Consistorii zu Leipzick« zuwies: Der Schäfer zu Adelsdorf (Kr. Großenhain) wollte sich scheiden lassen und wieder heiraten. Der Großenhainer Pfarrer, Jacob Klappe, sollte die schriftliche Entscheidung in Leipzig einholen.[18] Bereits vor dem herzoglichen Befehl vom 22. September, ein Konsistorium zu bilden, muß in Leipzig ein Ehegericht in irgendeiner Form bestanden haben, an das Moritz mit seinem Auftrag anknüpfte. Nur um eine Entscheidung dieser Instanz kann es sich handeln, wenn Rauch am 1. September (Egidii) 1543 dem Chemnitzer Superintendenten. Wolfgang Fuß Akten

---

14 SächsHStA Dresden: Loc. 10532: Leipzigische Händel 1422-1533, 303b. Entwurf.

15 Gedruckt: CR 5, 195 (Nr. 2774). Melanchthon schickte dem Herzog zugleich die Ordnung des Wittenberger Konsistoriums.

16 SächsHStA Dresden: Kopial 181, 208 ab, Dresden, 28. November 1543; gedruckt: EKO 1 I, 94, Anm. 1, dort mit 26. November falsches Datum.

17 Acta Rectorum universitatis studii Lipsiensis inde ab anno MDXXIII usque ad annum MDLVIIII/ hrsg. von Friedrich Zarncke. Lipsiae 1859, 196 f.

18 SächsHStA Dresden: Kopial 184, 25b. Entwurf; gedruckt: Müller: Verfassungs- und Verwaltungsgeschichte ..., 116, Anm. 48.

mit dem Urteil in einer Ehesache zusendet, das dieser den Parteien eröffnen sollte.[19] Zur Lätareversammlung 1544 wurden neben Superintendenten des Herzogtums ausdrücklich die Verordneten des neuen Konsistoriums eingeladen.[20] Bei den Verhandlungen wegen der Übernahme der geistlichen Aufgaben im Stift Merseburg durch Fürst Georg von Anhalt Ende April 1544 sprachen Fachs und Wenzeslaus Naumann mit Georg auch über die personelle Besetzung des Konsistoriums zu Leipzig.[21] Die Instruktion für die Regierung während des Aufenthalts des Herzogs in Frankreich vom 11. Mai 1544 erwähnte ebenfalls das Leipziger Konsistorium: Zu ihm »sollen bis an unser weiter verordenung gebraucht werden: ...« Es folgt eine Namensliste, die mit den im September 1543 Genannten bis auf Scheffel übereinstimmte.[22]

Hat dieses Leipziger Konsistorium existiert? Nach Emil Sehling ist es bei der Vorbereitung geblieben.[23] Damit werden die Umstände jenes Organisationsversuchs nur ungenau umschrieben. Die von uns besprochenen Quellen in den Akten, die Sehling offenbar nicht gekannt hat, belegen, daß das von Moritz gewünschte Konsistorium tatsächlich gearbeitet hat, aber nicht als Verwaltungsbehörde, sondern als Beratungsgremium, das von Fall zu Fall ohne feste Ordnung zusammengetreten ist. Moritz meinte 1543/1544 mit Konsistorium etwas anderes als wenige Monate später bei der Gründung der Konsistorien in Merseburg und Meißen. Der Tod des Merseburger Bischofs Sigismund von Lindenau am 4. Januar 1544 eröffnete neue Möglichkeiten für die albertinische Kirchenorganisation. Damit erübrigte sich auch der Leipziger Konsistorialausschuß, wie wir jene interimistische Behörde von 1543/1544 nennen wollen.[24] Er war neben den »Räten in Religionssachen« ein weiterer Versuch zu einer eigenständigen, nicht an Wittenberg orientierten Kirchenpolitik in Sachsen-Meißen und zugleich eine Vorform der Konsistorien von 1545.

---

19 SächsHStA Dresden: Loc. 10595: Visitationsacta 1543, 58a. Ausfertigung, eigenhändig, Siegel verloren.

20 SächsHStA Dresden: Kopial 181, 258 ab, Dresden, 13. Februar 1544, Entwurf von Georg Komerstadt, eigenhändig.

21 SächsHStA Dresden: Loc. 9033: Stift Merseburg Postulation ...1543/51, 282b. Niederschrift.

22 PKMS 2, 82, 18-22 (Nr. 600).

23 EKO 1 I, 94.

24 Sehlings Auffassung bei Müller: Verfassungs- und Verwaltungsgeschichte ..., 117 und Herzog: Das Meißner Konsistorium ..., 277. Ihnen steht die Meinung gegenüber, die jenen Brief vom 22. September 1543 als Gründungsurkunde eines Leipziger Konsistoriums versteht, so Friedrich Seifert: Johann Pfeffinger, der erste lutherische Pastor zu St. Nicolai und Superintendent in Leipzig. BSKG 4 (1888), 87. 148, und Franz Blanckmeister: Sächsische Kirchengeschichte. 2. Aufl. Dresden 1906, 151, der das Leipziger Konsistorium folgerichtig 1550 in das Merseburger aufgehen läßt, während Leipzig tatsächlich erst durch die Verlegung des Merseburger ein eigenes Konsistorium erhält. Zur Diskussion über die Existenz des Leipziger Konsistoriums vgl. Geffcken: Zur ältesten Geschichte ..., 9 f.

*Herzog Georg der Bärtige von Sachsen und Herzog Heinrich der Fromme von Sachsen
(Ausschnitt aus dem Fürstenzug zu Dresden)*

# Die Einwirkungen Luthers auf die reformatorische Bewegung im Freiberger Gebiet und auf die Herausbildung des evangelischen Kirchenwesens unter Herzog Heinrich von Sachsen[*]

In der Ausbreitung der Reformation nach 1530 nahm das Herrschaftsgebiet Herzog Heinrichs von Sachsen eine Sonderstellung ein. Durch den Brüderlichen Vertrag vom 30. Mai 1505 erhielt dieser nach seinem schmählichen Scheitern in Friesland die beiden Ämter Freiberg und Wolkenstein zugewiesen.[1] Wenn ihn auch die Reichsmatrikel verzeichnete und der Kaiser mitbelehnte, zeigte Heinrich jedoch kein Interesse an reichspolitischen Fragen. Wirtschaftlich war er völlig auf das albertinische Hauptgebiet und seinen Bruder angewiesen. Nur in der Frage der Reformation gelang es ihm – wenn auch zurückhaltend und abwartend – nach und nach eine eigene Linie zu finden. Dieser sich über Jahre hinziehende Prozeß, der 1537 seinen Höhepunkt erreichte und 1539/40 seinen vorläufigen Abschluß fand, machte den alten und an Regierungsgeschäften wenig interessierten Herzog zum Wegbereiter der Reformation im herzoglichen Sachsen. Die dabei gegenüber seinem Bruder, der als entschiedener Luthergegner die Ereignisse am Freiberger Hof mißtrauisch beobachtete, bewiesene Festigkeit brachte ihm den Beinamen »der Fromme« ein. Die Vorgänge in Freiberg und nach 1539 im gesamten Sachsen-Meißen fanden besondere Aufmerksamkeit am ernestinischen Hof und bei den Wittenberger Theologen. Wir wollen daher vor allem zeigen, in welcher Weise Luther bei der Entstehung und Ausgestaltung des evangelischen Kirchenwesens im albertinischen Sachsen unter Herzog Heinrich mitwirkte. Schwerpunkte sind dabei die Visitation, die Gewinnung von geeigneten Geistlichen, der Streit um Jacob Schenk, die Begutachtung des »Liber Misnicus«, während spezielle theologische Fragen zurücktraten.

Erfreut konnte am 7. März 1521 Luther an Georg Spalatin schreiben, daß Herzog Heinrich mit seinem Hof die Bannandrohungsbulle abgelehnt habe. Deshalb hätte er ihm geschrieben.[2] Dieser Brief ist nicht erhalten. Über eine Antwort wissen wir ebenfalls nichts. Die Gründe für die lutherfreundliche Haltung sind unbekannt. Befürchtete man Unruhen in der Residenzstadt, oder hatte man rechtliche Bedenken? Die Sorge vor Aufruhr und Empörung bestimmte auch die Räte in Dresden, die Bischöfe Johann VII. von Meißen und Adolf von Anhalt in Merseburg zur Mäßigung zu bewegen.[3] Von einer Förderung der An-

---

\* Zuerst gedruckt: HCh [12] (1981/82), 93-117.

1 Der Vertrag in SächsHStA Dresden Urkunde 9621. Ausfertigung, eigenh. Unterschr., 2 angehängte Siegel. Vgl. Erich Brandenburg: Herzog Heinrich der Fromme von Sachsen und die Religionsparteien im Reiche (1537-1541). Dresden 1896, 5. 11 f; Walther Hellriegel: Die Reformation im Freiberger Ländchen. (Freiberg) 1937, 5; Ludwig Schwabe: Herzog Georg, ewiger Gubernator von Friesland. NASG 12 (1891), 2-5.

2 WA Br 2, 283, 13-15 (Nr. 385): »Dux Saxonie Henricus freyberge eam cum suis detestatur fortiter. dedi ad eum literas, sic enim desiderare mihi inde scribebatur.« Vgl. Johann Karl Seidemann: Dr. Jacob Schenk, der vermeintliche Antinomer, Freibergs Reformator ... Leipzig 1875, 2.

3 Akten und Briefe zur Kirchenpolitik Herzog Georgs von Sachsen/ hrsg. von Felician Geß. Bd. 1: 1517-1527. Leipzig 1905, 88 f. 149 f. 153. 155. 161 (Nr. 117. 187 f. 191. 193. 201). Vgl. Albrecht

liegen Luthers kann noch keine Rede sein, denn in den folgenden Jahren unterstützte Heinrich die antireformatorische Politik seines Bruders.

Am 9. November 1522 versicherte er nach Dresden, Luthers Übersetzung des Neuen Testaments ebenfalls zu verbieten, da er in diesen und in anderen Fällen nach Möglichkeit mit Georg »gern fur ein mann stehen« wolle.[4] Im folgenden Jahr entfernte Heinrich drei /94/ Hofdamen seiner Gemahlin Katharina aus Freiberg, da sie Lutherschriften gelesen hatten. Den Vertriebenen schickte Luther einen Trostbrief, in dem ohne Erwähnung des Herzogs oder der Herzogin die Hauptschuld dem Kanzler Wolfgang Stählin zugerechnet wurde.[5] Für die gemeinsame Religionspolitik der beiden Albertiner sprach auch Heinrichs Teilnahme an den prunkvollen Bennofeiern am 16. Juni 1524 im Dom zu Meißen.[6]

Wie in anderen albertinischen Städten nahmen Sympathien für Luther in Freiberg schnell zu. Die zahlreichen Verbindungen der Berg- und Handelsstadt – ihre Einwohnerzahl betrug Mitte des 16. Jahrhunderts etwa 9000 – über die Grenzen des Herzogtums hinaus förderten wie in Leipzig und Annaberg entscheidend diese Bewegung, die verschiedene herzogliche Mandate nicht aufhalten konnten. Auflösungserscheinungen erfaßten die drei Klöster der Stadt. 1522 verließen Dominicus und Stephan Beyer das Dominikanerkloster. Der Franziskaner Johann Behem wurde 1523 noch als Marienschänder vertrieben, während sein Klosterbruder Lorenz Sörer im Herbst 1524 mit Erfolg der lutherischen Partei predigte. Unruhen richteten sich gegen das altgläubige Domkapitel, dessen Dechant Balthasar von Ragewitz über Bischof Johann VII. sich bei Georg beklagte. Der Herzog kam in Abwesenheit Heinrichs persönlich nach Freiberg, um gegen die Martinianer vorzugehen. Verhaftungen und Ausweisungen waren die Folgen. Sörer betrafen die Strafen nicht, Katharina schützte ihn.[7] Zu diesem Zeitpunkt muß die Herzogin bereits für die neue Lehre gewonnen worden sein. Die Evangelischen sahen sie als eine der Ihren an, obwohl sie noch im Februar 1524 aus Furcht vor ihrem Mann und vor ihrem Schwager ein öffentliches Bekenntnis scheute. Durch den Freiberger Maler Valten Elner ließ sie Stephan Roth auffordern, ihr nicht die Übersetzung

---

LOBECK: Das Hochstift Meißen im Zeitalter der Reformation bis zum Tode Herzog Heinrichs 1541/ besorgt von Heinrich Bornkamm ... Köln 1971, 61-63. Möglicherweise hing die freundliche Haltung in Freiberg mit dem Dienstantritt Stählins als Kanzler zusammen, der bereits in Wittenberg die Bulle abgelehnt hatte. Dazu Theodor MUTHER: Aus dem Universitäts- und Gelehrtenleben im Zeitalter der Reformation: Vorträge. Erlangen 1866. Neudruck Amsterdam 1966, 193. 257 f. Vgl. unten Anm. 5.

4 Akten und Briefe ... 1, 387 f (Nr. 401). Am 12. Mai erinnerte Heinrich den Freiberger Rat an seine mehrfachen Gebote, keine Neuerungen vorzunehmen (AKTEN UND BRIEFE ZUR KIRCHENPOLITIK HERZOG GEORGS VON SACHSEN [...]. Bd. 2/ hrsg. von Felician Geß. Leipzig 1817, 450 [Nr. 1253]).

5 (Wittenberg), 18. 6. 1523: Luther an Hanna von Draschwitz, Milia von Ölsnitz und Ursula von Feilitzsch, WA Br 3, 92-95 (Nr. 625). Zu Stählin aus Rothenburg, der von Tübingen 1502 der erste Dekan der Juristenfakultät in Wittenberg und Professor für kanonisches Recht wurde, 1518 Rat und 1521 Kanzler Herzog Heinrichs vgl. Muther: Aus dem Universitäts- und Gelehrtenleben ..., 183. 193. 257 f. 423-425 und WA Br 1, 172 Anm. 3.

6 Otto LANGER: Bischof Benno von Meißen: sein Leben, seine Kanonisation. Teil 2. Mitteilungen des Vereins für Geschichte der Stadt Meißen 2 (1891), 128-132; Lobeck: Das Hochstift Meißen ..., 70 f.

7 Zum Auftritt Georgs in Freiberg der Bericht des Freiberger Malers Valentin Elner an Stephan Roth, Freiberg, 11. Dezember 1524 in Akten und Briefe ... 1, 774-777 (Nr. 763); Hubert ERMISCH: Die Briefe Valentin Elners: ein Beitrag zur Reformationsgeschichte. NASG 5 (1884), 330-332 (Nr. 4) mit Anm. zu einem Brief des Seifensieders Sigemundt Treuttweyn an Roth, Freiberg, 10. Dezember 1524, mit Bericht über Katharinas Wohlwollen: »Dan sy helt seher uber ym und ist eyne gute cristin« (ebd, 333). Vgl. Seidemann: Dr. Jacob Schenk ..., 2 f.

von Luthers Auslegung des 5. Psalms zu widmen.[8] Vielleicht über das Eingreifen seines Bruders ungehalten, ermunterte der Herzog unter dem Einfluß seiner Gemahlin Sörer, das Evangelium weiter zu predigen. Die Hoffnungen der Lutherfreunde schienen sich zu erfüllen.

Den Umschwung bewirkte der Bauernkrieg. Die starke katholische Gruppe unter den Räten um den Hofmeister Rudolf von Bünau setzte sich zunächst wieder durch und erreichte eine härtere Haltung des Herzogs gegenüber den Evangelischen, an der auch Katharina für einige Zeit nichts ändern konnte. Sie hatte zum Tode des Kurfürsten Friedrichs des Weisen ihr Beileid gegenüber dem Kurprinzen Johann Friedrich ausgedrückt und versichert, treu zum Wort Gottes zu stehen und dessen Predigt zu schützen. In seiner Antwort nahm der spätere Kurfürst erfreut von dem Sinneswandel seiner Tante Kenntnis: Gott habe aus einer Verfolgerin eine »bestendige bey seinem wort gewircket«, aus einem Saulus einen Paulus. Zugleich bat Johann Friedrich sie um eine Zusammenkunft.[9] Dieser Briefwechsel belegt zum ersten Mal die sich abzeichnende und später so wirksame Allianz zwischen Katharina und Johann Friedrich bei der Einführung der Reformation. Die Herzogin wußte, daß sie sich nur mit den Ernestinern in der Religionsfrage gegen Georg durchsetzen konnte. Umgekehrt bot sich den Ernestinern die Möglichkeit, über Freiberg die harte Antilutherpolitik des Dresdener Hofes teilweise zu unterlaufen. Die beiden Briefe von 1525 leiteten einen neuen Abschnitt ein in der Reformationsgeschichte des Freiberger Gebietes. Den Verfolgungen war die Spitze genommen. Zugleich begann der zähe Kampf mit Herzog Georg und seinen Vertrauten in Freiberg um die Haltung Heinrichs zur Lutherischen Reformation. Wann und wo es Katharina möglich war, setzte sie sich für die Evangelischen ein. Teilweise konnte sie das nur im Verborgenen tun, wie im Freiberger Nonnenkloster, wo sie für die Verbreitung Lutherischer Schriften sorgte. Einige Nonnen flohen, unter ihnen 1528 die Herzogin Ursula von /95/ Münsterberg. Ihr Entkommen erregte besonderes Aufsehen.[10] Daß Melanchthon seinen Bericht über das Marburger Religionsgespräch dem Herzog schickte,[11] veranlaßte Johann Cochläus, den Hofkaplan Herzog Georgs, zu einer Schrift vom Abendmahl an Bürgermeister, Rat und Gemeinde zu Freiberg.[12]

---

8 Der Brief vom 6. Februar 1524 bei Ermisch: Die Briefe Valentin Elners ..., 328 (Nr. 1). Die Übersetzung erschien 1525, Roth widmete sie dem Zwickauer Bürgermeister Hermann Mühlpfort. Georg MÜLLER: Mag. Stephan Roth, Schulrektor, Stadtschreiber und Ratsherr zu Zwickau im Reformationszeitalter. BSKG 1 (1882), 60; Georg BUCHWALD: Stadtschreiber M. Stephan Roth in Zwickau in seiner literarisch-buchhändlerischen Bedeutung für die Reformationszeit. Archiv für Geschichte des Deutschen Buchhandels 15 (1892), 9. 31 (Nr. 22). 40 (Nr. 57).

9 Freiberg, 12. Mai 1525: Katharina an Johann Friedrich (StA Weimar: Reg. N 71, 1 f. Ausfertigung, eigenh. Unterschr.; gedruckt: Seidemann: Dr. Jacob Schenk ..., 119 f.); Grimma, 8. Juli 1525: Johann Friedrich an Katharina (StA Weimar: ebd, 3 f. Abschrift; gedruckt: Seidemann: Dr. Jacob Schenk ..., 120-122).

10 Hubert ERMISCH: Herzogin Ursula von Münsterberg: ein Beitrag zur Geschichte der Reformation in Sachsen. NASG 3 (1882), 290-333.

11 CR 1, 1102-1106 (Nr. 638); MBW 1, 356 (Nr. 832) (16./17. Oktober) 1529; MELANCHTHONS WERKE. Bd. 7 II/ hrsg. von Hans Volz. Gütersloh 1975, 119-125 (Nr. 140). Volz vermutet, daß Melanchthon auf Veranlassung des kurfürstlichen Hofes den Bericht an Heinrich schickte.

12 Ernstliche Dispu // tation vom heyligen Sa- // crament des Altars. // Von der Mesz. // Von beyder gestalt (et)c. // An die Burgermeister / // Rath / vn(d) Gemeinde der lo(e)b // lichen Fu(e)rstenstat Frey- // berg in Meyssen. // Disputantes // Mar. Luther Opponens. // Jo. Cocleus Respondens. // (Auf der letzten Seite:) Gedrugkt zu Dreszden durch Wolffgang // Sto(e)ckel im .1530. jare Mense // Februario. //. (UB Leipzig: Kirch.G. 982, 9). Vgl. Seidemann: Dr. Jacob Schenk ..., 96 Anm. 29.

Wie sehr in diesen Monaten die Abendmahlsfrage zu den Gesprächsthemen in der Bergstadt gehörte, zeigte der Rat Luthers im März 1529 an die Freiberger, die sub utraque kommunizieren wollten, noch zu warten und im Gebet auszuharren.[13]

Für die weitere Entwicklung der Reformation in Freiberg erwies sich der Aufenthalt von Heinrich und Katharina 1531 in Torgau als wichtig. Am 4. Mai forderte Kurfürst Johann Luther auf, am nächsten Tag in die Residenz zu kommen und dem herzoglichen Wunsch entsprechend zu predigen. Er möge unbedingt kommen, weil niemand wisse, was vielleicht Gott damit bewirken wolle.[14] Über die Predigt selbst liegen keine Berichte vor. Doch ist anzunehmen, daß Luther auch Heinrich persönlich begegnete. Dieses Treffen blieb nicht ohne Wirkung. Gegenüber Übertretern der Fastengebote am Abend vor Mariä Himmelfahrt (14. Mai) und an den Feiertagen, die nach einem Verbotsbrief des Herzogs in Ausführung des Abschieds vom Augsburger Reichstag 1530 verhaftet worden waren,[15] ließ er Milde walten. Die nicht hohen Strafen vom September hob er schließlich Weihnachten 1531 ganz auf.[16] Ein weiteres Zeichen für die reformationsfreundliche Umwelt in Freiberg war die direkte Einflußnahme Georgs auf die Erziehung der beiden älteren Söhne. Moritz schickte er Ende 1532 an den Hof Kardinal Albrechts in Halle. Severin kam an den Hof Ferdinands I. nach Innsbruck.[17] Damit sollten die beiden dem Einfluß ihrer evangelischen Mutter entzogen werden. Georgs Vorgehen war sicher auch eine Warnung an seinen Bruder. Für 1533 ist als evangelischer Prediger der Herzogin Georg Schumann aus dem Dominikanerkloster bezeugt, der spätere Pfarrer von Marienberg.[18] Im gleichen Jahr soll Katharina das Abendmahl unter beiderlei Gestalt empfangen haben.[19] Dieses öffentliche Bekenntnis zur evangelischen Lehre stand im Zusammenhang mit der Hochzeit ihrer Tochter Emilie mit dem seit 1528 evangelischen Markgrafen Georg von Brandenburg-Ansbach am 25. August 1532.[20] Vergeblich wandte sich Herzog Georg gegen diese Heirat. Die verwandtschaftlichen Verbindungen mit einem führenden Fürsten der evangelischen Stände stützten die evangelische Partei am Hof, bestärkten Katharina in ihrem Bemühen bei Heinrich und waren ein wichtiger Schritt auf dem Weg zur offiziellen Einführung der Reformation, die ohne äußere Unterstützung nicht möglich war.

Im August 1534 erwiderten Katharina und Heinrich einen Besuch Johann Friedrichs. Dabei predigte Luther am 23. und 24. vor den Gästen im Wittenberger Schloß. Ein Augenzeuge berichtete, daß der Herzog mit Fleiß zugehört und anschließend mit Luther gnädig

---

13 (Wittenberg), 13. März 1529: Luther an Hausmann in Zwickau, WA Br 5, 37-39 (Nr. 1395), bes. 38, 24-31 und 39 Anm. 18.

14 WA Br 6, 90 (Nr. 1813).

15 Hellriegel: Die Reformation …, 16 f.

16 Seidemann: Dr. Jacob Schenk …, 7.

17 Julius Richter: Das Erziehungswesen am Hof der Wettiner Albertinischer (Haupt-) Linie. Berlin 1913, 22 f. 25-28.

18 Der Dominikaner Georg Schumann – seit 1532 Prediger der Herzogin – wurde 1537 Pfarrer in Marienberg, wo er 1545 starb. Vgl. Seidemann: Dr. Jacob Schenk …, 97 Anm. 36; Sächsisches Pfarrerbuch: die Parochien und Pfarrer der Ev.-luth. Landeskirche Sachsens (1539-1939)/ hrsg. von Reinhold Grünberg. Bd. 2. Freiberg 1940, 850; ferner unten Anm. 32.

19 Seidemann: Dr. Jacob Schenk …, 8. Johann Burkhard Mencke: Scriptores rerum Germanicarum … Bd. 2. Lipsiae 1728, 21-25.

20 Zu Markgraf Georg vgl. Gerhard Pfeiffer: Georg der Fromme. NDB 6 (1964), 204 f.

über viele Dinge gesprochen habe.[21] Diese freundliche Begegnung stand in vollem Gegensatz zu dem gereizten und gespannten Verhältnis Luthers zum Dresdener Hof und war ein sichtbares Zeichen der Sympathien für die evangelische Sache in Freiberg. Ein weiteres Zeugnis ist dafür der rege Briefwechsel zwischen Freibergern und Luther, von dem einige Briefe erhalten sind. Als Briefpartner erscheinen die Ratsfamilien Weller, Lißkirchen und Alnpeck.[22] Am 7. Oktober 1534 versuchte Luther, den Hoforganisten Matthias Weller in seiner Schwermut zu trösten.[23] Wenige Monate später dankte er dem Freiberger Rat für die bisherige Unterstützung von Hieronymus Weller. Er kündigte dessen Promotion zum Doctor theologiae an und versuchte so, Weller eine Unterstützung durch seine Heimatstadt zu verschaffen.[24] /96/

Die evangelische Partei wollte sich nicht allein mit dem Hören der neuen Lehre zufriedengeben, sie suchte nach Möglichkeiten, ihre Überzeugung zu praktizieren. An erster Stelle lag dabei die Sehnsucht nach dem Abendmahl unter beiderlei Gestalt. Sub una wollte und konnte man nicht mehr kommunizieren. So fragte Barbara Lißkirchen durch ihren Bruder Hieronymus Weller bei Luther an, ob sie in ihrem Haus das Abendmahl nach evangelischer Weise empfangen könnte. Wegen der Folgen für die Kirche und den Gottesdienst widerriet Luther. Da das Abendmahl ein öffentliches und allgemeines Bekenntnis wäre, führe die im Papsttum gebräuchliche Privatmesse zur allgemeinen Zerrüttung, wenn jeder einen ähnlichen Wunsch vorbrächte.[25] Diese Stellungnahme überrascht nicht. Bereits 1531 hatte Luther dem Leipziger Bürger Oswald Losan geschrieben, daß der private oder geheime Empfang des Abendmahls der Einsetzung Christi nicht entspräche.[26] Als Ausweg blieben der Verzicht auf das Sakrament, der geistliche Empfang oder die Kommunion im benachbarten evangelischen Gebiet. Für Freiberg kam das im Kurfürstentum gelegene Leisnig (Kr. Döbeln) in Frage, wie der wenig später aufgebrochene Streit um den Freiberger Kartenmaler Matthes Lotther zeigte. Zugleich beweist der Brief an Barbara Lißkirchen, daß es in Freiberg selbst nur den Vertrauten um die Herzogin möglich war, sub utraque zu kommunizieren, während in der Stadt das altgläubige Kirchenwesen noch voll funktionierte. In dieses Bild paßt auch Heinrichs hinhaltende Antwort an seinen Bruder, nachzuforschen, ob zu Ostern 1535 tatsächlich zahlreiche Freiberger im nahegelegenen Reinsberg (Kr. Frei-

---

21 Zu beiden Predigen WA 37, 37 f. Die Predigt am 23. August über Mk 7, 31-37 in WA 37, 506-520, die vom 24. August über Psalm 130 in WA 37, 520-526. Über beide Predigten berichtete Franz Burkhardt an Fürst Joachim I. von Anhalt-Dessau (1509-1561) am 24. September aus Wittenberg: »Es hath auch Dominus Doctor Martinus zwue schöner predig gethan, eyne gestern, dye ander heut frue vmb sie horen, welche Hertzog Heynrich mit vleyß gehöret vnnd hernachmals mit Doctor Martino gnediglich vnnd freuntlich vielerley geredth.« (Gedruckt: GEORG HELTS BRIEFWECHSEL/ hrsg. von Otto Clemen. Leipzig 1907, 76 – Nr. 112).

22 Zu Weller das Register in WA Br 15, 272 f; zu Lißkirchen WA Br 12, 134-136 (Nr. 4244a) WA Br 6, 86-88 (Nr. 1811); WA Br 7, 487 und unten Anm. 25.

23 WA Br 7, 104-106 (Nr. 2139).

24 (Wittenberg), 13. Juni 1535, WA Br 7, 189 f (Nr. 2199).

25 (Wittenberg), 7. März 1535: Luther an Barbara Lißkirchen, WA Br 7, 167 f (Nr. 2184).

26 WA Br 6, 139-143 (Nr. 1837). Gegenüber Hans Honold in Augsburg lehnte Luther die Hauskommunion ebenfalls ab: (Wittenberg), 21. Juli 1533, WA Br 6, 507-509 (Nr. 2039); die gleiche Haltung in (Wittenberg), 30. Dezember 1535: Luther an Pfarrer Wolfgang Brauer zu Jessen, WA Br 7, 338 f (Nr. 2281), und im Streit um Matthes Lotther (s. u.). Vgl. Karl TRÜDINGER: Luthers Briefe und Gutachten an weltliche Obrigkeiten zur Durchführung der Reformation. Münster 1975, 114-118.

berg) das Abendmahl unter beiderlei Gestalt genommen hatten.[27] Sosehr die wohlwollende Haltung des Herzogs die Evangelischen begünstigte, öffnete das Fehlen von fest angestellten evangelischen Geistlichen für die Stadtbewohner die Türen zu Selbsthilfe und abweichenden Lehrmeinungen unter den Evangelischen. Eine Folge dieses Schwebezustandes waren die Auseinandersetzungen um Lotther.

Die Freiberger Bürger Lorenz Kastner, Clemens Glaser und Gregor Heynemann fühlten sich durch Äußerungen Lotthers verunsichert und baten Luther um Beratung, der ihnen am 11. Februar 1536 ausführlich antwortete.[28] Die drei aufgeworfenen Fragen bewegten sicher nicht nur die Evangelischen in Freiberg, sie berührten die Existenz jedes Evangelischen in einem noch katholischen Kirchenwesen. Nach Lotthers Ansicht durften Christen Gottes Wort im Götzenhaus unter dem Greuel päpstlicher Messe nicht hören. Ein solches Verbot stammte nach Luther vom Teufel, da Paulus den Christen den Aufenthalt in Götzenhäusern zugestand, da sie dort nicht der Götzen teilhaftig und mit Gottlosen auch sonst essen, trinken, reden und verkehren würden. Nach Mt 23, 2 f war zu erwarten, daß auch dort das Evangelium gepredigt werden kann. Dieser Rat ermöglichte den Evangelischen, päpstliche Gottesdienste weiter zu besuchen, und einem Abgleiten in Konventikel waren so deutliche Grenzen gesetzt. Da das Sakrament »durchs worth gemacht« würde, hielt Lotther es für möglich, seiner Familie persönlich das Abendmahl zu reichen, wie er zur christlichen Belehrung von Frau und Kindern verpflichtet sei. Daher war für ihn das »Auslaufen« zum Sakrament über Land nach Leisnig unnötig und unrecht, zumal er es als Wallfahrt im herkömmlichen Sinn verstehen wollte. Wie auch Barbara Lißkirchen und anderen Ratsuchenden gegenüber betonte Luther, daß Gott geordnet und befohlen hat, das Sakrament durch ein »offentlich Ampt« zu reichen, da es zu öffentlichem Bekenntnis eingesetzt worden ist. Ein öffentlicher Prediger ist nur der öffentlich Berufene. Lotther hatte Mt 24, 23, daß Christus nicht hier oder da sei, auf Leisnig bezogen. Dem hielt Luther mit Recht entgegen, daß »hier und da« Lotthers Haus ebenso gelten könnte. Mit der Bindung des Abendmahls an das öffentliche Amt glaubte Luther auch, Irrlehrern und Schwärmern entgegenzuwirken. Die Diasporasituation und die andersgläubige Umwelt /97/ hatte er nicht im Blick. Wenn sich überhaupt keine Möglichkeit ergab, den Glauben zu praktizieren, empfahl Luther, den Besitz zu verkaufen und in ein evangelisches Land auszuwandern,[29] einen Weg, den viele Evangelische unter Herzog Georg auch beschritten haben.

Als folgenschwer erwies sich Luthers Hinweis, daß die Obrigkeit gut daran täte, den »Geist« zum Schweigen zu bringen.[30] Der Briefschreiber vermutete hinter den zunächst aus der Not als Selbsthilfe geborenen Gedanken Lotthers schwärmerische Anschauungen, denen entgegenzutreten war. Der Freiberger Rat nahm sich der Sache an, verzichtete aber auf eine Bestrafung und verpflichtete die Parteien, Ruhe zu bewahren und auf weitere

---

27 Zur Antwort Heinrichs vom 11. April 1535 auf Georgs Forderung vom 8. April (SächsHStA Dresden: Kopial 147, 48a. Entwurf Pistoris) vgl. J(ohann) K(arl) Seidemann: Die Reformationszeit in Sachsen von 1537 bis 1539. Dresden 1846, 155.

28 WA Br 7, 365–367 (Nr. 2296). Zum Streit um Lotther ausführlich bei Paul Vetter: Lutherana 1: Luthers Streit mit Herzog Heinrich von Sachsen. NASG 29 (1908), 82–94.

29 Wittenberg, 27. August 1532: Luther an Martin Lodinger in Gastein. WA Br 6, 352 f (Nr. 1954), bes. 353, 8–11.

30 WA Br 7, 366, 34 f.

Gespräche zu warten. Damit wäre der Fall erledigt gewesen, wenn nicht Lotther beim Herzog als Wiedertäufer und Irrlehrer, der den Seinen das Sakrament selbst gereicht habe, angezeigt worden wäre.

Bevor wir den weiteren Gang dieses Streites verfolgen, müssen wir auf die für die Entwicklung der Reformation in Freiberg wohl wichtigsten Personalentscheidungen eingehen. Zum 1. Juli 1536 wurde Jacob Schenk Hofprediger und Kaplan der Herzogin. Kurze Zeit zuvor übernahm Anton von Schönberg Ratspflichten in Freiberg. Damit kamen die Männer an den Hof, die in der Lage waren, das Reformationswerk voranzutreiben. Schenk und Schönberg fiel die nicht leichte Aufgabe zu, der durch die Zurückhaltung Herzog Heinrichs stagnierenden Religionspolitik Sinn, Richtung und Ziel zu geben. Die Reformationsfrage mußte zur Entscheidung geführt werden. Dazu fehlten bisher in Freiberg die geeigneten Mitarbeiter.

Der zwischen 1552 und 1554 gestorbene Anton von Schönberg[31] bekannte sich mit den Gebrüdern Einsiedel im Gegensatz zur Mehrheit des Adels in der Markgrafschaft Meißen früh zu Luther. 1520 belehnte ihn Herzog Georg, später trat er in albertinische Dienste und nahm 1530/31 die Bergrechnung mit ab. Wann er evangelisch wurde, wissen wir nicht. 1533 entdeckte Georg den »Abfall« seines Rates. Als dieser sich weigerte, sub una zu kommunizieren, befahl der Herzog ihm, bis Ostern 1534 seine Güter zu verkaufen und das Herzogtum zu verlassen. Freunde und Verwandte setzten sich vergeblich für ihn ein, die Verhandlungen zogen sich bis zum Tod Georgs hin. Anton wurde jedoch am 25. November 1533 Amtmann im kurfürstlichen Grimma und ging im Mai 1536 nach Freiberg. Die Umstände für seine Übernahme in Heinrichs Dienst sind ungeklärt. Johann Friedrich wird dabei nicht untätig gewesen sein. Die Bestallung Schönbergs muß als deutliches Signal für den Dresdener Hof gewertet werden. Mit ihm kam ein überzeugter Protestant in die nächste Umgebung von Heinrich, der durch seinen Streit mit Herzog Georg an dessen Einfluß in Freiberg nicht weiter interessiert und auch geeignet war, diesen zurückzudrängen. In die bisher geschlossene Front von Heinrichs Ratgebern gelang damit der entscheidende Einbruch, der bei geschicktem Zusammenspiel Schönbergs mit der Herzogin und ihrem neuen Hofprediger zur Einführung der Reformation führen konnte. Der Streit mit Lotther ließ die Beteiligten erkennen, wie wichtig ein guter und von Wittenberg geschickter Prediger für die reformatorische Bewegung in Freiberg war. Ihre geistige Führung konnte der Dominikaner Schumann nicht übernehmen, der sich später in der Visitation Schenk widersetzte.[32]

---

31 Albert FRAUSTADT: Geschichte des Geschlechtes von Schönberg Meissnischen Stammes. Bd. 1B. Leipzig 1878, 88-115, dort auch zur Zeit nach 1541; außerdem Erich BRANDENBURG: Moritz von Sachsen. Bd. 1. Leipzig 1898, 69-72. 171-176. Zum Vorgehen Georgs gegen Schönberg SächsHStA Dresden: Loc. 9666: Schriften bel. Antoni von Schönberg ... 1534-1538, 56 Bl., dort 40a-47a Übersicht über den Besitz Schönbergs.

32 Schumann hatte am 19. Mai 1537 gegenüber dem Prior des Dominikanerklosters Simon Beier sein Erstaunen über das Vorgehen gegen die Altgläubigen in Freiberg geäußert, wie das Verbot der Messe, Zwang zum Sakrament sub utraque, Umzug in das Franziskanerkloster. Für Schumann waren diese Auflagen mehr aus Haß und Neid als aus Liebe zum Evangelium entstanden. Er wollte sie nicht mittragen und lieber weggehen. (StA Weimar: Reg Ii 1081, Abschr.; gedruckt: Seidemann: Dr. Jacob Schenk ..., 156) Diese Stellungnahme sah Schenk als Aufruf zur Verstockung und Halsstarrigkeit, so am 8. Juni 1537 an Johann Friedrich (StA Weimar: Reg J 1081, la-4b; gedruckt: Seidemann: Dr. Jacob Schenk ..., 154).

Erneut ging der Anstoß von Katharina aus, die ihren Neffen Johann Friedrich um einen Prediger bat. Der Kurfürst leitete den Wunsch an Luther weiter, der am 10. April 1536 mit Schenk über einen zeitlich befristeten Aufenthalt in Freiberg sprach. Luther war auch selbst von Freibergern um einen Geistlichen gebeten worden. Die Bittsteller wünschten einen unverheirateten und geweihten Prediger.[33] Die letztere Bedingung traf auf Schenk nicht zu. Johann Friedrich hatte Luther schon beauftragt, eine Absage an /98/ Katharina zu schikken,[34] als man sich schließlich doch für Schenk entschloß. Luther sandte ihn ausdrücklich als seinen Schüler nach Freiberg. Auf dem Hintergrund der Beziehungen zu Herzog Georg, die zu dieser Zeit wieder einen Tiefstand erreicht hatten, fühlte sich Luther besonders für die weitere Entwicklung in Freiberg verantwortlich, zumal er das besondere Interesse seines Landesherrn dafür kannte. Luther lag es sicher nicht daran, »Werk und Werkführer in seiner Hand zu behalten«[35].

Mit Schenk[36] kam ein direkter Schüler der Wittenberger Theologen nach Freiberg. Um 1508 in Waldsee/Aach geboren, besuchte er in Memmingen die Schule und folgte seinem am 28. Juni 1525 immatrikulierten Bruder Michael nach Wittenberg, wo er sich im Sommersemester 1526 einschreiben ließ.[37] Er besuchte die Vorlesungen bei Luther, Melanchthon und Justus Jonas, predigte in Wittenberg, lehrte an der Stadtschule zur Aushilfe und unterrichtete einige Schüler. Schenk schien vor einer erfolgreichen Universitätslaufbahn zu stehen,[38] bevor er nach Freiberg ging. Mit offenen Armen nahm man ihn dort auf. Heinrich dankte Johann Friedrich für die Entsendung und nahm den Prediger seiner Gemahlin in persönlichen Schutz.[39] Schenk erwarb sich sofort das Vertrauen der Herzogin. Seinem Wirken war es zu verdanken, daß der Herzog am 29. September 1536 gegenüber dem Freiberger Rat die freie Religionsausübung zugestand.[40] Das noch ungetrübte Verhältnis des jungen, erfolgreichen Predigers zu seinen Wittenberger Lehrern demonstrierte der Erwerb der Doktorwürde. Am 10. Oktober 1536 wurde Schenk unter Luthers Vorsitz Licentiat und zwei Tage später Doktor der Theologie. Die Kosten dafür wie für das übliche prächtige Essen trug bemerkenswerterweise die Herzogin.[41] Zum entscheidenden Datum in Freibergs Reformationsgeschichte wurde jedoch Neujahr 1537. Der Herzog erlaubte Schenk, erstmals im Dom eine öffentliche Predigt und lutherisches Abendmahl zu halten. Damit bekannte sich Heinrich zur Reformation. Diesen klaren Erfolg von Schenks Arbeit stellten vorübergehend zwei unterschiedliche, aber doch zusammenhängende Ereignisse in Frage: die weiterschwelenden Differenzen um Lotther und der Besuch von Herzog Georg und Georg von Karlowitz in Freiberg.

---

33 Torgau, 14. Mai 1536: Johann Friedrich an Luther, WA Br 7, 411, 37 f (Nr. 3022). Zu Luthers Verhandlungen mit Schenk ebd, 412 Anm. 5.

34 WA Br 7, 411, 39 f.

35 Seidemann: Dr. Jacob Schenk …, 11.

36 Neben der oben in Anm. 2 genannten grundlegenden Arbeit von Seidemann noch Georg Müller: Schenk: Jacob S. ADB 31, 49-51. Zum weiteren Schicksal Schenks vgl. unten Anm. 67 mit weiterer Literatur für die Jahre nach 1538.

37 Album Academiae Vitebergensis/ hrsg. von Carl Eduard Förstemann. Bd. 1. Leipzig 1841, 128.

38 WA Br 7, 412 Anm.

39 Freiberg, 22. Juli 1536: Heinrich an Johann Friedrich (StA Weimar: Reg N 65, 4. Ausfertigung; gedruckt: Seidemann: Dr. Jacob Schenk …, 123).

40 Hellriegel: Die Reformation …, 19 f.

41 Seidemann: Dr. Jacob Schenk …, 11, 98 Anm. 43. WA TR 4, 612 (Nr. 5011).

Insgesamt dreimal schrieb Luther wegen Lotther, der entgegen der geschworenen Urfehde aus Freiberg geflohen und nach Wittenberg gekommen war, an Herzog Heinrich.
Das Urteil über den Flüchtling ist dabei recht unterschiedlich und widersprüchlich. Rät
Luther am 7. Juni 1536, statt einer Ausweisung Lotther mit Gefängnis zu bestrafen und
dann in Freiberg zu lassen, damit er an anderen Orten nicht noch mehr Unruhe stiften
konnte,[42] wünschte er einen Monat später, den Angeschuldigten entsprechend seinem Angebot in einem ordentlichen Gerichtsverfahren zu verhören.[43] Verglich Luther ihn zunächst
noch mit Karlstadt, so räumte er dann die Möglichkeit der Unschuld ein, von der er später
voll überzeugt war. Eigentlich durfte Luther nicht überrascht sein, wenn Lotther zur ersten
»Fürbitte« meinte, das Schreiben aus Wittenberg »sei ihme mehr schädlich dann förderlich
gewest umb etlicher Wort willen, die man weit deuten könnte, ...«[44] Nachrichten aus Freiberg
müssen diesen Eindruck verstärkt und sich günstig für den Bedrohten ausgewirkt haben.
Luther hatte vorschnell über Lotther geurteilt, zudem die Verhältnisse in Freiberg zu günstig
gesehen und vielleicht nicht berücksichtigt, daß die Berufung Schenks nur ein weiterer
Schritt auf dem langen Weg zur Einführung der Reformation war. Daß Heinrich auf die
ersten beiden Briefe in keiner Weise antwortete, belegt ihre kühle Aufnahme in Freiberg.
Die durch die Bestallung Schönbergs und die Ankunft Schenks aufgeschreckte katholische
Partei erhielt mit Lotther eine denkbar günstige und willkommene Gelegenheit, die vermeintlichen täuferischen Ansichten und Reden als Ergebnis von Luthers Schriften und
Handeln hinzustellen und vor einer Reformation zu warnen. Zugleich /99/ verletzte Luther
das herzogliche Selbstbewußtsein, als er den Bruch der Urfehde im Juli überging und dann
am 2. November 1536 noch rechtfertigte, weil Lotther um sein Leben habe fürchten müssen.
Das letzte, verärgert und scharf abgefaßte Schreiben stellte die Unschuld des Kartenmalers
heraus. Es nahm ausdrücklich den Vorwurf vom Juni, daß jener sich gegen die evangelische Lehre vergangen habe, zurück und erinnerte daran, daß der Herzog »nun durch Gottes
Gnaden das heilige Evangelien« hören könnte. Luther drohte, in einer öffentlichen Erklärung
für die Unschuld Lotthers eintreten zu wollen.[45] Die nun erfolgte Antwort Heinrichs ist
nicht mehr vorhanden. Sie muß aber deutlich ausgefallen sein, da sie Luther sehr erboste.

Der folgenschwere Bruch zwischen Freiberg und Wittenberg erschien unvermeidlich.
Katharina schrieb selbst an den Kurfürsten, den schon Luther vorher in Kenntnis gesetzt
hatte, und beauftragte Schenk mit einer ausführlichen Darstellung des Streites. Die Herzogin hatte sofort erkannt, daß weitere Briefe die Spannungen nur verschärfen, das hoff-
nungsvolle Reformationswerk gefährden und in Dresden Freude auslösen würden. Johann
Friedrich teilte diese Sicht und beauftragte umgehend Gregor Brück, mit Luther den Streitfall zu besprechen und jede Verschärfung zu vermeiden. In der Tat gelang es dem Kanzler,
Luther zu besänftigen, der vor allem Schenk die Schuld gab und mit dessen Abberufung
drohte.[46] Die vom Kurfürsten gewünschte Entschuldigung bei Heinrich lehnte er ab. Die
äußere Bedrohung für die Freiberger Reformation war abgewandt. Schaden nahm jedoch

42 (Wittenberg), 7. Juni 1536: Luther an Heinrich, WA Br 7, 427 f (Nr. 3034).
43 Wittenberg, 4. Juli 1536: Luther an Heinrich, WA Br 7, 458 (Nr. 3042).
44 WA Br 7, 458, 3-5.
45 (Wittenberg), 2. November 1536: Luther an Heinrich, WA Br 7, 581-585 (Nr. 3100).
46 Zu den Vermittlungsbemühungen von Katharina, Johann Friedrich und Brück vgl. Vetter: Lutherana
   1, 88-91. 93 f.

das Verhältnis Luthers zu Schenk. Ebenso blieben die Beziehungen zum Herzog recht kühl. Herzog Georg wollte sich diese Gelegenheit nicht entgehen lassen und erschien wenige Tage nach dem Briefwechsel zwischen Luther und Heinrich mit Georg von Karlowitz sicher nicht zufällig in Freiberg.

Während Georg mit seinem Bruder die Religionsfrage nicht erörterte, fiel diese Aufgabe Karlowitz zu. Dieser hatte erkannt, daß allgemeine Warnungen vor der Reformation nichts mehr nützten. So legte er den Finger auf den schwachen Punkt in der Person Schenks, der Bedenken und Vorurteile hervorrufen konnte. Nach dem Bericht Katharinas an den Kurfürsten habe der Rat ihr entgegengehalten, was sie denn für Leute in Freiberg wären, die einen einfachen und unbedeutenden Laien, der nicht geweiht wäre, predigen ließen.[47] Mit diesem Vorwurf verfolgte Karlowitz verschiedene Ziele. Zunächst wollte er den Erfolg des jungen Predigers schmälern und die Kräfte stärken, die ihm wegen der fehlenden Weihe die öffentliche Predigt in der Stadt nicht gestatten wollten. Sollte Schenk dem Wunsch aus Dresden, die Weihe nachzuholen, nachkommen, dann bestand die Chance, ihn bei der entstandenen Spannung zwischen Luther und dem Herzog den Wittenberger Theologen zu entfremden, den weiteren Verlauf der Reformation in Freiberg zu beeinflussen und Schenk an den Bischof von Meißen zu binden, der nach seinem Gutdünken den Prediger absetzen und so seinen Einfluß in Freiberg aufrechterhalten konnte. Daß Karlowitz die wirtschaftliche Abhängigkeit Freibergs vom übrigen Herzogtum und die Möglichkeit, daß Georg um der Lehre willen seine Neffen Moritz und August enterben könnte, als Druckmittel mit einsetzte,[48] dürfte nicht überraschen. Der geschickt vorgetragene Vorstoß des albertinischen Rates zeigte die schwierige Stellung Schenks. Da vom Herzog die Reformation noch nicht eingeführt war, fehlte Schenk außer der Beauftragung durch Katharina und Heinrich jede weitere Legitimation. Eine Ordination in Wittenberg und eine Einführung in Freiberg hatten nicht stattgefunden. Es fehlte ferner im Freiberger Land eine die kirchlichen Verhältnisse ordnende Institution, die dem berechtigten Anliegen von Karlowitz sofort den Boden entzogen hätte.

Die treibenden Kräfte der Reformation wurden tätig. Daß Katharina sofort Johann Friedrich /100/ benachrichtigte, haben wir erwähnt. Schenk schrieb ebenfalls an Karlowitz und an den Kurfürsten,[49] der ein Gutachten aus Wittenberg anforderte. Heinrich scheute größere Verwicklungen und war bereit, mit dem Prediger vor dem Bischof zu erscheinen. Melanchthon verfaßte den mit anderen Theologen abgesprochenen Entwurf für eine mögliche Antwort Schenks nach Meißen: Bischöfliche Weihe sei für rechte Taufe und Predigt nicht

---

47 Freiberg, 27. November 1536 (Montag nach Katharinen): Katharina an Johann Friedrich (StA Weimar: Reg N 65, 9-12. Ausfertigung, eigenh. Unterschr.; gedruckt: Seidemann: Dr. Jacob Schenk ..., 126-128). Zum Streit um die Weihe Schenks zum Priester ebd, 12-17.

48 So Katharina an Johann Friedrich im Brief vom 27. November, vgl. Anm. 47.

49 Freiberg, 9. Dezember 1536 (Sonnabend nach Nikolai): Schenk an Georg von Karlowitz (StA Weimar: Reg N 65, 28, Ausfertigung, eigenh. Ausfertigung; Seidemann: Dr. Jacob Schenk ..., 130-132); die Antwort des Carlowitz aus Dresden, 15. 12. 1536 (Freitag nach Lucie) (StA Weimar: Reg N 65, 19. Abschrift; gedruckt: Seidemann: Dr. Jacob Schenk ..., 132 f.). Schenk berichtete ausführlich dem Kurfürsten am 16. 12. 1536 (StA Weimar: Reg N 65, 21-27. Ausfertigung eigenh.; gedruckt: Seidemann: Dr. Jacob Schenk ..., 133-141). Mit der Entgegnung am 1. Januar 1537 billigte Johann Friedrich das Verhalten Schenks (StA Weimar: Reg N 65, 30 f. Entwurf; gedruckt: Seidemann: Dr. Jacob Schenk ..., 141 f).

Voraussetzung, da diese auch durch Laien wirksam sind. Bedingungen für das öffentliche Predigtamt seien öffentliche Berufung und Vokation durch die Obrigkeit mit Bewilligung der Kirchen des Ortes. Die Promotion Schenks bezeuge ebenfalls seine rechte Lehre. Eine Ordination durch den Bischof wäre nicht abzulehnen, wenn damit nicht dem Gewissen widersprechende Verpflichtungen zur unchristlichen Lehre und zum Eheverzicht verbunden wären.[50] Damit gaben die Wittenberger Theologen den Ausschlag für Schenks Bleiben in Freiberg, wenn auch Johann Friedrich dem Prediger die letzte Entscheidung überließ und erinnerte, daß bei einer Weihe Schenk sich den päpstlichen Ordnungen unterwerfen müßte. Da die erforderlichen Weihen erst nach einem Jahr abgeschlossen seien, dürfe er solange nicht amtieren. Daß der Kurfürst aber auch daran dachte, Herzog Georg nicht zu sehr zu reizen, zeigte der Vorschlag, Schenk mit dem Pfarrer in Schneeberg, Caspar Zeuner,[51] der 1516 zum Priester geweiht worden war, auszutauschen.[52] Dieser nicht ausgeführte Plan zeigt neben der theologischen Bedeutung das politische Umfeld dieses Problems, das beim späteren Dienstantritt von Nikolaus Hausmann und Zeuner erneut auftrat.

Mit der Predigt und Abendmahlsfeier Schenks im Dom am 1. Januar 1537 hatte Heinrich öffentlich seine Verbundenheit mit Luthers Werk angezeigt. Diese Entscheidung bestimmte die weitere Entwicklung. Es war nur noch eine Frage der Zeit und der günstigen Gelegenheit, um die neue Lehre allgemein einzuführen. Dieser Schritt mußte jedoch gegen alle möglichen Maßnahmen Herzog Georgs gesichert werden. Auf diesem Hintergrund und in der Absicht, die sich anbahnende Entscheidung Heinrichs zu beschleunigen und den Zögernden fester an die evangelischen Stände zu binden, ist der über Katharina laufende kurfürstliche Vorstoß für einen Beitritt des Vetters zum Schmalkaldischen Bund zu sehen. Auf dem für die weitere Reformationsgeschichte so wichtigen Bundestag im Frühjahr 1537 in Schmalkalden berieten die Bundesmitglieder das »Gesuch« der Freiberger und bewilligten unter bestimmten Bedingungen die Aufnahme. Die abschließenden Gespräche dazu führte Johann Friedrich mit Heinrich auf dem sächsisch-brandenburgisch-hessischen Erbeinigungstag Ende März in Zeitz. Dort scheiterte die Erneuerung der Erbeinigung mit Herzog Georg, da dieser als einziger Katholik der anwesenden Fürsten auf die Erwähnung des Papstes und die bisherige Eidesformel mit Anrufung der Heiligen nicht verzichten wollte.[53] Damit wurde der Graben zwischen den beiden Albertinern tiefer, die

---

50 Das Gutachten, das Scheible zu Recht in MBW 2, 283 f (Nr. 1817) auf ca. 1. Dezember 1536 datiert, ist abgedruckt in CR 3, 182-185 (Nr. 1485).

51 Zeuner, 1492 in Freiberg als Sohn des Ratsherrn Hans Z. geboren, studierte 1511 in Leipzig, 1516 vom Meißner Bischof, Johann VI. von Salhausen (†1518), zum Priester geweiht, in Ebersdorf (Chemnitz) und 1517 in Komotau (Chomutov) papistischer Pfarrer, 26. März 1518 in Wittenberg immatrikuliert, 1521 evang. Pfarrer in Trebsen (Kr. Grimma), 1534 in Schneeberg, 21. April 1539 Superintendent in Freiberg, wo er am 27. August 1565 starb. Wichtigste Quelle ist das ungedruckte Manuskript des 1660 gestorbenen Freiberger Chronisten Andreas MÖLLER: »Freiberger Geschlechter«, von dem 1954 in Freiberg eine Abschrift vervielfältigt wurde, dort 122-125. 128-130. Sächsisches Pfarrbuch …, 1051 ist zu korrigieren.

52 So der Kurfürst an Katharina, Wittenberg, 2. Dezember 1536 (Sonnabend nach Andree) (StA Weimar: Reg N 65, 13-15. Entwurf; gedruckt: Seidemann: Dr. Jacob Schenk …, 128-130).

53 Zu den Aufnahmeverhandlungen vgl. Günther WARTENBERG: Die Confessio Augustana in der albertinischen Politik unter Herzog Heinrich von Sachsen. ZBKG 49 (1980), 46 f; zum Einungstag Brandenburg: Herzog Heinrich …, 13 f.

Isolation Georgs nahm zu, während Heinrich sich mehr und mehr den evangelischen Verwandten anschloß.

Den entscheidenden Anstoß für die Visitation bildete jedoch der Beschluß des Leipziger Landtags von Anfang Mai, Herzog Friedrich als Nachfolger anzuerkennen und so die Lücke nach dem unerwarteten Tod des älteren Herzogs Johann am 11. Januar 1537 zu schließen.[54] Der zur gleichen Zeit zu Beratungen am kurfürstlichen Hof in Torgau weilende Heinrich setzte dort am 8. Mai 1537 sein Testament auf. Darin forderte er von seinen Kindern und Söhnen, in ihren Gebieten Gottes heiliges Wort und Evangelium sowie den rechten Gottesdienst zu fördern. Außerdem versprach er eine Visitation und die Beseitigung verführerischer und unchristlicher Lehren, von Mißbräuchen und allen Sachen, die Gott zuwider sind. Diese Verpflichtung galt ebenfalls seinen Söhnen. /101/ Sie sollten mit Rat und Hilfe der Freunde visitieren sowie alle Verträge, Erbeinigungen und Bündnisse übernehmen.

Das Testament umschrieb zugleich die Form der Ende Mai 1537 begonnenen Visitation. Die ernestinische Visitation und der »Unterricht der Visitatoren an die Pfarrherren im Kurfürstentum Sachsen« von 1528 waren Vorbild für die Veränderung.[55] Spalatin und Melchior von Kreutz, Amtmann zu Colditz und Leisnig, die zu Pfingsten (20. Mai) 1537 vom Kurfürsten nach Freiberg geschickt worden waren, berieten die eigentlichen Visitatoren Schenk, Anton von Schönberg und den Freiberger Bürgermeister Andreas Alnpeck, die als herzogliche Beauftragte dann jedoch ohne direkte kursächsische Hilfe tätig wurden. Luther trat dabei – wie bei der zweiten Visitation 1538 nach dem unrühmlichen Weggang Schenks – nicht in Erscheinung. Nicht nur der Streit um Lotther veranlaßte Luther zu dieser Zurückhaltung. Bei seinen Spannungen mit dem Dresdener Hof hätte seine Beteiligung das Freiberger Reformationswerk gefährdet und Herzog Georg unnötig verärgert. Möglicherweise hatte Luther andere Pläne mit Heinrichs Gebiet. Bei Gesprächen mit Brück, der in kurfürstlichem Auftrag wegen der Einführung der neuen Lehre in Freiberg nachfragte, hatte Luther vorgeschlagen, der Rat sollte die Veränderungen vom Domkapitel fordern. Diesem standen die Besetzungsrechte zu. Dann hätte die zuständige kirchliche Institution die Reformation selbst getragen,[56] ein Weg, den Luther der obrigkeitlichen Einführung stets vorzog.

Tatsächlich versuchte Schenk im März und April 1537, das Dornkapitel für die evangelische Sache zu gewinnen. Dabei spielten die Messe und das Abendmahl eine besondere Rolle. Mehrfach bat Schenk seine Wittenberger Lehrer Jonas und Melanchthon um Beratung[57] in der Frage des Laienkelches: Soll man auf diesen verzichten, wenn die Obrigkeit ihn nicht zuläßt? Während Jonas auf eine Aussprache in Wittenberg in Luthers Beisein drängte, nahm Melanchthon Stellung und gab seine liberalere Haltung zu erkennen, die

---

54 STAAT UND STÄNDE UNTER DEN HERZÖGEN ALBRECHT UND GEORG: 1485-1539/ bearb. von Woldemar Goerlitz. Leipzig 1928, 463-469. 547-552; Simon ISSLEIB: Herzog Heinrich als evangelischer Fürst, 1537-1541. BSKG 19 (1906), 148 f; Brandenburg: Herzog Heinrich ..., 15-17.

55 So in der Instruktion vom 26. Mai 1539, EKO 1I, 460-465. Zum Verlauf der Visitation Hellriegel: Die Reformation ..., 25-36; Seidemann: Dr. Jacob Schenk ..., 20-22.

56 So Hellriegel: Die Reformation ..., 28, der in seiner nach Quellen gearbeiteten Abhandlung leider keine Belege angibt.

57 Paul VETTER: Lutherana 3: Luthers Stellung im Streite Jacob Schencks mit Melanchthon und Jonas 1537. NASG 30 (1909), 80-84- 105-107. Vgl. MBW 2, 308 (Nr. 1878). 318 (Nr. 1903 f). 330 f (Nr. 1932. 1935).

ihn, wie er am 20. Mai 1537 an Schenk schrieb, bei einem konkreten Fall mit Luther entzweit habe. Bei Anfragen führe er den Verständigen und im Alter Erfahrenen die drohende Verfolgung vor Augen. Wenn sie trotzdem tapfer und beständig das Sakrament unter beiderlei Gestalt wünschten, rate er ihnen den Empfang. Junge Frauen und Schwache sollten überlegen, ob sie Druck und Drohung standhalten können. Zum Verbot durch die Obrigkeit wolle er selbst mit Schenk sprechen, der sich mit dieser von Melanchthon als persönlich angesehenen Antwort[58] nicht zufriedengab. Der Streit schwelte weiter und trat durch die amtliche Einführung der Reformation zunächst zurück. Schenks Bestellung zum Obersuperattendenten des Freiberger Gebietes bestärkte ihn in seiner Kritik an Melanchthon, die sich wenig später dem »Unterricht der Visitatoren« zuwandte und hier sich besonders auf den Absatz zum Verhalten gegenüber den Schwachen beim Abendmahlsempfang konzentrierte:

> »Wo aber schwachen sind / die bisher nicht dauon gehôrt / odder nicht genugsam mit den sprûchen des Euangelij vnterricht vnd gesterckt sind / vnd also on halstarrickeit / aus blôdickeit vnd forcht yhres gewissens / nicht kûndten beider gestalt empfahen / die mag man lassen einerley gestalt noch eine zeitlang geniessen vnd wo sie es also begeren / mag ein Pfarher odder Prediger wol den selbigen reichen [...]«[59]

Schenk drängte beim Kurfürsten auf eine Neubearbeitung der Schrift durch Luther und Johannes Bugenhagen, wobei der beanstandete Abschnitt gestrichen werden sollte.[60] Er befürchtete, daß dieser den Gegnern der Reformation die Möglichkeit gab, auf ihrem Standpunkt zu beharren und andere zu beeinflussen. Johann Friedrich schob die Entscheidung den Wittenberger Theologen zu. Den Verlauf der an sich überflüssigen und nur /102/ Verbitterung schaffenden Auseinandersetzung hat Paul Vetter eingehend nach den Akten des Weimarer Archivs untersucht.[61] Er sieht in Jonas und Melanchthon mit ihren Schülern die eigentlichen Schuldigen, die aus einer vorgefaßten Meinung heraus immer weiter gegen Schenk arbeiteten, Unwahrheiten verbreiteten und schließlich auch Luther gegen Schenk einnahmen. Dieser hielt Schenks Schreiben für überflüssig und vermutete nicht ganz zu Unrecht, daß es dem geistlichen Leiter des Freiberger Kirchenwesens mehr um den eigenen Ruhm ging, da er selbst wie auch Jonas zum Streitpunkt ausführlich berichtet habe. Gegenüber Brück kritisierte Luther allerdings Melanchthons Stellung zum Abendmahl: »Es were kurzumb nhue kain swachheit meher.« Zugleich hob er aber dessen »grosse arbeyt« hervor, besonders an der Universität. Würde Melanchthon aber auf seiner Meinung beharren, »muste die warheyt gothes vorgehen«.[62] Dieses distanzierende Urteil hinderte aber Luther nicht, energisch für seinen wichtigsten Mitarbeiter einzutreten. Mitte

---

58 Der Brief Melanchthons wurde am 5. Oktober 1537 von Schenk abschriftlich dem Kurfürsten mitgeteilt, gedruckt: Vetter: Lutherana 3, 106 f, vgl. MBW 2, 318 (Nr. 1904).

59 Vnterricht // der Visitatorn // an die Pfarhern ym // Kurfurstenthum // zu Sachssen. // Vuittemberg // MDXXVIII. //, Bl. (Eiv)b-Fa, WA 26, 214, 37 – 215, 4.

60 Vetter: Lutherana 3, 84.

61 Ebd, 85-103, dieser Darstellung folgt WA Br 8, 123-125. Vgl. Hellriegel: Die Reformation ..., 40-45, der die Schuld nicht einseitig den Wittenbergern zuschiebt. Zu der vom Kurfürsten angestrengten Untersuchung J[ohann] K[arl] SEIDEMANN: Aus der Reformationszeit: Dr. Jakob Schenk, Freibergs Reformator. Sächsisches Kirchen- und Schulblatt 27 (1877), 253-257. 261-265.

62 Über das Gespräch berichtete Brück seinem Herrn am 10. Oktober 1537, gedruckt: Vetter: Lutherana 3, 103 f.

Oktober gebot der Kurfürst den Beteiligten, nicht mehr zu schreiben und den Streitfall auf sich beruhen zu lassen. Damit schien die Sache beendet zu sein, wenn nicht neue Ereignisse in Freiberg die alten Wunden wieder aufgerissen hätten. Anlaß waren Schenks Verhalten gegenüber seinem Lieblingsschüler Georg Karg, der täuferische Gedanken geäußert hatte, Streitigkeiten zwischen Schenk und seinem Nachfolger als Hofprediger, Paul Lindenau,[63] sowie nicht abreißende Klagen des Freiberger Rates.

Schenk hatte Ende November 1537 Karg mit der Anzeige in Wittenberg, beim Kurfürsten sowie beim Rat zu Freiberg gedroht, wenn er nicht ihm gegenüber schriftlich seinen Irrtum erkennen und sich verpflichten würde, Schenks Weisungen zu folgen. Da der Beschuldigte sich weigerte, kam die Angelegenheit vor den Kurfürsten, der die Verhaftung Kargs befahl und die Untersuchung Luther zuwies.[64] Die von Schenk verlangte schriftliche Zusage brachte ihm den Verdacht ein, daß er ein persönliches Regiment aufrichten wolle. Hinzu kamen Predigten und ein Rundschreiben an die Freiberger Pfarrer, in denen die Predigt des Gesetzes zu sehr zurücktrat.[65] Zum Vorwurf des persönlichen Ruhmes und Ehrgeizes kam der des Antinomismus. Damit rückte Schenk in die Nähe von Johann Agricola. Nachrichten über wachsende Uneinigkeit in Freiberg veranlaßten Luther zu einem scharfen, ultimativen Schreiben am 28. Februar 1538 an Schenk: Entweder er bekenne seinen Irrtum oder erkläre öffentlich seine Gegnerschaft.[66] Diese deutliche Sprache beeindruckte auch Brück und den Kurfürsten, die den sich über Anton von Schönberg beschwerenden Schenk auf spätere Gespräche vertrösteten. Herzog Heinrich lud Kreutz und Spalatin nach Freiberg ein, um die Beschwerden des Rates zu untersuchen. Der Altenburger Superintendent schlug in seinem Bericht vor, Lindenau und Schenk aus der Stadt zu ent-

---

63 Lindenau aus Chemnitz wurde 1505 in Leipzig immatrikuliert; Sommer 1506 Baccalaureus; 1507 Eintritt in das Benediktinerkloster Chemnitz, das er vermutlich 1512 verließ; Geistlicher in Ehrenfriedersdorf (Kr. Zschopau); 1523 St. Marien Zwickau; 1529 Elsterberg (Kr. Greiz), später in Neumark (Kr. Reichenbach) und in Auerbach (Vogtland); 1537 Hofprediger in Freiberg; 1539 in Dresden, wo er 1544 starb. Vgl. Georg MÜLLER: Paul Lindenau, der erste evangelische Hofprediger in Dresden. Leipzig 1880; [Theodor] FLATHE: Lindenau: Paul, L. ADB 18, 688.

64 Karg (Parsimonius), geb. 1513 in Heroldingen (Kr. Donau-Ries), Winter 1531/32 Wittenberg immatrikuliert; 1534 Baccalaureus; 1536 Magister; 1537 Schloßprediger in Wittenberg; 10. August 1539 von Bugenhagen ordiniert; 1539 Prediger in Öttingen; 1547 Pfarrer in Schwabach; 1552 Ansbach; später Generalsuperintendent, in Lehrstreitigkeiten verwickelt; 1570 zeitweise vom Amt suspendiert; † 29. 11. 1576 Ansbach. Vgl. [Julius] WAGENMANN: Karg, Georg. ADB 15, 119 f; Theodor KOLDE: Karg, Georg. RE³ 10, 70-72; Matthias SIMON: Ansbachisches Pfarrerbuch. Nürnberg 1957, 230 f (mit weiterer Literatur); Georg KUHR: Karg, Georg. NDB 11 (1977), 151 f. Zu Luthers Untersuchung WA Br 8, 179-186 (Nr. 3206 f); Seidemann: Dr. Jacob Schenk ..., 28-32. Am 27. Juli 1539 wünschte Graf Ludwig XV. von Öttingen Karg als Pfarrer (ANALECTA LUTHERANA/ hrsg. von Theodor Kolde. Gotha 1883, 342). Da Karg widerrufen hatte, schickten Luther und Melanchthon ihn nach dort (WA Br 8, 528 f [Nr. 3374]).

65 Paul VETTER: Lutherana 4: Luther und Schencks Abberufung aus Freiberg im Jahre 1538. NASG 32 (1911), 24 f. Melanchthon berichtete bereits im November 1537 über den Antinomismus Schenks, so am 6. November 1537 an Friedrich Mykonius in Gotha (CR 3, 447 f [Nr. 1628]; MBW 2, 340 – [Nr. 1962]) und am 25. November Veit Dietrich in Nürnberg (CR 3, 452-454 [Nr. 1631]; MBW 2, 342 f [Nr. 1968]). Der Verdächtigung schloß sich Cruciger im Brief vom 27. November 1537 an Dietrich an (CR 3, 454-456 [Nr. 1632]).

66 WA Br 8, 201-203 [Nr. 3218], deutsche Übers. bei Seidemann: Dr. Jacob Schenk ..., 33 f; vgl. Vetter: Lutherana 4, 25 f.

fernen. Diesem Vorschlag stimmte Luther zu. Um Schenk den Weggang zu erleichtern und seine Gönner zu beschwichtigen, berief ihn der Kurfürst zu seinem Hofprediger. Dadurch unterstrich Johann Friedrich sein fortdauerndes Vertrauen zu Schenk. Er war besorgt, daß Unruhen in Freiberg den Herzog Georg zum Eingreifen veranlassen könnten und so das neue Kirchenwesen in Gefahr geraten würde, und verhandelte persönlich mit Heinrich in Schneeberg über eine Befriedung. Ende Juni 1538 verließ Schenk, mit allen Ehren verabschiedet, die Stadt, um in Weimar seinen neuen Dienst anzutreten.[67] Daran änderte auch die Vorsprache Katharinas bei Luther in Wittenberg nichts.[68]

Ein wichtiger Abschnitt in der Freiberger Reformationsgeschichte ging zu Ende. Schenks schließliches Scheitern war neben nicht entschuldbaren persönlichen Fehlern auf das Unvermögen Luthers, seiner Mitarbeiter sowie des kurfürstlichen Hofes zurückzuführen, die wirkliche Lage am Freiberger Hof zu erkennen und damit Schenks verdienstvolle Arbeit /103/ in rechter Weise zu würdigen. So fiel nicht ins Gewicht, daß der Rat der Stadt selbst das Patronatsrecht beanspruchte und sein Dissens mit Schenk zu den auch später häufigen Kompetenzstreitigkeiten zwischen Stadtobrigkeit und Superintendent gehörte. In Zwickau hatte Luther die Ansprüche des Rates zurückgewiesen. Der zu einem Kampf um den weiteren Einfluß sich zuspitzende Streit zwischen den Wittenberger Theologen und Schenk erscheint als Vorwegnahme der späteren Verärgerung Luthers über den Dresdener Hof unter Heinrich und Moritz. In der Tat versuchte Schenk mit zeitweisem Erfolg, einen den Freiberger Verhältnissen angepaßten Weg zu gehen. Wieweit das in der Konfrontation mit Herzog Georg und bei der notwendigen ernestinischen Rückendeckung überhaupt möglich war, muß hier offenbleiben.

Luther und der Kurfürst waren sich einig, daß unter diesen Umständen ein fähiger und geeigneter Mann Schenks Nachfolger werden mußte. Bevor die Untersuchungen der kurfürstlichen Abgesandten Kreutz und Spalatin, die die Zeremonien und Kirchenbräuche nach der ernestinischen Visitationsordnung einzurichten hatten,[69] abgeschlossen waren und mit Heinrich über geeignete Personen gesprochen wurde, stimmten sich Luther und sein Landesherr ab. Luther dachte zunächst an Wendelin Faber und Johann Rosenberg.[70] Da

---

67 Zum Gang der Verhandlungen bis zu Schenks Abreise ebd, 26-41. Nach dem Streit mit den Wittenberger Theologen wurde Schenk Hofprediger Johann Friedrichs, 1541 in Leipzig Prediger Herzog Augusts, dann Prof. an der Theol. Fakultät, nach Streit mit der Geistlichkeit 16. August 1543 aus Leipzig abgeschoben, 1544-1546 Hofprediger Kurfürst Joachims II.; er starb 1546. Vgl. P[aul] VETTER: Jacob Schenck und die Prediger zu Leipzig 1541-1543. NASG 12 (1891), 247-271; DERS.: Zu Jacob Schencks Ende. NASG 23 (1902), 145-147; Theodor WOTSCHKE: Zum Leben Jakob Schenks. Jahrbuch für brandenburgische Kirchengeschichte 11/12 (1914), 339-342; Wilhelm STIEDA: Jacob Schenck und die Universität Leipzig. ARG 20 (1923), 73-101.

68 Am 20. Juni 1538 sprach Katharina zweimal über Schenk mit Luther. Zur gleichen Zeit bat der Freiberger Rat um einen anderen Prediger. Vgl. WA TR 3, 691 f (Nr. 3895).

69 So Georgenthal, 21. Juli 1538: Johann Friedrich an Luther, WA Br 8, 251, 14-18. Dieser Auftrag zeigte deutlich, daß die Visitation von 1537 nicht voll anerkannt wurde und daß Herzog Heinrich nicht ohne den Druck der Ereignisse um Schenk die ernestinische Praxis übernahm. Zur Lage in Freiberg der interessante Bericht Beyers an Spalatin vom 25. Juli 1538 in WA Br 8, 252 f.

70 Diese Vorschläge Luthers auf einem Zettel zum Bericht Brücks an den Kurfürsten vom 11. Juni 1538 über seine Verhandlungen mit dem Reformator; gedruckt: Vetter: Lutherana 4, 51 f. WA Br 8, 248. Faber war 1526 an der deutschen Schule, dann Pfarrer in Seeburg (Kr. Eisleben) und Schloßprediger von Graf Gebhard VII. von Mansfeld, unterzeichnete 1537 die Schmalkaldischen Artikel, Juni

Lindenau in Freiberg blieb und man ihm das Amt eines Obersuperattendenten nicht übertragen wollte, erwartete Johann Friedrich schon am 9. Juli 1538, daß Luther mit Faber spräche.[71] Wenig später nahm er jedoch diesen Auftrag zurück und bat auf Wunsch der Freiberger, den aus der Stadt stammenden Hausmann zu bewegen, als Pfarrer und Superintendent dorthin zu gehen.[72] Entsprechend einem kurfürstlichen Vorschlag übernahm Leonhard Beyer vorübergehend die Leitung des Freiberger Kirchenwesens, was am 13. August der Herzog den Geistlichen im Amt Wolkenstein mit der Ankündigung einer zweiten Visitation mitteilte.[73] Hausmann traf Ende Oktober in seinem neuen Wirkungsbereich ein. Doch bereits am 3. November wurde er während seiner Antrittspredigt vom Schlag getroffen und starb am gleichen Tag.[74] Sein Amt übernahm im Januar 1539 schließlich der schon 1536 vorgeschlagene und ebenfalls aus Freiberg stammende Zeuner.[75]

Von sich aus wurde Luther bei der Besetzung des Freiberger Superintendentenamtes nicht tätig. Bereitwillig antwortete er jedoch auf die an ihn herangetragenen Wünsche seines Landesherrn und des Freiberger Rates. Er fühlte sich für den ungestörten Fortgang der Reformation in diesem Gebiet mitverantwortlich. Dazu kamen seine guten Verbindungen zu Freiberg selbst.[76] Herzog Heinrich trat nicht an Luther heran und ergriff nicht von sich aus die Initiative. Er reagierte mehr auf das Handeln Schenks, Schönbergs, Katharinas, Johann Friedrichs und des Freiberger Rates. Dabei akzeptierte er aber ihre evangelische

---

1539 von Melanchthon erneut für Freiberg vorgeschlagen (MBW 2, 449 [Nr. 2236]), blieb er vermutlich in Seeburg. Vgl. Karl KRUMHAAR: Die Grafschaft Mansfeld in Reformationszeitalter. Eisleben 1855, 204; WA Br 4, 55 Anm. 1; BEKENNTNISSCHRIFTEN DER EVANGELISCH-LUTHERISCHEN KIRCHE. 2. Aufl. Berlin 1978, 467 Anm. 3. – Rosenberg aus Görlitz; Sommer 1511 in Leipzig immatrikuliert; Sommer 1512 Baccalaureus; WS 1516/17 Magister; setzte sich 1521 mit 17 anderen Magistern bei den Söhnen Herzog Georgs für ungehinderte Vorlesungen ein (Akten und Briefe …, 168-171 [Nr. 210]); um 1523 Prediger in Leisnig (Kr. Döbeln); 1526 in Mildenfurt-Veitsberg (Wünschendorf, Kr. Gera); 1527 Weida; 1529 Auma (Kr. Zeulenroda); 1530 Lastau (Kr. Rochlitz); 1538 Pfarrer St. Nikolai Zerbst (DER BRIEFWECHSEL DES JUSTUS JONAS/ hrsg. von Gustav Kawerau. Bd. 1. Halle 1884. Neudruck Hildesheim 1964, 293-295 [Nr. 388 f]); 1544 Luckau (Niederlausitz); im Mai 1545 empfahl ihn Luther dem Kurfürsten für Colditz (WA Br 11, 121 f [Nr. 4127]). Vgl. WA Br 8, 225 Anm. 6; 10, 279 f.

71 WA Br 8, 249 f (Nr. 3242).

72 Der Auftrag erfolgte am 21. Juli 1538, WA Br 8, 251, 18-34 (Nr. 3243), er wurde am 29. Oktober erneuert, WA Br 8, 295 (Nr. 3262).

73 WA Br 8, 259, 14 f (Nr. 3242). Das Ausschreiben vom 18. März 1538 im Entwurf in SächsHStA Dresden: Loc. 9865: Das Visitationswerk zu Freiberg 1537, 21ab. Als Visitatoren sind neben Beyer der Wolkensteiner Amtmann Caspar Freyberger und der Freiberger Bürgermeister Wolf Loß tätig. Die Ausfertigung des Ausschreibens für eine Visitation im Amt Freiberg vom 1. Oktober 1538 ebd, 28a. Zum Verlauf dieser 2. Visitation Hellriegel: Die Reformation …, 47-51. Zu Beyer (Reiff) vgl. StA 1, 217 Anm. 674.

74 Zu den Berichten über seinen Tod WA Br 8, 346 f und Bernhard von Doelen an Jonas (Der Briefwechsel des Justus Jonas …, 300 f [Nr. 396]). Zu Hausmann vgl. Gustav FRANK: Hausmann, Nicolaus. RE³ 7, 487; Franz Lau: NDB 8 (1969), 126 f.

75 Zunächst war Lindenau mit der Vertretung beauftragt, was Luther nach gewissem Zögern hinnahm, vgl. (Wittenberg), 30. Dezember 1538: Luther an Hieronymus Weller, WA Br 8, 347 f (Nr. 3286). Auch Weller selbst war im Gespräch. Vgl. Müller: Paul Lindenau …, 52 f. Zu Zeuner vgl. oben Anm. 51.

76 Aus diesen Monaten sind erhalten geblieben zwei Schreiben an den Prediger zu St. Petri in Freiberg, Bernhard von Doelen, vom 27. Mai und 31. August 1538, WA Br 8, 231 f (Nr. 3235); ebd, 278 (Nr. 3253), sowie eine Fürbitte an den Rat zu Freiberg vom 7. September 1538, ebd, 286 (Nr. 3258).

Politik und stützte sie. In den Monaten bis zum Tod Herzog Georgs am 17. April 1539 vollzog sich die Entwicklung des Freiberger Kirchenwesens in ruhigeren Bahnen. Dafür traten die zum Scheitern verurteilten Bemühungen Georgs in den Vordergrund, die Nachfolge im Herzogtum so zu gestalten, daß die altgläubige Kirchenstruktur erhalten bliebe. Wie intensiv und voller Sorgen man in Freiberg, am kurfürstlichen Hof und in Wittenberg die Vorgänge beobachtete, zeigen die vielen Tischreden dieser Wochen, in denen Luther Stellung bezog und Georg mit nicht zu überbietender Schärfe verurteilte.[77]

Bevor wir uns der Regierungszeit Heinrichs als Herzog über das gesamte albertinische Gebiet zuwenden, verlangen noch die beiden Entwürfe Luthers für Hausmann und Zeuner zu Briefen an den Meißner Bischof Johann VIII. von Maltitz unsere Aufmerksamkeit. Die lateinische Vorlage übergab Luther dem designierten Superintendenten Mitte Oktober bei dessen Aufenthalt in Wittenberg.[78] Mit vorsichtigen und zurückhaltenden /104/ Worten wurde darin die Unterstützung und Hilfe des Bischofs angerufen. Ausgangspunkt war die Berufung Hausmanns zur Leitung der Freiberger Kirche. Da ein päpstliches Konzil zur Reformation der Kirche und der Lehre nicht zu erwarten sei, wurde Johann VIII. angesprochen, weil er »in hac regione summam vocationem« habe. Diese deutliche Anerkennung des bischöflichen Amtes unterstrich die Feststellung, daß die Evangelischen – auch Luther – niemals beabsichtigten, die Autorität der Bischöfe aufzuheben und auszulöschen, wenn sie auch zu Recht viele päpstliche Lehrsätze tadelten. Zugleich sah es Hausmann als sein Ziel an, aufrichtig zu lehren, die kirchliche Disziplin zu bewahren, die Vorgesetzten zu ehren, durch sein Leben keinen Anstoß zu geben und keinen Menschen anzugreifen oder zu beleidigen. Bei bewußter Wahrung der evangelischen Position stand hinter dem Brief der Versuch, die Grundlage für eine Zusammenarbeit mit dem Bischof zu finden. Hausmann suchte nicht um die Bestätigung seiner Berufung nach, die er ebenso wie das Bischofsamt als Tatsache ansah. Für die Hinnahme des Bischofsamtes nannte er keine Bedingungen, im Gegensatz zu Zeuner wenige Wochen später. Indirekt waren sie jedoch in der Bekräftigung der Kritik am Papst und im Bild des Bischofs als Hausverwalter (dispensator) der Familie Christi nach paulinischem Vorbild enthalten.

Zunächst war das Schreiben, das Hausmann vor seinem Dienstantritt nach Meißen sandte,[79] im Zusammenhang mit der besonderen Lage Freibergs und als Fortschreibung des Ratschlags der Wittenberger Theologen von 1536 an Schenk zu sehen. Das Kirchenwesen sollte von äußeren Störungen frei gehalten und vielleicht sollten die Weichen für eine spätere Reformation im gesamten Herzogtum in Verbindung mit dem Bischof gestellt werden. Außerdem konnte dieser Vorstoß eine evangelische Antwort auf die im Herbst 1538 auf Betreiben Georgs von Karlowitz angelaufenen Ausgleichsbemühungen zwischen den Reli-

---

77 So WA TR 4 294 f (Nr. 4398). 327 (Nr. 4467). 362-364 (Nr. 4526 f). 364 f (Nr. 4530). 365 (Nr. 4532). 371 (Nr. 4549). 373 (Nr. 4552). 379 (Nr. 4564) u. a.

78 WA Br 8, 308-310 (Nr. 3267), dort auch zur Vorgeschichte und Datierung.

79 Am 1. November 1538 berichtete Hausmann den Fürsten von Anhalt von der Absendung des Briefes und daß er auf die Antwort warten müßte, da der Bischof nicht anwesend war, gedruckt in Georg Helts Briefwechsel ..., 120 (Nr. 187). In diesen Wochen kam es auch auf bischöflicher Seite zu Überlegungen für eine Gesandtschaft an Herzog Heinrich zu dessem Streit mit Herzog Georg und zur kirchlichen Neuordnung. Der Entwurf der unvollständigen Instruktion stammte von Pflug. Vgl. Julius PFLUG: Correspondance. Bd. 1: 1510-1539/ hrsg. von Jaques V. Pollet. Leiden 1969, 447-450 (Nr. 128).

gionsparteien, die in das 2. Leipziger Religionsgespräch zu Neujahr 1539 einmündeten, und auf die Gerüchte über reformatorische Neigungen des Meißner Bischofs sein. Das Bekenntnis zur Reformation in der bestehenden Kirchenstruktur kommt nicht überraschend, es ist in anderen Briefen und Schriften der Wittenberger ebenfalls nachzuweisen.[80] Während Hausmann dieses allgemein formulierte, bezog es Zeuner auf die konkrete Situation im Bistum Meißen.[81] Er ging von der Geneigtheit des Bischofs zum Evangelium aus, die Hausmanns Nachfolger zum Schreiben veranlaßte. Er war wie Luther kein Gegner der Stifter. Es würde schon genügen, wenn die Bischöfe die neue Lehre nicht verfolgten, sondern gewähren ließen. Dann könnte die allgemeine Disziplin wieder aufgerichtet werden, wenn sich »die stiffte und Bischoffe tzum Euangelio … schicketen«. Wichtigster Punkt war dabei das Abendmahl unter beiderlei Gestalt, in dessen Verweigerung Zeuner die Ursache für den allgemeinen Verfall sah. Der Brief liest sich wie eine Ergänzung zum Bemühen der Vermittler um Karlowitz, Ludwig Fachs, Julius von Pflug und Georg Witzel, die aus unterschiedlichen Motiven heraus die bisherige Kirchenordnung erhalten wollten und bereit waren, in der Abendmahlsfrage und bei der Priesterehe nachzugeben. Die Schreiben Hausmannns und Zeuners haben weniger die Absicht, das »reformatorische Superintendentenamt an den bischöflichen Stuhl« anzulehnen,[82] sie sind vielmehr das Experiment, an reformationsfreundliche Tendenzen anzuknüpfen, sie zu ermutigen und sie der neuen Lehre nutzbar zu machen. Ist Hausmanns Epistel die allgemeine Mahnung zur Zusammenarbeit, so erscheint die Zeuners als direkter Appell, sich der Veränderung zu öffnen. Allerdings verkennen beide Entwürfe die tatsächliche Lage im Herzogtum und überschätzen die Reformbereitschaft Johanns VIII. Für die allgemeine Reformationsgeschichte ist wichtig, daß Luther in zwei konkreten Fällen für die Beibehaltung der Stifter eintrat und über Hausmann und Zeuner /105/ versuchte, mit einem noch altgläubigen Inhaber der Bischofsgewalt ins Gespräch zu kommen.

Der Tod Herzog Georgs veränderte schlagartig das Kräfteverhältnis in Mittel- und Norddeutschland. Die Zahl der noch katholischen Territorien schrumpfte erneut. Lediglich Herzog Heinrich d. J. von Braunschweig-Wolfenbüttel galt als aktives Mitglied des Nürnberger Bundes und damit als Verteidiger altgläubiger Positionen im norddeutschen Raum. Die Bischöfe von Meißen und Merseburg gerieten in völlige Isolierung. Die Übernahme der Regierung durch Herzog Heinrich in Sachsen-Meißen brachte der protestantischen Partei einen erheblichen Prestigegewinn. Große Erwartungen knüpften sich an den neuen Herrn in Dresden, die jedoch, wie der Gang der Ereignisse zeigt, zu groß waren und

---

80 So Luther an Georg von Anhalt am 20. 5. 1539, WA Br 8, 432, 16 – 433, 24 (Nr. 3333). Die Vorstellungen Luthers in den Briefen Hausmanns und Zeuners deckten sich mit denen Georgs; vgl. Gustav KAWERAU: Bischof Matthias von Jagow und die Ordination evangelischer Geistlichen. Jahrbuch für brandenburgische Kirchengeschichte 13 (1915), 56-62. Zum Bischofsamt im evangelischen Kirchenwesen Norbert STEIN: Luthers Gutachten und Weisungen an die weltlichen Obrigkeiten zum Aufbau eines evangelischen Kirchenwesens. Phil. Diss. Freiburg 1960, 101-109. Zu den Briefen an Hausmann und Zeuner ebd, 104 f; der territorialgeschichtliche Aspekt von Luthers Briefen bleibt dort unberücksichtigt.

81 Luthers Entwurf stammte vom 25. 1. 1539, Zeuners Reinschrift vom 1. 2., WA Br 8, 358-361 (Nr. 3294). Es fällt auf, daß diese deutsch abgefaßt, was bei Verkehr unter den Theologen ungewöhnlich war. War es eine Fassung, die für Gespräche mit den Räten bestimmt war?

82 Lobeck: Das Hochstift Meißen …, 89.

notgedrungen enttäuscht werden mußten. So äußerte Luther zuversichtlich, daß die wettinischen Fürsten einig bleiben, damit Sachsen, Meißen und Thüringen »nimer also zerteilet sein«.[83] Die Leipziger Teilung von 1485 empfand man allgemein als unglücklich und unnatürlich. Ihre Nachteile hatte der Streit um die Luthersche Reformation deutlich vor Augen geführt. In der Tischrede vom 3. Mai 1539 äußerte Luther, daß sich als Folge der Veränderungen im Herzogtum weitere Gebiete, wie Halle, das Bistum Naumburg-Zeitz und das Erfurter Territorium, der Reformation zuwenden werden. Eine besondere Aufgabe fiele im Reformationswerk dem Herzog und dem Kurfürsten zu, sie müßten als Notbischöfe Bischöfe und Fürsten zugleich sein. Der kurfürstliche Hof und die Wittenberger Theologen sahen in der Umwälzung im herzoglichen Sachsen die Möglichkeit, die dauernden Querelen, die unterschiedliche politische Ausrichtung der wettinischen Fürstentümer zu beenden. Äußeres Zeichen war für sie dabei die kirchliche Erneuerung nach kursächsischem Vorbild. Wenig später hob Luther die Rolle der Räte hervor.[84] Zu der von den Evangelischen gewünschten Politik in Dresden gehörten pflichtgetreue, gottesfürchtige Ratgeber, da sonst erneut Zwietracht zwischen dem Kurfürsten und dem Herzog auftreten könnte, deren Folgen nicht abzusehen wären. Mit Mißtrauen hatte er das Handeln der bisherigen herzoglichen Räte beobachtet.[85] Diese wollten zunächst Heinrich bewegen, im Nürnberger Bund zu bleiben, das nicht rechtskräftige Testament seines Bruders durchzuführen und einen Landtag einzuberufen. Folgerichtig sah Luther später in den Spannungen mit den Albertinern das Werk jener Räte.

Mit ganzer Kraft widmeten sich die Wittenberger Theologen der Reformation in Sachsen-Meißen. Ließ Heinrich während der Huldigungsreise in jedem besuchten Ort evangelische Predigten halten,[86] so erfolgte der feierliche Beginn der Neuordnung zu Pfingsten (25. Mai) 1539 in Leipzig. Das kurfürstliche Konzept zur schnellen Einführung der neuen Lehre hatte sich gegenüber den Empfehlungen Philipps von Hessen durchgesetzt. Der Landgraf mahnte zur Zurückhaltung und Duldung. Die rechte Predigt des Evangeliums würde die Bewohner zum neuen Glauben führen, so daß in ein bis zwei Jahren eine allgemein gültige Kirchenordnung folgen könnte.[87] Der energische Schritte fordernde Johann Friedrich sah jedoch die innere Situation im Herzogtum realistischer. Die hessischen Pläne hätten einen tatkräftigen und politisch handlungsfähigen Herzog und mit ihm übereinstimmende Ratgeber gefordert. Philipp übersah ferner die aktive altgläubige Minderheit als Ergebnis der konsequenten Religionspolitik Herzog Georgs. Johann Friedrich wußte auch die Wittenberger auf seiner Seite. Luther, Melanchthon, Jonas und Caspar Cruciger reisten am 22. Mai nach Leipzig. Ihre persönliche Anwesenheit symbolisierte das Ende der Ära Georgs und stellte die Weichen für die künftige albertinische Kirchenpolitik. Gespräche

83 WA TR 4, 378 (Nr. 4561).
84 WA TR 4, 403 (Nr. 2614) vom 20./21. Mai 1539.
85 WA TR 4, 389 (Nr. 4586) vom 10. Mai 1539. Über die Verhandlungen der Räte und Landschaftsvertreter mit Heinrich vor der Huldigung berichtete Georg von Karlowitz an einen nicht benannten Fürsten am 24. April 1539, SächsHStA Dresden: Loc. 9664: Etzliche Hz. Moritz' zu Sachsen alte Landhändel 1, 35a-37a, eigenhändig. Vgl. Brandenburg: Herzog Heinrich ..., 65-67, der Herzog Heinrich von Braunschweig als Empfänger annimmt.
86 Ißleib: Herzog Heinrich ..., 156-160.
87 Brandenburg: Herzog Heinrich ..., 68 f.

über das weitere Vorgehen fanden statt,[88] die am 13. und 14. Juni in Wurzen zwischen den wettinischen Fürsten fortgesetzt wurden, /106/ um die Grundzüge für eine Visitation zu beschließen. Bevor die Instruktion für die Rundreise fertiggestellt war, versuchte der Meißner Bischof, die drohenden Veränderungen aufzuhalten, indem er das ihm zustehende Visitationsrecht selbst gebrauchen wollte.

Bereits in seinem ersten Hirtenbrief vom 12. Februar 1538 hatte Johann VIII. eine besondere Unterweisung im Glauben, im christlichen Lebenswandel, zu den Sakramenten und Zeremonien, zur Kirchenordnung, zu allem, was ein Christ wissen sollte, angekündigt.[89] Mit einer verständlichen Zusammenfassung der Lehre wollte er dem wachsenden Einfluß der neuen Lehre begegnen, da er wie Herzog Georg erkannt hatte, daß Gewaltmaßnahmen, Verbote und Gebote ohne innerkirchliche Reformen nicht zum Ziel führten. So lag der Plan einer Zusammenfassung der Lehre schon vor, als der Bischof dem neuen Herzog anbot, eine »Christliche Lehre« nach der Heiligen Schrift den Seelsorgern seines Bistums zu übergeben, um durch gleichförmige Predigt Einigkeit und Verbesserungen zu erreichen.[90] Heinrich forderte, ihm eine solche Schrift zur Prüfung vorzulegen. Am 10. Juni überreichten Pflug, Benno von Heinitz und Heinrich von Bünau in Dresden die »Lehre«. Der Herzog stellte in Wurzen seinem Vetter eine Abschrift für die Wittenberger Theologen zu, die am 1. Juli 1539 dem Kurfürsten ihr Gutachten schickten.[91] Die dem Herzog vorgelegte »Lehre«, der »Liber Misnicus«,[92] enthielt zunächst eine Auslegung des Apostolikums und der Zehn Gebote. Glaube und rechtes christliches Leben standen im Vordergrund. Aussagen über die Sakramente und die Zeremonien wurden aufgeschoben, nicht nur, weil hier die Unterschiede zu den Protestanten offensichtlich werden mußten, sondern auch, weil der Bischof – allerdings vergeblich – auf päpstliche Zugeständnisse beim Laienkelch und bei der Priesterehe hoffte. Von Anklängen an reformatorisches Gedankengut abgesehen, vertrat das Meißnische Buch eine altgläubige Position, wenn es mahnte, bei der bestehenden Kirche zu bleiben und den Bischöfen als den Regenten der Kirche zu folgen. In ihrem Selbstverständnis war die »Lehre« kein Reformprogramm und blieb da-

---

88 Zum Aufenthalt in Leipzig WA TR 4, 405-408 (Nr. 4620-4624); Leipzig, 26. Mai 1539: Melanchthon an Joachim Camerarius in Tübingen, CR 3, 711 f (Nr. 1813); vgl. MBW 2, 439 f (Nr. 2210); Friedrich SEIFERT: Die Reformation in Leipzig. Leipzig 1883, 160-175. Wenig später entstand ein Gutachten zur Bestellung der Kirchen zu Leipzig und zur Visitation, das Otto Clemen in WA Br 8, 438-441 Cruciger zuschreibt, während Enders und Kawerau an Luther denken.

89 SächsHStA Dresden: Loc. 8994: Acta die Veränderung der Religion ..., 13a-14a. Entwurf; vgl. Walter KALINER: Julius Pflugs Verhältnis zur »Christlichen Lehre« des Johann Maltitz. Leipzig 1972, 3 f.

90 Auf eine entsprechende Aussprache bezog sich der Bischof am 3. Juni 1536 gegenüber Heinrich, SächsHStA Dresden: Loc. 10301: Schriften bel. Herzog Heinrichs ... Geistlichkeit 1539, 184ab. 186a. Ausfertigung, Siegel verl.; vgl. Kaliner: Julius Pflugs ..., 4 f; Lobeck: Das Hochstift Meißen ..., 92-95.

91 Am 22. Juni übersandte Johann Friedrich an Luther, Jonas, Cruciger und Melanchthon den »vnterricht der Religion halben«, WA Br 8, 460-462 (Nr. 3348). Das Gutachten von Luther, Jonas und Melanchthon in WA Br 8, 469-481 (Nr. 3352), vgl. MBW 2, 450 f (Nr. 2238).

92 Der Text der 1541 und 1542 in Mainz gedruckten »Christlichen Lehre« bei Christoph MOMFANG: Katholische Katechismen des sechzehnten Jahrhunderts in deutscher Sprache. Mainz 1881. Neudruck Hildesheim 1964, 135-242. Zum Inhalt Robert STUPPERICH: Der Humanismus und die Wiedervereinigung der Konfessionen. Leipzig 1936, 40-42; Lobeck: Das Hochstift Meißen ..., 99-111; Kaliner: Julius Pflugs ..., 17-19.

her in Zugeständnissen an Luther hinter den Vorschlägen für die Religionsgespräche zurück. Sie ist die »verbindliche Lehrschrift eines deutschen Bischofs« für die Predigt und die Seelsorge in seinem Bistum.

Mit dem als Katechismus zu verstehenden Buch versuchte der Bischof, die altgläubige Lehre so darzustellen, daß sie für die Bewohner des Herzogtums attraktiv blieb und die katholischen Kreise unter den Geistlichen, im Adel und in den Städten in ihrer Opposition gegen eine Religionsänderung stärkte. Eine Verständigung mit dem auf die ernestinische Religionspolitik festgelegten Herzog war damit nicht möglich. Daher kommt es nicht überraschend, wenn Luther, Jonas und Melanchthon »der Meyßnischen pfaffen geticht« klar zurückweisen.[93] Die »Lehre« eigne sich nicht zur Reformation, sie sei zu tadeln, weder anzunehmen noch zu billigen. Strittige Artikel würden ausgespart und verschwiegen, wie Privatmesse, Abendmahl unter beiderlei Gestalt, Priesterehe. Aussagen seien dazu für eine rechte Reformation jedoch notwendig. Ferner greife die Schrift mit pharisäischer »bitterkeit«[94] die Evangelischen als Abtrünnige an, die nur zurückkehren oder sich unterwerfen könnten. Unklarheit bestehe über die Beichte. Der Abschnitt zur Rechtfertigung würde »vonn vergebung der sundt vnd Justification durch den glauben an vielen ordten schon vnd recht reden«[95]. Wenn man auch von der Vergebung durch den Glauben an Christus spreche, so gehe man indessen nicht darauf ein, ob ohne Werke oder durch Verdienst der Werke. Das Problem sei aber jetzt im Gespräch. Schließlich schreibe man von Erneuerung des Menschen durch Christus, aber nicht mit dem Zusatz, allein durch den Glauben und nicht durch die eigenen Tugenden. Die Verfasser erinnern daran, daß der Bischof geboten, Sakramente und Zeremonien wie unter Herzog Georg zu halten, selbst /107/ Gläubige wegen christlichen Sakramentsempfangs bestraft und verheiratete Priester bei König Ferdinand angezeigt habe.

Der »Liber Misnicus« zeigte den Protestanten, daß es zwischen den Anschauungen des Bischofs und den Wittenberger Theologen keine Überbrückung gab. Die in den Briefen Hausmanns und Zeuners zutage tretende Hoffnung erwies sich als Illusion. Ebenso konnte der Herzog die Reformation nur in der Konfrontation mit Bischof Johann VIII. einführen. Umgekehrt bewirkte die scharfe Abrechnung mit der auf dem Boden eines Reformkatholizismus gewachsenen »Christlichen Lehre«, daß Heinrich in der Religionspolitik einen unmißverständlichen, lutherischen Kurs steuerte, der die Grundlage für die neue Landeskirche schuf und den Rahmen der späteren Politik seiner Söhne absteckte. Die Äußerungen zur »Lehre« – zu denen noch ein Bedenken zur Bündnisfrage und zum Widerstandsrecht kam[96] – waren das einzige Gutachten Luthers und seiner Freunde, das sich sofort und nachhaltig auf die Herausbildung eines evangelischen Kirchenwesens im albertinischen Sachsen ausgewirkt hat.

Am 10. Juli 1539 wurde die Instruktion für die erste Visitation ausgefertigt. Im Gegensatz zum Freiberger Gebiet erhielten gemischt albertinisch/ernestinische Kommissionen

---

93 WA Br 8, 469, 3. Zum Inhalt des Briefes Lobeck: Das Hochstift Meißen …, 112-115, vgl. MBW 2, 450 (Nr. 2238).

94 WA Br 8, 471, 63.

95 WA Br 8, 474, 213 f.

96 (Wittenberg, Juli ? 1539): Luther, Jonas, Bugenhagen an Johann Friedrich, WA Br 8, 515-518 (Nr. 3369).

die Aufträge zur Ordnung der kirchlichen Verhältnisse: für die Markgrafschaft Meißen Jonas, Spalatin, Kreutz, Kaspar von Schönberg zu Purschenstein und Rudolf von Rechenberg; für die thüringischen Gebiete Justus Menius, Johannes Weber, Hartmann Goldacker, Friedrich von Hopfgarten und Volrad von Watzdorf. Stärker konnte die kurfürstliche Beteiligung nicht deutlich werden. Die albertinische Instruktion fußte in ihrer Struktur auf der kurfürstlichen vom 16. Juni 1527.[97] Besondere Beachtung war den Klöstern und dem Hochstift Meißen zu schenken. Dazu übernahm der Herzog den Rat Luthers von Anfang Juli: Verbot der bisherigen Messe, vorläufiges Dulden der Horen und der von Mönchen dort gehaltenen Predigten.[98] Dagegen entsprach der Herzog nicht der Mahnung aus Wittenberg, die Orte zu visitieren, in denen den Äbten und dem Bischof die weltliche Obrigkeit zustand. Erst die Anweisung für die zweite Visitation berücksichtigte diese Gebiete, aber mit der Einschränkung, daß der Wunsch zu Veränderungen von den entsprechenden Gemeinden selbst ausgehen müsse.[99] Mit Rücksicht auf den Frankfurter Anstand vom 19. April 1539 schonte die herzogliche Regierung die bischöflichen Orte.

Aufmerksam verfolgte Luther den Fortgang der Visitation. Jonas berichtete nicht nur seinem Landesherrn eingehend, sondern auch nach Wittenberg. Die dabei aufgezeigten Schwierigkeiten verfestigten bei Luther die Reserve gegenüber dem albertinischen Sachsen, die in den folgenden Wochen noch zunahm.[100] Am 25. Juli mahnte er verärgert den Herzog, die Visitation in allen Punkten nach der Instruktion, die die ernestinische Zustimmung gefunden hatte, durchführen zu lassen. Es würde nicht gründlich geprüft. Oft blieb nur die Zeit für Ermahnungen und Verbote. Papistische Pfarrer behielten ihre Stellen. Von einer solchen oberflächlichen Informationsreise wollte Luther nichts wissen. Halbe Festlegungen würden das Volk verwirren und den Gegnern Freude bereiten. Außerdem forderte Luther angemessene Besoldung der Kirchendiener. Notfalls könnte man auf andere Stiftungen zurückgreifen.[101]

---

97 Die Instruktion vom 10. Juli 1539 in EKO 1, 257-263 (Nr. 22) und die vom 16. Juni 1527 in EKO 1, 142-148 (Nr. 1). Zu beiden albertinischen Visitationen Carl August Hugo BURKHARDT: Geschichte der sächsischen Kirchen- und Schulvisitationen von 1524 bis 1545. Leipzig 1897, 225-282; Lobeck: Das Hochstift Meißen ..., 119-131. 148-167; Helga-Maria KÜHN: Die Einziehung des geistlichen Gutes im albertinischen Sachsen: 1539-1553. Köln 1966, 54-71; Stein: Luthers Gutachten ..., 91-95; Trüdinger: Luthers Briefe und Gutachten ..., 87-92.

98 WA Br 8, 482-484 (Nr. 3353), vgl. Lobeck: Das Hochstift Meißen ..., 121.

99 So im Abschnitt 28 der Instruktion vom 22. 12. 1539, gedruckt: EKO 1, 284a.

100 Hierher gehören Luthers negative Urteile über das Herzogtum, wo der Satan die Visitation behindert (24. Juli 1539: Luther an Jonas, WA Br 8, 498-500 [Nr. 3361]), so vor allem über Leipzig (6. August 1539: Luther an Jonas, WA Br 8, 526 f [Nr. 3373]), das er mit Sodom verglich. Bis jetzt sei Herzog Georg dort noch nicht gestorben und ungewiß, ob er im Sterben liege oder wiederkommen werde (26. Oktober 1539: Luther an Linck in Nürnberg, WA Br 8, 579-582 [Nr. 3398]). Diese Äußerungen sind Reaktionen auf die Berichte von Jonas und seiner Mitvisitatoren.

101 WA Br 8, 505-507 (Nr. 3364). Möglicherweise stand hinter dieser Mahnung zur rechten Besoldung der herzogliche Befehl vom 21. Juli 1539 an die Visitatoren in Pirna, der in Abänderung der Visitationsinstruktion die Besoldung eines Pfarrers auf 150 fl. und die eines Diakonus auf 70 fl. begrenzte (SächsHStA Dresden: Loc. 10593: Visitation der Klöster zu Meißen 1539, 56a. Entwurf). Am 22. Juli beschwerten sich die Visitatoren bei Herzog Heinrich darüber (ebd, 66a-69a. Ausfertigung, 5 Siegel verl.), vgl. Ißleib: Herzog Heinrich ..., 173 f. Zur gleichen Zeit appellierte am 28. Juli Luther an Katharina, sich für die weitere Visitation einzusetzen, da Heinrich alt, schwach und neu im Regiment sei, Schönberg es allein nicht vermöge und einige, wie in Leipzig, auf eine Nichtdurchführung hoffen würden, WA Br 8, 509 f (Nr. 3366).

Heinrich reagierte sofort auf diese Ermahnung, deren Forderungen er anerkannte, aber mit Recht auf die Ausgangslage im Herzogtum verwies. Tüchtige und gelehrte Pfarrer ständen nicht zur Verfügung, um alle Stellen zu besetzen. Daher müßte man mit dem gegenwärtigen Verfahren zufrieden sein, Mißbräuche abzuschaffen, den rechten Gottesdienst einzurichten. Die gute Unterhaltung der Prediger sollte einer weiteren Visitation vorbehalten sein, die hiermit zum ersten Mal angekündigt wird.[102] /108/

In jeweils sechs Wochen erfüllten die beiden Kommissionen dieser ersten Visitation ihre Aufgabe, die als »eilige« in die Geschichte eingegangen ist. Daß alle Beteiligten sich über Vorläufigkeit und Unvollkommenheit der Ergebnisse einig waren, belegten nicht nur der erwähnte Lutherbrief und seine Beantwortung, sondern auch die Abschlußberichte der Visitatoren.[103] Für die Pfarrer in den Dörfern und auf dem Lande ließ der Herzog den »Unterricht der Visitatoren« und Luthers Taufbüchlein in einer Auflage von 1000 bis 1500 Exemplaren auf Anregung der meißnischen Visitatoren in Dresden drucken.[104] Größte Schwierigkeiten bereitete die Stellenbesetzung, da viele Geistliche im Herzogtum weder fähig noch willens waren, sich der Veränderung zu beugen oder anzupassen. Zahlreiche von ihnen hatten vor der Reformation im Kurfürstentum im Herrschaftsgebiet Georgs Zuflucht gefunden. Mehrfach konsultierten die Visitatoren Luther bei der Suche nach geeigneten Pfarrern.[105] Von sich aus übermittelten die Wittenberger ebenfalls Vorschlagslisten.[106] In den Städten wurden die wichtigsten Stellen mit vom Kurfürsten beurlaubten Pfarrern besetzt, was zugleich Luther und seinen Freunden noch später die Einflußnahme im Herzogtum eröffnete. Sie standen bei der ersten Visitation den Visitatoren jederzeit als Konsultoren zur Verfügung.

Auf Wunsch von Jonas wandte sich Luther kurz nach Abschluß der ersten Visitation an Johann Friedrich mit der Bitte, sich in Dresden für eine weitere Visitation einzusetzen. Diese sollte sich auf die Landgemeinden konzentrieren, wo noch über 500 »gifftige papisten« amtierten. Albertinische Visitatoren allein könnten kaum Abhilfe schaffen. Außerdem fehle im Herzogtum eine Institution, um kirchliche Sachen zu entscheiden. Wittenberg könne

---

102 Am 5. August 1539 antwortete Heinrich, SächsHStA Dresden: Loc. 10593: Visitation der Klöster zu Meißen 1539, 71a-72a. Entwurf; gedruckt: WA Br 8, 524-526 (Nr. 3372). Vgl. Karl PALLAS: Ein bisher unbekannter Brief Herzogs Heinrich von Sachsen an Luther vom 5. August 1539. Zeitschrift des Vereins für Kirchengeschichte der Provinz Sachsen 21 (1925) 83-89.

103 So am 29. 8. 1539 Jonas an Herzog Heinrich (Der Briefwechsel des Justus Jonas ..., 350-356 [Nr. 453]) und an Kurfürst Johann Friedrich (ebd, 356-362 [Nr. 455]).

104 Diese Forderung im Zettel zum Brief vom 22. Juli (vgl. Anm. 101) in SächsHStA Dresden: Loc. 10593: Visitation der Klöster zu Meißen 1539, 70a. Insgesamt erschienen neben der Dresdener Aufl. noch zwei Ausgaben bei Hans Lufft in Wittenberg, vgl. WA 26, 191. Zur Dresdener Aufl. vom Taufbüchlein WA 19, 534 unter L.

105 So in Oschatz (WA Br 8, 538-544 [Nr. 3380 f]; ebd, 555-558 [Nr. 3387 f]), Leipzig (ebd, 585-587 [Nr. 3400]; ebd, 599-601 [Nr. 3407]), Dresden (ebd, 609 f [Nr. 3413]), Meißen (ebd, 440 f [Nr. 3337]; ebd, 452 f [Nr. 3343]). Am 31. Juli schlug er Jakob Rothe für eine neue Stelle im Herzogtum vor (ebd, 512-514 [Nr. 3368]). Wie intensiv sich Luther um die Visitation kümmerte, zeigte der eine Antwort aufschiebende Brief an Hans Schott zu Coburg vom 14. Juli 1539, da »wir alhie vberladenn Sind, auch mit Kirchenn sachen Im H. Henrichs furstenthum«, WA Br 8, 496, 4 f (Nr. 3359), ähnlich ging es Melanchthon, vgl. MBW 2, 441 f (Nr. 2216).

106 So im September/Oktober 1539 Spalatin an Jonas (Der Briefwechsel des Justus Jonas ..., 366-369 [Nr. 460-462]; ebd, 373 f [Nr. 467]) und Melanchthon im Mai/Juni 1539 an Kurfürsten (MBW 2, 434-436 [Nr. 2194]. 2198; ebd, 449 f [Nr. 2236]).

sich der Anfragen kaum erwehren, denn es »schneyet mit brieue hie her zu vns«.[107] Zur gleichen Sache schrieb er an Brück, damit er beim Kurfürsten »auff die secunda Visitatio zu Meißen« hinarbeitete.[108] Johann Friedrich entsprach den Wünschen, schrieb an seinen Vetter und übersandte ihm einen entsprechenden Brief von Jonas. Allerdings fiel der kurfürstliche Brief zurückhaltender aus, als es Luther erwartet hatte. Heinrich sollte in den ihm bekannt gewordenen Vorbereitungen für eine neue Visitation fortfahren.[109] Damit gab sich Luther nicht zufrieden. Über Johann Cellarius versuchte er, die Zusammensetzung der Visitationskommission zu beeinflussen. Der Dresdener Superintendent möge, wenn der Fürst seine Mitarbeit wünsche, darauf drängen, in diesen Fragen erfahrene Ernestiner hinzuzuziehen.

Diesem Brief vom 26. November 1539[110] merkt man den ganzen Unmut über die albertinische »Eigenmächtigkeit« an, die noch vehementer gegenüber Johann Friedrich am 2. Januar 1540 hervorbrach, als er den bisherigen Colditzer Pfarrer Augustin Himmel als Prediger nach Dresden vorschlug. Obwohl das Kurfürstentum von guten Pfarrern nicht »ausgespulet« werden sollte, könnten diese, da sie mit den Wittenbergern »rein vnd gleich« lehrten, ein wichtiges Bindeglied für die Zukunft sein. Jetzt habe Sachsen-Meißen Herzog Georg noch nicht überwunden, der es so mit Haß, Neid, Hochmut und Geiz gegen seinen Nachbarn »gepropfft« habe, daß es kaum zu glauben sei. Auf die selbständige Visitationsarbeit zielte Luthers Vorwurf, die Albertiner hielten sich für so klug, daß sie ohne Wittenberg auskämen.[111]

Das wegwerfende Urteil über den Dresdener Hof und dessen verderbliche Macht blieb nicht allein.[112] Heinrichs Abrücken von der kurfürstlichen Religionspolitik, das innen- und außenpolitisch motiviert war, erschien Luther nur als Wiederaufnahme der Pläne Georgs. Hart und unsachlich konnte er die monatelange, mühevolle Arbeit der zweiten Visitation beschreiben: Eine Visitation ohne Wittenberg war keine echte Visitation. Sie diente nur dem Landesherrn zur Erweiterung seiner Macht.[113] Wie ein letzter Hilferuf liest sich der /109/ Brief an Herzogin Katharina vom 25. Juni 1540.[114] Wegen der vielen Feinde des Evangeliums im Herzogtum sollte sie sich der Kirchen und Schulen annehmen. Gott gebe ihr den Mut dazu, damit das Evangelium zunehme oder wenigstens erhalten bleibe. So pessimistisch beurteilte man in Wittenberg damals die albertinische Innenpolitik.

Der Chemnitzer Landtag hatte zur Annäherung des Landesherrn an die Stände und

107 (Wittenberg), 19. September 1539, WA Br 8, 551-553 (Nr. 3385).

108 (Wittenberg), 19. September 1539, WA Br 8, 553-555 (Nr. 3386).

109 Der Brief vom 9. Oktober 1539 an Heinrich ist abgedruckt: Der Briefwechsel des Justus Jonas ..., 366 (Nr. 458), dort auch Jonas an den Kurfürsten vom 12. September 1539 ebd, 363-365 (Nr. 457).

110 WA Br 8, 610 f (Nr. 3414).

111 WA Br 9, 1 f (Nr. 3427).

112 So an Lauterbach am 3. März: Am Hof herrsche eine wunderliche Geringschätzung (»mirum esse fastidium«) bei Beratungen von Sachen, die Gott und die Menschen betreffen, sowie Hochmut (superbia) und Habsucht (avaritia), WA Br 9, 68, 3-5 (Nr. 3450); und am 18. Mai: Der Hof in Dresden sei kein Hof im Dienste Gottes, sondern ein Stall der Welt und der Eitelkeit (»non esse aulam Dei, sed caulam mundanam«), WA Br 9, 111, 7 f (Nr. 3477). Am 18. Juni nannte er Dresden einen Stall, der durch die Weisheit des Teufels zugrunde gerichtet worden ist (WA Br 9, 145, 54-57 [Nr. 3501], an Melanchthon). Gegenüber Johann Lang in Erfurt drückte Luther am 15. Mai seine Freude aus, daß er sich nicht in das Herzogtum habe locken lassen, da dort nicht der Herzog, sondern die »regnant, quibus non canem, imo nec muscam vellem mittere«, WA Br 9, 109, 6-9 (Nr. 3476).

113 WA Br 9, 75 (Nr. 3454).

114 WA Br 9, 158 f (Nr. 3506).

damit zur Verlangsamung des Reformationswerkes geführt. Außenpolitisch war Dresden nicht bereit, sich ernestinischen Vorstellungen unterzuordnen. Die innerwettinischen Streitigkeiten flammten wieder auf. Die Entfremdung zwischen Luther und der herzoglichen Regierung steigerte sich so, daß Luther sich schließlich völlig zurückzog und jede Fürbitte am Dresdener Hof ablehnte. Während er gegenüber Roßwein (Kr. Döbeln) bei der Berufung von Johann Zacharias Petzensteiner als Pfarrer nur kurz erinnerte, daß der Ort nicht zu seinem Bezirk gehöre,[115] wurde er bei Friedrich Wolschendorf deutlicher, den die albertinische Visitation 1540 abgesetzt hatte und der Hilfe bei Luther suchte. Die Räte und andere Untertanen Herzog Heinrichs hätten die starke Mitwirkung der Ernestiner bei der ersten Visitation beklagt und darauf verwiesen, daß man im eigenen Fürstentum genügend geeignete Männer für diese Aufgabe habe. Luther würde Wolschendorf gern helfen, aber die andere Seite wolle von Wittenberg »vngeweyseth vnd vngelereth vnd vnregirth« sein und würde seinen Ratschlag weder entgegennehmen noch befolgen.[116]

Ob diese schroffe Antwort auf persönliche Erfahrungen zurückging oder Ausdruck des Unmutes über die bisherige Entwicklung war, wissen wir nicht. Bis zu Heinrichs Tod am 18. August 1541 bestanden keine direkten Verbindungen mehr zur herzoglichen Regierung. Ungünstig wirkte sich weiter die scharfe Reaktion des Dresdener Hofes auf die Doppelehe Philipps von Hessen aus, weil damit ebenfalls Luthers Verhalten bei diesem für die politische Stellung der Protestanten verhängnisvollen Schritt betroffen war.[117] Indirekt beeinflußte Luther noch später das Werden der albertinischen Landeskirche. Gelegenheit boten dazu der intensive Briefwechsel und Austausch mit Freunden und Schülern, wie Anton Lauterbach, Hieronymus Weller, Cellarius.[118]

Luthers Kritik an der albertinischen Kirchenpolitik richtete sich mehr gegen die Umgebung Herzog Heinrichs als gegen ihn selbst. Immer würdigte er Heinrichs standhaftes Eintreten für die evangelische Sache, wenn auch Alter und Krankheit den Räten mehr Raum zu eigenem Handeln gewährten, als es Luther lieb war.[119] Die klare Haltung des Herzogs und seine tiefe Frömmigkeit kamen in seinem Testament vom 5. Mai 1541 zum Ausdruck, in dem er seine Söhne allgemein verpflichtete, Gottes Wort und das Evangeli-

---

115 Wittenberg, 24. Mai 1540: Luther an Bürgermeister und Rat zu Roßwein, WA Br 9, 116 f (Nr. 3484). Gegenüber Hieronymus Weller lehnte Luther eine Intervention in Dresden ab, da er die Gunst (gratia) dort verloren habe, (Weimar), 24. Juni 1540, WA Br 9, 157, 2-5 (Nr. 3505). Aus gleichen Gründen bat er am 26. Mai 1540 den Kurfürsten, sich bei Heinrich für Ave Axt geb. von Schönfeld, WA Br 9, 118 f (Nr. 3484), einzusetzen.

116 WA Br 9, 223-225 (Nr. 3530). Der Vorwurf der Visitatoren, daß Wolschendorf die Christmesse dreimal gehalten und das Abendmahl sub una und utraque gereicht habe, fehlt in der Niederschrift. Die von Bünau unterstützten den Abgesetzten, da er eine Nonne aus ihrer Familie geheiratet hatte. Ergänzungen zu WA Br 9, 223 f in Kurt WARTENBERG: Das Pfarrbuch des Kirchenkreises Zeitz, 413 f (MS). Vgl. Otto ALBRECHT: Eine Antwort Luthers vom 29. August 1540 und ihre Veranlassung. Theologische Studien und Kritiken 72 (1899), 99-108.

117 Vgl. WA Br 9, 131-135 (Nr. 3493); 9, 138 f (Nr. 3497); 9, 233-235 (Nr. 3535) und William Walker ROCKWELL: Die Doppelehe des Landgrafen Philipp von Hessen. Marburg 1904, 52-55. 66-70.

118 So zwischen Januar 1540 und August 1541 an Lauterbach WA Br 9 68 f (Nr. 3450). 110 f (Nr. 3477). 113 (Nr. 3479). 123 f (Nr. 3488). 221 f (Nr. 3529). 267 f (Nr. 3551). 379 f (Nr. 3558); an Weller WA Br 9 73 f (Nr. 3453). 157 f (Nr. 3505). 228 f (Nr. 3532). 464 f (Nr. 3638). Lauterbach und Cellarius weilten im Frühjahr 1540 in Wittenberg, WA Br 9, 110, 3; WA TR 5, 43 (Nr. 5283).

119 WA Br 9, 109, 7-9 (Nr. 3476); WA TR 4, 402 (Nr. 4610); WA TR 5, 163 f (Nr. 5455).

um zu fördern sowie für rechte Pfarrer, Prediger und Seelsorger zu sorgen.[120] Luthers Wohlwollen für den greisen Herzog blieb erhalten – hierher gehörte die wohl 1539 entstandene »Anweysung vnd rechter griff Der seligkeit, an Hertzog Heynrich von sachssen«[121] –, obwohl die albertinische Kirchenpolitik ab September 1539 bereits den ernestinisch-wittenbergischen Weg verließ.

Die ernestinische Phase in der gesamtalbertinischen Reformation dauerte nur wenige Monate. Während im Freiberger Gebiet bei der zweiten Visitation 1538 die kurfürstliche Ordnung sich voll durchsetzte, verlief die Entwicklung im Herzogtum umgekehrt. Daß die Übereinstimmung zwischen Dresden und Wittenberg so kurz währte, ging mit auf die Unfähigkeit im Kurfürstentum wie im Herzogtum zurück, einen Schlußstrich unter das politische Gegeneinander zu ziehen und eine gemeinsame, gleichberechtigte evangelische Politik zu führen. Es dauerte nicht lange, und der die Stellung im Reich schwächende innerwettinische Zwist brach wieder auf, nur jetzt zwischen zwei evangelischen Territorien.[122] Bei der engen Verflechtung der Wittenberger Theologen mit ihrem Hof und der /110/ kurfürstlichen Politik führte diese Auseinandersetzung – wie später unter Herzog Moritz – zur nicht immer gewollten Distanz in der Praxis der Kirchenpolitik.

Unsere Untersuchung hat gezeigt, daß Luther und seine Mitarbeiter immer sehr gut über die Lage im Herzogtum Bescheid wußten, aber nicht berücksichtigten, daß das eigene Territorium in der landeskirchlichen Entwicklung bereits einen wichtigen Abschnitt voraus war – die allgemeine erste Visitation lag zehn bis elf Jahre zurück – und daß die altgläubige Bewegung, die ihre Unterstützung aus den bischöflichen Orten erhielt, in Sachsen-Meißen in allen Schichten der Bewohner verankert war. Bereits unter Heinrich zeichnete sich das spätere Bemühen ab, in der Kirchenpolitik eine Linie neben, aber nicht ohne Wittenberg zu verfolgen, denn anders war eine wirkliche und bleibende Reformation ohne innere Erschütterung unmöglich. Ein solcher selbständiger Weg der albertinischen Wettiner entsprach für Luther jedoch einer politischen Abkehr vom Kurfürstentum. Was in Freiberg bei der mächtigen Nachbarschaft Herzog Georgs undurchführbar war und mit der Abberufung Schenks geendet hatte, erwies sich nach dem Tod Georgs als tragende Grundlage für die Entwicklung des evangelischen Kirchenwesens im herzoglichen Sachsen.

---

120 SächsHStA Dresden: Loc. 10 520: Herzog Heinrich ...Testament 1541, 43a-49a. 52a-60b. 61a-69b, 3 Abschriften, die Ausfertigung ebd: Urkunde Nr. 10987 ist Kriegsverlust.

121 WA Br 10, 495 f. Zur Datierung Otto CLEMEN: Unbekannte Briefe, Drucke und Akten aus der Reformationszeit. Leipzig 1942, 8-18.

122 Dazu besonders die Instruktion Heinrichs für Hans von Schleinitz und Simon Pistoris an Herzog Moritz vom 23. Juni 1541, gedruckt: PKMS 1, 150-154 (Nr. 165). Vgl. Brandenburg: Herzog Heinrich ..., 118 f.

# Der Landesherr und die kirchliche Neuordnung in den sächsisch-albertinischen Städten zwischen 1539 und 1546[*]

Die Geschichte der wettinischen Gebiete im 16. Jh. ist durch verschiedene Umbrüche gekennzeichnet. Der dynastische Gegensatz zwischen Albertinern und Ernestinern verschärfte sich mit der Luthersache weiter. Herzog Georg[1] entwickelte sich zu dem potentiell entschlossensten Gegner der Wittenberger Reformation wie überhaupt aller Neuerungen, die ohne Zustimmung der zuständigen kirchlichen Obrigkeiten angestrebt wurden. In einem zähen Kampf versuchte er, die evangelische Bewegung zurückzudrängen, die immer wieder in einigen Städten wie Leipzig, Annaberg oder Mittweida aufbrach. »Anfällig für das lutherische Gift« waren auch die Grenzgebiete zum ernestinischen Kurfürstentum. An anderen Orten gelang es der herzoglichen Politik, die oppositionellen Herde relativ schnell zu beseitigen, so in Chemnitz, Delitzsch und Oschatz, oder wenigstens äußerlich die Ruhe wiederherzustellen.[2] Insgesamt sollte das, was mit evangelischer Bewegung zu umschreiben ist, für das albertinische Sachsen nicht überschätzt werden. Bei den Bewohnern, die sich von dem altgläubigen Kirchenwesen trennten, handelte es sich eindeutig um eine Minderheit. Ebenso artikulierten sich nur in wenigen Städten die Proteste in dieser Weise.

Das Engagement Herzog Georgs für die altgläubige Kirche ergab sich sowohl aus seiner eigenen Überzeugung als auch aus seinen Vorstellungen über die Aufgaben eines Regenten. Dieses Verantwortungsgefühl spiegelte sich ebenfalls in der Innenpolitik wieder. So bestand ein geordnetes Verhältnis zwischen dem Herzog und seinen Landständen. Die schließlich gescheiterten Bemühungen, mit der Huldigung, und dem Regentschaftsrat für seinen regierungsunfähigen Sohn Friedrich /110/ d. J. die reformatorische Umgestaltung aufzuhalten, gaben den Ständen einen größeren Einfluß.[3] Nur mit Prälaten, Ritterschaft und

---

\* Erstabdruck in: Recht, Verfassung und Verwaltung in der frühneuzeitlichen Stadt/ hrsg. von Michael Stolleis. Köln 1991, 109-119.

1 Zu Herzog Georg vor allem Helmar JUNGHANS: Georg von Sachsen (1471-1539). TRE 12 (1984), 385-389 (Lit.); Eike WOLGAST: Luther und die katholischen Fürsten. In: Luther und die politische Welt/ hrsg. von Erwin Iserloh und Gerhard Müller. Stuttgart 1984, 40-51; Günther WARTENBERG: Luthers Beziehungen zu den sächsischen Fürsten. In: Leben und Werk Martin Luthers von 1526 bis 1546/ hrsg. von Helmar Junghans. 2. Aufl. Berlin 1985, 562-566 (Lit.); Siegfried HOYER: Georg von Sachsen: Reformer und Bewahrer des alten Glaubens. In: Europäische Herrscher/ hrsg. von Günter Vogler. Weimar 1988, 95-105.

2 Zur evangelischen Bewegung in albertinischen Sachsen Günther WARTENBERG: Landesherrschaft und Reformation: Moritz von Sachsen und die albertinische Kirchenpolitik bis 1546. Gütersloh 1988, 23-63; ebenso erschienen Weimar 1988.

3 Erich BRANDENBURG: Moritz von Sachsen. Bd. 1: Bis zur Wittenberger Kapitulation 1547. Leipzig 1898, 15-17; Simon ISSLEIB: Herzog Heinrich als evangelischer Fürst 1537-1541. BSKG 19 (1906), 148 f; STAAT UND STÄNDE UNTER DEN HERZÖGEN ALBRECHT UND GEORG: 1485-1539/ bearb. von Woldemar Goerlitz. Leipzig 1928, 463-469. 547-552 (Sächsische Landtagsakten; 1 / SSächsKomG; 32); Günther WARTENBERG: Die Einwirkungen Luthers auf die reformatorische Bewegung im Freiberger Gebiet und auf die Herausbildung des evangelischen Kirchenwesens unter Herzog Heinrich von Sachsen. HCh [12] (1981/1982), 100 f = in diesem Band oben Seite 121-146.

Städten war das bisherige Kirchenwesen zu erhalten. Diese Gegebenheit erhöhte das Selbst-bewußtsein der Landstände. Diese haben – von wenigen Ausnahmen abgesehen – die Po-litik ihres Landesherrn mitgetragen, wenn sie auch die kompromißlose Haltung Georgs in der Religionsfrage aufzuweichen suchten. Für die vorliegende Untersuchung sind nur die landsässigen Städte von Bedeutung. Ihre Verfassungen bedurften der herzoglichen Geneh-migung. Bei Konflikten schaltete sich in der Regel der Landesherr ein, bei dem sich jeder Bürger beschweren konnte. Obwohl es Herzog Georg jederzeit möglich war, in die Fi-nanz- und Wirtschaftspolitik der Städte einzugreifen, vermied er jede Reglementierung. Nur wenn Interessen der Bewohner berührt wurden, entschloß er sich zur Intervention.[4]

Das Verhältnis der Städte zum Kirchenwesen in ihren Mauern berührte in einigen Be-reichen die Beziehungen zum Landesherrn. Das überlieferte und von Felician Geß bis Ende 1527 publizierte Material zur Kirchenpolitik[5] enthält viele Hinweise auf Beschwerden der Städte über die Geistlichkeit. Einen Dauerstreitpunkt bildete dabei die Frage des geist-lichen Besitzes in den Städten. Schon aus steuer- und hoheitspolitischen Überlegungen mußte jede Stadt verhindern, daß Grundstücke in die Hände von Klöstern und Geistlichkeit gelangten. Der in den Stadtordnungen festgeschriebene Grundsatz der Gleichzeitigkeit von Besitzerwerb und Erhalt des Bürgerrechts erwies sich nicht als zuverlässiges Abwehr-mittel. Herzog Georg unterstützte die Bemühungen der Städte, die volle Gerichtsbarkeit in ihren Mauern und ihrem Weichbild zu erhalten. Mehrfach vermittelte er den Übergang solcher Rechte an Städte. 1503 überließ das Leipziger Thomaskloster der Stadt die Ober-gerichtsbarkeit für zwei Flurstücke.[6] 1510 entschied der Landesherr den Streit des Rates mit dem Benediktinernonnenkloster St. Georg zu Leipzig zugunsten der Stadt.[7] Die meißnischen Städte brachten das Gesamtproblem 1506 in ihren Beschwerdeartikeln auf dem Landtag zur Sprache.[8]

Das Ringen der Stadtobrigkeiten mit Klöstern, kirchlichen Institutionen und Geistlichen um Freibesitz und Rechtstitel kennzeichnete ebenfalls die letzten Jahrzehnte /111/ altgläu-bigen Kirchenwesens im albertinischen Sachsen und ist damit ein wichtiger Ausgangspunkt für die Position der Städte beim Prozeß der kirchlichen Umgestaltung ab 1539. Diese Aus-einandersetzung vollzog sich unabhängig von der persönlichen Stellungnahme der städti-schen Führungsschicht in der Religionsfrage. Die Entscheidung für oder gegen Luther, für

---

4 Zum Verhältnis Herzog Georgs zu seinen Städten: Staat und Stände …, 1-20.

5 AKTEN UND BRIEFE ZUR KIRCHENPOLITIK HERZOG GEORGS VON SACHSEN/ hrsg. von Felician Geß. 2 Bde. Leipzig 1905/17. (ND Leipzig 1985) (SSächKomG 10; 22). Für Dresden Otto RICHTER: Verfassungs- und Verwaltungsgeschichte der Stadt Dresden. Bd. 3: Verwaltungsgeschichte der Stadt Dresden: Abt. 1. Dresden 1891, 317-326; für Leipzig Georg WUSTMANN: Geschichte der Stadt Leip-zig: Bilder und Studien. Bd. 1. Leipzig 1905, 337-349.

6 Der Vertrag wurde am 23. August 1503 abgeschlossen. Vgl. URKUNDENBUCH DER STADT LEIPZIG. Bd. 2/ hrsg. von Karl Friedrich von Posern-Klett. Leipzig 1870, 360 f (Nr. 362). (CDS, II, 9).

7 URKUNDENBUCH DER STADT LEIPZIG. Bd. 3/ hrsg. von Joseph Förstemann. Leipzig 1894, 72 f (Nr. 108). (CDS; II, 10).

8 Zur Beschwerde vom 17. August 1506: Staat und Stände …, 499 f. 1493 hatte der Rat zu Dresden die weitere Belehnung von Geistlichen mit schoßpflichtigen Häusern untersagt, dazu Otto RICHTER: Verfassungs- und Verwaltungsgeschichte … Bd. 2. Dresden 1891, 3. Daß die Klagen der Städte nicht abrissen, zeigt eine Entscheidung der herzoglichen Räte 1526 für Großenhain, daß Geistliche ihnen vermachte Grundstücke zu veräußern hatten (SächsHStA Dresden: Loc. 9871: Irrungen, so sich zwischen …, 73a).

oder gegen eine Reformation an Haupt und Gliedern, für oder gegen communio sub utraque, konnte die Intensität jenes Positionsverhaltens nur modifizieren. In der Stellung der Städte gegenüber kirchlichen Strukturen ergibt sich eine sichtbare Kontinuität über 1539 hinaus, die gerade bei den Verhandlungen der Visitatoren mit dem Leipziger Rat zum Tragen kam. Außerdem eröffnete der mit der Einführung der Reformation verbundene Auflösungsprozeß der Klöster die Aussicht, diese im städtischen Organismus teilweise als Fremdkörper wirkenden Einrichtungen endgültig zu beseitigen.

Zur Ausgangsposition der sächsisch-albertinischen Städte bei der reformatorischen Neuordnung des Kirchenwesens gehörte weiterhin ihre Stellungnahme in der Auseinandersetzung Herzog Georgs mit der evangelischen Bewegung. Seine Anordnungen wurden grundsätzlich durchgeführt oder wenigstens publiziert. Nachweislich bemühte sich der Leipziger Rat, die teilweise harten Befehle aus Dresden aus Sorge vor wirtschaftlichen Schäden – besonders im Blick auf die Messe – abzumildern. Die aufsehenerregende Beteiligung der Leipziger Bevölkerung Anfang März 1533 an der Beerdigung des Juristen Augustin Specht, der die communio sub una auf dem Totenbett verweigert hatte, veranlaßte den Rat zu schnellem Handeln. Er legte dem Herzog die möglichen Auswirkungen dar und erreichte, daß die Untersuchung schließlich niedergeschlagen wurde.[9] 1534 versuchte Ludwig Fachs in seinem Bericht über die Beteiligung an Beichte und Kommunion zum Osterfest Herzog Georg gegenüber, den Eindruck normaler Verhältnisse zu erwecken. Die Zahl von etwa 7.000 Kommunikanten entspräche der Beteiligung der vergangenen Jahre. Der Küster von St. Nicolai habe nach eigenen Aussagen in den letzten 8 bis 10 Jahren nie über 3.600 Partikel ausgelegt, von denen stets etwa 500 übriggeblieben seien.

Da 1534 3.100 Personen zur Osterzeit in dieser Kirche kommuniziert hatten, konnte Fachs schreiben: »Es duncket mich, das noch die forcht vnd gehorsam gottis nit gar verloschen«.[10] Der Leipziger Rat verfolgte offensichtlich eine doppelte Strategie. Einerseits spielte er die religiös motivierten Proteste herunter, andererseits strebte er danach, die herzoglichen Eingriffe möglichst abzuwenden, sie zu modifizieren oder ihnen die Schärfe zu nehmen. Dieses Taktieren ist in keiner Weise Ausdruck von Sympathien gegenüber der evangelischen Opposition, es zeigt vielmehr die alleinige Ausrichtung der Politik auf eine kontinuierliche Weiterentwicklung der eigenen Stadt.

Der Pirnaer Rat nahm bereits Monate vor Georgs Tod Verbindungen mit Anton Lauterbach in Wittenberg auf. Er schickte dem aus Pirna gebürtigen lutherischen Pfarrer Wein,[11] um so bei der wohl erwarteten kirchlichen Umwälzung einen Sachwalter seiner Interessen zu haben. In der Tat wurde Lauterbach nach 1539 der erste evangelische Superintendent in der Elbestadt.

Mehrfach kritisierte der Landesherr die in seinen Augen zu lasche Haltung des Leipziger Rates. Hätte er besser auf die Bürger geachtet, wäre der Abfall vom alten /112/ Kirchenwesen nicht so groß, schrieb er im Mai 1533.[12] Zwei Jahre später mußte er den Rat an das

---

9 Dazu Wartenberg: Landesherrschaft und Reformation …, 35 f.

10 Zum Brief von Fachs an den Herzog vgl. Friedrich SEIFERT: Die Reformation in Leipzig. Leipzig 1883, 101-104.

11 Reinhold HOFMANN: Reformationsgeschichte der Stadt Pirna: nach urkundlichen Quellen dargestellt. BSKG 8 (1893), 54; zu Lauterbach: Wartenberg: Landesherrschaft und Reformation …, 248-251.

12 Dresden, 19. Mai 1533 (Montag nach Vocem jocunditatis), StA Leipzig: Titel VII B Nr. 1, Bd. 1, 61ab, Ausfertigung, eigenhändige Unterschrift.

Verbot erinnern, in Wittenberg wegen der neuen Lehre keine Kinder von Bürgern studieren zu lassen. Der Rat habe nicht fleißig darüber gewacht und hätte ohne die herzogliche Erinnerung vermutlich nichts unternommen.[13] Diese Sicht des Herzogs entsprach sicher der Wirklichkeit. Ebenso schritt der Rat nicht ein, wenn Ausgewiesene zurückkehrten oder sich einige Zeit in der Stadt aufhielten. Stark polemisch scheint dagegen der Bericht eines unbekannten Priesters an den Herzog[14] zu sein, der den Ratsherren fehlende Weisheit und Eigennutz vorwarf. In Leipzig glaube keiner dem anderen. Die günstige Aktenüberlieferung ermöglicht es uns, die Entwicklung in Leipzig gut zu verfolgen. In anderen albertinischen Städten ist das wesentlich schwieriger. Allerdings bildete die Messestadt eine Ausnahme. Die wirtschaftlich gebotene Offenheit ermöglichte ein Weiterbestehen der evangelischen Bewegung und zwang zugleich das Stadtregiment zu seiner realitätsnahen und abwartenden Stellungnahme gegenüber der landesherrlichen Kirchenpolitik. Fachs gehörte zu den Befürwortern der Freigabe des Laienkelchs und der Priesterehe, um so den Evangelischen wichtige Argumente zu nehmen. Die führende politische Schicht in Leipzig erkannte zwar die Mißstände an und hielt wie Herzog Georg nur eine innerkirchliche Reform für möglich. Die indirekte Kritik richtete sich gegen die Methoden der antilutherischen Politik.

Daher ist nicht überraschend, wenn Leipzig wie Chemnitz und das thüringische Langensalza sofort an den neuen Herzog Heinrich herantrat. Er möge ohne Wissen und Zustimmung der Landschaft keine Änderung der kirchlichen Verhältnisse vornehmen und die Bewohner nicht gegen ihr Gewissen zwingen.[15] Wie der einflußreiche Rat Georg von Karlowitz traten diese Städte zunächst nur für die Freigabe der reformatorischen Predigt ein.[16] Das lief jedoch auf ein Fortbestehen des altgläubigen Kirchenwesens hinaus. Das damit für die Landstände beanspruchte ius reformandi konnte Herzog Heinrich nicht hinnehmen. Zielstrebig versuchte Leipzig, den unter Herzog Georg erreichten Einfluß der albertinischen Landstände zu erhalten und womöglich noch auszubauen. Zu diesen politischen Überlegungen kam noch die innere Haltung im Religionsstreit, die jedoch dem Wohl der Stadt untergeordnet werden konnte. Jedenfalls gab Leipzig seine zunächst abwartende Haltung nicht auf. Herzog Heinrich hielt es für nötig, dem Rat ausdrücklich /113/ zu befehlen, keine Einwohner mehr wegen der Religion zu vertreiben und die Ausgewiesenen wieder aufzu-

---

13 So Herzog Georg an den Rat, 1. Juli 1535 (Donnerstag nach Peter und Paul), StA Leipzig: Titel VII B Nr. 1, Bd. 1, 71ab, Ausfertigung. Das Verbot, die Universität Wittenberg zu besuchen, erging erstmals am 10. Februar 1522. Vgl. Wartenberg: Landesherrschaft und Reformation ..., 61 Anm. 220. Zu Leipzig Ernst KROKER: Leipziger Studenten auf der Universität Wittenberg im Reformationszeitalter. In: ders.: Beiträge zur Geschichte der Stadt Leipzig im Reformationszeitalter. Neujahrsblätter der Bibliothek und des Archivs der Stadt Leipzig 4 (1908), 8-17. 37-39.

14 21. März 1536 (Dienstag nach Oculi), StA Leipzig: Titel VII B Nr. 1, Bd. 1, 75ab, Abschrift.

15 Diese Städte benutzten die Huldigung, um ihre Wünsche zur Religionssache vorzubringen, so Leipzig am 23. Mai 1539 (SächsHStA Dresden: Loc. 8715: Erbhuldigung nach Herzog Georgs Tod 1539, 23b, Abschrift), Chemnitz (ebd, 43ab, Abschrift) und Langensalza (ebd, 16a, Abschrift).

16 Schönfeld, 6. Oktober 1539 (Montag nach Michaelis), Karlowitz an Anton von Schönberg und Hane von Schleinitz zu Seerhausen (SächsHStA Dresden: Loc. 10520: Herzog Georgs zu Sachsen Testament 1539/40, 67b-68a, Ausfertigung eigenhändig). Die gleiche Forderung erhoben die Landstände in Chemnitz im Dezember 1539 (SächsHStA Dresden: Loc. 9353: Acta, Landtag zu Chemnitz auf Martini 1539, 29b, Abschrift); vgl. Johannes FALKE: Die landständischen Verhandlungen unter Herzog Heinrich von Sachsen 1539 bis 1541. Archiv für Sächsische Geschichte 10 (1872), 45 f.

nehmen.[17] Rückendeckung erhielt die Ratsoligarchie von der Universität, die ebenfalls nur zögernd sich der religiösen Wende öffnete.[18] Die feierliche Einführung der Reformation in Leipzig bzw. die ersten öffentlichen evangelischen Predigten zum Pfingstfest 1539 unter Beteiligung der herzoglichen Familie, des Kurfürsten Johann Friedrich und der Wittenberger Theologenprominenz mit Luther an der Spitze schienen den Rat noch nicht in der gewünschten Weise beeindruckt zu haben. Dieser hielt es noch am 21. Juni – trotz eines herzoglichen Befehls, die Arbeit des Friedrich Mykonius zu unterstützen – für möglich, Heinrich zu bitten, wegen der »Schwachen und Unwissenden« das Abendmahl in einer Gestalt weiter zu erlauben.[19] War es Selbstbewußtsein oder der letzte Versuch vor der Einsicht in die Notwendigkeit, wenn man erreichen wollte, daß der Herzog in der Religion keinen Bürger zur Neuerung dringen, sondern die Entscheidung jedem freistellen sollte, wie er es gegen Gott zu verantworten wußte? Die alte Formel, mit der so viele kirchliche Veränderungen begründet worden waren, diente jetzt dem Versuch, dem Landesherrn einen Freiraum für die Altgläubigen abzuringen. Dem wenig entwickelten Interesse des Rates an einer Reformation entsprach außerdem, daß er zur gleichen Zeit den Merseburger Bischof Sigismund von Lindenau über die herzoglichen Befehle unterrichtete.[20]

---

17 Weißenfels, 12. Mai 1539 (Montag nach Vocem jocunditatis), StA Leipzig: Titel VII, B Nr. 1b, Bd. 2, 1a, Ausfertigung; gedruckt: REFORMATION UND BAUERNKRIEG IN LEIPZIG: Dokumente aus dem Stadtarchiv/ bearb. von Horst Thiele. In: Leipzig: aus Vergangenheit und Gegenwart 2 (1983), 139 (Nr. 36).

18 Bericht über die Verhandlungen der Visitatoren am 13. August 1539 (Mittwoch nach Laurentii) mit der Universität, die sich verpflichtete, nichts lesen, reden oder disputieren zu lassen, was der reinen Lehre sowie der Confessio Augustana und Apologie »entgegen, zuwider vnd ungemess« wäre in StA Leipzig: Titel VII 3 Nr. 2: Consistorialia 1, 25ab, Abschrift. Vgl. Herbert HELBIG: Die Reformation der Universität Leipzig im 16. Jahrhundert. Gütersloh 1953, 50-60. Günther WARTENBERG: Die Theologische Fakultät der Universität Leipzig während der Einführung der Reformation im herzoglichen Sachsen. WZ Leipzig 30 (1981), 576-583 = in diesem Band S. 257-264. Der Veränderungsprozeß an der Universität zog sich bis 1543 hin. Am 17. August 1540 baten die Leipziger Pfarrer Johann Pfeffinger, Balthasar Loy, Georg List und Vinzenz Stange Herzog Heinrich, die Universität zu reformieren und dafür zu sorgen, daß diese in jedem Fall die christliche Lehre befolgt, wie sie die Confessio Augustana und Apologie festlegen. SächsHStA Dresden: Loc. 10531: Leipziger Händel 1539/41, 158a-159a, Entwurf; gedruckt: URKUNDENBUCH DER UNIVERSITÄT LEIPZIG VON 1409 BIS 1555/ hrsg. von Bruno Stübel. Leipzig 1879, 532, 31-33 (Nr. 407). (CDS; II, 11).

19 Dabei wiederholte der Rat seine Bitte von der Huldigung, daß der Herzog in der Religion »nymandts zue newerunge dringen, Sondern eynnen yedern freystehen vnd bleyben lassen wolten, wie ers kegen Got vortrawete zuuoranthwurtten ...« (StA Leipzig: Titel VII B Nr. 1b, Bd. 2, 15ab, Entwurf). Diesem Schreiben gingen Gespräche einer Ratsdelegation mit herzoglichen Räten voraus, über die Fachs nach Leipzig berichtete, der auch von weiterem Widerstand abriet (StA Leipzig: ebd, 9a-14a). Herzog Heinrich antwortete klar und bestimmt am 24. Juni 1539 aus Freiberg (StA Leipzig: ebd, 18a, Ausfertigung), er wolle zwar keinen »wider seyne gewissen« zwingen, das Sakrament unter beiderlei Gestalt zu empfangen, aber sub una bleibe abgeschafft, da sie nicht im Wort Gottes begründet sei. Damit stellte der Herzog den Sakramentsempfang offensichtlich in das Ermessen des einzelnen.

20 StA Leipzig: ebd, 16a, Entwurf. Dabei wird die Forderung nach Änderung der Abendmahlspraxis nicht erwähnt. Der Rat verwies darauf, daß er sich mit dem Propst zu St. Thomas, Ambrosius Rauch, über eine Ordnung verglichen habe und fragt an, ob der Bischof einen entsprechenden Befehl kenne, was Sigismund in seiner Antwort vom 22. Juni (Sonntag nach Viti) natürlich verneinen muß (StA Leipzig: ebd, 17a, Ausfertigung). Der Rat erkannte offenbar die Zuständigkeit der Merseburger Bischöfe noch an.

Im Juli/August 1539 fand die erste Gesamtvisitation im meißnischen Teil des albertinischen Sachsen statt. Nur wenige Tage blieben für die wichtigsten Städte und ihre Umgebung. Nennenswerten Widerstand zeigte offensichtlich nur Leipzig, was /114/ nach den vorausgehenden Stellungnahmen keinesfalls überraschte. Bereits vor ihrem Eintreffen am 5. August sandten die Visitatoren ihre Forderungen an die Stadt: Der Rat sollte die Geistlichkeit, alle Priester und Mönche zum benannten Termin auf das Rathaus bestellen sowie Übersichten anfertigen über die Lehen, Stiftungen, Bruderschaften und über die Zahl der für den Kirchen- und Schuldienst benötigten Personen.[21]

Obwohl der Rat sich schließlich zu der Erklärung bereitfand, das Reformationswerk nach besten Kräften zu fördern, entspann sich ein zähes Ringen um das ius patronatus. Möglicherweise erwartete der Rat als Gegenleistung für die Hinnahme der kirchlichen Neuordnung Zugeständnisse. Der hartnäckige Streit zog sich über fünf Tage hin. Man berief sich darauf, »von alters« her das Recht zur Bestellung der Kirchen- und Schuldiener zu haben. Außerdem sei eine christliche Versammlung berechtigt, einen Seelsorger zu wählen und zu berufen.[22] Leipzig sei eine solche Versammlung und mit 7.000 bis 8.000 Kommunikanten nicht die kleinste. Schließlich hätten sich die Vorgänger des Herzogs um diese Frage nie gekümmert. Nicht ohne Interesse sind die Gegenargumente der Visitatoren: Sie hätten nicht den Auftrag, über herzogliche Anordnungen zu diskutieren. Die Heilige Schrift könne die Forderungen des Rates nicht unterstützen. Bei der Wahl eines Pfarrers durch das Kirchenspiel käme es kaum zu einer Einigung, auch wäre der größte Teil der Bevölkerung noch nicht zur Erkenntnis des Evangeliums gekommen. Sollte auch die Bibel eine solche Wahl stützen, wäre sie durch »politische Ordnunge vnd gebrauch bey vns itzo aufgehabenn«[23].

Man spürt, wie schwer es den Männern um Justus Jonas fiel, die durchaus richtigen Argumente des Rates zu entkräften. Sie beschworen Herzog Heinrich, um seines Gewissens willen dem Rat nicht nachzugeben. Dieser blieb bei seinem Standpunkt. Schließlich konnte er sich die vermeintliche Chance, das Kirchenwesen in die städtische Ordnung zu integrieren, nicht entgehen lassen. Der Leipziger Rat war nur bereit, dem Herzog die Pfarrer und Prediger zur Konfirmation und Bestätigung zu präsentieren. Er verwahrte sich gegen die Einsetzung der Geistlichen durch die Visitatoren und kündigte entschiedenen Protest beim Herzog an.[24] Erst nach Rückfrage in Dresden kam die Einigung zustande. Der Landesherr erhielt das Recht, den Superintendenten zu bestimmen, der dann mit Einwilligung des Rates die Inhaber für Kirchen- und Schulämter verordnen sollte.[25] Bei Streitfällen lag die Entschei-

---

21 Chemnitz, 29. Juli 1539 (Dienstag nach Jacobi) (StA Leipzig: Titel, VII B Nr. 2: Consistorialia 1, 1ab, Ausfertigung). Zur ersten Gesamtvisitation in Leipzig Seifert: Die Reformation in Leipzig ..., 182-191.

22 StA Leipzig: Titel, VII B Nr. 2: Consistorialia 1, 4ab. Hier beruft sich der Rat auf Luthers Schrift »Daß eine christliche Versammlung oder Gemeine Recht und Macht habe, alle Lehre zu urteilen und Lehrer zu berufen, ein- und abzusetzen ... 1523«, gedruckt: StA 3 (1983), 72-84.

23 StA Leipzig: Titel, VII B Nr. 2: Consistorialia 1, 4b-5b.

24 StA Leipzig: Titel, VII B Nr. 2: Consistorialia 1, 6a.

25 So im Visitationsabschied StA Leipzig: Titel, VII B Nr. 2: Consistorialia 1, 15a. 20b. Am 9. August 1539 bestätigte Herzog Heinrich ausdrücklich gegenüber dem Rat (StA Leipzig: Titel, VII B Nr. 1b, Bd. 2, 31a-32a, Ausfertigung) diese Regelung, daß der Rat die Geistlichen nominieren und erwählen kann, aber vor Dienstübernahme der Kandidat vom Superintendenten »approbirt« und vom Herzog bestätigt werden muß. Dabei berief er sich auf sein Recht als »Obrigkeit«. Die Bezahlung könne weiter aus dem Thomaskloster erfolgen.

dung beim Landesherrn. Dieser Kompromiß, der ähnlichen Regelungen in anderen Städten entsprach, enthielt jedoch viel Konfliktstoff, vor allem wenn sich Superintendent und Rat nicht einigen konnten, wenn jede Besetzung sich zu einer /115/ Machtprobe zwischen dem Repräsentanten des neuen Kirchenwesens und der Stadtobrigkeit entwickelte. Die evangelische Kirche in den albertinischen Städten wurde nicht zu einer Ratskirche, vielmehr bewahrte sich der Landesherr von Anfang an Möglichkeiten zur Einflußnahme. Damit war auch die Entscheidung für eine eigene Kirchenverwaltung innerhalb der Stadt gefallen, wobei dem Rat ein begrenztes Mitspracherecht eingeräumt wurde. In dieser Hinsicht erbrachte die Reformation keinen nennenswerten Machtzuwachs für die Stadträte im albertinischen Sachsen, die vielmehr – wie in Leipzig – offensichtlich eine Niederlage hinnehmen mußten.

Anders verliefen die Auseinandersetzungen um den Klosterbesitz in den Städten. Zunächst setzten die Landesstände bei Herzog Heinrich auf dem allgemeinen Landtag im Spätherbst 1539 durch, daß die geistlichen Güter unter Aufsicht von Vertretern aus Ritterschaft und Städten verpachtet wurden.[26] Mit dieser Regelung war Herzog Moritz von Anfang an nicht einverstanden. Er sah die Chance, durch den schrittweisen Verkauf eine Geldquelle zu erschließen, die im albertinischen Sachsen später sowohl der herzoglichen Kammer wie dem Kirchen- und Schulwesen zugute kam. Die Städte nahmen die Möglichkeiten wahr, den Klosterbesitz in ihren Mauern zu erwerben. Das galt für Dresden, Chemnitz, Freiberg, Großenhain, Oschatz, aber auch für Pirna und Leipzig.[27] Der Leipziger Rat konnte ein Privileg Herzog Georgs vom 29. Januar 1538 vorweisen,[28] nach dem jenem ein Vorverkaufsrecht eingeräumt worden war, falls die Nonnen und Mönche von der Ordnung der heiligen christlichen Kirche abfielen. Begründet wird diese Zusage mit der Notwendigkeit, in der Stadt das Regiment einheitlich zu gestalten. Dieses Privileg wirft erhebliche Fragen auf. Rechnete Herzog Georg bereits mit kirchlichen Veränderungen? Ist sie Zeichen einer tiefen Resignation oder zählte Leipzig zu den Stützen seiner Kirchenpolitik? Zumindest schien der princeps catholicus sich über den Zustand der Klöster keine Illusionen zu machen und einen Zusammenbruch der klösterlichen Ordnung in Betracht zu ziehen. Ferner wollte der Herzog wohl verhindern, daß Nichtbürger sich der Klostergüter bemächtigen und diese zum Integrationshemmnis in der Stadt werden konnten. Herzog Moritz ermöglichte dem Leipziger Rat 1543, den überwiegenden Teil des Klosterbesitzes zu erwerben.[29] Das Dominikanerkloster und fünf Dörfer aus dem Besitz des Augustinerchorherrenstifts St. Thomas erhielt dagegen die Universität.[30] Der heftige Widerspruch des Rates gegen diese

---

26  Dazu Ißleib: Herzog Heinrich ..., 181-185; Helga-Maria KÜHN: Die Einziehung des geistlichen Gutes im albertinischen Sachsen. 1539-1553. Köln 1966, 53 f (Mitteldeutsche Forschungen; 43).

27  Zur Veräußerung des Klosterbesitzes ebd, 96-111.

28  StA Leipzig: Urkundenkasten, 25, 1, Ausfertigung. Unterschriften von Herzog Georg und Herzog Friedrich d.J.; StA Leipzig: Copial 1 Titel 1 Nr. 30, 184ab, Abschrift; gedruckt: Urkundenbuch der Stadt Leipzig ... Bd. 2, 424 f (Nr. 459).

29  Das entsprechende Privileg wurde von Herzog Moritz und Herzog August in Dresden am 1. Mai 1543 (Dienstag Philippi und Jacobi) ausgestellt (StA Leipzig: Copial 1 Titel 1 Nr. 30, 204a-705a, Abschrift; gedruckt: Urkundenbuch der Stadt Leipzig ... Bd. 2, 444-446 [Nr. 478]). Zu den langwierigen Verhandlungen Wustmann: Geschichte ..., 482-491. Die Kaufurkunde stammt vom 6. August 1543 (Montag Sixti) (StA Leipzig: Copial 1 Titel 1 Nr. 30, 206a-208a, Abschrift; gedruckt: Urkundenbuch der Stadt Leipzig ... Bd. 2, 447-450 [Nr. 480]).

30  Urkunde vom 22. April 1544; gedruckt: Urkundenbuch der Universität Leipzig ..., 567-569 (Nr. 439); vgl. Helbig: Die Reformation der Universität Leipzig ..., 79-82.

Übereignung, Verehrungen an die herzoglichen Räte wie auch der Bezug auf die Privilegien, die Herzog Georg 1538 eingeräumt hatte, blieben ohne Wirkung.

Die Übernahme der geistlichen Güter innerhalb der Stadt verband sich immer mit der Verpflichtung, für die Besoldung der Pfarrer, Lehrer und Küster aufzukommen. Die Zahlung ihrer Einkommen übernahmen die Stadträte mit dem Klosterbesitz. /116/ Außerdem regelte die zweite gesamtalbertinische Visitation 1539/40 die Konzentration der Einnahmen aus Lehen und Stiftungen im Gemeinen Kasten. Die Visitatoren legten zwar die Höhe der Besoldungen und die Form ihrer Aufbringung fest, die Ausführung der Bestimmungen blieb jedoch den neuen Pfarrern und dem guten Willen der Betroffenen überlassen. Die in der herzoglichen Kanzlei in Dresden eingehenden Klagen und Beschwerden häuften sich. Nicht selten versuchten die Städte, die Visitationsbescheide zu ihren Gunsten auszulegen. Außerdem versuchten sie gemeinsam mit der Ritterschaft, die lästigen Zahlungen ganz loszuwerden und eine Besoldung aus den Einkünften der geistlichen Güter zu erreichen. Herzog Heinrich wie sein 1541 nachfolgender Sohn Moritz lehnten diesen Vorschlag energisch ab. Sie strebten danach, die bisherigen Geldquellen der Kirche auf Ortsebene zu erhalten. Diesem Zweck diente eine allgemeine Bestandsaufnahme der Lehen und des Pfarrbesitzes im Februar/März 1542.[31] Jene mußte jedoch im Herbst des gleichen Jahres wiederholt werden, da nur wenige Städte geantwortet hatten.[32] Im Frühjahr 1542 war die herzogliche Politik noch durch die Wurzener Fehde in Anspruch genommen. Die erneute Umfrage ermöglichte eine abschließende Regelung als wichtigen Schritt, um das neue Kirchenwesen finanziell zu sichern sowie rechtlich und verwaltungsmäßig auszubauen.

Die von den albertinischen Städten eingegangenen Berichte versorgten die herzogliche Kanzlei mit den notwendigen Informationen, wo in mühevoller Kleinarbeit im Vergleich mit den Visitationsabschieden die Antworten an die Einsender ausgearbeitet wurden.[33] Diese fielen recht unterschiedlich aus. Den Empfängern ließ Herzog Moritz sehr genau vorschreiben, wie sie ihre Lehen zu verwenden hatten, ob Häuser zu verkaufen waren, wohin mögliche Überschüsse zu zahlen waren. So wurde der Rat zu Oederan angewiesen, 60 fl an Zschopau zu zahlen.[34] Von dem für Dresden errechneten Überschuß waren 100 fl an Altenberg, 100 fl für Stipendien an Kinder armer Leute und 100 fl für Almosen zu entrichten.[35] Einigen Städten – wie Oschatz, Mühlberg, Großenhain, Lommatzsch – wird bescheinigt, daß sie versorgt sind und genügend Geldmittel besitzen,[36] während anderen – wie Pegau, Ortrand, Geyer, Meißen, Glashütte – Zahlungen zugesagt werden.[37] Dem großen Ausschuß der Landstände, der am 23. Januar 1544 in Dresden tagte, legte Herzog Moritz eine Liste der Zulagen vor, die einzelnen Städten urkundlich zugewiesen worden waren. Die Gesamtsumme belief sich auf 23.408 fl.[38] Die vorliegenden Antworten der meißnischen Städte auf die Erhebung bilden eine wichtige Ergänzungsquelle zu den Visitationsakten und ermögli-

---

31 Wartenberg: Landesherrschaft und Reformation …, 130 f.

32 Ebd, 159-172.

33 Die Antworten sind enthalten in SächsHStA Dresden: Loc. 7437: Wie an die Städte … 1543.

34 SächsHStA Dresden: ebd, 19ab. 21ab.

35 SächsHStA Dresden: ebd, 31ab.

36 SächsHStA Dresden: ebd, 5ab (Oschatz). 7a (Mühlberg). 9ab (Großenhain). 11a (Lommatzsch).

37 SächsHStA Dresden: ebd, 1a (Pegau). 25a (Ortrand). 23a (Geyer). 29ab (Meißen). 39a (Glashütte).

38 SächsHStA Dresden: ebd, 1aa-1cb.

chen Vergleiche zwischen den Städten über die Entwicklung des evangelischen Kirchenwesens. Die kirchliche Vermögenslage, die Verwendung der Lehen und die Erfüllung der Anordnungen der beiden großen Visitationen von 1539/40 lassen sich verfolgen. Darüber hinaus sind Aussagen zur kirchenpolitischen wie zur gesamtpolitischen Entwicklung möglich. Ohne Eingreifen des Herzogs wäre die grundsätzliche Regelung von 1542/43 nicht möglich gewesen. /117/ Oft fehlte einzelnen Städten das Geld, um die Kirchen- und Schuldiener ausreichend zu versorgen.

Der Aufbau des neuen Kirchenwesens führte zu Eingriffen in die städtische Politik, die jedoch im Interesse einer kontinuierlichen kirchlichen Entwicklung erforderlich waren. Nur ein vom Landesherrn aufzubauender Verwaltungsapparat konnte die Voraussetzungen für die Behauptung evangelischen Kirchentums schaffen. Für die Städte blieb in diesem System, das sich auf die Superintendenten und Amtleute stützte und das seit 1545 in den Konsistorien zu Merseburg und Meißen[39] weitere sichtbare Gestalt fand, nur die Funktion eines ausführenden Organs. Die Reformation verstärkte die Integration der sächsisch-albertinischen Städte in den werdenden Territorialstaat. Es gelang ihnen nicht, die bereits gegenüber dem spätmittelalterlichen Kirchenwesen erworbenen Einflußmöglichkeiten auf die Stellenbesetzungen und die Verwaltung des Kirchenvermögens wesentlich zu erweitern. Die nach 1539 erworbenen Patronats- und Präsentationsrechte blieben in ihrer Begrenzung und Kontrolle durch die Superintendenten und die Konsistorien ohne größere Wirkungen.

Die Entwicklung im albertinischen Sachsen bis 1547 kann nicht voll erfaßt werden, wenn wir nicht auf die Pläne für einen Kirchenrat auf Gemeindeebene[40] eingehen. Dieser wurde auf der Leipziger Lätarekonferenz 1544 von den albertinischen Superintendenten ihrem Herzog vorgeschlagen. Danach sollte ein senatus ecclesiasticus als Zwischeninstanz zwischen Pfarrer und Konsistorium in den Städten eingerichtet werden, um das Konsistorium zu entlasten, dessen Befugnisse einzugrenzen und bei Bagatellfällen den Entscheidungsweg zu verkürzen. Die bis 1546 immer wieder vorgebrachten Überlegungen sahen vor, den Superintendenten und Pfarrern etwa 12 Personen als Älteste aus dem Rat und den »Vornehmen« der Gemeinde zuzuordnen. Eine Wahl durch die Gemeinde war nicht vorgesehen. Vermutlich dachte man an eine gemeinsame Nominierung durch die Pfarrer und die städtische Obrigkeit, die damit ein gewisses Mitspracherecht in einigen, aber festumrissenen kirchlichen Bereichen erhalten hätte. Dazu gehörten die Sittenzucht, ein begrenztes Strafrecht gegenüber den Geistlichen, aber nur gemeinsam mit dem Superintendenten, und das Schulwesen sowie die Mitverwaltung des kirchlichen Vermögens. Bei der Nominierung eines Pfarrers sollte der senatus ecclesiasticus nicht mitwirken, das kam dem Rat als Inhaber der Patronatsrechte allein zu.

Mit ihren Vorschlägen griffen die albertinischen Superintendenten auf ähnliche Vorstellungen in der Ziegenhainer Zuchtordnung von 1539 zurück,[41] auf spätmittelalterliche

---

39 Wartenberg: Landesherrschaft und Reformation ..., 212-217.
40 Ebd, 225-232.
41 Wilhelm Maurer: Gemeindezucht, Gemeindeamt, Konfirmation. Kassel 1940, 37-39 (Schriftenreihe des Pfarrervereins Kurhessen-Waldeck; 2); Heinrich Bornkamm: Das Ringen reformatorischer Motive in den Anfängen der sächsischen Kirchenverfassung (1948). In: ders.: Das Jahrhundert der Reformation. 2. Aufl. Göttingen 1966, 209-211. Die Ordnung ist ediert von Hannelore Jahr in: Martin Bucer: Deutsche Schriften. Bd. 7/ hrsg. von Robert Stupperich. Gütersloh 1964, 249-278.

Traditionen in den Städten und auf Gedanken Luthers über die Einbeziehung des einzelnen in die Verwaltung der Gemeinde. Eine weitere Rolle spielten praktische Erfahrungen anderer evangelischer Territorien, vor allem in Oberdeutschland, die über die Ziegenhainer Ordnung aufgenommen wurden. Zu den Materialien der Lätarekonferenz gehörte nachweislich die Ordnung von Schwäbisch Hall des /118/ Johannes Brenz von 1526.[42] Wenn auch in den weiteren Diskussionen zwischen den albertinischen Superintendenten und Fürst Georg von Anhalt sowie den herzoglichen Räten der senatus ecclesiasticus mehr als Sittengericht und gemeinsames Organ der geistlichen und weltlichen Obrigkeit konzipiert wurde, scheiterte seine Durchführung letztlich an Georg von Anhalt und dem Widerspruch der Dresdner Räte. Philipp Melanchthon hielt ihn ebenfalls für überflüssig. Für ein Gemeinwesen sei es ungünstig, »multas novas postestates, multa collegia, multa concilia« zu schaffen.[43] Die Hofräte sahen in den Kosten für die Einrichtungen eine vergebliche Ausgabe, da »diversa regimina« in den Kirchen und in den Städten Parteiungen und Zwistigkeiten hervorbringen würden.[44] Damit verschwand der senatus ecclesiasticus aus den weiteren Verhandlungen. Ein interessantes Experiment scheiterte am Veto der Hofräte, die vor allem fürchteten, daß eine selbständige Behörde ohne herzogliche Kontrolle und Unterstützung nur Unruhe erzeugen würde, besonders wenn ihre Beschlüsse nur teilweise oder überhaupt nicht durchzuführen waren. Im Verhältnis Landesherr und Städte hätte der senatus ecclesiasticus den Stadträten die Möglichkeit eröffnet, auf das Kirchenwesen in ihrem Machtbereich größeren Einfluß zu erlangen, eine Entwicklung, die den Verlauf der Reformation weder begünstigt noch zum Scheitern gebracht hätte. Territorialstaatliche Interessen und am Bischofsamt orientierte Vorstellungen – so Georg von Anhalt – über die Ordnung der Kirche erstickten die Überlegungen lutherischer Superintendenten zur Mitwirkung ausgewählter Bürger an der kirchlichen Verwaltung.

Die kirchliche Neuordnung in den sächsisch-albertinischen Städten erfolgte als landesherrliche Reformation. In keiner Phase gelang es den Städten, Einfluß auf die werdende Landeskirche zu erhalten. Die Übernahme der Klostergüter erfolgte ganz im Interesse des Landesherrn, der damit zwar geeignete Käufer fand, die Städte jedoch noch stärker in die Pflicht für die Pfarrerbesoldung nahm und ihre Finanzkraft ausnutzte. Innerstädtisch sind keine Veränderungen feststellbar. Die Ratslinien enthalten kaum Umschichtungen, wenn man vom Zurücktreten solcher aktiven Altgläubigen wie Egidius Mohr in Leipzig sowie Hieronymus Schütze und Hieronymus Walter in Chemnitz absieht.[45] Daß man als Altgläubiger durchaus noch in einer Stadt leben konnte, zeigt Georg Agricola, den Moritz 1546 als seinen Vertrauensmann in den Chemnitzer Rat zum Bürgermeister berufen ließ.[46]

---

42 SächsHStA Dresden: Kopial 181, 258ab, Entwurf für die herzogliche Einladung vom 13. Februar 1544; vgl. Wartenberg: Landesherrschaft und Reformation ..., 229 f.

43 21. August 1544, an Fürst Georg von Anhalt (CR 5, 469 [Nr. 3017]; vgl. MBW 4, 118 f [Nr. 3663]).

44 So am 12. Mai 1546 (SächsHStA Dresden: Loc. 9626: Fürst Georg von Anhalt ..., 167b-168a, Ausfertigung).

45 Wartenberg: Landesherrschaft und Reformation ..., 170, bes. Anm. 71 f; Heribert SMOLINSKY: Augustin von Alveldt und Hieronymus Emser: eine Untersuchung zur Kontoverstheologie der frühen Reformationszeit im Herzogtum Sachsen. Münster 1983, 157 f.

46 Vgl. Hans PRESCHER: Georgius Agricola (1494-1555) und seine Beziehungen zu Herzog und Kurfürst Moritz 1543-1553. Sächsische Heimatblätter 35 (1989), 209-211.

Die Gesamtheit der Stadtbevölkerung hatte verhältnismäßig schnell /119/ die religiösen Veränderungen aufgenommen,[47] was um so leichter fiel, da sie die Gesamtstruktur der sächsisch-albertinischen Städte nicht veränderten.

---

47 Auf Schwierigkeiten deutet die in Anm. 18 erwähnte Eingabe der Leipziger Pfarrer. Ein Jahr nach der offiziellen Einführung der Reformation fordern sie ein herzogliches Mandat »wider die lestrer vnd schender gottis, das man doch gottes wortt vnd die hochwirdigen sacramenta nit also iemerlich greulich lester vnd ubel darvon rede« (SächsHStA Dresden: Loc. 10531: Leipziger Händel ... 1539/ 41, 159a, Entwurf; gedruckt: Urkundenbuch der Universität Leipzig ..., 533, 5-8 [Nr. 407]).

*Unterricht der Visitatoren ...,*
*(Titelblatt der Ausgabe 1528 bei Nickel Schirlentz, Wittenberg)*

# Visitationen des Schulwesens im albertinischen Sachsen zwischen 1540 und 1580 [*]

Von der christlichen Gemeinde forderte Martin Luther, für Schulen zu sorgen, in die jedes Kind gehen konnte, um zum rechten Dienst gegenüber Gott und dem Nächsten erzogen zu werden.[1] Die Einführung der neuen Lehre, ihr strukturmäßiger Aufbau und jede kirchenordnende Tätigkeit der Reformatoren – nicht nur Wittenberger Prägung – wurde mit der Frage nach der Erziehung zum Christen konfrontiert. Die kirchlichen Veränderungen hingen mit der erfolgreichen Bewältigung des Reformproblems von Schulen und Universitäten zusammen, wie sie die ersten Jahrzehnte des 16. Jh.s auf die Tagesordnung gesetzt hatten.[2] Die altgläubige Seite sah diesen Zusammenhang ebenfalls. Die Furcht vor einer Begünstigung der »Ketzer« wirkte jedoch hemmend und verhinderte für lange Zeit schulpolitische Initiativen. Deutlich zeigte sich dieses im albertinischen Sachsen unter dem »princeps catholicus« Georg. Antilutherische Politik erstickte humanistische Reformansätze an der Leipziger Universität.[3] Die Überlegungen der 1538 in Leipzig versammelten Prälaten des Herzogtums, in geeigneten Klöstern Knabenschulen zu schaffen, blieben Vorschläge.[4] Sie waren wohl mehr ablenkendes Echo auf eine Denkschrift Georgs von Karlowitz, des führenden Rates unter den Herzögen Georg und Moritz, zur Religionsfrage, die er am 2. Februar 1537 an Landgraf Philipp von Hessen richtete und die vorsah, verlasse Ordensniederlassungen für die Erziehung der Jugend zu nutzen, das Klostergut zur Unterhaltung der dafür benötigten Prediger und Lehrer sowie für die Kosten einer sechsjährigen Ausbildung elf- bis zwölfjähriger Knaben aus allen Ständen zu verwenden.[5] Damit lag das Konzept für die

---

* Erstabdruck in: Luther in der Schule: Beiträge zur Erziehungs- und Schulgeschichte, Pädagogik und Theologie/ hrsg. von Klaus Goebel. Bochum 1985, 55-78.

1 Vgl. Friedrich HAHN: Die evangelische Unterweisung in den Schulen des 16. Jahrhunderts. Heidelberg 1957, 9-21; Yoshikazu TOKUZEN. Pädagogik bei Luther. In: Leben und Werk Martin Luthers von 1526 bis 1546/ hrsg. von Helmar Junghans. Bd. 1. Berlin 1983, 323-330.

2 Vgl. Georg MENTZ: Das Schulwesen der deutschen Reformation im 16. Jahrhundert. Heidelberg 1902; Hanns RÜCKERT: Die Stellung der Reformation zur mittelalterlichen Universität (1933). In: ders.: Vorträge und Aufsätze zur historischen Theologie. Tübingen 1972, 71-95; Ludwig PETRY: Die Reformation als Epoche der deutschen Universitätsgeschichte: eine Zwischenbilanz. In: Festgabe Joseph Lortz/ hrsg. von Erwin Iserloh und Peter Manns. Bd. 2: Glaube und Geschichte. Baden-Baden 1957, 317-353; Hahn: Die evangelische Unterweisung …, 98-108. 127-129; Gustav Adolf BENRATH: Die Universität der Reformationszeit. ARG 57 (1966), 32-51; Helmut LIEDTKE: Theologie und Pädagogik der Deutschen Evangelischen Schule im 16. Jahrhundert. Wuppertal 1970; Peter BAUMGART: Die deutsche Universität des 16. Jahrhunderts: das Beispiel Marburg. Hessisches Jahrbuch für Landesgeschichte 28 (1978), 50-54; Ivar ASHEIM: Bildung V: Reformationszeit. TRE 6 (1980), 611-623 (Lit.).

3 Vgl. Herbert HELBIG: Die Reformation der Universität Leipzig im 16. Jahrhundert. Gütersloh 1953, 32-37.

4 Felician GESS: Die Klostervisitationen des Herzog Georg von Sachsen. Leipzig 1888, 12.

5 Vgl. Günther WARTENBERG: Landesherrschaft und Reformation. Göttingen; Leipzig 1982, 67 f; URKUNDEN AUS DER REFORMATIONSZEIT/ hrsg. von Johann Christian Gotthold Neudecker. Cassel 1836, 300-310. Die Denkschrift befindet sich im Staatsarchiv Marburg PA Nr. 2729.

späteren fürstlichen Schulen in seinen Grundzügen vor. Der zum Kreis der Erasmianer am Dresdener Hof zählende Rat hatte die Notwendigkeit solcher Schulen für den werdenden fürstlichen Territorialstaat erkannt. /56/

Der in diesem Zusammenhang zu sehende Auftrag des Meißner Bischofs Johann VIII. an Johann Rivius, eine Schulordnung auszuarbeiten, blieb ebenfalls ohne Wirkung. Seine entsprechende Arbeit, der »Methodus institutionis scholasticae«, ist nicht erhalten.[6] Wenn wir von dem Einfluß Georgs von Karlowitz auf die albertinische Innenpolitik nach 1541 wissen, überrascht es nicht, daß Herzog Moritz auf der 1. Tagung des Ausschusses der Landstände nach seinem Regierungsantritt im November 1541 ankündigte, Klostergüter für Schulen, Lehre und Kinderzucht zu verwenden.[7] Den Durchbruch brachte die Zusammenkunft des gleichen Ausschusses im Januar 1543. Neben den Stadtschulen, die über 4000 Knaben besuchten, sollten nach der herzoglichen Proposition in Meißen für 70, in Merseburg für 60 und in Pforte für etwa 100 Jungen Schulen errichtet werden.[8] Die Ständevertreter stimmten den Plänen für die späteren fürstlichen Schulen zu. Sie dachten zunächst in Anlehnung an die früheren Klosterschulen an den Nachwuchs rechtschaffener Prediger, Pfarrer und Seelsorger, während Herzog Moritz bereits auch die Heranbildung von »andern gelahrten Leuten« im Auge hatte.[9] Die in der Verwirklichung der »Neuen Landesordnung« vom 21. Mai 1543 gegründeten Schulen in Meißen und Pforte gehören nicht zu unserem Thema.[10] Sie verdeutlichen jedoch in besonderer Weise das Selbstverständnis des sich entwickelnden protestantischen sächsischen Territorialstaates und seines Landesherrn, in ihre Fürsorgepflicht für die Kirche auch die Schule einzubeziehen. Ausdruck dieser Verpflichtung sind die Herausbildung einer eigenen Schulpolitik im Rahmen der sich entwickelnden albertinischen Landesverwaltung, die ständige Kontrolle der fürstlichen Schulen, die Einbeziehung des gesamten Schulwesens in die Visitationen unter Kurfürst August.

Herzog Moritz stellte mit der Errichtung der fürstlichen Schulen die Erziehung von Theologen, Lehrern, Staatsbeamten u.a. auf eine neue, der lutherischen Reformation verpflichtete Grundlage und schuf günstige Bedingungen für eine gründliche und ausreichen-

---

6 Vgl. Albrecht LOBECK: Das Hochstift Meißen im Zeitalter der Reformation bis zum Tode Herzog Heinrichs 1511/ besorgt von Heinrich Bornkamm und Heinz Scheible. Köln 1971, 100.

7 SächsHStA Dresden: Loc. 9353: Herzog Moritz' Antragen an die Landschaft 1541, 4b.

8 SächsHStA Dresden: Loc. 9353: Handlung mit dem großen Ausschuß am Tage Marcelli, 16. Januar 1543, 5b-6a.

9 So in der »Neuen Landesordnung« vom 21. Mai 1543; gedruckt: EKO 1 I, 287a.

10 Vgl. für St. Afra: Theodor FLATHE: Sanct Afra: Geschichte der königlich-sächsischen Fürstenschule zu Meißen seit ihrer Gründung im Jahre 1543 bis zu ihrem Neubau in den Jahren 1877-1879. Leipzig 1879; Rudolf LENNERT: Wesenszüge der Fürstenschulerziehung. Neue Sammlung 4 (1964), 539-557 (Lit.); zu Pforte: Paul FLEMING: Beiträge zur Geschichte von Schulpforte in den Jahren 1548-1553. Naumburg 1900; Paul FLEMING: Briefe und Aktenstücke zur ältesten Geschichte von Schulpforta: ein Beitrag zur Geschichte der Schule in den Jahren 1543-1548. Naumburg 1900 (Beigabe zum Jahresbericht der Königlichen Landesoberschule Pforta 1900); Fritz HEYER: Aus der Geschichte der Landesoberschule zur Pforte. Darmstadt 1943, 9-50; Gerhard ARNHARDT: Schulpforte über Jahrhunderte: ein pädagogischer Prozeß zwischen Progressivität und Stagnation. 2 Bde. Jena 1979. – Gesellschaftswiss. Fakultät. Diss. B. 1979. Zu unserem Thema Bd. 1, 14-20; in Bd. 2, 99-110 ausführliche Bibliographie.

de Ausbildung. Der Bildungsgrad der zukünftigen Pfarrer entschied mit über den Bestand der neuen evangelischen Landeskirche. Außerdem sollte der Nachwuchs im eigenen Land ausgebildet werden. Die beiden neuen Schulen ergänzten die unter Caspar Borner und Joachim Camerarius d.Ä. etwa zur gleichen Zeit beginnende Reform der Leipziger /57/ Universität und machten sie erst voll wirksam.[11] Zugleich legte der Herzog mit den Schulgründungen den seit 1539 schwelenden Streit zwischen Landesherrn und Adel um die Altarlehen bei, indem den Betroffenen das Präsentationsrecht für Plätze in den Schulen zugestanden wurde, was auch für die Städte des Herzogtums galt. Damit bezog Herzog Moritz Adel und Städte geschickt in die Kirchen- und Schulpolitik ein. Die Landstände mußten an einem Erfolg der neuen Bildungsstätten interessiert sein. Dieses für die Festigung und Stabilisierung des neuen Kirchenwesens sinnvolle Vorgehen schuf jedoch zugleich Konfliktstoff für die Zukunft. Zeitweise konkurrierten Landesherr, Stände und Universität in der Einflußnahme auf St. Afra zu Meißen, Schulpforte und auf die 1550 gegründete Schule im Augustinerkloster zu Grimma.[12] Die 1543 in Aussicht genommene Bildungsstätte in Merseburg war wohl mehr Teil der antibischöflichen Stifterpolitik der Albertiner und eine Absichtserklärung des ehrgeizigen Herzogs Moritz.[13]

Umfassende Visitationen erfolgten unter dem großen Albertiner nicht. Seine Regierungszeit beherrschten seit 1546 Fragen der Außenpolitik: Schmalkaldischer Krieg, das politische Umfeld des »Augsburger« und »Leipziger Interims«, die Belagerung Magdeburgs 1550/51 und ihre Verzahnung mit der Fürstenrebellion 1552, der Kampf gegen Markgraf Albrecht Alkibiades von Brandenburg-Ansbach, in dessen Verlauf Kurfürst Moritz starb. Sein Vater Heinrich hatte in den beiden Visitationen 1539/40 das Fundament für eine evangelische Landeskirche gelegt, auf dem Moritz mit tatkräftiger Unterstützung seiner Räte – vor allem Georg von Komerstadt, Simon Pistoris, Ernst von Miltitz, Ludwig Fachs – weiterbauen konnte. Die Visitationsabschiede und die Ergebnisse einer allgemeinen Erhebung über das Kirchen- und – in geringerem Maße – das Schulwesen 1542/43 wurden von den herzoglichen Räten systematisch bearbeitet. In Dresden vorhandene Akten[14] belegen die mühevolle Kleinarbeit, die wirkungsvoller war als großangelegte allgemeine Visitationen. Die materielle Ausstattung der Kirchen- und Schuldiener stand dabei im Vordergrund. Die Sequestration des Klostergutes[15] förderte und ermöglichte diese Bemühungen, was in

---

11 Vgl. Helbig: Die Reformation der Universität Leipzig ..., 61-89; ALMA MATER LIPSIENSIS: Geschichte der Karl-Marx-Universität Leipzig/ hrsg. von Lothar Rathmann. Leipzig 1984.

12 Zu Grimma vgl. Christian Gottlob LORENZ: Bericht über die Gründung und Eröffnung der Landesschule zu Grimma im Jahre 1550, ihre äußeren Verhältnisse und Schicksale während ihres Bestehens und über die Jubelfeiern derselben in den Jahren 1650, 1750 und 1850. Grimma 1850, 5-30; Karl Julius ROESSLER: Geschichte der Königlich Sächsischen Fürsten- und Landesschule Grimma. Leipzig 1891; DIE FÜRSTEN- UND LANDESSCHULE ST. AUGUSTIN ZU GRIMMA IN VERGANGENHEIT UND GEGENWART/ hrsg. von Mitgliedern des Lehrerkollegiums. Grimma 1930.

13 Vgl. Ferdinand WITTE: Geschichte des Domgymnasiums zu Merseburg. Teil 1: Die Stiftsschule am Dom zu Merseburg 1543-1668. Merseburg 1875, 1-22.

14 Vgl. Wartenberg: Landesherrschaft und Reformation ..., 159-172, zu den Visitationsabschieden 1539/40 für einzelne albertinische Orte in EKO 1 I.

15 Dazu allgemein Helga Maria KÜHN: Die Einziehung des geistlichen Gutes im albertinischen Sachsen 1539-1553. Köln 1966. Eine Zusammenstellung der Zuwendungen aus der Sequestration für die Schulen fehlt.

besonderem Maße für die neuerrichteten fürstlichen Schulen galt. Gehörten die Schulsachen wie auch die Kirchensachen /58/ zunächst in den Zuständigkeitsbereich der Dresdener Kanzlei, so übernahm das 1545 gegründete Meißner Konsistorium diese Aufgaben für die ihm unterstellten Gebiete.[16]

Neben Komerstadt war es vor allem der am 1. August 1500 im westfälischen Attendorn geborene Johannes Rivius,[17] dessen Name untrennbar mit der Entwicklung des sächsisch-albertinischen Schulwesens zwischen 1540 und 1550 verbunden ist. Ende August 1541 erschien sein Name unter den Räten, die Herzog Moritz mit Regierungsaufgaben betraute. Auf Komerstadts Vorschlag wurde er für Kirchen- und Schulsachen tätig. Vor dieser Berufung hatte er in leitenden Funktionen an den Schulen der Städte Zwickau, Annaberg, Marienberg, Schneeberg und Freiberg gewirkt. In Freiberg übernahm er 1537 mit dem Rektorat der im Zuge der Reformation errichteten neuen Lateinschule Erziehungsaufgaben bei Herzog August, den er 1540 an die Universität Leipzig begleitete. Die damit hergestellte Verbindung zum Freiberger Hof sollte wenige Jahre später dem gesamten herzoglichen Sachsen zugute kommen. 1542 gehörte er zu den »Räten in Religionssachen«,[18] während Herzog Moritz in Ungarn gegen die Türken kämpfte. Obwohl diese Sonderbehörde ihre Tätigkeit nach der Rückkehr des Landesherrn beendete, blieb Rivius für Kirchensachen zuständig. 1543 galt dann seine ganze Aufmerksamkeit den neugegründeten fürstlichen Schulen. Er kümmerte sich um die personelle Besetzung und um die Lehrpläne. Die ersten Lehrer wählte er selbst aus. Als der Herzog 1544 für Karl V. nach Frankreich zog, sah die Instruktion für die Regierungsführung während seiner Abwesenheit vor: Magister Rivius solle sich in Meißen zur Bestellung aller Schulen – gleichsam als Dezernent für die neuen Staatsschulen – gebrauchen lassen.[19] Diese Zuständigkeit blieb erhalten, als im Februar 1545 Herzog Moritz den Pädagogen zum Beisitzer des Meißner Konsistoriums ernannte, dem er bis zu seinem Tod am 1. Januar 1553 angehörte.

Mit Komerstadt übte Rivius zunächst die Oberaufsicht über die Schulen St. Afra und Schulpforte aus. 1546 trat allerdings eine Änderung ein. Die Besetzungspraxis durch Rivius erregte bei der Landesuniversität Anstoß. Auf eine Beschwerde gab am 19. Juli 1543 der Herzog die Zusicherung nach Leipzig, daß in Zukunft Angehörige der Universität zur Leitung der Schulen sowie zu geistlichen und weltlichen Ämtern ernannt /59/ werden sollten.[20] Einen weiteren Erfolg verbuchte die Universität 1546. Sie erhielt von Herzog Moritz das Aufsichtsrecht über Meißen und Pforte. Jedes oder wenigstens alle zwei Jahre war zu visitieren, Mängel in der Lehre und bei der Unterhaltung der Knaben waren abzustellen. Säumige Schüler sollten entlassen werden. Zum Aufsichts- und Visitationsrecht kam eine gewisse

---

16 Die Gründungsurkunde vom 11. Februar 1545 ist abgedruckt bei Erich BRANDENBURG: Zur Entstehung des landesherrlichen Kirchenregiments im albertinischen Sachsen. Historische Vierteljahresschrift 4 (1901), 227 f und bei Heinrich HERZOG: Das Meißner Konsistorium und die Anfänge des sächsischen Konsistorialwesens. In: Das Hochstift Meißen/ hrsg. von Franz Lau. Berlin 1973, 297, Anm. 45.

17 Zu Rivius vgl. Wartenberg: Landesherrschaft und Reformation ..., 117-121.

18 Zur Rolle dieser Institution im albertinischen Kirchenwesen vgl. ebd, 143-158.

19 PKMS 2, 82, 31-33 (Nr. 600).

20 URKUNDENBUCH DER UNIVERSITÄT LEIPZIG VON 1409 BIS 1555/ hrsg. von Bruno Stübel. Leipzig 1899, 558 (Nr. 130) (Codex diplomaticus Saxoniae regiae; II, 11).

Exekutionsvollmacht. Berichte wünschte der Herzog lediglich in schwierigen Fällen.[21] Diese Anordnung schränkte die Befugnisse von Rivius empfindlich ein. In Schulpforte wurde er nach 1546 nicht mehr tätig, während die letzten bedeutenden Amtshandlungen als Scholaren für St. Afra die zu Ostern 1546 notwendige Berufung eines neuen Rektors und die Schulordnung von 1546 gewesen sind. Mit dem erst 30jährigen Georg Fabricius aus Chemnitz gelang nicht nur eine Besetzung auf Dauer. Unter ihm erhielt die Meißner Schule ihr eigenes Gepräge und ihre lange Zeit nachwirkende Gestalt.[22]

Nach den uns zugänglichen Quellen wurde es um Rivius still. Im Mai 1551 klagte er seinem Freund Julius von Pflug, daß einer seiner Söhne das von Hof zugesagte Stipendium unter Komerstadts Einfluß nicht erhalten habe.[23] Zu den Dresdener Räten besaß er offensichtlich keine guten Beziehungen mehr. Vielleicht kam die Versetzung nach Meißen 1543 bereits einer Verabschiedung aus dem Hofdienst gleich? Die erwähnte Übertragung der Aufsicht über die fürstlichen Schulen an die Universität entsprach einer Entmachtung, die Rivius schwer verkraftet haben wird. Möglicherweise billigte er die Religionspolitik nach 1547 nicht, wie er 1544 die herzogliche Politik gegenüber dem Stift Merseburg kritisiert haben soll.[24] Einige Jahre gehörte Rivius als Humanist zu der einflußreichen, an kirchlichen Reformen wenig interessierten Gruppe im albertinischen Sachsen. 1536 verteidigte er in zwei Briefen an Johannes Cochlaeus eingehend die communio sub utraque, distanzierte sich jedoch von den neuen und gefährlichen Lehren.[25] Beziehungen zu reformkatholischen Kreisen sind bis 1539 zu beobachten. 1542 konnte Landgraf Philipp an Luther berichten, daß Rivius die Reformation besonders am Herzen liege.[26] Für das albertinische Schulwesen war es ein besonderer Glücksumstand, daß Rivius durch seine aktive Unterstützung der jungen Landeskirche für das Schulwesen im albertinischen Sachsen den ihm zukommenden Platz erreichen konnte. /60/

Die Stände ließen die Schulen ebenfalls nicht aus den Augen. Ansatzpunkt dafür waren die übereigneten Klostergüter. Diese Ausstattung reichte jedoch nicht aus. Wirtschaftliche Sorgen begleiteten die Bildungsstätten seit ihrer Gründung. Auf dem Landtag nach Erlangung der Kurfürstenwürde 1547 in Leipzig beantragten die Stände, vier Beauftragte aus ihrer Mitte für die Überprüfung der Finanzlage und des Eigentums der fürstlichen Schulen

---

21 Ebd, 590 (Nr. 464). Im August 1546 erließ die Universität unter Bezugnahme auf diese Entscheidung eine Ordnung für Pforte (SächsHStA Dresden: Loc. 10108: Der Fürstenschulen zu Pforte Einkommen bel. 1544-1696, 36a-40a. Entwurf; gedruckt: Urkundenbuch der Universität Leipzig ..., 592-595 (Nr. 468); vgl. Fleming: Briefe und Aktenstücke ..., 9-11. 22-24.

22 Zu Fabricius vgl. Flathe: Sanct Afra ..., 24-34; [Otto] KÄMMEL: Fabricius: Georg F. ADB 6, 510-514; Herbert SCHONEBAUM: Georg Fabricius. NDB 1 (1959), 731 f. Bei der Schulordnung handelte es sich um die »Leges Afranae«, die Rivius und Fabricius 1546 ausarbeiteten, abgedruckt in: DIE EVANGELISCHEN SCHULORDNUNGEN/ hrsg. von Reinhold Vormbaum. Bd. 1. Gütersloh 1860, 411 f.

23 Meißen, 6. Mai 1551 (SächsHStA Dresden: Loc. 9046: Achtundneunzig Briefe an Bischof Julius ..., 154a-155a. Ausfertigung eigenhändig; gedruckt: JULIUS PFLUG: Correspondance/ hrsg. von Jaques V. Pollet. Bd. 3. Leiden 1977, 393-395 (Nr. 522).

24 Darüber klagte am 23. August 1544 Georg von Karlowitz gegenüber Herzog Moritz (SächsHStA Dresden: Loc. 9664: Etliche Herzog Moritz' alte gemeine Landhändel 1, 46a; gedruckt: PKMS 2, 114, 24).

25 Georg BUCHWALD: Zu dem Briefwechsel des Johannes Rivius: aus der Zwickauer Ratschulbibliothek mitgeteilt. Mittheilungen des Vereins für Geschichte der Stadt Meißen 4 (1886), 48-56.

26 So Luther an Anton Lauterbach in Pirna am 7. Mai 1542 (WA Br 10, 62,10).

zu bestimmen.[27] Forderte Moritz 1547 noch Belege für die Mißstände, erfüllte er zwei Jahre später den Wunsch der Stände.[28] Die Schwierigkeiten in der Kirchenpolitik mit dem »Leipziger Interim« und die im Verborgenen vorbereitete antikaiserliche Wende in der Reichspolitik schienen dieses Entgegenkommen zu rechtfertigen. Damit entstand die Institution der adligen Schulinspektoren. Bis 1737 übten zwei Adlige die Aufsicht über den Besitz der Schulen und dessen Verwendung aus,[29] während die Visitation der Lehre, der Schulordnung und des schulischen Lebens – d.h. der pädagogischen und wissenschaftlichen Arbeit – weiterhin der Universität oblag. Bei der Auswahl der Inspektoren, die ihr Amt lebenslang ausübten, wurde darauf geachtet, daß einer der Beauftragten studiert, zumindest selbst St. Afra oder Schulpforte besucht hatte. Bemerkenswert ist, daß kein Vertreter der Städte als Inspektor gewünscht wurde. Dahinter verbirgt sich die Tendenz, die fürstlichen Schulen allein dem Adel vorzubehalten. Neben den Klostergütern boten die Freistellen, welche die adligen Altarlehen abgelöst hatten, Ansatzpunkte für die gewünschte Einflußnahme durch die Ritterschaft.

Unter Kurfürst August lassen sich verstärkte Bemühungen um die Visitationen beobachten, was sich nicht zuletzt aus den Schwerpunkten seiner Politik ergab. Standen unter Kurfürst Moritz die Reichspolitik und die Außenbeziehungen an erster Stelle, so rückten ab 1553 immer mehr die Innenpolitik in den Mittelpunkt. Das von Moritz Erreichte mußte stabilisiert werden; kühne Projekte gehörten nicht zum Wesen seines Bruders August. Eine besondere Rolle spielte Philipp Melanchthon, der auf Lebenszeit mit der Inspektion der fürstlichen Schulen beauftragt war. Ihm standen Camerarius und später Caspar Peucer, der aus Bautzen stammende Schwiegersohn Melanchthons, zur Seite. Die im Dresdener Staatsarchiv lagernden Visitationsakten für die drei Schulen /61/ Meißen, Pforte und Grimma[30]

---

27 Dazu PKMS 3, 464 (Nr. 674a). 469 (Nr. 679). 473 f (Nr. 682). 478 (Nr. 686).

28 Die mit der Rechnung von St. Afra, Pforte und den geistlichen Lehen zu Meißen Beauftragten stellten am 11. Februar 1549 den Antrag, zwei benachbarte Adlige mit der Aufsicht zu betrauen, um Klagen bei Essen, Trinken, Kleidung und Unterhaltung zu vermeiden (SächsHStA Dresden: Loc. 10407: Das Schulamt zu Meißen …1545-1704, 89a-92a; gedruckt: Flathe: Sanct Afra …, 438-441).

29 Ab 1737 nahm bis 1830 nur noch ein adliger Inspektor diese Aufgabe wahr. Dazu Flathe: Sanct Afra …, 70-72. 74; Roeßler: Geschichte …, 730 f.

30 Die erste allgemeine Visitation erfolgte 1554, dann 1558, 1560 (vgl. Anm. 33) und seit 1562 regelmäßig durch die gleiche Kommission in den drei fürstlichen Schulen. – *1554*: SächsHStA Dresden: Loc. 10248: Religionssachen 1554/58, 86a-89a: Bericht über die im September von Meurer, Camerarius und Melanchthon erfolgte Visitation. – *1555*: Leipzig, 10. November 1555, Melanchthon an Kurfürst August: Bericht über Besuche in Meißen (SächsHStA Dresden: Loc. 10597: Drei kurfürstl. Landesschulen … 1555/77, 1a-3a; gedruckt: Unschuldige Nachrichten (1753), 738-741. – *1558*: Allgemein (SächsHStA Dresden: Loc. 10597: Berichte auf die geschehene Visitation der drei Fürstenschulen … 1560/73, 193a-194a); Pforte (SächsHStA Dresden: Loc. 10597: Berichte auf die geschehene Visitation der drei Fürstenschulen … 1560/73, 197a-198b); Meißen (SächsHStA Dresden: Loc. 10597: Berichte auf die geschehene Visitation der drei Fürstenschulen … 1560/73, 200b). – *1562*: Allgemein (SächsHStA Dresden: Loc. 10597: Berichte auf die geschehene Visitation der drei Fürstenschulen … 1560/73, 11a-12b. Ausfertigung). – *1563*: Allgemein (SächsHStA Dresden: Loc. 10597: Berichte auf die geschehene Visitation der drei Fürstenschulen … 1560/73, 18a-19a). – *1565*: Allgemein (SächsHStA Dresden: Loc. 10597: Berichte auf die geschehene Visitation der drei Fürstenschulen … 1560/73, 16a-17b. Entwurf; SächsHStA Dresden: Loc. 10597: Berichte auf die geschehene Visitation der drei Fürstenschulen … 1560/73, 241a-247b. Ausfertigung) durch Peucer und Caspar Cruciger d.J. (1525-1597). – *1567* Allgemein (SächsHStA Dresden: Loc. 10597: Berichte auf die geschehene

erlauben eine fast lückenlose Dokumentierung, wenn auch viele Berichte nur formale Informationen über die Durchführung verzeichnen und die inhaltliche Seite zurücktritt. Für den Ablauf der in der Regel drei Tage dauernden Visitation bürgerte sich eine feste Ordnung ein. Alle Tätigkeiten wurden geprüft und beurteilt. Dazu gehörten eine mündliche Prüfung

---

Visitation der drei Fürstenschulen ... 1560/73, 252a-254a. Ausfertigung); Pforte (SächsHStA Dresden: Loc. 10597: Berichte auf die geschehene Visitation der drei Fürstenschulen ... 1560/73, 186a-187b. Ausfertigung); Meißen (SächsHStA Dresden: Loc. 10597: Berichte auf die geschehene Visitation der drei Fürstenschulen ... 1560/73, 188a-190b. Ausfertigung). – *1568* Meißen (SächsHStA Dresden: Loc. 10597: Befohlene und verrichtete Visitation der kurfürstlichen Landschulen ...,8a-11a. Entwurf; SächsHStA Dresden: Loc. 10597: Berichte auf die geschehene Visitation der drei Fürstenschulen ... 1560/73, 50a-55a. Ausfertigung); Grimma (SächsHStA Dresden: Loc. 10597: Befohlene und verrichtete Visitation der kurfürstlichen Landschulen ..., 12a-13b. Entwurf; SächsHStA Dresden: Loc. 10597: Berichte auf die geschehene Visitation der drei Fürstenschulen ... 1560/73, 144a-145b. Ausfertigung); Pforte (SächsHStA Dresden: Loc. 10597: Befohlene und verrichtete Visitation der kurfürstlichen Landschulen ..., 18a-20b. Entwurf; 146a-148a. Ausfertigung). – *1569* Meißen (SächsHStA Dresden: Loc. 10597: Befohlene und verrichtete Visitation der kurfürstlichen Landschulen ..., 37a-39a. Entwurf; SächsHStA Dresden: Loc. 10597: Berichte auf die geschehene Visitation der drei Fürstenschulen ... 1560/73, 71a-74a, Ausfertigung; Grimma (SächsHStA Dresden: Loc. 10597: Befohlene und verrichtete Visitation der kurfürstlichen Landschulen ..., 40a-41a. Entwurf; SächsHStA Dresden: Loc. 10597: Berichte auf die geschehene Visitation der drei Fürstenschulen ... 1560/73, 69a-70a. Ausfertigung); Pforte (SächsHStA Dresden: Loc. 10597: Befohlene und verrichtete Visitation der kurfürstlichen Landschulen ..., 33a-36b. Entwurf; SächsHStA Dresden: Loc. 10597: Berichte auf die geschehene Visitation der drei Fürstenschulen ... 1560/73, 64a-67a. Ausfertigung). – *1570* Allgemein (SächsHStA Dresden: Loc. 10597: Berichte auf die geschehene Visitation der drei Fürstenschulen ... 1560/73, 79a-86a. Ausfertigung); Meißen (SächsHStA Dresden: Loc. 10597: Befohlene und verrichtete Visitation der kurfürstlichen Landschulen ..., 52a-54a. Entwurf); Grimma (SächsHStA Dresden: Loc. 10597: Befohlene und verrichtete Visitation der kurfürstlichen Landschulen ..., 50a-51a. Entwurf); Pforte (SächsHStA Dresden: Loc. 10597: Befohlene und verrichtete Visitation der kurfürstlichen Landschulen ..., 46a-48a. Entwurf). – *1571* Meißen (SächsHStA Dresden: Loc. 10597: Befohlene und verrichtete Visitation der kurfürstlichen Landschulen ..., 59a-63b. Entwurf; SächsHStA Dresden: Loc. 10597: Berichte auf die geschehene Visitation der drei Fürstenschulen ... 1560/73, 107a-110a. Ausfertigung); Grimma (SächsHStA Dresden: Loc. 10597: Befohlene und verrichtete Visitation der kurfürstlichen Landschulen ..., 64a-66a. Entwurf; SächsHStA Dresden: Loc. 10597: Berichte auf die geschehene Visitation der drei Fürstenschulen ... 1560/73, 117a-119b. Ausfertigung); Pforte (SächsHStA Dresden: Loc. 10597: Befohlene und verrichtete Visitation der kurfürstlichen Landschulen ..., 68a-69a. Entwurf; SächsHStA Dresden: Loc. 10597: Berichte auf die geschehene Visitation der drei Fürstenschulen ... 1560/73, 114a-115a. Ausfertigung). – *1573* Allgemein (SächsHStA Dresden: Loc. 10597: Berichte auf die geschehene Visitation der drei Fürstenschulen ... 1560/73, 158a-159b. Ausfertigung); Meißen (SächsHStA Dresden: Loc. 10597: Befohlene und verrichtete Visitation der kurfürstlichen Landschulen ..., 77a-78b. Entwurf; SächsHStA Dresden: Loc. 10597: Berichte auf die geschehene Visitation der drei Fürstenschulen ... 1560/73, 163a-165b. Ausfertigung); Grimma (SächsHStA Dresden: Loc. 10597: Befohlene und verrichtete Visitation der kurfürstlichen Landschulen ..., 75a-76a. Entwurf; SächsHStA Dresden: Loc. 10597: Berichte auf die geschehene Visitation der drei Fürstenschulen ... 1560/73, 161a-162b. Ausfertigung); Pforte (SächsHStA Dresden: Loc. 10597: Befohlene und verrichtete Visitation der kurfürstlichen Landschulen ..., 73a-74b. Entwurf; SächsHStA Dresden: Loc. 10597: Berichte auf die geschehene Visitation der drei Fürstenschulen ... 1560/73, 160a-161a. Ausfertigung). – *1574* Meißen (SächsHStA Dresden: Loc. 10597: Drei kurfürstl. Landesschulen ... 1555/77, 15a-20a, Bericht des Meißner Konsistoriums). – *1575* Meißen (SächsHStA Dresden: Loc. 10597: Visitation der kurfürstl. Schulen ... 1575/77, 9a-16a. Ausfertigung); Grimma (SächsHStA Dresden: ebd, 26a-28a. Ausfertigung; SächsHStA Dresden: ebd, 33a-36a. Abschr.); Pforte (SächsHStA Dresden: ebd, 28b-30b. Ausfertigung).

der Lehrer, Anhörungen über gegenseitige Beschwerden und den allgemeinen Zustand der Disziplin sowie Untersuchungen zur wirtschaftlichen Lage und zur Verwaltung. Den Abschluß bildete eine allgemeine Ermahnung (commonefactio) der Schüler. Danach arbeiteten die Visitatoren einen Bericht für den Kurfürsten aus, den der jeweilige Rektor der Leipziger Universität nach Dresden sandte und auf dessen Grundlage ein Visitationsbescheid den Schulen zuging. Die Visitation erstreckte sich stets auf Meißen, Grimma und Pforte, häufig wurden auch Roßleben unter Hinzuziehung der Herren von Witzleben[31] oder Walkenried[32] aufgesucht. Damit war eine regelmäßige und sachgemäße Kontrolle gewährleistet.

---

31 Zu der 1554 unter Beratung von Fabricius gegründeten Klosterschule vgl. Theodor HEROLD: Geschichte der von der Familie von Witzleben gestifteten Klosterschule Roßleben von 1554 bis 1854. Halle 1854; MATTHES: Aktenstücke zur Geschichte der Schule und Kirche Kloster Roßleben: aus dem Superintendenturarchiv zu Sangerhausen. Görlitz 1894. (Jahresbericht der Klosterschule Roßleben; 1894), Zu den Visitationsberichten: *1567* (SächsHStA Dresden: Loc. 10597: Berichte auf die geschehene Visitation der drei Fürstenschulen ... 1560/73, 192a. Ausfertigung). – *1568* (SächsHStA Dresden: Loc. 10597: Befohlene und verrichtete Visitation der kurfürstlichen Landschulen ..., 17ab. Entwurf; SächsHStA Dresden: Loc. 10597: Berichte auf die geschehene Visitation der drei Fürstenschulen ... 1560/73, 138ab. Ausfertigung). – *1569* (SächsHStA Dresden: Loc. 10597: Befohlene und verrichtete Visitation der kurfürstlichen Landschulen ..., 32a. Entwurf; SächsHStA Dresden: Loc. 10597: Berichte auf die geschehene Visitation der drei Fürstenschulen ... 1560/73, 63a. Ausfertigung). – *1570* (SächsHStA Dresden: Loc. 10 597: Befohlene und verrichtete Visitation der kurfürstlichen Landschulen..., 49a. Entwurf; SächsHStA Dresden: Loc. 10597: Berichte auf die geschehene Visitation der drei Fürstenschulen...1560/73, 79a. Ausfertigung). – *1571* (SächsHStA Dresden: Loc. 10597: Befohlene und verrichtete Visitation der kurfürstlichen Landschulen ..., 67a. Entwurf; SächsHStA Dresden: Loc. 10597: Berichte auf die geschehene Visitation der drei Fürstenschulen ... 1560/73, 113a. Ausfertigung). – *1573* (SächsHStA Dresden: Loc. 10597: Befohlene und verrichtete Visitation der kurfürstlichen Landschulen ..., 79a. Entwurf; SächsHStA Dresden: Loc. 10597: Berichte auf die geschehene Visitation der drei Fürstenschulen ... 1560/73, 166ab. Ausfertigung).

32 Bei der offiziellen Einführung der Reformation in der Grafschaft Honstein wurde für das reichsständische Cistercienserkloster Walkenried eine Schule vorgesehen. Sie wurde 1557 für Jungen zwischen 12 und 14 Jahren eröffnet, die sich zu einem Theologiestudium verpflichteten. Der Dresdner Vertrag vom 1. August 1568 beendete langjährige Streitigkeiten zwischen Honstein und Kursachsen um die Schutzrechte in Walkenried. Kursachsen blieb Oberschutzherr und konnte 1/4 der Schulplätze besetzen. 1574 trat der Kurfürst diese Rechte an das Bistum Halberstadt ab. Wie bei Geringswalde (s.u.) sind die Visitationen der Walkenrieder Schule Ausdruck der kursächsischen Ansprüche auf das Kloster im Rahmen der territorialen Expansion gegenüber den benachbarten Grafen und Herren. Die Schule in Walkenried bestand bis 1668. Vgl. Paul LEMCKE: Geschichte des Freien Reichsstifts und der Klosterschule Walkenried. Leipzig 1895, 51-54; Nicolaus HEUTGER: 850 Jahre Kloster Walkenried. Hildesheim 1977, 65-67. Zu den Visitationsberichten: *1567* (SächsHStA Dresden: Loc. 10597: Berichte auf die geschehene Visitation der drei Fürstenschulen ... 1560/73, 180a-184b. Ausfertigung). – *1568* (SächsHStA Dresden: Loc. 10597: Befohlene und verrichtete Visitation der kurfürstlichen Landschulen ..., 16ab. Entwurf; SächsHStA Dresden: Loc. 10597: Berichte auf die geschehene Visitation der drei Fürstenschulen ... 1560/73, 139a-140a. Ausfertigung). – *1569* (SächsHStA Dresden: Loc. 10597: Befohlene und verrichtete Visitation der kurfürstlichen Landschulen ..., 29a-31b. Entwurf; SächsHStA Dresden: Loc. 10597: Berichte auf die geschehene Visitation der drei Fürstenschulen ... 1560/73, 58a-60a Ausfertigung).
Nur von 1566 bis 1568 bestand die Schönburgische Landesschule im Kloster Geringswalde. Die flacianischen »Umtriebe« ihres Rektors Hieronymus Haubold erregten das Mißtrauen Kurfürst Augusts, der am 12. Juni 1568 den Schulvisitatoren auch den Besuch von Geringswalde auftrug (SächsHStA Dresden: Loc. 10597: Befohlene und verrichtete Visitation der kurfürstlichen Landschulen ..., 2a-3b. Ausfertigung) Der Bericht über die »groben Gebrechen« veranlaßte den Kurfürsten

Seit 1558 ist die Leipziger Universität stärker in das Visitationsgeschehen einbezogen. 1565 kamen zwei Wittenberger Professoren hinzu. Am 18. März klagte Kurfürst August, daß »inn vnnserenn dreyen Schulenn zu Meissenn Grym vnnd Pfortenn, nunmehr fast in zweyen Jaren« keine Visitationen gehalten worden ist und beauftragte die Universität mit der Prüfung der Verhältnisse, was ohne besonderen Befehl alljährlich gemeinsam mit Melanchthon geschehen sollte.[33] Offenbar vermochte dieser nicht mehr die Visitationen termingerecht durchzuführen, so daß an seine Stelle eine Universitätskommission treten sollte, der für jede Schule der adlige Inspektor zugeordnet wurde: Hans von Schleinitz für Meißen, Dietrich von Starschedel für Grimma und Wolf Koller für Pforte.[34] Sie sollten von der Universität mit von dem Kurfürsten vorbereiteten Schreiben eingeladen werden. Offenbar vermochten sie die wirtschaftliche Situation besser zu prüfen als die Universitätsangehörigen. Die Teilnahme der Inspektoren wurde 1561 besonders gefordert. Im gleichen Jahr bemängelte Kurfürst August die allgemeine Form des Berichtes, daß man die Schulen »fast one clage, feel vnd mangel befunden«[35] habe. Die Universität beeilte sich, die gewünschten Ergänzungen zur Leistungsbeurteilung der Schüler nachzureichen.[36] Lange Zeit vollzog die Universität diese Aufsicht in Eigenverantwortung /62/ unter Hinzuziehung von Vertretern aller Fakultäten. Im Bericht von 1562 erschienen neben dem Rektor, dem Professor der Physik Leonhard Lycius, als Visitatoren der Theologe Andreas Freyhub, der Jurist Andreas Morch, der Mediziner Andreas Ellinger, Camerarius und Martin Wilisch.[37] Wie sehr Kurfürst August

---

zum Eingreifen, was zur Schließung der Schule führte. Kursachsen wollte den Schönburger Grafen weder Kirchen- noch Schulhoheit zugestehen. Der Visitationsbericht in SächsHStA Dresden: Loc. 10597: Befohlene und verrichtete Visitation der kurfürstlichen Landschulen, 14a-15b. Entwurf; vgl. Theodor DISTEL: Der Flacianismus und die Schönburgische Landesschule zu Geringswalde. Leipzig 1879; HINGST: Die Schönburgische Landesschule im Kloster Geringswalde 1566-1568. Mittheilungen des Geschichts- und Alterthums-Vereins Leisnig 8 (1889), 47-70; Ernst SCHWABE: Das Gelehrtenschulwesen Kursachsens von seinen Anfängen bis zur Schulordnung von 1580: kurze Übersicht über die Hauptzweige der Entwicklung. Leipzig 1914, 96-99.

33 Dresden, 18. März 1560: Kurfürst August an die Universität Leipzig (SächsHStA Dresden: Kopial 279, 181a-183a. Entwurf; Auszug gedruckt bei Flathe: Sanct Afra ..., 471 f). Die Aufforderung zur Visitation 1558 an die Universität Leipzig (SächsHStA Dresden: Kopial 278, 150b-151a. Entwurf), an Melanchthon (SächsHStA Dresden: ebenda, 151ab. Entwurf) und an die adligen Schulinspektoren (SächsHStA Dresden: ebenda, 151b. Entw.) erging am 12. Juli 1558.

34 Der Befehl an die Inspektoren erging ebenfalls am 18. März 1560 (SächsHStA Dresden, Kopial 279, 184ab. Entw.). Danach sollten sie sich erkundigen, ob die Präzeptoren oder die Knaben wegen des Essens, des Trinkens oder anderer Sachen, die ihnen gebühren, Mangel haben, wie sie gespeist werden, ob Präzeptoren gegen den Verwalter oder umgekehrt Klagen haben, wie der Verwalter der Schule vorsteht und wie er sich um den baulichen Zustand kümmert.

35 Torgau, 16. Dezember 1561 (SächsHStA Dresden: ebd, 302a-306b. Entwurf; Auszug gedruckt bei Flathe: Sanct Afra ..., 472).

36 Leipzig, 24. Januar 1562, Begleitschreiben SächsHStA Dresden: Loc. 10597: Berichte auf die geschehene Visitation der drei Fürstenschulen ... 1560/73, 6a-7a. Ausfertigung gesiegelt; Bericht SächsHStA Dresden: Loc. 10597: Berichte auf die geschehene Visitation der drei Fürstenschulen ... 1560/73, 9a-10a.

37 SächsHStA Dresden: Loc. 10597: Berichte auf die geschehene Visitation der drei Fürstenschulen ... 1560/73, 11a-12b. Nur selten erscheinen in den Akten die Namen der Visitatoren, 1567 neben Freyhub, Lycius und Peucer noch Balthasar Gütler und der Wittenberger Hebraist Heinrich Moller (SächsHStA Dresden: Loc. 10597: Berichte auf die geschehene Visitation der drei Fürstenschulen ... 1560/73, 41ab).

seine Schulen als Hinführung zu den Universitäten ansah, zeigt die Forderung, die fleißigen und zum Studium geschickten Knaben zu benennen, während die »unfleißigen und ungeschickten« zu entlassen waren.[38] Die Entscheidung über die Aufnahme in die fürstlichen Schulen fiel ebenfalls am Dresdener Hof, wo auf sichtbare Erfolge sehr geachtet wurde.

Diese Visitationsform blieb bis 1700 bestehen und trug nicht wenig dazu bei, die Rolle der drei Staatsschulen im sächsischen Schulwesen zu bestimmen. Die antiphilippistischen Maßnahmen von 1574 veranlaßten den Kurfürsten – aus Mißtrauen gegenüber der Universität –, die Visitation nur durch Theologen vornehmen zu lassen, meistens durch die Superintendenten von Dresden und Leipzig, was berechtigte Klagen der Stände auf dem Torgauer Landtag 1579 hervorrief.[39] Die »Kirchen- und Schulordnung« von 1580, auf die wir noch eingehen, gab dem Kurfürsten das Recht, etliche Personen vom Adel sowie Geistliche zu benennen.[40] Zuständig wurde das Oberkonsistorium in Dresden, das auch die Berichte auswertete. Unter Kurfürst Christian I., wurde im Zug der procalvinistischen Innen- und Außenpolitik der frühere Zustand wieder hergestellt, nicht zuletzt, weil den Superintendenten die notwendige fachliche Erfahrung fehlte. 1588 übernahmen die Universitäten zu Leipzig und Wittenberg erneut diese Aufgabe.[41] Zeitweise wurde auch daran gedacht, Lehrer der fürstlichen Schulen jeweils in den Nachbarschulen hinzuzuziehen. Von besonderer Bedeutung wurde die erwähnte Ordnung von 1580. Mit ihr setzte Kurfürst August einen Schlußpunkt unter die organisatorische Entwicklung des sächsisch-albertinischen Kirchen- und Schulwesens, die von den Visitationsinstruktionen (1539/40)[42] über die »Heinrichsagende« (1539),[43] die »Neue Landesordnung« (1543), die Gründung von Konsistorien in Meißen und Merseburg (1545) und die »Generalartikel« (1557)[44] führte. Das Gesetzeswerk von 1580 sollte zugleich den in der »Konkordienformel« erreichten theologischen Konsens innersächsisch organisatorisch und lehrmäßig umsetzen. Sie unterstrich /63/ die totale Einbindung von Kirche und Schule in den Territorialstaat. Die Entwicklung zum landesherrlichen Kirchentum war abgeschlossen. So verwundert es nicht, wenn diese kurfürstlichen Bestimmungen das Schulwesen etwa 200 Jahre maßgeblich bestimmten, das Kirchenwesen bis in das 19. Jh., in Einzelpunkten bis zur Gegenwart. Für die fürstlichen Schulen schrieb die Ordnung von 1580 den bestehenden Zustand gesetzlich fest, sie enthielt keine neuen Festlegungen. Die Versuche Jakob Andreaes – seit 1576 Generalinspektor

---

38  SächsHStA Dresden: Kopial 279, 306a.

39  Vgl. Flathe, Sanct Afra ..., 74.

40  DES Durchlauchtigsten / Hochgebornen Fu(e)rsten [...] Augusten / Hertzogen zu Sachsen / [...] Ordnung / [...] Leipzig (1580), CLXXXII = DIE SCHUL- UND UNIVERSITÄTSORDNUNG KURFÜRST AUGUSTS VON SACHSEN: aus der Kursächsischen Kirchenordnung vom Jahre 1580/ hrsg. von Ludwig Wattendorf. Paderborn 1890, 105.

41  Diese Bestimmung gehörte zur Fürstenschulordnung vom 25. Februar 1588 (SächsHStA Dresden: Loc. 10597: Reformation der drei Schulen ... 1588, 9a-24b Entwurf), die das humanistische Fundament des Unterrichts wieder stärkte und die kaum praktizierte Ordnung von 1580 ablöste, vgl. Thomas KLEIN: Der Kampf um die zweite Reformation in Kursachsen 1586-1591. Köln 1962, 74-76.

42  EKO 1I, 257-263 (10. Juli 1539). 281-281 (22. Dezember 1539).

43  Kirchen= // ordnunge zum an= // fang / fur die Pfarher in // Hertzog Hein // richs zu Sach // sen v.g.h. Fu(e)rsten = // thumb // M.D.XXXIX. // Wittenberg: Hans Lufft / 1539 = EKO 1 I, 264-281.

44  General/ Articul vnd // gemeiner bericht / wie es in den Kirch // en [...] (Dresden) M.D.LVII. = EKO 1 I, 316-335.

und Superintendent der Sächsischen Kirchen und der drei Universitäten Wittenberg, Leipzig und Jena –, den allgemein humanistischen und für alle Disziplinen offenen Charakter der Schulen zu Meißen, Grimma und Pforte zugunsten einer Beschränkung auf Theologie zu verändern, scheiterten an dem energischen Widerstand der Stände, die allerdings die Unterstellung unter das Oberkonsistorium als kirchliche Aufsichtsbehörde nicht verhindern konnten. Die Abschnitte über die fürstlichen Schulen in der Ordnung von 1580 gingen auf den Rektor zu Grimma, Adam Siber, zurück.[45] Gegenüber den Vorstellungen Andreaes konnten sich die fürstlichen Schulen als sächsische Eigenart in ihrer Struktur und lehrmäßigen Ausrichtung behaupten. Als Sonderform erhielten sie ihren Platz im sächsischen Schulwesen. Nicht unerwähnt bleiben soll der Versuch, neben St. Afra in Meißen eine Theologische Schule für kurfürstliche Stipendiaten zu errichten, die in der Lehre zwar selbständig, wirtschaftlich jedoch mit den kurfürstlichen Schulen verbunden war. Fabricius und Melanchthon befürchteten – wohl nicht zu Unrecht – in dieser Neueinrichtung Gefahren für den bisherigen Charakter von St. Afra. Anfang 1555 setzte sich Melanchthon beim Kurfürsten ausdrücklich für ihren Verbleib ein. Er fand Unterstützung bei den Landständen. Zu Michaelis 1555 wurde die Theologische Schule nach Leipzig zurückverlegt.[46] Vergeblich rüttelte Andreae an der Grundstruktur der fürstlichen Schulen, als er neben ihrer Umwandlung in Theologenschulen ferner die Beschränkung auf adlige Schüler und die Neugründung einer selbständigen Schule für den juristischen Nachwuchs vorschlug.[47] Diesen von verschiedenen Seiten vorgetragenen Versuchen entzog die Ordnung von 1580 endgültig den Boden. Meißen, Grimma und Pforte konnten sich zu Pflanzstätten für Kirche, Schule, Universität und staatliche Verwaltung im Kurfürstentum Sachsen entwickeln. Günstig wirkten sich dabei Aufbau /64/ und Lehrinhalte aus. Sechs Jahre waren die Schüler an einen Ort gebunden und einer festen Ordnung unterworfen, was zu einer ruhigen Entwicklung des Lehrbetriebes beitrug, unterstützt von der personellen Kontinuität der Lehrenden. Die »Kirchen- und Schulordnung« von 1580 bestimmte ihre Grundaufgabe, Gottesfurcht, wahrhaftigen Glauben und rechte Religion zu stärken, um gelehrte und verständige Leute heranzubilden.[48]

---

45 Die Ordnung für die fürstlichen Schulen in: DES Durchlauchtigsten […] Augusten […] Ordnung […], CLII-CLXXXIII = Die Schul- und Universitätsordnung …, 71-106. Vgl. Frank Ludwig: Die Entstehung der kursächsischen Schulordnung von 1580. Berlin 1907, 47-55. Zu Siber vgl. K[arl] Kirchner: Adam Siber und das Chemnitzer Lyceum in der ersten Hälfte des 16. Jahrhunderts. Mitteilungen des Vereins für Chemnitzer Geschichte 5 (1884/86), 3-206; 6 (1887/88), 158-179; Georg Müller: Siber: Adam S. ADB 34, 125-130.

46 Zur Theologischen Schule in Meißen vgl. Flathe: Sanct Afra …, 39-41. Über die Pläne von Kurfürst August, eine Schule in Augustusburg – August baute dort 1567-1572 ein Schloß – zu errichten, um die reine, unverfälschte, alleinseligmachende Lehre gegen Papisten, Flacianer, Schwärmer und Rottengeister zu erhalten und auszubreiten vgl. Archiv für Sächsische Geschichte 6 (1868), 329-332.

47 Zu Andreae vgl. Martin Brecht: Andreae, Jakob (1528-1590). TRE 2 (1978), 672-680; zu seiner Tätigkeit in Kursachsen neben der Arbeit von Ludwig noch Flathe: Sanct Afra …, 57-62; Th[eodor] Pressel: Die fünf Jahre des Dr. Jakob Andreä in Chursachsen. Jahrbücher für Deutsche Theologie 22 (1877), 1-64. 207-264; Schwabe: Das Gelehrtenschulwesen Kursachsens …, 123-134. Zum Verhältnis der Württembergischen Schulordnung von 1559 (gedruckt in: EKO 1 I, 68-165), die Andreae als Vorbild für die sächsische »Kirchen- und Schulordnung« diente, vgl. Hubert Hettwar: Herkunft und Zusammenhang der Schulordnungen. Mainz 1965, 67-78.

48 DES Durchlauchtigsten […] Augusten […] Ordnung […], CLX = Die Schul- und Universitätsordnung …, 80.

Während die fürstlichen Schulen durch ihre Neuerrichtung zunächst den Charakter eines Experiments trugen und das bestehende Schulwesen ergänzten, was sich in den eigenen Ordnungen und Leges deutlich zeigte, stand als weitere Aufgabe vor den albertinischen Herzögen und späteren Kurfürsten, das übrige Schulwesen nach Einführung der Reformation umzugestalten und den ihm von den Reformatoren zugedachten Platz in der allgemeinen Erziehung zuzuweisen. Dabei fand die Reformation im albertinischen Sachsen bereits ein blühendes Schulwesen vor. Neben den Klosterschulen und wenigen Privatschulen in größeren Orten waren es vor allem die städtischen Lateinschulen, in denen die Stadtobrigkeiten für gründliche Ausbildung sorgten. Diese Gelehrtenschulen profitierten von der Situation an der Leipziger Universität. Der Tod des Petrus Mosellanus am 19. April 1524 bedeutete das vorläufige Ende des Humanismus in Leipzig. Die kompromißlos antilutherische Politik Herzog Georgs verhinderte eine Auseinandersetzung zwischen der scholastisch-spät-mittelalterlich ausgerichteten Theologie und den Humanisten im Raum der Universität. Die humanistischen Gelehrten wurden abgedrängt und übernahmen Leitungsaufgaben in den städtischen Schulen, was deren Ausbildungsniveau sehr zugute kam. Außer Rivius, Fabricius und Siber sind vor allem zu nennen: Borner (Rektor der Leipziger Thomas-schule), Wolfgang Meurer (Leipzig Thomas- und Nikolaischule), Stephan Roth (1517-1520 Zwickau), sein Nachfolger Georg Agricola, Hiob Magdeburg (1537 Freiberg, 1543 Meißen St. Afra, 1570 Lübeck), die beiden Rheinländer Petrus Plateanus (1535-1546 Zwickau) und Matthias Marcus Dabercusius aus Dabringhausen bei Remscheid (1537 Freiberg, 1540 Schneeberg, 1543 Meißen St. Afra, 1553 Schwerin). Diese Generation sächsischer humanistischer Pädagogen hatte eher Impulse von Jakob Sturm in Straßburg als von Melanchthon aufgenommen, wobei für das albertinische Sachsen mit dem Gegensatz zum /65/ ernestinischen auch politische Gründe eine Rolle spielten.[49]

Grundlage für den Aufbau eines evangelischen Schulwesens wurde der Abschnitt »Von Schulen« im »Unterricht der Visitatoren an die Pfarrherrn im Kurfürstentum Sachsen« (1528),[50] der bei der Revision durch Luther 1538 und im Nachdruck für das herzogliche Sachsen im Spätsommer 1539 bis auf wenige Worte unverändert übernommen wurde.[51] Die 1528 erstmalig publizierten Artikel stammen sicher von Melanchthon.[52] Sie unterstrei-chen die feste Bindung der Schule an die Kirche. Für das albertinische Sachsen bleiben die Rahmenbestimmungen bis zur allgemeinen Ordnung von 1580, wobei in einzelnen Städten eigene, den örtlichen Bedingungen angepaßte Vorschriften entweder vom Rat oder vom

---

49 Zur Entwicklung des Schulwesens im albertinischen Sachsen neben Schwabe vor allem: Johannes MÜLLER: Die Anfänge des sächsischen Schulwesens. NASG 8 (1887), 1-40. 243-271; Otto KÄMMEL: Geschichte des Leipziger Schulwesens vom Anfang des 13. bis gegen die Mitte des 19. Jahrhunderts (1214-1846). Leipzig 1909, 1-49; Friedrich Hermann LÖSCHER: Schule, Kirche und Obrigkeit im Reformationsjahrhundert: ein Beitrag zur Geschichte des sächsischen Kirchschullehens. Leipzig 1925, 9-40. Wenig ergiebig sind die überblicksartigen Beiträge von Christine Richter (Meißen, Grimma), Otto Wilde (Schulpforte); Walter Engemann (Thomasschule Leipzig), Paul Dittrich (Kreuz-schule Dresden), Erhart Glaser (Gymnasium Zwickau) in: SÄCHSISCHE GYMNASIEN: aus der Ge-schichte bedeutender Schulen Mitteldeutschlands/ hrsg. vom Mitteldeutschen Kulturrat. Troisdorf 1961.
50 StA 3 (1983), 456-462.
51 Ebd, 404 f.
52 Hahn: Die evangelische Unterweisung ..., 30-32; Hettwer: Herkunft und Zusammenhang ..., 26 f.

Rektor erlassen wurden. Bei den allgemeinen Visitationen 1539/40 standen Schulfragen am Rande, wenn sie auch nicht übergangen wurden. Die evangelischen Schulen in ihrer Ausrichtung auf den Katechismusunterricht gehörten untrennbar zur kirchlichen Umgestaltung. Die Dresdner Kanzlei schenkte besondere Aufmerksamkeit der finanziellen Versorgung der Schuldiener. Erst die im Vorfeld der »Kirchen- und Schulordnung« angeordneten Lokalvisitationen in den Ephorien, die ersten fanden im Herbst 1577 statt, geben uns Aufschluß über die Situation in den sächsisch-albertinischen Schulen in der zweiten Hälfte des 16. Jh.s, über die Lage der städtischen Lateinschulen, der deutschen Schulen, der Schulen auf dem Lande sowie der Mädchenschulen. Die vorliegenden Visitationsprotokolle vermitteln Einsichten in die persönlichen Verhältnisse der Lehrer, in ihren Bildungsgang, in die äußere Gestalt der Schulverfassung und der Schulordnungen – die den Visitatoren übergeben wurden –, in die Einkommensverhältnisse oder in den baulichen Zustand der Schulgebäude.[53]

Die städtischen Lateinschulen in Sachsen können auf eine z.T. jahrhundertlange Tradition zurückblicken (Gründungen in Dresden und Zittau um 1300, in Löbau 1359, 1395 päpstliche Ermächtigung für eine Leipziger Schule, die erst 1512 als Nikolaischule in die Tat umgesetzt wurde; in den Bergstädten vollzog sich nach 1520 ein bemerkenswerter Aufschwung, einige Neugründungen erfolgten erst durch die Reformation).[54] Die »General-

---

53 Nach den allgemeinen Visitationen von 1539/40 hatten im albertinischen Sachsen allgemeine Visitationen nur auf besondere landesherrliche Anordnungen 1555/56 und 1574/75 stattgefunden. Andreae trat dagegen für regelmäßig wiederkehrende Visitationen durch die Superintendenten ein, die als Lokalvisitationen 1577 und 1578 sowie 1580 bis 1585 halbjährlich erfolgten. Vgl. Frank LUDWIG: Zur Entstehungsgeschichte der Lokalvisitationen, des »Synodos« und des Oberkonsistoriums in Kursachsen (Kirchenordnung von 1580). BSKG 21 (1908), 1-72. Für die erste Lokalvisitation erging am 24. Juni 1577 die Instruktion (SächsHStA Dresden: Loc. 10600: Visitationsinstruktion 1577, 2a-20a. Abschrift): An zweiter Stelle standen Schulfragen. Der Pfarrer war zu befragen, nach welcher Ordnung er die Schulen visitiere, nach dem Verhalten der Lehrer, nach ihrer Geschicklichkeit, ihrem Fleiß, ihrem Glauben, nach den Lehrinhalten und der Unterrichtsgestaltung. Die Erkundungen galten den Latein- und den deutschen Schulen, der Mädchenschulmeisterei sowie dem Küster auf den Dörfern. Besonders sollte nach begabten mittellosen Schülern geforscht werden, um diese zu fördern und für eine der fürstlichen Schulen vorzusehen. – Die Akten der Lokalvisitation von 1578, geordnet nach Superintendenturen, geben uns als Beschreibung der Zustände vor der großen »Kirchen- und Schulordnung« ein anschauliches Bild von der Situation im Schulwesen und bilden die Grundlage für die weiteren Ausführungen. Für das Gebiet des Leipziger Konsistoriums kommen infrage: SächsHStA Dresden: Loc. 1994: Visitation des Vogtländischen Kreises ... 1578; ebd: Loc. 2002: Visitation des Leipziger Kreises 1578; ebd: Loc. 2008: Visitation im Leipziger Kreis Anno 1570; ebd: Loc. 2002: Extrakt aus der Visitation in das Konsistorium zu Leipzig gehörenden Superintendenturen ... 1578 (betrifft die Superintendenturen Leipzig, Borna, Delitzsch, Grimma, Eilenburg, Zwickau, Pegau, Rochlitz, Weida, Neustadt/Orla, Eckartsberga, Freyburg, Sangerhausen, Weißensee, Langensalza, Weißenfels, Oelsnitz/Vogtland, Plauen); für das Gebiet des Meißner Konsistoriums: SächsHStA Dresden: Loc. 2012; Visitationsakten des Konsistoriums Dresden 1578; ebd: Loc. 2004: Visitationsakten des Konsistoriums Meißen 1578 (Extrakt); ebd: Loc. 2009: Konzepte der Befehle auf die geschehene Visitation ... unter dem Konsistorium zu Meißen 1578 (Beschlüsse, Entscheide).

54 Vgl. Georg MÜLLER: Das kursächsische Schulwesen beim Erlaß der Schulordnung von 1580. (Programm des Wettiner Gymnasiums zu Dresden. 1888) Dresden 1888, XII-XXV; Ernst GEHMLICH: Die städtischen Lateinschulen des sächsischen Erzgebirges im 16. Jahrhundert. Diss. phil. Leipzig 1893; Friedrich Wilhelm STRÜVER: Zur Geschichte der städtischen Lateinschulen im sächsischen Lande, insbesondere ihr Verhältnis zur Kirche und ihr Religionsunterricht. Schneeberg 1902. (Wiss. Beilage zum 14. Jahresbericht des Kgl. Gymnasiums Schneeberg, 1902).

artikel« von 1557 bezogen sich in den Bestimmungen für die Lehre ausdrücklich auf den »Unterricht der Visitatoren...«,[55] während hinzugekommene Anordnungen über die Aufsicht durch die zuständigen Superintentententen /66/ zu innerstädtischen Konflikten führten, wie wir es aus Zwickau und Dresden wissen.[56] In Plauen und Reichenbach protestierten die Stadtobrigkeiten, die daran interessiert waren, innerhalb der Stadtgrenzen alleiniger Machtträger zu sein, und die die auf diesem Gebiet durch die Reformation errungenen Erfolge, die den Einfluß der bisherigen bischöflichen Machtausübung beseitigt hatten, argwöhnisch und kampfbereit verteidigten.[57] Die seit 1577 für die Lehrer geforderte Unterschrift unter die Konkordienformel unterstrich die Bedeutung des Schulwesens und den Einfluß der Theologie und der Religionsfrage auf das politische Handeln der Kurfürsten.

In den kleineren Städten entsprach die Zahl der Lehrer oft den Verhältnissen auf den Dörfern. Oft verwalteten die Lehrer zugleich das Amt eines Organisten, Küsters oder Stadtschreibers. Durchschnittlich gehörten drei bis vier, selten fünf bis sechs Lehrer zu einer Schule.[58] Die höchste Zahl ist mit sieben für die Leipziger Nikolaischule überliefert.[59] Dabei handelte es sich nur um festangestellte Pädagogen. Dazu kamen die Hilfskräfte: Schüler aus den oberen Klassen oder Schüler, die sich auf die Universität vorbereiten wollten. Nur die angeseheneren Lehranstalten konnten akademisch ausgebildete Lehrer vorweisen. Der stete Wechsel als Erbe des Wanderhumanismus gehörte zum Alltag der Schulen, die Dienstverträge wurden meist für sechs Monate abgeschlossen. Diese Fluktuation, die auch die Schüler betraf, beeinträchtigte die Lernerfolge und minderte die Stellung der städtischen Lateinschulen gegenüber den fürstlichen Schulen. Klagen über mangelhafte Zucht und Disziplinlosigkeit kehrten immer wieder. Die »Generalartikel« schärften dem Lehrer ein, sich nicht als Tyrann zu zeigen, vernünftig und maßvoll zu züchtigen, die Ruten ohne Wunden und gesundheitliche Schäden zu gebrauchen.[60] Die Stadtschulen gerieten oft in finanzielle Nöte. Die Zuwendungen aus den Klostergütern reichten nicht aus.

Das ländliche Schulwesen war vor 1580 im albertinischen Sachsen kaum entwickelt. Nach den »Generalartikeln« hatten die Dorfküster an jedem Sonntagnachmittag und an einem Wochentag mit den Kindern den Katechismus und die deutschen Lieder zu lernen.[61]

---

55 General Articul ..., Giiija = EKO 1 I, 326a.

56 Ernst Erich FABIAN: M. Petrus Plateanus, Rektor der Zwickauer Schule von 1535 bis 1546. Zwickau 1878, 9-12. (Programm des Gymnasiums zu Zwickau, 1878). Zu Dresden vgl. Müller: Das kursächsische Schulwesen ..., XII Anm. 7.

57 Zu Plauen vgl. SächsHStA Dresden: Loc. 1994: Visitation des Vogtländischen Kreises 1578, 172b-173a, zu Reichenbach ebd, 268a-269b; dazu noch Müller: Das kursächsische Schulwesen ..., XII Anm. 8 f.

58 Drei Lehrer sind u.a. bezeugt für Borna (SächsHStA Dresden: Loc. 2002: Extrakt aus der Visitation ... Leipzig, 36a), Weida (SächsHStA Dresden: ebd, 191a), Waldheim (SächsHStA Dresden: Loc. 2004: Visitationsakten ... Meißen 1578, 14a), Döbeln (SächsHStA Dresden: ebd, 90b), Stolpen (SächsHStA Dresden: ebenda, 182ab); vier Lehrer für Oschatz (SächsHStA Dresden: ebenda, 61b-62a); fünf Lehrer für Chemnitz (SächsHStA Dresden: Loc. 2012: Visitationsakten des Konsistoriums Dresden 1578, 530a), Neustadt/Orla (SächsHStA Dresden: Loc. 2002: Extrakt aus der Visitation ... Leipzig, 220a) und Sangerhausen (SächsHStA Dresden: ebd, 301a); sechs Lehrer für Zwickau (SächsHStA Dresden: ebd, 103b).

59 Müller: Das kursächsische Schulwesen ..., XIV Anm. 20.

60 General Articul ..., Giiijb = EKO 1 I, 326a.

61 General Articul ..., Hjb = EKO 1 I, 326b. Zum Dorfschulwesen vgl. Müller: Das kursächsische Schulwesen ..., III-XII; Theodor HOFMANN: Das ländliche Schulwesen Kursachsens am Ausgange

Die Quellen unterscheiden zwischen dem examinierten und ordinierten Küster /67/ mit theologischer Bildung und Eignung für pfarramtliche Vertretung und dem Küster im Nebenberuf, der zumeist noch als Handwerker arbeitete. Viele Dörfer besaßen Küster, die für den Schulunterricht ungeeignet waren und daher nur die äußeren Dienste am Gotteshaus versahen. Bei den Küstern aus dem Handwerkerstand waren Lesen und Schreiben nicht unbedingt vorauszusetzen. Oft gehörte der Unterricht zu den Aufgaben der Pfarrer, dann konnten Lateinkenntnisse erwartet werden. Insgesamt bestand bei der Dorfbevölkerung wenig Interesse am Schulwesen und seinem Funktionieren, was den Unterricht und die Gewinnung von Lehrkräften außerordentlich erschwerte. Im Sommerhalbjahr verdrängten die Feldarbeiten jede Unterweisung.[62] Nicht selten unterrichtete der Küster nur zwei oder drei Kinder.[63] Die finanzielle Lage der Dorflehrer war wenig verheißungsvoll. Die Kosten für ein Schulhaus waren hoch. Die Naturallieferungen gingen unregelmäßig ein. Als Schulgeld wurde pro Woche zwei Pfennig erhoben, für »feine« Dorfschulen drei Pfennig, was wohl auf Lateinunterricht zurückzuführen ist. Die religiöse Unterweisung stand im Mittelpunkt. Zum Lernen des Katechismus kamen Lesen und Schreiben. Rechnen wurde nicht erwartet.[64] Die Schulküster stammten selten selbst vom Lande, nur wenige waren Söhne von Pfarrern oder Lehrern. Neben Schülern aus benachbarten Lateinschulen versahen auch ehemalige Studenten, die ihr Studium abgebrochen hatten, diese Aufgabe. Bei guter Arbeit eröffneten sich Aufstiegschancen zum Diakonus oder Pfarrer. Den Nachholbedarf, der dem Dorf im Verlauf der Reformation zugeschrieben wird, gilt ebenfalls für das Schulwesen, ohne daß wir von einer Bildungsapathie auf dem Lande sprechen können. Zu den Schwierigkeiten auf Seiten der Eltern kamen wirtschaftliche Probleme, ungeeignete Lehrkräfte, fehlende Motivation zum Schulbesuch. Das Ziel, die Bibel in deutscher Sprache zu lesen, reichte nicht aus, um die Dorfbewohner für ein intaktes Schulwesen zu interessieren.

Die Visitation betraf auch die deutschen Schulen,[65] die 1578 noch spärlich vertreten waren und zum Ziel hatten, gelehrte Bildung mit Erfordernissen der praktischen Berufe zu verbinden. Im herzoglichen Sachsen sind sie zumeist nach der Reformation anzutreffen. Sie arbeiteten auf privater Grundlage und erhielten kaum finanzielle Unterstützung von den Städten. Zu den Lateinschulen traten sie oft in Konkurrenz. Neben Religion, Schreiben und Lesen gehörte das Rechnen zu den Hauptbeschäftigungen.

---

des 16. Jahrhunderts. Sächsische Schulzeitung 64 (1897), 229-231. 237-241; Bruno Puchta: Das Schulwesen der Leipziger Landgemeinden im 16. und 17. Jahrhundert: als Beitrag zu einer sächsischen Schulgeschichte nach urkundlichen Quellen bearbeitet. Phil. Diss. Leipzig 1901.

62  Müller: Das kursächsische Schulwesen ..., IX f. Nach dem Visitationsprotokoll von Mosel (Kr. Zwickau): »... dawider hilfft weder sagen noch singen. So balde komen die Bere, ist aus die Kinderlere, sagt Mosellanus«. (SächsHStA Dresden: Loc. 1994: Visitation des Vogtländischen Kreises 1578, 75a).

63  So im Bericht des Dresdener Stadtpredigers Peter Glaser (1528-1583) in SächsHStA Dresden: Loc. 2012: Visitationsakten des Konsistoriums Dresden 1578, 155b.

64  Müller: Das kursächsische Schulwesen ..., XI.

65  Müller: Das kursächsische Schulwesen ..., XXV-XXVII. Vgl. Eduard Mangner: Geschichte der Leipziger Winkelschulen. Leipzig 1906, 16-20; Georg Müller: Die Anfänge des deutschen Schulwesens in Dresden (1539-1600). NASG 8 (1887), 272-289.

Als weiterer Schultyp begegnen uns die Mädchenschulen.[66] Obwohl sie /68/ in der Ordnung von 1580 nicht vorkommen, bestätigen die Visitationsakten ihre Existenz. Neben Schulen mit getrenntem Unterricht für Jungen und Mädchen existierten reine Mädchenschulen. Auf den Dörfern sahen die Bestimmungen für Mädchen lediglich den Besuch des Katechismusunterrichts vor. Die Leitung übten der Pfarrer oder andere Kirchendiener aus, als Vorsteherinnen werden deren Frauen sowie Frauen und Töchter von Lehrern oder Bürgerfrauen genannt. Bei den Visitationen standen weniger die Fragen von Disziplin und Unterrichtsgestaltung als vielmehr die Sicherung der materiellen Lage im Vordergrund. Die Lerninhalte entsprachen denen der Dorfschulen: Religion, Gesang, Lesen und Schreiben. Je nach Qualifikation der Lehrerinnen kamen weitere Fächer hinzu, so in Torgau Schultanz,[67] in Leipzig Nähen, Wirken und Anstandsunterricht.[68]

Die Schulordnung gab den einzelnen Schulformen ihren festen Platz im sächsischen Bildungswesen. Sie schuf die Voraussetzungen für eine einheitliche Grundstruktur und größere Gleichmäßigkeit im Unterrichtsbetrieb. Zu den Ergebnissen der Reformation gehört es, die Verantwortlichkeit und Fürsorgepflicht in den Territorialstaaten und den Städten für die Ausbildung der Jugend gestärkt und vielen Obrigkeiten erst bewußt gemacht zu haben. Luthers Gedanken und Melanchthons Schriften gaben den vom Humanismus gespeisten Bestrebungen zur Schulreform die innere Dynamik und das einigende Ziel, bei der religiösen Erziehung mitzuwirken und durch Lesen einen auf der Heiligen Schrift gegründeten Glauben zu stärken. Religiöse und weltlich-praktische Motive verbanden und ergänzten sich. Nur wiederholtes Eingreifen der Obrigkeit, wozu auch das Instrument der Visitationen gehörte, konnte einigermaßen befriedigende Schulverhältnisse auf den Dörfern und in den kleineren Städten schaffen. Bei der Verflechtung von neuem Kirchenwesen und Schule ist der Zustand der Schulen zugleich ein Gradmesser für die Aufnahme reformatorischen Gedankengutes durch einzelne Bevölkerungsgruppen. Verbesserte Schulverhältnisse stärkten das evangelische Bewußtsein. In diesem Sinne vermitteln die Schulvisitationen im Rahmen der Lokalvisitationen ein zusätzliches Bild von den Erfolgen reformatorischer Predigt, aber auch von der religiösen Gleichgültigkeit und dem notwendigen Einsatz des Territorialstaates, Die gesellschaftliche Situation des 16. Jh.s erforderte nicht nur ein landesherrliches Kirchenregiment, sondern auch ein landesherrliches Schulregiment als notwendige Durchgangsphase zum Schulwesen der Neuzeit seit dem 18. Jh.

---

66 Müller: Das kursächsische Schulwesen ..., XXVII-XXX (mit Abdruck der Ordnung für Pirna von 1578).

67 Müller: Das kursächsische Schulwesen ..., XXIX Anm. 22.

68 Mangner: Geschichte der Leipziger Winkelschulen ..., 11-13; Kämmel: Geschichte des Leipziger Schulwesens ..., 46.

# Die Confessio Saxonica als Bekenntnis evangelischer Reichsstände[*]

In seinen letzten Lebensmonaten stellt Philipp Melanchthon auf Initiative des Leipziger Verlegers Ernst Vögelin das Corpus doctrinae Christianae zusammen.[1] Dieses enthält neben den drei altkirchlichen Bekenntnissen, der Confessio Augustana und kleineren Lehrschriften Melanchthons vor allem die Confessio doctrinae Saxonicarum ecclesiarum (Confessio Saxonica)[2] vom Sommer 1551. Die Aufnahme dieser Bekenntnisschrift in die auch als »Corpus doctrinae Philippicum« – sie wurde 1566 für wenige Jahre als Corpus doctrinae Misnicum in Kursachsen Lehrnorm – bezeichnete Bekenntnissammlung hebt die Bedeutung der Confessio Saxonica sowohl für Melanchthon selbst als auch für das albertinische Kirchenwesen hervor, sie war offensichtlich mehr als nur eine von bestimmten Zeiterfordernissen geprägte Darstellung lutherischer Lehre. Ihr Gewicht erschöpft sich aber nicht nur als Teil protestantischer Vorbereitungen auf die zweite Trienter Tagungsperiode des Konzils, das die konfessionelle Spaltung Europas zementieren sollte, die Confessio Saxonica gehört ebenso zur Kirchen- und Religionspolitik Kursachsens in der Nach-Interimszeit und in den Zusammenhang der Bemühungen seit 1550, mit Frankreich ein gegen Karl V. gerichtetes Bündnis zu schaffen.[3] Im Vertrag von Regensburg vom 19. Juni 1546 hatte Herzog Moritz dem Kaiser zugesagt, unter bestimmten Bedingungen ein Konzil zu besuchen.[4] Der klare Sieg Karls V. im Schmalkaldischen Krieg verbesserte nur scheinbar die Aussichten, die sich verfestigende Kirchenspaltung aufzuhalten. Im Spannungsfeld Papst, Kaiser und Frankreich war 1547 die erfolgreiche Fortsetzung des Trienter Konzils nur schwer zu erreichen. Karl V. wollte deshalb als Ausweg das Interim. Er ließ /276/ es im Frühjahr 1548 auf dem Augsburger Reichstag ausarbeiten und am 15. Mai den Reichsständen verlesen. Das Interim stieß in Rom freilich auf heftige Kritik des Papstes, und im Reich konnte es ebenfalls nicht durchgesetzt werden.[5] Im Sommer 1549 zeichnete sich ab, daß Kurfürst Moritz – eine Schlüsselfigur im Ringen um das Interim – endgültig nicht bereit war, das kaiserliche Religionsgesetz zu verwirklichen. Dadurch erschien wieder ein Konzil als die

---

[*] Erstabdruck in: Recht und Reich im Zeitalter der Reformation: Festschrift für Horst Rabe/ hrsg. von Christine Roll; Bettina Braun; Heide Stratenwerth. Frankfurt am Main 1996, 275-294.

[1] MWA 6, 5-6; vgl. auch Bernhard LOHSE: Dogma und Bekenntnis in der Reformation: von Luther bis zum Konkordienbuch. In: Handbuch der Dogmen- und Theologiegeschichte/ hrsg. von Carl Andresen u. a. Bd. 2: Die Lehrentwicklung im Rahmen der Konfessionalität. Göttingen 1980, 139 f.

[2] Text der Confessio Saxonica: CR 28, 369-457 (lat). 481-566 (deutsch); auch in: Melanchthons Werke in Auswahl ..., 81-167 (lat.).

[3] Vgl. dazu Johannes HERRMANN; Günther WARTENBERG: Einführung ... PKMS 4, 33-36.

[4] PKMS 2, 661 f (Nr. 922).

[5] Dazu Horst RABE: Reichsbund und Interim: die Verfassungs- und Religionspolitik Karls V. und der Reichstag von Augsburg 1547/48. Köln; Wien 1971, 407-449; Hubert JEDIN: Geschichte des Konzils von Trient. Bd. 3. 2. Aufl. Freiburg 1982, 197-212.

einzige Möglichkeit, um zu einem Religionsausgleich zu kommen. Als Papst Paul III. am 10. November 1549 starb, ergaben sich für das Trienter Konzil neue Chancen, die schließlich am 1. Mai 1551 zur Eröffnung der zweiten Tagungsperiode in Trient führten.[6]

Mit diesem Schritt war das Schicksal des Interim eigentlich besiegelt. Karl V. mußte nun alles daransetzen, die Protestanten zum Besuch des Konzils zu bewegen. Obwohl die antikaiserlichen Bündnisgespräche bereits liefen, mußte Moritz noch mehr als 1548 daran interessiert sein, jede Auseinandersetzung mit dem Kaiser zu vermeiden. Durch den Regensburger Vertrag von 1546 in die Pflicht genommen, versuchte Moritz jedoch zunehmend, die früheren Forderungen der Protestanten für einen Konzilsbesuch wieder aufzunehmen. Wie 1547/48 in Augsburg wiederholten die kursächsischen Räte auf dem nächsten Reichstag Anfang August 1550 die bald klassische Formel, daß nur ein ordentliches, allgemeines und freies Konzil besucht werden könne. Sie setzten nach zähem Ringen schließlich durch, daß diese Erklärung am 12. Dezember 1550 im Reichsprotokoll als kursächsisches Sondervotum Aufnahme fand.[7] Die darin formulierten Rahmenbedingungen – vor allem die Neuverhandlung bereits beschlossener Dekrete und die Unterwerfung des Papstes unter das Konzil – mußte der Kaiser freilich unterdrücken, um mit dem neuen Papst Julius III. zu einer Verständigung zu kommen, da die Forderungen Kursachsens für die Kurie unannehmbar waren. Es bleibt offen, ob Moritz tatsächlich mit dem Besuch des Konzils durch seine Theologen rechnete oder ob er die Konzilsfrage wie letztlich auch die Belagerung der Alten Stadt Magdeburg dazu nutzte, um einen vorzeitigen und zu frühen Bruch mit Karl V. zu verhindern und um für sich den Entscheidungsspielraum zu erhalten. /277/

Wie weit Melanchthon selbst als Verfasser der Confessio Saxonica der recht vordergründige Bezug auf die Konzilsvorbereitung bewußt war, wird von den Quellen nicht zu entscheiden sein. Das umsichtige Herangehen an die Abfassung und Verabschiedung ebenso wie die Bedeutung, die der Confessio Saxonica nach 1551/52, also nach dem Wegfall des eigentlichen Ziels der Erarbeitung, zukam, spricht eher dafür, daß Melanchthon mehr als nur eine auf das Trienter Konzil zugeschnittene Lehrschrift beabsichtigt hat.

Bereits 1548/49 und 1550 hatte sich Melanchthon kritisch zu Beschlüssen des Trienter Konzils geäußert.[8] Die neuerlichen Bemühungen Karls V. konnten die Skepsis und Vorbehalte gegen das Tridentinum nicht abbauen, wenn auch Melanchthon nicht vom »päpstlichen Konzil« sprach wie die Magdeburger.[9] Sollte das vom Kaiser gewünschte Konzil stattfinden, »werden Decrete gemacht, die viel Unruhe anrichten werden, und wenig Gutes ausrichten«. Bewirke es nicht mehr als das Interim, sollte es lieber unterbleiben.[10] Nur auf kurfürstlichen Befehl war Melanchthon bereit, sich zum Konzil zu äußern. Sehr ungern verfaßte er im Juli 1550 ein von Kurfürst Moritz gewünschtes Gutachten. Mehrfach habe

---

6 Zur Entwicklung bis zum 1. Mai 1555 vgl. Jedin: Geschichte des Konzils ..., 213-246.

7 PKMS 4, 679 f (Nr. 596).

8 So am 14. Oktober 1547 in einem Gutachten zum Konzil für Kurfürst Moritz (CR 6, 795-799 [Nr. 4138]; MBW 5, 189 [Nr. 4920]) und am 10. März 1548 an Hieronimus Baumgartner (CR 6, 824 f [Nr. 4170]; MBW 5, 253 [Nr. 5077]).

9 Magdeburg, 18. Oktober 1550: Ratsmannen und Innungsmeister an Kurfürst Moritz (PKMS 4, 775 [Nr. 680]).

10 Melanchthon an König Christian III. von Dänemark, Wittenberg, 9. März 1551 (CR 7, 750 f [Nr. 4861]; MBW 6, 136 [Nr. 6013]).

er die Schrift über das Konzil umgeschrieben, bekannte er am 25. Juli 1550 Joachim Camerarius.[11] Fünf Tage später konnte er schließlich das gewünschte Gutachten an Ulrich Mordeisen nach Dresden senden. Während diese Schrift[12] zunächst ausführlich die Sorgen vor einem Konzil und die Bedingungen der Protestanten wiedergibt, wendet Melanchthon sich in den beiden letzten Abschnitten der Frage zu, wie Kursachsen den Besuch des Konzils vorbereiten könne. Vor allem müsse man sich über die Artikel verständigen, die zu verteidigen seien. Er rechnet mit sehr unterschiedlichen Meinungen, besonders /278/ von denen, die »in locis tutis« wohnen. Grundlage könnten die Artikel sein, die zur Zeit »in Ecclesiis Misnicis communi consensu« gelehrt werden. Als Norm komme Luthers Katechismus, die Confessio Augustana oder die brandenburgische Agende in Frage, wobei nur die gemeinsam vertretene Lehre aufgezeigt werden solle, keinesfalls Sondermeinungen und Streitfälle. Mit diesem Votum sind die weiteren Schritte vorgezeigt: Sollte der Kurfürst sich für den Besuch des Konzils entscheiden, ist eine neue Bekenntnisschrift anzustreben. Die als Vorbild benannte kurbrandenburgische Kirchenordnung hatte nicht nur die Zustimmung Luthers gefunden, sie deutete auch an, daß ein gemeinsames Vorgehen mit Kurbrandenburg wünschenswert sei. Das Interim spielt keine Rolle. Bewußt wird auf die Zeit vor 1546 zurückgegriffen.

Erst Mitte Februar 1551 wurde bei einem Besuch Melanchthons in Dresden das weitere Vorgehen in der Konzilsfrage zwischen den Räten und einigen Theologen besprochen.[13] Von der Leipziger Universität waren Ludwig Fachs und Camerarius hinzugezogen worden. Melanchthon reiste in Begleitung von Johannes Bugenhagen. Als mögliche sächsische Abgesandte waren Georg von Anhalt, Alexander Alesius oder Georg Major im Gespräch. Melanchthon sollte zu Hause bleiben. Ungeklärt war ebenfalls noch, ob die apologia Augustina oder eine neue Bekenntnisschrift in Trient vorgetragen werden sollte.[14]

In den folgenden Wochen kam es zu intensiven Gesprächen zwischen den evangelischen Reichsständen. Neben Straßburg und Pommern bemühte sich vor allem Wittenberg, eine innerprotestantische Verständigung herbeizuführen. Offensichtlich waren die Auseinandersetzungen um das Interim eine Warnung für die Wittenberger Theologen gewesen. Immer wieder betonten sie die Notwendigkeit, gemeinsam zu handeln. Sie wußten um die Widerstände gegen das Konzil. So überrascht es nicht, wenn der Gang nach Trient als eindeutig politische, nicht als theologische Entscheidung gesehen wurde. Deutlich formulierte Melanchthon Ende April 1551 an den Rat zu Straßburg im Namen der Theologischen Fakultäten zu Leipzig und Wittenberg,[15] daß sich die gubernatores dem kaiserlichen Befehl, /279/ das Konzil zu beschicken, nicht widersetzen könnten. Wenn auch viele von einem Besuch abrieten und Gefahren sähen, dürften die kursächsischen Theologen, wenn sie vom Kurfürsten geschickt wurden und der Kaiser sie zu hören wünsche, »non defugere confessionem«. Notwendig wäre jedoch die eine Stimme »confessionis plurimorum«. Als

---

11 CR 7, 636 f (Nr. 4764); MBW 6, 78 (Nr. 5863).
12 CR 7, 736-739 (Nr. 4852); MBW 6, 79 f (Nr. 5865).
13 Über die Dresdener Verhandlungen: Melanchthon an Paul Eber, [Dresden], 14. Februar 1551 (CR 7, 735 f [Nr. 4851]; MBW 6, 130 [Nr. 5999]).
14 Vgl. Caspar Heidenreich an Anton Lauterbach, 16. Februar 1551 (CR 7, 740 [Nr. 4853]).
15 Melanchthon für die Theologischen Fakultäten zu Leipzig und Wittenberg an die Geistlichen zu Straßburg, Leipzig, 24. April 1551 (CR 7, 767 f [Nr. 4881]; MBW 6, 153 [Nr. 6063]).

dieses Schreiben dem Straßburger Gesandten Johannes Marbach mitgegeben wurde, war bereits entschieden, daß Melanchthon eine neue Bekenntnisschrift abfassen sollte. Schon am 11. April hatte er Georg von Anhalt einen Besuch nach der Leipziger Ostermesse ange-kündigt.[16] Das Schreiben an den Straßburger Rat benennt klar die reichs- und religions-politische Seite eines Konzilsbesuchs und das Recht des Kaisers, zum Konzil einzuladen.

Das Februargespräch 1551 in Dresden zur gleichen Zeit vereinbarten Kurfürst Moritz und Markgraf Johann von Brandenburg-Küstrin, ein Verteidigungsbündnis anzustreben, um den wahren christlichen Glauben gemäß der Confessio Augustana und die deutsche Freiheit zu erhalten[17] – betraf nicht nur das weitere Vorgehen Kursachsens in der Konzils-frage; die beteiligten Räte und Theologen verständigten sich außerdem darauf, möglichst gemeinsam mit anderen evangelischen Ständen zu handeln. Die Kontaktaufnahme fiel den Theologen zu, um kaiserlichem Mißtrauen zu begegnen. Camerarius begab sich deshalb nach Süddeutschland, Anfang April beriet er mit Johannes Brenz,[18] der Herzog Christoph von Württemberg bald nach seiner Regierungsübernahme als Berater in Religionssachen diente. Herzog Christoph hatte ohne Schwierigkeiten die Nachfolge seines Vaters, Herzog Ulrich, der am 6. November 1550 gestorben war, angetreten.[19] Trotz der Auseinandersetzun-gen mit König Ferdinand widerstand der junge Herzog allen Drohungen und Verlockungen, durch Nachgeben in der Religionsfrage dem habsburgischen Druck zu entgehen. Die Durch-führung des Interim wurde aufgeschoben. In dieser Lage kam Württemberg nicht umhin, ernsthaft über einen Besuch des Konzils nachzudenken. Die Reise des Camerarius mußte Herzog Christoph und seinen Theologen sehr entgegenkommen. Der /280/ frühere Tübinger Professor wird die Haltung Kursachsens zum Konzil erläutert haben. Eine Rolle spielte dabei die Absicht Melanchthons, »capita doctrinae« zu verfassen.[20] Ob dabei die Entsendung eines württembergischen Theologen gewünscht wurde, der an der Abfassung der Confessio Saxonica mitwirken sollte, bleibt offen.[21] Möglicherweise ist der erst Anfang Mai überlie-ferte Beginn der Erarbeitung durch Melanchthon ein Zeichen für die Hoffnung, Württemberg an der Textentstehung zu beteiligen. Allerdings geht die Instruktion für Wolf von Dinstetten für seine Gesandtschaft nach Sachsen und Brandenburg vom 11. April 1551[22] auf diese Frage überhaupt nicht ein. Vielmehr fiel Brenz die Aufgabe zu, von Melanchthon das Erar-beitete zu erbitten. In der Antwort trat Melanchthon erneut für ein gemeinsames Bekennt-nis ein. Eigene Wege halte er nicht für gut. Er kündigte außerdem die Übersendung seiner Schrift an.[23] Allerdings deuteten sich trotz der mehrfach beschworenen Gemeinsamkeit bereits unterschiedliche Wege an. Während Melanchthon eher an eine Lehrschrift dachte,

---

16 CR 7, 764 (Nr. 4877); MBW 6, 149 (Nr. 6050).

17 Zu den Verhandlungen zwischen Moritz und Johann vgl. Simon ISSLEIB: Hans von Küstrin und Moritz von Sachsen. NASG 23 (1902), 19-23.

18 Zur Reise des Camerarius: BRIEFWECHSEL DES HERZOGS CHRISTOPH VON WÜRTTEMBERG/ hrsg. von Viktor Ernst. Bd. 1: 1550-1552. Stuttgart 1899, 160 f.

19 Vgl. Martin BRECHT; Hermann EHMER: Südwestdeutsche Reformationsgeschichte. Stuttgart 1984, 305-307; Hermann EHMER: Christoph von Württemberg. TRE 8 (1981), 68-71.

20 Briefwechsel des Herzogs Christoph von Württemberg ..., 161.

21 Das vermutet Viktor Ernst ebd.

22 Briefwechsel des Herzogs Christoph von Württemberg ..., 159-163 (Nr. 169).

23 Melanchthon an Brenz, [Wittenberg], 30. April 1551 (MBW 6, 154 [Nr. 6065]).

beabsichtigte Christoph, Gravamina abfassen zu lassen. Die Theologen sollten Beschwerden des Gewissens und öffentliche Ärgernisse als Folge päpstlicher Lehre und Zeremonie zusammenstellen, die Juristen dagegen Klagen des Fürsten gegen die geistliche Jurisdiktion.[24]

Es soll nicht Aufgabe dieses Aufsatzes sein, die umfangreichen Vorbereitungen Kursachsens, Württembergs oder Straßburgs auf den Besuch des Trienter Konzils nachzuzeichnen; es gilt vielmehr, vor allem darzustellen, welche Rolle dabei die später als Confessio Saxonica benannte Bekenntnisschrift gespielt hat, um die kirchenpolitische und theologiegeschichtliche Funktion dieser Melanchthonschrift herauszuarbeiten.

In den Verhandlungen zwischen Straßburg und Württemberg wurde immer wieder auf die Einbeziehung der Wittenberger Theologen verwiesen. Herzog Christoph möge bedenken, heißt es Mitte April, daß Brenz »den wittenbergischen villeicht mehr dann iemand anders anmuetig« und damit besonders für das gewünschte Gespräch geeignet sei.[25] Gleichzeitig berichtete der Herzog dem /281/ Straßburger Gesandten Bernhard Botzheim, daß Melanchthon auf Befehl seines Kurfürsten an einem »gegründeten Ratschlag« arbeite.[26] Die Nachricht kann auf Camerarius zurückgehen, da Marbach erst Ende April Leipzig verließ. Dieser bestätigte die Kunde, die damals auch anderen protestantischen Reichsständen schon bekannt war.

Marbach traf in Leipzig neben Paul Eber, Erasmus Sarcerius, Alesius, Johannes Pfeffinger und Bernhard Ziegler auch Melanchthon, der über seine Arbeit an einem »consilium« berichtet habe, das er den Straßburgern schicken wolle. Das gleiche Thema sprach gegenüber Marbach in Nordhausen Michael Meienburg an. Der Bürgermeister und Freund Melanchthons rechnete damit, daß die Sache auf dem Sächsischen Kreistag verhandelt und alle Stände außer Herzog Heinrich d.J. von Braunschweig-Lüneburg »gutherzig« die »confession« unterschreiben würden. Nach Meienburg sollten die Theologen den Text unterschreiben, und die Fürsten diesen dem Konzil übergeben. In Nürnberg wartete man ebenfalls, wie Marbach berichtete, auf »Philippi consilium«, um sich dann mit Kurfürst Moritz zu verständigen.[27] Marbachs Reisenotizen zeigen deutlich, mit welchen Erwartungen die Erarbeitung der Confessio Saxonica durch Melanchthon begleitet wurden, und daß Kursachsen für einige protestantische Reichsstände wieder eine Leitfunktion übernommen hatte. Von Anfang an war die Confessio Saxonica keine inneralbertinische Angelegenheit, was den Wittenberger Theologen sehr entgegenkam. Zu den Vorentscheidungen gehörte, daß aus kursächsischer Sicht die neue Schrift ein Bekenntnis der Theologen sein sollte, anders als in Württemberg, wo Anfang Mai in Domstetten den versammelten Theologen als Vorfassung der Confessio Virtembergica die von Brenz erarbeitete confessio dogmatum ducis Christofori vorlag.[28] Die sich dadurch abzeichnenden Schwierigkeiten

---

24 So in der Instruktion für Dinstetten (Briefwechsel des Herzogs Christoph von Württemberg ..., 161).

25 Instruktion des Rates zu Straßburg für Botzheim an Herzog Christoph (Briefwechsel des Herzogs Christoph von Württemberg ..., 167).

26 Briefwechsel des Herzogs Christoph von Württemberg ..., 169.

27 Marbachs Bericht ebd, 184 f.

28 Zur Beratung in Dornstetten ebd, 182-184 (Nr. 179); Confessio Virtembergica: das Württembergische Bekenntnis von 1551/ hrsg. von Ernst Bizer. Stuttgart 1952, 9-22.

veranlaßten Straßburg schon wenig später, auf eine Verständigung mit Kursachsen zu drängen. Aus Melanchthons Aussagen ginge hervor, daß seine Schrift der württembergischen entsprechen würde. Daher sollten die Texte ausgetauscht werden, um durch gleiche Konfession und gleiches Bekenntnis »mer trost und bestendigkeit« zu erhalten. Schwierigkeiten sah man darin, daß die »saxsisch confession« auf die Theologen und nicht auf Kurfürst Moritz bezogen war. Als Lösungsweg sah Straßburg, daß die sächsischen Theologen /282/ den in Domstetten verabschiedeten Text akzeptierten. Diese Confession könnte auch von Hessen und anderen Ständen übernommen werden, indem die Theologen dieser Länder die Württembergische, möglichst auch von Kursachsen anerkannte Confession unterschrieben.[29] Lag die Zurückhaltung gegen die Confessio Saxonica nur darin begründet, daß sie allein ein Bekenntnis der Theologen sein sollte? Oder wirkten Vorbehalte aus der Auseinandersetzung um das Interim nach, die vielleicht einen von Brenz verfaßten Text konsensfähiger erscheinen ließen? Herzog Christoph reagierte zunächst zurückhaltend, sagte aber die Übersendung der »Confessio nostra« an Melanchthon zu. Sollte Sachsen einladen, würde er seine Theologen abordnen.[30] Dinstetten konnte mit seiner Sendung nach Sachsen zufrieden sein. Deutlich formulierte Moritz erneut seine Absicht, das Konzil nur bei ausreichendem Geleit zu beschicken. Den Theologen habe er befohlen, die Hauptlehre und den »grund unserer christlichen religion« zusammenzustellen. Die Schrift sei in Arbeit. Außerdem schlug der Kurfürst in der am 24. Mai 1551 zu Torgau erfolgten Antwort vor, daß süddeutsche – vor allem württembergische -und kursächsische Theologen den Text beraten sollten, um auf dem Konzil »einhellig und einstimmich« sowie ohne »zweiung« zu handeln.[31] Diese Absicht entsprach ganz den Vorstellungen Christophs und Straßburgs. Für Moritz war es klar, daß die inhaltliche Vorbereitung auf Trient und der Besuch des Konzils selbst in erster Linie den Theologen zufiel. Kurfürstliche Räte sollten lediglich als »schuzer« und Berater die Theologen begleiten. Schließlich erinnerte Moritz an seine deutliche Forderung auf den Augsburger Reichstagen von 1547/48 und 1550/51 nach einem allgemeinen, freien, christlichen Konzil, nach erneuter Verhandlung schon beschlossener Artikel und nach Unterwerfung von Papst, Kardinalen und Prälaten unter das Konzil. Klar wird damit die Grundlage beschrieben, auf der Kursachsen allein sich in der Lage sah, das Konzil zu beschicken. Die immer wieder unterstrichene Zuständigkeit der Theologen in der Konzilsfrage bedeutete jedoch keineswegs, daß der Kurfürst und seine Räte sich nicht mehr um das Konzil kümmerten. Dieses blieb Teil der Reichspolitik. In diesen Bereich fielen ebenfalls die Entscheidungen in Dresden.

Am 3. Mai 1551 begann Melanchthon in Dessau mit der Ausarbeitung der Confessio Saxonica. Vermutlich lagen Vorarbeiten vor, denn bereits am 11. Mai kündigte der Verfasser Georg von Komerstadt gegenüber an, daß Camerarius die »commemorationem /283/ scriptam de nostris Ecclesiis« nach Dresden bringen werde.[32] Melanchthon spricht von einem »honorificum testimonium«. Er wiederholt seine Auffassung, die Darlegung der Lehre im Namen der Theologen und nicht der Fürsten ausgehen zu lassen, weil diese, falls

---

29 Briefwechsel des Herzogs Christoph von Württemberg …, 186.
30 Ebd, 188.
31 Ebd, 194 f (Nr. 188).
32 CR 7, 788 (Nr. 4895); MBW 6, 160 (Nr. 6080).

es zum Konzilsbesuch komme, geeigneter und zutreffender von jenen dargestellt werden könne. Damit folgte Melanchthon der politischen Linie seines Kurfürsten. Komerstadt solle den übersandten Text prüfen und ihn den Theologen zu Leipzig, Daniel Greiser, seit 1542 Superintendent in Dresden, und dem Freiberger Superintendenten Caspar Zeuner zur Bearbeitung zusenden. Komme eine innerkursächsische Verständigung zustande, rechnet der Absender mit der Unterschrift der Geistlichen in Pommern und Niedersachsen.

In einem wohl auf die zweite Maihälfte zu datierenden Brief lobt Melanchthon seinen Leipziger Mitstreiter Camerarius. Er habe richtig gehandelt, daß er nicht zum Naumburger Konvent gereist sei, weil die Beratungen über Trient verschoben werden könnten.[33] Wurde mit einem Aufschub für die geplanten Verhandlungen gerechnet, oder hatten sich die Naumburger Verhandlungen mit den Ernestinern nicht so erfolgreich entwickelt, wie es der Dresdner Hof erhofft hatte? Seit dem 9. Mai bemühten sich Landgraf Wilhelm von Hessen, Herzog August, Markgraf Johann, Herzog Johann Albrecht von Mecklenburg und Fürst Wolfgang von Anhalt über 10 Tage vergeblich, im Interesse des geplanten antikaiserlichen Bündnisses zwischen Kurfürst Moritz und Herzog Johann Friedrich d.M. zu vermitteln und die seit 1547 schwelenden Zwistigkeiten beizulegen. Die Naumburger Verhandlungen scheiterten. Ob bei einem anderen Ausgang die Confessio Saxonica als gemeinsames Bekenntnis gelten sollte? Gemeinsames politisches Vorgehen nur bei Übereinstimmung im Bekenntnis? Sicher verzichtete Camerarius nicht aus eigenem Entschluß auf die Reise nach Naumburg, sondern vermutlich auf Anraten kursächsischer Räte, denn Komerstadt, Fachs und Kanzler Ulrich Mordeisen – Komerstadt und Fachs waren vor allem für Konzilsfragen zuständig – weilten ebenfalls in der Saalestadt. Wenn auch weiter keine Nachrichten über eine beabsichtigte oder geplante Beratung der neuen Bekenntnisschrift in Naumburg vorliegen, so scheint sich doch eine engere Verbindung zwischen antikaiserlichem /284/ Bündnis und Confessio Saxonica abzuzeichnen, als aus den Quellen zunächst abzulesen ist. Daraus würde sich auch folgerichtig der allgemeine Charakter des Textes als »Repetitio« der Confessio Augustana ergeben. Offensichtlich strebten die Partner des Bündnisses, das am 22. Mai 1551 in Torgau abgeschlossen wurde,[34] nach einem Konsens in Glaubensfragen. Daß Ende Juni zwei Abgesandte des Markgrafen nach Wittenberg kamen, um über die Confessio Saxonica zu beraten, ist vermutlich zwischen Johann und Moritz vorbesprochen worden.

Obwohl Melanchthon seinen Freunden die Abfassung der Confessio Saxonica sofort mitteilte,[35] äußerte er sich doch auffallend zurückhaltend über die Möglichkeit zu ihrer Verbreitung. Die »repetitio ... nostrae Confessionis« werde vielleicht auch nach Nürnberg geschickt, sobald in Kursachsen über den Besuch des Konzils entschieden sein würde.[36]

---

33 CR 7, 784 (Nr. 4891); MBW 6, 162 f (Nr. 6085). Zu den Naumburger Verhandlungen vgl. Simon Issleib: Moritz von Sachsen und die Ernestiner. NASG 24 (1903), 286-292.

34 Zum Torgauer Bündnis PKMS 5 und Simon Issleib: Moritz von Sachsen gegen Karl V. bis zum Kriegszuge 1552. NASG 6 (1885), 220-222.

35 Melanchthon an Peter Erdmann in Emden, Dessau, 11. Mai 1551 (CR 7, 787 f [Nr. 4894]; MBW 6, 161 [Nr. 6081]); Melanchthon an Johann Mathesius, 20. Mai 1551 (CR 7, 790 [Nr. 4898]; MBW 6, 162 [Nr. 6084]).

36 Melanchthon an Hieronymus Baumgartner, 23. Mai 1551 (CR 7, 790 f [Nr. 4899]; MBW 6, 163 [Nr. 6086]).

Nach Straßburg könne der Text ebenfalls nicht geschickt werden, weil er dem Hof vorliege.[37] Anfang Juni erkundigte sich Melanchthon bei Camerarius nach dem Urteil der Dresdner Räte über die Schrift.[38] Die Nachfrage hatte Erfolg, denn bereits am 12. Juni wußte Melanchthon von Ergänzungswünschen. Er schrieb Komerstadt, daß er begonnen habe, einen Artikel »de forma veterum Collegiorum Episcopalium« zu verfassen, in dem Aussagen über die Beibehaltung von Ordination, Examinierung und Visitation sowie über die Konsistorien erfolgten.[39] Die gegenwärtige Überlieferungslage, vor allem die Drucke, lassen kaum erkennen, wieweit die vom Hof geforderte Ergänzung Aufnahme gefunden hat. Der lateinische Text erwähnt das Festhalten an der Ordination und /285/ die Errichtung von Konsistorien,[40] während die Begriffe Domkapitel, Examina, Visitation fehlen. Der deutsche Text in der Wittenberger Ausgabe von 1555, der den lateinischen teilweise erweitert und klarer strukturiert, enthält einen eigenen Abschnitt »Von der Ordination vnd herrligkeit des Ministerij vnd Predigampts« und benennt ausdrücklich die Examina als Voraussetzung zur Ordination.[41] Es bedarf weiterer Untersuchungen der Zusammenhänge der lateinischen und der deutschen Fassung der Confessio Saxonica, um möglicherweise das Werden des Textes von der Abfassung durch Melanchthon bis zur Unterschrift am 10. Juli 1551 durch die kursächsischen Theologen und bis zu den Drucken nachzuzeichnen. Ende Juni spätestens war die interne Prüfung des Bekenntnistextes in Dresden abgeschlossen. Ob die Ausarbeitung dem Wunsch Melanchthons entsprechend auch einigen Theologen, wie Greiser und Zeuner, vorgelegt wurde, läßt sich nicht belegen.

Kurfürst Moritz beauftragte Melanchthon, zum 8. Juli die Theologen der Universitäten Leipzig und Wittenberg sowie albertinische Superintendenten und Geistliche nach Wittenberg einzuladen und ihnen die in Dessau erarbeitete Schrift zur Beurteilung und Unterschrift vorzulegen.[42] Während die Geladenen am 9. Juli den Text lasen und berieten, unterschrieben alle Anwesenden am 11. Juli 1551 die Confessio Saxonica.[43] Sie wünschten jedoch den Titel zu ändern in »Repetitio Augustanae confessionis«, um dem Vorwurf zu entgehen, es handele sich um eine neue Lehre. Diese Titeländerung setzte sich aber nicht durch; lediglich die in der Bibliothek der Leipziger Kirche St. Thomas vorhandene Originalhandschrift, der Kirche 1580 von Nikolaus Seinecker geschenkt, weist die gewünschte Überschrift auf.[44] Die Drucke bleiben bei »Confessio Doctrinae Saxonicorum Ecclesiarum«,[45] vermutlich nach kurfürstlicher Entscheidung. Die Teilnehmer sprachen sich außerdem für einen baldigen Druck aus, um jedem Verdacht (suspitio) und jeder Uneinigkeit (dissensio) zu begegnen. Diesem Vorschlag /286/ folgte der Kurfürst ebenfalls nicht. Der erste kursächsische Druck, herausgegeben von Camerarius, einem der Unterzeichner, erschien erst 1553 in Leipzig.[46]

---

37 Melanchthon an Caspar Hedio und Marbach, 24. Mai 1551 (CR 7, 791 f [Nr. 4900]; MBW 6, 164 [Nr. 6087]).

38 CR 8, 166 (Nr. 5715); MBW 6, 166 (Nr. 6094).

39 CR 7, 796 (Nr. 4907); MBW 6, 168 (Nr. 6099).

40 Melanchthons Werke in Auswahl …, 124 f.

41 CR 28, 524 f.

42 MBW 6, 176 (Nr. 6122).

43 MBW 6, 177 (Nr. 6124) mit der Liste der Teilnehmer.

44 Zu dieser in der UB Leipzig vorhandenen Handschrift (CR 28, 343-346).

45 Zu den lateinischen Drucken vgl. CR 28, 345-358; VD 16 4, C 4801 - C 4803. C 4806 - C 4814.

46 Confessio//Doctrinae//Saxonicanum//Ecclesiarum, // … Lipsiae// … M.D. Lffl. // (VD 16 4, C 4807).

Die Übergabe der Originalfassung an den Kurfürsten übernahm Greiser. Im Begleitbrief[47] äußerte Melanchthon zugleich noch einige Wünsche der in Wittenberg versammelten Geistlichen: Durchführung einer Visitation; Fortbestehen der Konsistorien zu Leipzig und Wittenberg; Befehl an die Amtleute, die Entscheidungen der Konsistorien auf Ersuchen durchzuführen; Abwehr von Übergriffen des altgläubigen Bischofs zu Merseburg, Michael Heldungs, gegen evangelische Pfarrer. Die angemahnte Visitation sollte einen Schlußstrich unter die Auseinandersetzungen um das Interim setzen und das Vakuum seit der Visitation von 1539/ 40 beenden. Eine solche wurde allerdings während der Regierungszeit von Moritz nicht durchgeführt. Die nächste fand als Generalvisitation vielmehr erst 1555/56 statt.

Melanchthon konnte noch die Zustimmung der Gesandten des Markgrafen Johann zur Confessio Saxonica mitteilen, Vertreter von Pommern und Mecklenburg wurden erwartet. Mit der Theologenversammlung am 9. und 10. Juli 1551 in Wittenberg erlangte die Confessio Saxonica für Kursachsen Gültigkeit. Vor den Wittenberger Theologen stand nun die Aufgabe, eine möglichst breite Zustimmung außerhalb des Kurfürstentums zu erlangen, an der auch Moritz großes Interesse haben mußte, nicht zuletzt im Blick auf seinen Verlust an Glaubwürdigkeit im evangelischen Lager, den er durch die Unterstützung des Kaisers im Schmalkaldischen Krieg, das Interim und die Belagerung Magdeburgs hatte hinnehmen müssen.

Mitte Juni begannen die Wittenberger Theologen daher zielgerichtet, um Unterstützung für die Confessio Saxonica zu werben,[48] nachdem von Dresden offensichtlich eine grundsätzliche Zustimmung erfolgt war, die sich aber keinesfalls auf die Verbreitung bezog. Die zunächst angesprochenen Mansfelder Grafen zögerten. Bereits Mitte Juni berichteten Bugenhagen, Johannes Forster, Major und Melanchthon ausführlich nach Mansfeld.[49] Sollte das Konzil fortdauern, wäre es /287/ »nutzlich, loblich vnd christlich, das souiel möglich« alle evangelischen Reichsstände eine »eintrechtige confession vberantworten«. Es sei eine Schrift entstanden, »wie es in diesen kirchen mit lahr, reichung der Sacramente, Ordination der pastorum vnd consistoriis gehalten wirt, vnd ist gleichförmig der vorigen confession«. Sollte der Kurfürst einer Weitergabe zustimmen, würden die Wittenberger Theologen die Confessio Saxonica den Prädikanten der Grafen zusenden. Mitte Juli benutzte Melanchthon einen in Wittenberg weilenden Boten, um erneut bei Graf Gebhard von Mansfeld-Mittelort zu Seeburg auf Rückäußerung zu drängen und um Prüfung der Confessio Saxonica zu bitten.[50] Wenige Tage später wiederholte Melanchthon seinen Wunsch, nun im Auftrag des Kurfürsten. Der Graf sollte Michael Coelius und andere schikken.[51] Nach wie vor konnte der Text nur eingesehen werden: In Wittenberg liege nur ein Exemplar, das Melanchthon noch nicht durchgesehen habe, während das unterschriebene Original nach Dresden geschickt worden sei.

---

47 MBW 6, 178 (Nr. 6127).

48 So Melanchthon an Johannes Aurifaber in Rostock (CR 7, 800 f [Nr. 4913]; MBW 6, 170 f [Nr. 6107]) Melanchthon an Medmann, 30. Juni [1551] (CR 7, 804 [Nr. 4917]; MBW 6, 173 [Nr. 6114]).

49 Herzog August Bibliothek Wolfenbüttel (im folgenden: HAB Wolfenbüttel): Cod. Guelf. 12.9. Aug. 2°, fol. 199ʳ-200ʳ, Abschrift; MBW 6, 169 f (Nr. 6103).

50 HAB Wolfenbüttel: Cod. Guelf. 12.9. Aug. 2°, fol. 200ᵛ-201ᵛ, Abschrift; MBW 6, 180 (Nr. 6132).

51 HAB Wolfenbüttel: Cod. Guelf. 12.9. Aug. 2°, fol. 203ʳ⁻ᵛ, Abschrift; MBW 6, 184 f (Nr. 6139).

Das Werben um Graf Gebhard ergibt sich auch aus dem Wissen um die Verständigung von Württemberg und Straßburg auf die Confessio Virtembergica. Wenn auch Melanchthon einen Vergleich beider Schriften wünschte, so war er doch daran interessiert, möglichst viele Reichsstände für die Confessio Saxonica zu gewinnen. Man gewinnt den Eindruck, daß bei Graf Gebhard – die Mansfelder Grafen besaßen kursächsische Lehen und besuchten die albertinischen Landtage – ein gewisser Durchbruch gesucht wurde. Die restriktive Verbreitung der Confessio Saxonica wurde vor allem damit begründet, daß es keineswegs förderlich sei, die Bekenntnisschrift vor der noch auf dem Konzil erwarteten Übergabe zu veröffentlichen. Darum wäre es nicht gut, sie »in das volckzustrawen«.[52]

Die dringende Mahnung hatte Erfolg. Ende Juli erschienen Johann Wigand, Pfarrer zu Mansfeld, und Andreas Theobald in Wittenberg. Melanchthon erläuterte ihnen die Confessio Saxonica und ermöglichte offensichtlich, Auszüge anzufertigen.[53] Am 1. August erklärten die beiden Theologen, der vorgelegte Text stimme /288/ mit der Confessio Augustana von 1530 überein und fasse »grundlich vnd klar« die Lehre von den höchsten Artikeln des Glaubens und den von Christus eingesetzten Sakramenten zusammen.[54] In einem an Graf Gebhard mitgeschickten Schreiben beruft sich Melanchthon im Werben für die Confessio Saxonica auch auf Luther. Die Bekenntnisschrift entspräche allein der Lehre in den Kirchen Kursachsens, wie sie »von dem Ehrwürdigen herrn Doctor Martino gepflantzet« worden sei.[55] Ende September schlössen sich die Theologen der Grafen Johann Georg von Mansfeld-Vorderort zu Eisleben, Wolfgang von Stolberg und Ludwig von Stolberg-Königstein dem früheren Votum von Wigand und Theobald an.[56] Größere politische Bedeutung kam der Zustimmung durch Markgraf Johann von Brandenburg-Küstrin zu. Seine Theologen Caspar Marsilius, Hofprediger zu Küstrin, und Heinrich Hamme, Superintendent im neumärkischen Königberg, gaben ihre Erklärung bereits am 26. Juni im Haus Melanchthons ab.[57] Im Verlauf der Bündnisplanungen gegen Karl V. hatte der Markgraf als bewußter Gegner des Interims auf klaren Zusagen von Moritz in der Religionsfrage bestanden und die Religionspolitik des Kurfürsten stets mit Mißtrauen begleitet. So ist es auch zu erklären, daß Johann als Vertrauter und als erster Partner des jungen Kurfürsten und noch vor den führenden albertinischen Theologen den Text kennenlernen und prüfen konnte. Marsilius und Hamme, von Melanchthon gemeinsam mit Bugenhagen, Forster und Major unterrichtet, bestätigten nicht nur die Schriftgemäßheit der Confessio Saxonica, sondern auch deren Übereinstimmung mit der »Augsburgischen confession vnd (den) Locis omnibus«, sogar »etwas klerer vnd mechtiger«.[58] Dem Markgrafen wurde die Zusendung lateinischer und

---

52 HAB Wolfenbüttel: Cod. Guelf. 12.9. Aug. 2°, fol. 203ʳ.

53 Vgl. die Aufzeichnung von Wigand, in: HAB Wolfenbüttel: Cod. Guelf. 12.9. Aug. 2°, fol. 204ᵛ; MBW 6, 188 f (Nr. 6152). Dabei war es offensichtlich möglich, Aufzeichnungen anzufertigen: HAB Wolfenbüttel: Cod. Guelf 12.9. Aug. 2°, fol. 205ʳ-220ᵛ: Zusammenfassung der Confessio Saxonica mit den kursächsischen Unterschriften; fol. 221ʳ-227ᵛ: Verzeichnis der Artikel.

54 HAB Wolfenbüttel: Cod. Guelf. 12.9. Aug. 2°, fol. 229ᵛ-230ʳ; CR 28, 462 f; MBW 6, 189 (Nr. 6153).

55 HAB Wolfenbüttel: Cod. Guelf. 12.9. Aug. 2°, fol 230ᵛ, Abschrift; MBW 6, 189 (Nr. 6154).

56 HAB Wolfenbüttel: Cod. Guelf. 12.9. Aug. 2°, fol. 257ᵛ-258ʳ, Niederschrift von Wigand MBW 6, 213 (Nr. 6215).

57 HAB Wolfenbüttel: Cod. Guelf. 12.9. Aug. 2°, fol. 229ʳ⁻ᵛ, Abschrift; CR 28, 461 f; MBW 6, 172 (Nr. 6111).

58 HAB Wolfenbüttel: Cod. Guelf. 12.9. Aug. 2°, fol. 229ʳ.

deutscher Exemplare zugesagt. Für das innerprotestantische Klima – getrübt durch die Auseinandersetzungen um das Interim – war es wichtig, daß Marsilius und Hamme in /289/ Wittenberg ebenfalls über die Adiaphora gesprochen hatten[59] und die Gastgeber nach Küstrin schrieben, die Confessio Saxonica behalte auch ohne Konzil ihre Bedeutung, da sie die Einigung »auf die von Luther erhellte christliche Lehre« vorbereite.[60] Markgraf Johann akzeptierte die Zustimmung seiner Theologen, wünschte aber zwei Änderungen: Erweiterung des Titels auf alle Bekenner der Confessio Augustana, und keine Erwähnung der Herzog-Heinrichs-Agende von 1539.[61] Johann wollte also kein Einverständnis mit einem kursächsischen Bekenntnis, sondern eine gemeinsam verantwortete Schrift. Ein Entwurf für diesen Brief geht noch einen Schritt weiter: Würde das Konzil nicht weitergeführt, sollte die Confessio Saxonica gegenüber dem Kaiser begründen, warum die Unterzeichner das Interim nicht annehmen könnten.[62] Deutlich erkannte der Markgraf, daß die Confessio Saxonica bewußt weder an das Augsburger Interim noch an die Leipziger Landtagsvorlage von 1548 anknüpfte,[63] daß die Confessio Saxonica Luthers Lehre entsprach.[64] Die religionspolitische Verständigung zwischen Johann und Moritz auf der Grundlage der Confessio Saxonica kennzeichnet wenige Monate, in denen die politische Übereinstimmung zwischen beiden Fürsten besonders weit ging, die Anfang Oktober 1551 in Lochau wieder zerbrach. Zum Vermittler nach Hessen wurde Alesius, der sich Ende Juli an Landgraf Wilhelm wandte. Bemerkenswert ist, daß der Leipziger Theologieprofessor eine Abschrift der Confessio Saxonica mitschickte, eine »formula confessionis fidei exhibenda in Synodo« unter Berufung auf die Wittenberger Theologenversammlung. Alesius betonte die Vertraulichkeit, das »Buch« solle bis zur Vorlage auf dem Konzil geheimbleiben.[65] /290/ Warum schrieb nicht Melanchthon an den Landgrafen? Besaß Alesius durch seine Kritik am Interim ein größeres Vertrauen? Oder wurde ein Weg gesucht, um den Gesamttext zu übermitteln, da man Hessen nicht mit Erläuterungen oder einer Kurzfassung »abspeisen« wollte und konnte? Hätte eine Theologendelegation nach Wittenberg kaiserliches Mißtrauen hervorgerufen? Das Vorgehen Alesius' konnte notfalls als eigenmächtiges Handeln verteidigt werden, da die Wittenberger Theologen an das kurfürstliche Verbot einer Weitergabe gebunden waren. Landgraf Wilhelm übergab das »Buch« seinen Theologen

---

59 Bugenhagen, Forster, Major und Melanchthon an Markgraf Johann, Wittenberg, 27. Juni 1551 (gedruckt: Christian MEYER: Aus dem Briefwechsel Melanchthons und des Markgrafen Johann von Brandenburg. ZKG 2 (1878), 305 f; MBW 6, 172 f [Nr. 6112]). Man redete von »etlichen andern, davon jetzund newe zenk erreget werden, ...«.

60 MBW 6, 173 (Nr. 6114). Die Wittenberger Theologen verweisen darauf, daß Luthers Lehre unvermindert in Kursachsen bewahrt werde.

61 Marsilius und Hamme an Bugenhagen, Forster, Major und Melanchthon, Küstrin, 2. Juli 1551, gedruckt: Meyer: Aus dem Briefwechsel Melanchthons ..., 308 f; MBW 6, 174 f (Nr. 6117).

62 MBW 6, 174 (Nr. 6116).

63 Zu der von Matthias Flacius als »Leipziger Interim« bezeichneten Landtagsvorlage (PKMS 4, 254-260 [Nr. 212]; MBW 5, 387 f [Nr. 5359]).

64 Meyer: Aus dem Briefwechsel Melanchthons ..., 307; MBW 6, 175 (Nr. 6118).

65 Alesius an Landgraf Wilhelm, Leipzig, 28. Juli 1551 (StA Marburg: PA 965, M 139ʳ⁻ᵛ. Ausfertigung, präsentiert Kassel, 4. August 1551); vgl. URKUNDLICHE QUELLEN ZUR HESSISCHEN REFORMATIONSGESCHICHTE. BD. 3: 1547-1567/ bearb. nach Walther Köhler von Günther Franz und Eckhart G. Franz. Marburg 1955, 166 Anm. 2.

zur Beratung,[66] die es ebenfalls zustimmend beurteilten,[67] ohne daß es zur Unterschriftsleistung kam.

Mit großem Interesse verfolgte Herzog Albrecht von Preußen die Bemühungen protestantischer Reichsstände um das Konzil. Am 13. Juli bat er Melanchthon um ein Exemplar der Apologie für das Konzil und um Einbeziehung in die weitere Arbeit.[68] Die Antwort aus Wittenberg ist nicht bekannt. Herzog Albrecht erhielt jedoch der »Wittenbergisch Theologen erklärung der Confession vnd ire entschuldigung« von Markgraf Johann. Vermutlich handelt es sich um die Confessio Saxonica. Mit Johann Albrecht von Mecklenburg trat er dafür ein, daß die Fürsten die Konfession unterschreiben sollten.[69] Offensichtlich hatten beide Herzöge gegen die Confessio Saxonica keine Einwände. Da aber Kurfürst Moritz weiterhin bei der Unterzeichnung allein durch die Theologen blieb, bekannten sich Mecklenburg und Preußen nicht offiziell zur Confessio Saxonica. Am 12. September erklärten Georg Karg, Pfarrer in Schwabach, und Johannes Serranus, Pfarrer in Roßfeld, für Markgraf Georg Friedrich von Brandenburg-Ansbach ihre Zustimmung.[70] Für Pommern-Wolgast /291/ erfolgte die Anerkennung auf einer Synode zu Greifswald am 21. Januar 1552, die auf eine eigene Bekenntnisschrift für Trient verzichtete und die Confessio Saxonica übernahm.[71]

Herzog Christoph bemühte sich weiter um eine Verständigung der kursächsischen und südwestdeutschen Theologen. Er nahm das Angebot von Moritz zu einem Treffen an und schlug dafür Marburg, Königsberg in Franken, Langensalza oder Schleusingen vor.[72] Der Kurfürst entschied sich für das kursächsische Langensalza und entsandte Camerarius und nicht Melanchthon,[73] da er eigentlich den Besuch der Württemberger in Wittenberg erhofft hatte. Am 19. August trafen sich Jacob Beurlin, Professor in Tübingen, und Johann Isenmann, Generalsuperintendent in Tübingen, für Württemberg und Marbach für Straßburg mit Camerarius. Die Gäste gaben sich nicht damit zufrieden, daß ihnen die Confessio Saxonica zunächst nur vorgelesen und erläutert wurde. Kanzler Mordeisen hatte die Übergabe des Textes nämlich ausdrücklich untersagt. Isenmann erreichte schließlich bei Kurfürst Moritz selbst die Aushändigung einer Abschrift.[74] Beurlin und Marbach verhandelten mit Melan-

---

66 Landgraf Wilhelm an Alesius, Kassel, 8. August 1551 (StA Marburg: PA 965, fol. 141ʳ, Entwurf); vgl. Urkundliche Quellen zur hessischen Reformationsgeschichte ..., 166, Anm. 2.

67 StA Marburg: PA 965, fol. 160ʳ, Ausfertigung; gedruckt: Urkundliche Quellen zur hessischen Reformationsgeschichte ..., 166 f (Nr. 748). Den hessischen Theologen lagen die sächsische und württembergische Konfession vor. Ihre Zustimmung zur Confessio Saxonica fiel einstimmig aus.

68 MBW 6, 180 (Nr. 6131).

69 Herzog Albrecht an Herzog Johann Albrecht (GStA PK Berlin: XX HA StA Königsberg, Ostpreußen, fol. 18, 509 f, Abschrift).

70 HAB Wolfenbüttel: Cod. Guelf. 12.9. Aug. 2°, fol. 231ʳ, Abschrift (CR 28, 463; MBW 6, 209 [Nr. 6206]). Vgl. Karl SCHORNBAUM: Zur Stellung der brandenburgisch-ansbachischen Regierung zum Konzil von Trient 1551/52. Beiträge zur bayerischen Kirchengeschichte 12 (1906), 271-283.

71 CR 28, 466-468; MBW 6, 252 f [Nr. 6312].

72 Herzogliche Instruktion für Albrecht Arbogast von Hewen zu einer Werbung bei Kurfürst Moritz (Briefwechsel des Herzogs Christoph ..., 210-212 [Nr. 202]).

73 Antwort des Kurfürsten Moritz an Arbogast von Hewen, Dresden, 9. Juli 1551; Briefwechsel des Herzogs Christoph von Württemberg ..., 224-226 (Nr. 216).

74 Der hessische Bericht über die Gespräche in Langensalza (Briefwechsel des Herzogs Christoph von Württemberg ..., 261-266 [Nr. 247]; vgl. die Confessio Virtembergica: Das Württembergische Bekenntnis von 1551 ..., 23-27).

chthon in Wittenberg, der die Übereinstimmung der »Confessio Virtembergica« mit der Confessio Saxonica ausdrücklich bestätigte.[75] Um »beider confessionen einhelligkeit anzuzeigen, haben Wittenbergenses und Lipsienses theologi und professores ... unterschrieben«.[76] Leider ist nur die Unterschrift Melanchthons erhalten. Während die Straßburger Theologen mit Caspar Hedio und Marbach, der ebenfalls eine Abschrift der Confessio Saxonica erhielt, unterzeichneten,[77] kam die Unterschriftsleistung der Württemberger nicht zustande. Am 15. Oktober konnte Brenz nur über die noch ausstehende herzogliche /292/ Erlaubnis nach Wittenberg berichten.[78] Das gemeinsame Auftreten mit Kursachsen lag inzwischen jedoch nicht mehr im Interesse Christophs. Dieser hatte vermutlich von den Lochauer Verhandlungen erfahren, bei denen mit Frankreich ein Bündnis gegen Karl V. vereinbart wurde.[79] Der Herzog schickte daraufhin Gesandte nach Trient, die auch die »Confessio Virtembergica« übergeben sollten. Eine zu deutliche Anlehnung an Kursachsen schien für Württemberg nachteilig zu sein, da es Christoph Anfang September gelungen war, kaiserliche Zugeständnisse in seiner Auseinandersetzung mit König Ferdinand zu erhalten. Der Fortgang der albertinischen Politik begann, der sich abzeichnenden allgemeinen Anerkennung der Confessio Saxonica entgegenzuwirken.

Den Ausgangspunkt für die Vorbereitung auf das Konzil zu Trient bildete der Abschied des Augsburger Reichstages vom 13. Februar 1551, der erneut die protestantischen Reichsstände zum Besuch des Konzils dringend aufforderte. Die Confessio Saxonica ist das Ergebnis der intensiven kursächsischen Vorbereitungen. Die vorliegenden Quellen zeigen, wie sich aus einer Verteidigungsschrift ein Text entwickelt, der im religions- und reichspolitischen Kontext des Jahres 1551 zu einer Bekenntnisschrift wird, die auch außerhalb Kursachsens akzeptiert wird und über den eigentlichen Anlaß weit hinauswirkt. Dieses Ergebnis kam Melanchthon sehr entgegen und ist daher von ihm besonders gefördert worden, um die Interimsschelte zu überwinden und um die eigene Verwurzelung in der reformatorischen Theologie Wittenbergs vor 1546 zu beweisen. Die Confessio Saxonica ist der gelungene Versuch, einen Schlußstrich unter die Wirren um das Interim zu ziehen, die das Verhältnis Kursachsens und der Wittenberger Theologen zu den anderen evangelischen Reichsständen belasteten. Dieser religionspolitische Durchbruch war nur unter den politischen Rahmenbedingungen möglich, die sich seit Mitte 1550 in Kursachsen entwickelten. Im Spätsommer dieses Jahres begannen Gespräche mit Frankreich, die Anfang Oktober 1551 in ein Bündnis deutscher Fürsten und Heinrichs II. gegen Karl V. mündeten.

Während die »Confessio Virtembergica« beim Interim ansetzte und sich als Gesprächsangebot verstand, ohne die strittigen Fragen um die Messe und die Sakramente auszuklammern, beschritt Melanchthon mit der Confessio Saxonica einen anderen Weg. Ohne jetzt auf den Inhalt der Confessio Saxonica näher eingehen zu können, fällt doch der andere Charakter gegenüber der »Confessio Augustana« auf, was keineswegs überrascht, wenn die veränderte Situation, um das Evangelium zu bezeugen, beachtet wird. /293/ Sehr bewußt dachten die

---

75 MBW 6, 197 f (Nr. 6175).

76 Briefwechsel des Herzogs Christoph von Württemberg ..., 263.

77 CR 28, 464-466. Marbach unterschrieb bereits in Wittenberg, vgl. Confessio Virtembergica: Das Württembergische Bekenntnis von 1551 ..., 26.

78 MBW 6, 222 f (Nr. 6239).

79 Zu den Lochauer Verhandlungen PKMS 5 und Ißleib: Moritz von Sachsen ..., 224-229.

Wittenberger Theologen um Melanchthon nicht nur an das Konzil, sondern vor allem an »publica testimonia« über die rechte Lehre für die Nachkommen.[80] Mußte 1530 noch die Bekenntnisgrundlage der protestierenden Reichsstände in Rücksichtnahme auf den Kaiser erarbeitet, werden, wurde 1551 der Weg der Verteidigung verlassen. Das spiegelt der Aufbau der Confessio Saxonica wider. Der erste Teil berichtet kurz über die Anfänge der Religions-streitigkeiten durch die Ablaßfrage und das Auftreten des Johann Tetzel sowie über die Irrtümer und Mißbräuche in der Lehre, in der kirchlichen Praxis und im Verhalten der Bischöfe.[81]

Der zweite Teil unterstreicht die klare Übereinstimmung der reformatorischen Lehre mit den drei altkirchlichen Bekenntnissen.[82] Die eigentliche Darlegung geht von der Sünden-vergebung und der Lehre von der Kirche aus, um die »summa doctrinae« zu entfalten.[83] Der Schlußabschnitt hebt hervor, daß »hanc commemorationem doctrinae nunc factam congruere cum Confessione Augustae exhibita Anno 1530«.[84] Sehr deutlich wird schließlich die Stellung zum Konzil selbst beschrieben: in Glaubensfragen keine Mehrheitsentschei-dung, Neuverhandlung bereits verabschiedeter »Decrete«, Widerstand gegen Beschlüsse, die sich gegen die Wahrheit richten.[85]

Zu den Besonderheiten der Confessio Saxonica gehört der von Kursachsen immer wie-der betonte Verzicht auf die Unterschrift durch Fürsten, Grafen und städtische Obrigkeiten. Die Beschränkung auf die Theologen ist für das 16. Jahrhundert ungewöhnlich. Die mehr-fach benannte Begründung, das Auftreten auf dem Konzil sei allein eine Sache der Theolo-gen, reicht nicht aus, vor allem weil die Grundstruktur der Confessio Saxonica keineswegs nur von einer konzilsbezogenen Darstellung der eigenen Lehre ausgeht. Die alleinige Unter-schriftsleistung durch Theologen gibt der Confessio Saxonica einen spezifischen Charakter. Sie ist in erster Linie eine theologische Schrift, die unter bestimmten kirchen- und religions-politischen Bedingungen entstanden ist. Als confessio theologorum gab sie Kurfürst Moritz zwar ein Instrument, um politisch zu handeln, sie beließ ihm aber den von ihm stets ange-strebten Spielraum für politische Entscheidungen. Die Unterschrift unter ein Bekenntnis reformatorischen /294/ Glaubens entsprach nicht dem politischen Selbstverständnis des Kurfürsten. Er sah darin vermutlich eine mögliche Einengung im gemeinsamen politischen Handeln mit altgläubigen Reichsständen oder gegenüber dem Kaiser. Ein gemeinsames Glaubensbekenntnis der Fürsten, Grafen und Städte hätte vielleicht den Verdacht eines politischen Bündnisses sehr genährt. Der Verzicht war eine politische Entscheidung, die für seine persönliche Glaubenshaltung nicht gilt.

Die Bedeutung der Confessio Saxonica ergibt sich nicht nur aus der Annahme durch zahlreiche evangelische Territorien, sie läßt sich ebenso aus der Weiterwirkung selbst able-sen, die noch einer besonderen Untersuchung bedarf. Das gilt sowohl für die zahlreichen Drucke bis 1570 und die deutschen Übersetzungen,[86] als auch für die zeitweise Rolle als

---

80 Melanchthons Werke in Auswahl ..., 84, 3-7.
81 Ebd, 84, 31 - 89, 18.
82 Ebd, 89, 20 - 90, 14.
83 Ebd, 90, 14 - 164, 24.
84 Ebd, 165, 14-16.
85 Ebd, 165, 18 - 166, 18.
86 Zu den lateinischen Drucken vgl. Anm. 45; zu den deutschen Übersetzungen des 16. Jh.s CR 28, 469-478 und VD 16 4, C 4816 - C 4820.

Lehrnorm in Kursachsen neben der Confessio Augustana. Die kurfürstliche Instruktion für die allgemeine Visitation vom 3. März 1555 erwähnte ausdrücklich die Repetition von 1551 als Lehrgrundlage, die neben Lutherbibel und Bekenntnis von 1530 in jeder Pfarrstelle vorhanden sein sollte.[87] Ähnlich verfuhren die »General-Artikel«, die Kurfürst August 1557 erließ, wenn sie Pfarrer und Prediger auf den Text der »sechsischen confession und repetition« verpflichteten.[88] Die Aufnahme der Confessio Saxonica in das »Corpus doctrinae Misnicum« unterstützt einerseits die Bedeutung dieser Schrift, hebt andererseits Melanchthon als Verfasser hervor. Damit gerät die Confessio Saxonica 1573/74 in die Auseinandersetzung um eine an Melanchthon orientierte Theologie und um den Philippismus.[89] Sie verliert zunehmend ihren Bekenntnischarakter, wenn auch die Visitationsinstruktion von 1574/75 sie noch benennt.[90] Die kursächsische Kirchenordnung von 1580 erwähnt die Confessio Saxonica nicht mehr.

---

87 EKO 1 I , 306.
88 Ebd, 317.
89 Vgl. Ernst KOCH: Ausbau, Gefährdung und Festigung der lutherischen Landeskirche von 1553-1601. In: Das Jahrhundert der Reformation in Sachsen/ hrsg. von Helmar Junghans. Berlin 1989, 203 f.
90 EKO 1 I, 352.

*Martin Luther*
*(Lithographie nach Lukas Cranach d. Ä.; Kreismuseum Grimma)*

# Das Missionsverständnis in der Reformationszeit[*]

Der Ausgangspunkt jeder christlichen Mission sind die Ereignisse zu Karfreitag und Ostern um 30 n. Chr. in Jerusalem. Die ersten Christen sahen in Kreuz und Auferweckung Jesu das Handeln Gottes an und mit der Welt, die Verwirklichung der endgültigen Zuwendung Gottes zu den Menschen, ein Zeichen der eschatologischen Gottesherrschaft. Dieses Verstehen ermöglicht, ja es fordert geradezu Mission und Gemeindegründung. Die Begegnung mit dem Auferstandenen wurde so zum Katalysator, der unterschiedliche Reaktionen auslöste und über Leid und Trauer, über Haß und Ablehnung zu Gewißheit und Glauben führte. Sehr viel wissen wir über die Ausbreitung der Botschaft über Jesus Christus in den ersten Jahrzehnten nach Jesu Tod nicht. Die Mission des Paulus ist nur ein Ausschnitt aus dieser Expansionsbewegung, deren Vielfalt wir oft nur ahnen. Unser Thema verbietet natürlich, jetzt diese Entwicklung weiterzuzeichnen und ihr durch die Jahrhunderte nachzugehen. Aber mir schien doch wichtig, daß ich Ihnen diesen Anfangspunkt benenne, nämlich, daß Mission wesenhaft zum christlichen Glauben gehört und daß durch die Mission, durch das Eintreten in andere Kulturkreise, christlicher Glaube zum Christentum geworden ist, und daß das, was Jesus von Nazareth verkündet hat, zur Weltreligion wurde. Wenn wir nun im folgenden dem Missionsverständnis im Jahrhundert der Reformation nachgehen, so bietet sich uns ein vielschichtiges Bild; auf der einen Seite die missionarische Kontinuität der altgläubigen Kirche und auf der anderen Seite die Haltung der Reformatoren mit Martin Luther im Mittelpunkt. Nicht unerwähnt bleiben die Ansätze bei den Nebenströmungen der kirchlichen Erneuerung des 16. Jh.s. Zur stärksten Herausforderung für die sich ausbreitende christliche Kirche entwickelte sich seit dem 7. Jh. n. Chr. der Islam, der innerhalb kurzer Zeit sich im arabischen Raum ausbreitete und im Vorderen Orient wie in Nordafrika das Christentum verdrängte, eine ganze Kultur beseitigte und das Christentum auf Europa beschränkte. Durch die Kreuzzüge trat keine Wende ein. Die beiden Missionsorden der Franziskaner – 1209 gegründet – und der Dominikaner, ein wenig später 1215 gegründet, dienten mehr der Sicherung und der Ausbreitung des Papsttums als einer Missionstätigkeit im frühchristlichen Sinne. Dem unaufhaltsamen Vordringen des Islam konnte kaum etwas entgegengesetzt werden. Eine Wende trat erst durch die Entdeckungsreisen des 15. Jh.s ein. 1452 erhielten die christlichen Nationen die päpstliche Vollmacht, die Gebiete der Ungläubigen zu erobern und zu unterwerfen, was die Pflicht zur Missionierung einschloß. Die eroberten Gebiete galten juristisch als Auftragslehen des Papstes. 1492 ist in dieser Entwicklung ein Schlüsseljahr. Columbus entdeckte Amerika; im gleichen Jahr eroberte Spanien das Emirat Granada. Damit geschah ein wichtiger Einschnitt,

* Vortrag in Berlin, 11. September 1989. Erstabdruck in: Zum Missionsverständnis im Wandel der Zeit: Vorträge im Rahmen des Missions-Seminars Berlin Herbst/ Winter 1989/ hrsg. vom Berliner Missionswerk und der Gossner Mission. Berlin 1990, 5-11. – Der Vortragscharakter wurde beibehalten.

191

nämlich von der Abwehr des Islams im eigenen Machtbereich kommt es in Spanien zur Expansion in nicht-christliche Gebiete, wobei Machtausdehnung und Missionierung eng zusammengehören.

Mittelpunkt dieser Entwicklung wurden Spanien und Portugal, deren konkurrierende Interessen der Schiedspruch Papst Alexanders VI. 1493 ausglich. Es wurde eine Trennungslinie etwa auf der Höhe der Azoren bis nach Amerika gezogen, das Nördliche wurde den Spaniern und das Südliche den Portugiesen zugesprochen. Die Herrschenden erhielten eine kirchliche Rechtfertigung des Kolonialbesitzes. Die Schutzpflicht für Kirche und Mission verband sich mit wirtschaftlichen und politischen Interessen. Damit waren die Voraussetzungen für den Aufschwung der Mission als Kolonialmission gegeben, die allerdings als Schwertmission erfolgte. Man könnte auch von einer klerikal-politischen Mission sprechen. Ein allgemeiner Missionseifer ist allerdings kaum festzustellen. Es waren vor allem Ordensmissionare, die tätig wurden. Ein gewisser Impuls ging auch von den Verlusten aus, die die römische Kirche durch die Reformation erlitt. Die »Erfolge« in Übersee, wurden als Kompensation für die Verluste in Europa angesehen und als Ersatz verstanden. Die Tatsache, daß es gerade die von den Reformatoren so angegriffene und gebeutelte Kirche war, die neue Gebiete dem christlichen Glauben zuführte – wie, soll jetzt keine Rolle spielen –, stärkte und schuf ein gewisses Selbstbewußtsein.

Ein neuer Schub für die Mission ergab sich aus der Gründung der Societas Jesu, dem Jesuitenorden, der 1540 die päpstliche Zulassung erhielt. Dieser Orden ist für uns vor allem mit der Gegenreformation verbunden, mit dem roll back gegen das Vordringen der unterschiedlich reformatorischen Strömungen. Seine Leistungen sind vor allen Dingen auf dem Missionsgebiet zu sehen, und sie dürfen nicht unterschätzt werden. Denn Schwerpunkte der Arbeit des Jesuitenordens wurden Afrika, Südost-Asien und Ost-Asien. Zu einem Zentrum entwickelte sich Goa, das als Erzbistum seit 1558 zum Ausgangspunkt vieler Unternehmungen wurde. Größere Erfolge ermöglichte die spanische Besetzung der Philippinen. Die blühende christliche Bewegung in Japan, wo 1549 der Jesuit Franz Xaver mit der Mission begonnen hatte, endete am Ende des 16. Jh.s in einer blutigen Verfolgung. China blieb weitgehend /6/ verschlossen. Nicht unerheblich belastete die Mission das Problem der Akkomodation, der Anpassung, nämlich der Anpassung an die bestehenden Verhältnisse in der Missionsarbeit. Die Frage war also, wie weit mußten die Missionare gehen und wie weit sollten sie gehen, sich an einheimische Sitten anzupassen, z.B. die Frage: Wer in China missionierte, ob er auch einen Zopf tragen sollte. Es hat zu sehr schwierigen und sehr intensiven Auseinandersetzungen innerhalb der römisch-katholischen Kirche geführt, die malabarischen Riten sind das Stichwort, und diese Akkomodation wurde weitgehend von Rom verboten.

Während am Ende des 16. Jh.s das Christentum in Afrika und Asien nur in wenigen Gebieten Fuß gefaßt hatte und dort weitgehend in der Minderheit blieb, stellte sich die Situation in Amerika anders dar. Eine Ausnahme bildete das portugiesische Gebiet Goa, dort haben wir sehr früh mit einer fast christlichen Bevölkerung zu rechnen. Bereits Mitte des 16. Jh.s wurde jeder, der nicht zum christlichen Glauben sich bekannte, ausgewiesen. Auch heute ist dort ein Schwerpunkt der römisch-katholischen Kirche. Das Ineinander von politischer Eroberung und Massenbekehrung hatte in Amerika zu größeren, wenigstens nominell christianisierten Gebieten mit einer festen, mit Rom verbundenen Kirchenstruktur geführt, wenn auch die Macht des Heidentums ungebrochen blieb.

Die Missionsarbeit der spätmittelalterlichen Kirche bewegte sich in traditionellen Bahnen. Auf theokratischer Grundlage entwickelten sich Formen der Kolonialmission, wie sie im protestantischen Raum sich wohl später nie so ausgeprägt haben. Deutlich blieb auch nach der inneren Konsolidierung der römisch-katholischen Kirche im Zuge der Umsetzung des Tridentinums, die Mission unter den Heiden, d. h. den unter den Nicht-Christen, getrennt von der Bekämpfung der Ketzer und Häretiker in Europa.

1622 faßte Rom alle Missionsaktivitäten in der Congregatio de propaganda fide zusammen. Diese Gründung bildet gleichsam den Schlußpunkt unter dem missionarischen Aufbruch seit dem ausgehenden 15. Jh.. Wir haben kaum Hinweise, daß sich diese Entwicklung in den Überlegungen der Reformatoren widerspiegelt. Die Entdeckungen der Portugiesen und Spanier nahm man in Wittenberg durchaus zur Kenntnis. So konnte Martin Luther von den vielen Ländern und Inseln sprechen, welche kürzlich gefunden wurden, in denen das Evangelium bisher nicht verkündet würde. Bereits die antireformatorische zeitgenössische Polemik warf den Wittenberger Theologen Missionslosigkeit vor. Wenn nun allerdings die Vorstellungen von Mission, die sich im 19. Jh. entwickelten, auf die Reformationszeit übertragen werden, dann muß das Ergebnis unbefriedigend, wenn nicht gar niederschmetternd sein. So wurde dem 16. Jh. missionarische Unfruchtbarkeit nachgesagt. Man suchte nach mildernden Umständen, man entschuldigte, man bedauerte, man formulierte Klagen, aber die Frage wurde nicht gestellt, ob die moderne Mission nicht in einer Kirche gewachsen ist, deren Bindung zur Reformation sich gelockert habe und die sich in vielen Punkten deutlich von der Reformation entfernt hat, z. B., ob es ein neues Verständnis des Glaubens gibt. Zu den Versuchen, das vermeintliche Missionsdefizit der Reformatoren zu erklären, gehören Überlegungen, daß den protestantischen Kirchen die unmittelbare Berührung mit heidnischen Völkern gefehlt hat, daß die Auseinandersetzungen mit den Altgläubigen die Kräfte vollauf in Anspruch nahmen, daß theologische Grundanschauungen die Reformatoren hinderten, ihrer Tätigkeit und selbst ihren Gedanken eine Missionsrichtung zu geben.

Der Missionsbefehl von Matthäus 28 wurde in der Tat sehr stark historisch interpretiert und nur auf die Apostel beschränkt. Aber wir gehen wohl einen falschen Weg, wenn wir die Maßstäbe des 19. und beginnenden 20. Jh.s auf Luther übertragen. Natürlich ist neben den Aussagen Luthers zur Ausbreitung des Wortes und zum Umgang mit den Heiden auch der gesellschaftliche Kontext der Reformatoren heranzuziehen, um zu einem begründeten Urteil zu kommen. Tatsächlich kommt bei Luther kein besonderer Auftrag zur Mission vor. Und er ist auch nicht Ausgangspunkt für seine Anschauungen über die Heiden. Vielmehr sind die Heiden nicht identisch mit den nicht-christlichen Völkern. Alleiniger Maßstab ist das Evangelium, an ihm scheiden sich Christen und Heiden. So kann er 1538 in den Anmerkungen zu einzelnen Kapiteln des Matthäus-Evangeliums schreiben: Das Wort Heiden dürfte man nicht im natürlichen, sondern nur im theologischen Sinn verstehen, nämlich, wie Menschen vor Gott stehen; ohne Gott, ohne Gesetz, ohne Gottesdienst, ohne Verheißungen werden sie zu Heiden. Die Bücher der Heiden lehren die Tugend, Recht und Weisheit für das zeitliche Gut, die Bücher der Heiligen Schrift lehren den Glauben und gute Werke für's ewige Leben. Und so ist es für Luther nicht schwierig, neben den Häretikern auch Mönche als Heiden anzusehen. Und wenn wir diesen Gedanken ausziehen, dann wird jede Predigt des Evangeliums zu einer Predigt an die Heiden. In der Predigt der Apostel, die am Anfang der Ausbreitung des christlichen Glaubens gestanden haben, sah Luther ein Werk, das erst mit dem Jüngsten Tag zur Ruhe kommen wird. Die Verkündigung des Evangeliums erleuchtet den ganzen Erdkreis. Das Wort läuft für ihn nicht nur durch die Jahrhunderte, es macht auch vor politischen Grenzen nicht halt, weil Christus der Träger dieser Predigt, dieser Mission ist. So läuft und wirkt das Wort Gottes trotz aller Gegensätze und Verfolgungen. Das Subjekt der Heidenpredigt ist aber nicht ihr Verkündiger, sondern allein Christus. Damit wird die Mission zu einer Sache Gottes, sie ist nicht das Werk von Menschen. Hier liegt auch eine Gefahr, nämlich, daß der einzelne Christ sich passiv verhält und auf Gottes Handeln wartet. Diese Passivität ist immer wieder den Lutheranern angelastet worden. Weiterhin unterscheidet Luther zwischen der Berufung zum Gemeindeamt und der Vollmacht zur Heidenpredigt. Während er in der christlichen Gemeinde um der Ordnung /7/ willen für eine Beauftragung des einzelnen durch die Gemeinde zum Dienst eintritt und jedem Wildwuchs energisch entgegentrat, ergibt sich für den Christen unter den Heiden eine andere Situation. So kann er schreiben, wo aber keine Christen sind, da darf man nicht warten bis man berufen wird, sondern muß tun, was die Apostel getan haben. Daraus ergibt sich nicht nur ein Recht zur Heidenpredigt oder eine Aufgabe eines jeden Christen zur Heidenpredigt, sondern vielmehr eine Pflicht, und diese Pflicht darf nicht versäumt werden, bei Gefahr des Verlustes seiner Seele und der Ungnade Gottes. Somit enthält das allgemeine Priestertum aller Christen neben Rechten und Aufgaben auch in gleicher Weise Pflichten. Denn bei der Berufung zum Gemeindeamt wird auch dieses allgemeine Priestertum aller Christen herangezogen, aber in der Weise, daß die Gemeinde jeden berufen kann. Aber, es muß einer berufen werden, der dann dieses Amt ausführt. Im Zusammenhang mit der Verpflichtung zur Heidenpredigt kann Luther von der christlichen Hirtenpflicht sprechen: Denn wer für sich selbst glaubt, der hat genug und soll hinfort sehen, wie er andere auch zu solchem Glauben und zu solcher Erkenntnis bringe, und damit einer des anderen Hirte sei, er weide ihn und warte seiner auf dieser Welt. Missionsarbeit besteht also darin, das Verhältnis von Gott und Mensch in die richtige Ordnung zu bringen und dem Heiden, das kann jeder sein, die in Jesus Christus erfolgte Zuwendung Gottes zum Menschen begreifbar zu machen, nämlich begreifbar zu machen, daß Gott immer zuerst die Hand nach uns ausstreckt, die Hand, die wir in freudigem Dank ergreifen sollen. In das Werk der Ausbreitung des Glaubens sind alle mit einbezogen, aber nur als Handlanger Gottes, aber gerade die Handlanger sind unentbehrlich, und Luther hebt auch hervor, daß es die Menschen sind, die Gott dieses Dienstes würdigt.

In der Auseinandersetzung mit den Türken und den Juden gibt es deutliche Hinweise, wie Luther sich Mission vorstellen kann. Als unerläßlich sah er es an, daß man das Volk, an das man sich wenden wollte, wirklich kennt. An erster Stelle stand für ihn das Erlernen und das Beherrschen der Sprache. So trat auch Luther für die Beibehaltung der lateinischen Texte im Gottesdienst ein, damit eine Jugend aufwachsen würde, die auch in fremden Ländern Christus nützlich sein könnte und mit den Leuten zu reden vermöge. Denn der Heilige Geist hätte nicht gewartet, bis alle Welt gen Jerusalem käme und Hebräisch lerne, sondern der Heilige Geist gab allerlei Zeugen zum Predigtamt und allerlei Zungen zum Predigtamt, damit die Apostel reden konnten, wo sie hinkamen. Weiterhin forderte der Wittenberger Reformator eine ausreichende Kenntnis der religiösen und sittlichen Anschauung des entsprechenden Volkes. Bitter beklagte er sich, man verbreite über die Türken in Deutschland nur Lügen, ohne sich aus ihren eigenen Schriften zu unterrichten, was sie eigentlich lehrten. In diesen Zusammenhang gehört gleichfalls das persönliche Eintreten

Luthers für den Druck einer lateinischen Ausgabe des Korans 1543 in Basel. Für ein pragmatisches Herangehen spricht auch, daß der den Heiden Predigende in seiner persönlichen Haltung sich als Christ erweisen müsse. An erster Stelle soll das Tatzeugnis stehen und nicht das Wortzeugnis. Also auf das Verhalten kam es an, auf den Umgang mit den Andersgläubigen, man sollte sie also nicht sofort mit der Predigt konfrontieren. Ferner sollte man auch die guten Seiten eines heidnischen Volkes sehen. So lobte Luther bei den Türken den Ernst ihrer Gottesdienste, das strenge Leben der Priester, die Liebe zur Wahrheit, den Wandel der Laien, die Ordnung und die Zucht im türkischen Heer, während er die Grundzüge des Islams, die Polygamie und die Staatsform als Tyrannei scharf verurteilte. Im Zusammenhang mit Luthers Stellung zum Türkenkrieg tritt uns eine weitere Grundüberzeugung des Reformators sichtbar hervor. Grundsätzlich lehnte er jede Gewaltanwendung in christlichem Namen ab. Im christlichen Namen gegen die Türken zu kämpfen widerstreite dem Gebot Christi, dem Übel nicht zu widerstreben, sondern alles zu erdulden. Damit entzog Luther jeglicher Propaganda zum Kreuzzug die Grundlage. Dem Papst gebühre es nicht, schrieb er 1528, ein Kirchen- oder Christenheer zu führen. Das sei vielmehr eine selbständige Aufgabe des von Gott gegebenen Amtes der weltlichen Obrigkeit. Dieser Standpunkt war eine deutliche Weiterentwicklung von entsprechenden Äußerungen von 1518. Damals hatte Luther zu bedenken gegeben, daß Kriege gegen die Türken nicht Kämpfen gegen die eigenen Sünden gleichkämen, sondern Kämpfen gegen Gottes Rute wider die Sünde und damit gegen Gott selbst entsprächen. Luther konnte die Türken als die Zuchtrute Gottes bezeichnen. Und damit war, wenn man es sehr oberflächlich auslegte, eigentlich jede Berechtigung zu einem Krieg gegen die Türken nicht möglich, war einem der Boden entzogen, denn dann stellte man sich gegen Gott. Mit diesem Bußmotiv wurde aber nicht jeder Türkenkrieg abgelehnt, wie viele Zeitgenossen meinten oder Luther unterschieben wollten. Es gehörte zu den Motiven der altgläubigen Propaganda gegen Luther, daß er hier im Grunde nicht bereit war, gegen den Erzfeind der Christenheit zu kämpfen. Wie überhaupt die ganze Türkenfrage in der Reformationszeit eine große Rolle spielte, man schob sich gegenseitig Versagen zu im Verhalten gegen die Türken. Und wir wissen aus den Berichten, daß sowohl Frankreich als auch der Papst mit den Türken zeitweise Bündnisse eingegangen sind. Was Luther aussprach, gehörte zum Gedankengut vieler Humanisten. Erasmus stellte stärker als Luther den Gedanken der Missionierung der Türken in den Vordergrund. Er schrieb: Es gehe nicht darum, viele Türken zu töten, sondern viele zu retten. Sie seien am wirksamsten zu bekämpfen, wenn sie an uns die Lehren Christi hervorleuchten sehen. Bei unfrommem Sinn werden wir eher zu Türken als die Türken zu Christen.

Ähnlich dachte Ulrich von Hutten, wenn er schrieb, Rom solle beten, das Evangelium verkündigen, aber nicht Kriege befehlen. Das Vordringen der Türken, sie standen 1529 vor Wien, zwang Luther zu einem neuen Durchdenken der Problematik. Es ist eine der Stärken Luthers, daß er bei veränderter Situation in der Lage war, ältere /8/ Auffassungen zu korrigieren und sie neu zu formulieren. Er lehnte 1529 aber weiterhin ab, daß der Kaiser als Schirmherr der Kirche und Beschützer des Glaubens den Glauben der Türken ausrotten müsse. Denn Türken im geistlichen Sinn habe man im eigenen Lager genug. Hier haben wir, wie bei dem Begriff Heiden, eine Umdeutung vorliegen. Die Abwehr der Türken ergäbe sich aus dem Schutzauftrag der Bewohner, den Gott der Obrigkeit gegeben hat. Aber nur in Demut gegen Gott könne der Kampf bestanden werden. Die Türkenfrage blieb auf der Tagesordnung auch in den folgenden Jahren, und wir können beobachten, daß Luther nun die Türken verstärkt als eschatologische Feinde empfand. Mit dem Papst sind sie die beiden für die Endzeit prophezeiten Tyrannen. Der Türke ist der letzte und ärgste Vertreter des Teufels wider das Christentum. Danach folgen Gericht und Hölle. Trotzdem wird die strenge Unterscheidung der beiden Regimente nicht aufgehoben. Ein Kreuzzug im Namen Christi ist nicht möglich. Rechter Kampf erfolgt nur unter einem weltlichen Oberherrn, aber nur wenn der Türke anfängt, d. h. als Verteidigungskrieg. Die eschatologische Interpretation läßt den Gedanken der Missionierung zurücktreten. Die strikte Trennung von weltlichem und geistlichem Regiment bei Luther hätte eine klerikale Schwertmission, wie sie die Kurie in Verbindung mit Spanien und Portugal übte, strikt ausgeschlossen. Weiterhin, auch wenn er solche harten Worte für die Türken fand, trat Luther dafür ein, Lehre und Lebensart der Türken näher kennenzulernen. So übersetzte er die Widerlegung des Korans eines italienischen Dominikaners ins Deutsche und veröffentlichte sie 1542. Während der Verfasser der Widerlegung, Ricoldo da Monte Cruzis, noch an die Verbreitung einer Mission unter den Türken dachte, faßte Luther die Veröffentlichung als Zurüstung für die Kämpfer auf, die in türkische Gefangenschaft gerieten, damit sie sich des Irrglaubens erwehren könnten. Das Türkenproblem ist für Luther bewußt erlebte Geschichte. Luther sieht es als eine Ebene, auf der Gott mit den Menschen handelt. Bei ihm werden mit dieser Erfahrung Vergangenheit, Gegenwart und Zukunft unter apokalyptischen Vorzeichen zu einer Einheit. Sie verschmelzen zu einer Einheit, und von daher erklären sich auch die radikalen Äußerungen Luthers gegen die Türken. Diesem Grundmuster entspricht ebenfalls Luthers Verhalten gegenüber den Juden. Das kann ich hier nur kurz anreißen. Ich bin mir auch bewußt, auf welches schwierige Gebiet ich mich begebe, aber die Juden gehören zu den Nicht-Christen, mit denen Luther konfrontiert wurde. Sie wissen, daß Luthers Schriften zu dieser Problematik einen beschämenden Nachruhm erhalten haben und bis in die heutige Zeit nachwirken.

Wie kommt es zu Luthers Stellung zu den Juden. Und wie kommt vor allen Dingen dabei der Missionsaspekt zum Tragen. Luther sah in dem ungetauften Juden den Vertreter einer Gesetzesreligion, die in gleicherweise in der päpstlichen Kirche vorkam und die ebenso die evangelische Kirche zu unterwandern drohte. Gesetzesreligion und Evangelium stoßen für ihn aufeinander. Nach dem Großen Katechismus scheidet der Glaube die Christen von allen Menschen auf Erden, seien es Heiden, Türken, Juden oder falsche Christen. Der Papst, die Sakramentarier, die Türken und die Juden sind die Verbündeten des Teufels, sie sind seine Handlanger. Die babylonische Gefangenschaft bezog sich nicht nur auf das Papsttum, sie bezog sich für Luther auch auf die Juden und die Christen in gleicher Weise, auf das alte und das neue Israel, dessen Rest von Gott zurückgeführt werden sollte. Und hier liegen Ansätze für eine Judenmission.

Zwischen 1519 und 1523 sah Luther gute Chancen, daß Gott den Rest Israels aus jener babylonischen Gefangenschaft herausführen würde. Die Wiederentdeckung des Evangeliums ermöglichte für ihn die Erlösung. Der Glaube wird geweckt, der die wahre Kirche aus Heiden und Juden herausführen wird und der der einzige Ausweg für die Heiden und die Juden ist. Diese Erwartungen ergaben sich für Luther aus der Wirkung des Wortes auf die Juden, die Häretiker und auch die, die noch zukünftig Christen sein können. Luther kennt keinen Sonderweg des Heils für die Juden. Der Missionsgedanke ist für Luther kein besonderer Topos für eine besondere Situation oder für eine besondere Gruppe, für die Nicht-Christen, er ist fest integriert in die Gesamttheologie und ergibt sich aus der Entdeckung des Evangeliums als Gottes gerechtes Handeln an und in der Welt. Die insgesamt freundliche Haltung gegenüber den Juden sollte sich aber nach 1529 deutlich verschieben. Nicht unerwartet kam für Luther der Widerstand, denn der Anti-Christ mußte sich mit allen Kräften gegen die Entdeckung des Evangeliums wehren. Juden, Türken, Rottengeister und der Papst bildeten die große Koalition, mit der der Anti-Christ gegen das Evangelium antrat. Luther fühlte die Kirche bedroht und wandte sich mit deutlicher Schärfe gegen die diabolische Dreiheit: Papst, Türken und Juden gleichsam als Sturmtruppen des Teufels. Bei diesem theologischen Grundgerüst mußte natürlich der Missionsgedanke wiederum zurücktreten. Wir dürfen aber auch nicht den zeitgeschichtlichen Hintergrund außer acht lassen, Luther erfuhr nämlich, daß christliche Gruppen zum jüdischen Ritus übergetreten seien, was der Reformer nur als Abfall und Rückfall sehen konnte. Schon einige Jahre früher mußte er sich mit Befürwortern des mosaischen Gesetzes in den eigenen Reihen auseinandersetzen. In der jüdischen Mission unter Christen sah Luther einen Angriff auf die Ordnung des Reiches, er sprach vom Einbruch in Germania.

1536 kommt es zu einem Schriftwechsel mit Joel von Rosheim, der von Luther, als Sprecher der Juden im Reich, Unterstützung forderte, um ein Ausweisungsmandat für die Juden des Kurfürsten Johann Friedrich rückgängig zu machen. Und in diesem Briefwechsel hält Luther zwar an einer freundlichen Behandlung der Juden fest; man solle sie nicht verschrecken und so einen Übertritt oder eine Taufe verhindern, sondern solle ihrer Bekehrung durch Gott nichts in den Weg legen. Aber er schreibt zugleich, sie seien ärger geworden, sie würden lügen und fluchen und sie würden Jesus Christus für ihren /9/ größten Feind halten. In der Predigt des Evangeliums kommt für Luther Christus selbst zu Wort, dadurch wird nicht nur die Reform der Kirche eingeleitet, sie ist auch das eigentliche Motiv und der eigentliche Motor jeder Missionsarbeit. Das Wort Gottes muß in die Schlacht ziehen und kämpfen. Mission kann für Luther weder ein privates noch ein kirchliches Unternehmen sein, es ist allein das Werk Gottes. Ebenso hängen Erfolg und Fortgang nicht von Menschen ab. Diese Überzeugung gibt aber dem Prediger die fröhliche Zuversicht und das Vertrauen, nicht führen zu müssen oder führen zu sollen, sondern der Prediger darf folgen, wo er gefordert wird. Mission ist allen aufgetragen und universal zu verstehen. So schreibt er, jeder öffentliche Sonntags-Gottesdienst entspricht einem Gottesdienst mitten unter Heiden und Türken. Luther ist überzeugt, daß mit dem Katechismus Heiden zu Christen werden können. Die historische Entwicklung hat diese Grundposition verschüttet. Eine von der Obrigkeit geforderte, auf dem geistlichen Amt aufbauende Kirche muß ihre Hauptaufgabe innerhalb der Gemeinde sehen. Die Landeskirche beschränkt sich auf ihr Territorium. Das zeitgenössische Machtverhältnis ließ offensichtlich auch nur eine klerikale Schwertmission zu, was aber Luther und seine Mitstreiter radikal abgelehnt hatten. So mußte oder konnte der Missionsgedanke erst wieder aufbrechen, als Gruppen entstanden, die sich zunehmend in Distanz zur Obrigkeitskirche entwickelten. Ein Prozeß, der gewiß nicht Luther angelastet werden kann, dessen integrierter Missionsgedanke tatsächlich in die Zukunft wies.

Wenn wir uns nun den anderen Reformatoren zuwenden, so werden wir nicht so schnell fündig. Philipp Melanchthon und Johann Bugenhagen folgten weitgehend Luthers Grundlinie. Interessanter sind Äußerungen des Straßburger Theologen Martin Butzer. Auf der einen Seite geht er aus von dem Wort, das von Gott kommt, das von außen auf die Menschen stößt, vom sogenannten verbum externum und weiter geht er auch, wie Luther, von der Gerechtigkeit aus, die ebenfalls nur von Gott dem Menschen geschenkt werden kann, der sogenannten justitia externa, aber daneben spricht Butzer von der Pietas des Menschen, vom Glauben des Menschen. Es handelt sich um einen in der Liebe tätigen Glauben, der sich in der christlichen Persönlichkeit äußert. Mit dieser Ergänzung erfahren der Mensch und seine Aktivität eine stärkere Berücksichtigung. Er ist der Mensch, der das missionierende Wort weiterzusagen hat. Mission ist für Butzer Teil der Erziehung zum Heil. Vor allen Dingen zieht er Matthäus 28 und Lukas 14, das Gleichnis vom Großen Abendmahl, heran und leitet eine Pflicht zur Mission ab, aber auch zu der Gewißheit, daß Gott unter allen Völkern seine Boten ausgewählt hat. In seiner Schrift von der wahren Seelsorge nimmt Butzer ausführlich zu der Missionsfrage Stellung. Aber Mission ist Aufgabe der Obrigkeit, die auch für das Heil ihrer heidnischen oder nicht-christlichen Untertanen verantwortlich ist. Die Ältesten der Gemeinde sollten sich ebenfalls dafür einsetzen, daß Juden, Türken und alle Ungläubigen zu Christus kommen. Nach Römer 11, 25-26 erwartete Butzer eine Bekehrung ganz Israels. Jeder sollte an seinem Ort und seinen Möglichkeiten entsprechend dabei helfen und dafür beten. Ebenfalls gegenüber dem Islam konnte Butzer eine freundlichere Stellung einnehmen. Er sah im Islam Reste des Evangeliums, die ans Licht geführt werden müssen und die sich gegen die Irrtümer Mohammeds durchsetzen werden.

Bei Zwingli wird das Problem der Heiden vom Erwählungsglauben her gelöst. Durch die Erwählung wird den Heiden der Himmel geöffnet, ein Himmel, der mit Juden und Christen bevölkert ist. Eine missionierende Kirche oder eine missionierende Verkündigung ist hier wohl nicht im Blick.

Ein Mitarbeiter und Schüler Zwinglis, der Züricher Theologe Theodor Bibliander, vertrat eine interessante Missionsthese. Er ging von einem universalen Theismus aus. Er sprach von einem universalen Gottesglauben und von diesem her setzte er sich für die Heidenmission ein. Dem evangelischen Christentum, der wahren Religion, steht die Welt der Religion insgesamt gegenüber, die Bibliander, Zwingli folgend, als falsche Religion verstehen möchte. Diese falsche Religion weiß nicht um den wahren Gott, ihre Gesinnung ist böse, ihr Wandel ist schädlich, sie trennt Gott und Menschen. Und trotz dieser Unterscheidung von falscher und wahrer Religion wird durch diese Vorstellung ein allgemeines Wesen der Religion postuliert. In den vielen Glaubensvorstellungen ist das äußere Wort nicht Ausgangspunkt. Es ist aber nötig, diese verschiedenen Religionen zu vergleichen. Damit eröffnet sich der Weg für eine religionsgeschichtliche Betrachtung. Unter diesen Umständen stellt sich auch das Absolutheitsproblem – kein einfaches Problem für die christliche Theologie, vor allem der Gegenwart. Für Luther stellte sich diese Frage nicht.

In 10 Thesen faßte Bibliander die gemeinsamen Glaubensgrundsätze aller Christen, Juden, Mohammedaner, Inder und Skythen zusammen. Er sagte aber auch, die religiöse Spaltung könne nicht in Vergleichen überwunden werden – das würde nur zu einer Scheineinheit führen –, sondern in der Entscheidung, wer der oberste Lenker des Volkes Gottes und der heiligen Religion sei. Von Toleranz und gegenseitigem Zuhören und Ausgleich ist nicht die Rede. Wie wir überhaupt im 16. Jh. keinerlei Ansätze in der praktischen Politik und in der Kirchenpolitik für Toleranz haben. Wichtig ist, daß Bibliander im Gegensatz zu Luther im Islam nicht die Erscheinung des Anti-Christen sah, er bemühte sich um wirkliche Kenntnisse des Islams, und er war es, der eine neue lateinische Übersetzung des Korans vorlegte, für die sich 1543 Luther in Basel einsetzte. Bibliander schrieb in seinem Nachwort auch ausführlich darüber, daß die Lektüre des Korans ungefährlich sei und dem Christen nur Nutzen bringen würde. Bemerkenswert ist es auch, daß Bibliander als Beurteilungsrahmen für die anderen Religionen von der Christologie ausging. Er stellte sich vor, daß religiöse

Einheit aus der Belehrung über das christologische Dogma zu erhalten sei, nicht über eine natürliche Religion /10/ oder über die Gotteslehre. Bei ihm stand auch Christus im Mittelpunkt. Die politische Entwicklung veranlaßte Bibliander zur Forderung, daß die Christen sich apologetisch und missionarisch für die Begegnung mit den Mohammedanern rüsten sollten. Wenn die Reformation in der Heimat recht durchgeführt sei, solle man Versuche unternehmen, die Ungläubigen für Christus zu gewinnen. Wir haben hier auf der einen Seite reformatorisches Gedankengut, auch Anregungen vom Humanismus wie von der römisch-katholischen Missionspraxis. Für Bibliander nahm das Studium der Sprachen einen besonderen Rang ein. Die Absicht, selbst als Missionar nach Ägypten zu gehen, ließ er später fallen.

Im Folgenden soll kurz die Frage gestreift werden, ob wir im 16. Jh. so etwas wie praktische Missionsarbeit finden. Auf lutherische Impulse gingen die Bemühungen eines Kreises um Hans Ungnad von Sonneck in Urach zurück, der sich in Verbindung mit Primus Truber darum kümmerte, durch Bibelausgaben und Erbauungsliteratur die Reformation auf dem Balkan zu fördern, indem er Bibelausgaben und Literatur in südslawischer Sprache drucken ließ. Zu Recht wird hier ein Ansatz zur Islam-Mission gesehen. Grundlegend erscheint mir in diesem Zusammenhang das Wissen um eine allgemeine Pflicht zur Mission. Und dieses Wissen kann nur das Ergebnis der Verbindung von reformatorischer Erneuerung der Kirche durch die Predigt des Wortes und einem eschatologisch-apokalyptischen Bewußtsein sein. Es stimmt also nur teilweise, daß ein eschatologisch-apokalyptisches Bewußtsein die Mission hemmen würde. So wollte Truber auch die Türken durch evangelisches Schrifttum zum wahren Glauben bringen. Man sieht hier das große Interesse für das Schrifttum, also die Hochachtung des Wortes – eine bis heute geltende Grundüberzeugungen der Reformation.

1559 forderte z. B. der schwedische König, Gustav I. Wasa, die Ansiedlung lutherischer Pfarrer in Lappland. Dieses Gebiet war im Mittelalter nicht durchgehend christianisiert worden, von daher lag eine Mission nahe. Wir wissen aber, daß diese Mission nicht sehr erfolgreich war; vor allem waren es Sprachschwierigkeiten, die die lutherischen Pastoren daran hinderten, ihr Werk zu vollenden. Die Kirchen, die ab 1574 gebaut wurden, waren nur im Winter zu nutzen, wenn sich die Lappen in den festen Wohnsitzen aufhielten und so erreichbar waren. Darüber hinaus erscheint der politische Kontext dieses Missionsversuches interessant, da er vielleicht auch für das relative »Scheitern« verantwortlich ist, was allerdings offiziell nicht eingestanden wurde. Sollte die Christianisierung doch zugleich die Integration der Lappen in das schwedische Königreich beschleunigen. Wir haben hier nicht nur ein bemerkenswertes Beispiel für das Ineinandergreifen von Religion und Politik im 16. Jh., wir haben auch zugleich ein Vorspiel für die Heidenmission.

Ein weiterer Versuch, der aber noch sichtbarer scheiterte, wurde von Johannes Calvin unternommen. 1555 begann der Franzose Nicola Durant mit der Errichtung einer Kolonie in Brasilien. An diesem Versuch beteiligte sich auch Admiral Coligny, der daran interessiert war, die Möglichkeiten für eine Ansiedlung von Hugenotten zu prüfen, falls deren Existenz in Frankreich nicht mehr möglich wäre. Genf sandte auch Kolonisten und einige Pfarrer, die 1557 eintrafen. Es wurde vereinbart, daß diese Pfarrer sich sowohl um den Aufbau eines »zweiten Genf« unter den Kolonisten kümmern, als auch sich um die Missionierung der umwohnenden Indianer bemühen sollten. Es kam mit dem Franzosen Durant zum Streit. Der größte Teil der Genfer Abgesandten kehrte zurück, drei Pfarrer mußten ihren Einsatz mit dem Leben bezahlen. Man war enttäuscht über das Scheitern dieses Missionsversuches. Vielleicht hat gerade dieses Scheitern auch spätere Initiativen gehemmt.

Eine Einzelaktion blieb das Wirken von Wenzelslaus Budowitz von Budowa, der 1557 bis 1581 als Haushofmeister des Kaiserlichen Gesandten in Konstantinopel tätig war. Budowa bemühte sich um ein Zeugnis seines christlichen Glaubens gegenüber den Türken. Mehr – glaube ich – ist trotz intensiven Suchens nicht zu finden. Aber die Belege für eine missionarische Tätigkeit sind vorhanden, und man darf nicht zu voreilig dem Protestantismus missionarische Unfruchtbarkeit in der Zeit seiner Entstehung anlasten.

Ein ganz anderer Bereich während der Reformationszeit widmet sich nun sehr stark der Mission, allerdings der Mission innerhalb des Reiches. Hier sind vor allen Dingen die Täufer zu nennen, die als Wanderprediger durch das Land zogen und nur Erwachsene tauften und die Frage zu klären versuchten, wie man »mit Ernst« Christ sein konnte. Es zeigt sich also, daß die Mission tatsächlich präsent war, dies allerdings in Gruppen, die sich außerhalb der sich bildenden Landeskirchen oder Territorial-Kirchen befanden. Als Missionar für seine Idee möchte ich auch Thomas Müntzer, der sich als Botenläufer Gottes verstand, bezeichnen mit seiner besonderen Form reformatorischer »Theologie«. Er bemühte sich, seine Ideen verschiedentlich und an verschiedenen Orten zu verbreiten. Wir wissen, daß er in Zwickau, in Prag, in Allstedt und in Mühlhausen tätig war, daß er bis nach Basel gekommen ist. In Süddeutschland lernte er den Bauernkrieg kennen, was offensichtlich seine Hinwendung zum Bauernkrieg in Thüringen beschleunigte.

Wenn wir nun insgesamt die Frage nach der Mission im 16. Jh. stellen und nach dem Missionsverständnis, so haben wir auf der einen Seite die Kontinuität im altgläubigen Lager. Auf der anderen Seite gibt es aber auch im reformatorischen Lager mehr als nur Ansätze zur Mission. In seiner theologischen Arbeit gab Luther verschiedene Impulse. Ich denke an die neue Begriffsbestimmung für das /11/ Wort Heide, an die Ablehnung der Gewalt für die Ausbreitung des Glaubens, weiterhin an die in sehr deutlichen Worten umschriebene Aufgabe des einzelnen zur Mission, gerade wenn er sich unter Nicht-Christen aufhält. Und schließlich, daß die Mission sowohl vom einzelnen als auch von der Gemeinde ausgeht. Für Luther war es nicht möglich und undenkbar, Mission an Hierarchie zu binden. Auf ihn geht auch der deutliche Gegensatz zur klerikal-politischen Mission der römisch-katholischen Kirche zurück, der sich im nachhinein theologisch erheben läßt.

Wenn wir auch bei Martin Luther keine Missionstheologie im klassischen Sinne finden, mit der Missionswissenschaftler arbeiten können, so hat er doch theologische Grundsatzfragen aufgeworfen, die für den Fortgang der Reformation entscheidend gewesen sind. Die Entdeckung des Evangeliums als die Zuwendung Gottes zum Menschen ist die Begründung für den großen Erfolg, den er gehabt hat. Diese theologische Begründung der Reformation ist Voraussetzung für die Dynamik der kirchlichen Erneuerung auch im Hinblick auf ihr missionarisches Handeln.

# Melanchthonbiographien vom 16. bis zum 19. Jahrhundert[*]

Das Thema meines Vortrags verweist auf die Auseinandersetzung mit dem Leben Melanchthons vom 16. bis zum 19. Jh. Dabei werden Schwierigkeiten bewußt in Kauf genommen, die sich sowohl aus der Sache selbst als aus dem zu behandelnden Zeitraum ergeben. Wer die Bände »Die Melanchthonforschung im Wandel der Jahrhunderte« von Wilhelm Hammer[1] durchsieht, wird bald feststellen, daß die eigentlichen Melanchthonbiographien erst im 19. Jh. entstehen und daß vorher allenfalls von Lebensbeschreibungen oder biographischen Bemühungen um Philipp Melanchthon gesprochen werden kann, vor allem in Verbindung mit wichtigen Ereignissen des Reformationsgeschehens. Die Biographie als Verdichtung biographischen Materials nicht in einem Bild des Geschehens unter retrospektivischem Blick, sondern zu einer am Lebenslauf orientierten Gesamtdarstellung unter der Berücksichtigung von Umbrüchen, Übergängen, Auswirkungen historischer Veränderungen oder Widerspiegelung objektiver Gegebenheiten entwickelte sich erst mit der Neubestimmung von Geschichte im vergangenen Jahrhundert. Als zeitliche Begrenzung bot sich für unser Thema 1860 an. Der 300. Todestag motivierte die Auseinandersetzung mit Melanchthon und bahnte neue Wege im Zugang zu diesem Wittenberger Reformator. Die 1861 von dem Straßburger Theologen Carl Schmidt verfaßte Biographie[2] bildet dabei eine deutliche Zäsur.

Die biographischen Darstellungen von Melanchthon geben zugleich Auskunft über das sich verändernde Melanchthonbild. Beherrschten im 16. Jh. in erster Linie die Darstellungen der Freunde und Schüler mit entsprechenden Nachauflagen das Feld, so sind es im 17. und 18. Jh. vor allem die Urteile – teilweise Verurteilungen –, die zu erheben sind. Mit dem neuen Fragen nach Geschichte zeichnen sich im ausgehenden 18. Jh. Veränderungen ab, die sich in der Forschung Georg Theodor Strobels deutlich widerspiegeln, der als Wegbereiter einer neueren Melanchthonforschung zu gelten hat.[3]

In den Vorbereitungen auf das Jubiläum von 1997 wurde mehrfach auf den »unbekannten« Melanchthon verwiesen, auf das Nichtwissen über ihn und auf vermeintliche Vermittlungsprobleme. Tatsächlich steht die biographische Präsenz Melanchthons in keinem Verhältnis zu seinen Leistungen für und durch die Wittenberger Reformation. Bereits zu seinen Lebzeiten entwickelte sich ihm gegenüber ein kritisches Potential, das sein Bild durch die Jahrhunderte begleitete. Nicht sehr günstig wirkte sich dabei offenbar aus, daß fast immer die Notwendig-

---

[*] Erstabdruck in: Werk und Rezeption Philipp Melanchthons in Universität und Schule: Tagung anläßlich seines 500. Geburtstages an der Universität Leipzig/ hrsg. von Günther Wartenberg unter Mitarbeit von Markus Hein. Leipzig 1999, 179-194. (HCh: Sonderbd.; 2).

[1] Wilhelm HAMMER: Die Melanchthonforschung im Wandel der Jahrhunderte: ein besonderes Verzeichnis. 4 Bde. Gütersloh 1967-1996.

[2] Carl SCHMIDT: Philipp Melanchthon: Leben und ausgewählte Schriften. Elberfeld 1861.

[3] Zu Strobel vgl. unten S. 209 f; [Ernst] MUMMENHOFF: Georg Theodor Strobel. ADB 36, 603-605; WA Br 14, 537-545.

keit gesehen wurde, Melanchthon in Beziehung zu Martin Luther zu sehen. Zwei »Heroen« vertrug das nationale Geschichtsbild offensichtlich nicht. /180/ Die Eigenständigkeit und der Anspruch auf individuelle Beurteilung gelten ebenso für Melanchthon. Zu oft bleibt er im Schatten Luthers.

Weiterhin bestimmen tiefgreifende geschichtliche Umbrüche den Lebenslauf Melanchthons. Dabei geht es nicht so sehr um die Reformation an sich, sondern um ihre Gefährdung nach dem verlorenen Schmalkaldischen Krieg 1546/1547, um die radikale Infragestellung Wittenbergs als reformatorisches Zentrum. Verschiedene historische Ereignisketten wirkten als Brechungswinkel im Urteil über Melanchthon. Sie förderten die Polemik oder zwangen zur Apologetik. Dazu zählen der innerwettinische Gegensatz zwischen Ernestinern und Albertinern seit der Leipziger Teilung 1485,[4] der sich durch das Geschehen von 1546/1547 sehr verschärfte und in dem Melanchthon schließlich für die Albertiner Moritz und August optierte; außerdem die Auseinandersetzungen um das Interim,[5] verbunden mit der Frage nach der Kompromißfähigkeit von Theologie, sowie die fortschreitende Konfessionalisierung, die für Ausgleichskonzepte keine Ansätze mehr bot und ein ideologisiertes Herangehen an die Religionsstreitigkeiten förderte; die kirchenpolitischen Entscheidungen von Kurfürst August, vor allem der Verfolgung der »Kryptokalvinisten« 1574;[6] das Ende albertinischer Offensivpolitik durch den frühen Tod von Kurfürst Moritz 1553; die Zunahme der innerprotestantischen Lehrauseinandersetzungen bei wachsender Konsolidierung der Altgläubigen. Die Freunde und Schüler Melanchthons hatten sich wie dieser selbst mit Gegnern im eigenen Lager auseinanderzusetzen, die Melanchthon zum Symbol für Anpassung, Unzuverlässigkeit und Verrat werden ließen, um auch einen Verantwortlichen für die wenig befriedigende Vergangenheit und Gegenwart von lutherischer Kirche und Theologie zu finden. Für Lebensdarstellungen, die Ereignisse nacherzählen wollen, an Geschichten interessiert sind und nach dem Nutzen fragen, sind die bereits im 16. Jh. zu beobachtenden Verwerfungen im Melanchthonbild keine günstigen Voraussetzungen.

In drei größeren Abschnitten soll unser Thema abgehandelt werden. Zuerst gilt die Aufmerksamkeit den Lebensbeschreibungen des 16. Jh.s, dann der Melanchthonkritik, wie sie sich in Darstellungen von Melanchthon bis in das 18. Jh. niederschlägt, und schließlich dem »neuen« Melanchthon zwischen 1800 und 1860. /181/

---

4 Zur Leipziger Teilung vgl. Karlheinz BLASCHKE: Die Leipziger Teilung der wettinischen Länder 1485. Sächsische Heimatblätter 31 (1985), 276-280; Günther WARTENBERG: Landesherrschaft und Reformation: Moritz von Sachsen und die albertinische Kirchenpolitik bis 1546. Gütersloh; Weimar 1988, 20-23; zum Verhältnis Ernestiner / Albertiner vgl. Simon ISSLEIB: Moritz von Sachsen und die Ernestiner: 1547-1553. NASG 24 (1903), 248-306. = In: DERS.: Aufsätze und Beiträge zu Kurfürst Moritz von Sachsen (1877-1907)/ hrsg. von Rainer Groß. Leipzig 1989, 934-992; PKMS 3, 15-27; 5, 22 f.

5 Vgl. Günther WARTENBERG: Philipp Melanchthon und die sächsisch-albertinische Interimspolitik. LuJ 55 (1988), 60-82; PKMS 3, 33-35; 4, 11-20.

6 Dazu Ernst KOCH: Ausbau, Gefährdung und Festigung der lutherischen Landeskirche von 1553-1601. In: Das Jahrhundert der Reformation in Sachsen: Festgabe zum 450jährigen Bestehen der Evangelisch-Lutherischen Landeskirche Sachsens/ hrsg. von Helmar Junghans. Berlin 1989, 203 f.

## *I   Lebensbeschreibungen im 16. Jahrhundert*

An erster Stelle steht die Vita Melanchthons des Joachim Camerarius. Diese 1566 erstmals bei Ernst Voegelin in Leipzig veröffentlichte Lebensbeschreibung wurde insgesamt neunmal nachgedruckt,[7] zuletzt 1841 in einer Ausgabe des Berliner Kirchenhistorikers August Neander verbunden mit der Vita Luthers von Melanchthon, der Ulrich Zwinglis von Oswald Myconius und der Johannes Calvins von Theodor Beza.[8] Die Darstellung von Camerarius ist vor allem wegen ihres Quellenwertes von Bedeutung und damit zur Grundlage aller Lebensbeschreibungen bis in das frühe 19. Jh. geworden, auch wenn durch die besonderen freundschaftlichen Verbindungen zwischen Melanchthon und dem Verfasser gewisse Grenzen gesetzt und kritische Abschnitte nicht zu erwarten sind. Die Vita des Melanchthon ordnet sich in die Reihe der biographischen Schriften der Leipziger Humanisten ein, zu denen die Lebensbeschreibungen zu Helius Eobanus Hessus[9] und Fürst Georg III. von Anhalt-Dessau[10] oder die Reden auf Herzog Eberhard im Bart von Württemberg[11] und Kurfürst Moritz von Sachsen[12] gehören.

Dabei ist die Außergewöhnlichkeit des Freundschaftsbundes zwischen Camerarius und Melanchthon hervorzuheben, der mit geistiger Verwandtschaft nur unvollkommen zu beschreiben ist. Die Übereinstimmung bezog sich sowohl auf das Wesen, den Charakter, als auch auf die Grundüberzeugungen und das wissenschaftliche Programm. Besonders seit der Berufung des Camerarius 1541 nach Leipzig, für die sich Melanchthon besonders eingesetzt hatte, entwickelte sich eine gegenseitige Beratung und Arbeitsgemeinschaft, die in vielen Punkten Form und Inhalt des melanchthonischen Lebenswerkes bestimmt haben. Es fällt auf, daß die Lebensbeschreibung einen längeren Entstehungsprozeß hinter sich hat – sie erschien erst sechs Jahre nach Melanchthons Tod – und daß sie in ihrem Umfang die vergleichbaren von Hessus und Fürst Georg um das Zehnfache übertrifft. Biographie und Zeitgeschichte greifen ineinander. Als Ordnungshilfe dient das annalistische Schema. Camerarius konzentriert sich auf die öffentliche Tätigkeit Melanchthons, seine Rolle unter den Fachkollegen und auf seine Teilnahme an Tagesereignissen. /182/ Das Jahr 1546 ist als

---

7 Joachim CAMERARIUS: DE // PHILIPPI // MELANCHTHONIS // ORTV, TOTIVS VI - // TAE CVRRICVLO ET // MORTE, // [...] LIPSIAE. // ANNO 1566. // VD 16 3, 698 (Nr. C 502). Zur 1. Aufl. und zu den Nachdrucken Hammer – Nr. 365 f. A 605A (1591). 622. 622 a (1592). 733 (1604). 837 (1655). 890 (1696). 1039 (1723). 1373 (1777/ hrsg. von Strobel). 1594 (1818). Zu den Schriften über Eberhard, Georg, Hessus und Melanchthon vgl. Friedrich STÄHLIN: Humanismus und Reformation im bürgerlichen Raum: eine Untersuchung der biographischen Schriften des Joachim Camerarius. Leipzig 1936. Zu Camerarius BBKL 1, 891 f; Theodor KOLDE: Camerarius, Joachim. RE³ 3, 687-689; Friedrich STÄHLIN: Camerarius (Kammermeister, Joachim). NDB 3 (1957), 104 f.

8 Hammer – Nr. 1761: Vitae quatuor Reformatorum ... Berolini 1841.

9 NARRATIO // DE H. EOBANO // HESSO, [...] Norimbergae ... // M. D. L III. // VD 16 3, 695 (Nr. C 480).

10 Die Würdigung Georgs ist enthalten: CONCIO = / NES SYNODICAE // STATIS TEMPORIBVS HA = // BITAE IN ECCLESIA // MERSEBVRGENSI, // A // [...] GEOR = // gio PR. Anhaltino [...] LIPSIAE // ... M. D. LV. // VD 16 7, 548 (Nr. G 1320).

11 ORATIO FVNE = // BRIS DICTA [...] // de illustrissimo Principe Eberhardo Duce // [...] TVBINGAE an. M. D. XXXVII. // VD 16 3, 696 (Nr. C 492).

12 ORATIO // HABITA LIPSIAE AD FV = // NVS ILLVSTRISSIMI PRINCIPIS // MAVRICII, [...] LIPSIAE // [...] M. D. LIII. // VD 16 3, 697 (Nr. C 494).

Zäsur gestaltet. Damit wird der tiefe Einschnitt unterstrichen, den der Tod Luthers für die Wittenberger Reformation und für Melanchthon bedeutete. Ohne die eigene Person in den Vordergrund zu stellen, erhalten wir ein farbiges und recht umfassendes Bild der Verbundenheit zwischen dem Verfasser und Melanchthon. Unter Benutzung der traditionellen, auf die Antike zurückgehenden Stilmittel für eine Biographie entstand eine Darstellung, in der besonders pietas, doctrina und virtus gewürdigt werden.[13] Diese Lebensbeschreibung ist keinesfalls eine Verklärung des Freundes, einiges wird offen oder stillschweigend zwischen den Zeilen getadelt, wie übertriebene Willfährigkeit gegenüber anderen oder der ungeordnete Haushalt. Nach dem Katalog der Tugenden – wie Selbstlosigkeit, Gefälligkeit, Offenheit, unbeirrbare Zielsicherheit – steht die Aufzählung von Fehlern. Manche Schwäche wird als altera pars einer Tugend erklärt. Diese differenzierende und abwägende Darstellungsweise könnte die Anfragen widerspiegeln, die Zeitgenossen an den späten Melanchthon gerichtet haben. Diese Form gibt der Lebensbeschreibung einen besonderen Quellencharakter, den sie bis heute nicht eingebüßt hat. Für den Literaturhistoriker und Rechtsanwalt Theodor Crusius galt die Arbeit des Camerarius noch 1716 als Muster zur Anfertigung »einer Lebens-Geschichte vor allem anderen«. Es sei nichts vergessen worden, »was zu einer vollkommenen Lebens=Beschreibung gehöret«.[14]

Als ausführliche Nachrufe auf Melanchthon sind die noch 1560 veröffentlichten Gedenkreden des Wittenberger Medizinprofessors Veit Örtel und des Tübinger Theologen Jacob Heerbrand überliefert. Der aus Windsheim stammende Örtel übernahm 1541 als Nachfolger Melanchthons die Professur für Griechisch. 1560 wurde er Professor für Medizin.[15] Die schwierige Zeit nach 1546 tritt bei Örtel deutlich zurück, auch wenn er sich eindeutig zu Melanchthon bekennt: In Schule und Kirche habe es keinerlei Veränderungen gegeben, Philippus habe nach dem Schmalkaldischen Krieg nicht anders als davor gelehrt. Die Confessio Saxonica (1551) bestätige dieses. Wenn man von Fehlern sprechen wolle, dann könnten es nur Schweigen, Zurückhaltung und Milde sein.[16] Damit werden die Vorwürfe abgewehrt, die seit 1549 gegen Melanchthon erhoben wurden. Nachdrucke der Rede Örtels erfolgten zusammen mit anderen Würdigungen 1561, 1562, 1565 und 1614.[17] Deutsche Übersetzungen erschienen 1561 in Frankfurt am Main und 1562 in Wittenberg.[18] 1791 nahm sich Strobel dieser Rede an,[19] während die bisher letzte lateinische Ausgabe zum Gedenken 1860 erfolgte.[20] /183/

---

13 Vgl. Stählin: Humanismus ..., 62-77.

14 Theodor CRUSIUS: Von unterschiedl. Schrifften // so zur Historia Literaria geho(e)ren. In: Vergnu(e)-gung müssiger Stunden, Oder Allerhand nützliche Zur heutigen galanten Gelehrsamkeit dienende Anmerckungen. Teil 9. Leipzig 1716, 72. Zu Crucius vgl. [Carl Adolf] SCHIMMELPFENNIG: Crusius: Theodor C. ADB 4, 635.

15 Zu Örtel vgl. Karl HARTFELDER: Winsheim (Vinshemius, Vuincemius): Veit W. ADB 43, 462 f.

16 ORATIO HABI // TA IN FVNERE ... VIRI PHILIP // PI MELANTHONIS ... VITEBERGAE ... ANNO LX. // VD 16 15, 135 (Nr. O 445). 1560 erscheint noch ein weiterer Druck (Nr. O 446). Zu beiden Ausgaben Hammer – Nr. 252 f; der Text der Rede Örtels in CR 10, 187-206 (Nr. 7136).

17 Hammer – Nr. 272 (1561). 303 (1562). 347 (1565). 782 (1614).

18 Hammer – Nr. 287 (1561). 313 (1562).

19 Hammer – Nr. 1454: Georg Theodor STROBEL: Viti Winsheimii Rede auf den Tod Melanchthons. In: Ders.: Neue Beyträge zur Literatur besonders des 16. Jahrhunderts 2 (1791), 235-280.

20 Hammer – Nr. 2023.

Heerbrand studierte von 1538 bis 1543 in Wittenberg. Seine 1544 in Tübingen angetretene Stelle als Diakonus verlor er 1548 durch das Interim. 1550 wurde er Superintendent in Herrenberg, vertrat Württemberg auf dem Konzil zu Trient und wirkte 1556/1557 in Pforzheim, wo er am Totenbett des Markgrafen Albrecht Alkibiades von Brandenburg-Kulmbach stand. 1557 übernahm er eine Professur in Tübingen, die er über 40 Jahre innehatte.[21] Mit Heerbrand kommt ein Schüler Luthers und Melanchthons zu Wort. Nach Mitteilungen zum Leben wendet der Verfasser sich dem Inhalt der Lehre Melanchthons zu. Den Glauben habe er nie eigenen Interessen angepaßt, auch nicht die Grundlagen der Lehre, die der Heiligen Schrift entsprachen, verändert oder »im geheimen Einverständnis mit den Gegnern verraten«.[22] Die eigene Meinung habe er weder aus Berechnung noch zu eigenem Vorteil verborgen. Neue Dogmen dachte er sich nicht aus.[23] Er mußte Kränkungen »bestimmter Verleumder« über sich ergehen lassen und den entsprechenden Beifall der »gemeinen Masse« ertragen. Aus Vermutungen über geheime Absprachen mit den Gegnern des Evangeliums wurden Gerüchte über Veränderungen in der Lehre und in der Praxis des Glaubens, die Melanchthon sehr schadeten und ihn tief trafen.[24] Heerbrand verweist auf die Streitigkeiten unter den von Wittenberg geprägten Theologen nach 1548. Die massiven Angriffe auf Melanchthon sind für ihn Zeichen der Undankbarkeit. Eine Erörterung der Streitigkeiten gehöre nicht in den Nachruf, weil eine »historische« Darstellung der Ereignisse vorläge. Die angegriffenen Artikel, vor allem über das Abendmahl und über den freien Willen, sollten bei Melanchthon selbst nachgelesen werden.[25] Die Tübinger Universitätsrede vom 15. Mai 1560 erschien erneut 1561, 1562 und 1598, bevor 1782 Strobel ebenfalls auf sie hinwies.[26]

## II Melanchthonkritik in den Darstellungen vom 16. bis zum 18. Jahrhundert

Wenden wir uns dem zweiten Abschnitt zu, der sich mit der Kritik an Melanchthon – allerdings exemplarisch – bis zum 18. Jh. befassen soll. An erster Stelle steht Matthäus Ratzenberger. Aus Wangen/Allgäu gebürtig, studierte er seit 1516 in Wittenberg. Als Leibarzt des Kurfürsten Johann Friedrich zwischen 1538 und 1546 erlebte er nicht nur das Hofleben und die Umgebung des Kurfürsten, sondern erregte durch Warnungen vor Landgraf Philipp von Hessen und ernestinischen Räten den Unwillen seines Herrn und /184/ zog

21 Zu Heerbrand vgl. [Theodor] SCHOTT: Heerbrand: Jacob H. ADB 11, 242-224; [Gustav] BOSSERT; [Julius] WAGENMANN†: Heerbrand, Jakob. RE³ 7, 519-524; Heinrich FAUSEL: Heerbrand, Jakob. NDB 8 (1969), 194 f; BBKL 2 (1990), 638.

22 MelD 1, 25. Die Rede, die am 15. Mai 1560 auf der Akademischen Gedenkfeier für Melanchthon in Tübingen gehalten wurde, erschien 1560 in Tübingen (Hammer – Nr. 236) und in Wittenberg (Hammer – Nr. 237) und ist abgedruckt in CR 10, 293-313 (Nr. 7140). Eine deutsche Übersetzung von Gerhard Steiger erschien in MelD 1, 41-63.

23 MelD 1, 26.

24 MelD 1, 33.

25 Ebd.

26 Hammer – Nr. 207 (1561, in deutscher Übersetzung mit Örtels Rede, vgl. oben Anm. 18). 303 (1562, Sammlung von Würdigungen). 691 (1598). 1411 (D. Jacob Heerbrands auf den Tod Melanchthons gehaltene Rede zu Tübingen. 1560. In: Georg Theodor Strobel: Miscelaneen Literarischen Inhalts 6 [1782], 215-251).

sich nach Erfurt und Gotha zurück, wo er 1559 starb.[27] Er wurde zum unerbittlichen Gegner Melanchthons, als sich dieser im Spätsommer 1547 für Wittenberg und gegen Jena entschied. In seinen Aufzeichnungen schildert Ratzenberger sehr eingehend den »Dissensus a doctrina Lutheri« unter den Wittenberger Theologen. Dabei habe Melanchthon seine abweichende Meinung über das Abendmahl geschickt verbergen können, auch vor seinen Studenten, und einen »heimlichen Unwillen In seinem Herzen wieder Lutherum« behalten, während dieser Melanchthon »aus grund seines Herzens lieb« hatte und stets allen Studenten gebot, »Philippum in hochsten ehren zu halten«.[28] Zielgerichtet wird der Vorwurf des Verrats an Luther vorbereitet. Dazu gehört der Bericht über ein Abendessen zu Martini 1545 in Wittenberg, zu dem Luther neben Melanchthon auch Johannes Bugenhagen, Caspar Cruciger, Georg Major und Paul Eber einlud, und über die dabei vorgetragene »Admonitio ad suos fratres Theologos«, daß sie »bey den Euangelio bestendig bleiben« sollten. Er werde bald sterben, die »furnemsten fratres« würden abfallen, sie würden dem Evangelium mehr schaden als die Papisten, »sed de nostris non fuerunt«.[29] Der Verrat als vaticinium Lutheri! Die gewollte Parallele zum letzten Mahl Jesu! Das Bild rundet sich weiter. Nach Ratzenberger hat Luther noch kurz vor seinem Tod den Pfarrer aus der Eisleber Nicolaikirche, Johannes Rott, beauftragt, Melanchthon aufzufordern, die von Luther kritisierten Punkte in eine neue Edition der Loci communes nicht mehr aufzunehmen.[30] Den Tod Luthers habe Melanchthon zwar öffentlich beweint, aber gegenüber Freunden geäußert, daß ihm in Zukunft die Leitung der Universität zustehe und die Theologen und Professoren sich nach ihm richten müßten, wie zuvor nach Luther. Ratzenberger verweist auf einen angeblichen Plan des Kurfürsten, 1546 Johannes Brenz nach Wittenberg zu berufen.[31]

Von der Überlieferung des Textes läßt sich aber nicht eindeutig sagen, ob alle erwähnten Vorwürfe tatsächlich von Ratzenberger stammen, einiges könnte eingefügt sein. Das Grundmuster der Verdächtigungen geht jedoch ohne Zweifel auf den kurfürstlichen Leibarzt zurück. So hätten nach Luthers Tod neben den Hofräten auch die Wittenberger Theologen Johann Friedrich zum Krieg gegen den Kaiser gedrängt. Der Entschluß Melanchthons, nach Wittenberg zurückzukehren, wird als Bruch bisheriger Zusagen –, auch gegenüber Johann Friedrichs – gewertet. Die weitere Entwicklung in dem neuen albertinischen Wittenberg kann für Ratzenberger nur negativ verlaufen, denn dort »ward hernacher die Glocke gegossen zu Spott und Hohn des stams Sachsen«, was sich auf die Auseinandersetzungen um das Interim bezieht.[32] Zum Verrat an Luther kam der Verrat /185/ am Landesherrn und schließlich am Evangelium. Trotz der noch ausstehenden textkritischen Bearbeitungen der

---

27 Zu Ratze[n]berger vgl. Die handschriftliche Geschichte Ratzeberger's über Luther und seine Zeit/ mit literarischen, kritischen und historischen Anmerkungen hrsg. von Chr[istian] Gotth[old] Neudecker. Jena 1850, 1-38; [Adolf] Brecher: Ratzenberger: Matthäus R. ADB 27, 372-374; Theodor Kolde: Matthäus Ratzeberger. RE³ 16, 471 f; Gottfried Müller: Dr. Matthäus Ratzeberger: ein Arzt der Reformationszeit. In: Des Herren Name steht uns bei: Luthers Freunde und Schüler in Thüringen/ bearb. von Karl Brinkel und Herbert von Hintzenstern. Bd. 1. Berlin 1961, 109-117; Susanne Siebert: Ratzenberger, Matthäus. BBKL 7 (1994), 1394 f.
28 Die handschriftliche Geschichte ..., 124.
29 Ebd, 131 f.
30 Ebd, 139.
31 Ebd, 141 f.
32 Ebd, 185.

Schriften Ratzenbergers, die letzte Ausgabe erfolgte 1850 durch den Gothaer Pädagogen Johann Christian Gotthold Neudecker, der sich selbst mit Strobels Erläuterungen kritisch auseinandersetzte,[33] liegt mit den Aufzeichnungen des kurfürstlichen Leibarztes eine zeitgenössische Quelle aus dem Umkreis des ernestinischen Hofes vor. Sie zeichnet systematisch ein negatives Bild von Melanchthon, sie eignete sich als Berufungsinstanz und zwar noch besser als die antiadiaphoristischen Schriften der Genesiolutheraner, denen ein gewisses Odium der querelae theologorum anhaften konnte. Bereits im 16. Jh. stand so das Gegenbild zu den Darstellungen des Camerarius oder den Würdigungen Örtels und Heerbrands zur Verfügung.

Es überrascht daher nicht, wenn bei den theologischen Auseinandersetzungen in der 2. Hälfte des Reformationsjahrhunderts dieses Gegenbild vervollständigt und weitergegeben wurde sowie in größeren Geschichtsdarstellungen der folgenden Jahrhunderte wiederkehrt, auch in denjenigen, welche nicht unbedingt als konfessionell lutherisch zu gelten haben. Das gilt für Veit Ludwig von Seckendorf, dessen »Commentarius historicus et apologeticus de Lutheranismo seu de reformatione« 1688-1692 erstmals erschien,[34] als auch für Gottfried Arnold. Seine »Unparteiische Kirchen- und Ketzer-Historie« übernahm ebenfalls die weitgehende Kritik an Melanchthon.[35] Ratzenbergers Aufzeichnungen veröffentlichte erstmals 1618 Friedrich Hortleder.[36] Der Leipziger Historiker Johann Burchard Mencke – Mittelpunkt eines Kreises in Leipzig, der sich der Frühaufklärung verpflichtet fühlte – berief sich in seinem »Gelehrten-Lexicon« ausdrücklich auf Ratzenberger. Melanchthon habe unter dem Namen von Luther und Justus Menius manches geschrieben, um den Calvinisten »zu gefallen«. Aufgenommen werden die Vorwürfe wegen der Haltung in der Abendmahlsfrage, Melanchthon habe sich nach Luthers Tod öffentlich den Calvinisten zugewandt. Die Verratstheorie im Blick auf Kurfürst Johann Friedrich und das Interim wird nicht wiederholt. Der Einsatz Melanchthons für Glaubensfragen und in den Religionsgesprächen wird dagegen ausdrücklich gewürdigt.[37]

Geradezu wohltuend zu lesen ist der Artikel über Melanchthon in dem von Johann Heinrich Zedler verlegten »Universal-Lexicon aller Wissenschaften und Künste«. Es wird nur berichtet und jedes Urteil vermieden, was ebenfalls auf eine gewisse Ambivalenz im Urteil über Melanchthon zurückzuführen sein könnte.[38] Auf die Schriften von Örtel und /186/

---

33 Zur Auseinandersetzung mit Strobel ebd, 2 f. 30 f. 35 f. D. MATTHAEI RATZENBERGERS GEHEIME GESCHICHTE VON DEM CHUR= UND SAECHSISCHEN HOEFEN UND DEN RELIGIONS=STREITIGKEITEN SEINER ZEIT .../ hrsg. von Georg Theodor Strobel. Altdorf 1774.

34 Veit Ludwig von SECKENDORF: Commentarius historicus apologeticus de Lutheranismo ... Frankfurt; Leipzig 1688. 2. Aufl. Leipzig 1694; Anneliese WOLF: Die Historiographie Veit Ludwigs von Seckendorf nach seinem »Commentarius Historicus et Apologeticus de Lutheranismo«. Phil. Diss. Leipzig 1925 geht auf die Darstellung Melanchthons durch Seckendorf nicht gesondert ein.

35 Gottfried ARNOLD: Unparteiische Kirchen- und Ketzer-Historie. 2 Bde. Frankfurt/Main 1699 und 1700. Nachdruck Hildesheim 1967. Vgl. Martin SCHMIDT: Arnold, Gottfried. TRE 4 (1979), 136-140.

36 Friedrich HORTLEDER: Handlungen vnd Außschreiben ... Von Rechtmässikeit / Anfang / Fort= vnd endlichen Außgang deß Teutschen Kriegs ... Bd. 2. 2. Aufl. Gotha 1645, 39-57 (Buch 1, Kap. 13); vgl. Hammer – Nr. 827 a. Zur 1. Aufl. 1618 vgl. Hammer – Nr. 794 f.

37 Joh[ann] Burchard MENCKE: Compendiöses Gelehrten=Lexicon ... Leipzig 1715, 1319 f.

38 GROSSES VOLLSTÄNDIGES UNIVERSAL-LEXICON ALLER WISSENSCHAFTEN UND KÜNSTE ... Halle; Leipzig: Johann Heinrich Zedler, 1739. Bd. 19, 420-442.

Camerarius verweist Melchior Adam in den einige Jahrzehnte früher verfaßten »Vitae Germanorum philosophorum«.[39] Luther und Melanchthon, die »duo viri tanti«, hat Gott als seine »duo organa« verbunden.[40] Vorsichtig wird dagegen Melanchthons Haltung zum Interim kritisiert, er habe die Irrtümer zugedeckt und aus Furcht vor dem Kaiser gehandelt.[41]

Valentin Ernst Löscher, seit 1709 Superintendent und Oberkonsistorialrat und streitbarer Lutheraner zu Dresden, befaßte sich in seinem dreibändigen Werk über die »Historia Motuum« zwischen den Lutheranern und Reformierten (Frankfurt, Leipzig 1707/1708. 1724)[42] eingehend mit Melanchthon. Neben einer deutlichen Würdigung des großen »und in Wahrheit lobwürdige(n) Melanchthon« als »in gewissen maße Lutheri rechte Hand« und als »eine grosse Säule der rechtgläubigen Kirche«, der das Prädikat »des allgemeinen Praeceptoris von Deutschland ... wohl verdient« habe,[43] steht die klare Kritik am Verhalten vor allem nach Luthers Tod. Als grundlegende Vorwürfe werden benannt: vertraute Korrespondenz in Glaubenssachen mit den Zürcher Theologen, mit Martin Bucer, Heinrich Bullinger und Calvin; Veränderung der Confessio Augustana; großer Wandel im eigenen Verhalten und Förderung zweifelhafter Personen.[44] Melanchthon habe besonders nach Luthers Tod eine große Neigung zu »einem philosophischen Christenthum« gezeigt.[45] An ihm vollzog sich das heilige Gericht Gottes. Es zeigte sich, »wie höchstschädlich die Lauigkeit und das politisieren in Religions=Sachen« ist. Wer überall Ruhe und Frieden erhalten will, vergrößert nur die Spaltungen und läßt die Risse »fast unheilbahr« werden.[46] Veränderungen an der Confessio Augustana sind abzulehnen, da in einem symbolischen Bund »alles klar, lauter und unanstößig seyn soll«, auch muß die Unterscheidung von dem Gegner »richtig« erfolgen.[47] Löscher überträgt die spätere Funktion der Confessio Augustana als abgeschlossene Bekenntnisschrift und Lehrnorm auf die Frühzeit, was Melanchthon zu keinem Zeitpunkt so gesehen hatte. Wenn dem Wittenberger Reformator vorgeworfen wird, er habe den »leichten Weg des Nachgebens« gewählt,[48] so bleiben der politische Kontext, die Abhängigkeit von der kursächsischen Religions- und Reichspolitik, die Notwendigkeit, im politischen Raum Kompromisse zu suchen, unberücksichtigt. Löscher sucht nach Gründen, für die von ihm beklagte Entwicklung im Handeln Melanchthons. Diesem hätte es »an der Wissenschafft sichern Grunds und rechter Glaubens=Freudigkeit« gefehlt, zu sehr hätte er die »weltliche erudition« geliebt und das /187/ Übermaß an »Philosophie auf der

---

39 Melchior ADAM: Vitae Germanorum philosophorum ... Heidelbergae 1615, 184-205. Der Verweis auf die Gedenkreden von Örtel und Camerarius ebd, 205. Zu Adam vgl. [Ernst] KELCHNER: Adam, Melchior A. ADB 1, 45 f; Friedrich Hermann SCHUBERT: Adam, Melchior. NDB 1 (1953), 53.

40 Adam: Vitae Germanorum..., 189.

41 Ebd, 195 f.

42 Valentin Ernst LÖSCHER: Ausführliche Historia Motuum zwischen den Evangelisch=Lutherischen und Reformirten/ ... Teil 2. Franckfurt und Leipzig 1708. Zu Löscher vgl. Horst WEIGELT: Löscher, Valentin Ernst. TRE 21 (1991), 415-419.

43 Löscher: Ausführliche Historia ..., 30.

44 Ebd, 30 f.

45 Ebd, 35.

46 Ebd, 40.

47 Ebd, 49.

48 Ebd, 51.

Seite der Sakramentarier« nicht durch den Glauben überwinden können. Für Löscher ist dieses Verhalten »kein völliger Abfall«, aber ein »große[r] und zu bejammernde[r] Fehler«.[49]

Die gleichen Vorwürfe richten sich gegen Cruciger und Bugenhagen sowie Camerarius in Leipzig. Dieser habe mit seinen Schülern einer dem Melanchthon »allzu sehr anhangende(n) Theologi allen Vorschub« geleistet und viele »Philippisten« an der Juristischen und Philosophischen Fakultät in Ämter gebracht.[50] Camerarius zähle »zur Partei der Krypto-Calvinisten«. Wertschätzung für Literatur und »elegantiora studia« leisten dem »Indifferentismus« in Glaubenssachen Vorschub. Eine Änderung habe erst das »gesegnete Concordienwerck« gebracht.[51] Insgesamt bemühte sich Löscher, Melanchthon differenziert darzustellen und der gemeinsamen Arbeit mit Luther gerecht zu werden. Viele Vorurteile, Verdächtigungen und Verurteilungen werden aber aufgenommen und damit weitergegeben. Dabei sind auch die Probleme zu sehen, die sich für das Luthertum in Kursachsen aus dem Konfessionswechsel August des Starken (1697) ergaben.

Der eigentliche Wandel in der Beschäftigung mit Melanchthon setzt erst um 1770 mit den Arbeiten des aus Hersbruck stammenden Georg Theodor Strobel ein.[52] Nach der Übernahme der Pfarrstelle 1769 in Rasch bei Altdorf begann er zwei Jahre später, zu Melanchthon zu publizieren. Über 20 Jahre – seit 1774 Pfarrer in der Nürnberger Vorstadt Wöhrd – widmete er sich dem Wittenberger Reformator, veröffentlichte dessen Briefe,[53] gab den »Unterricht der Visitatoren« erstmals als Melanchthonschrift heraus,[54] arbeitete zur Geschichte der Loci.[55] Seine besondere Aufmerksamkeit galt der Bibliographie Melanchthons[56] und dessen Beziehungen zu Nürnberg.[57] Eine biographische Darstellung verfaßte Strobel nicht, er schuf aber die eigentlichen Voraussetzungen für eine tiefergehende und quellenbezogene Beschäftigung mit Melanchthon. /188/

---

49 Ebd, 178.

50 Ebd, 183. Zu Cruciger und Bugenhagen ebd, 181-183.

51 Ebd, 185. 188. 190.

52 Vgl. oben Anm. 3.

53 Karl Theodor STROBEL: Litterarische Nachricht von Melanchthons sämtlichen Briefen, worinn zugleich die Unschuld desselben gegen die Goezischen Schmähungen vertheidigt wird. In: Ders.: Beyträge zur Litteratur besonders des 16. Jahrhunderts 1 (1784), 1-176; vgl. Hammer – Nr. 1428. Zu weiteren Arbeiten Strobels zum Briefwechsel Melanchthons Hammer – Nr. 1338 (1769). 1345 (1771). 1398 (1781). 1460 und 1464 (1792). 1480 f (1794).

54 Philipp MELANCHTHON: Chursa(e)chsische Visitations Artickel vom Jahr 1527 und 1528 lateinisch und deutsch/ mit einer historischen Einleitung hrsg. von Georg Theodor Strobel. Altdorf 1776; vgl. Hammer – Nr. 1375.

55 Georg Theodor STROBEL: Versuch einer Litterär Geschichte von Philipp Melanchthons LOCIS THEOLOGICIS als dem ersten Evangelischen Lehrbuche. Altdorf 1776; vgl. Hammer – Nr. 1372. Weitere Arbeiten Strobels zu den Loci Hammer – Nr. 1438 (1786). 1486 (1794).

56 DERS.: Bibliotheca Melanchthoniana sive Collectio scriptorum Philippi Melanchthonis ... (Altdorf) 1775; vgl. Hammer – Nr. 1366. Weitere erweiterte Ausgaben Hammer – Nr. 1376 (1777). 1412 f. (1782).

57 DERS.: (Nachricht) Von Melanchthons Aufenthalt und Verrichtungen in Nürnberg. In: Ders.: Vermischte Beiträge zur Geschichte der Litteratur. Nürnberg 1755, 81-128; vgl. Hammer – Nr. 1362. Als selbständige Schrift Altdorf 1774; vgl. Hammer – Nr. 1363.

In das Nachdenken über Melanchthon Ende des 18. Jh.s gehören die Auseinandersetzungen, die Strobel 1773 mit dem Historiker und Philosophen Karl Renatus Hausen[58] und zehn Jahre später mit Johann Melchior Goeze[59] führte. Der Streit mit Hausen ist verknüpft mit der von Strobel 1774 kommentierten Veröffentlichung der Schriften Ratzenbergers, um die Ehre Melanchthons zu verteidigen. Ratzenberger hatte Hausen für dessen »Pragmatische Geschichte der Protestanten in Deutschland« als Vorlage gedient.[60] Strobel berichtete von Abschriften der Aufzeichnungen Ratzenbergers, die kursierten und Gottfried Arnold vorgelegen haben. Er will die von »Haß und Affecten« geprägten Aussagen Ratzenbergers widerlegen.[61] 80 Jahre später hielt Neudecker die Vorwürfe des Wörther Geistlichen für überzogen und zu promelanchthonisch.[62] In der 1773 gegen Hausen gerichteten Schrift beklagte Strobel, daß die harten und unbegründeten Beschuldigungen ungeprüft wiederholt werden. Hausen schreibe wie Arnold nur von Ratzenberger – dem »heftigsten Flacianer« – ab, der alles, was für die Wittenberger nachteilig erscheine, begierig aufsuche und weitergebe, ohne nach wahr oder unwahr zu fragen.[63] Strobel dagegen versuchte, mit Hilfe der ihm bekannten Quellen die Vorwürfe und Verdächtigungen zu entkräften, die Wittenberger Theologen wären die Urheber des Schmalkaldischen Krieges, sie hätten sofort nach der Niederlage bei Mühlberg am 24. April 1547 ihren Landesherrn verlassen und ihn geschmäht sowie sich durch Geschenke vom neuen Kurfürsten Moritz kaufen lassen. Trotz der Zusage, eine neue Universität in Jena mitzugründen, sei er heimlich nach Wittenberg zurückgekehrt und habe durch diese »Flucht« seine Wohltäter »öffentlich« entehrt.[64]

Ebenso entschlossen setzte sich Strobel mit dem entschiedenen Lutheraner Goeze auseinander, der Melanchthon als Verräter der Wahrheit und Kirche charakterisiert hatte. Dabei ging es um dessen angebliche Furchtsamkeit auf dem Augsburger Reichstag 1530, in Schmalkalden 1537 und während der Interimsstreitigkeiten, um den in der Tat schwierigen Brief Melanchthons an Christoph von Karlowitz vom 28. April 1548, um den Vorwurf der Gleichgültigkeit, der Indifferenz und der »Achselträgerey« in der Lehre sowie um die Veränderungen – besonders im Abendmahlsartikel – an der Confessio Augustana.[65] /189/

---

58 Hausen, 1740 in Leipzig geboren, wo er auch studierte, wurde 1765 ao Professor in Halle und 1766 in Frankfurt/Oder Professor der Philosophie und Geschichte. Er starb 1805. Vgl. R[udolf] SCHWARZE: Hausen: Karl Renatus H. ADB 11, 87 mit ausgesprochen negativem Gesamturteil, seine Schriften wären »zu wenig sorgfältig gearbeitet, um besondere Bedeutung beanspruchen zu können«.

59 Goeze – 1717 geboren – stammte aus einem Halberstädter Pastorengeschlecht, studierte in Jena (ab 1734) und Halle (ab 1736) und wurde nach Pfarrstellen in Aschersleben und Magdeburg 1750 Hauptpastor an St. Katharinen zu Hamburg, wo er 1756 starb. Vgl. [Carl] BERTHEAU: Goeze, Johann Melchior. RE³ 6, 757-761; Georg DAUR: Johann Melchior Goeze. NDB 6 (1971), 598 f; BBKL 2 (1990), 261 f.

60 Karl Renatus HAUSEN: Pragmatische Geschichte der Protestanten in Deutschland. Teil 1. Halle 1767.

61 D. Matthaei Ratzenbergers geheime Geschichte ..., Vorrede.

62 Neudecker: Die handschriftliche Geschichte ..., 7. 80 Anm. 61. 86 Anm. 86.

63 Georg Theodor STROBEL: Ehrenrettung Melanchthons wider Herrn Prof. Hausen. In: Ders.: Vermischte Beiträge zur Geschichte der Litteratur. Nürnberg 1775, 37. Vgl. auch [DERS.]: Die Ehre Melanchthons gerettet wider die ungegründeten Beschuldigungen Herrn Prof. Hausens ... Altdorf 1773.

64 Strobel: Ehrenrettung ..., 35. Er bezieht sich auf Hausen: Pragmatische Geschichte ..., 105.

65 DERS.: Apologie Melanchthons wider einige neuere Vorwürfe des Herrn Hauptpastor Go(e)tzen zu Hamburg. Nürnberg 1783. Zum Streit mit Goeze vgl. auch oben Anm. 53. Und Johann Melchior GOEZE: Beweis der Nichtigkeit der Strobel'schen Apologie für Melanchthon. Hamburg 1783.

## III Der »neue« Melanchthon in den Darstellungen zwischen 1800 und 1860

An ausgewählten biographischen Darstellungen aus der 1. Hälfte des 19. Jh.s sollen unterschiedliche theologische, konfessionelle und politische Positionen in der Melanchthonrezeption verdeutlicht werden. 1795 veröffentlichte Johann Friedrich Wilhelm Tischer seine Melanchthon-Darstellung.[66] Tischer, 1767 in Dautzschen bei Torgau geboren, besuchte von 1781 bis 1786 die fürstliche Schule St. Afra zu Meißen und studierte ab 1786 in Wittenberg. 1792 erhielt er die Pfarrstelle in Dautzschen, wurde 1796 Superintendent in Jüterbog, 1798 in Plauen und 1823 in Pirna, wo er 1842 starb.[67] Als Quellen nennt der Verfasser Strobel und Schriften Melanchthons, vor allem aber dessen Vorreden und Briefe.[68] Für Tischer sind Melanchthon und Luther die eigentlichen Träger der Reformation, einer allein hätte die Veränderung jedoch nicht bewirkt, nur gemeinsam konnte Großes bewirkt werden.[69] Unkritische Lobeshymnen werden vermieden. Der Verfasser fühlte sich nicht berufen, »alles an den Manne zu rechtfertigen und zu loben, an welchem so viel zu loben ist«.[70] Bei der Bewertung der Entscheidung 1547 für Wittenberg verzichtet er auf ein eigenes Urteil und begründet mit Zitaten aus Briefen das Handeln Melanchthons. 1548/1549 steht dieser für Tischer zwischen den Parteien, dem Kaiser scheint Melanchthon zu wenig und den Protestanten zu viel nachzugeben.[71] Die Angriffe träfen einen Unschuldigen. Schließlich verweist der Dautzschener Pfarrer darauf, daß selten über einen Menschen so verschieden geurteilt worden ist wie über Melanchthon. Einigkeit bestände nur über seinen Einfluß auf die Entwicklung der Wissenschaften und der Vermittlung von Sprachen. Für fast alle Teile der Wissenschaften gingen neue Lehrbücher auf ihn zurück, von denen welche 200 Jahre lang in allen protestantischen Universitäten in Gebrauch waren. Das gelte ebenso für Schulbücher, vor allem für die griechische Grammatik, die 1714, 1734 und zuletzt 1737 nachgedruckt worden sind. Mit den Schulbüchern hatte für Tischer der Wittenberger Reformator größeres Glück gehabt als mit seinen theologischen Schriften, die seit Abschluß der Konkordienformel (1577) und Einführung des Konkordienbuches (1580) »bald in den Ruf der Ketzerei« gekommen wären.[72]

Die Kontroverse um die Theologie Melanchthons klingt indessen nur kurz an. Den Nutzen Melanchthons für die Reformation faßt Tischer in fünf Punkten zusammen: /190/

---

66 Johann Friedrich Wilhelm Tischer: Philipp Melanchthons Leben: ein Seitenstück von Luthers Leben. Leipzig 1795. Weitere Ausgaben: Zofingen 1798; Rotterdam 1799 (niederl. Übersetzung); 2., verb. Aufl. Leipzig 1801. Die 2. Aufl. enthält 200-204 »Zwei noch ungedruckte Briefe Melanchthons« von 1529/1530 an Georg Melanchthon, die als Fälschungen angesehen werden; vgl. Hammer – Nr. 1506. Die Darstellung Luthers: Leben, Thaten und Meinungen D. Martin Luthers: ein Lesebuch für den Bürger und Landmann, erschien erstmals Leipzig 1793. Weitere Aufl. 1794. 1795. 1802. 1818.

67 Zu Tischer vgl. Georg Buchwald; Heinrich Johannes Scheuffler: Die in Wittenberg ordinierte Geistlichkeit der Parochien des jetzigen Königreiches Sachsen. BSKG 13 (1898), 121 f. (lat. Lebenslauf zur Ordination am 18. September 1792); Evangelisches Pfarrerbuch für die Mark Brandenburg seit der Reformation/ bearb. von Otto Fischer. Bd. 2. Berlin 1941, 895.

68 Tischer: Philipp ..., Vorrede.

69 Tischer: Philipp ... 2. Aufl. Leipzig 1801, 30.

70 Ebd, 110.

71 Ebd, 144.

72 Ebd, 183.

1. Bemühen, Gegner zu schonen und Luther von übereilten Schritten abzuhalten,
2. gründliche Darstellung der evangelischen Lehre,
3. Bewahrung der neuen Lehre vor vielen Mißverständnissen,
4. umfassende Erklärung des Neuen Testaments,
5. durch Eintreten für Philosophie und Sprachen, durch »Aufklärung in den Wissenschaften« wird »Aufklärung in der Religion« erreicht; vernünftige Belehrung schaffte Offenheit für die Religion, für den Glauben.[73]

Der Schlußabschnitt vergleicht nochmals Luther und Melanchthon und nimmt die Ausgangsposition wieder auf: Beide waren unentbehrlich. »Keiner stand im Schatten« des anderen. »Jeder hatte seine Verdienste.«[74]

Ging Tischer noch vorsichtig mit kritischen Punkten um und vermied er es, sich zum Vorwurf der Ketzerei zu äußern, so behandelt der Artikel der 1817 in 4. Auflage bei Brockhaus erschienenen »Allgemeine(n) Hand-Encyclopädie für die gebildeten Stände« Melanchthon ausgesprochen wohlwollend.[75] Jede Kritik tritt zurück. Das für breitere Kreise, auch außerhalb der Theologie, gezeigte Bild steht im klaren Kontrast zu der von Ratzenberger verkörperten Antimelanchthonideologie und ist weitgehend positiv, wobei aufklärerische Akzente stark hervortreten. Mit Luther prägte er die Schule und Nation. Aus der »Leisetreterei« wird Behutsamkeit, mit welcher der sanfte, friedliebende Charakter »vom Zweifel zur Wahrheit fortschritt«.[76] Mäßigung und Gerechtigkeit ließen Melanchthon zum Vermittler werden. Aus Liebe zu Wittenberg unterwarf er sich Kurfürst Moritz, einem Fürsten, der bei der ganzen lutherischen Partei sich verdächtig gemacht hatte.

> »Daß die protestantischen Völker dennoch fortfuhren, ihn als einen Stifter ihres Glaubens zu achten, konnten ihm einige Theologen, die gern allein die Erben von Luthers Glorie geworden wären, nicht vergeben.«[77]

Die Melanchthonkritik wird auf Neid und Mißgunst zurückgeführt und damit moralisch beurteilt und abgewertet. »Natürliche Schüchternheit und Liebe zum Frieden« ließen seine Aussagen oft »milder« ausfallen, »als die steifen Lutheraner es wünschten«.[78] Für »Menschenfurcht oder Gefälligkeit« lägen keine Beweise vor. Zu einer sachgerechten »billigen Beurteilung« wären die Zeitgenossen, die als Zeloten bezeichnet wurden, nicht bereit gewesen.[79] Allerdings hätte Melanchthon »erst später die Ränke und unedlen Leidenschaften« kennengelernt.[80] Wenn ihm auch der erste Platz »unter den berühmten Männern seines Jahrhunderts streitig« gemacht, wird er »der liebenswürdigste, reinste und gelehrteste in den Augen der gerechten Nachwelt immer bleiben«.[81] Die unterschiedlichen, bald gegensätzlichen Urteile über Melanchthon werden sichtbar, /191/ zugleich aber auch das klare

---

73 Ebd, 189-193.
74 Ebd, 193 f.
75 Allgemeine Hand-Encyclopädie für die gebildeten Stände. Bd. 6: M und N. 4. Aufl. Altenburg; Leipzig 1817, 286-290.
76 Ebd, 286.
77 Ebd, 288.
78 Ebd, 288.
79 Ebd, 288.
80 Ebd, 289.
81 Ebd, 289 f.

Ziel, den Lesern des Lexikons ein bewußt freundliches Urteil über »Luthers berühmten Mitarbeiter an der Reformation«[82] zu ermöglichen.

In der Zeit tiefer Gegnerschaft Johann Joseph Ignaz Döllingers gegen den Protestantismus fällt dessen dreibändiges Werk zur Reformation,[83] das vor allem das Scheitern Melanchthons aufzeigt. Dabei werden sehr geschickt Zitate aus seinen Briefen herangezogen, um ein insgesamt düsteres, antiprotestantisches Bild zu entwerfen. Voreingenommenheit und zielgerichtete Polemik beeinflussen Döllingers Melanchthonbild. Allerdings sieht er eine folgenreiche Veränderung bei der »glänzendsten Erscheinung aus der Erasmischen Schule«. Den »Reichthum der Kenntnisse« Melanchthons, seine »Leichtigkeit des Ausdrucks«, die »Gewandtheit der Darstellung«, die »rhetorische Fülle und Improvisation« kann er hervorheben, auch den »besonnene[n] Sachwalter« der gemeinsamen Sache, aber wohl doch den Humanisten.[84] Der Streit mit Luther, »eigenmächtige Veränderungen« an der Confessio Augustana und Irrlehren charakterisieren den anderen Melanchthon, dem Döllinger »Doppelbödigkeit« vorwirft.[85] Neben offiziellen Aussagen stände die in seinen Briefen an Freunde gezeigte wirkliche Gesinnung.[86] Melanchthon sei unfähig, dem eigenen Verderben zu wehren.[87] Zunehmende Härte gegen Andersgläubige charakterisiere die Haltung in der Spätzeit,[88] als er vor einem Scherbenhaufen gestanden habe und die von ihm bekämpften Lehren »überall gern und freudig« aufgenommen wurden.[89] Melanchthon erscheint bei Döllinger einseitig als Theologe der Reformation, die sich verhängnisvoll auf die deutsche Geschichte ausgewirkt habe. In diesem Interpretationsrahmen kann das Lebenswerk Melanchthons nur negativ beurteilt werden, auch wenn sich eine deutliche Nähe zu genesiolutherischen Vorwürfen abzeichnete. Lediglich die Jahre von 1526 bis 1528 gelten als die »goldene Zeit« im Wirken des Wittenbergers.[90]

Unter dem Einfluß des Rationalismus verfaßte Moritz Facius »einen kurzen Aufriß« des Lebens Melanchthons.[91] Als Sohn des Pfarrers Johann Christian Facius in Niederzwönitz geboren, wurde er nach dem Studium in Leipzig 1825 zunächst Lehrer in Chemnitz und 1828 Substitut seines Vaters, bevor er 1830 die Pfarrstelle in Lauter übernahm. 1845 wechselte er nach Mochau (über Döbeln), wo er 1855 starb. Facius entschloß sich zu seinen Darstellungen während der Arbeiten zum Augsburger Reichstag, da er den »frommen Philipp Melanchthon so innig« liebgewonnen habe.[92] Als Quellen benennt er u. a. /192/ zu Melan-

---

82 Ebd, 286.

83 I[gnaz] Döllinger: Die Reformation, ihre innere Entwicklung und ihre Wirkungen im Umfange des Lutherischen Bekenntnisses. 3 Bde. Regensburg 1846-1848. Nachdruck Frankfurt/Main 1962. Zu Melanchthon Bd. 1, 352-408. Zu Döllinger vgl. Werner Kuppers: Johann Joseph Ignaz von Döllinger. NDB 4 (1959), 21-25; BBKL 1 (1975), 1344-1347; Victor Conzemius: Döllinger, Johann Joseph Ignaz. TRE 9 (1982), 20-26.

84 Döllinger: Die Reformation ... 1, 349.

85 Ebd, 355.

86 Ebd, 361.

87 Ebd, 378-386.

88 Ebd, 388-391.

89 Ebd, 396.

90 Ebd, 398.

91 Mori[t]z Facius: Philipp Melanchthon's Leben und Charakteristik in kurzem Abrisse. Leipzig 1832.

92 Ebd, XVIII.

chthon[93] die Briefausgabe des Camerarius[94] und die Darstellungen von Strobel, Seckendorf,[95] Löscher,[96] Christian August Salig,[97] Georg Spalatin[98] und Camerarius.[99] Luther und Melanchthon – ein jeder »groß in seiner Art«[100] – werden mit ihren unterschiedlichen, oft gegensätzlichen Charaktereigenschaften und Temperamenten gewürdigt und ihr gemeinsames Handeln als die beiden stützenden »Pfeiler an dem Baue der evangelisch= protestantischen Kirche ... in Gestalt und Charakter« hervorgehoben.[101] »Der Geist der Sanftmuth und Duldung von Christus und Johannes« wohne in Melanchthons Schriften.[102] Daß die »Zierde unsers Sachsenlandes«[103] und der »Lehrer von Deutschland«[104] nicht »alles auf einmal richtig« sah, habe dieser »mit jedem Menschen« gemeinsam, der nicht auf Irrtumslosigkeit Anspruch erhebt oder aus Eitelkeit vom eigenen Erfolg überzeugt ist. Veränderungen in der eigenen Meinung spiegelten sich nicht als »Wankelmuth eines unbevestigten Geistes, sondern als Fortschritt eines unermüdeten Geistes« wider. Die Abweichungen von Luther, der auch geirrt habe, kennt Facius und sieht sie als »das große Beispiel der eigenen Freiheit des Protestantismus«,[105] wie auch Furchtsamkeit und Bedenkenhaben keine negativen Eigenschaften sind. Bei Augsburg 1530 äußert sich der Verfasser vorsichtiger, eine »halbe Rechtgläubigkeit« werde schwerer verziehen »als der Mangel aller«.[106] Das Verhalten Melanchthons nach 1547 findet dagegen keine Kritik, was auch für den »großen« Moritz von Sachsen gilt.[107] Facius räumt ein, Melanchthon habe zwar »seine Worte oft milder« gestellt »als es die strengeren Protestanten wünschten«, aber es sei nicht zu beweisen, daß er »aus Menschenfurcht oder Gefälligkeit in irgend einem wesentlichen Punkte der evangelischen Wahrheit Etwas vergeben hatte«,[108] daran änderte auch der oft kritisierte Brief Melanchthons vom 28. April 1548 an den kursächsischen Rat Christoph von Karlowitz nichts, in dem jener seine Vorbehalte gegen Luther und die ernestinische Politik formuliert, andererseits aber bei aller Loyalität gegenüber Kurfürst Moritz das Augsburger Interim klar ablehnt.[109] /193/ Melanchthon er-

---

93 Ebd, XIX-XXIV.
94 LIBER // CONTINENS ... EPISTOLAS // PHILIPPI // MELANCHTHONIS // ... LIPSIAE, // ... M. D. LXIX., VD 16 13, 423 – M 3553.
95 Vgl. oben Anm. 34.
96 Valentin Ernst Löscher: Vollständige Reformations-Acta und Documenta. 3 Bde. Leipzig 1720-1729; vgl. Hammer – Nr. A 1040 a. A 1083 A.
97 Christian August Salig: Vollständige Historie der Augspurgischen Confeßion und derselben Apologie. 3 Bde. Halle 1730-1735, vgl. Hammer – Nr. 1109. 1136. 1143.
98 Georg Spalatin: Annales Reformationis Oder Jahr-Bücher von der Reformation Lutheri/ hrsg. von Ernst Salomon Cyprian. Leipzig 1718.
99 Vgl. oben Anm. 7.
100 Facius: Philipp Melanchthon's Leben ..., 3.
101 Ebd, 4.
102 Ebd, 25.
103 Ebd, 5.
104 Ebd, 23.
105 Ebd, 25.
106 Ebd, 38.
107 Ebd, 59.
108 Ebd, 62.
109 Ebd, 62-65 mit Abdruck des Briefes. Vgl. oben S. 210 und zur Beurteilung des Briefes vor allem Heinz Scheible: Melanchthons Brief an Carlowitz (1966). In: Ders.: Melanchthon und die Reformation/ hrsg. von Gerhard May und Rolf Decot. Mainz 1996, 304-332.

scheint als Verfasser »des Leipziger, des neuen oder jungen Interims«,[110] an dessen Stelle frei von Zwang im Sommer 1551 die Confessio Saxonica trat.[111]

Sehr deutlich vergleicht Facius die Auseinandersetzung um Melanchthon im 16. Jh. mit dem Streit der Theologen seiner Zeit, mit dem »argen Eifer der Zeloten« »jüngst ... zu Berlin und Halle«, mit den »laute[n] Klagen gegen die Rationalisten als unchristliche Lehrer« und den Forderungen, diese aus ihren Ämtern zu entfernen. »Solche Partheiungen« sind zurückzuweisen, die in der eigenen Weise nur »das Heil« finden. In der Auseinandersetzung mit dem Unglauben einerseits und andererseits mit einer Kirche, die der protestantischen »in geschlossener Einheit entgegen tritt« ist die von den »Zeloten« verlangte Einheit abzulehnen. Es geht nicht um Einheit um jeden Preis auf der Grundlage der Anschauungen einer »Partheiung«, sondern um »innige Einigkeit«, die sich durchaus auf eine »Verschiedenheit der dogmatischen Systeme« gründen kann. Facius beruft sich dabei ausdrücklich auf seinen Leipziger Universitätslehrer und Anwalt eines theologischen Rationalismus Heinrich Gottlieb Tzschirner.[112]

In seiner engagiert verfaßten Biographie Melanchthons setzt sich Facius mit den seit dem 16. Jh. immer wieder erneuerten Vorwürfen gegen den Wittenberger Reformator auseinander, er versucht, sie zu entkräften, sie abzuweisen oder sie historisch, aber auch psychologisch zu erklären. Es fällt auf, wie stereotyp sich die Kritik der Melanchthongegner durch die Jahrhunderte behauptet hat: Wankelmut, Furcht und Nachgiebigkeit, Abweichen von Luther, Verfälschen der Lehre, Versagen im Streit um das Interim. Sie kehren – zuweilen unterschiedlich akzentuiert – nicht nur in der antimelanchthonischen Polemik immer wieder, sondern haben auch eine erstaunliche Zähigkeit entwickelt und bestimmen oft bis heute trotz verbesserter Quellenlage noch Darstellungen zur Reformationszeit, vor allem für die Zeit nach 1546.

Die Wiederentdeckung Melanchthons in der 1. Hälfte des 19. Jh.s ist nicht an bestimmte theologische Grundhaltungen gebunden. Neben Facius, einem dem Rationalismus verbundenen Theologen, stehen der zur lutherischen Erneuerungsbewegung in Sachsen zu rechnende Moritz Meurer[113] oder der Gegner des Rationalismus Friedrich August Koethe, der 1829/1830 eine dreibändige Auswahl von Melanchthonschriften in deutscher Sprache veröffentlichte,[114] die erste und bis 1997 die einzige ihrer Art. Koethe steht am Anfang einer quellensystematischen Erschließung des Gesamtwerkes Melanchthons, die seit 1834 vor allem durch das von Carl Gottlieb Bretschneider und Heinrich Ernst /194/ Bindseil heraus-

---

110 Facius: Philipp Melanchthon's Leben ..., 60.

111 Ebd, 67.

112 Ebd, 65 f. Es handelt sich um Heinrich Gottlieb TZSCHIRNER: Die Verschiedenheit der dogmatischen Systeme kein Hinderniß des Zweckes der Kirche. Magazin für christliche Prediger 1 (1823), 1-18. Vgl. Christiane SCHULZ: Spätaufklärung und Protestantismus: Heinrich Gottlieb Tzschirner (1778-1828). Leipzig 1999. (AKThG; 4).

113 Zu Meurer vgl. Günther WARTENBERG: Kirchengeschichte – Regionalgeschichte: das Beispiel Sachsen. HCh 19 (1995), 74-77.

114 Philipp MELANCHTHON: Werke, in einer auf den allgemeinen Gebrauch berechneten Auswahl/ hrsg. von Friedrich August Koethe. 6 Teile. Leipzig 1829/1830. Zu Koethe vgl. [Carl] BERTHEAU: Koethe: Friedrich August K. ADB 16, 761-763; Klaus-Gunther WESSELING: Köthe (Koethe), Friedrich August. BBKL 4 (1992), 298 f.

gegebene Corpus Reformatorum[115] entscheidend gefördert worden ist. Damit beginnt jedoch ein neuer Abschnitt in der biographischen Literatur zu Melanchthon, die ihren ersten Höhepunkt in der umfassenden Darstellung von Carl Schmidt[116] erreicht und nicht mehr unmittelbar zu unserem Thema gehört.

Wenn wir uns mit Melanchthon auseinandersetzen, so sind ebenfalls die unterschiedlichen und gegensätzlichen Linien im Melanchthonbild deutlich zu machen, die Negativfolien sind zu entdecken und mit dem tatsächlichen Verlauf der Ereignisse im 16. Jh. zu konfrontieren. Die Erforschung der Melanchthonrezeption steht erst am Anfang. Sie muß sich den verschiedenen Melanchthonbildern zuwenden, ihre Gestalter und Vermittler in ihrem geistesgeschichtlichen, politischen, kirchenpolitischen und theologischen Kontext darstellen sowie bewerten. Dieses ist durch die weit fortgeschrittene Arbeit am Briefcorpus, die intensive Aufarbeitung des Umfelds von Melanchthon und veränderte methodische Fragestellungen durchaus möglich und erfolgversprechend. Der Weg zu Melanchthon, der häufig einer Wiederentdeckung gleichkommt, erfordert sowohl neue Forschungen und neue Darstellungen als auch die intensive Kritik alter und neuer Bilder des Wittenberger Reformators neben Luther.

---

115 CORPUS REFORMATORUM. BD. 1-28: Philipp Melanchthon: Opera omnia/ hrsg. von Karl Gottlieb Bretschneider und Heinrich Ernst Bindseil. Halis Saxonum; Brunsvigae 1834-1860. Nachdruck New York 1963/1964. Zu CR vgl. MBW 1, 21-23.

116 Vgl. oben Anm. 2.

# Der Pietismus in Sachsen – ein Literaturbericht[*]

Bei der Durchsicht der regional ausgerichteten Forschung zur Entwicklung des deutschen Pietismus fällt auf, daß sich nur wenige Arbeiten mit den Verhältnissen im damaligen Kurfürstentum Sachsen befassen. Eine Gesamtdarstellung liegt bisher nicht vor.[1] Gab es unter den Bewohnern dieses bedeutenden evangelischen Territoriums keine Neigungen zum Pietismus? Blieb Sachsen unangefochten die orthodox-lutherische Hochburg? Wenn hier versucht wird, diesen Fragen nachzugehen und die Bedeutung des Pietismus für die kirchliche, theologische und politische Entwicklung Kursachsens zwischen 1690 und 1750 auf dem Hintergrund der seit der Jahrhundertwende erschienenen Literatur herauszuarbeiten, so beschränkt sich dieser Überblick auf die sächsischen Gebiete, die seit 1815 das Königreich Sachsen bildeten und die heute zur Evang.-Luth. Landeskirche Sachsens gehören.[2] Eine solche Begrenzung erscheint sinnvoll, um Überschneidungen mit anderen Territorien und Landschaften zu vermeiden.

Verschiedene, noch zu erörternde Faktoren führten in der Tat dazu, daß sich kaum sächsische Theologen dem Pietismus öffneten und daß sich eine dem Luthertum und der Konkordienformel verpflichtete Theologie und Kirchlichkeit offiziell behauptete. Dabei waren die Voraussetzungen für ein Einwurzeln des Pietismus gar nicht so ungünstig. Der für den Verlauf dieser Frömmigkeitsbewegung bedeutende Philipp Jakob Spener erhielt im März 1686 die Berufung zum Oberhofprediger, Kirchenrat und Beisitzer im Oberkonsistorium zu Dresden. Durch das Direktorium des sächsischen Kurfürsten in dem 1653 entstandenen Corpus evangelicorum genoß Speners neuer Aufgabenbereich besonderes Ansehen. Es galt als höchstes geistliches Amt in den evangelischen Territorien. Für die fünfjährige Wirksamkeit Speners in Sachsen ist die Forschung auf die ausführliche Darstellung bei /104/ Paul Grünberg[3] angewiesen. Neue Untersuchungen, wie sie für die Frankfurter und Berliner Zeit vorliegen, fehlen.

---

* Erstabdruck in: Pietismus und Neuzeit 13 (1987), 103-114. – Kurt Meier zum 60. Geburtstag.

1 Eine Zusammenfassung unter territorialkirchengeschichtlichem Aspekt gibt Franz BLANCKMEISTER: Sächsische Kirchengeschichte. 2., verm. Aufl. Dresden 1906, 234-263. Für zahlreiche Hinweise danke ich Herrn Jürgen Storz, dem Leiter des Archivs der Franckeschen Stiftungen Halle/Saale, und Herrn Dr. Dietrich Blaufuß, Erlangen.

2 Der vorliegende Literaturbericht berücksichtigt nicht die Problemkreise Jakob Böhme und Nikolaus Ludwig Graf von Zinzendorf samt Herrnhut. Bei Spener und Löscher werden nur die Aspekte behandelt, die unserem Thema entsprechen.

3 Paul GRÜNBERG: Philipp Jakob Spener. Bd. 1: Die Zeit Speners – Das Leben Speners – Die Theologie Speners. Göttingen 1893, 214-241. 251-256; Kurt ALAND: Philipp Jakob Spener: sein Lebensweg von Frankfurt nach Berlin (1666 bis 1705). Dargestellt an Hand seiner Briefe nach Frankfurt. In: ders.: Kirchengeschichtliche Entwürfe. Gütersloh 1960. 531 f. 536-540; Dietrich BLAUFUSS: Gottlieb Spizels Gutachten zu Ph. J. Speners Berufung nach Dresden (1686). ZBKG 40 (1971), 97-130; August NEBE: Aus Speners Dresdner Briefen an eine Freundin in Frankfurt a. M. ThStKr 106 (1934/35), 253-299;

Speners Tätigkeit in Dresden beschränkte sich weitgehend auf den Hof und die Erfüllung repräsentativer Pflichten. Kurfürst Johann Georg III. entzog sich bald der Einflußnahme des reformeifrigen Oberhofpredigers. Vorhaltungen über den Lebenswandel des Herrschers führten zum Bruch und beschleunigten den Wechsel nach Berlin. Anfang Juni 1691 verließ Spener Dresden. Mit der Theologischen Fakultät, die ihn 1686 in der üblichen Weise begrüßt und beglückwünscht hatte,[4] entstanden bald durch die sich in Leipzig ausbreitende pietistische Bewegung erhebliche Differenzen. Die sächsische Pfarrerschaft scheint ihn gemieden zu haben. Zu den Ausnahmen gehörten die Superintendenten Johann Wilhelm Hilliger in Chemnitz und Christian Gotthelf Birnbaum in Colditz (Kr. Grimma), der Lockwitzer Pfarrer und Verfasser der »Historia der Wiedergebohrnen in Sachsen«, Christian Gerber,[5] der Diakonus an der Dresdner Kreuzkirche Johann Seebisch[6] sowie Pfarrer Christoph Matthäus Seidel zu Wolkenburg (Kr. Glauchau).[7] Auf Wunsch der Räte der beiden Städte vollzog Spener im August 1689 die feierliche Investitur der Superintendenten, die allerdings schon seit 1686 bzw. 1687 amtierten. Franz Blanckmeister veröffentlichte einige Briefe, die in den Umkreis dieser Einweisungen gehören.[8] Überschwenglich /105/ begrüßte Hilliger in seiner Einladung an die Kirchen- und Schuldiener der Ephorie Chemnitz Spener als »Gottesmann«, als »den Athanasius, Hieronymus, Chrysostomus, Augustinus unsers Zeitalters«.[9] Diese stark rhetorisch überlagerte und vom Zeitgeist geprägte Verehrung blieb offensichtlich ohne Nachahmung. Bei Birnbaum sind außerdem verwandtschaftliche Beziehungen zu

---

Einleitung von Dietrich Blaufuß und Peter Schicketanz in: Philipp Jakob SPENER: Die Evangelische Glaubens-Lehre …; eingel. von Dietrich Blaufuß und Erich Beyreuther. Hildesheim 1986, 30-45 und in: DERS.: Letzte Theologische Bedencken …; eingel. von Dietrich Blaufuß und Peter Schicketanz. Hildesheim 1987, 54 f. 60-63. 74-79. 87-89.

4 Otto KIRN: Eine Korrespondenz der Leipziger Theologischen Fakultät mit Spener im Sommer 1686. Aus den Akten der Fakultät. BSKG 24 (1911), 1-7.

5 Martin SCHMIDT: Pietismus. 3. Aufl. Stuttgart 1983, 60. – Gerber (1660-1731) studierte in Leipzig und Wittenberg; 1685 Pfarrer Rothschönberg (Kr. Meißen); 1690 Lockwitz (Dresden); Liederdichter und Herausgeber von Sprichwörtersammlungen: Historia derer Wiedergebohrnen in Sachsen, Oder Exempel solcher Personen, mit denen sich in Leben, oder in Tode viel merckwürdiges zugetragen … 6 Teile. Dreßden [1725]-1730. Vgl. J[acob] FRANCK: Gerber: Christian G. ADB 8, 718 f; NEUE SÄCHSISCHE KIRCHENGALERIE: DIE EPHORIE MEISSEN. Leipzig 1902, 729 f; Johann Heinrich REITZ: Historie der Wiedergebohrnen/ hrsg. von Hans-Jürgen Schrader. Tübingen 1982, 140-142 (Nachwort).

6 Seebisch (1634-1700) studierte in Leipzig; 1666 Diakonus Katharinen Zwickau; 1671 Diakonus Kreuzkirche Dresden; 1697 Stadtprediger Dresden. Vgl. Klaus PETZOLDT: Studien zu einer Biographie Valentin Ernst Löschers. Theol. Diss. Leipzig 1971, 156. 219 Anm. 370; SÄCHSISCHES PFARRERBUCH: die Parochien und Pfarrer der Ev.-luth. Landeskirche Sachsens (1539-1939)/ im Auftrag des Pfarrervereins für Sachsen bearb. von Reinhold Grünberg. Teil 2: Die Pfarrer der ev.-luth. Landeskirche Sachsens (1539-1939). Freiberg 1940, 863.

7 Zu Seidel vgl. Anm. 25.

8 Franz BLANCKMEISTER: Spener in Chemnitz: die Investitur des Superintendenten Hilliger. BSKG 36 (1927), 34-43. – Hilliger (1643-1705) stammte aus Chemnitz, studierte in Leipzig und Wittenberg; 1676 Diakonus; 1684 Archidiakonus; 1686 Superintendent St. Jakob Chemnitz. Vgl. Neue Sächsische Kirchengalerie: Die Ephorien Chemnitz I und II. Leipzig 1902, 139. 156. Die Predigten sind gedruckt unter dem Titel: Schuldige Pflicht christlicher Prediger und Zuhörer … Matth. 12/33 und Gal. 4/19 vorstellet, in: Philipp Jakob SPENER: Erste Geistliche Schriften … Franckfurt am Mayn 1699, 1241-1334.

9 Blanckmeister: Sächsische Kirchengeschichte …, 39.

berücksichtigen. Er hatte 1688 die jüngere Tochter Speners, Elisabeth Sibylle, geheiratet. 1703 ging er ebenfalls nach Brandenburg und übernahm die Pfarrstelle zu Prenzlau.[10] Die Amtsführung dieser Geistlichen und ihre Rolle im sächsischen Kirchenwesen sind bisher noch nicht untersucht worden.

Nach dem Weggang Speners von Dresden rissen die persönlichen Verbindungen nicht ab. Vor allem konnte er sich das Wohlwollen der Kurfürstin Anna Sophia, der Gattin des 1691 verstorbenen Johann Georg III., bewahren. Jährlich besuchte sie auf ihrem Witwensitz Lichtenburg (Prettin), um ihr das Abendmahl zu reichen. Von ihr gingen auch die verschiedenen Versuche aus, Spener zurückzurufen. Bereits 1694 sah dieser es jedoch als Versuchung Gottes an, »sich wieder unter so viele Feinde zu begeben«.[11] Er ließ aber nichts unversucht, bei Johann Georg IV. und Friedrich August I., seit 1697 als August II. König von Polen, für die pietistische Bewegung einzutreten. Die Gemahlin Augusts des Starken, Christiane Eberhardine, gehörte ebenfalls zu Speners Sympathisanten. Die Gegensätze zwischen ihm und dem Clerus Saxoniae waren unüberbrückbar und bestimmten die kirchliche Lage um 1700 in Sachsen. Offenbar konnte Spener die Anstöße, die von der Leipziger Bewegung ausgingen, nicht weiterentwickeln. Seine Frömmigkeitsstruktur verwehrte ihm den Zugang zum Hofleben, zur »Welt«. Sein Scheitern in der Hochburg des Protestantismus bedeutete einen Rückzug aus dieser »Welt«, der vielen Erweckten sicher nicht ungelegen kam.[12]

Mit der Dissertation Hans Leubes zur Geschichte der pietistischen Bewegung, in Leipzig[13] liegt die gründlichste Darstellung zur Entwicklung der /106/ Frömmigkeit zwischen 1685 und 1730 in dieser wichtigen Stadt Kursachsens und ihrer Umgebung vor. Die weitgehend aus Akten in Leipzig, Dresden und Halle/Saale gearbeitete Darstellung untersucht eingehend die Hintergründe für das Aufkommen der pietistischen Bestrebungen. Ihre Anfänge fallen zeitlich mit dem Amtsantritt Speners in Dresden zusammen. Das am 18. Juli 1686 von August Hermann Francke und Paul Anton gegründete »Collegium philobiblicum« ist Teil der Erneuerungsbestrebungen. Francke und Anton fühlten sich von

---

10 Zu Elisabeth Sibylle Spener vgl. Rüdiger MACK: Pädagogik bei Philipp Jakob Spener. In: Pietismus-Forschungen: zu Philipp Jakob Spener und zum spiritualistisch-radikalpietistischen Umfeld/ hrsg. von Dietrich Blaufuß. Frankfurt am Main 1986, 71 f. – Birnbaum (1651-1724) studierte in Jena, Wittenberg, Leipzig und Straßburg; 1683 Diakonus Katharinen Zwickau; 1685 Reiseprediger des sächsischen Kurfürsten; 1683 Superintendent Colditz; 1694 Grimma; 1703 Pfarrer Prenzlau; 1709-1721 Neuruppin. Vgl. EVANGELISCHES PFARRERBUCH FÜR DIE MARK BRANDENBURG SEIT DER REFORMATION/ bearb. von Otto FISCHER. Bd. 2. Berlin 1941, 62.
11 Sächsisches Pfarrerbuch …, 256.
12 Dazu Dietrich BLAUFUSS: Spener-Arbeiten. 2., verb. und erg. Aufl. Bern 1980, 26.
13 Hans LEUBE: Die Geschichte der pietistischen Bewegung in Leipzig: ein Beitrag zur Geschichte und Charakteristik des deutschen Pietismus. Phil. Diss. Leipzig 1921. Jetzt gedruckt in: DERS.: Orthodoxie und Pietismus: Gesammelte Studien/ hrsg. von D. Blaufuß. Bielefeld 1975, 153-267 (AGP; 13). Eine Selbstanzeige erfolgte im Jahrbuch der Philosophischen Fakultät Leipzig 1921, 56-59. Aus der Diss. sind hervorgegangen: DERS.: Die Entscheidungsjahre der Reformbestrebungen Ph. J. Speners. NKZ 36 (1925), 155-174; DERS.: Pietismus und Separatismus in Leipzig. Das Jahr des Herrn 1926 (1925), 32-35. Das Jahr des Herrn 1927 (1926), 28-32; DERS.: Pietistisch-separatistische Bestrebungen in und um Leipzig. BSKG 37 (1928), 49-69. Vgl. Dietrich BLAUFUSS: Leube, Erich Hans. NDB 14 (1985), 365.

dem neuen Oberhofprediger ermutigt und verbanden mit ihm große Hoffnungen. Franckes Bekehrungserlebnis in Lüneburg im Herbst 1687[14] sollte die weitere Entwicklung in Leipzig entscheidend bestimmen.

Nach zwei Monaten im Hause Speners kehrte jener Ende Februar 1689 nach Leipzig zurück und begann mit wachsendem Erfolg, exegetische Vorlesungen über Briefe des Paulus zu halten, wobei er die religiös-praktischen Akzente der Texte besonders herausarbeitete. Da er aber keinen akademischen Grad in der Theologischen Fakultät erwarb, untersagte ihm diese schließlich jede weitere Lehrtätigkeit. Francke verließ Leipzig. Mit der Auslegung des Jakobusbriefes im Haus eines Leipziger Handwerkers hatte er jedoch noch den entscheidenden Schritt getan. Die akademische Erneuerungsbewegung hatte den Raum der Universität verlassen und in der Leipziger Bevölkerung Fuß gefaßt. In dem Zusammenwirken Franckes mit Christian Thomasius sieht Leube den entscheidenden Fehler.[15] Der Pietismus geriet damit in Auseinandersetzungen, deren negativer Ausgang bereits feststand. Am 10. März 1690 erfolgte das Verbot aller Konventikel und jeder Unterstützung und Förderung der pietistischen Bewegung. Verdächtige erhielten keine Pfarrstellen mehr. Die kurfürstliche Regierung hatte zunächst Erfolg. Die mit Francke sympathisierenden Studenten verließen Leipzig. Die Anhänger unter der Leipziger Bürgerschaft verhielten sich ebenfalls ruhig, ohne ihrer Überzeugung untreu zu werden. Die Gruppen existierten weiter und verzichteten auf spektakuläre Auftritte.

Diese Zurückhaltung entsprach der offiziellen Linie in Dresden. Man gab sich mit dem Konventikelverbot zufrieden und trat gegen alle Äußerungen /107/ auf, die im Pietismus eine Ketzerei oder eine neue Sekte vermuteten. Reichspolitisch schien es nicht angebracht zu sein, Zweifel am Luthertum in Kursachsen aufkommen zu lassen. Die Existenz des Pietismus wurde einfach geleugnet, jede literarische Polemik untersagt und die Bücherzensur verschärft. Diese Haltung kam letztlich den Pietisten zugute und engte die orthodoxe Polemik entscheidend ein. Wenn auch an der Leipziger Theologischen Fakultät um 1700 mit Johann Olearius und Adam Rechenberg zwei Freunde des Pietismus Einfluß erhielten, blieb das Dresdner Oberkonsistorium weiterhin ablehnend. Es trat erst ein gewisser Wandel ein, als in Valentin Ernst Löscher und später Bernhard Walter Marperger Gegner und Befürworter einer religiösen Erneuerung aufeinandertrafen.

Als Francke 1727 in Halle starb, ergingen aus Leipzig offizielle Beileidsschreiben. In der Paulinerkirche fand eine Trauerfeier statt. Eine Volksbewegung war der Pietismus nicht geworden. Nach Leube hatten sich nur »ein paar adlige Geschlechter und einige Gelehrtenfamilien ... für das pietistische Gefühlchristentum begeistert«.[16] Die Anhänger unter den Leipziger Handwerkern neigten zunehmend dem Separatismus und Enthusiasmus zu, die noch in der zweiten Hälfte des 17. Jh. lebendig waren.[17] Eine besondere Rolle spielte dabei

---

14 Vgl. Kurt ALAND: Bemerkungen zu August Hermann Francke und seinem Bekehrungserlebnis. In: ders.: Kirchengeschichtliche Entwürfe ..., 543-567; Friedrich DE BOOR: Francke, August Hermann. TRE 11 (1983), 313 f; Fritz BLANKE: Franckes Bekehrung. Der Kirchenfreund 67 (1933), 122-124. 129-133. 145-147; Horst WEIGELT: August Hermann Franckes religiöse Entwicklung bis zu seiner Bekehrung 1687. In: ders.: Pietismus-Studien 1. Stuttgart 1965, 46-63.

15 Leube: Die Geschichte ..., 195-201.

16 Ebd, 235.

17 Dazu ebd, 235-249.

Christoph Tostleben, Schmied in Böhlitz (Böhlitz-Ehrenberg, Kr. Leipzig), aus dessen Vernehmung 1695 Leube neben anderen Quellen wichtige Abschnitte benutzt hat.[18]

Gerade die separatistisch-enthusiastische Seite des Pietismus verdient für Sachsen mehr Aufmerksamkeit. Lediglich für Dresden und Mutzschen (Kr. Grimma) liegen größere Untersuchungen vor. Die Mobilität der Pietisten, ihr Missionseifer sowie ihre ausgedehnte Korrespondenz und Schriftenpropaganda legen vergleichbare Entwicklungen – zumindest bis zum Erweis des Gegenteils – in anderen Gebieten Kursachsens nahe. Die Akten in den Archiven der Städte und Superintendenturen müßten eingehend durchforscht werden. Dabei ist auch zu prüfen, wieweit der bereits in den Visitationsakten des 16. Jh.s erkennbare, allerdings nie größere Ausmaße erreichende Separatismus vom Pietismus gefördert wurde.

Das Konventikelwesen zwischen 1690 und 1750 in Dresden hat Klaus Petzoldt eingehend nach dem reichen Quellenmaterial im Stadtarchiv untersucht.[19] Im Mittelpunkt der Darstellung stehen die Eigenart der einzelnen /108/ Konventikel und die Reaktionen Löschers, während das Verhalten des Stadtrates und der kursächsischen Regierung nur gestreift wird. Bei den einzelnen Gruppen zeigte sich zunehmend eine Distanzierung und Abkehr von der Kirche, wobei neben pietistischen Einflüssen auch aufklärerische Gedanken zu Triebkräften geworden sind. Für Unruhe sorgte der aus Böhmen stammende Johann Liperda, der unter nationalem und sozialpolitischem Akzent versuchte, seine nach Sachsen eingewanderten Landsleute zu sammeln. An seine Arbeit knüpfte die Brüdergemeine an. Wenn auch Löscher als zuständiger Superintendent die Auflösungserscheinungen kirchlicher Strukturen als Zeichen eines allgemeinen gesellschaftlichen Umbruchs erkannte, griff er bei seinen Gegenmaßnahmen doch weitgehend auf traditionelle und äußere Zwangsmittel zurück, um so die Konventikel einzugrenzen und zu beseitigen.

Ein ebenso eindrucksvolles Bild eines pietistischen Zentrums vermittelt der Grimmaer Superintendent Felix Richard Albert in seinem Aufsatz über »Die Mutzschener Pietisten«.[20] Dabei benutzte er vor allem das im Ephoralarchiv Grimma und im Pfarrarchiv Mutzschen vorliegende Material. Mittelpunkt der sich zum Separatismus entwickelnden Gruppe war der Chirurg Johann Samuel Siegfried, der sich bei der Visitation 1731 auf Francke berief. Offenbare Mißstände im kirchlichen Leben, unsicherer Gebrauch der Kirchenzucht, ungeistliches Auftreten verschiedener Pfarrer oder persönliche Erlebnisse der Erweckten förderten die Ausbreitung. Um 1740 wird die Zahl der Separatisten in Mutzschen, einem Städtchen, das damals 600-700 Einwohner zählte, mit 30 angegeben. Zum Kern gehörten Handwerker und Handelsleute. Obwohl die zuständigen Superintendenten in Grimma und die wechselnden Ortsgeistlichen teilweise mit Geduld und seelsorgerlichem Ernst auf die oft berechtigten Vorwürfe reagierten, gelang es nicht, die Anhänger Siegfrieds wieder zur Teilnahme an

---

18 Ebd, 262-266. Der Quellenanhang enthält außerdem Gedichte und eine Vorlesungsnachschrift von Joachim Feller sowie Gedanken von Thomasius zum theologischen Studium. Feller, Professor für Poetik in Leipzig, trat öffentlich für die neue Bewegung ein und erregte Aufsehen durch ein Gedicht, mit dem er die Bezeichnung Pietist aufnahm und einbürgerte. Vgl. ebd, 190-192. 200. 210f.; Reinhard BREYMAYER: Die Erbauungsstunde als Forum pietistischer Rhetorik. In: Rhetorik/ hrsg. von Helmut Schanze, Frankfurt 1974, 87-104. Zu Feller selbst vor allem Richard BECK: Aus dem Leben Joachim Fellers, nach handschriftlichen Quellen der Zwickauer Ratsschulbibliothek. Mitteilungen des Altertumsvereins für Zwickau und Umgebung 4 (1894), 24-77.

19 Petzoldt: Studien zu einer Biographie ..., 65-164.

20 Mitteilungen des Wurzener Geschichts- und Altertumsvereins 2 (1914/16), 79-117.

Gottesdienst und Abendmahl zu bewegen. Härtere Maßnahmen, wie die Beschlagnahme von »verdächtigen« Büchern oder die Drohung einer Ausweisung, hatten ebenfalls keinen Erfolg. Dabei engten das Desinteresse am Dresdener Hof und die wohlwollende Duldung durch das Oberkonsistorium den Handlungsspielraum der betroffenen Pfarrer ein. Wie positiv sich das Wirken von Geistlichen auswirkte, die unter pietistischem Einfluß standen und jede polemische Auseinandersetzung vermieden, zeigte sich in Grimma. Dort verhinderten die Superintendenten Birnbaum und Daniel Gottlieb Metzler eine Separation.[21] Nachfolger Birnbaums in Colditz wurde mit Clemens Thieme ein Theologe, der in Wurzen von seinem Superintendenten als Pietist beschimpft /109/ worden war. Möglicherweise existierten in Colditz auch pietistische Neigungen.[22]

In seiner Dissertation geht Leube auf einen Bericht des Leipziger Konsistoriums von 1693 über pietistische Geistliche ein.[23] In Panitzsch (Kr. Leipzig) bemühte sich Justinus Töllner, der in enger Verbindung mit den Leipziger Pietisten stand, über sechs Jahre vergeblich, die kirchlichen Bräuche und Sitten nach seinen Vorstellungen umzuformen und Kirchenzucht zu üben. Das Konsistorium entließ 1695 auf Wunsch der Gemeindeglieder Töllner, den Francke als Schulinspektor im Waisenhaus anstellte.[24] Zu den Befürwortern des Pietismus zählte der Bericht außerdem nur den Lehrer in Calbitz (Kr. Oschatz) und Pfarrer Seidel in Wolkenburg. Ihn, der als Anhänger Speners galt, berief 1700 Carl Hildebrand von Canstein in die Pfarrstelle Schönberg (Kr. Osterburg).[25]

Eine Schlüsselstellung im Ringen um die pietistische Bewegung nahm die Leipziger Theologische Fakultät ein. Otto Kirn gibt eine zusammenfassende Darstellung der Auseinandersetzungen in der 1909 zum 500. Universitätsjubiläum publizierten Geschichte der Theologischen Fakultät.[26] Dem entschlossenen Gegner des Pietismus, Johann Benedikt Carpzov II., der seit 1689 keine Gelegenheit ausließ, um die Neuerer anzugreifen, stand Johann Olearius gegenüber. Dieser konnte sich gegen die andersdenkende Mehrheit der Fakultätskollegen nicht durchsetzen, da sowohl die Senioren Georg Möbius und Georg Lehmann als auch der Extraordinarius Valentin Alberti in der Regel Carpzov unterstützten. Seit 1695 beteiligte sich Alberti an der literarischen Auseinandersetzung mit dem Pietismus

---

21 Ebd, 92 f; Neue Sächsische Kirchengalerie: Die Ephorie Grimma links der Mulde. Leipzig 1911, 92-95. Zu Birnbaum vgl. Anm. 10. Metzler (1691-1744) besuchte die fürstliche Schule in Pforte, studierte in Wittenberg und Leipzig; 1718 Pfarrer Rittersgrün (Kr. Schwarzenberg); 1722 Geringswalde (Kr. Rochlitz); 1730 Superintendent Grimma. Vgl. Neue Sächsische Kirchengalerie ... Grimma ..., 134.

22 Ebd, 92. Thieme (1667-1732) studierte in Leipzig; 1690 Reiseprediger des Kurprinzen Johann Georg; 1692 Archidiakonus Wurzen; 1694 Superintendent Colditz. Vgl. Sächsisches Pfarrerbuch ..., 935.

23 Leube: Die Geschichte ..., 220.

24 Ebd, 256 f.

25 Seidel (1668-1723) studierte in Leipzig; 1689 Substitut Marbach (Kr. Hainichen); 1691 Wolkenburg; 1700 Schönberg; 1708 Superintendent Tangermünde; 1715 Superintendent Brandenburg; 1717 Superintendent und adjungierter Propst St. Nicolai Berlin; vgl. Evangelisches Pfarrerbuch ... 2, 821.

26 Otto Kirn: Die Leipziger Theologische Fakultät in fünf Jahrhunderten. Leipzig 1909, 71 f. 82-87. 95-111. 134-144. Kirn publizierte die Akten zur Anfrage des Superintendenten von Muskau, Martin Francisci, der mit seinem Patron, Graf von Callenberg, wegen dessen Förderung des Pietismus im Streit lag: ders.: Aus dem Archiv der Theologischen Fakultät zu Leipzig II. ZKG 34 (1913), 235-269. Dazu auch ders.: Die Leipziger Theologische Fakultät ..., 104-106; Leube: Die Geschichte ..., 215 f.

und mit Spener, allerdings verhielt er sich wesentlich maßvoller als Carpzov. Als dieser und Lehmann 1699 starben, repräsentierte Olearius, der mehrfach die Zielscheibe für orthodoxe Angriffe bildete,[27] für einige Monate allein die Fakultät.

Damit begann zugleich ein neuer Abschnitt in ihrer Geschichte. Hatte Olearius den Pietismus wohlwollend und duldend gefördert, so erhielt die neue Frömmigkeitsbewegung in Rechenberg einen aktiven Befürworter, /110/ während Thomas Ittig die Sache der Orthodoxie vertrat. Beide wurden noch 1699 Mitglieder der Fakultät. Leipzig verlor seine Funktion als antipietistische Festung. Dieses zeigte sich deutlich in dem zweiten Gutachten zum »Deterministischen Streit« vom 29. Dezember 1699, das abweichend von einer Äußerung im Juli 1698 die Lehren des Sorauer Diakonus Johann Georg Böse als nicht neu und in Gottes Wort gegründet ansah.[28] Die Auseinandersetzungen zogen sich über Jahre hin und erfuhren neue Nahrung, als Rechenberg seit 1700 sich Böses Auffassungen teilweise zu eigen machte. Martin Schmidt sieht in dieser »Nebenfrucht des Pietismus« »die wohl reichste literarische Auseinandersetzung des Pietismus«.[29] Für etwa zwei Jahrzehnte prägten Olearius und Rechenberg den Charakter der Leipziger Fakultät. Die Neigung zum Pietismus unterstreicht ein Gutachten von 1710, das der Stadtphysikus und Ratsherr Philipp Klettwig aus Langensalza erbeten hatte. Danach trage der Pietismus keine Merkmale einer Sekte, der Name Pietist sei ein Schimpfwort. Diese Meinung wiederholte die Fakultät 1719.[30] Man kann daher durchaus von einer »pietistischen Periode in der Leipziger Fakultätsgeschichte« sprechen,[31] die mit dem Tod Rechenbergs 1721 zu Ende ging.

Wenn auch Leube in seiner Dissertation wichtige Ergänzungen zur Rolle der Theologischen Fakultät in der Auseinandersetzung mit dem Pietismus zusammenträgt, sind doch wesentliche Zusammenhänge bisher nicht erforscht. Zu den wichtigsten Professoren, wie Carpzov, Alberti, Olearius und Rechenberg, fehlen gründliche Untersuchungen.[32] Die vorhandenen Quellen sind nur zum geringeren Teil ausgewertet. Das gilt in besonderer Weise für den umfangreichen Briefwechsel Rechenbergs – nicht zuletzt mit Spener[33] –, der einer

---

27 Theodor WOTSCHKE: Gottlieb Wernsdorf gegen Johann Olearius. ZKG 53 (1934), 242-254.

28 Vgl. Leube: Die Geschichte ..., 229 f.

29 Martin SCHMIDT: Terministischer Streit. RGG³ 6, 691. Für den Gesamtzusammenhang noch unentbehrlich: Friedrich Hermann HESSE: Der terministische Streit: ein Bild theologischen Lebens an den Gränzjahren des siebenzehnten und achtzehnten Jahrhunderts. Giessen 1873.

30 Vgl. Leube: Die Geschichte ..., 230; Martin GRESCHAT: Simon Philipp Klettwig – Bürger und Pietist. In: Der Pietismus in Gestalten und Wirkungen: Martin Schmidt zum 65. Geburtstag/ hrsg. von Heinrich Bornkamm u. a. Bielefeld 1975, 192-208 (AGP 14).

31 Diese Charakterisierung lehnte Franz Lau ab. Zuzustimmen ist ihm aber, wenn er schreibt: »Eine pietistische Fakultät in Leipzig hat es nie gegeben«. Vgl. Franz LAU: Aus der Geschichte der Leipziger Theologischen Fakultät. HCh [4] (1961), 32-34. Ähnlich äußerte sich Blanckmeister: Sächsische Kirchengeschichte ..., 246, der »von dem pietistischen Sauerteige« spricht, der die Fakultät durchdrungen hat.

32 Vgl. Günther WARTENBERG: Die Entwicklung der lutherischen Theologie in Leipzig bis zur Zeit Bachs. In: Johann Sebastian Bachs Traditionsraum/ hrsg. von Rainer Szeskus unter Mitarbeit von Jürgen Asmus. Leipzig 1986, 147 f = in diesem Band Seite 265-273.

33 Zum Briefwechsel Rechenbergs in der UB Leipzig vgl. Blaufuß: Spener-Arbeiten ..., 91. 209 Anm. 47. Zum Briefwechsel mit Samuel von Pufendorf vgl. auch die Arbeiten Detlev Dörings, Leipzig. Von besonderer Bedeutung ist Rechenbergs Korrespondenz mit Spener, dessen älteste Tochter Susanna Katharina (1665-1726) Rechenberg im Herbst 1686 geheiratet hatte. Zu ihr vgl. Mack: Pädagogik ..., 70 f.

Erschließung harrt. Trotz der Arbeit Leubes ist zu /111/ wenig über die Zusammensetzung der pietistischen Bewegung in Leipzig,[34] über den weiteren Lebensweg der Beteiligten, aber auch über die soziologische Struktur der einzelnen Konventikel bekannt. Offen ist ferner die Rolle der pietistisch eingestellten Bürger im Gesamtverband der Stadt. Nur am Rande erwähnen die bisherigen Arbeiten die Wirksamkeit des Buchgewerbes. So wird dem Verlagshaus Fritsch eine »Art Vorpostenstellung des Halleschen Pietismus in Leipzig« zugebilligt.[35] Die Untersuchungen der Bücherkommission 1693/94 förderten erhebliche pietistische und antipietistische Literatur zutage,[36] die Rückschlüsse auf den Umsatz der einzelnen Buchhandlungen und das öffentliche Interesse zulassen. Zu den Forschungslücken gehört die Erschließung der geistig-kulturellen Situation in Leipzig im ausgehenden 17. Jh. oder die Rolle der »Acta eruditorum« und des diese gelehrte Zeitschrift tragenden Kreises um Otto Mencke[37], bei dem 1686 Francke und Anton zu Tisch gegangen waren. Weitgehend unbekannt ist die Durchschnittsfrömmigkeit, ganz abgesehen von Lehre und Verkündigung, auf die der Pietismus stieß und an der er weitgehend scheiterte.

Ernst Schwabe kam 1909 zu dem Schluß, daß der Pietismus Speners und Franckes im kursächsischen Schulwesen nicht Fuß zu fassen vermochte. Die vereinzelten Versuche, den Unterricht in andere Bahnen zu lenken, den Religionsunterricht in deutscher Sprache zu halten und das »Compendium locorum theologicorum« Leonhard Hutters,[38] das »Bollwerk der altsächsischen Orthodoxie in der Schule«, durch pietistische Lehrbücher zu ersetzen, seien überall mißlungen.[39] Leider nennt Schwabe in diesem Zusammenhang keine Beispiele. Nur für Zittau liegt eine ausführliche Darstellung von Ernst Hünigen vor,[40] der für das dortige Gymnasium zwischen 1690 und 1750 eine pietistische Prägung der Erziehungsziele herausarbeitet. Noch deutlicher als bei Christian Weise[41] trat die pietistische Durchdringung bei seinem /112/ Nachfolger Gottfried Hoffmann hervor, der von 1708 bis 1712 das Rektorat des Zittauer Gymnasiums verwaltete. In seinem Lehrprogramm »Dic

---

34 Wichtige Informationen enthält Harald SCHIECKEL: Stammbuch von Wilhelm Ludwig Spener aus den Jahren 1689 bis 1696. In: Pietismus-Forschungen ... (vgl. Anm. 10), 117-195, W. L. Spener studierte vom September 1690 bis zum Juni 1691 in Leipzig Theologie.

35 So Horst SCHLECHTE: Pietismus und Staatsreform 1762/63 in Kursachsen. In: Archivar und Historiker: Studien zur Archiv- und Geschichtswissenschaft. Zum 65. Geburtstag von Heinrich Otto Meisner/ hrsg. von der staatl. Archivverwaltung im Staatssekretariat für Innere Angelegenheiten. Berlin 1956, 370-372.

36 Vgl. Leube: Die Geschichte ..., 226 f.

37 Vgl. Werner FLÄSCHENDRÄGER: Rezensenten und Autoren der »Acta Eruditorum« 1682-1731. In: Universitatis Studiorum saec. XVIII et XIX. Warszawa 1982, 61-80; Hubert A. LAEVEN: De »Acta eruditorum« onder redactie van Otto Mencke: de geschiedenis van een internationaal geleerden periodiek tussen 1682 en 1707. Amsterdam 1986.

38 Vgl. Martin PETZOLDT: Zwischen Orthodoxie, Pietismus und Aufklärung: Überlegungen zum theologiegeschichtlichen Kontext Johann Sebastian Bachs. In: Johann Sebastian Bach und die Aufklärung ..., 67. 73 f.

39 Ernst SCHWABE: Beiträge zur Geschichte des sächsischen Gelehrtenschulwesens von 1700-1820, Leipzig 1909, 1 f.

40 Ernst HÜNIGEN: Der Religionsunterricht am Zittauer Gymnasium im Zeitalter des Pietismus. Neues Lausitzisches Magazin 93 (1917), 49-139.

41 Zu Weise (1642-1708) vgl. QUELLENBUCH ZUR GESCHICHTE DES GYMNASIUMS IN ZITTAU/ hrsg. von Theodor Gärtner. Teil 1: Bis zum Tode des Rektors Christian Weise. Leipzig 1905, 91 f.

cur hic« von 1709[42] strebte er nach gründlichen Bibelkenntnissen, einer umfassenden Vorbereitung auf das Abendmahl und der Verstärkung der katechetischen Unterweisung, um die Schüler zum tätigen Christsein zu erziehen. Zugleich stellte er das Verständnis der Bibel auf eine geschichtliche Grundlage und bezog so die Kirchengeschichte in die religiöse Erziehung mit ein. Diesen Zielen fühlten sich auch Hoffmanns Nachfolger verpflichtet, von denen sich Polykarp Müller der Brüdergemeine anschloß und 1738 nach Herrnhut weichen mußte.

Wenn auch die Entwicklung in Zittau sehr von den Rektoren Weise und Hoffmann bestimmt war, so hat doch die politische Sonderstellung der Oberlausitz der kirchenpolitischen Einflußnahme von Dresden aus Grenzen gesetzt. Vor allem unter dem Lausitzer Adel breitete sich der Pietismus aus. Er stärkte das Bewußtsein, für das geistige Wohl der Untertanen verantwortlich zu sein. Mit diesem Streben nach religiöser Erneuerung war die Übersetzung der Heiligen Schrift in die sorbische Sprache verbunden, was zugleich ihre Entwicklung entscheidend förderte.[43] 1689 ermutigte Spener den Postwitzer (Kr. Bautzen, heute Großpostwitz) Pfarrer Michael Frentzel zur Übersetzung des Neuen Testaments in das Obersorbische. Diese Ausgabe erschien 1706.[44] Die Anfänge der Waisenhäuser in Bautzen und Zittau gehen auf Martin Grünwald zurück, der 1690 Konrektor am Bautzener Gymnasium wurde und 1699 das neugeschaffene Amt eines »Katecheten« in Zittau übernahm. Obwohl er allgemein der »reformwilligen lutherischen Orthodoxie« zugerechnet wird, konnte Friedrich de Boor durch ein Schreiben Grünwalds an Francke vom 29. August 1698, das sich im Archiv der Franckeschen Stiftungen befindet, Verbindungen nach Halle nachweisen.[45] Sicher blieben diese nicht ohne Einfluß auf die bereits erwähnte pietistische Phase am Zittauer Gymnasium.

Zu den sächsischen Adelsfamilien, die sich dem Pietismus öffneten und sich später teilweise der Brüdergemeine anschlossen, gehörten u. a. die von Einsiedel, von Hohenthal, von Heynitz, von Ponickau und von Gersdorf. Eine gründliche Untersuchung fehlt ebenfalls. Für den Hochadel gibt die Dissertation von Hans-Walter Erbe wichtige Informationen, die sich mit /113/ Zinzendorfs Ausstrahlung auf den hohen Adel sowie den Verbindungen dieser Gruppe zu Halle auseinandersetzt. Der Verfasser versteht seine Arbeit als »Materialsammlung und Vorarbeit für eine systematische Untersuchung über den Pietismus«.[46] Unberücksichtigt bleiben die Grafen von Schönburg, von denen vor allem Otto

---

42 Ebd. Teil 2: 1709-1805, Leipzig 1911, 2-45. Zu Hoffmann (1658-1712) selbst ebd, 2 Anm. 1.

43 [Alfred Mietzschke]: Lusatica aus dem Anfang des 18. Jahrhunderts: ein Beitrag zur Geschichte des Pietismus in der Lausitz. In: ders.: Studien zur Geschichte sorbisch-deutscher Kulturbeziehungen. Bautzen 1981, 10-23 = Zeitschrift für slavische Philologie 17 (1940), 123-142.

44 Vgl. [Karl Johannes] Röseberg: Leben und Wirken Michael Frentzels, Übersetzer des Neuen Testaments in das Wendische (Obersorbische). BSKG 39 (1930), 93. 104 f; G. Laser: Philipp Jacob Spener: der Förderer der sorbischen Bibel. Der Sonntag 40 (1985) Nr. 34, 1 f.

45 Friedrich de Boor: Die Franckeschen Stiftungen als »Fundament« und »Exempel« lokaler, territorialer und universaler Reformziele des Hallischen Pietismus. PuN 10 (1984), 222-224.

46 Hans-Walter Erbe: Zinzendorf und der fromme hohe Adel seiner Zeit. Phil. Diss. Leipzig 1928, 7. Die Schrift erschien zugleich als selbständige Schrift Leipzig 1928 und wurde nachgedruckt in: Erster Sammelband über Zinzendorf. Mit einem Vorwort von Erich Beyreuther und Gerhard Meyer. Hildesheim 1975, 373-634. (Nikolaus Ludwig von Zinzendorf: Materialien und Dokumente; Reihe 2: Leben und Werk in Quellen und Darstellungen; 12).

Wilhelm zu den Freunden der hallischen Arbeit gehörte.[47] Enge Verbindungen zu Francke pflegte auch Graf Heinrich Wilhelm zu Solms-Wildenfels.[48] Er ließ die Lehrer für seine Kinder aus Halle kommen. Die älteste Tochter, Friederike Wilhelmine Luise, fühlte sich sehr dem Pietismus verbunden. Bei Graf Heinrich Wilhelm klang das große Interesse wieder ab, als er 1727 die oberschlesische Standesherrschaft Bielitz übernahm.[49]

Der bisherige Überblick hat die unterschiedlichsten Versuche aufgezeigt, in Kursachsen pietistisches Gedankengut zu verbreiten. Die Ausgangslage war zunächst nicht ungünstiger als in anderen protestantischen Territorien. Unter Johann Georg IV., der nach absolutistischen Herrschaftsformen strebte, schien sich sogar eine propietistische Kirchenpolitik abzuzeichnen. Der plötzliche Tod dieses Kurfürsten schuf eine veränderte Situation. Sein Bruder Friedrich August I. zeigte wenig Interesse an theologischen Fragen. Sein Religionswechsel 1697 ergab eine neue Konstellation. Die in Brandenburg-Preußen zu beobachtenden Bemühungen, mit Hilfe des Pietismus das konservative, im orthodoxen Luthertum verwurzelte Denken der Landstände aufzubrechen und Reformen einzuleiten, waren in Sachsen undenkbar. Die ständigen Bemühungen der sächsischen Landstände, mit dem lutherischen Kirchenwesen ihre eigene Stellung gegenüber dem Herrscher zu behaupten, stärkten die orthodoxen Lutheraner und entzogen jeder religiösen Erneuerung zunächst den Boden. August der Starke konnte es nicht wagen, die orthodoxe Grundstruktur der Landeskirche in Frage zu stellen.

Von gleicher Bedeutung für das Ringen zwischen Pietismus und lutherischer Orthodoxie war die Berufung des Wittenberger Professors Löscher im März 1709 zum 1. Pfarrer und Superintendenten an die Kreuzkirche nach Dresden und zum Mitglied des Oberkonsistoriums. Die Umstände dieser Entscheidung, die für das Fortbestehen des Luthertums in Kursachsen von erheblicher Bedeutung war, behandelt Klaus Petzoldt eingehend.[50] Bei Löscher verbanden sich durchdachte Apologetik und Reformbestrebungen, /114/ die in vielen Punkten pietistische Anliegen aufnahmen.[51] Der unbeugsame Superintendent geriet bald wegen seiner Publikationen in Schwierigkeiten. Am Hof verlor er viele Sympathien. Das galt besonders für die Königin Christiane Eberhardine, die den Pietismus deutlich begünstigte,[52] und für das Oberkonsistorium. Diese Schwierigkeiten äußerten sich auch in der Berufung des als pietistisch geltenden Marperger zum Oberhofprediger. Er hatte in Halle studiert und nutzte die Verbindungen, um sich vor allem von Joachim Lange, einem Gegner Löschers, während der Dresdener Zeit beraten zu lassen. Am 6. August 1724 trat

---

47 Ebd, 69 Anm. 5.
48 Ebd, 69 f. 150-155.
49 Ebd, 155. Vor allem für 1725/1726 sind besonders starke Verbindungen zu Zinzendorf feststellbar.
50 Petzoldt: Studien zu einer Biographie ..., 20-64; Martin GRESCHAT: Zwischen Tradition und neuem Anfang: Valentin Ernst Löscher und der Ausgang der lutherischen Orthodoxie. Witten 1971, 41 f.
51 Zu Löschers Arbeit in Dresden vgl. Franz BLANCKMEISTER: Valentin Ernst Löscher und der Rat zu Dresden. BSKG 21 (1907), 124-128; Petzoldt: Studien zu einer Biographie ..., 5-19; Greschat: Zwischen Tradition ..., 45-75; DERS.: Valentin Ernst Löscher: ein orthodoxer Lutheraner gegen den Absolutismus in Sachsen. Jahrbuch für die Geschichte Mittel- und Ostdeutschlands 25 (1976), 106-123.
52 Zur pietistenfreundlichen Haltung des Pretzscher Hofes, wo die Königin sich zumeist aufhielt, vgl. Theodor WOTSCHKE: Die Nöte der Orthodoxie in Wittenberg. ZKG 52 (1933), 289-298.

Marperger sein Amt an. Er scheute keine Mühe, um dem Pietismus neue Wirkungsmöglich-keiten zu erschließen sowie Löscher zu bedrängen. Dieser blieb trotzdem in Dresden als Anwalt lutherischer Theologie.[53]

Die aufkommende Aufklärung ließ die Auseinandersetzungen mit Francke, Spener und den verschiedenen Formen des Pietismus zurücktreten. Für die innere Kraft dieser Frömmig-keitsbewegung spricht, daß die Träger der Staatsreform unter der Regentschaft Prinz Xavers von 1763 bis 1768 pietistisch beeinflußt sind, wie Horst Schlechte überzeugend dargestellt hat.[54] Während der Pietismus in Kursachsen auf Gemeindeebene und innerhalb der Pfarrer-schaft keine Resonanz fand, wurde er nach der allgemeinen Katastrophe von 1763 zum Motor weitreichender Veränderungen.

---

53 Marperger (1682-1746) studierte in Altdorf und Halle; seit 1704 in verschiedenen Ämtern an Egidien und Sebald in Nürnberg tätig; vgl. Matthias SIMON: Nürnbergisches Pfarrerbuch: die evangelisch-lutherische Geistlichkeit der Reichsstadt Nürnberg und ihres Gebietes 1524-1806. Nürnberg 1965, 145. Greschat: Valentin Ernst Löscher ..., 116 verweist auf Gespräche Franckes am Dresdner Hof vor der Berufung des von Halle »völlig [...] abhängigen« Marpergers. Dazu auch Theodor WOTSCHKE: Oberhofprediger Marperger in Briefen an A. H. Francke. ZKG 51 (1932), 169-201.

54 Schlechte verweist in seinem Aufsatz (vgl. Anm. 35) darauf, daß alle Träger der Veränderungen in Kursachsen entweder in enger Verbindung zur Brüdergemeine standen oder aus pietistischer Um-gebung stammten und enge Beziehungen mit Herrnhut und Halle pflegten. Ausführlicher geht er auf Thomas Fritsch (1700-1775), Christian Gothelf Gutschmid (1721-1798), Peter Freiherr von Hohenthal (1726-1794) und Johann Georg Graf von Einsiedel (1730-1811) ein.

# Kirchengeschichte als Landesgeschichte[*]

Eine Durchsicht neuerer Arbeiten zu Methoden, Problemen und Aufgaben der Landesgeschichte führt zu dem kaum ermutigenden Ergebnis: Kirchengeschichte, Landeskirchengeschichte oder territoriale Kirchengeschichte als Problemfeld oder als Stichwort tauchen nicht auf. Alois Gerlich streift in seiner »Geschichtliche[n] Landeskunde des Mittelalters« dieses Problem nur kurz im Vorwort. Er beschäftigte sich vorrangig mit den Spezialdisziplinen der Sprach-, Siedlungs-, Rechts-, Verfassungs- und Wirtschaftsgeschichte unter steter Berücksichtigung der historischen Geographen, die zur sogenannten politischen Historie gehörten. Die »Kirchengeschichte in ihrer landschaftlichen Bezogenheit« wird »weitgehend ausgelassen, weil das eine eigene umfangreiche Darstellung erfordern würde«.[1] Der Verweis auf die »Einführung in die Kirchengeschichte« von Kurt-Victor Selge[2] hilft kaum weiter, da in dieser Einführung zur »Kirchengeschichte in ihrer landschaftlichen Bezogenheit« überhaupt nichts ausgesagt wird.[2] Gerlich ist kein Einzelfall. Kirchengeschichtliche Fragestellungen erscheinen in der eigentlichen Landesgeschichte nur am Rande. So sind Kirchenbücher als »vorzügliche serielle Dokumentation der Bevölkerungsgeschichte« willkommen.[3] Unter Bezug auf aus Frankreich kommende Methoden für eine Zivilisationsgeschichte wird die »lateinische Christenheit« als wesentliches strukturelles Merkmal der europäischen Zivilisation beschrieben und vom Herrschaftsträger Kirche neben Grundherrschaft und Staat sowie von der »Funktionseinheit von Arbeitsgemeinschaft, Verwaltungsgemeinschaft und Religionsgemeinschaft« gesprochen. Methodische Schlußfolgerungen werden jedoch nicht gezogen.[4] Die teilweise sehr weitgehende Berücksichtigung von Kirchengeschichte als Teil der Geistesgeschichte in neueren Darstellungen zur Landesgeschichte[5] sollte aber nicht darüber hinwegtäuschen, daß es zu einer integrierenden Zusammenarbeit, vor allem im methodischen Bereich, bisher kaum gekommen ist. Die Versäumnisse liegen dafür auf beiden /190/ Seiten. Historische wie theologische Disziplinen neigen zu methodischer Absolutheit und zu Denk- und Arbeitsmethoden, die nur selten interdisziplinär ausgerichtet sind.

---

* Erstabdruck in: Jahrbuch für Regionalgeschichte und Landeskunde 21 (1997/98), 189-198.
1 Alois GERLICH: Geschichtliche Landeskunde des Mittelalters: Genese und Probleme. Darmstadt 1986, Vorwort. Vgl. Rudolf REINHARDT: Kirchliche Landesgeschichte. Jahrbuch des Vereins für Augsburger Bistumsgeschichte 28 (1994), 12-22 (Lit.).
2 Kurt-Victor SELGE: Einführung in das Studium der Kirchengeschichte. Darmstadt 1982.
3 Ernst HINRICHS: Regionalgeschichte. In: Landesgeschichte heute/ hrsg. von Carl-Hans Hauptmeyer. Göttingen 1987, 21.
4 Ebd, 30 f.
5 So z. B. GESCHICHTE THÜRINGENS/ hrsg. von Hans Patze und Walter Schlesinger. 6 Bde. Köln 1968-1979; HANDBUCH DER BAYERISCHEN GESCHICHTE/ hrsg. von Max Spindler. 4 Bde. München 1967-1970; RHEINISCHE GESCHICHTE/ hrsg. von Franz Petri und Georg Droege. 4 Bde. Düsseldorf 1978-1983; Meinrad SCHAAB: Geschichte der Kurpfalz. 2 Bde. Stuttgart 1988/1992.

Die Historische Kommission der Sächsischen Akademie der Wissenschaften zu Leipzig zählte von Anfang an Vorhaben, die auch für die Kirchengeschichte von Bedeutung sind, zu ihren Arbeitsaufgaben, wie die »Akten und Briefe zur Kirchenpolitik Herzog Georgs von Sachsen«[6], die »Sächsischen Ständeakten von 1539 bis 1580« – dieses Projekt wurde 1939 aufgegeben – oder die bisher ebenfalls nicht verwirklichten Überlegungen zur Publikation von Visitationsakten.[7] Nach 1945 zählten mit Franz Lau und Helmar Junghans Kirchengeschichtler zu den Mitgliedern der Historischen Kommission. Es gehört zu den ermutigenden Traditionen sächsischer Landesgeschichte in den letzten Jahrzehnten, daß Karlheinz Blaschke in seinen Veröffentlichungen den kirchengeschichtlichen Aspekt stets berücksichtigt und durch seine Lehrtätigkeit an der Leipziger Kirchlichen Hochschule Brücken geschlagen hat. Eine Ergänzung fand diese Arbeit an der Theologischen Fakultät der Universität Leipzig, wo Lau und Junghans gerade nach dem Zweiten Weltkrieg die regionale und territoriale Kirchengeschichte förderten, die bis heute einen Lehr- und Forschungsschwerpunkt im Institut für Kirchengeschichte bildet, und wo die Arbeitsgemeinschaft für Sächsische Kirchengeschichte ihren Sitz hat. Die Konzeption zur Gründung eines Instituts für sächsische Geschichte und Volkskunde, die vom Sächsischen Landtag am 23. Mai 1996 verabschiedet wurde, integriert die Kirchengeschichte ebenfalls in den Gesamtkomplex landesgeschichtlicher Forschungsaufgaben.

Unter zwei Aspekten soll das Problem Kirchengeschichte als Landesgeschichte dargestellt werden. Zunächst steht die Spezifik territorialer Kirchengeschichte unter besonderer Berücksichtigung der Entwicklung im albertinischen Sachsen im Blickpunkt. Weiterhin werden in gebotener Kürze Arbeitsformen, Ergebnisse und Träger territorialer Kirchengeschichte in Sachsen seit der zweiten Hälfte des 19. Jh.s dargestellt.

Das Christentum hat in den zwei Jahrtausenden seiner Geschichte trotz tiefgehender Spaltungen seinen geschichtlichen Zusammenhang bewahrt, ein Phänomen, zu dem es immer Zugangsschwierigkeiten geben wird. Zur Kaiser- und Reichsreligion geworden, gelang es dem Christentum, eine neue Kultur- und Staatenwelt aufzubauen, in der wir uns im ausgehenden 20. Jh. noch befinden. Die großen Wandlungen in der Präsenz von Christentum und christlicher Kirche gehören ebenso dazu wie die zunehmenden Bereiche von Christentumsferne und Christentumsdistanz. Die Bekehrung zum christlichen Glauben erfolgte weitgehend von oben über Stammesführer, Herzöge und Könige in einem Prozeß der inneren Christianisierung nach unten. Sicher zutreffend ist der greifbare Zusammenhang von Verchristlichung vom Hochmittelalter an und wachsendem sozialen Bewußtsein und der Entwicklung von passiven zu aktiven Trägern geschichtlicher Prozesse. Die auf den Adel sich stützende Kirche entwickelte zugleich eine durchgehende Gemeindestruktur und Pfarrorganisation auf dem Lande, was sich seit dem 11. Jh. als Kirchenstruktur in den Städten fortsetzte. In religiösen Bewegungen artikulierte sich soziales /191/ Selbstbewußt-

---

6 Akten und Briefe zur Kirchenpolitik Herzog Georgs von Sachsen/ hrsg. von Felician Geß. Bd. 1: 1517-1524. Leipzig 1905. Bd. 2: 1525-1527. Leipzig 1917. Nachdruck der beiden Bände Leipzig 1985. Ein von Elisabeth Werl erarbeitetes Manuskript bis 1539 wird im Rahmen eines Projektes der Sächsischen Akademie der Wissenschaften zu Leipzig für den Druck vorbereite.

7 Vgl. Günther Wartenberg: Zur Geschichte der Edition der »Politischen Korrespondenz des Herzogs und Kurfürsten Moritz von Sachsen«. Jahrbuch für Regionalgeschichte 14 (1987), 28.

sein. Im Spätmittelalter und verstärkt in der Reformationszeit sind herrschaftlich-adlige und städtisch-bürgerliche Frömmigkeitsformen ergänzend aufeinander bezogen. Die Impulse für die christliche Glaubenspraxis in der Frühen Neuzeit kommen für die unteren Schichten der Gesellschaft wieder zunehmend von oben, nicht zuletzt durch das Scheitern der Bauernaufstände. Dem Zusammengehen von christlichem Herrscher und Herrschaftsträgern entspricht die weitgehende Übereinstimmung der Bevölkerung mit den christlichen Glaubensanschauungen. Brechungen treten durch Sondergruppen und Einzellehren auf, die vor allem seit dem 18. und 19. Jh. entstehen und einen spürbaren Rückgang gesellschaftlicher Integrations- und Prägefähigkeit der jeweiligen Kirchenstrukturen hervorrufen.

Aufklärung und Französische Revolution bewirkten eine Entchristlichung zunächst der Bildungsschicht, später auch der städtischen Bevölkerung insgesamt, gefördert durch die Industrialisierung, die Landflucht, das Entstehen von Großstädten, die sozialen Veränderungen unter den Industriearbeitern. Dieser Prozeß verlief nicht ohne Gegenbewegungen, aber das Scheitern eines volkskirchlichen Rationalismus in der Mitte des 19. Jh.s und des Kulturprotestantismus durch den Ersten Weltkrieg sowie die Diktaturen zwischen 1933 und 1989 haben zu territorial unterschiedlicher Präsenz des Christlichen geführt. Ob christliche Mehrheit oder christliche Minderheit in der Gesamtbevölkerung, der kulturgeschichtliche Zusammenhang zu den Prägungen durch das Mittelalter und die Reformation ist erhalten geblieben und oft erkennbar. Mußte das 16./17. Jh. mit der konfessionellen Spaltung in Deutschland fertigwerden, so sind seit dem 18. Jh. geistesgeschichtliche und soziale Trennungen hinzugekommen, die das Verhältnis von Kirchengeschichte und Landesgeschichte neuen Spannungsfeldern aussetzen.

Die Reformationszeit hat das Verhältnis von Kirche und Territorium für den protestantischen Raum neu geordnet. Bereits die Alte Kirche hatte die Abgrenzung der Diözesen als kirchliche Verwaltungseinheiten in engem Zusammenhang mit politischen Strukturen vorgenommen. Diese Übereinstimmung galt auch weitgehend für die mittelalterliche Kirche. In der Folgezeit veränderte sich die politische Landkarte, während die kirchliche Gliederung in hohem Maße unverändert blieb. Für das 16. Jh. ergab sich eine gebietsmäßige Trennung von weltlicher und geistlicher Zuständigkeit. Trotz der Spannungen zwischen Bischöfen – Landesherren – Kirche und der Bedeutung der Fürsten für die Gegenreformation behält die nachtridentinische und sich auf das Bischofsamt stützende römisch-katholische Kirche eine eigene Struktur, was für die historische Arbeit eine gesonderte Lage ergibt, die eher vom Gegenüber lebt. Dennoch bleibt die Kirchengeschichte substituierender Teil jeder Landesgeschichte.

Mit der Reformation entwickelten sich neue und besondere Verbindungen zwischen dem Territorium und der in diesem vorhandenen Kirchenstruktur.[8] Die politischen Grenzen werden zu Kirchengrenzen. Eine Vielfalt von Territorialkirchen entstand, für die erstmals 1808 in Preußen im Verlauf der Stein-Hardenbergischen Reformen der Begriff »Landes-

---

8 Vgl. Hans-Walter KRUMWIEDE: Die territoriale Bindung der evangelischen Kirche als theologisches Problem. In: Die territoriale Bindung der evangelischen Kirche in Geschichte und Gegenwart: ein Beitrag zur Strukturreform der ev. Kirche in Deutschland/ hrsg. von Karl-Heinrich Dumrath und Hans-Walter Krumwiede. Neustadt/Aisch 1971, 1-26; Joachim MEHLHAUSEN: Landeskirche. TRE 20 (1990), 427-434.

kirche« /192/ erscheint.[9] Mit der Integration der kirchlichen Struktur in die Territorien verstärkt sich eindeutig der Einfluß der Landesherren und der städtischen Obrigkeiten in den Reichsstädten. Die vorreformatorische Entwicklung zum landesherrlichen Kirchenregiment erlebte einen Höhepunkt, auch wenn die Situation von Territorium zu Territorium unterschiedlich verlief. Die Einführung der Reformation ist einerseits mit der Sorge um das Seelenheil der Untertanen verbunden und damit ein Ergebnis persönlicher Glaubensentscheidung, andererseits aber auch als politisches Handeln im Spannungsfeld von Kaiser und Reichsständen, von Reich und Rom zu sehen. Der Landesherr oder die städtische Obrigkeit beanspruchten die Leitung des Kirchenwesens und weitgehende Rechte in Religionssachen. Der Speyerer Abschied von 1526 führte zu den ersten Kirchen- und Schulvisitationen und diente zur Neuorganisation des Kirchenwesens in reformatorischen Landeskirchen. Diese wurden zu der in einem Territorium von allen anerkannten und alle Bewohner umfassenden Kirchenorganisation als Landes- oder Stadtkirchentum. Der in Passau 1552 vorbereitete Religionsfriede zu Augsburg 1555 erhob das ius reformandi zum Reichsrecht und sanktionierte die protestantischen Territorialkirchen als Träger des geistlichen, aber auch des geistigen und kulturellen Lebens und – in Verbindung mit der Obrigkeit – auch als Träger der Bildung. Diese Kirchen hatten weder die Möglichkeit zur eigenen Willensbildung noch eigene Gestaltungsspielräume. Die Impulse dafür kamen von außen an die Landeskirchen heran. Im albertinischen Sachsen ist dieser Prozeß der Territorialisierung des Kirchenwesens mit der großen Kirchen- und Schulordnung 1580 unter Kurfürst August abgeschlossen.[10] Für diese Phase der vollen Integration von Kirche in die Territorien kann Kirchengeschichte nur Teil der Landesgeschichte sein. Kirchenverfassung, die geordnete kirchliche Praxis und das kirchlich geprägte Bildungswesen werden außerdem zu Stabilisierungsfaktoren landesherrlicher und städtischer Herrschaft.

Die politischen Reformversuche unter Kurfürst Christian I. zwischen 1586 und 1591 strebten u.a. nach einer theologischen Neuorientierung der Territorialkirche. Der sich zunächst abzeichnende religiöse und theologische Paradigmenwechsel gab der politischen Neuorientierung entsprechende Impulse. Die unter lutherischem Vorzeichen erfolgte politische und kirchliche Restauration ab 1591 verhinderte die sich anbahnende Modernisierung des albertinischen Kurfürstentums.[11]

Die Identität von Kirche und Territorium blieb nicht unangefochten. Religiöse und konfessionelle Minderheiten stellten diese in Frage. Konfessionswechsel, wie 1613 in Brandenburg-Preußen oder 1697 in Sachsen, bei gleichzeitigem Verzicht des Landesherrn auf das ius reformandi untergruben das in Augsburg 1555 festgeschriebene Territorialprinzip für Kirchenstrukturen. Der Westfälische Frieden von 1648 bekräftigte den Schutz für Andersgläubige im Territorium. Die Territorialkirche wurde von der einzigen zu der vom jeweiligen Staat besonders geförderten und privilegierten Kirche. In einem bestimmten Gebiet, das nicht mehr einem Staat entsprechen muß, spiegelt die Kirche geschichtlich

---

9 Ebd, 428.
10 Vgl. Ernst KOCH: Ausbau, Gefährdung und Festigung der lutherischen Landeskirche von 1553 bis 1601. In: Das Jahrhundert der Reformation in Sachsen/ hrsg. von Helmar Junghans. Berlin 1989, 209-212.
11 Ebd, 212-215.

gewachsene Lebensstrukturen /193/ wider. Die Territorial- bzw. Landeskirche wird zugleich die Volkskirche, deren Integrationsdruck unvermindert stark ist.

Zu den Knotenpunkten zwischen Landesgeschichte und Kirchengeschichte in Kursachsen gehört ohne Zweifel der Übertritt Friedrich Augusts I. 1697 zur römisch-katholischen Kirche. Das Verhältnis Landesherr – Territorialkirche erhielt eine neue Grundlage. Der sächsische Kurfürst und polnische König eröffnete sich neue politische Gestaltungsräume. Theologisch-kirchliche Fragen traten in der Politik zurück, ein Vorgang, der mit dem Konfessionswechsel in Brandenburg-Preußen zu vergleichen ist. Umgekehrt erweiterten sich langfristig durch die Beauftragung des Geheimen Rates »in Evangelicis« mit dem Erlaß vom 21. Dezember 1697 die Handlungsmöglichkeiten für die sächsische Landeskirche.[12] Ihre im 16. Jh. erfolgte totale Integration lockerte sich. Außerdem zwang die Verteidigungssituation in der Glaubensfrage gegenüber August das sächsische Luthertum zur Selbstbesinnung, was offenbar eine Entwicklung des Pietismus in Kursachsen sehr behindert hat.

Die sächsische Verfassung von 1831 schrieb das Nebeneinander gleichberechtigter Kirchentümer als Konfessionen fest. Außerdem erfaßte die Diskussion um Leitungs- und Mitspracheformen die Landeskirche. Die verfassungsgeschichtliche Wende für die Kirche vollzog sich für Sachsen in der Mischung von presbyterial-synodalen Formen, konsistorialer Leitung und landesherrlichem Kirchenregiment durch die Staatsminister in Evangelicis. Hinter dieser Entwicklung stand auch die Suche nach geeigneten Formen für die Beteiligung des einzelnen Christen an der Verwaltung der Kirche. Die enge Verzahnung von Territorium/Land und Territorial-/Landeskirche, die sich seit den siebziger Jahren des 19. Jahrhunderts spürbar lockerte und 1918 auseinanderbrach, bedeutete für das Verhältnis zwischen »Kirchengeschichte in ihrer landschaftlichen Bezogenheit« und Landesgeschichte in protestantischen Territorien wie Kursachsen oder dem späteren Königreich Sachsen eine stärkere Bindung als das seit dem frühen Mittelalter überkommene Aufeinanderbezogensein von Kirchengeschichte und Landesgeschichte, wie es sich in nichtprotestantischen Ländern darstellt.

Nicht ohne Probleme verläuft die Wahrnahme der Kirchengeschichte durch die Landesgeschichte und umgekehrt, aber ebenso problemgeladen ist die Frage nach dem Selbstverständnis von territorialer und regionaler Kirchengeschichte, nach ihren Arbeitsweisen, Erkenntniszielen, Problemstellungen, Methoden und Interpretationsmustern. Dabei steht die Kirchengeschichte[13] in einem doppelten Spannungsverhältnis, was noch nicht für die im 16. Jh. übliche Unterscheidung von historia sacra und historia civilis zutraf. Probleme traten erst auf, als die traditionelle biblische Chronologie im 18. Jh. aufgegeben wurde. Mit der Eigenkonstituierung verband sich die Emanzipation von der Heilsgeschichte. Die Kirchengeschichte öffnete sich der politischen Geschichtsschreibung im Blick auf die Methode, die Epocheneinteilung und die Quellenbezogenheit. Die Möglichkeit einer methodischen Vergleichbarkeit wurde erreicht. Allerdings darf die Kirchengeschichte insgesamt, aber auch in ihrer regionalen und territorialen Ausprägung, ihre theologische Programmatik nicht aufgeben, sie muß Teil der theologischen Wissenschaft bleiben und als Spezial-

---

12 Franz BLANCKMEISTER: Sächsische Kirchengeschichte. 2., verm. Aufl. Dresden 1906, 339 f.
13 Vgl. Eckehardt STÖVE: Kirchengeschichtsschreibung. TRE 18 (1989), 551-558.

disziplin an der Geschichtswissenschaft teilhaben. Nur in dieser Spannung kann Kirchengeschichte zum Partner von Landesgeschichte werden. Tritt einer der beiden Pole /194/ zurück, dann verliert territoriale Kirchengeschichte ihre spezifische Besonderheit, die sie unaufgebbar macht. Ihre Aufgabe, die mehr als ein spezifisches Thema ist, kann von der Landesgeschichte nicht wahrgenommen werden. Für die Theologie und für die Kirche darf sie im Kanon der Disziplinen nicht fehlen. Auf die Gefahr der »Ideologisierung« von theologischer Wissenschaft, wenn sie die Geschichte nicht einbezieht, sollte nur am Rande verwiesen werden.

Wenn Ziele und Aufgaben der Kirchengeschichte als Geschichte eines Landes, eines Territoriums oder einer Region beschrieben werden, so geht es nicht nur um die Kirche als Institution und Ort praktischen Glaubensvollzugs. Dazu gehören ebenso alle geschichtlichen Lebensäußerungen und Wirkungen in geistiger, politischer und kultureller Hinsicht, die von den Kirchen – in unserem Zusammenhang ist vor allem seit der Reformation an die evangelischen zu denken – zwar ausgehen und durch deren Handeln bestimmt sind, aber nicht sofort und unmittelbar den Kirchen zuzurechnen sind. Zum Verstehen dieser Felder ist Kirchengeschichte unverzichtbar, die oft die notwendige regionale Grundlage bieten kann. Das gilt besonders für eine Kirchengeschichte, die bei ihrem Nachdenken nach Rezeption und Annahme, nach Verlust und Überwindung fragt und nicht nur berichtet oder beschreibt. Regionale Kirchengeschichte kann dann zum Partner der Landesgeschichte werden, wenn sie allen Anzeichen von Provinzialität und Dilettantismus widersteht. Das ist jedoch nur möglich in enger methodischer Verbindung zur Landesgeschichte und durch Verankerung in der allgemeinen Kirchengeschichte an den Theologischen Fakultäten. Territoriale und regionale Kirchengeschichte werden so nicht zu einem geduldeten und im Blick auf ihre Nähe zum Ort und zur Praxis christlichen Glaubens erwünschten Beiwerk der Kirchengeschichte als theologischer Disziplin. Sie sind ein eigener und von bestimmten Voraussetzungen geprägter Weg zum Erkennen und Verstehen von Gegenwart und Vergangenheit. Es dürfte deutlich geworden sein, daß dieser Weg nicht ersetzt werden kann und daß ein Verzicht auf ihn zum Verlust an Problemstellungen, Problembewußtsein und Interpretationsmustern führt.

In dem folgenden Teil soll noch kurz auf die Arbeit und die Ergebnisse sächsischer Kirchengeschichtsforschung eingegangen werden. Diese vollzog sich seit der Mitte des 19. Jh.s vor allem auf drei Ebenen, auf der universitären, auf der berufspraktischen in enger Verbindung mit einem Pfarr- oder Schulamt sowie in zielgerichteter Vereinsarbeit. Daß alle drei Ebenen in enger Verbindung zu sehen und daß besonders die berufspraktische und die Vereinsebene von der aufgeworfenen Frage betroffen sind, dürfte nicht überraschen, wenn auch Gotthard Viktor Lechler,[14] Theodor Brieger,[15] Albert Hauck,[16] Heinrich

---

14 Klaus-Gunther WESSELING: Lechler, Gotthard Viktor. BBKL 4 (1992), 1307-1309.

15 Albert HAUCK: Gedächtnisrede am Sarge des Professors D. Theodor Brieger am 11. Juni 1915. BSKG 29 (1916), 3-8; Max LENZ: Theodor Brieger zum Gedächtnis. ZKG 36 (1916), I-X. XI-XV (Bibliographie); BBKL 1 (1975), 748.

16 Heinrich BOEHMER: Albert Hauck: ein Charakterbild. Beiträge zur sächsischen Kirchengeschichte 33 (1919), 1-78; Kurt NOWAK: Albert Hauck. TRE 14 (1984), 472-474; DERS.: Albert Hauck: Historiker des deutschen Mittelalters im wilhelminischen Kaiserreich. HCh 19 (1995), 27-44.

Boehmer,[17] Hans Achelis,[18] /195/ Heinrich Bornkamm[19] und Lau[20] als Vertreter der Kirchengeschichte an der Leipziger Theologischen Fakultät die sächsische Kirchengeschichtsschreibung in unterschiedlicher Weise beeinflußt und mitbestimmt haben.

Auf Initiative von Johannes Scheuffler wurde im Herbst 1880 die Gesellschaft für Sächsische Kirchengeschichte« gegründet.[21] Mit ihr begann die erste landeskirchengeschichtliche Vereinigung in Deutschland ihre Arbeit. Die Gründer benannten als Vorbilder die seit 1779 existierende »Oberlausitzer Gesellschaft der Wissenschaften« und die 1879 entstandene »Gesellschaft für die Geschichte des Protestantismus in Österreich«. Scheufflers Gründungsaufruf im Sächsischen Kirchen- und Schulblatt verwies neben der allgemeinen Beschreibung der wissenschaftlichen Aufgaben und Ziele auf die theologische Voraussetzung: Das Christentum sei vor allem eine Religion der Geschichte. Da der historische und nicht mehr der philosophische Christus gepredigt werde, müsse jeder Pfarrer ein Geschichtsfreund sein.[22] Die Satzung der Gesellschaft in der Fassung von 1889 beschrieb ihre Aufgabe als »Erforschung, Sammlung, Erhaltung, Veröffentlichung und Bearbeitung aller auf die sächsische Kirchengeschichte bezüglichen Urkunden und Nachrichten. Namentlich will sie die Pflege der Spezialgeschichte der einzelnen Kirchgemeinden fördern.«[23] Neben dem Initiator Scheuffler,[24] der außer Schriften für den Gustav-Adolf-Verein durch eine Geschichte der evang.-luth. Landessynode zwischen 1871 und 1896 und eine Quellenpublikation über die in Wittenberg für die sächsischen Pfarrstellen ordinierten Geistlichen (zusammen mit Georg Buchwald) hervortrat und 1863 bis 1902 die Pfarrstelle Lawalde (Kr. Löbau-Zittau) verwaltete, gehörte zur Gründergeneration auch Franz Wilhelm Dibelius,[25] der von 1880 bis zu seinem Tod die Gesellschaft leitete. Dibelius stand vor einer Laufbahn als Kirchenhistoriker – in seiner Lizentiatenarbeit hatte er sich mit Gottfried Arnold beschäftigt –, als er 1874 Prediger an der Dresdner Annenkirche wurde. 1884 übernahm er die mit der 1. Pfarrstelle verbundene Superintendentur an der Kreuzkirche, wurde Oberkonsistorialrat und schließlich 1910 Oberhofprediger. Dieses Amt verwaltete er bis 1922. Seine Arbeiten zur sächsischen Kirchengeschichte betrafen die Reformation in Sachsen, besonders in Dresden, und die Geschichte der Gesangbücher. Mit Brieger gab er ab 1882 die »Beiträge zur Sächsischen Kirchengeschichte« heraus, die 1942 ihr Erscheinen einstellen mußten.

Nach dem Tod des letzten sächsischen Oberhofpredigers übernahm 1924 Franz Blanckmeister[26] – 1897 bis 1928 Pfarrer an der Trinitatiskirche Dresden – das Amt /196/ des 1. Vorsitzenden, ihm folgte 1938 Leo Bönhoff. Wie kein anderer bemühte sich Blanck-

17 Vgl. Eike WOLGAST: Biographische Geschichtsschreibung: Heinrich Boehmer (1869-1927). HCh 19 (1995), 45-65.

18 Vgl. BBKL 1 (1975), 17.

19 Vgl. Martin SCHMIDT: Zum Tode von Heinrich Bornkamm. LuJ 45 (1978), 7-12.

20 [Helmar JUNGHANS]: In memoriam D. Franz Lau. LuJ 42 (1975), 7-10.

21 Günther WARTENBERG: Territoriale Kirchengeschichte in Sachsen. HCh 9 (1975/76), 231 f.

22 Johannes SCHEUFFLER: An die Geschichtsfreunde unter den sächsischen Amtsbrüdern. Sächsisches Kirchen- und Schulblatt 30 (1880), 168 f.

23 BSKG 5 (1889).

24 Günther WARTENBERG: Kirchengeschichte – Regionalgeschichte: das Beispiel Sachsen. HCh 19 (1995), 72 f.

25 Ebd, 77.

26 Ebd, 78.

meister um die Vielfalt der sächsischen Kirchengeschichte seit dem 16. Jh.: Kurfürst Moritz von Sachsen (1889), Kurfürstin Christiane Eberhardine von Sachsen (1893), Theologische Fakultät Leipzig (1894), Gustav-Adolf-Verein (1894, 1926, 1932), Luther und sein Werk in Sachsen (1917), Valentin Ernst Löscher (1920), Franz Dibelius (1925), 400 Jahre sächsisches Pfarrhaus (1929) u. a. Sein wichtigstes Werk ist die »Sächsische Kirchengeschichte« (1898, ²1906), die er als »Überblick« und »Einführung« verstand, als »Frucht mehr denn zehnjähriger Lieblingsstudien« für die Gebildeten in einer Zeit, »wo Kirchengeschichte zur allgemeinen Bildung gehört«.[27] Die gut lesbare Gesamtdarstellung will »ein den Tatsachen entsprechendes lebensvolles Bild von dem Gange der Entwicklung des Reiches Gottes in Sachsen« geben.[28] Eingebettet in die zeitgenössischen theologischen Auseinandersetzungen tritt die starke Polemik gegen die Aufklärung, die »römische« Kirche und die erstarkte Sozialdemokratie hervor, um das lautere Evangelium zu verteidigen »gegen jeden Widersacher, mag er unter schwarzer oder roter Fahne kämpfen«.[29]

Zur berufspraktischen Ebene sächsischer Kirchengeschichtsforschung seit dem 19. Jh. zählen vor allem Moritz Meurer, Johann Karl Seidemann, Georg Buchwald, Otto Clemen. Meurer,[30] seit 1841 Pfarrer im schönburgischen Callenberg, zählte zur lutherischen Erneuerungsbewegung. Besonders setzte er sich für die erneuernde Wiedergewinnung der kirchlichen Kunst einschließlich des Kirchenbaus und damit verbunden auch der Gottesdienste ein. Große Wirkung erlangten seine biographischen Darstellungen der Reformatoren um Luther und Melanchthon, die in das vierbändige Sammelwerk »Das Leben der Altväter der lutherischen Kirche« (1861-1864) mündeten. Wie Meurer kam auch Seidemann[31] zugute, daß er bald vierzig Jahre – 1834 bis 1871 in Eschdorf bei Dresden – nur eine Pfarrstelle innehatte. Auf die Bestände des Sächsischen Hauptstaatsarchivs und der Sächsischen Landesbibliothek zu Dresden gestützt, wird Seidemann zum Wegbereiter der modernen Reformationsforschung in Sachsen. Seine Arbeiten zu Thomas Müntzer (1842), zur sächsischen Reformationsgeschichte (1846/48) und besonders zu Jacob Schenk (1875) bleiben Quellenträger für die Erforschung des 16. Jh.s in Sachsen, wie auch die Ausgaben von Lutherbriefen (1854), der Aufzeichnungen Anton Lauterbachs von Luthers Tischreden (1872), des Dresdner Manuskripts von Luthers Psalmenvorlesung 1513-1516 (1876) für die Reformationszeit insgesamt. Clemen,[32] 1896 Lehrer für Religion, Deutsch und Hebräisch am Zwickauer Gymnasium und 1928-1937 Honorarprofessor für Kirchengeschichte in Leipzig, gehört zu den großen Editoren des Briefteils der Weimarer Lutherausgabe. Seine Bibliographie zählt annähernd 950 Titel. Kaum zu übertreffen sind die biographischen Forschungen zu Personen der Reformationszeit. Ebenfalls dem frühen 16. Jh. wußte sich Buchwald[33] verbunden, jedoch stärker text- und deutlich gemeindebezogen. Zum Schlüsselereignis wurde für ihn die Arbeit in der Zwickauer Ratsschulbibliothek, die er wie später Clemen /197/ für die Forschung erschloß. Für Buchwald standen Luthers

---

27 Blanckmeister: Sächsische Kirchengeschichte ..., Vorwort zur 1. Aufl. 1899.
28 Ebd, Vorwort zur 2. Aufl.
29 Ebd, 464.
30 Wartenberg: Kirchengeschichte ..., 74-77.
31 Ebd, 68-70.
32 Ebd, 71 f.
33 Ebd, 72-74.

Predigten, Briefe und Tischreden im Vordergrund. Er gilt als der »größte Lutherphilologe« (Heinrich Bornkamm), was ebenso für die zielgerichtete Vermittlung von Luthertexten in einer breiteren Öffentlichkeit zutrifft. Seidemann, Buchwald und Clemen haben neben Brieger, Böhmer und Lau für eine Reformationsforschung in Sachsen Maßstäbe gesetzt, an die noch heute angeknüpft werden kann und die eine tragende Grundlage für Kirchengeschichte als Landesgeschichte bilden.

Die »Gesellschaft für Sächsische Kirchengeschichte« konnte ihre Arbeit nach 1945 nicht fortsetzen. Nach längeren Bemühungen erreichte Lau, daß am 29./30. Mai 1951 in Leipzig die 1. Arbeitstagung für sächsische Kirchengeschichte stattfand als Auftakt zur Tätigkeit einer entsprechenden Arbeitsgemeinschaft im Rahmen der Landeskirche.[34] Im Osten Deutschlands war es nach dem Zweiten Weltkrieg nicht möglich, in den einzelnen Kirchengebieten eigene Jahrbücher für territoriale Kirchengeschichte wieder zu begründen. Als Ersatz entstanden als Gemeinschaftswerk die »Herbergen der Christenheit«, die inzwischen jährlich erscheinen und im Institut für Kirchengeschichte der Universität Leipzig redaktionell betreut werden. Während Lau die Bände 1 (1957) bis 7 (1971/72) betreute, übernahm Blaschke ab Band 8 (1973/74) bis 17 (1991/92) die nicht einfache Herausgebertätigkeit.[35]

Zu den Projekten, denen sich seit einigen Jahren die Arbeitsgemeinschaft für Sächsische Kirchengeschichte widmet, gehören einerseits die Herausgabe einer mehrbändigen Sächsischen Kirchengeschichte und andererseits die Weiterarbeit am Sächsischen Pfarrerbuch. Ursprüngliche Planungen für eine auf drei Bände angelegte Kirchengeschichte kamen nicht voran. Lediglich das von Walter Schlesinger bearbeitete Mittelalter[36] erschien schließlich 1962. Lau hatte Band 2 (Reformation und Frühzeit des Landeskirchentums, Orthodoxie) und Martin Schmidt Band 3 (vom Pietismus bis zur Gegenwart) übernommen.[37] In Vorbereitung auf das 450jährige Jubiläum der lutherischen Landeskirche in Sachsen kam es zu neuen Überlegungen, die 1989 zunächst zu einer Vorstellung der sächsischen Kirchengeschichte im 16. Jh. führten.[38] Ein weiterer Band soll bis 1830 reichen, während die Frage nach der Abgrenzung im 20. Jh. sich nach dem politischen Umbruch der letzten Jahre neu stellt. Als Einschnitte bieten sich die Jahre 1945 oder 1989/90 an. Im Auftrag des Pfarrervereins für Sachsen veröffentlichte Reinhold Grünberg als Gabe zur 400jährigen Erinnerung an die Einführung der Reformation 1939/40 das Sächsische Pfarrerbuch.[39] Das insgesamt sehr verdienstvolle Werk berücksichtigt nur einen Teil der bekannten Quellen und verzeichnet lediglich die Kurzbiographie zu /198/ den Geistlichen der

---

34 Wartenberg: Territoriale Kirchengeschichte ..., 216-218.

35 Helmar Junghans: Die »Herbergen der Christenheit« während und nach der DDR. HCh 18 (1993/94), 7-15.

36 Walter Schlesinger: Kirchengeschichte Sachsens im Mittelalter. 2 Bde. Köln; Graz 1962. 2. Aufl. 1983.

37 M[artin] Schmidt: Sachsen, Land und Provinz. RGG³ 5, 1276.

38 Das Jahrhundert der Reformation in Sachsen: Festgabe zum 450jährigen Bestehen der Evangelisch-Lutherischen Landeskirche Sachsens/ im Auftrag der Arbeitsgemeinschaft für Sächsische Kirchengeschichte hrsg. von Helmar Junghans. Berlin 1989.

39 Sächsisches Pfarrerbuch: die Parochien und Pfarrer der Ev.-luth. Landeskirche Sachsens (1539-1939)/ im Auftrage des Pfarrervereins für Sachsen bearb. von Reinhold Grünberg. 3 Bde. Freiberg 1939/40.

Landeskirche. Die notwendige Überarbeitung wird noch einige Jahre dauern. Zur Zeit wird im Institut für Kirchengeschichte, Abt. Territorialkirchengeschichte, der Universität Leipzig eine in den letzten zwei Jahrzehnten entstandene Zettelkartei in ein Computerprogramm eingegeben. Die Planungen für die Weiterarbeit sind jedoch noch nicht abgeschlossen.

Mit der Überarbeitung des Pfarrerbuches und der Neubearbeitung der sächsischen Kirchengeschichte ist zugleich eine Standortbestimmung regionaler und territorialer Kirchengeschichte in Sachsen verbunden, wie sie im ersten Teil dieser Darlegungen deutlich geworden ist. Wenn zum 100jährigen Jubiläum der Historischen Kommission der Sächsischen Akademie der Wissenschaften über Kirchengeschichte als Landesgeschichte nachgedacht wird, so ist das mehr als die Beschreibung eines schmerzlichen Defizits, es ist zugleich der Versuch, das Aufeinanderbezogensein von Landesgeschichte und Kirchengeschichte als Chance und Herausforderung zu begreifen, für deren Bewältigung gerade die Jubilarin gute Voraussetzungen bietet.

UNIVERSITÄT LEIPZIG

# Sachsen und die Universität Leipzig im Spätmittelalter[*]

Zu den strukturbildenden kulturgesellschaftlichen Schöpfungen des europäischen Mittelalters gehört ohne Zweifel die Universität. Ihre Entwicklung ist eng verbunden mit der Revitalisierung der Stadt und des Ordenswesens, aber auch mit den großen geistigen Bewegungen, wie dem Aristotelismus im 13. Jh., dem Siegeszug des römischen Rechts im 14. Jh. oder dem Aufbruch des Humanismus im 15. Jh. Im Dreieck Stadt – Universität – Kloster nimmt die Reformation des 16. Jh.s ihren Ausgangspunkt, deren Einsichten und Umbrüche Kirche, Theologie, Wissenschaft, Kultur und Gesellschaft für das zweite christliche Jahrtausend bleibend verändern sollten. Im Mittelpunkt unserer Überlegung sollen die Anfänge der Universität Leipzig stehen, die 1409 als eine durch Eidesleistung verbundene und mit besonderen Rechten der Selbstverwaltung ausgestattete Gemeinschaft der Lehrenden und Lernenden – wenige Meter von hier entfernt – im Refektorium des Augustinerchorherrenstifts St. Thomas gegründet wurde. Bevor wir uns dem bemerkenswerten historischen Kontext dieser Gründung und ihrer Bedeutung für Sachsen und Mitteldeutschland zuwenden, sollen uns die politischen, ökonomischen und kulturgeschichtlichen Rahmenbedingungen für diese neue soziale Institution an der Pleiße interessieren.

Im 12. Jh. erlangten die Wettiner im Elbe-Saale-Gebiet eine führende Stellung. Bereits 1089 erhielt Heinrich von Eilenburg aus dem edelfreien Geschlecht der Wettiner, das von

---

[*] Vortrag am 20. September im Alten Rathaus zu Leipzig anläßlich einer Tagung von Fachleuten der Handschriftenbeschreibung. Erstabdruck in: Von Alexandrien nach Leipzig: Erschließung von Papyri und Handschriften in der Universitätsbibliothek. Mit Beiträgen von Reinhold Scholl, Günther Wartenberg und Gerhard Karpp. Leipzig 2000, 13-22.
Weiterführende Literatur: Arnold Angenendt: Geschichte der Religiosität im Mittelalter. Darmstadt 1997; Karlheinz Blaschke: Geschichte Sachsens im Mittelalter. Berlin 1990; Dietmar Debes: Bibliotheken in Sachsen. In: Handbuch der historischen Buchbestände in Deutschland. Bd. 17: Sachsen A-K/ bearb. von Waltraut Guth und Dietmar Debes. Hildesheim 1997, 23-52; Geschichte der Universität in Europa/ hrsg. von Walter Rüegg. Bd. 1: Mittelalter. München 1993; Herbert Helbig: Universität Leipzig. Frankfurt 1961; Siegfried Hoyer: Die Gründung einer Universität in Leipzig 1409. Leipzig: aus Vergangenheit und Gegenwart 3 (1984), 77-93; Johannes Müller: Die Anfänge des sächsischen Schulwesens. NASG 8 (1887), 1-40. 243-271; Ders.: Die Anfänge des deutschen Schulwesens in Dresden (1539-1600). NASG 8 (1887), 272-289; Otto Oexle: Alteuropäische Voraussetzungen des Bildungsbürgertums: Universitäten, Gelehrte, Studierte. In: Bildungsbürgertum im 19. Jahrhundert/ hrsg. von Werner Conze und Jürgen Kocka. Teil 1: Bildungssystem und Professionalisierung im internationalen Vergleich. Stuttgart 1985, 29-79; Ludwig Schmidt: Beiträge zur Geschichte der wissenschaftlichen Studien in sächsischen Klöstern. Bd. 1: Altzelle. Bd. 2: Grünhain, Buch, Pegau, Chemnitz, Thomaskloster in Leipzig. Dresden 1897; Ernst Schubert: Motive und Probleme deutscher Universitätsgründungen des 15. Jahrhunderts. In: Beiträge zu Problemen deutscher Universitätsgründungen der frühen Neuzeit/ hrsg. von Peter Baumgart und Notker Hammerstein. Nendeln/Liechtenstein 1978, 13-74; Ernst Schwabe: Das Gelehrtenschulwesen Kursachsens von seinen Anfängen bis zur Schulordnung von 1580. Leipzig 1914.

der nördlich von Halle an der Saale gelegenen Burg Wettin stammte, die Mark Meißen. Die eigentliche Entwicklung der wettinischen Landesherrschaft in der Mark Meißen begann aber erst 1123/1124, als Markgraf Konrad in diesem Raum die Herrschaft antrat und bis 1156 regierte. Zwischen 1150 und 1250 vollzog sich die deutsche bäuerliche Kolonisation mit der Einwanderung von Sachsen, Flamen, Thüringern und Franken in die Gebiete östlich von Saale und Elbe. Den Landesausbau förderten die in diesen Jahrzehnten erfolgten Neugründungen von Städten oder die Zusammenfassung mehrerer Siedlungskerne durch die Verleihung des Stadtrechtes. Um 1100 waren Kaufmannssiedlungen entstanden, so in Leipzig, Grimma, Meißen, Chemnitz, Zwickau, Pirna, Bautzen oder Görlitz, um nur einige zu nennen. Markgraf Otto dem Reichen – er regierte von 1156 bis zu seinem /14/ Tode 1190 – gelang es, seine Macht im Leipziger Raum auszubauen und dieses Gebiet stärker an die Mark Meißen zu binden. In seine Regierungszeit fallen:

- die Verleihung des Hallisch-Magdeburgischen Rechts an Leipzig,
- die Festlegung der Weichbildgrenzen, in denen das Stadtrecht galt,
- Bestimmungen über Marktprivilegien, Gerichtsbarkeit und Ausdehnungsmöglichkeiten der Stadtbebauung.

Eine Münzstätte nahm ihren Betrieb auf. Der Markgraf setzte sich gegen den König und den Merseburger Bischof durch, die beide im Leipziger Gebiet ebenfalls Besitz und Herrschaftsrechte inne hatten. Der Grund für die besondere Rolle Leipzigs im Herrschaftsgebiet der Wettiner war gelegt. Diese unterbanden mit Erfolg alle Bemühungen der Stadt um den Status einer freien Reichsstadt. Leipzig blieb landsässig, was sich in der Aufnahme des meißnischen Löwen im Wappenschild seit 1315 widerspiegelte. Um 1160 erhielt Freiberg das Stadtrecht, 1206 Chemnitz und Dresden; 1205 wurde Meißen civitas. Die bewußte Städtepolitik der Wettiner wurde so zu einer wichtigen Bedingung des Aufstiegs ihrer Landesherrschaft.

Mit den Städten entstanden politische und rechtliche Strukturen, die in der feudalen Herrschaftsordnung des Mittelalters eine Sonderstellung einnahmen. Die Verleihung des Stadtrechts führte zugleich zur Befreiung aus unmittelbarer feudaler Abhängigkeit und zur Konstituierung der durch Eid verbundenen Gemeinschaft der Bürger, die als Gemeinschaft dem Stadtherren – in der Mark Meißen vor allem dem Markgrafen – gegenüberstand und als Gemeinschaft politisch – auch in geistig-geistlichen Fragen – handelte. Der damit neu geschaffene Freiraum entband Kräfte und Möglichkeiten, die den für das 12. Jh. beobachteten geistigen Umbruch aufnehmen und zu neuen sozialen Institutionen verdichten konnten. Die wachsenden wirtschaftlichen Potenzen, die Zunahme der Bevölkerung und eine mögliche Arbeitsteilung konnten die neuen Formen des Denkens und Argumentierens, die Veränderungen im Lebensgefühl aufnehmen, der Wissenschaft neue Lebensräume öffnen sowie wirtschaftliche und motivatorische Unterstützung gewähren. Es war die Stunde für Schulen, Bibliotheken und schließlich für Universitäten, nicht zuletzt durch die realen Gegebenheiten, eine größere Zahl von Lehrenden und Lernenden zu beherbergen und zu versorgen. So gingen Stadt und Universität eine bis in die Gegenwart fruchtbare Verbindung ein. Die neue mittelalterliche Stadt als Bürgergemeinde ermöglichte erst das Entstehen und die Lebensfähigkeit der Hohen Schulen, was in vergleichbarer Weise für Leipzig galt.

Der tiefgreifende Umbruch betraf ebenso das religiöse Leben. Im 12. wie im 13. Jh. kam es auch in Mitteldeutschland zu bedeutenden Klostergründungen, /15/ wobei die neue Gestalt der Bettelorden bewußt ihren Aufgabenbereich in den Städten suchte. Besondere

Bedeutung für unser Thema kommt den Dominikanern zu. Ihre Aufgabe, durch eine theologisch begründete Predigt gegen Häretiker und Ketzer vorzugehen, erforderte neben einer asketischen Lebensweise eine wissenschaftliche Ausbildung, die den Angehörigen des Ordens zur Pflicht gemacht wurde. Die Niederlassungen der Predigerbrüder entstanden nicht zufällig. Sehr genau wurden die örtlichen Verhältnisse geprüft, ob eine Gründung zweckmäßig war und wie diese sich entwickeln könnte. So überrascht es nicht, wenn bereits kaum zwei Jahrzehnte nach Gründung des Dominikanerordens 1229 in Leipzig, im gleichen Jahr wie in Erfurt, ein Kloster gestiftet wurde. Mit markgräflicher Erlaubnis erbauten die Mönche Kloster und Kirche an der Stadtmauer nach Osten nahe dem Grimmaischen Tor. 1240 wurde die Kirche dem Apostel Paulus geweiht. Dieses Paulinerkloster sollte nicht erst im 16. Jh. der Universität dienen, es war bereits im 15. Jh. ein Baustein für die Entwicklung Leipzigs zur Universitätsstadt. Im Mittelpunkt des Klosterlebens standen die wissenschaftlichen Studien. Eine Bibliothek war von Anfang an vorhanden. Sie lebte nicht nur von Schenkungen, sondern auch vom gezielten Ankauf aus Mitteln des Klosters. Reste der Bibliothek befinden sich heute in der Leipziger Universitätsbibliothek. Weitere Niederlassungen der Dominikaner entstanden in Freiberg 1236, Plauen 1266 und Pirna 1300.

Zu den Bausteinen für die Leipziger Universität gehörte außerdem das Augustinerchorherrenstift St. Thomas in Leipzig, eine markgräfliche Gründung, die 1212 erfolgte und dem Landesherren wohl dazu diente, nicht nur das gesamte Kirchenwesen der Stadt neu zu ordnen – das Stift beherrschte die Kirche in Leipzig –, sondern auch den Selbständigkeitsbestrebungen der Bürger Machtpositionen entgegen zu setzen. Besondere Bedeutung erlangte die mit dem Stift verbundene Schule, die 1254 als »scola exterior« erwähnt wurde. Sie stand unter einem vom Propst ausgewählten Schulmeister, der die Schule gegen einen bestimmten Zins gepachtet hatte und selbständig verwaltete. Es war eine »äußere Schule«, das heißt auch für Knaben aus der Stadt, und in ihrer Art im meißnischen Raum singulär. Über eine mögliche wissenschaftliche Weiterbildung der Stiftsgeistlichkeit liegen Überlieferungen nicht vor. Annalistische Aufzeichnungen über die Geschichte des Stifts, die im 13. und 14. Jh. im Kloster niedergeschrieben wurden, sind leider nicht erhalten. Zu dieser Schule gehörte sicher der 1295 als erster Leipziger Schulmeister erwähnte »Thidericus rector scolarium in Lypz«.[1] Das bedeutet, daß dieser wohl auch der einzige seines Standes in dieser Stadt war. Wie intensiv die Bürger die Thomasschule für eine lateinische Bildung ihrer Kinder außerhalb der gottesdienstlichen Zuordnung der Schüler oder Scholaren nutzten, bleibt ebenfalls offen. Das Interesse der Stadt zeigten die im 14. Jh. vergeblichen Bemühungen, /16/ Einfluß auf die Besetzung der Schulmeisterstelle zu bekommen. Andererseits nutzte der Rat eine 1395 von Papst Bonifatius IX. erlangte Genehmigung für eine Schulgründung erst 1511, um die Nikolaischule zu errichten. Vermutlich entspannte die Gründung der Universität 1409 die Schul- und Ausbildungssituation, was möglicherweise auch zu Veränderungen an der Thomasschule führte.

Wie sah das Schulwesen in Sachsen überhaupt aus? Bis zur »scola exterior« des Leipziger Thomasstiftes dienten die nachweisbaren Schulen in Meißen (Chorschule am Dom – sie ist die älteste Institution ihrer Art –, ein scholasticus ist erstmals 1183 belegt; eine weitere

---

1 Urkundenbuch der Stadt Leipzig/ hrsg. von Karl Friedrich von Posern-Klett. Bd. 2. Leipzig 1870, 25 (Nr. 45). (Codex diplomaticus Saxoniae regiae; II, 9).

Schule in St. Afra, die 1205 gegründet wurde), Bautzen (1223: »Johannes notarius noster scolasticus Budesinnensis«),[2] Wurzen und im Kloster Geringswalde, eine Gründung der Herren von Schönburg, kirchlichen und geistlichen Zwecken. Während 1247 für Geringswalde eine scholastica bezeugt ist, erwähnt eine Urkunde von 1265 eine »cantrix Elyzabeth«.[3] Die eigentliche Weiterentwicklung vollzog sich aber in Zwickau, wo 1291 »Heinricus rector scolae« als Zeuge in einer Urkunde auftritt.[4] Sollte er seinen Wohnsitz in Zwickau haben, so würde es für eine Schule sprechen, die in enger Verbindung mit dem dortigen Benediktinerinnenkloster bestand. Das Schulpatronat – ius scolasticum – dieses Nonnenklosters für Zwickau wird ausdrücklich 1330 bezeugt. Diese Schule gelangte aber zunehmend unter städtischen Einfluß. Nachrichten über weitere Schulen der im 12. und 13. Jh. gegründeten Klöster Sachsens fehlen bis 1400. Die erste eigentliche Stadtschule ist für Dresden nachweisbar. 1300 erscheint ein Konrad als Rektor der Knaben in Dresden und zugleich als Kaplan der Burggrafen zu Dohna. 1334 wird Magister Hermann als »Rektor der Kleinen in Dresden«[5] bezeugt. Beide Bezeichnungen legen eine Schule unter städtischem Patronat nahe. Die Kinder dieser Anstalt waren ebenfalls zu Kirchendiensten verpflichtet, jedoch lag die Verantwortung für die Schule, aus der sich die Kreuzschule entwickelte, 1380 eindeutig beim Rat. Bürger und Schöffen verordneten, daß »vnsere Schulmeister« in »vnsir Schule« von Sonnenaufgang bis Mitternacht stets sechs Schüler bereitzuhalten hatten, um Priester auf ihren Wegen zu Kranken mit Gesang zubegleiten.[6] Sicher ist für Zittau 1310 erstmals eine Stadtschule bezeugt. In Reichenbach und Plauen im Vogtland (Erwähnung 1315/1319) handelt es sich vermutlich um Gründungen des Deutschen Ordens, also zunächst um Pfarrschulen mit einem Mitspracherecht des Rates, aus denen sich Stadtschulen entwickelten. Ähnlich lagen die Verhältnisse in Pirna in Verbindung mit dem dortigen Dominikanerkloster. 1320 sprechen Quellen von der ersten jüdischen Schule in Meißen, die vermutlich während der Judenverfolgung 1348/1349 aufgehoben wurde. Für Leipzig und Grimma ist im 14. Jh. ebenfalls mit einer jüdischen Schule zu rechnen. In der zweiten Hälfte des 14. Jh.s entstand in Bautzen neben der Chorschule des Stifts mit großer Wahrscheinlichkeit /17/ eine Stadtschule, für die eine Schulordnung von 1418 vorliegt, die älteste bisher für Sachsen nachgewiesene. Zu Städten mit Pfarrschulen, die aus den Stadtschulen hervorgingen, zählen weiterhin Grimma (1357), Löbau (1359), Oschatz (1367), Pegau (1379), Freiberg (1382), Bischofswerda (1392) und Chemnitz (vor 1399). In diesen Zusammenhang gehört das aus den Kämpfen um das Schulpatronat der äußeren Klosterschule St. Thomas zwischen Stift und Rat in Leipzig hervorgegangene päpstliche Privileg der Stadt vom 11. März 1395, in der Nikolaiparochie eine Schule – »pro eruditione scolarium in gramatica er aliis primitivis scientiis ac artibus liberalibus«[7] – errichten zu dürfen, ohne vorher die Zustimmung von Propst und Konvent zu St. Thomas einholen zu müssen. Das galt in gleicher Weise für die Bestellung des Schulmeisters. Wenige Jahre vor

---

2 URKUNDENBUCH DER STADT MEISSEN/ hrsg. von Ernst Gotthelf Gersdorf. Bd. 4. Leipzig 1873, 108 (Nr. 108). (Codex diplomaticus Saxoniae regiae; II, 4).

3 Müller: Die Anfänge des sächsischen …, 28.

4 Ebd, 32.

5 Ebd, 244.

6 Ebd, 245.

7 URKUNDENBUCH DER STADT LEIPZIG/ hrsg. von Karl Friedrich von Posern-Klett. Bd. 1. Leipzig 1868, 65 (Nr. 106). (Codex diplomaticus Saxoniae regiae II, 8).

der Gründung der Universität erlangte so der Rat Schulhoheit, was Rückschlüsse auf eine gute wirtschaftliche Entwicklung zuläßt und einen Aufschwung im geistig-kulturellen Bereich anzeigt. Dieses Schulprivileg, das erst 1511 die Stadt Leipzig »als pedagogium vor yre stadtkinder«[8] im Geist des Humanismus umsetzte, ließ eine große Aufgeschlossenheit erwarten, als sich 1409 die Chance für die Errichtung einer Universität eröffnete.

Zu den Faktoren, die bei der Leipziger Universitätsgründung eine Rolle spielten, gehörte neben der Haltung von Rat und Bürgerschaft, neben der Existenz des 1229 mit Ordensbrüdern aus Magdeburg gegründeten Dominikanerklosters mit einem Ordensstudium sowie dem Augustinerchorherrenstift St. Thomas mit seiner »scola exterior« und Ansprüchen des die kirchliche Jurisdiktion innehabenden Bischofs von Merseburg, vor allem der Markgraf von Meißen als zuständiger Landesherr, von dem besonders die finanziellen und rechtlichen Rahmenbedingungen abhingen. Zu den Besonderheiten der Leipziger Vorgänge gehörte ferner die offensichtliche Fortdauer einer kleinen »Prager Universität im Exil« die sich bereits im Oktober 1409 in Vorbereitung auf den 2. Dezember formierte.

Im 14. Jh. gelang es den Wettinern, ihren Besitz zu konsolidieren und ihre Machtstellung neu zu begründen. Die Markgrafschaft Meißen reichte bis in das westliche Erzgebirge und in den Raum von Altenburg. Der weitere Aufstieg vollzog sich zu Lasten der Reichsgewalt oder kleinerer Reichsfürsten, wie der Burggrafen von Leisnig. In der Thüringer Grafenfehde (1342-1346) behaupteten sich Wettiner gegenüber den gräflichen Häusern. Durch Heirat wurde 1353 die Pflege Coburg in Oberfranken erworben. Seit 1381 regierten die Markgrafen Friedrich IV., der Streitbare, und Wilhelm II., der Reiche, gemeinsam die meißnischen Gebiete und setzten die Expansionspolitik fort, vor allem im Osterzgebirge und im Gebiet der Herren von Colditz. 1407 erbte Friedrich IV. das eigentliche Meißner Kernland und wurde 1417 auf dem Konstanzer Konzil von König Sigmund belehnt, den die Meißner 1419 nach Wenzels (geb. 1373) Tod als rechtmäßigen /18/ König anerkannten und dem sie Waffenhilfe gegen die Hussiten leisteten. Diese Unterstützung sollte sich auszahlen. Als 1422 der Askanier Herzog Albrecht von Sachsen-Wittenberg starb, ohne lehnsfähige Erben zu hinterlassen, belehnte der Kaiser am Dreikönigstag 1423 Markgraf Friedrich IV. mit dem Herzogtum Sachsen, mit dem die Kurwürde verbunden war. Dieser Akt leitete endgültig den Aufstieg der Wettiner im Reich ein, den auch die Leipziger Teilung von 1485 zwischen Kurfürst Ernst und Herzog Albrecht nicht aufhalten konnte. Die Möglichkeit, eine Universität zu gründen, muß den Wettinern und ihrer im Aufbruch befindlichen Territorialpolitik sehr willkommen gewesen sein. Umgekehrt profitierte die Neugründung von der politischen Dynamik ihrer Landesherren und von der Funktion als Landesuniversität eines Kurfürstentums zwischen 1423 und 1485.

Die Universität Leipzig entstand weder durch einen planmäßigen Gründungsakt des Landesherrn oder der Gaststadt, noch ist sie das Ergebnis einer längeren Entwicklung. Der eigentliche Anstoß kam von außen, von der »Universität Prag im Exil« von Magistern der Prager Artistischen und Theologischen Fakultät, die nach Leipzig kamen, um dort zunächst die Entwicklung in Böhmen abzuwarten. Es gehörte aber zu den Leistungen der Stadt Leipzig und der Meißner Markgrafen, die Anregungen sofort aufgenommen und sie zielstrebig zur Universitätsgründung weiterentwickelt zu haben, ein Prozeß, der nur etwa

---

8 Urkundenbuch der Stadt Leipzig ... Bd. 2, 368 (Nr. 377).

sechs Monate von der Ankunft der Ausgewanderten in Leipzig bis zur feierlichen Eröffnung dauerte. Das läßt darauf schließen, daß bei dem Leipziger Rat und den Markgrafen die Wünsche der Neuankömmlinge möglicherweise auf eigene Überlegungen zur Errichtung einer Hohen Schule trafen.

Im Zusammenhang mit den Auseinandersetzungen um Jan Hus und der Beschickung des Konzils zu Pisa veränderte König Wenzel am 18. Januar 1409 mit dem Kuttenberger Dekret die Stimmenanteile der vier Universitätsnationen: Die böhmische erhielt drei Stimmen, die sächsische, bayrische und polnische nur noch zusammen eine Stimme. Den Graben zwischen den nichtböhmischen Nationen und der böhmischen verschärfte die Einladung nach Pisa. Die nichtböhmischen Magister der Prager Universität wandten sich gegen das Konzil, das Wenzel unterstützte, und bekundeten ihr Vertrauen gegenüber dem in Rom residierenden Papst Gregor XII. Zum eigentlichen Eklat in Prag kam es aber erst Anfang Mai, als der König die Einsetzung des Rektors und eines Dekans der Artistenfakultät aus der böhmischen Nation erzwang. Der amtierende Rektor Hennig Boltenhagen mußte ihm Insignien und Matrikel aushändigen. Die Magister und Studenten der sächsischen, bayrischen und polnischen Nation verließen fast geschlossen Prag, sie wandten sich in den nächsten Wochen an andere Universitäten oder zogen nach Hause. Eine Gruppe von Magistern blieb zusammen und kam nach Leipzig, wo sie Gespräche mit der Stadt und dem Markgrafen aufnahmen. Bereits /19/ am 4. Juli 1409 erwarb der Rat ein kleines Haus zwischen Schloßgasse und Petersstraße, später Teil des Juridicums, und überließ es den »Meistern der Künste«, womit nur bereits angekommene oder noch zu erwartende Magister aus Prag gemeint sein konnten. Der vom Markgrafen nach Pisa als Vertreter entsandte Nikolaus Lubich, Dekan der Erfurter Marienkirche, erhielt den Auftrag, sich um eine päpstliche Bestätigung zu bemühen. Die entsprechende Bulle stellte der vom Konzil gewählte Alexander V. am 9. September 1409 aus. Sie erlaubte die Gründung aller vier Fakultäten, bestimmte den Bischof von Merseburg als Kanzler und verwies neben den formelhaften, seit dem 14. Jh. im Gebrauch befindlichen Topoi in Gründungsurkunden, wie Lob des in Aussicht genommenen Ortes, der schönen und gesunden Lage und des Überflusses an Lebensmitteln (letztmalig ausführlich 1419 bei Rostock), auf die markgräfliche Absicht, 20 Magister zu finanzieren und darauf, daß Lehrende und Lernende von dem neuen studium generale Besitz ergriffen hätten, was nur auf die geschlossen nach Leipzig gekommene Gruppe der Prager Magister bezogen werden kann. Am 12. November kam das päpstliche Privileg in Leipzig an, die Artistenfakultät hatte am 24. Oktober jedoch schon Boltenhagen zum Dekan gewählt. Am 30. November fanden Prüfungen statt. Von den im Promotionsverzeichnis der Artistenfakultät benannten 44 Magistern werden nur 3 als Magister anderer Fakultäten als Prag verzeichnet. Eine dem Landesherrn übergebene Liste von 46 Magistern und Doktoren, die gewonnen werden sollten, ergibt mit dem erwähnten Promotionsverzeichnis bei 40 Namen Übereinstimmung, so daß diese zu Beginn des Wintersemesters 1409/1410 wohl tatsächlich in Leipzig gewesen sind.

Boltenhagen wurde zum Traditionsträger. Als der letzte von den Nationen in Prag gewählte Rektor erhielt er das päpstliche Schreiben. Vor dem Gründungsakt am 2. Dezember wurde der Theologe Johann von Münsterberg zum Rektor gewählt. Er verlas auf dem Festakt die Stiftungsurkunde des Markgrafen für die »universitas studii Lipsiensis«. Vom großen Fürstenkolleg erhielten elf Magister je 30 Gulden, ein weiterer – ein Doktor der Theologie – 60 Gulden und vom kleinen Fürstenkolleg acht Magister je 12 Gulden. Von

Prag wurde die Nationenverfassung übernommen. Die Landesherren legten fest, daß es vier Nationen geben sollte, die bei Versammlungen, Prüfungen, Privilegien und anderen Anordnungen gleichgestellt werden. Es handelt sich um die meißnische, die sächsische, die bayrische und die polnische Nation.

Zur meißnischen Nation zählte der thüringisch-obersächsische Raum. Zur sächsischen Nation rechneten Studenten aus dem Kurkreis, Brandenburg, Norddeutschland, England, Skandinavien und dem Baltikum. Die bayrische Nation setzte sich zusammen aus Studenten aus Franken, Süddeutschland, Österreich, Schweiz, Frankreich, Italien, Spanien, Westfalen, den Niederlanden sowie den Bistümern Köln und Trier. Zur polnischen zählten schließlich /20/ Studierende aus den Ländern im Osten, aus Böhmen, Mähren, Ungarn, Litauen und Rußland. Die Zuordnung zu den Nationen verlief nicht ohne Probleme und Streitigkeiten, vor allem wenn es um die Besetzung der Stellen in den Kollegien ging. So wurden 1522 die Lausitzer aus der meißnischen zur polnischen Nation umgesetzt, Westfalen, die Rheingebiete mit Trier und Köln sowie die Niederlande von der bayrischen zur sächsischen Nation.

Neben der Artistenfakultät nahm sicher die Theologische ihre Arbeit auf. Sie erhielt 1413 sechs Domherrenstellen in Meißen, Merseburg und Naumburg-Zeitz als Präbenden für ihre Professoren. Die Medizinische Fakultät ist seit 1415 nachgewiesen. 1436 werden je ein besoldeter Professor für praktische und einer für theoretische Medizin bezeugt. Langsamer vollzog sich der Aufbau der Juristenfakultät. Daß der Gründungsakt 1409 im Thomasstift stattfand, ist nicht zuletzt auf dessen beherrschende Stellung im Leipziger Kirchenwesen zurückzuführen und damit kein Zufall. So ernannte der Papst 1413 den Propst zu St. Thomas neben dem Pegauer Abt zum Exekutor einer für die Universitätslehre bestimmten Präbendenstiftung. 1442 berief der Bischof von Merseburg als Kanzler der Universität den Propst des Thomasstifts zu seinem Vertreter bei der Ausübung der akademischen Gerichtsbarkeit. Zwischen Juristenfakultät und Thomaskloster bestanden enge Beziehungen. Die Juristen führten bis 1508 Vorlesungen und Examina im Kloster durch. Anfang des 16. Jh.s sollte das Stift verpflichtet werden, eine Lektur für kanonisches Recht zu finanzieren, bis ein Angehöriger des Klosters die entsprechenden Vorlesungen halten könnte. Hervorzuheben ist die Errichtung eines Generalstudiums der Zisterzienser in Leipzig, das vorher in Prag beheimatet war. Damit entstanden besondere Verbindungen der Leipziger Universität zum Kloster Altzelle, wo die Zisterzienser seit 1175 wirkten.

Die Universität Leipzig war keine eigentliche Neugründung. Sie entwickelte sich aus der Prager Tradition, was sich in der Ablehnung von Hus und John Wiclif äußerte. Diese Aufnahme bezog sich nicht nur auf rechtliche Fragen oder die Statuten. Die Prager Universität war mehr als ein Vorbild in der äußeren Organisation. Sie bestimmte den Inhalt vor allem in der Artistischen und der Theologischen Fakultät.

Mit Würzburg 1402 und Rostock 1419 gehörte Leipzig in eine Reihe von Universitätsgründungen, die für Mitteleuropa mit Prag 1348 (durch Karl IV.) sowie als Stadtgründungen in Wien (1365), Heidelberg (1386) und Erfurt (1388-1392) ihre Arbeit begonnen haben. Es entwickelte sich ein Netz von Universitäten nördlich der Alpen. Diese Reihe von Universitätsgründungen war eng verbunden mit dem großen abendländischen Schisma von 1378, das die Einheit der mittelalterlichen Kirche in Frage stellte.

Zugleich vollzog sich eine nationale Ausrichtung der Universitäten, die ihre gesamteuropäische Bedeutung zunehmend verloren. So wurde Prag zu einer /21/ böhmischen Nationaluniversität. Leipzig übernahm von Prag die Nationenverfassung. Die landsmannschaftlichen Bindungen wurden betont und eine Regionalisierung der Universitäten vollzogen. Sie waren für ein bestimmtes Gebiet zuständig, ohne ihren länderübergreifenden Charakter – nicht zuletzt durch den Humanismus – zu verlieren.

Privilegien gaben den Universitäten einen besonderen Status. Sie waren aber zugleich Teil des frühmodernen Territorialstaates, obwohl sie noch nicht die Ausbildung des Nachwuchses in Kirche, Schule und Verwaltung übernahmen wie später im 16. Jh. Zugleich kam es zur Übernahme öffentlicher Aufgaben im Gastland, so in Leipzig 1480 am Oberhofgericht. Ab 1435 erschienen Ärzte und Juristen als Mitglieder des Leipziger Rates. Rechtsgelehrte Stadtschreiber wurden zur Normalität. Durch die Universitätsgründung erhielt die Bevölkerung neue Strukturelemente, abgesehen von der wirtschaftlichen Verflechtung zwischen Stadt und Universität. Der mit den Neugründungen des 15. Jh.s verbundene Bildungsaufbruch veränderte nicht nur die städtisch-bürgerliche Welt in den Universitätsstädten, sondern die gesamtkulturelle Entwicklung ganzer Regionen, wie die dynamische Entfaltung eines mitteldeutschen Humanismus in der zweiten Hälfte des 15. Jh.s in Erfurt und Leipzig gezeigt hat.

Es ist nicht die Aufgabe dieses Vortrages, die weitere Geschichte der Universität Leipzig zu verfolgen. Die Neugründung erwies sich als sehr erfolgreich. Für Mittel- und Norddeutschland entstand ein neues geistiges Zentrum. Im 1. Semester ließen sich 369 Studenten und Magister immatrikulieren. Bis 1430 behauptete Leipzig den ersten Platz unter den deutschen Universitäten vor Erfurt und Heidelberg.

Es wurde versucht, die Gründung der Universität Leipzig 1409 in Spannungsfeld von Stadt, Kirche und Landesherr darzustellen und jene in die gesellschaftlichen Umbrüche seit dem 13. Jh. im späteren Sachsen einzubetten, um die Bausteine für Leipzig als Universitätsstadt herauszuarbeiten: der Ausbau der Stadt Leipzig seit dem 12. Jh., die Gründung des Augustinerchorherrenstifts St. Thomas (1212) und des Dominikanerklosters (1229), die territoriale Expansion der Wettiner im 14./15. Jh., der Auszug der romtreuen Magister und Scholaren 1409 aus Prag und ihre teilweise Übersiedlung nach Leipzig. Am Beispiel Leipzigs können Grundelemente der kulturell-gesellschaftlichen Entwicklung des Mittelalters dargelegt werden. Dabei wurden die Universitäten zu Trägern von Veränderung und Erneuerung. Diesen Aufgaben stellte sich die Universität Leipzig bei ihrer Gründung und legte damit die Grundlage für ihre erfolgreiche Entwicklung im 15. Jh. Sie erlebte einen Aufstieg als Ort der Bildung in Mitteldeutschland und als Landesuniversität des werdenden wettinischen Territorialstaates. 1502 erhielt sie in Wittenberg /22/ und 1506 in Frankfurt/ Oder Konkurrenz, aber damit beginnt ein neuer Abschnitt mitteldeutscher Universitätsgeschichte beim Übergang vom Spätmittelalter zur Frühen Neuzeit, der für Leipzig in der reformatorisch-humanistischen Reform der Universität nach 1539 kulminierte.

# Melanchthon und die reformatorisch-humanistische Reform der Leipziger Universität[*]

Zu Beginn des 16. Jh.s veränderte sich die Universitätslandschaft in Mitteldeutschland grundlegend. In den beiden Neugründungen – 1502 Wittenberg und 1506 Frankfurt/Oder – erwuchsen Erfurt und Leipzig Konkurrenten, obwohl sich in den Gründungen von 1392 bzw. 1409 bereits der Übergang vom weitgehend scholastikfreundlichen Früh- zum scholastikkritischen Hochhumanismus vollzog. Stärker als in Leipzig kam es ab 1500 in Erfurt zunächst durch Nikolaus Marschalk, später durch Helius Eobanus Hessus und Conradus Mutianus Rufus von Gotha zu erbitterten Auseinandersetzungen mit der Scholastik.[1] Der aus Leipzig nach Frankfurt/Oder berufene Konrad Wimpina bemühte sich dort als Gründungsrektor um die Pflege des Humanismus.[2] Aber auch in Leipzig kamen humanistische Reformen voran. 1517 wurde Petrus Mosellanus Nachfolger des Gräzisten Richard Crocus und damit zum Motor der Erneuerung.[3]

Als Philipp Melanchthon am 25. August 1518 in Wittenberg eintraf, fand er nicht nur eine Universität im Umbruch vor, sondern auch eine Kultur- und Bildungslandschaft, die vom Humanismus – gestützt auf seine Vertreter an den Universitäten Erfurt, Leipzig, Wittenberg und Frankfurt/Oder – bestimmt war.

Die Berufung Melanchthons war Teil der Wittenberger Universitätsreform von 1518, die vor allem dem humanistischen Sprachstudium Entfaltungsmöglichkeiten bot und die der Neuberufene mit seiner Antrittsrede am 28. August 1518 »De corrigendis adulescentiae studiis«[4] überzeugend begründete. 1519 kam es aber auch in Erfurt zu strukturellen Veränderungen. Den alten Sprachen wurde größerer Raum gewährt; so erhielt Johann Lang, ein Freund Luthers, das Lektorat für Griechisch.[5] Die Reformen im benachbarten Wittenberg verstärkten die Bemühungen um eine Lehrreform an der Universität Leipzig, die, wie in Kurbrandenburg und in Kursachsen, wohlwollende Unterstützung durch den Landesherrn, hier Herzog Georg, fand. Obwohl Mosellanus, der wenige Jahre älter als Melanchthon war, in seiner im August 1518 bereits gedruckt vorliegenden Antrittsrede ebenfalls für den Erwerb und die Vermittlung der Sprachen als Grundlagen aller Wissenschaften, auch der Theologie, eingetreten war, ließen grundlegende Veränderungen wie in Wittenberg noch auf sich warten. Am 6. April 1519 übersandte der Herzog jeder Fakultät Vorschriften, wie

---

[*] Erstabdruck in: Humanismus und Wittenberger Reformation: Festgabe anläßlich des 500. Geburtstages des Praeceptor Germaniae Philipp Melanchthon am 16. Februar 1997; Helmar Junghans gewidmet/ hrsg. von Michael Beyer und Günther Wartenberg unter Mitwirkung von Hans-Peter Hasse. Leipzig 1996, 409-415.

[1] Vgl. Helmar JUNGHANS: Erfurt. TRE 10 (1982), 142 f; Helmar JUNGHANS: Der junge Luther und die Humanisten. Weimar; Göttingen 1984, 31-49.

[2] Vgl. Gerd HEINRICH: Frankfurt an der Oder, Universität. TRE 11 (1983), 336.

[3] Herbert HELBIG: Die Reformation der Universität Leipzig im 16. Jahrhundert. Gütersloh 1953, 25.

[4] CR 11, 15-25; MBW.T 1, 84-86 (Nr. 30); MWA 3, (29) 30-42.

[5] Vgl. Junghans: Erfurt ..., 143.

in den Vorlesungen Veränderungen vorzunehmen seien.[6] Dieser Lehr- und Stundenplan war jedoch nicht der große Durchbruch, wenn auch die gewünschten /410/ »optimas legendi docendique rationes«[7] humanistische Grundgedanken enthielten. Der Einsatz Herzog Georgs für die Leipziger Disputation 1519 gehört in den Zusammenhang dieser Reformbemühungen. Es zählt zu den Besonderheiten des weiteren innersächsischen Geschehens, wenn gerade jene Disputation eine Entwicklung einleitete, in deren Verlauf Herzog Georg sich zunehmend von Luther und den Wittenberger Reformgedanken distanzierte, den Humanisten als Helfern der Reformation mißtrauisch begegnete und eine humanistisch bestimmte Lehrreform in Leipzig schließlich verhinderte. Der Tod des Mosellanus am 19. April 1524 besiegelte auch äußerlich die Niederlage der Humanisten in Leipzig.[8] Ähnlich erging es der Universität in Frankfurt/Oder. Die Ablehnung der Reformation, nicht zuletzt durch Kurfürst Joachim I., hemmte dort die Entwicklung der Universität und ließ diese verkümmern.[9] Änderungen waren erst von den neuen Regenten Joachim II. und Herzog Heinrich zu erwarten.

Auf dem Weg nach Wittenberg besuchte Melanchthon seinen Kollegen Mosellanus in Leipzig. Vermutlich lernte er auch die Antrittsrede des Leipziger Gräzisten kennen. Er mußte in Mosellanus, den Luther und Georg Spalatin gern für Wittenberg gewonnen hätten, einen Mitstreiter sehen. Eine gemeinsame Interessenlage bahnte sich an. Allein mit Mosellanus besprach Melanchthon seine Sorgen um die Höhe des Gehaltes.[10]

Wenige Tage nach seiner Ankunft in Wittenberg mußte er Gerüchten entgegentreten, er plane einen Weggang nach Leipzig.[11] Obwohl in der überlieferten Korrespondenz keine Hinweise auf eine stärkere Verbindung zwischen den beiden Gräzisten zu finden sind, bestand die enge Beziehung fort. So stand Melanchthon 1524 am Sterbebett von Mosellanus.[12] Verschiedene Nachrichten bestätigen Verbindungen Melanchthons nach Leipzig, die bis 1539 vereinzelt fortbestanden und Ansatzpunkte für die Zeit nach Einführung der Reformation bildeten. Zu den Gesprächspartnern gehörten vor allem Caspar Borner, der seit 1522 das Rektorat der Thomasschule bekleidete.[13] 1534 und 1539 weilte Melanchthon zu Religionsgesprächen in Leipzig.[14] 1537 traf er sich mit Julius Pflug zu einem Gespräch über das Konzil.[15]

Immer regelmäßiger reiste er zu den Leipziger Messen.[16] Offensichtlich behinderte Herzog Georg Melanchthon bei seinen Aufenthalten in Leipzig in keiner Weise, wenn

---

6 STATUTENBÜCHER DER UNIVERSITÄT LEIPZIG AUS DEN ERSTEN 150 JAHREN IHRES BESTEHENS/ hrsg. von Friedrich Zarncke. Leipzig 1861, 34-42.

7 Ebd, 36, 3.

8 Helbig: Die Reformation der Universität Leipzig …, 34 f.

9 Vgl. Heinrich: Frankfurt an der Oder …, 336 f.

10 MBW.T 1, 71, 35 (Nr. 21) ≙ CR 1, 42 (Nr. 18).

11 Ebd.

12 MBW.T 2, 127 f (Nr. 320).

13 MBW 2, 214 f (Nr. 1651) ≙ CR 2, 960 f (Nr. 1347); 296 f (Nr. 2104) ≙ CR 3, 595 f (Nr. 1738); 405 f (Nr. 2129) ≙ CR 3, 615-617 (1758).

14 *1534*: MBW 2, 134 (Nr. 1433) ≙ CR 2, 722-726 (1187); *1539*: MBW 2, 407 f (Nr. 2135) ≙ CR 3, 745-750 (Nr. 1831).

15 MBW 2, 313 f (Nr. 1890) ≙ CR 3, 359-364 (Nr. 1571).

16 MBW 2, 251 (Nr. 1736) ≙ CR 3, 70 (Nr. 1422); 292 (Nr. 1839) ≙ CR 3, 238 f (Nr. 1518); 335 (Nr. 1951) ≙ CR 3, 431-425 (Nr. 1616); 369 (Nr. 2032) ≙ CR 3, 524 f (Nr. 1676); 407 f (Nr. 2135) ≙ CR 3, 745-750 (Nr. 1831).

auch Anfang Februar 1535 einem Wittenberger Studenten, der in Leipzig zurückgeblieben /411/ war und dort starb, das Begräbnis wegen seiner Verbindung zu Melanchthon verweigert wurde und er nach Wittenberg überführt werden mußte.[17] Am 17. April 1539 starb Herzog Georg.

Die Einführung der Reformation nach Wittenberger Vorbild eröffnete der Universität neue Möglichkeiten. Daß diese erst ab 1542/43 ausgeschöpft wurden, lag vor allem am erlahmenden Reformeifer Herzog Heinrichs und an den wieder auflebenden Spannungen zwischen dem ernestinischen und dem albertinischen Sachsen, an der deutlichen Abneigung gegenüber kirchen- und bildungspolitischen Modellen, die aus Wittenberg kamen. Die Einführung der Reformation, zu deren offiziellem Beginn zu Pfingsten (25. Mai) 1539 neben den wettinischen Fürsten auch Luther, Melanchthon, Justus Jonas und Caspar Cruciger d. Ä. nach Leipzig kamen, betraf die Universität zunächst nicht, obwohl diese durchaus von Anfang an in die Planung einbezogen gewesen sein muß. Denn die Visitatoren Jonas, Spalatin und Melchior von Kreutz warteten Anfang August 1539 auf Instruktionen aus Dresden, wie sie gegenüber der Universität verfahren sollten. Die angekündigten Verfahrensartikel waren noch nicht eingegangen. Kurfürst Johann Friedrich konnte den Visitatoren gegenüber lediglich auf ein Bedenken der Wittenberger Theologen verweisen, das er bereits Ende Juli nach Dresden geschickt hatte.[18]

Dieses auf Melanchthon zurückgehende Papier[19] wandte sich vor allem der Theologischen Fakultät zu. Es enthielt die ersten Maßnahmen, um der überfälligen Reform den Boden zu bereiten. Die Modernisierung der Universität Leipzig mußte sowohl die seit 1519 verschleppte überfällige humanistische Lehrreform als auch die Umgestaltung im Sinne der Reformation enthalten. Beiden Aufgaben hatte sich die Leipziger Theologische Fakultät entgegengestellt. So war es nur folgerichtig, wenn die Ratschläge aus Wittenberg bei diesem Teil der Universität ansetzten. Unter Berufung auf G 1,8 wird die Obrigkeit an ihre Pflicht erinnert, »unrechte Lahr und falsche Gottesdienst weg zu thun und zu verbieten«. Daher sei den Mönchen und Sophisten in der Universität »alles Predigen, Disputiren, Lesen, Sacrament reichen« zu untersagen und bei Weigerung, »die rechte Lahr« anzunehmen, die Ausweisung anzuordnen.[20] Ähnlich entschlossen sollte gegen die Mitglieder der Theologischen Fakultät vorgegangen werden. Nur wer sich zur Erneuerung bekannte oder sich zurückzog, konnte seine Collegiatur weiter genießen. Klare Entscheidungen waren gefragt. Die Fakultät sollte eine Schlüsselstellung im Reformationsprozeß erhalten, nicht nur in der Universität selbst, sondern auch für das herzogliche Sachsen: Bis zur Errichtung von Konsistorien, die 1545 erfolgte, sollte sie Entscheidungsinstanz in Lehr- und Ehefragen sowie Beratungsgremium für den Landesherrn sein. Daher ist es nicht überraschend, daß die Wittenberger den entscheidungsfreudigen Nikolaus von Amsdorf, der in Magdeburg Erfahrungen gesammelt hatte, vorschlugen, damit er nun hier als Vertrauensperson

---

17 MBW 2, 172 (Nr. 1536) ≙ CR 2, 838-841 (Nr. 1251).

18 Vgl. Günther WARTENBERG: Die Theologische Fakultät der Universität Leipzig während der Einführung der Reformation im herzoglichen Sachsen. WZ der Universität Leipzig 30 (1981), 577 = in diesem Band Seite 258; vgl weiter Helbig: Die Reformation der Universität Leipzig ...

19 MBW 2, 455 (Nr. 2252) ≙ CR 3, 712-714 (Nr. 1814).

20 CR 3, 712 f.

an der Spitze der Fakultät stehe, um die »christliche Lahr /412/ zugleich in der Schul und Kirchen anzurichten«. Für die schwierige Aufgabe käme nur ein Mann infrage, »der ein Dialecticus sey« und der über die Streitfragen Bescheid wisse.[21] Wie in Wittenberg sollte die Leitung des städtischen Kirchenwesens eng mit der Fakultät verbunden werden, wie es 1540 mit der Person Johannes Pfeffingers geschah. Außer Amsdorf enthielt die Vorschlagsliste noch Johannes Heß aus Breslau, Alexander Alesius, der dann aber erst 1542 mit Melanchthons Unterstützung von Frankfurt/Oder nach Leipzig kam, und Bernhard Ziegler, der als Hebraist noch 1540 seine Stelle in Leipzig antrat. Drei Neubesetzungen hielt Melanchthon für ausreichend. Wichtig erschien ihm außerdem die Gehaltsfrage: Die bisherige Besoldung aus Präbenden und Stiften reiche nicht mehr aus, da die Lehrenden sich zunehmend verheirateten. Für die Juristen, Mediziner und Artisten sollten keine personellen Veränderungen erfolgen. Außer den 30 Stipendien für die Theologie mit je 20 Gulden jährlich sollten weitere auch für diese Fakultäten vergeben werden. Neben der Weichenstellung in der Theologischen Fakultät stand besonders die Nachwuchsförderung im Blickfeld. Abschließend wird ausdrücklich die Mitsprache der neuen Lehrer im »Consilium Universitatis« anstelle der abgelösten alten gefordert. Nur so war offensichtlich ein Fortgang der Reformen zu gewährleisten. Dieses Sofortprogramm für die universitäre Erneuerung wurde jedoch nicht umgesetzt, so daß das personelle Problem die Wittenberger auch weiterhin beschäftigte.

Schon am 6. Juli 1539 erwartete Melanchthon die Mitwirkung von Wenzeslaus Linck und dessen Weggang von Nürnberg nach Leipzig.[22] Von diesem riet Luther allerdings Ende Oktober 1539 ab: Im Herzogtum sei Herzog Georg noch nicht gestorben. Linck sollte nicht in dieses Sodom gehen, wo der alte Haß auf Wittenberg noch vorherrsche.[23] Luthers Äußerung war alles andere als förderlich für eine Ortsveränderung Lincks; zu unsicher war die weitere Entwicklung im albertinischen Sachsen. Sehr schnell entwickelte man dort eigene Vorstellungen und versuchte, ohne die direkte Einflußnahme aus Weimar, Torgau und Wittenberg voranzukommen. Dabei spielte sicher auch das Geld eine Rolle, denn die von Melanchthon 1539 vorgeschlagenen Berufungen sowie der Aufbau des Stipendiatenwesens erforderten erhebliche Mittel. Außerdem erscheint der Einfluß der dem Humanismus verbundenen Räte in Dresden, wie Ludwig Fachs oder Georg Komerstadt, noch nicht so wirksam gewesen zu sein, um Entscheidungen für eine grundlegende Universitätsreform herbeizuführen. Die albertinische Politik begnügte sich mit der Verpflichtung der Universität auf die Confessio Augustana und die Apologie,[24] was letztlich aber nur eine Proklamation bedeutete.

Jedes Reformkonzept benötigt Unterstützung innerhalb der Universität und klare politische Entscheidungen. Beides war 1539 in Leipzig und Dresden nur bedingt vorhanden. Das erste Rektorat Borners (1539/40) reichte schon wegen der zeitlichen Begrenzung, abgesehen von den strukturellen Problemen, nicht aus, um Reformen vorzunehmen. Zwar kamen die Reformbemühungen nicht zum Stillstand, die Voraussetzungen /413/ dafür ver-

---

21 CR 3, 713.
22 MBW 2, 452 (Nr. 2242).
23 WA Br 8, 579-582 (Nr. 3398), 26. Oktober 1539.
24 Wartenberg: Die Theologische Fakultät ..., 577 f.

besserten sich aber grundlegend erst mit der Regierungsübernahme durch Herzog Moritz im August 1541 und dem Ruf an Joachim Camerarius am 3. September 1541.[25] Melanchthon blieb trotz innerwettinischer Verstimmungen der Berater der Reformkräfte in Leipzig. Dabei fällt auf, daß Melanchthon im Gegensatz zu Kurbrandenburg und Kurfürst Joachim II. im Blick auf Frankfurt/Oder[26] bis 1547 keinen direkten Kontakt mit Herzog Moritz hatte, um Universitätsfragen zu beraten. Die entscheidenden Schritte wurden von Borner und Camerarius in Zusammenarbeit mit den herzoglichen Räten Ludwig Fachs, Komerstadt und Christoph von Carlowitz vorbereitet. Letzterer wurde 1543 Amtmann von Leipzig, hatte bei Mosellanus studiert und war Herzog Georg von Erasmus empfohlen worden. Fachs gehörte seit 1522 zur Juristenfakultät, deren Ordinarius er 1542 wurde; 1534 übernahm er erstmals das Bürgermeisteramt in Leipzig. Wenn er auch die städtischen Interessen mit zu vertreten hatte, zählte er vor allem 1540/41 zu den Befürwortern der Reform und suchte den Kontakt zu Melanchthon. Zu einer engeren Zusammenarbeit mit Borner scheint es nicht gekommen zu sein; zu sehr galt Fachs noch als Vertreter der Religionspolitik Herzog Georgs. Im Januar 1540 rechnete Melanchthon ihn noch neben Simon Pistoris zu den Gegnern des Evangeliums und zu den Epikureern, denen er die Jugend nicht anvertrauen wolle.[27]

In der Folgezeit ist Fachs' stärkere Hinwendung zur Reformation zu beobachten, die sich für die Universitätsreform jedoch noch nicht auswirken sollte. Grundsätzlich ist aber davon auszugehen, daß bei allen Abschnitten der Leipziger Universitätsreform zwischen 1542 und 1544 Melanchthon beteiligt war, regelmäßig in Leipzig weilte und vor allem über Camerarius und Borner die Entscheidungen begleitete und – wenn auch zunehmend mittelbar – mitbestimmte.

Ende August 1539 teilte Melanchthon Camerarius mit, daß der Senat der Universität Leipzig sich zur evangelischen Lehre bekannt habe.[28] Wenig später kündigte er Friedrich Mykonius, der von Wittenberg nach Leipzig zurückgekehrt war, einen Besuch an, nachdem er schon mit Borner »multa« besprochen habe.[29] Eine nach der Wahl Borners zum Rektor geplante Verhandlungsrunde zu Fragen der Universitätsreform mußte wegen Pestilenz ausfallen.[30]

Die enge Verbindung zwischen Leipzig und Wittenberg gerade auch in der Vorbereitung der Universitätsreform wird deutlich. Am 5. Januar 1540 bat Melanchthon den Leipziger Juristen Andreas Franck aus Kamenz (Camitianus) um Geduld. Er werde »post paucos dies« seine Fragen zur Universität – »praecique vero Academiae vestrae rationem ... habendam esse« – beantworten.[31] Franck gehörte zum Kreis der Magister um Mosellanus. /414/

25 SächsHStA Dresden: Loc. 10538: Joachimi Camerari Beforderung ... 1541/74, 2b-3a (Entwurf).
26 MBW 2, 319 (Nr. 1905) ≙ CR 3, 742 f (Nr. 1828); TRE 11 (1983), 337.
27 MBW 3, 23 f (Nr. 2354) ≙ CR 3, 947 f (Nr. 1920).
28 MBW 2, 459 (Nr. 2264); August VON DRUFFEL: Die Melanchthon-Handschriften der Chigi-Bibliothek. In: Sitzungsberichte der philosophisch-philologischen Classe der K. B. Akademie der Wissenschaften zu München (1876) Heft 4, 511-515.
29 MBW 2, 461 (Nr. 2270) ≙ CR 3, 772 f (Nr. 1848).
30 MBW 2, 479 (Nr. 2314) ≙ CR 3, 839 f (Nr. 1879).
31 MBW 3, 18 (Nr. 2344) ≙ CR 3, 918 (Nr. 1911).

Als Mitglied der Juristenfakultät vertrat er die Universität gegenüber den herzoglichen Visitatoren. Wieweit Francks Wunsch an Melanchthon mit Borner abgesprochen war, muß offenbleiben. Es kann durchaus vermutet werden, daß Franck zu den Kräften an der Universität gehörte, die, ähnlich wie in Erfurt, nur an eine Reform der humanistischen Studien und nicht an eine Gesamtreform dachten. Franck nahm zwar am Religionsgespräch in Worms für das albertinische Sachsen teil und hat dort sicher auch Melanchthon veranlaßt, sein Gutachten zum Ausbau der Universität Leipzig von Worms aus am 5. November 1540 an Fachs zu übersenden.[32] In den Beziehungen um die Erneuerung der Universität Leipzig tritt Franck jedoch nicht hervor. Für 1545 ist sein Tod überliefert.[33] Die von Melanchthon angekündigte Antwort wird von Heinz Scheible sicher zu Recht im Novembergutachten an Fachs gesehen.[34] Sollte die Vermutung unterschiedlicher Interessengruppen an der Leipziger Universität zutreffen – die später und wahrscheinlich von Franck in Worms erneut angemahnte Antwort spricht dafür –, so wäre das ein weiterer Grund für die relative Erfolgslosigkeit der Reformkräfte um Borner 1539/40.

Dem »Consilium de constituenda Academia Lipsica« lag ein Begleitschreiben an Fachs bei,[35] das auch die beiden Schwerpunkte des Gutachtens umschreibt: Ausstattung der Theologischen Fakultät und die Gestaltung der »primis adolescentiae studiis«. Offensichtlich unter dem Eindruck der Berichte Francks hebt Melanchthon den hohen Anteil von Fachs an der Neuordnung der Universität hervor, aber auch die besondere Eignung der Mitglieder der Juristenfakultät und der Medizinischen Fakultät. Zur Theologischen Fakultät greift der Verfasser im Gutachten auf die Vorschläge vom Juli 1539 zurück.[36] Er unterstreicht die Notwendigkeit, drei Professoren zu berufen. Neben Ziegler und Nikolaus Scheubel sollte ein weiterer berufen werden, der nicht nur Vorlesungen, sondern auch Disputationen veranstalten kann. Melanchthon bot entsprechende Besetzungsvorschläge, auch aus Leipzig, an. Breiten Raum nahm die Forderung ein, arme Theologiestudenten und Stipendiaten zu unterstützen – ebenfalls eine Fortschreibung der Überlegungen vom Sommer 1539. Der eigentlich bedeutsame Vorschlag betraf die Artistenfakultät, deren Magister auch eine Gehaltsaufbesserung bekommen sollten, damit sie in Leipzig blieben. Um Streit und Gruppenbildungen zu begegnen, sollte einer berufen werden, »qui antecelleret caeteris, et tueri virtute locum posset«. Zum ersten Mal wurde auch Joachim Camerarius dafür vorgeschlagen, dessen Kommen Melanchthon erwartete – als »gubernator totius Philosophici studii«. Zwei weitere Kandidaten, Johannes Sturm aus Straßburg und Jakob Micyllus, werden eigentlich nur erwähnt.[37] Es ist sicher kein Zufall, daß dieser Personalvorschlag über Fachs und nicht über Borner ins /415/ Gespräch gebracht wurde. Melanchthon hatte erkannt, daß die Artistenfakultät eine Leitfigur benötigte, die durch ihre wissenschaftlichen Leistungen und ihren

---

32 MBW.T 1, 49 (Nr. 20); 56 (Nr. 41).

33 AKTEN UND BRIEFE ZUR KIRCHENPOLITIK HERZOG GEORGS VON SACHSEN/ hrsg. von Felician Geß. Bd. 1: 1517-1527. Leipzig 1905, 169 (Nr. 210), Anm. 1; Otto CLEMEN: Andreas Frank aus Kamenz. NASG 19 (1898), 95-115; DERS.: 3 Briefe von Andreas Frank von Kamenz. NASG 34 (1913), 160-163.

34 MBW 3, 18 (Nr. 2344.6) ≙ CR 3, 914-918 (Nr. 1911).

35 MBW 3, 104 (Nr. 2541) ≙ CR 3, 1133 (Nr. 2042).

36 MBW 3, 104 (Nr. 2542) ≙ CR 3, 1134-1136 (Nr. 2043).

37 CR 3, 1135 f.

Reformwillen neben Borner die Universität reformieren konnte. Die Neubesetzungen an der Theologischen Fakultät hatten den alle Fächer umgreifenden Reformschwung nicht herbeigeführt.

Daß Melanchthon die Berufung des Camerarius erreichte, ist wohl die wirkungsvollste Unterstützung, die er der Universität geben konnte. Im Sommer 1541 schaltete er sich selbst ein, schrieb an Herzog Heinrich und verhandelte in Leipzig,[38] ein Aufwand, der sich kaum wiederholte. Mit Camerarius erhielt Melanchthon nicht nur einen Gleichgesinnten, sondern einen oft beruhigend wirkenden und zugleich stärkenden Kollegen in der Nachbarschaft. Außerdem gehörte die Freundschaft zwischen Camerarius und Melanchthon zu den wichtigen Konstanten der weiteren reformatorischen Entwicklung, der Stärkung der Verbindungen zwischen Wittenberg und Leipzig und auch der eigenen Position in Leipzig und Wittenberg. Die regelmäßigen Reisen aus dem »ländlichen Wittenberg«[39] in die Messestadt Leipzig wirkten ausgleichend. Nach 1547 konnte Melanchthon an die gewachsenen Bedingungen anknüpfen. Für Melanchthon war Camerarius der »Reformator der Universität Leipzig«[40] und so mit Borner Träger der reformatorisch-humanistischen Reform der Leipziger Universität.

---

38 MBW 3, 184 (Nr. 2725) ≙ CR 4, 392 f (Nr. 2263); MBW 3, 213 (Nr. 2782) ≙ CR 4, 637 f (Nr. 2357); MBW 3, 214 (Nr. 2788) ≙ CR 4, 1055 f (Nr. 1837[b]); 214 f (Nr. 2786) ≙ CR 4, 642 f (Nr. 2361); 216 (Nr. 2789) ≙ CR 4, 643 (Nr. 2362).
39 MBW 4, 148 (Nr. 3736) ≙ CR 5, 530-532 (Nr. 3077).
40 MBW 4, 163 (Nr. 3769) ≙ CR 5, 555 f (Nr. 3097).

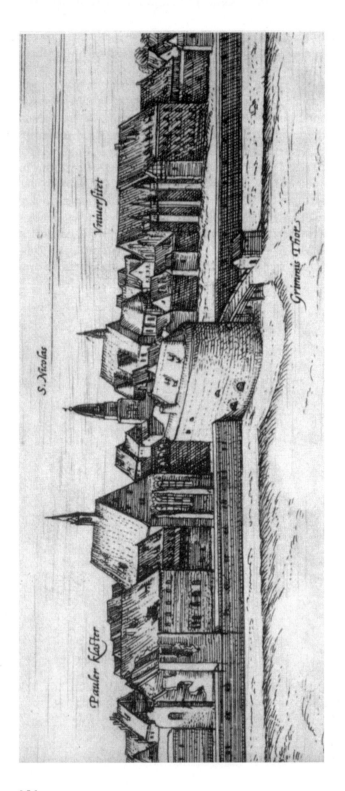

Ausschnitt aus der Stadtansicht von 1575 mit Paulinum und Universität

# Die Theologische Fakultät der Universität Leipzig während der Einführung der Reformation im herzoglichen Sachsen[*]

Der Tod von Herzog Georg am 17. April 1539 eröffnete der Universität Leipzig die Möglichkeit zu einer grundlegenden Reform im Sinne der evangelischen Lehre nach dem Vorbild Wittenbergs. Der tatkräftige, seit 1500 regierende Herzog hatte den Niedergang der Theologischen Fakultät nicht aufhalten können. In die Auseinandersetzung mit Martin Luther und seinen Mitstreitern hatte nur der langjährige Dekan Hieronymus Dungersheim[1] ohne großen Erfolg eingegriffen, wenn auch der Landesfürst die Fakultät zu Gutachten und zur Mitarbeit heranzog.[2] Das Festhalten an überkommenen Lehrtraditionen führte zur geistigen Erstarrung und zum Erlahmen jeder wissenschaftlichen Arbeit. Die Leipziger Religionsgespräche von 1534 und 1539 berührten die Fakultät überhaupt nicht, an der zeitweise der alte Dungersheim der einzige promovierte Theologe war. Die im Zuge der Klosterreform angestrebten Veränderungen in der Theologenausbildung[3] führten nicht zum Ziel, da Georg selbst die Visitation der Klöster abbrach, um seine eigene Religionspolitik zu retten. In dem Spannungsfeld von Reformation und Papsttum konnte der Herzog die von ihm angestrebte allgemeine katholische Reform /577/ nicht durchhalten, da der hohe Klerus jede Mitarbeit verweigerte und zur Selbstreform nicht bereit war. Ihnen erschienen alle Reformen nur als Vorstufe zu der verhaßten Lutherschen Reformation.

---

[*] Erstabdruck in: WZ der KMU, ges.- und sprachwissenschaftliche Reihe 30 (1981), 576-583.

1 Dungersheim, geb. 22. April 1465 in Ochsenfurt (Kr. Würzburg); seit Ostern 1484 in Leipzig; 1495 Priesterweihe in Würzburg, Prediger in Chemnitz, 1496 Köln, 1497 Leipzig, 1501 Prediger St. Marien Zwickau, 1504-1506 in Italien; 1506 Professor der Theologie in Leipzig und Kollegiat im großen Fürstenkollegium; 1525 als Prediger Herzog Georgs in Mühlhausen; gest. 2. März 1540 in Leipzig. Mit Luther wechselte er Briefe zum Annenkult und zum Primat des Papstes (WA Br 1, 517-524 [Nr. 203]. 574-594 [Nr. 230]. 601-603 [Nr. 235]. WA Br 2, 2-23 [Nr. 244 f]. 112-115 [Nr. 292-294]. 124-127 [Nr. 301]. WA Br 4, 392-395 [Nr. 1229]; Friedrich SEIFERT: Die Reformation in Leipzig. Leipzig 1883, 145). Gegen Luther richteten sich auch spätere Schriften und Predigten, die noch nicht ausgewertet sind, wie eine umfassende Würdigung dieses für die letzten Jahrzehnte der kath. Theol. Fakultät bedeutenden Mannes bisher fehlt. Vgl. [Johann Friedrich KÖHLER]: Fragmente zur Geschichte der Stadt und Universität Leipzig. Leipzig 1787, 138-144; [Johann Karl] SEIDEMANN: Dungersheim: Dr. Hieronymus. ADB 5, 473 f; Erhard PESCHKE: Die Kritik Dungersheims von Ochsenfurt an der Lehre der Böhmischen Brüder. WZ der Univ. Rostock, Gesellschafts- und Sprachwiss. Reihe 8 (1958/59), 377-399.

2 So bei Herzog Georgs Widerlegung von Luthers »Tröstung an die Christen zu Halle ..., 1527« zum Abendmahl unter beiderlei Gestalt, die 1528 in Dresden gedruckt wurde. Eine Abschrift mit den Bemerkungen der Fakultät in AKTEN UND BRIEFE ZUR KIRCHENPOLITIK HERZOG GEORGS VON SACHSEN/ hrsg. von Felician Geß. Bd. 2. Leipzig 1917, 818-836 (Nr. 1508). Das Begleitschreiben der Fakultät ebd, 815 (Nr. 1506).

3 Felician GESS: Die Klostervisitationen des Herzog Georg von Sachsen. Leipzig 1888, 42 f. Zur Fakultät unter Herzog Georg vgl. Otto KIRN: Die Leipziger Theologische Fakultät in fünf Jahrhunderten. Leipzig 1909, 20-39; Herbert HELBIG: Die Reformation der Universität Leipzig im 16. Jahrhundert. Gütersloh 1953, 13-49.

Ohne Schwierigkeiten trat Herzog Heinrich die Regierung im albertinischen Sachsen an. Da er bereits in dem von ihm seit 1505 regierten Freiberger Gebiet die Reformation eingeführt hatte, war klar, daß dieser Schritt für das übrige Herzogtum zu den ersten Regierungsmaßnahmen gehören würde. Zur feierlichen Einführung der Reformation zu Pfingsten (25. Mai) 1539 in Leipzig erschienen außer den wettinischen Fürsten neben Luther und Philipp Melanchthon aus Wittenberg noch Justus Jonas, Caspar Cruciger d. Ä. und der spätere Superintendent zu Leipzig und führende Kopf der Theologischen Fakultät, Johann Pfeffinger.[4] Von den dabei geführten Verhandlungen zum weiteren Vorgehen in der Religionsfrage berichtete Melanchthon seinem Freund Joachim Camerarius nach Tübingen: Über die Reform der Universität werde bald gesondert verhandelt, und Herzog Heinrich wolle Camerarius nach Leipzig berufen.[5] Wenig später entstand ein Gutachten zur kirchlichen Versorgung Leipzigs und zur Vorbereitung der Visitation. Darin werden stichwortartig die Universität, personelle Veränderungen bei den Theologen und in der Artistenfakultät, Gegner der neuen Lehre und die Stipendien erwähnt.[6] Die Instruktion zur ersten Visitation vom 10. Juli 1539 für die Markgrafschaft Meißen erwähnte die Universität nicht. Die herzoglichen Kommissare wußten nicht, wie sie sich gegenüber der Bildungsanstalt verhalten sollten. Kurfürst Johann Friedrich, der den Verlauf der Visitation wachsam beeinflußte, riet den Visitatoren zu warten, da er von Melanchthon Ende Juli verfaßte Artikel zur Neuordnung der Universität seinem Vetter übersandt hatte.[7] Zu schnellen Entscheidungen war jedoch der Dresdner Hof nicht bereit, weiterreichende Veränderungen wurden aufgeschoben und geboten, nur allgemein mit der Universität zu verhandeln und diese auf die Confessio Augustana und die Apologie als Lehrnorm zu verpflichten.[8] Die Vertreter der vier Nationen erkannten am 13. August gegenüber den herzoglichen Beauftragten die beiden Augsburger Schriften zwar als bindend an, jedoch mit der Einschränkung, soweit jene nicht dem Evangelium und der Wahrheit widersprächen.[9] Diese ausweichende Antwort ging den Theologen noch zu weit, die bereits bei den heftigen Disputationen am 19. und 20. Juni

---

4 Seifert: Die Reformation ..., 160-175.

5 (Leipzig), 26. Mai 1539: Melanchthon an Camerarius (CR 3, 711 f [Nr. 1813]; vgl. MBW 2, 439 f [Nr. 2210]).

6 WA Br 8, 440, 53-56. Dort S. 438 f zu der von Enders und Gustav Kawerau vermuteten Verfasserschaft Luthers, während Otto Clemen das Gutachten Cruciger zuschreibt.

7 Am 6. August 1539 berichteten die Visitatoren Jonas, Melchior von Kreutz und Georg Spalatin aus Leipzig an Johann Friedrich und Johann Ernst, daß sie auf weitere Instruktionen zur Universität warteten. Hans von Pack habe über ein Bedenken der Wittenberger Theologen zur Universitätsreform und von seiner Sendung zu Herzog Heinrich berichtet. Da sie die angekündigten Artikel noch nicht hätten und diese vielleicht noch nicht abgeschickt worden wären, könnten die Visitatoren nochmals nach Leipzig wegen der Universität ziehen (DER BRIEFWECHSEL DES JUSTUS JONAS/ hrsg. von Gustav Kawerau. Bd. 1. Halle 1884/Nachdruck 1964, 335 f [Nr. 443]). Der Kurfürst antwortete am 8. August, daß jene Artikel nach Dresden geschickt worden sind und von dort Antwort zu erwarten ist (ebd, 1, 343 [Nr. 445]). Ähnlich erwarteten die beiden Ernestiner am 10. August einen baldigen Auftrag wegen der Universität (ebd, 1, 346 [Nr. 447]).

8 So lautete der herzogliche Befehl durch Anton von Schönberg vom 12. August 1539 an die Visitatoren (ebd, 1, 347 f [Nr. 449]).

9 Zu den Verhandlungen zwischen Visitatoren und Universität am 12./13. August 1539 vgl. Seifert: Die Reformation ..., 205-208.

zwischen Cruciger und Friedrich Myconius aus Gotha – beide waren mit der Neuordnung des Leipziger Kirchenwesens beauftragt – und den Dominikanern, mit dem Pfarrer zu Halle /578/ und Professor Dr. Mattheus Metz an der Spitze ihre Abneigung gegen die neue Lehre kundgetan hatten.[10]

Wie in vielen Fällen konnte die erste Visitation auch bei der Leipziger Universität zunächst die Grenzen abstecken für weitere Veränderungen. Es blieb vorerst bei der Absichtserklärung des Herzogs, eine evangelische Universität zu schaffen, und bei der hinhaltenden Bereitschaft der Universität, dem Verlangen des Landesherrn nachzukommen. Neben dem Widerstand bisheriger Stelleninhaber war außer der Berufung geeigneter Gelehrter vor allem die wirtschaftliche Grundlage der Bildungsanstalt neu zu ordnen.

Das bereits erwähnte Gutachten Melanchthons im Auftrage der Wittenberger zur Reform der Universität betraf in erster Linie die Theologische Fakultät. Nachdem es zunächst die Pflicht der Obrigkeit zum Verbot und zur Beseitigung von Irrlehre und falschem Gottesdienst herausstellte und die Ausweisung der Mönche und Sophisten forderte, legte es die Grundsätze für die Verhandlungen mit den Universitätstheologen fest: Sie könnten nur bleiben, wenn sie die neue Lehre annähmen. Andernfalls müßten ihnen Vorlesungen, Disputationen und Predigten verboten werden. Ziehen sie sich selbst zurück, dann sollten sie geduldet werden und ihre Versorgung behalten. Bei Weigerung wären sie wie die Mönche auszuweisen. Zugleich machten die Wittenberger personelle Vorschläge für die Besetzung von drei theologischen Professuren. Nikolaus von Amsdorf, Johannes Heß, Alexander Alesius und Bernhard Ziegler standen auf der Vorschlagsliste. Bei Amsdorf dachte man an eine Verbindung zwischen der Lehrtätigkeit und dem Superintendentenamt, wie es später bei Pfeffinger Wirklichkeit wurde und was zugleich eine direkte Beeinflussung und Überwachung der Lehre in der Fakultät ermöglichen würde. Deutlich sahen die Autoren der Vorschläge die Schwierigkeiten für eine angemessene Besoldung. Der übliche Brauch, die Professoren als Kollegiaten zu versorgen, fiel weg, da die Ordnung der Kollegien den Eheverzicht forderte und außerdem alle Stellen besetzt waren. Die Verheiratung bereitete auch bei der Vergabe der anderen Präbenden und Stiftungen Hindernisse. Der jahrelange und zähe Streit um die Kanonikate in Merseburg, Meißen, Naumburg und Zeitz zeichnete sich bereits ab.[11] Als Ausweg blieb vorerst, die 1538 von den Klöstern bewilligten Zuschüsse für die Neuzuberufenden zu verwenden. Von diesem Geld sollten auch 30 Stipendien geschaffen werden, um den dringend benötigten Nachwuchs für den Kirchen- und Schuldienst zu gewinnen. Nicht unerheblich war die letzte Forderung, den neuen Professoren Sitz und Stimme der bisherigen im »Consitium Universitatis« einzuräumen.[12]

---

10 Zur Disputation vgl. Helbig: Die Reformation ..., 52 (dort mit 19./20. Juli falsches Datum); Seifert: Die Reformation ..., 137; (Wittenberg), 6. August 1539: Luther an Jonas, WA Br 8, 526 f (Nr. 3373); Melanchthon erwähnte die Disputation am 25. Juni gegenüber Hieronymus Baumgartner in Nürnberg (CR 3, 725 [Nr. 1823]; MBW 2, 447 [Nr. 2231]) und am 26. Juni gegenüber Camerarius (CR 3, 725-727 [Nr. 1824]; MBW 2, 447 f [Nr. 2232]).

11 Die Universität besaß je ein Kanonikat in Naumburg und Zeitz sowie je zwei in Meißen und Merseburg. Zu den Auseinandersetzungen, die vor allem auf die Verheiratung der in Frage kommenden Professoren zurückgingen: UB Nr. 403-405. 441. 423; ACTA RECTORUM UNIVERSITATIS STUDII LIPSIENSIS/ hrsg. von Friedrich Zarncke. Leipzig 1859, 122-130. 141-143. 151. 155.

12 Das Gutachten ist abgedruckt in CR 3, 712-714 (Nr. 1814); vgl. MBW 2, 455 (Nr. 2252) mit der richtigen Datierung auf Ende Juli 1539.

Dieses Programm war erst nach längeren Vorbereitungen zu verwirklichen. So war die Mitte August erfolgte Verpflichtung der Universität auf die Confessio und die Apologie eine sinnvolle Zwischenlösung. Der Universität fehlte die Kraft und der Antrieb, beim Herzog sich immer wieder für tatsächliche Reformen einzusetzen, da sie an grundlegenden /579/ Veränderungen selbst nicht interessiert war. Die Zusammensetzung der Theologischen Fakultät änderte sich zunächst nicht. Die als evangelisch geltenden Nikolaus Scheubel[13] und Wolfgang Schirmeister,[14] der Prior des Paulinerklosters, gehörten ihr noch nicht an. Während Alesius[15] 1540 nach Frankfurt/Oder ging und 1542 nach Leipzig wechselte und Ziegler[16] vor dem 5. November 1540 nach Leipzig kam, blieb Amsdorf nach einem kurzen Aufenthalt in Meißen in Magdeburg.[17] Die Berufung des in Breslau wirkenden Heß[18] kam ebenfalls nicht zustande. Bereits am 11. Juni hatte Melanchthon im Auftrag des Kurfürsten Wenzeslaus Linck aufgefordert, von Nürnberg nach Leipzig zu kommen. Ihm war die im Gutachten für Amsdorf vorgeschlagene Stelle zugedacht. Luther, den Linck um Rat fragte und dem er die Entscheidung überließ, wandte sich gegen diesen Wechsel.[19] So fehlte sein Name bereits in den Vorschlägen von Ende Juli.

Viel Sorgfalt und Aufmerksamkeit verwandten die Wittenberger auf die Besetzung der geistlichen Stellen im herzoglichen Sachsen. Einen besonderen Platz nahm dabei die Universität ein. Melanchthon und seine Freunde wußten genau, daß über die geeigneten Männer in den wichtigen Positionen die Kirchen- und Schulpolitik in Sachsen-Meißen zu beeinflussen war, wenn ihnen – wie es für Kirchenfragen bereits 1539 eintrat – die unmittelbare Mitwirkung versagt blieb. Die Theologische Fakultät war bis zur Errichtung von Konsistorien Berufungs- und Entscheidungsinstanz in Lehr- und Ehefragen sowie Beratungsinstrument für den Landesherrn. Ihre Mitglieder vertraten das Herzogtum auf den inner-

---

13 Scheubel aus Königshofen, Unterfranken; imm. S 1512 Leipzig; bacc. W 1526; mag. W 1530; Lic. theol. 29. Oktober 1539, seit diesem Tag Mitglied der Theol. Fakultät, erster evangelischer Theologe in der Fakultät, so dem Domkapital in Meißen als Domherr präsentiert, vertrat das Herzogtum in Schmalkalden und Worms 1540 sowie in Hagenau, wo er sich am 21. März 1541 im Weinkeller das Genick brach. Vgl. Erler 3, 756; WA Br 9, 246 Anm. 1; Kirn: Die Leipziger Theol. Fakultät ..., 41. 44.

14 Schirmeister aus Leipzig, imm. S 1512 Leipzig, 1531 als Subprior des Paulinerklosters Kursor, 1536 als Prior Sententiar, 9. Juni 1537 Lic. theol., 10. Oktober 1543 mit Borner, Ziegler, Pfeffinger und Andreas Samuel Dr. theol., 14. Dezember 1543 Mitglied der Fakultät, gest. 7. März 1555. Vgl. Kirn: ebd, 47 f. 51, Seifert: Die Reformation ..., 213; Erler 3, 760; WA Br 10, 405 Anm. 3.

15 Zu Alesius vgl. Günther WARTENBERG: Landesherrschaft und Reformation: Moritz von Sachsen und die albertinische Kirchenpolitik bis 1546. Gütersloh; Weimar 1988, 185 Anm 64.

16 Zu Ziegler ebd, Anm. 876.

17 PfC 2, 67 Anm. 3. 98 f. 139; Hermann WENDORF: Amsdorf, Nikolaus. NDB 1 (1953), 261; Joachim ROGGE: Amsdorff, Nikolaus von (3. 12. 1483 – 14. 5. 1565). TRE 2 (1978), 487-497. Vgl. MBW 2, 459 (Nr. 2264).

18 Am 2. Juli 1539 bat Melanchthon Heß, sich zur Berufung – vermutlich nach Leipzig – zu äußern (CR 3, 741 [Nr. 1827]; MBW 2, 451 [Nr. 2239]). Am gleichen Tag erkundigte sich Heß bei Melanchthon nach der Universität Leipzig (MBW 2, 451 [Nr. 2241]). Zu Heß vgl. Georg KRETSCHMAR: NDB 9 (1972), 7 f.

19 (Torgau), 11. Juni 1539: Melanchthon an Linck (CR 3, 781 f [Nr. 1819], vgl. MBW 2, 443 [Nr. 2222], WA Br 8, 465-469 [Nr. 3351]). Am 6. Juli 1539 unterstrich Melanchthon die Notwendigkeit für Lincks Einsatz in Leipzig (CR 2, 742 [Nr. 1818], vgl. MBW 2, 452 [Nr. 2242]). Seine Ablehnung teilte Luther aber erst am 26. Oktober 1539 Linck mit: Bis jetzt sei Herzog Georg dort noch nicht gestorben. Linck solle nicht in dieses Sodom gehen, wo der alte Haß auf Wittenberg noch herrsche (WA Br 8, 579-582 [Nr. 3398]). Die eigenständige albertinische Kirchenpolitik zeichnete sich schon ab.

protestantischen Lehrgesprächen und in den Ausgleichsverhandlungen mit den Altgläubigen. Melanchthon ging es auch um den Konsensus der Leipziger und Wittenberger Universitäten, der auf die übrigen Territorien ausstrahlen würde.[20] Außerdem schuf die Übereinstimmung in theologischen Auffassungen die Voraussetzungen für ein gemeinsames politisches Handeln der Wettiner, das unter Herzog Georg nicht möglich war. Daß der Fortgang der Reformation von den Fähigkeiten der /580/ Berater der regierenden Fürsten mit abhing, sprach Melanchthon klar aus, als er im Dezember 1542 Johannes Brenz für die Leipziger Universität zu gewinnen suchte.[21]

Die innerevangelischen Vorbereitungen für die Religionsgespräche von 1540 offenbarten erneut die unhaltbaren Zustände in der Theologischen Fakultät. Am 4. Januar 1540 bat der Kurfürst brieflich Herzog Heinrich, seine Theologen zu beauftragen, sich zur Confessio Augustana und zur Apologie zu äußern. Sie sollten beide Schriften durcharbeiten und feststellen, wie sie mit der Bibel zu verteidigen seien und in welchen Artikeln, zeitliche und äußerliche Fragen betreffend, man nachgeben könnte.[22] Sofort gab der Herzog den Wunsch auch an Scheubel und Cruciger weiter, damit sie neben den übrigen Theologen der Universität das entsprechende Gutachten erarbeiteten.[23] Über die Verhandlungen mit der Fakultät liegt eine ausführliche Niederschrift vor.[24] Ihre in Leipzig anwesenden Angehörigen mit Dungersheim an der Spitze lehnten jede Stellungnahme ohne die ortsabwesenden Mitglieder ab. Kaspar Borner forderte als amtierender Rektor daraufhin Johann Sauer und Metz aus Halle, Melchior Rudel[25] aus Magdeburg sowie Caspar Deichsel[26] aus

---

20 6. Juli 1539: Melanchthon an Linck: »Si Lipsica Academia theologos vere cum nostris sentientes habiturasest, plurimum consensus Academiarum ad caeteras nationes invitandas proderit.« (CR 3, 742 [Nr. 1829]).

21 CR 4, 910-913 (Nr. 2587). Acta rectorum ..., 196, 34-42.

22 SächsHStA Dresden: Loc. 10324: Religionssachen so zu Schmalkalden ... 1540, 1a-2b. Ausfertigung, gesiegelt. Vgl. Robert STUPPERICH: Der Humanismus und die Wiedervereinigung der Konfessionen. Leipzig 1936, 60-64.

23 Dresden, 15. Januar 1540: Heinrich an Cruciger und Scheubel (SächsHStA Dresden: Loc. 10324: Religionssachen so zu Schmalkalden ... 1540, 4ab. Entwurf, korr.; gedruckt: Walch 17, 406-408 [Nr. 1293]; vgl. Seifert: Die Reformation ..., 209). Nach den erhaltenen Antworten ging die gleiche Aufforderung an die Geistlichen in Dresden.

24 Das Protokoll des Universitätssyndikus Lucas Otto in Abschrift SächsHStA Dresden: Loc. 10324: Religionssachen so zu Schmalkalden ... 1540, 37a-39a, eine lateinische Fassung ebd, 35a-36a.

25 Rudel (Riedel) aus Weißenfels, imm. S 1503 Leipzig, bacc. S 1505, mag. S 1512, 1522 Domprediger zu Meißen, 13. Juni 1537 Lic. theol., 3. April 1538 Dr. theol., Leiter der Disputation am 20. Juni 1539 (vgl. Anm. 10), geht nach Magdeburg, außerdem Kanonikus von Wurzen. Vgl. Kirn: Die Leipziger Theol. Fakultät ..., 38; (Köhler): Fragmente ..., 147 f; Erler 3, 728; PfC 2, 65 Anm. 7. 138 Anm. 4.

26 Deichsel aus Lüben (Lubin), imm. S 1498 Leipzig, bacc. 1499, mag. 1510, Dekan der Artistenfakultät S 1523, Lic. theol. 10. Oktober 1531, Dr. theol. 19. Juli 1536, Domherr in Meißen und im Kollegiatstift Liegnitz (Legnica), zieht sich vor der Reformation nach Meißen zurück, wo er am 25. Mai 1549 stirbt. Vgl. Erler 3, 120: (Köhler): Fragmente ..., 147; PfC 2, 146 Anm. 4; K. KLOSE: Ein schlesischer Gegner der Reformation. Correspondenzblatt des Vereins für Geschichte der evangel. Kirche Schlesiens 15 (1916/17), 245-247; Ernst KROKER: Doktor Kaspar Deichsel: ein Leipziger Gottesgelehrter. In: Beiträge zur Geschichte der Stadt Leipzig/ hrsg. von dems. Leipzig 1908, 64-68. – Zu Metz vgl. (Köhler): Fragmente ..., 147; Erler 3, 556: aus Nordheim, imm. W 1508 Leipzig, bacc. S 1510, mag. W 1519, Lic. theol. 13. Juni 1537, Dr. theol. 3. April 1538, Prof. Sententiarum, Beisitzer der Theol. Fakultät.

Meißen zur umgehenden Rückkehr auf. Bei dem Gespräch mit dem Rektor am 3. Februar 1540, zu dem noch Sauer und Metz erschienen waren, zogen die Theologen der Fakultät sich auf die Antwort der Universität vom 13. August 1539 zurück. Von diesem Beschluß wollten sie nicht abweichen. Einige Artikel der Apologie würden mit dem Evangelium übereinstimmen, andere aber nicht die Zustimmung des Kaisers finden, wenn man sie ihm vorlegte. Es wäre nicht so einfach, die Schrift anderer zu beurteilen, und in der kurzen Zeit unmöglich, sich zu allen Artikeln zu äußern. Außerdem unterständen sie noch anderen Herren, ohne deren Wissen und Zustimmung sie dem herzoglichen Auftrag nicht nachkommen könnten. Damit sprachen die Theologen ihre Abhängigkeit von Bischöfen und Ordensoberen an. Trotz zweimaliger Nachfrage durch Cruciger und Scheubel blieben sie bei ihrer jede Mitarbeit verweigernden Antwort. Ohne Ergebnis ging man auseinander. Am 16. Februar 1540 berichteten die beiden Beauftragten nach Dresden[27] /581/ über den Auftritt der Fakultät und überschickten das notariell beglaubigte Protokoll. Ergänzend schrieben sie, daß einer, der besonders in Leipzig gegen das Evangelium gearbeitet, erklärt habe, Konfession und Apologie hätte er niemals gesehen, er würde sich um sie auch nicht kümmern, da er von der papistischen Kirche nicht zu weichen gedenke. Vermutlich gab Dungersheim diese deutliche Stellungnahme ab. Wenn er auch wenig später, am 2. März, starb und Sauer seine Ämter als Dekan und Domherr von Zeitz übernahm,[28] atmete jene Äußerung doch den Geist, der in der Theologischen Fakultät herrschte. Die Reformation hatte sie noch nicht erreicht. Es überrascht nicht, wenn die Leipziger Pfarrer noch am 17. August 1540 vom Landesherrn erbitten, die Universität so zu reformieren, daß sie sich in jedem Fall der christlichen Lehre, der Konfession und Apologie gemäß verhält.[29] Mit Dungersheim war ein besonders hartnäckiger Gegner Luthers und der Reformation abgetreten. Sauer zeigte jedoch keine Neigung, sich für die evangelische Lehre tatkräftig einzusetzen und die Fakultät umzugestalten. Auf Anfragen der Universität erklärte er, er lehre aus der Heiligen Schrift, was er vor Gott und Menschen verantworten könne.[30] Daß der Herzog ihn richtig einschätzte, zeigte Heinrichs Protest nach der Wahl Sauers in das große Kolleg als Nachfolger Dungersheims. Er sei unwillig über dieses Verfahren, da jener sich »unserer christlichen reformation nicht thut vergleichen« und nicht in Leipzig residiere.[31] Allerdings konnte sich Sauer noch bis zum Herbst 1544 halten, was für seine Anpassungsfähigkeit spricht, aber auch die schleppende Durchführung der Universitätsreform an der Theologischen Fakultät anzeigt.

---

27 Leipzig, 17. Februar 1540: Cruciger und Scheubel an Heinrich (SächsHStA Dresden: Loc. 10324: Religionssachen so zu Schmalkalden ... 1540, 5a-6a. Ausfertigung, Cruciger eigenhändig. von Scheubel mitunterschr., 2 Siegel). Vgl. Acta rectorum ..., 131 f.

28 Kirn: Die Leipziger Theol. Fakultät ..., 41. Zum Streit Sauers mit Scheubel vgl. Acta rectorum ..., 127 f. Sauer aus Windsheim, Pfarrer an der Marienkirche in Halle, imm. W 1509 Leipzig, bacc. 1511, Mag. 1520, Lic. theol. 9. Mai 1536, 19. Juli 1536 Dr. theol., verließ 1544 Leipzig, wieder kath., starb 1554 in Wien. Vgl. Erler 3, 745; Kirn: Die Leipziger Theol. Fakultät ..., 27. 29 f. 38 f. 43. 50. WA Br 10, 408 Anm. 3.

29 Leipzig, 17. August 1540: Pfeffinger, Balthasar Loy, Georg Lissenius und Vincentius Stange an Heinrich (SächsHStA Dresden: Loc. 10531: Leipzigische Händel 1539/41, 158ab. Ausfertigung, Pfeffinger eigenhändig, Loy, Lissenius, Stange mitunterschr.; gedruckt: UB Nr. 407).

30 Seifert: Die Reformation ..., 210 und Anm. 89.

31 Freiberg, 19. September 1540: Heinrich an die Kollegiaten des großen Kollegs (SächsHStA Dresden: Loc. 10531: Leipzigische Händel 1539/41, 144a. Entwurf; gedruckt: UB Nr. 409).

Melanchthon blieb der Ratgeber bei allen weiteren Plänen für Veränderungen der Universität. So stellte er am 5. Januar 1540 Andreas Frank (Camitianus) Überlegungen in Aussicht, damit die Akademie auch in Zukunft eine Stätte der Gelehrsamkeit bleibe.[32] Im Vorfeld des Chemnitzer Landtages vom 11. bis 14. November 1539 bat die Universität um finanzielle Unterstützungen. Obwohl der Ordinarius der Juristenfakultät und Bürgermeister von Leipzig, Ludwig Fachs, persönlich sich in Chemnitz einsetzte und Rektor Borner an den Herzog schrieb, blieb es bei der verbalen Versicherung, sich um die Akademie weiter zu kümmern.[33] Die 1540 anlaufende Sequestration der Klostergüter und die erwähnten Klagen über das Verhalten der Theologen veranlaßten die Reformkräfte zu neuen Vorstößen. Ausgangspunkt bildete wieder ein »Consili uni de constituenda Academia Lipsica«, das Melanchthon am 5. November 1540 Fachs übersandte. Bis auf die fehlenden Stipendien waren die Juristen und Mediziner gut versorgt. Bei den Theologen waren neben Ziegler und Scheubel eine dritte Professur zu besetzen, um die Lehre der Kirche vorzutragen, Melanchthon rechnete, daß sich ein geeigneter Kandidat in Leipzig finden würde, dachte er an Pfeffinger? Auf Wunsch /582/ wollte er auch entsprechende auswärtige Theologen benennen. Erneut unterstrich er die Pflicht der Fürsten und Städte für Stipendien in der Pfarrausbildung. Die weiteren Vorschläge betrafen die Artistenfakultät mit einem festen Vorbereitungsprogramm. Dabei brachte er wieder Camerarius ins Gespräch.[34]

Das nach einem Bittschreiben der Universität und den darauf erfolgten herzoglichen Befehl zum Bericht übersandte Bedenken verfaßte Borner. Für die Theologie wünschte er zwei standhafte, gelehrte Männer aus anderen Orten, die neben dem Hebraisten Ziegler und neben Scheubel das Neue und Alte Testament zusammenhängend auslegten. Daneben sollte es denen möglich sein, die sich »gratis zu lesen üben« wollten, die heiligen Schriften, »ecclesiastici und orthodoxi« zu bieten.[35] Im Dresdener Hauptstaatsarchiv befindet sich ein weiteres Gutachten der Universität, das wegen der genaueren Festlegungen zeitlich nach Borners Plan und vor dem Ständetag im August 1541 anzusetzen ist. Erneut wird betont, daß noch zwei »beruffne vnd vortreglich, fridsame, gotselige, gelerthe vnd vnvordroßne« Männer zu gewinnen sind. Die Magister und Bakkalaurei sollten so eingesetzt werden, daß kein Tag ohne Vorlesung ist. Weitere Vorschläge betrafen die freien Tage, die Ferien und die Zahl der Disputationen. Für die Besoldung der Theologen wurden für den Dekan und den Hebräischprofessor je 200 fl. und die beiden übrigen Professoren je 150 veranschlagt, was dem von der Visitation für die Superintendenten und Pfarrer in den größeren Städten festgelegten Gehältern entsprach. Mit den Aufwendungen für die Magister, die Bakkalaurei und die Disputationen ergab der Anschlag für die Theologische Fakultät

---

32 CR 3, 918 (Nr. 1911).

33 Die Bitte um Unterstützung an Heinrich, Leipzig, 4. November 1539 (SächsHStA Dresden: Loc. 10531: Leipzigische Händel 1539/41, 293a-294a. Ausfertigung, gesiegelt; gedruckt: UB Nr. 403), Über die positive Reaktion Heinrichs berichtete Melanchthon an Camerarius am 27. November 1539 (CR 3, 840 [Nr. 1879], vgl. MBW 2, 479 [Nr. 2314]).

34 CR 3, 1134-1136 (Nr. 2043). Das Begleitschreiben an Fachs CR 3, 1133 f (Nr. 2042).

35 Das Bedenken Borners in: Schriften Dr. Melchiors von Osse/ hrsg. von Oswald Artur Hecker. Leipzig 1922, 484-491 (Nr. 15). Vgl. Helbig: Die Reformation ..., 56-58; Acta rectorum ..., 147-150. Die Aufforderung Heinrichs erfolgte am 15. November 1540 aus Meißen (UA Leipzig: Rep. 1/1 Nr. 2, 76ab. Ausfertigung), der Dank des Herzogs am 28. November (Ebd, 75a. Ausfertigung, gesiegelt).

840 fl., während die Mediziner nach dem Gutachten 767 und die Artisten 1263 fl. 9 Gr. benötigten.[36] Diese Anregungen lagen vermutlich dem Ständeausschuß vor, der am 1. August 1541 in Dresden tagte. Die herzogliche Proposition sah vor, die Überschüsse aus der Verwaltung der geistlichen Güter für die Besoldung der Kirchendiener, die Universität und das Wohl des Landes zu nutzen. Während die Vertreter von Ritterschaft und Städten auf den letzten Tagungspunkt, die Reformation der Universität, nicht eingingen, billigten sie eine jährliche Zahlung von 1500 fl. für die Besoldung von Professoren: Je 200 dem 1. Theologen, dem Mathematiker, dem Philosophen, dem Hebraisten; 300 fl. für den Universitätsjuristen; 250 fl. dem Humanisten (Camerarius); 150 fl. dem 2. Theologen.[37] Die Universität konnte einen ersten Erfolg erlangen. Landesfürst und Stände hatten die Verpflichtung für die Universität anerkannt und damit den Weg für die umfassenden Reformen unter Moritz, der seinem am 18. August 1541 gestorbenen Vater folgte, geebnet. Nicht nur in der Finanzfrage hatte der verstorbene Herzog noch die Weichen gestellt. Melanchthon war es gelungen, die landesherrliche Erlaubnis für die Berufungsverhandlungen mit Camerarius zu erhalten, die noch im August ihren Abschluß fanden.[38] Mit Camerarius kam die neben Borner für die große Universitätsreform wohl wichtigste Persönlichkeit nach Leipzig. /583/

Die 28 Monate der Regierung stellen eine Übergangszeit in der Geschichte der Leipziger Universität dar, was besonders für die Theologische Fakultät galt. Die katholische Zeit war zwar endgültig zu Ende. Durch den Regierungsstil Heinrichs bildete sich erst nach und nach die neue evangelische Fakultät heraus. Eine Schlüsselstellung nahm dabei Melanchthon ein. Die Mitglieder der Fakultät nach 1540 waren weitgehend Schüler der Wittenberger Theologen und einer stark von Melanchthon geprägten Theologie.

---

36 SächsHStA Dresden: Loc. 10596: Bedenken der Universität Leipzig ... 1541. Abschrift. Vgl. Simon ISSLEIB: Herzog Heinrich als evangelischer Fürst: 1537-1541. BSKG 19 (1906), 199-201.

37 Zu den Ausschußverhandlungen SächsHStA Dresden: Loc. 9353: Handlung zu Dresden Vincula Petri und SächsHStA Dresden: Loc. 9349: Landtägebuch 1495-1588, 18a-20b, bes. 18a. 20a. Abschr. Vgl. Ißleib: Herzog Heinrich ..., 211 f.

38 Seit 1539 betrieb Melanchthon die Berufung von Camerarius nach Leipzig, besonders wieder seit April 1541 (CR 4, 185 f [Nr. 2204]. 392 f [Nr. 2263]). Nach dem Ausschußtag schrieb Melanchthon an Heinrich am 4. August (CR 4, 637 f [Nr. 2357]), der am 9. August Melanchthon zu Verhandlungen endlich ermächtigte (SächsHStA Dresden: Loc. 10538: Joachimi Camerari Beförderung ... 1541/ 74, 4a. Ausfertigung, gesiegelt; ebd, 1a-2a der Brief vom 4. August). Am 3. September 1541 sprach Herzog Moritz gegenüber Camerarius die Berufung aus (SächsHStA Dresden: ebd, 2b-3a. Entwurf). Vgl. Hermann WENDORF: Joachim Camerarius (1500-1574). HCh [2] (1957), 42-46.

# Die Entwicklung der lutherischen Theologie in Leipzig bis zur Zeit Bachs[*]

Der Tod Herzog Georgs von Sachsen am 17. April 1539 zerstörte nicht nur alle Hoffnungen auf Erhalt der altgläubigen Kirchenstruktur und Abwehr der von Wittenberg ausgehenden Erneuerungsbewegung für den mittel- und norddeutschen Raum, er schuf auch die Voraussetzungen für den Übergang des damaligen Herzogtums Sachsen zur Lutherschen Reformation. Mit den Visitationen 1539/40 erfolgte schrittweise die kirchliche Neuordnung. Eine evangelische Landeskirche bildete sich heraus, die ihren festen Platz im Territorialstaat erhielt und deren innere und äußere Struktur immer mehr vom Willen des Landesherrn abhing. Wenn auch Martin Luther die beherrschende Figur der Wittenberger Reformationsbewegung war, so haben wir doch neben ihm und unter seinen Schülern mit unterschiedlichen Auffassungen zu rechnen, die zunächst bis 1546 durch die Person Luthers zusammengehalten und überbrückt wurden. Diese Wittenberger Theologie zerbrach bald nach Luthers Tod. Katalysator war dabei das von Kaiser Karl V. auf dem Augsburger Reichstag 1548 den Protestanten aufgezwungene »Interim«, das als Zwischenlösung den religiösen Zwiespalt im Reich überwinden sollte, letztlich aber die Rückführung der Abtrünnigen zur Papstkirche beabsichtigte.

Der Differenzierungsprozeß innerhalb der Wittenberger Theologie erfaßte ebenfalls die Theologen des herzoglichen, seit 1547 kurfürstlichen Sachsen unter Kurfürst Moritz, der für diese Zeit bedeutendsten Herrschergestalt unter den Wettinern.[1] Die Widersprüche zwischen den Anhängern Philipp Melanchthons, den Philippisten und einer energischen Gruppe jüngerer Luther-Schüler, die den wahren Luther verbreiten wollten, verbanden sich mit den dynastischen Gegensätzen zwischen den beiden sächsischen Territorien: dem albertinischen Kurfürstentum mit Dresden, Torgau, Wittenberg, Leipzig und kleineren Gebieten in Thüringen und dem ernestinischen, auf Thüringen beschränkten Herzogtum mit Weimar, Jena und Eisenach. Die Universitäten Wittenberg und Leipzig wurden zu Hochburgen des Philippismus, während die 1548 neu gegründete Lehranstalt in Jena sich zunächst zum Zentrum eines streitbaren, epigonenhaften Luthertums entwickelte. Die Sorge um die rechte Bewahrung des reformatorischen Erbes und die umstrittene Umsetzung protestantischer Lehrmeinungen in praktische Politik bestimmten die theologische und in gewissem Maße die politische Entwicklung in unserem Raum bis zum Ende des 16. Jh.s. Welchen innen- und außenpolitischen Kurs sollte ein nichtkatholischer Territorialfürst nach dem Augsburger Religionsfrieden (1555) verfolgen? Die Antwort setzte entsprechende

---

[*] Zuerst gedruckt in: Johann Sebastian Bachs Traditionsraum/ hrsg. von Reinhard Szeskus unter Mitarbeit von Jürgen Asmus. Leipzig 1986, 142-150. (Bach-Studien; 9).

[1] Zum Interim in Sachsen vgl. Simon ISSLEIB: Moritz von Sachsen 1547-1548. NASG 13 (1892), 188-220; DERS.: Das Interim in Sachsen 1548-1552. NASG 15 (1894), 193-236; Johannes HERRMANN: Augsburg – Leipzig – Passau: das Leipziger Interim nach Akten des Landeshauptarchivs Dresden 1547-1552. Theol. Diss. Leipzig 1962.

theologische Prioritäten. Nur so sind die religionspolitischen Wendungen und Experimente in Kursachsen zwischen 1574 und 1592 zu verstehen. Die evangelische Lehre erfüllte für lange Zeit Ideologiefunktion. Die Politisierung von Theologie und Kirche als Feld landesherrlichen Herrschaftswillens und Machtanspruchs erreichte ihren Höhepunkt und ihre Ausprägung, die bis in unser Jahrhundert nachwirkte.

Welchen Platz nahmen die Leipziger Theologen ein? Die Verzahnung der städtischen Geistlichkeit mit der Universität, mehr als in Wittenberg, gab den Professoren der Theologie einen stärkeren Praxisbezug, eine in ihren Folgen nicht zu unterschätzende Nähe zum bürgerlichen Leben und Denken und eine bemerkenswerte Ausstrahlungskraft, die sich in hohen Studentenzahlen niederschlug. Andererseits hatte Leipzig nicht die /143/ Last der cathedra Lutheri zu tragen und stand damit weniger im Blickpunkt der protestantischen Welt und der kurfürstlichen Politik. Im Schatten des mit Repräsentation belasteten Wittenberg konnte sich Leipzig ungestörter entwickeln, was sich nicht zuletzt in den Berufungen zeigte. Hier liegen mit die Gründe für die immer wieder zu beobachtende Zurückhaltung der Leipziger Theologen in den die Zeitgenossen so aufwühlenden konfessionellen Streitigkeiten der folgenden Jahrzehnte.

Der Aufbau einer evangelischen Theologischen Fakultät in Leipzig fiel mit der allgemeinen Reform der Universität zusammen, deren unermüdliche Förderer Caspar Borner und Joachim Camerarius d.Ä. gewesen sind.[2] Die erste Generation der Leipziger Theologen nach dem reformatorischen Aufbruch repräsentierte Johann Pfeffinger, 1539 Pfarrer an St. Nikolai, 1540 Superintendent und seit 1544 Mitglied der Theologischen Fakultät.[3] Von Luther und Melanchthon geprägt, nahm er die ihm als Superintendenten übertragene Aufsicht über die neue Lehre an der Universität besonders ernst. An den Positionen der Wittenberger Theologie bis 1560, deren Grundlage die Vereinbarkeit von Melanchthons und Luthers Anschauungen war, hielt er fest und verteidigte diesen Consensus bis zu seinem Tode am 1. Januar 1573 mit Erfolg. Der Reformator Leipzigs war immer mehr zu einem Garant der theologischen Ausgeglichenheit an der Universität geworden. Das Einschwenken der Wittenberger Fakultät – sichtbar 1571 – auf eine procalvinistische Linie verhinderte er für Leipzig. Die Theologen um Pfeffinger steuerten einen vermittelnden Kurs in der Abendmahlsfrage. Sie verwarfen die Auffassungen Calvins und lehnten jede Disputation über die Art und Weise der Gegenwart Christi ab, da jedes Rütteln an dem unaussprechlichen Geheimnis nur die Frömmigkeit untergrabe. Allerdings konnte Pfeffinger nicht verhindern, daß er 1555 den »Synergistischen Streit« heraufbeschwor, eine der unerquicklichen Kontroversen unter den protestantischen Theologen. Im Gegensatz zu den streitbaren »Junglutheranern« unterstützte Pfeffinger die Auffassungen seines Lehrmeisters Melanchthon, daß

---

2 Vgl. Otto KIRN: Die Leipziger Theologische Fakultät in fünf Jahrhunderten. Leipzig 1909, 40-51; Günther WARTENBERG: Die Theologische Fakultät der Universität Leipzig während der Einführung der Reformation im herzoglichen Sachsen. WZ der Karl-Marx-Universität Leipzig, Gesellschafts- und sprachwissenschaftliche Reihe 30 (1981), 576-583 = in diesem Band Seite 257-264; DERS.: Die kursächsische Landesuniversität bis zur Frühaufklärung: 1540 bis 1680. In: Alma mater Lipsiensis. Geschichte der Karl-Marx-Universität Leipzig. Leipzig 1984, 55-75.

3 Zu Pfeffinger vgl. Friedrich SEIFERT: Johann Pfeffinger, der erste lutherische Pastor zu St. Nikolai und Superintendent in Leipzig. BSKG 4 (1888), 33-162; Günther WARTENBERG: Landesherrschaft und Reformation: Moritz von Sachsen und die albertinische Kirchenpolitik bis 1546. Gütersloh; Weimar 1988, 253-255.

der Mensch nicht nur willenloses Objekt von Gottesgnaden sei, er müsse zumindest zur Aufnahme bereit sein.[4] Obwohl der Gegenstand des Streites heute kaum verständlich ist, belegt er doch die lehrmäßige Formalisierung und Verfestigung einer evangelischen Theologie, die einem Zustand zustrebte, den wir als altprotestantische Orthodoxie bezeichnen.

Der Augsburger Religionsfriede, an dessen Zustandekommen Kurfürst August entscheidend mitgewirkt hatte, bestätigte die Kirchenhoheit des Landesherrn. Die mit der Einführung der Reformation beginnende Territorialisierung kirchlicher Strukturen fand ihre Fortsetzung in der Konfessionalisierung der Territorien unter dem Vorzeichen des Luthertums, des nachtridentinischen Katholizismus oder des Calvinismus. Die Universitäten wurden zu landesherrlichen Hochschulen. Den Theologen fiel insonderheit die Aufgabe zu, die jeweilige Herrschaftsform theologisch zu begründen. Unter Kurfürst August fand die Reformation im kurfürstlichen Sachsen ihren Abschluß. Die kirchliche Gesetzgebung und Verwaltung erhielt 1557 in den »Generalartikeln«[5] ihre feste Ordnung, die 1580 eine bis in die Einzelheiten gehende und das Konkordienbuch für Sachsen umsetzende, streng lutherische »Allgemeine Kirchen- und Schulordnung«[6] ergänzte. Damit zog der Kurfürst ferner einen Schlußstrich unter die kryptocalvinistischen Wirren von 1574. Von den harten Maßnahmen Augusts, den Amtsenthebungen, Verhaftungen und Ausweisungen, blieb Leipzig weitgehend verschont. Volle Unterstützung fand der Kurfürst in seinem Bemühen, die theologischen Unterschiede unter den Lutheranern durch eine Verständigungserklärung auszugleichen, bei Nikolaus Selnecker. Der 1530 in Hersbruck geborene Schüler Melanchthons übernahm 1576 als Nachfolger Heinrich Salmuths die Superintendentur in Leipzig, nachdem er bereits 1558 bis 1565 als Hofprediger in kurfürstlich-sächsischem Dienst gestanden /144/ hatte.[7] Die Leipziger Geistlichen unterzeichneten im Juli 1577 die Konkordienformel, die Angehörigen der Universität Ende 1580 das Konkordienbuch. Selneckers Aufmerksamkeit galt der kirchlichen Praxis. Gesangbuchlieder bezeugen seine tiefe Frömmigkeit. Sein am Konkordienwerk ausgerichtetes Luthertum führte unter Christian I. (1586-1591) zum Zusammenstoß mit der neuen Religionspolitik, die unter Nikolaus Krell Kursachsen dem deutschen Reformiertentum öffnen wollte. Schrittweise wurde das Territorium auf eine »zweite Reformation« vorbereitet, nicht zuletzt durch zahlreiche personelle Veränderungen und Mandate zu Religionsfragen. In Leipzig vertrat der aus Kahla berufene Christoph Gundermann energisch und ohne Kompromisse den calvinistischen Kurs.[8] Von den Geistlichen an St. Thomas und St. Nikolal unterstützten Gregor Francke, Georg Justus, Alexander Becker, Mathias Harder und Zacharias Posselt die »zweite Reformation«. Becker,

---

4 Ausgelöst wurde der Streit durch »Propositiones de libero arbitrio. Lipsiae 1555«, vgl. Seifert: Johann Pfeffinger ..., 134-145.

5 General-Articul vnd gemeiner bericht/wie es In den Kirchen ... (Dresden) M.D.LVII; gedruckt: DIE EVANGELISCHEN KIRCHENORDNUNGEN DES XVI. JAHRHUNDERTS/ hrsg. von E. Sehling. Bd. 1. Leipzig 1902, 316-335.

6 DEs Durchlauchtigsten/Hochgebornen Fu(e)rsten ... Augusten/Hertzogen zu Sachsen/ ... Ordnung/ ... Leipzig (1580); gedruckt ebd., 359-547. Die Artikel zu den Fürstenschulen und Universitäten in: DIE SCHUL- UND UNIVERSITÄTSORDNUNG KURFÜRST AUGUSTS VON SACHSEN: aus der Kursächsischen Kirchenordnung vom Jahre 1580/ hrsg. von Ludwig Wattendorf. Paderborn 1890, 113-188.

7 Vgl. NIKOLAUS SELNECKER 1530-1592/ hrsg. von Alfred Eckert und Helmut Süß. Hersbruck 1980.

8 Zu Gundermann vgl. Thomas KLEIN: Der Kampf um die zweite Reformation in Kursachsen 1586-1591. Köln 1962, 104-107.

Harder und Posselt waren recht jung, um 1560 in Leipzig geboren und in ihrer Vaterstadt zum Magister promoviert worden. 1592 traf die erwähnten Geistlichen die Absetzung und Ausweisung. An der Fakultät war Gundermann betroffen. Die Umstände seiner Verhaftung und Einkerkerung 1591 auf der Pleißenburg gehören zu den unwürdigsten Szenen konfessioneller Auseinandersetzungen, deren sozialer Sprengstoff sich 1592/93 im Leipziger »Calvinistensturm« entlud.[9]

Der frühe Tod Christians I. ermöglichte 1591 die umfassende lutherische Restauration. Unerbittlich wurde mit den Befürwortern einer calvinistenfreundlichen und antihabsburgischen Politik abgerechnet. Gottesdienste feierten den Sieg über Krell und die calvinistische Rotte. Träger der vorübergehenden Neuorientierung in der kursächsischen Politik waren neben Krell und seinen Mitarbeitern am Hof Angehörige der städtischen Oberschichten, der Intelligenz und vor allem zahlreiche jüngere Theologen, die nur durch eine geistig-theologische Neubesinnung und politisch-militärische Umorientierung die Kraft zu finden glaubten, um der aktivistischen Gegenreformation widerstehen zu können. Dem Adel und dem überwiegenden Teil der Stadt- und Landbewohner blieben diese Zusammenhänge fremd. Sie sahen nur den auswärtigen Einfluß und den vermeintlichen Verrat an Luther und Melanchthon. Der Adel widersetzte sich den kurfürstlichen Anordnungen und nutzte die Landtage zu Klagen über die veränderte Kirchenpolitik. Der Umschwung 1591/1592 stärkte die Stellung des sächsischen Adels auch in der Religionsfrage. Adel und orthodoxes Luthertum verbanden sich gegen politische und kirchliche Veränderungen.[10] Die Rückkehr zum Luthertum des Konkordienbuches (1580) beschloß eine Episode in der sächsischen Geschichte. Kursachsen verlor die politische Führungsrolle unter den protestantischen Reichsständen. An die Stelle des geistigen Aufbruchs traten lutherische Rechtgläubigkeit und konfessionelle Enge. Nach der Entlassung Gundermanns und Wolfgang Harders, der als calvinistenfreundlich galt und 1592 altershalber weichen mußte, trug die Leipziger Fakultät ein einheitliches Gepräge. Hauptziel der akademischen Arbeit wurde der Ausbau der im Konkordienbuch festgeschriebenen Lehre. Innere Gegensätze erschütterten nicht mehr die kursächsischen Theologen. Die Polemik kehrte sich nach außen. Die theologischen Streitigkeiten wurden ohne Rücksichten auf den Gegner ausgefochten mit dem alleinigen Ziel, daß von der lutherischen Lehre nichts verlorengehe, nichts verändert oder verfälscht werde. In dieser Weise wachten auch die Leipziger Theologen über die reine Lehre. Die Leidenschaft der Kämpfenden fällt auf, ihr Einsatz für die theologische Wahrheit. Noch stärker und unerbittlicher als zu Lebzeiten Luthers prallten die Gegensätze aufeinander. Gelehrte Bücher, Flugschriften und Bilder richteten sich gegen die Jesuiten, die Sozinianer und die Arminianer oder gegen die Ausbreitung des reformierten Bekenntnisses in Anhalt, in der Pfalz und in Kurbrandenburg. Konfessionelle Leidenschaft bekämpfte mehr die Calvinisten /145/ als die Katholiken. Besonders scharfe Angriffe hatten die Protestanten zu

---

9 Vgl. Karl Czok: Der »Calvinistensturm« 1592/93 in Leipzig: seine Hintergründe und bildliche Darstellung. Jahrbuch zur Geschichte der Stadt Leipzig (1977), 123-144.

10 Neben der Arbeit von Klein: Der Kampf ... vgl. Franz Lau: Die zweite Reformation in Kursachsen: neue Forschungen zum sogenannten sächsischen Kryptocalvinismus. In: Verantwortung/ hrsg. vom Evang.-Luth. Landeskirchenamt Sachsens. Berlin 1964, 137-154; Urban Pierius: Geschichte der kursächsischen Kirchen- und Schulreformation/ hrsg. und erläutert von Thomas Klein. Marburg 1970.

erdulden, die für einen Ausgleich unter den Religionsparteien eintraten. Die Helmstedter Fakultät, an der seit 1614 Johann Georg Calixt lehrte, verbreitete ein solches Programm der Aussöhnung. Gegen diese Vermittlungsversuche, die als »Synkretismus« und »Religionsmengerei« verschrien wurden, wandte sich neben anderen lutherischen Fakultäten auch Leipzig, ohne Wittenberg den Rang einer Hochburg der kämpferischen Orthodoxie streitig zu machen.[11]

1614/1615 erhielt Polykarp Leyser, der Sohn des 1610 verstorbenen gleichnamigen Dresdner Hofpredigers, einen Ruf nach Leipzig. Seine Theologie verblieb in den Bahnen traditioneller Rechtgläubigkeit. Bei wichtigen dogmatischen Verhandlungen vertrat er die Theologische Fakultät, so 1624 in den Verhandlungen mit Jacob Böhme in Dresden und in den Zusammenkünften zur Verteidigung und Bewahrung lutherischer Lehre und Kirche im Reich.[12] Als aktiver Gegner eines Ausgleichs zwischen Lutheranern und Reformierten trat der ebenfalls aus Wittenberg nach Leipzig berufene Johann Hülsemann hervor. Nur zögernd trat er zum direkten Kampf gegen Helmstedt an. Erst persönliche Invektiven von Calixt veranlaßten den gebürtigen Ostfriesen zur rücksichtslosen Polemik, die ihren Höhepunkt im »Calixtinischen Gewissenswurm«[13] erlangte. Bekenntnis und kirchliche Disziplin standen an erster Stelle. Sie entschieden über theologische Fragen und bestimmten ihre Aufarbeitung. Hülsemann unterstützte die Wittenberger Kollegen und den Dresdner Hof in der Überzeugung, ein Wächteramt in der deutschen lutherischen Theologie beanspruchen zu können. Die Entwicklung der Lehre begünstigte diese Forderung. Die Fakultäten wurden geistliche Gerichtshöfe in Lehrfragen. Den Kurfürsten wurde ihre Verantwortung für die »Erhaltung der göttlichen Wahrheit« eingeschärft. Hülsemann gelang es, polemische Leidenschaft und sachbezogene theologische Arbeit zu verbinden. Zu den kämpferischen Mitgliedern der Leipziger Fakultät gehörte auch Vincenz Schmuck, den der Rat der Stadt 1600 nach einer scharfen Predigt über die Pflichten der Obrigkeit vorübergehend entlassen hatte. Die ständigen Reibereien ließen den Gedanken unter den Lutheranern aufkommen, ein neues Bekenntnis zu schaffen. Einen solchen »Consensus repetitus fidei vere Lutheranae«[14] erarbeiteten 1655 nach Vorüberlegungen Hülsemanns die Professoren Hieronymus Kromayer und Daniel Heinrici. Reichtsgültig ist dieser »Consensus« nicht geworden, der sich in scharfer Weise von allen Ketzern abgrenzte und dabei besonders die Reformierten und »Synkretisten« benannte. Der Dreißigjährige Krieg ließ die theologischen Streitigkeiten weitgehend als überflüssig erscheinen. Zwischen Lutheranern und Reformierten wurde am Rande des Leipziger Fürstenkonvents von 1631 versucht, sich auf dem Boden der ».Confessio Augustana« (1530) zu einigen. Wieder scheiterte eine Verständigung an den

---

11 Zu Calixt und zum »Synkretistischen Streit« vgl. Hermann SCHÜSSLER: Georg Calixt: Theologie und Kirchenpolitik. Wiesbaden 1961, 133-149; Johannes WALLMANN: Artikel Calixt, Georg. TRE 7 (1981), 552-559.

12 Vgl. Kirn: Die Leipziger Theologische Fakultät ..., 75 f.

13 Calixtinischer Gewissens = Wurm / Aus Seinen wider die Evangelische Verlästerte Warheit / ... Leipzig 1653. Zu Hülsemann vgl. Kirn: Die Leipziger Theologische Fakultät ..., 76-78; Franz LAU: Hülsemann, Johann (1602-61). RGG³ 3, 467; Erich BEYREUTHER: Hülsemann, Johann. NDB 9 (1972), 734.

14 Abgedruckt mit deutscher Übersetzung: CONSILIA THEOLOGICA WITEBERGENSIA: Das ist/ Wittenbergische Geistliche Rathschläge ... Bd. 1. Franckfurt am Mayn 1664, 928-995; vgl. Hans LEUBE: Kalvinismus und Luthertum im Zeitalter der Orthodoxie. Aalen 1966, 204-256; Schüssler: Georg Calixt ..., 147-149. Zu Kromayer vgl. Günther WARTENBERG: Kromayer, Hieronymus. NDB 13 (1982), 74 f.

Differenzen in der Abendmahlslehre. Zur Zusage der gegenseitigen Duldung konnten sich die lutherischen Teilnehmer, unter ihnen Leyser und Heinrich Höpfner aus Leipzig, nicht durchringen. Ohne Ergebnis ging man auseinander.[15] Noch drängte der Dresdner Hof, alle Versuche um einen Ausgleich abzulehnen. Die vom Dresdner Oberkonsistorium zensierte Antwort an den um eine Union aller christlichen Kirchen bemühten John Durie 1633/1634 schob Ulrich Zwingli die alleinige Schuld an der Aufspaltung in Konfessionen innerhalb des evangelischen Lagers zu.[16] Der Gegensatz zu Helmstedt verhinderte jede Annäherung. Gegenüber den Beschwerden des brandenburgischen Kurfürsten über die antireforinierte Polemik der Fakultäten zu Leipzig und Wittenberg beriefen sich die Leipziger auf die Bekenntnisse und die Schriften Luthers.[17] Immer mehr wurde die Ablehnung der von Helmstedt ausgehenden, auf Vermittlung ausgerichteten Lehren zum Beweis der Orthodoxie. Als Jena 1650 sich nicht mehr an der Verteufelung der Ireniker beteiligte, wünschte Leipzig vom Kurfürsten, nur noch in Leipzig und Wit-/146/tenberg promovierte Doktoren in höhere kirchliche Ämter aufzunehmen.[18] Man konnte sich nur schwer an die veränderte politische Situation nach dem so heiß ersehnten Frieden von Münster und Osnabrück gewöhnen, der den Dreißigjährigen Krieg beendet hatte. Mit Waffengewalt war der religiöse Zwiespalt nicht zu überwinden. Kurfürstlichen Aufforderungen zur Verständigung unter den Theologen begegneten die Leipziger 1669 noch ablehnend! Die Anhänger einer Lehre, die die Grundlagen des Glaubens zerstöre, müßten aus der Kirche ausgeschlossen werden. Der Religionseid sollte eine Abschwörung des »Synkretismus« enthalten, was auch von den Herzögen zu Weimar, den Königen von Dänemark und Schweden zu erlangen wäre. Schließlich habe Kurfürst Johann Georg II. die Aufgabe, in Braunschweig und damit auch in Helmstedt die Konkordienforrnel durchzusetzen.[19] Diese schroffe Antwort fand in Dresden kein Gehör. Langsam setzte sich auch in Leipzig die Bereitschaft durch, die Spannungen innerhalb der protestantischen Theologen abzubauen. Man wurde des langen Streites müde. Die Zeit der traditionalistisch ausgerichteten lutherischen Orthodoxie mit der Verbindung von strengem Biblizismus und reformatorischer Lehre ging ihrem Ende zu. Der religiöse Aufbruch während und nach dem Dreißigjährigen Krieg überrollte das sich an die Konkordienformel klammernde, zur absolutistischen Staatskirche gewordene Luthertum des ausgehenden 16. und beginnenden 17. Jh.s. Mit der lehrmäßigen Enge, die sich in der Auseinandersetzung mit kirchenkritischen Strömungen noch verstärkte und die nach korrekten Lehraussagen als Grundlage für eine wahre christliche Existenz strebte, ist keineswegs eine Verarmung

---

15 Vgl. Kirn: Die Leipziger Theologische Fakultät ..., 91 f; Leube, Kalvinismus ..., 123-138; Hans-Dieter HERTRAMPF: Höe von Höenegg: sächsischer Oberhofprediger 1613-1645. HCh [7] (1969), 142 f.

16 Kirn: Die Leipziger Theologische Fakultät ..., 92; Leube: Kalvinismus ..., 204-256; C. H. W. VAN DEN BERG: Durie, John (1596-1680). TRE 9 (1982), 242-245.

17 Kirn: Die Leipziger Theologische Fakultät ..., 92.

18 Ebd, 93.

19 Ebd.

20 Friedrich de Boor verweist auf die Notwendigkeit, die lutherische Orthodoxie in ihrer Komplexität zu erfassen, deren geschichtliche Wirksamkeit gerade in der spannungsvollen Einheit von einander im Prinzip sich ausschließenden Gegensätzen wie »intellektueller Doktrinarismus, existentielle Herzensfrömmigkeit und praktische Kirchenreform« liege (Friedrich DE BOOR: Theologie, Frömmigkeit und Zeitgeschichte im Leben und Werk Paul Gerhardts. In: Paul Gerhardt/ hrsg. von Heinz Hoffmann. Berlin 1978, 30). Zur Frömmigkeit und zu den Bemühungen um eine Reform der Kirche

der Frömmigkeit verbunden.[20] Die mit Pietismus bezeichnete – in sich keinesfalls einheitliche – religiöse und theologische Bewegung entwickelte sich und forderte auch die Leipziger Theologische Fakultät heraus, eine Fakultät, die sich lange entschieden gegen dogmatische Veränderungen wehrte und besonders über ihre Ordnungen und Privilegien wachte.

Die Pietisten beklagten die ständigen Kämpfe um die Rechtgläubigkeit in der Kirche, sie würden nur Schaden bringen. Sie lehnten die abstrakte und lehrmäßige Vermittlung des Wortes Gottes ab. Jeder Christ müsse sich persönlich mit der Bibel auseinandersetzen. In kleinen Gruppen sollte das Gespräch über die eigene Verwirklichung der biblischen Forderungen erfolgen. Nur durch eine Veränderung des ganzen Menschen, durch Umkehr, durch Bekehrung war dieses Ziel zu erreichen. Die Pietisten forderten eine Reform der Kirche und radikale Änderungen im Leben des einzelnen Christen. Wie unter Christian I. wurde die Kirchenstruktur in Frage gestellt, aber nicht aus politischen Motiven, sondern aus innerkirchlichen Beweggründen heraus sollte die Luthersche Reformation fortgesetzt werden, um nach der Lehre auch das Leben zu verändern.[21] Die Forderungen des Pietismus waren nicht ohne gesellschaftspolitische Auswirkungen. Die Verbindung von Religion und Politik hatte sich Ende des 17. Jh.s bereits so gelockert, daß die pietistische Bewegung zunächst eine Angelegenheit der Theologischen Fakultäten und der Kirchen blieb. Im Juli 1686 sammelte sich ein Kreis von jüngeren Magistern zum »Collegium philobiblicum« mit den Lehrbeauftragten der Philosophischen Fakultät August Hermann Francke, Paul Anton und Johann Kaspar Schade. Die traditionelle Schriftauslegung wurde mit der Anwendung des Textes auf das christliche Leben ergänzt. Hier lag die große Anziehungskraft dieser homiletischen Gesellschaft begründet, die sich in öffentlichen Vorlesungen fortsetzte. Als die Träger dieser Veranstaltung in Bürgerhäusern Bibelkreise bildeten, waren für die Stadtgeistlichkeit die Grenzen der Fakultät überschritten. Im Spätsommer 1689 kam es zu einer gründlichen Untersuchung auf Befehl des Dresdner Oberkonsistoriums. Lehrabweichungen konnten Francke nicht nachgewiesen werden. Um der allgemeinen Unruhe und des Ärgernisses willen forderte die Fakultät jedoch ein Ende der zur Konkurrenz gewordenen Vorlesungen und /147/ der Versammlungen in den Bürgerhäusern. Im Auftreten Franckes wurde ein Überschreiten der Befugnisse gesehen. Das gewünschte Verbot erging im März 1690. Um die neue Bewegung vom Kirchen- und Schuldienst fernzuhalten, forderte das Oberkonsistorium eine Liste der verdächtigen Studenten. Diesen wurden wenige Monate später die Stipendien entzogen. Die Pietisten mußten Leipzig verlassen.[22] In den folgenden Jahren gab es weitere Auseinandersetzungen um die neue Glaubensrichtung in Leipzig. Einzelne Vertreter des Pietismus haben auch zur Fakultät gehört. Eine pietistische Periode in der

---

bei den Theologen der Leipziger Fakultät vgl. Hans LEUBE: Die Reformideen in der deutschen lutherischen Kirche zur Zeit der Orthodoxie. Leipzig 1924, 56-60; vgl. auch Günther STILLER: Johann Sebastian Bach und das Leipziger gottesdienstliche Leben seiner Zeit. Berlin 1970, 84-95; Ulrich SIEGELE: Bachs Ort in Orthodoxie und Aufklärung. Musik und Kirche 51 (1981), 3-14.

21 Zum Pietismus vgl. Martin BRECHT: Der Pietismus als Epoche der Neuzeit. Verkündigung und Forschung 21 (1976), 46-81; Erich BEYREUTHER: Geschichte des Pietismus. Stuttgart 1978.

22 Vgl. Kirn: Die Leipziger Theologische Fakultät ..., 95-102; Hans LEUBE: Die Geschichte der pietistischen Bewegung in Leipzig. In: ders.: Orthodoxie und Pietismus/ hrsg. von Dietrich Blaufuß. Bielefeld 1975, 153-267; Franz LAU: Aus der Geschichte der Leipziger Theologischen Fakultät. HCh [4] (1961), 32-34.

Fakultätsgeschichte aber hat es nicht gegeben. Akademisches Zentrum des Pietismus wurde die 1694 eröffnete Universität zu Halle. Mit dem Pietismus entwickelte sich auch die Aufklärung, deren Einfluß auf die Theologie nicht mehr zu dem von mir zu behandelnden Zeitraum gehört.[23] Der in Leipzig geborene Christian Thomasius erhielt im März 1690 Vorlesungs- und Schreibverbot und ging nach Halle. Ein kurfürstlicher Erlaß von 1697 entrüstete sich über die Lästerung der Bekenntnisse, der rechtgläubigen Konkordienformel und der Herabsetzung der rechtgläubigen Lehrer durch Thomasius.[24] Mit dem Pietismus teilte er die Ablehnung der in scholastischen Methoden erstarrten lutherischen Orthodoxie. Die Auseinandersetzung mit der Aufklärung sollte wenige Jahrzehnte später die theologische Arbeit beherrschen. Valentin Alberti[25] kämpfte gegen die neuen naturrechtlichen Theorien, während Adam Rechenberg 1674 gegen Thomas Hobbes schrieb.[26] Im Streit um die Pietisten standen sich vor allem Johann Olearius[27] und der »Pietistenfresser« Johann Benedict Carpzov II.[28] gegenüber. Die erste Hälfte des 18. Jh.s ist noch vom 17. geprägt. Obwohl sich die Veränderungen bereits ankündigen, werden die Neuerungen, die vom Pietismus ausgehende individualisierende Laienfrömmigkeit und das Zerbrechen der kirchlichen Autorität, noch mit Entrüstung aufgenommen. Um 1700 bewegten die Fakultät Aussagen des Sorauer Pfarres Johann Georg Böse, wonach es einen Zeitpunkt, einen Termin gebe, an dem sich Gottes Gnade von den Unbußfertigen abwende und die Sünder ihrem Verderben überlasse. Dieser »Terministische Streit« rief eine Flut von Streitschriften hervor. Innerhalb der Fakultät spitzte sich die Auseinandersetzung zu, als Olearius und Rechenberg Böses Lehre für schriftgemäß erklärten, was ihr Fakultätskollege und Archidiakonus an St. Nikolai, Thomas Ittig, nicht hinnehmen wollte. Er lehnte jede Neuerung ab und sah im Pietismus einen »vom Satan angestifteten Unfug«.[29] Die Stellung zum Pietismus trennte die Fakultät und beeinflußte die Berufungen der folgenden Jahre. 1708-1715 gehörte Gottfried Olearius zur Fakultät. Von seinem Vater auf die neutestamentliche Exegese gewiesen, bemühte er sich, ohne dogmatische Rücksichten gebunden, die philologischen und historischen Grundsätze auf die Bibelauslegung anzuwenden. Seine Erklärung des Matthäus-Evangeliums machte ihn zu einem Vorläufer der historisch-kritischen Forschung.[30] Ähnlich wirkte Christian

---

23 Vgl. Martin PETZOLDT: Zwischen Orthodoxie, Pietismus und Aufklärung: Überlegungen zum theologiegeschichtlichen Kontext Johann Sebastian Bachs. In: Johann Sebastian Bach und die Aufklärung/ hrsg. von Reinhard Szeskus. Leipzig 1982, 66-108.

24 Kirn: Die Leipziger Theologische Fakultät ..., 111 f; Leube: Die Geschichte ..., 201-204.

25 Jochen IHMELS: Das Naturrecht bei Valentin Alberti: die Lehre des Compendium juris naturae (so. orthodoxae theologiae conformatum) von 1678/1696. Theol. Diss. Leipzig 1956; F[ranz] LAU: Alberti, Valentin. RGG³ 1, 216; DERS.: Alberti, Valentin. NDB 1 (1953), 142.

26 εὕρημα compendiorum Th. Hobbesii in religione christiana discussum. Lipsiae 1674. Zu Rechenberg vgl. Jöcher-Rotermund 6, 1508-1513; [Julius] WAGENMANN: Rechenberg: Adam R. ADB 27, 756 f; Kirn: Die Leipziger Theologische Fakultät ..., 320 (Reg.); E[rich] BEYREUTHER: Rechenberg, Adam. RGG³ 5, 815.

27 Vgl. Kirn: Die Leipziger Theologische Fakultät ..., 230 (Reg.); F[ranz] LAU: Leipzig, Universität. RGG³ 4, 1625. Zur Veränderung der Haltung der Fakultät gegenüber dem Pietismus unter Johann Olearius siehe Leube: Die Geschichte ... (Anm. 20), 228-233.

28 Zu Carpzov vgl. [Julius] WAGENMANN: Carpzov: Johann Benedict C. II. ADB 4, 21 f; Kirn: Die Leipziger Theologische Fakultät ..., 82-87 u.a.; Leube: Die Reformideen ..., 58-60.

29 Zu Ittig vgl. Kirn: Die Leipziger Theologische Fakultät ..., 135 f u.a.; zum »Terministischen Streit« ebd, 135-138; M[artin] SCHMIDT: Terministischer Streit. RGG³ 6, 691.

Friedrich Börner, seit 1713 Mitglied der Fakultät, in seinen Vorlesungen zu biblischen Schriften, zur Dogmatik, Kirchengeschichte und Symbolik. Die Berufung Heinrich Klausings 1719 aus Wittenberg stärkte wieder den Antipietismus in Leipzig. Ebenso wirkte der Eintritt Salomon Deylings als Nachfolger Rechenbergs 1721 in die Fakultät. Der Pastor an St. Nikolal und Superintendent von Leipzig hielt exegetische und praktisch-theologische Vorlesungen, wobei er eine bewußt orthodoxe Grundhaltung vertrat. Freundlich beurteilte Johann Gottlob Pfeiffer die Pietisten, während Börner sich jeder Stellungnahme enthielt.

Der Übertritt Kurfürst Friedrich Augusts I. zur römisch-katholischen Kirche veränderte nicht die Stellung der Fakultät. Die Stände setzten bei dem neugewählten König von Polen eine Garantie für das lutherische Kirchenwesen durch, die auch der /148/ Theologischen Fakultät zugute kam. Der Konfessionswechsel ist zugleich ein Signal für die Bedeutung des Religiösen im politischen Handeln dieses Kurfürsten. Religion, Kirche und Theologie sind so in den absolutistischen Territorialstaat integriert, daß sie je nach Bedarf vernachlässigt oder gefördert werden konnten. An der Tatsache, daß sich Theologie seit der Reformationszeit nur in vom Landesherrn anerkannten Formen zu vollziehen hatte, änderte sich vorerst nichts. Trotz neuer Formen der Frömmigkeit und wissenschaftlicher Durchdringung der Theologie blieben die »Augsburgische Konfession« von 1530 und das Konkordienwerk von 1580 weiterhin verbindliche Lehrnorm auch für die Theologie im Umkreis Johann Sebastian Bachs.

---

30 Zu Gottfried Olearius vgl. Georg LECHLER: Olearius: Gottfried O. ADB 24, 277 f; Kirn: Die Leipziger Theologische Fakultät ..., 140-144.

CHRISTIANVS FRIDERICVS BOERNERVS
S. TH. D. ET PROF. PRIMARIVS CONSISTORII
REG. ELECT. ASSESSOR ECCL. CATHEDR. MISEN.
CANTOR ET CANONICORVM COLLEGII ORDINIS-
QVE THEOL. ET ACADEMIAE LIPS. SENIOR

C. G. Hausmann pinx. 1742.                    J. C. G. Fritzsch sc. Lips.

*Christian Friedrich Börner*
*(Lithographie, 1745)*

# Christian Friedrich Börner (1683-1753)

Ein Wegbereiter philologisch-historischer Schriftauslegung an der Leipziger Theologischen Fakultät[*]

Um den historischen Ort Johann Sebastian Bachs näher zu bestimmen, ist die Erhellung des geistigen Lebens in Leipzig zwischen 1700 und 1750 notwendig, ist herauszuarbeiten, in welches Klima Bach 1723 kam, als er seinen Dienst als Thomaskantor antrat, welches Beziehungsgeflecht er vorfand, auch wenn auf den ersten Blick direkte Verbindungen nicht feststellbar sind. Dabei spielte die Theologische Fakultät eine nicht unerhebliche Rolle.[1] Zu den prägenden Gestalten der Leipziger Ausbildungsstätte evangelisch-lutherischer Theologen in der ersten Hälfte des 18. Jahrhunderts zählte Christian Friedrich Börner,[2] der von 1713 bis 1753 der Fakultät angehörte. Aus dieser vierzigjährigen Tätigkeit ragen neben einer regen Verwaltungsarbeit und einem bibliophilen Interesse die Altertumswissenschaft, das Neue Testament und die Kirchengeschichte als Bereiche seiner Forschung und Lehre hervor. Die zum Universitätsjubiläum 1984 erschienene Gesamtgeschichte kennzeichnet ihn als Vertreter der Frühaufklärung, der sich einer kritischen Bibelauslegung verpflichtet

---

[*] Erstabdruck in: Johann Sebastian Bachs historischer Ort/ hrsg. von Richard Szeskus. Wiesbaden; Leipzig 1991, 36-48. (Bach-Studien; 10).

[1] Zu diesem Problemkreis äußerte sich bisher Martin PETZOLDT: Zwischen Orthodoxie, Pietismus und Aufklärung: Überlegungen zum theologiegeschichtlichen Kontext Johann Sebastian Bachs. In: Johann Sebastian Bach und die Aufklärung/ hrsg. von Reinhard Szeskus. Leipzig 1982, 66-108; Martin PETZOLDT: Studien zur Theologie im Rahmen der Lebensgeschichte Johann Sebastian Bachs. Theol. Diss. B. Leipzig 1985, 42-48.

[2] Zur Biographie Börners vor allem neben seiner Autobiographie: BOERNER: Vitae svae descriptio. Lipsiae 1753, Programma funebre quo ad concionem … consecratum … XVII decembr. circa horam II in templo academico (Lipsiae 1753, mit Abdruck der Selbstbiographie); Beiträge zu den Actis Historico Ecclesiastico, oder zu der neuesten Kirchengeschichte … Bd. 3. Weimar 1753, 519-558 (Abdruck der Vitae svae descriptio und Berichte über sein Sterben und seine Beerdigung); Nützliche Nachrichten von Bemühungen derer Gelehrten und anderen Begebenheiten in Leipzig auf die Jahre 1751-1756, 361-365. 472-477; vgl. ebenso die Beiträge zu Börner in: Johann Matthias SCHROECKH: Abbildungen und Lebensbeschreibungen berühmter Gelehrter. Bd. 21. Leipzig 1766, 254-263 (mit Bild); Johann Georg MEUSEL: Lexikon der vom Jahr 1750 bis 1800 verstorbenen teutschen Schriftsteller, mit einem Geleitwort von Paul Raabe. Nachdruck der Ausgabe Leipzig 1802. Bd. 1. Hildesheim 1967, 487-493; ALLGEMEINE ENCYCLOPÄDIE DER WISSENSCHAFTEN UND KÜNSTE/ hrsg. von Johann Samuel Ersch und Johann Gottfried Gruber. Teil 11. Leipzig 1823, 278; Heinrich DÖRING: Die gelehrten Theologen Deutschlands im achtzehnten und neunzehnten Jahrhundert. Bd. 1: A-H. Neustadt a.d. Orla 1831, 134-140; Otto KIRN: Die Leipziger Theologische Fakultät in fünf Jahrhunderten. Leipzig 1909, 144-146; Franz BLANCKMEISTER: Leipziger Professorenbilder 5: Christian Friedrich Börner. BSKG 44 (1935/36), 10-13; Christian Gottlieb JÖCHER: Allgemeines Gelehrten-Lexikon. Bd. 1-4. Leipzig 1750/51. Fortsetzung und Ergänzungen von Johann Christian Adelung und Heinrich Wilhelm Rotermund. Bd. 1-7. Leipzig; Delmenhorst; Bremen 1784 bis 1897. Faksimile-Nachdruck Hildesheim 1960/61; siehe Ergänzungs-Bd. 1, 1971-1977; H[einrich] BROCKHAUS: Boerner: Christian Friedrich B. ADB 3, 33 f; Universitätsarchiv Leipzig: F. VETTER: Facultas Theologica, Bl. 49-53.

fühle. Die Universität verdanke ihm als Rektor und Dekan »manches wichtige Akten-stück«.[3] Der Nachwelt hinterließ Börner vor allem die Leipziger Ausgabe der Werke Mar-tin Luthers und eine heute in der Sächsischen Landes- und Universitätsbibliothek Dresden aufbewahrte Handschrift der paulinischen Briefe, den Codex Boernerianus.

Am 6. November 1683 wurde Börner in Dresden geboren. Seine Eltern repräsentierten die seit der Reformation in Sachsen gewachsene geistige und gelehrte Tradition. Sein Va-ter Johann Georg stand als Justiz- und Konsistorialrat in sächsischem Hofdienst. Durch seine Mutter Katharina Elisabeth, eine Tochter des Oberhofpredigers Martin Geier, war er Urenkel des Johann Benedikt Carpzov d. Ä., der seit 1646 der Leipziger Theologischen Fakultät angehört hatte. Als Hauslehrer werden der spätere Kreuzschulrektor Johann Gideon Gellius und Johann Gottlob Pfeiffer genannt, der 1723 in die Theologische Fakultät ein-trat.[4] Mit siebzehn Jahren ging Börner zum Studium nach Leipzig.[5]

Zu seinen Lehrern gehörten in Philosophie Gottfried Olearius,[6] seit 1699 Professor der griechischen und lateinischen Sprache, in Geschichte neben Olearius der Professor für Moral und Beredsamkeit und Herausgeber der Acta Eruditorum Otto Mencke[7] sowie sein Sohn Johann Burkhard, der 1699 zum Professor für Geschichte ernannt worden war,[8] in Rhetorik Johann Schmid,[9] /37/ in griechischer Dichtung Johann Gottfried Herrichen[10] und in Theologie neben Schmid Thomas Ittig,[6] seit 1699 Fakultätsmitglied. Es fällt auf, daß Börner in seiner Lebensbeschreibung die beiden führenden Theologen, Johannes Olearius und Adam Rechenberg, nicht erwähnt. Vermutlich ist ihre propietistische Haltung dafür ausschlaggebend gewesen. Am 26. November 1701 erwarb Börner den Grad eines Bacca-laureus artium, wenige Monate später, am 8. Februar 1703, den des Magisters. Im folgenden

---

3 ALMA MATER LIPSIENSIS. Geschichte der Karl-Marx-Universität. Leipzig 1984, 90; so auch Kirn: Die Leipziger Theologische Fakultät ..., 146.

4 Zu Gallius vgl. Jöcher: Allgemeines Gelehrten-Lexikon ... 2, 912: aus Dresden, Sommersemester 1679 in Leipzig immatrikuliert, erwarb 1684 den Baccalaureus artium, 1687 den Magistertitel (DIE JÜNGERE MATRIKEL DER UNIVERSITÄT LEIPZIG 1559-1809. Bd. 2. Leipzig 1909, 127), später Rek-tor der Kreuzschule Dresden. Zu Pfeiffer vgl. Jöcher: Allgemeines Gelehrten-Lexikon ... 3, 1493; Ergänzungs-Bd. 6, 3 f; Kirn: Die Leipziger Theologische Fakultät ..., 148-151.

5 Die jüngere Matrikel ... Bd. 2, 41.

6 Vgl. Günther WARTENBERG: Die Entwicklung der Lutherischen Theologie in Leipzig bis zur Zeit Bachs. In: Johann Sebastian Bachs Traditionsraum/ hrsg. von Reinhard Szeskus. Leipzig 1986, 150, Anm. 30 (G. Olearius). 29 (Ittig). 27 (J. Olearius). 26 (Rechenberg); in diesem Band S. 265-273.

7 Zu Otto Mencke vgl. Jöcher: Allgemeines Gelehrten-Lexikon ... 3, 418. Ergänzungs-Bd. 4, 1399 f; MUTZENBECHER: Mencke: Otto M. ADB 21, 312 f; Augustinus Hubertus LAEVEN: De »Acta eruditorum« onder redactie van Otto Mencke. De geschiedenis van een internationaal geleerden periodiek tussen 1682 en 1707. Amsterdam 1986.

8 Zu Johann Burkhard Mencke vgl. Jöcher: Allgemeines Gelehrten-Lexikon ... 3, 415 f; Ergänzungs-Bd. 4, 1395-1398; [Theodor] FLATHE: Mencke: Johann Burkhard M. ADB 21, 310 f; Alma mater Lipsiensis ..., 95.

9 Schmid veröffentlichte 1704 Collegium Anti-Calvianum seines Lehrers Adam Scherzer (1628-1683); vgl. Petzoldt: Studien zur Theologie ..., 43, Anm. 1; seit 1710 Extraordinarius der Theologie, unter-zeichnet das Zeugnis für Bach vom 8. Mai 1723 über seine Prüfung für den Schuldienst Dok II, 134).

10 Zu Herrichen (Cyrillus) vgl. Jöcher: Allgemeines Gelehrten-Lexikon ... 2, 1559: als Sohn eines Pfarrers in Karsdorf geb., Hauslehrer bei der Familie Carpzov, 1676-1693 Rektor der Nikolaischule.

Jahr promovierte er mit der Arbeit »De altera migratione Graecarvm literarvm e Graecia in Italiam«. Die geistigen Folgen der Flucht der Griechen im 15. Jahrhundert vor den Türken nach Italien blieb ein Thema seiner wissenschaftlichen Arbeit. So publizierte er 1750 erneut eine Schrift über diese Verpflanzung der klassisch-antiken Studien von Griechenland nach Italien.[11]

Als folgenreich sollten sich 1704 der Wechsel nach Wittenberg, der zweiten sächsisch-albertinischen Universität, und die sich anbahnenden Beziehungen zu Johann Wilhelm Berger erweisen. Als Professor für Beredsamkeit verfaßte dieser zahlreiche rhetorische und philologische Schriften. König August II., den Starken, beriet er in Kunstfragen.[12] Als Berger im Frühjahr 1705 eine Forschungsreise nach den Niederlanden antrat, schloß Börner sich ihm an. Er nutzte diese Gelegenheit zu ausgedehnten Bibliotheksstudien, zu Kontakten mit führenden Gelehrten und zum Ankauf bibliophiler Kostbarkeiten. Im September 1706 kehrte er in das von den Schweden besetzte Kursachsen zurück. In der Nachfolge von Otto Mencke erhielt er 1707 die Professur für Moral an der Philosophischen Fakultät. Als Gottfried Olearius 1708 in die Theologische Fakultät wechselte, übernahm Börner dessen Aufgabenbereich als Professor der griechischen Sprache. Er hielt Vorlesungen zu den Schriften des Neuen Testaments, zu Werken antiker Autoren und zur griechischen Paläographie. Sein eigentliches Ziel blieb jedoch der Übergang zur Theologischen Fakultät. Dem Dr. theol. 1708 folgte noch im gleichen Jahr die Dissertation pro Licentia, die sich mit dem Bericht in Hosea 12 über den Glauben Jakobs im Mutterleib befaßte.[13] Zur außerordentlichen Professur der Theologie 1710 kam 1711 das Direktorat der Universitätsbibliothek, das er 1738 niederlegte und das sein Schwiegersohn, Georg Friedrich Richter,[14] für wenige Jahre übernahm. Börners Erfahrungen aus der Reise nach den Niederlanden und nach England kamen der Bibliothek zugute. Er legte ein Zugangsbuch an, ließ den Sachkatalog neu erarbeiten, veranlaßte Bauarbeiten, die er teilweise selbst finanzierte. Unter seiner Verantwortung begann der eigentliche Ankauf von Büchern, nachdem sich die Mittel dafür durch Einnahmen aus Erlösen Leipziger Auktionen und dem Verkauf von Dubletten vermehrt hatten.[15] 1713 wurde Börner als Quartus (4. Professor) Mitglied der Theologischen Fakultät.

---

11 De doctis hominibus Graecis litterarvm Graecarvm in Italia instravratoribus liber. Lipsiae 1750. Diese Schrift enthält Artikel zu Leben und Schriften der griechischen Gelehrten Manuel Chrysoloras (gest. 1415), Bessarion (1403?-1472), Georgios von Trapezus (1395-1484), Theodoros Gazes (um 1400-1487), Johannes Argyropulos (gest. 1487), Andronikos Kallistos, Konstantinos Laskaris, Demetrios Chalkondylos, Georgios Hermonymos, Janos Laskaris, Markos Musurus.

12 Zu Berger vgl. Jöcher: Allgemeines Gelehrten-Lexikon ... Ergänzungs-Bd. 1, 1717-1719; [Karl Ludwig von] URLICHS: Berger: Johann, Wilhelm von B. ADB 2 (1875), 325 f.

13 De fide Iacobi in vtero ex Hosea cap. XII vers. IV Oder: Vom Glauben Jacobs im Mutter=Leibe. Lipsiae ²1734 = Christian Friedrich BÖRNER: Dissertationes sacrae qvibus illvstria oracvla divina sanctiorisqve doctrinae capita explicantvr et a depravationibus vindicantvr. Lipsiae 1752, 303-320.

14 Zu Richter vgl. Jöcher: Allgemeines Gelehrten-Lexikon ... 3, 2086-2088. Ergänzungs-Bd. 6, 2068-2088; Gerhard LOH: Geschichte der Universitätsbibliothek Leipzig von 1543 bis 1832: ein Abriß. Leipzig 1987, 36: aus Schneeberg, 1708 Studium Leipzig, 1709 Magister, 1726 ao. Professor der Mathematik, 1735 o. Professor der Moral und Politik, 1739 Rektor, 1741 Dekan der Philosophischen Fakultät; 1737 heiratete er die Tochter Börners, Johanna Sophia (geb. 1721), die 1739 bei der Geburt des ersten Kindes starb.

15 Vgl. Loh: Geschichte der Universitätsbibliothek Leipzig ..., 34-36.

Systematisch arbeitete er sich die Stufenleiter der Professuren empor und vereinigte nach und nach alle Würden, die damals Fakultät und Universität für ihre Angehörigen bereithielten: 1715 Tertius, 1721 Sekundarius und 1723 Primarius der Fakultät; 1709 /38/ Kollegiat des Kleinen und 1711 des Großen Fürstenkollegs; Ephorus der kurfürstlichen Stipendiaten; Assessor des Leipziger Konsistoriums; 1723 bis 1742 Präses des Collegium Philobiblicum; Direktor des Collegium Anthologicum; 1735 Domherr in Zeitz und 1741 in Meißen. Zwischen 1710 und 1742 hatte er neunmal die Funktion des Rector magnificus inne. In dieser Eigenschaft förderte er nach der königlichen Bewilligung vom 20. August 1710 den regelmäßigen Sonntagsgottesdienst der »Doctores, Professores, ingleichen der Baccalaureos Theologie« in der Universitätskirche St. Pauli.[16] Um seine musikalische Ausgestaltung bemühte sich Bach vergeblich.[17] Mit seinen beiden Ehen trat Börner in enge Verbindungen zur Leipziger Oberschicht. 1711 heiratete er Dorothea Sibylla Gräfe, eine Tochter des Juristen, Ratsherrn und zeitweiligen Bürgermeisters Gottfried Gräfe. Die zweite Ehe ging er 1730 mit Rahel Christiana Schreiter ein, deren Vater Christoph als Professor der Pandekten zur Juristischen Fakultät gehört hatte.[18] Von den fünfzehn Kindern überlebten sechs den Vater.[19] Friedrich war nach dem Studium der Theologie und Medizin in Braunschweig und Wolfenbüttel als Arzt tätig, bevor er von 1754 bis 1759 eine außerordentliche Professur für Arzneiwissenschaft in Wittenberg bekleidete.[20] Friederica Elisabetha heiratete 1743 den Archidiakonus an St. Thomas, Christoph Wolle, den Bach 1741 zu seinem Beichtvater

---

16 Dazu Ernst WINDISCH: Mitteilungen aus den Akten über das Innere der Pauliner Kirche. Leipzig 1896, 2 f; Hans HOFMANN: Gottesdienst und Kirchenmusik in der Universitätskirche zu St. Pauli-Leipzig seit der Reformation (1543-1918). BSKG 32 (1919), 124-129; Elisabeth HÜTTER: Die Pauliner-Universitätskirche zu Leipzig. Phil. Diss. Leipzig 1961, Bd. 1, 130 f, Bd. 3, 40-59 (Abdruck von Quellen zu den Vorverhandlungen 1702/11).

17 Die öffentlichen Sonntagsgottesdienste, die neuen Gottesdienste erhielt Johann Gottlieb Görner (1697-1778), während Bach nur für die »alten Gottesdienste« – festliche Universitätsfeiern, Doktorpromotionen – zuständig wurde; vgl. Hofmann: Gottesdienst und Kirchenmusik ..., 139-142; Reinhard SZESKUS: Bach und die Leipziger Universitätsmusik. In: Bericht über den internationalen musikwissenschaftlichen Kongreß Stuttgart 1985/ hrsg. von Dietrich Berke und Dorothee Hanemann. Kassel u.a. 1987, I, 405-412.

18 Zu Schreiter vgl. Jöcher: Allgemeines Gelehrten-Lexikon ... 4, 350; Ernst LANDSBERG: Schreiter: Christoph S. ADB 32, 482; Emil FRIEDBERG: Die Leipziger Juristenfakultät. Leipzig 1909, 181; aus Wurzen, Thomasschule Leipzig, 1676-1678 fürstliche Schule St. Afra Meißen, 1679 Studium Leipzig, 1684 Frankfurt an der Oder, 1688 Dr. jur. Leipzig, 1702 Universitätssyndicus, 1708 Assessor der Juristischen Fakultät, 1710 Professor de verborum signif. et regulis juris, 1719 o. Konsistorialadvokat, 1720 o. Professor der Pandekten.

19 Nach den Taufbüchern von St. Nikolai, Leipzig – Börner besaß das Haus Nr. 587b in der Salzgasse; vgl. Loh: Geschichte der Universitätsbibliothek Leipzig ..., 112, Anm. 103 – wurden ihm noch folgende Kinder geboren: Johann Gottfried (1713-1734), Christina Friederica (1715-1722), Regina Elisabeth (1717), Rahel Sibylla (22. Mai-28. Juni 1719), Johanna Sophia (vgl. Anm. 14), Carl August (19. Oktober-21. Oktober 1727), Christina Sibylla (1734), Christiana Sophia (1737), Christoph August (1739), Christiana Dorothea (1741). Zu den beiden Ehen und den Kindern vgl. Boerner: Vitae ..., XXIII-XXVI (vgl. Anm. 2).

20 Zu ihm vgl. Die jüngere Matrikel ... 3, 35; Jöcher: Allgemeines Gelehrten-Lexikon ... Ergänzungs-Bd. 1, 1977 f; Allgemeine Encyclopädie ... 11, 278; Meusel: Lexikon ... 1, 494-496; A[ugust] HIRSCH: Boerner: Friedrich B. ADB 3 , 34.

bestimmte.[21] Eine städtische Laufbahn nach dem Jurastudium schlug Georg Gottlieb ein.[22] Den Generalsuperintendenten und Professor zu Helmstedt, Wilhelm Abraham Teller,[23] heiratete 1763 Rahel Sophia. Seit 1760 praktizierte Christian Friedrich als Arzt in Leipzig.[24] Unter den Paten der Kinder Börners finden sich mehrfach Kollegen an der Universität, Angehörige der Ratsschicht oder Leipziger Geistliche.[25] Für die wissenschaftliche Arbeit Börners erlangte die Bildungsreise, die ihn 1705/06 nach Norddeutschland, den Niederlanden und England[26] führte, erhebliche Bedeutung. Er knüpfte Verbindungen mit der europäischen Geisteswelt. Viele Besuche entsprachen dem üblichen Rahmen, so in Helmstedt bei Johann Fabricius, einem Vertreter konfessioneller Irenik, und Hermann von der Hardt, der während des pietistischen Aufbruchs in Leipzig mit August Hermann Francke dem Collegium biblicum angehört hatte und 1727 wegen rationalistischer Bibelkritik sein Lehramt verlor, sowie in Hannover bei Gottfried Wilhelm Leibniz und in Bremen bei Gerhardt von Mastricht. Befriedigt stellte Börner rückblickend in seiner 1753 publizierten Vitae suae descriptio die wohlwollende Freundlichkeit und die Bereitschaft zum gelehrten Gespräch bei den unterschiedlichen und teilweise gegensätzlichen Gesprächspartnern fest.[27] Die Reise gab ihm einen willkommenen Überblick über die geistige Entwicklung in den besuchten Ländern, was sich später in seinen Veröffentlichungen zur Bibelauslegung widerspiegelte. /39/

In Amsterdam erlebte Börner die Versteigerung der Bibliothek des langjährigen Professors für Beredsamkeit und Griechisch am Gymnasium der Stadt, Peter Franz. Dabei erwarb er für 142 Gulden eine Bibelhandschrift, die auf 111 Pergamentblättern Briefe des

---

21 Zu Wolle vgl. P[aul] Tschackert: Wolle: Christoph W. ADB 44, 548 f; Martin Petzoldt: Christian Weise d.Ä. und Christoph Wolle, zwei Leipziger Beichtväter Bachs, Vertreter der Leipziger theologischen Situation in der ersten Hälfte des 18. Jahrhunderts. In: ders.: Studien zur Theologie ..., 48-54. 60 f; im wesentlichen identisch mit: DERS.: Christian Weise d.Ä. und Christoph Wolle, zwei Leipziger Beichtväter Bachs, Vertreter zweier auslegungsgeschichtlicher Abschnitte der ausgehenden Leipziger lutherischen Orthodoxie. In: Bach als Ausleger der Bibel/ hrsg. von Martin Petzoldt. Berlin; Göttingen 1985, 109-129; DERS.: Christoph Wolles Hermeneutik des Neuen Testaments. In: Historische Kritik der Bibel/ hrsg. von Walter Sparn. Wolfenbüttel 1988; vgl. Anm. 50.

22 Zu ihm vgl. Die jüngere Matrikel ... 3, 35; Friedberg: Die Leipziger Juristenfakultät ..., 208, Nr. 98: immatrikuliert Leipzig 24. September 1748, 1750 Baccalaureus artium, 1751 Magister, 1754 Doktor beider Rechte, 1770 Konsistorialrat Leipzig, 1794 Prokonsul.

23 Zu Teller vgl. P[aul] Wolff: Teller, Wilhelm Abraham. RE³ 19, 475-481; P[aul] Tschackert: Teller: Wilhelm Abraham T. ADB 37, 556-558; H[ans] Hohlwein: Teller, Wilhelm Abraham. RGG³ 6, 678; Gero von Wilcke: Wilhelm Abraham Teller, »Heros der Aufklärung«. Archiv für Sippenforschung 49 (1983), 213-239 (mit Ahnenliste der Rahel Sophie geb. Börner).

24 Zu ihm vgl. Die jüngere Matrikel ... 3, 35; Meusel: Lexikon ... 1, 493 f; Allgemeine Encyclopädie ... 11, 279.

25 So 1719 der Archidiakonus an St. Thomas Johann Gottlob Carpzov (1679-1767); 1723 Johann Burkhard Mencke, der Fakultätskollege und Pietistengegner Heinrich Klausing (1675-1745); 1724 der 1721 als Nachfolger Rechenbergs in die Fakultät eingetretene Salomon Deyling (1677-1745); 1732 Johann Gottlob Pfeiffer; 1734 Hofrat Carl Friedrich Trier; 1737 der Theologieprofessor Johann Philipp Olearius; 1739 der Mathematikprofessor Christian August Hausen (1693-1743); 1741 der Diakonus und Vesperprediger an St. Nikolai Christian Weise (1703-1743).

26 Dazu Boerner: Vitae ..., VIII-XV.

27 Ebd, VIII f.

Apostels Paulus enthält. Der Codex entstand vermutlich im ausgehenden 9. Jh. im Kloster St. Gallen. Seine Zweisprachigkeit – der lateinische Text ist als Interlinearversion über dem griechischen verzeichnet – weist als Bestimmungszweck das Bibelstudium aus. Der Charakter der Schrift läßt einen irischen Mönch als Abschreiber vermuten, was vorkommende Eigennamen und Anspielungen auf theologische Probleme unterstreichen. Die Marginalien verweisen auf den Kreis des irischen Gelehrten Sedulius Scotus (9. Jh.). Die neutestamentliche Textforschung sieht in dem Codex Boernerianus, eine Handschrift eigenen Charakters mit selbständigem Text, die von Bedeutung für die ursprüngliche Form und die Geschichte des Textes der Paulusbriefe ist.[28] Bei der Versteigerung der Bibliothek Börners 1754 kaufte die Familie Wolle den Codex für 73 Taler zurück, die ihn 1777 der damaligen Königlichen öffentlichen Bibliothek zu Dresden anbot und dieser 1778 für 250 Taler Silbergeld verkaufte. Heute befindet sich die wichtige Handschrift zum Neuen Testament in der Sächsischen Landes- und Universitätsbibliothek Dresden als Msc- Dresd. A 145b.[29] In Amsterdam traf Börner mit Johann Clericus zusammen, der für eine von der Dogmatik freie Bibelauslegung und für die Vernunft als kritischen Maßstab der Religion eintrat. Zu seinen Gesprächspartnern gehörten unter anderen in Rotterdam Pierre Bayle und in Cambridge der klassische Philologe und »criticorum princeps«[30] Richard Bentley, dem er 1719 seine Paulushandschrift für eine beabsichtigte Ausgabe des griechischen und lateinischen Neuen Testaments überließ.[31] Dort erlernte Börner bei dem Orientalisten Heinrich Syke die arabische Sprache. Börner hinterließ ein beachtliches Lebenswerk. Die im September 1753 verfaßte Autobiographie benennt in der Bibliographie hundertfünfundzwanzig Werke.[32] Neben Dissertationen, Programmreden, Gedächtnisansprachen und Vorreden sind es dreizehn monographische Arbeiten. Bemerkenswert sind seine Universitätsreden zu Jubiläen aus der sächsischen Reformationsgeschichte: 1717 zum 200. Jahrestag des Thesenanschlags Luthers, 1720 De Lutheri actis, anno 1520, 1721 zum Wormser Reichstag, 1722 zum Verhör Luthers durch Jakob de Vio aus Gaëta (Cajetan) im Oktober 1518, 1724 zu der von Luther heftig befehdeten Erhebung des mittelalterlichen Meißner Bischofs Benno zum Heiligen am 16. Juni 1524, 1728 zur Kirchenvisitation im ernestinischen Sachsen, 1730 zum Augsburgischen Bekenntnis, 1736 zu den Bemühungen um ein allgemeines Konzil 1536, 1739 zum 200. Jubiläum der Einführung der Reformation im albertinischen Sachsen, 1740 zur Erinnerung an die Religionsgespräche in Hagenau und Worms, 1741

---

28 So Kurt und Barbara ALAND: Der Text des Neuen Testaments. Stuttgart 1982, 119 (unter den Majuskeln als $G^p$ 012).

29 KATALOG DER HANDSCHRIFTEN DER SÄCHSISCHEN LANDESBIBLIOTHEK ZU DRESDEN. Nachdruck der Ausgabe Leipzig 1882. Dresden 1979, Bd. 1, 67. Ältere Zeugnisse in: XIII. EPISTOLARVM PAVLI GRAECVS CVM VERSIONE LATINA VETERI .../ hrsg. von Christian Friedrich Matthäus. Misenae 1791; Johann David MICHAELIS: Einleitung in die göttlichen Schriften des Neuen Bundes. Teil 1. Göttingen 1788, 578-580; Albert SIEGMUND: Die Überlieferung der griechischen christlichen Literatur in der lateinischen Kirche bis zum zwölften Jahrhundert. München-Pasing 1949, 30. Eine Bilanz zieht Alexander REICHARDT in: Der Codex Boernerianus ... Leipzig 1909, 5-23, dort 5, Anm. 3, die ältere Literatur zum Zustand und zur Geschichte des Codex.

30 Boerner: Vitae ..., XIII.

31 Ebd, IX, Anm.; Der Codex Boernerianus ..., 19 f.

32 Alle späteren Zusammenstellungen fußen auf Boerner: Vitae ..., XXXI-XLVIII.

und 1747 für den Herzog und späteren Kurfürsten Moritz von Sachsen, /40/ 1747 über die Standhaftigkeit des Verlierers der Kämpfe bei Mühlberg 1547, des letzten ernestinischen Kurfürsten Johann Friedrich, und andere.

Diese »Jubiläumsstudien« bezeugen den erheblichen Anteil der Kirchengeschichte in Börners wissenschaftlicher Arbeit. Dazu gehört auch die Leipziger Ausgabe der Schriften Luthers, die er von 1729 bis 1734 in zweiundzwanzig Bänden bei Johann Heinrich Zedler in Leipzig verlegte. Grundlage dieser Edition, die als direkter Vorläufer der großen Ausgabe von Johann Georg Walch anzusehen ist, bildeten die Altenburger Lutherausgabe (1661-1664) und der von Johann Gottfried Zeidler bearbeitete Hallische Supplementband (1702).[33] Die Bände 1 bis 16 boten in einer sachlichen Ordnung die exegetischen Schriften des Reformators, während die übrigen die Lehr- und Streitschriften sowie katechetische Schriften in zeitlicher Abfolge enthielten. Der Fortschritt der Leipziger Ausgabe liegt im Heranziehen bisher unbekannter Erstdrucke und in den neuen Übersetzungen lateinischer Schriften.[34] Börner arbeitete zusammen mit Pfeiffer und Johann Jakob Greif.[35] Er selbst steuerte außer den Vorreden zu einzelnen Bänden in einem Ergänzungsband zweihundertfünfzehn deutsche Briefe Luthers bei, der 1740 bei Bernhard Christoph Breitkopf erschien.[36] 1717 hatte Börner in Berlin einen umfangreichen Sammelband mit Briefen aus der Reformationszeit ersteigert, aus dem ein Teil der Briefe jenes Supplementbandes stammt.[37] Mit der Büchersammlung des Reichsgrafen Heinrich von Brühl gelangte die Handschrift 1768 in die Königliche öffentliche Bibliothek zu Dresden.[38] Wichtige Hinweise zur Personen- und Leipziger Fakultätsgeschichte enthalten Börners Gedenkreden für verstorbene Kollegen, auch wenn wir deren funktionale Eigenart berücksichtigen. So galten seine orationes 1711 Ittig, 1713 Johannes Olearius, 1723 Johann Cyprian und Rechenberg sowie 1724 Gottfried Olearius.[39] 1713 trat Börner als Nachfolger des Johannes Olearius in die Theologische Fakultät ein. Zu diesem Zeitpunkt hatten sich in Leipzig die Auseinandersetzungen um den Pietismus beruhigt. Für wenige Jahre, bis zum Tode Rechenbergs 1721, gewann eine Haltung Oberhand, die der neuen Frömmigkeitsrichtung aufgeschlossen gegenüberstand und

---

33 Zu diesen Lutherausgaben vgl. Eike WOLGAST; Hans VOLZ: Geschichte der Lutherausgaben vom 16. bis zum 19. Jahrhundert. In: WA 60, 581-592. 559-572.

34 Eine Übersicht zur Leipziger Ausgabe vgl. Kurt ALAND: Hilfsbuch zum Lutherstudium/ bearb. in Verbindung mit Ernst Otto Reichert und Gerhard Jordan. Witten ³1970, 607-617. Zur Ausgabe selbst WA 60, 572-580.

35 Zu Greif vgl. Jöcher: Allgemeines Gelehrten-Lexikon ... Ergänzungs-Bd. 2, 1602 f; SÄCHSISCHES PFARRERBUCH/ bearb. von Reinhold Grünberg. Bd. 2. Freiberg 1940, 262: aus Meißen, 1723 Magister Wittenberg, 1726 Nachmittagsprediger in St. Pauli, 1731 Pfarrer Gerichshain (Kreis Wurzen), 1733-1766 in Mölbis (Kreis Borna).

36 Dieser Band enthält außerdem ein von Greif erarbeitetes »Vollständiges Register«, zum Inhalt vgl. Aland: Hilfsbuch ..., 620-622; WA 60, 580 f; zur Briefausgabe WA Br 14, 523-526.

37 Nach ebd, 483 f, stammte über die Hälfte der Briefe aus einer Sammlung von Abschriften des Helmstedter Professors Johann Andreas Schmidt (1652-1726), die Börner 1728 ersteigerte. Zum Titel des Bandes und zu den aufgenommenen Briefen ebd, 623 f.

38 Vgl. Katalog der Handschriften ... Bd. 3. Nachdruck der Ausgabe Leipzig 1906. Dresden 1982, 323; WA Br 14, 498; Beschreibung der Handschrift WA Br 14, 37 f.

39 Die erwähnten Reden sind abgedruckt in: BOERNER: Orationes et recitationes. Lipsiae 1751, 154-174 (Ittig). 175-180 (J. Olearius). 181-190 (Cyprian). 191-218 (Cyprian, Rechenberg, G. Olearius).

sie förderte.[40] Börner hielt sich aus den Streitigkeiten heraus, zu den aktiven Gegnern des Pietismus zählte er nicht. Wie Gottfried Olearius bemühte er sich, die nicht zuletzt während seines Aufenthaltes in den Niederlanden und in England gewonnenen Einsichten besonders im Blick auf die philologische Arbeit in der Exegese der biblischen Bücher zu nutzen. Der von Gottfried Olearius vertretenen historischen Betrachtungsweise biblischer Texte stand er zurückhaltend gegenüber. Mit Gottfried Olearius und Börner begann in Leipzig ein neuer Abschnitt in der Erforschung des Neuen Testaments, der im Zusammenhang gesehen werden muß mit der vom Deismus angeregten Besinnung auf das rechte Verstehen der Heiligen Schrift.[41] Beide Theologen haben damit die /41/ Wirksamkeit Johann August Ernestis[42] vorbereitet, mit dem die philologisch-historische Schriftauslegung an der Leipziger Theologischen Fakultät einen ersten Höhepunkt erreichte, dessen Auswirkungen und Umstände bisher jedoch noch nicht ausreichend erforscht sind. Wie kein anderer gab Börner den in Leipzig ausgebildeten Theologen theoretisches Rüstzeug für die sich abzeichnende Auseinandersetzung mit der Aufklärung. Seine umfassende Kenntnis des klassischen Altertums und der klassischen Philologie sowie den kritischen Umgang mit Texten stellte er in den Dienst der Interpretation der biblischen Schriften. Dabei stützte er sich auf die Bekenntnisschriften der lutherischen Kirche und die Aussagen der Bibel.[43] Diese werden allerdings einer inhaltlichen Kritik noch nicht unterworfen. In diesen Zusammenhang gehört die 1709 besorgte Ausgabe der Bibliotheca sacra des Jakob de Long, der in diesem Werk nicht nur die einzelnen Bibelausgaben, Evangelienharmonien und Konkordanzen mit zeitgenössischen Beurteilungen verzeichnete, sondern auch die Fehler in den bisherigen Bibelübersetzungen mit historischen und kritischen Bemerkungen erfaßte.[44] Für Börner blieb der enge Zusammenhang zwischen Altem und Neuem Testament als Teile der Scriptura sacra bestehen. Ihre Unterschiede traten bei Ernesti deutlicher hervor. So konnte er auch 1761 eine Anweisung zur Auslegung nur des Neuen Testaments schreiben.[45] Börner dagegen mußte noch etwa fünfzig Jahre zuvor den Nachweis erbringen, wie notwendig es wäre, die griechische Kultur und Geisteswelt für die Arbeit am Neuen Testament heranzuziehen.[46] 1713 erschienen zwei Schriften, nach denen eine Beschäftigung mit

---

40  Vgl. Günther WARTENBERG: Der Pietismus in Sachsen: ein Literaturbericht. In: Pietismus und Neuzeit 12 (1986), 7 f = in diesem Band Seite 217-227.

41  Vgl. Werner Georg KÜMMEL: Das Neue Testament: Geschichte der Erforschung seiner Probleme. München 1970, 55-65.

42  Zu Ernesti vgl. [Ernst] ECKSTEIN: Ernesti: August Wilhelm E. ADB 6, 235-241; Kümmel: Das Neue Testament ..., 67-70; Karlheinz BLASCHKE; Franz LAU: Ernesti, Johann August. NDB 4 (1971), 604 f; Petzoldt: Zwischen Orthodoxie ..., 78-82.

43  Deutlich wird das in seiner Darstellung der Bekenntnisschriften: Institvtiones Theologiae symbolicae, Lipsiae 1751 (mit Bild). In diesem Werk formulierte Börner auch seine Grundauffassung: Scriptura sacra fidei et religionis christianae unica regula est atque norma. Von dieser Position ist die Göttlichkeit der Heiligen Schrift unaufgebbar, dazu der zweite Teil in: BOERNER: Isagoge brevis ad Scripturam sacram historiam eius philologico criticam et divinitatis vindicias continens. Lipsiae 1753. 2., verbesserte Aufl. Lipsiae 1763.

44  Jacques LE LONG: Bibliotheca sacra seu syllabus omnium ferme sacrae Scripturae editionvm ac versionvm .../ überarbeitet, ergänzt und hrsg. von C.F. Boerner. Lipsiae 1761.

45  Institvtio Interpretis Novi Testamenti Ad Vsvs Lectionvm. Lipsiae 1761.

46  Progr. de necessaria ad Novum Testamentum librorum intelligentiam interpretationemque, accurata Graecarum litterarum peritia. Lipsiae 1708.

der Wissenschaft des Altertums mit der Würde eines Theologen vereinbar wäre.[47] Mit traditionellen exegetischen Aussagen ging Börner behutsam um. Die Punktation der hebräischen Buchstaben auf menschliche Bemühungen zurückzuführen sah er als eine »gewagte Hypothese« an. In die heftige Kontroverse um die rationalistisch ausgerichtete sogenannte Wertheimer Bibelübersetzung, von der Johann Lorenz Schmidt nur die fünf Bücher Mose veröffentlichte, griff Börner ebenfalls ein.[48] Er billigte die kaiserliche Anordnung auf Konfiskation und veranlaßte ihre Durchführung in Leipzig sowie Maßnahmen gegen Befürworter der Übersetzung.

Zum Lebenswerk gehören die Vorreden zu verschiedenen theologischen Werken, die ebenfalls die Spannung in seiner wissenschaftlichen Tätigkeit widerspiegeln, die sich aus dem Festhalten an traditionellen Lehrinhalten und dem philologisch-kritischen Umgang mit der Bibel ergeben. So verfaßte er 1721 im Namen der Theologischen Fakultät die Approbation zu einer Geschichte des Alten und Neuen Testaments des englischen Theologen Humphrey Prideaux[49] und 1726 die zu Wolles Commentatio philologica.[50] Zum zweiten Band der dreibändigen Biblia sacra quadrilingvia (Leipziger Polyglotte), die Christian Reineccius herausgab, schrieb Börner gleichfalls eine Vorrede.[51] /42/

Christian Friedrich Börner, der am 19. November 1753 in Leipzig starb, gehört wohl nicht zu den großen Theologen seiner Zeit.[52] Die Frage nach Selbständigkeit und Origina-

---

47 Progr. de humaniorum litterarum doctrina, theologorum personis non indigna. Lipsiae 1713; Oratio solemnis de humaniorem litterarum in theologia vsu, qua ordinariam Theologiae Professionem auspicatus sum. Lipsiae 1713.

48 De Protevangelio Genes. III, 15, explanatum et a depravationibus Wertheimensis speciatim interpretis vindicatum. Lipsiae 1736 = Dissertationes sacrae …, 1-44. De Protevangelio Genes. III, 15, contra interpretem Wertheimensem. Lipsiae 1737.

49 Humphrey PRIDEAUX: Alt- und Neues Testament In eine Connexion der Jüden und benachbarten Völcker Historie gebracht …/ aus dem Engl. übers. von August Tittel. 2 Bde. Dresden 1721. Ebenso approbierte er das Werk des Goldberger Lehrers Gottfried Hensel (1687-1765) Die Ehre Gottes in den Wundern seines Heiligen Wortes, oder Einleitung zu den Geheimnissen der gantzen Heiligen Schrifft. Leipzig 1722. ²1725. Zu Hensel vgl. Sigismund Justus EHRHARDT: Presbyterologie des Evangelischen Schlesiens. Teil 4. Liegnitz 1789, 477 f.

50 Commentatio philologica de paranthesi sacra accesserunt dissolutiones duae, cum praefatione Chr. Frider. Boerneri. Lipsiae 1726; vgl. Anm. 21.

51 BIBLIA SACRA QUADRILINGVIA VETERIS TESTAMENTI HEBRAICI CVM VERSIONIBVS … /hrsg. von Christian Reineccius. Bd. 2. Lipsiae 1751. Die Vorrede zu Bd. 1. Lipsiae 1750, schrieb Salomon Deyling. Weitere Vorreden Börners zu: Jacques (Jacob) SAURIN: Kurzer Entwurf der Christlichen Theologie und Sitten-Lehre, in Form eines Catechismi abgefaßt. Chemnitz 1723; August Philipp VON MERGENTHAL: Erklärung der Sonn- und Festtags-Episteln und Evangelien. Zwickau 1740.

52 In gewissem Gegensatz zu dem in den Akten und Veröffentlichungen sichtbaren Bild steht eine Charakterisierung Börners in: THRÄNEN UND SEUFFZER WEGEN DER UNIVERSITÄT LEIPZIG DENEN GETREUEN LANDSTÄNDEN GEOFFENBAHRET. 1742. Abdruck Leipzig 1929. Hinter der Unterschrift »Sämbtlich in Leipzig studierende Studiose Theologiae Juris et Philosophiae« verbirgt sich Johann Gottlieb Reichel (geb. 1694 Kamenz, 1714 Universität Wittenberg, 1717 Leipzig, 1722 Magister, 1724 Dr. jur., Advokat am polnisch-kursächsischen Hofgericht, 1732 Senior der polnischen Nation; vgl. Jöcher: Allgemeines Gelehrten-Lexikon … Ergänzungs-Bd. 6, 1622). Börner werden Ruhmsucht, Eitelkeit und unbeschreibbare Faulheit vorgeworfen. Er halte keine Vorlesungen, komme seinen Dienstpflichten nicht nach und predige nicht. Die meiste Zeit halte er sich bei seiner Frau auf, trinke »Coffé oder Chocolade« (Thränen …, 4-6; vgl. Tränen und Seufzer. In: Günter KATSCH; Gerhild SCHWENDLER: Leipziger universitätsgeschichtliche Kuriositäten. Leipzig 1987, 7 f).

lität wird kaum zu seinen Gunsten zu beantworten sein. Theologiegeschichtlich ist er weniger wirksam gewesen als Johann und Gottfried Olearius oder Adam Rechenberg. Er ist aber das Bindeglied in der wissenschaftlichen Erforschung biblischer Texte zwischen Gottfried Olearius und Ernesti, ein Theologe und Philologe, der in einer Zeit des geistigen Umbruchs nicht ohne Erfolg versucht hat, bewußtes Festhalten an lutherischer Lehre mit Weltoffenheit zu verbinden. Ob er zur Frühaufklärung zu rechnen ist, erscheint allerdings zweifelhaft und bedarf weiterer Untersuchungen.[53] An erster Stelle stand für Börner die konsequente philologische Aufarbeitung des Bibeltextes. Für die Leipziger Theologische Fakultät ist er ein Vorgänger von Lobegott Friedrich Constantin von Tischendorf und ein wichtiges Glied in der bis in die Gegenwart reichenden Erforschung der Werke Martin Luthers.

---

53 Vgl. die Einordnung durch Werner Fläschendräger in: Alma mater Lipsiensis ..., 90.

# Verpaßte Chance oder vergebliche Mühe?

## Dokumente zu dem Versuch, Rudolf Bultmann Anfang des Jahres 1930 nach Leipzig zu berufen[*]

In den autobiographischen Bemerkungen, die Rudolf Bultmann am 28. Januar 1956 in Marburg niederschrieb, werden die Bemühungen von 1929/30, den 1921 von Gießen nach Marburg berufenen Neutestamentler für Leipzig zu gewinnen, nur kurz gestreift: »Ich blieb in Marburg, lehnte 1930 einen Ruf nach Leipzig ab und wurde im Herbst 1953 emeritiert.«[1] Für die fragliche Zeit fehlt bisher eine umfassende wissenschaftliche Darstellung – Martin Evangs Arbeit endet mit den Marburger Anfangsjahren[2] –, was ebenso für eine gezielte Sammlung der Korrespondenz Bultmanns gilt.[3] Unbeachtet blieben bis jetzt Akten zu den schließlich gescheiterten Berufungsverhandlungen im Bestand »Ministerium für Volksbildung« des Staatsarchivs Dresden.[4] Die dazugehörigen Unterlagen der Leipziger Universität und der Theologischen Fakultät sind beim Angriff auf Leipzig 1943 vernichtet worden. Das hier erschlossene Quellenmaterial zeigt, wie sehr das Verhalten der Leipziger Theologen und die Gespräche Bultmanns in Dresden den Rahmen der üblichen Besetzungsverhandlungen sprengten. Es werden sowohl die Widersprüche innerhalb der neutestamentlichen Disziplin um 1930 als auch die Emotionen deutlich, die Bultmanns Wirken bereits zu diesem Zeitpunkt hervorrief. Die auftretenden Spannungen erscheinen als kleines Vorspiel für die nach 1945 so heftig aufbrechenden Auseinandersetzungen. Schließlich gehören die Erfahrungen, die Bultmann in Dresden sammeln mußte, mit zum Kontext seiner Denkschrift vom 18. Januar 1931 zum Verhältnis von Theologischen Fakultäten und Kirche.[5]

Als sich 1929 das Ausscheiden der beiden Professoren Franz Rendtorff und Karl Thieme für Ende des Sommersemesters 1930 abzeichnete, entstand für die Leipziger Theologische Fakultät eine schwierige Lage. Durch die Überlegungen für die Nachfolge verschärften sich die Gegensätze innerhalb des Lehrkörpers. Zu Spannungen kam es ebenfalls mit dem sächsischen Ministerium für Volksbildung und dem Evang. -Luth. Landeskonsistorium in

---

[*] Für die Erlaubnis zum Abdruck der Dokumente danke ich dem Staatsarchiv Dresden, der UB Tübingen und Frau Ingrid Siebert, Saarbrücken, sowie Herrn Prof. Dr. Joachim Mehlhausen, Tübingen, Herrn Dipl. Archivar Manfred Kobuch, Dresden, und Herrn Kurt Siebke, Berlin-West, für ihre Unterstützung.

Erstdruck in: ThLZ 115 (1990), 385-396.

Der Beitrag wurde Wolfgang Wiefel zum 60. Geburtstag gewidmet.

1 Karl BARTH; Rudolf BULTMANN: Briefwechsel 1922-1966/ hrsg von Bernd Jaspert. Berlin 1973, 315.

2 Martin EVANG: Rudolf Bultmann in seiner Frühzeit. Tübingen 1988.

3 Vgl. die Übersicht ebd, 348-350 und Walter SCHMITHALS: Bultmann, Rudolf (1884-1976). TRE 7 (1981), 396.

4 SächsHStA Dresden: Ministerium für Volksbildung, Nr. 10 185/3, Einsetzung der außerordentlichen Professoren bei der theologischen Fakultät zu Leipzig Bd. 3, 1859-1931.

5 Barth; Bultmann: Briefwechsel ..., 242-248. Vgl. Erich VELLMER: Gedenkwort für die Evangelische Kirche von Kurhessen und Waldeck und die Evangelische Kirche in Hessen und Nassau. In: Gedenken an Rudolf Bultmann/ hrsg. von Otto Kaiser. Tübingen 1977, 7 f.

Dresden. Seit 1910 gehörte Rendtorff als Ordinarius für Praktische Theologie und Neues Testament der Fakultät an,[6] während Thieme bereits seit 1894 eine ao. Professur für Systematische Theologie wahrnahm.[7] Der damalige Dekan, Hans Achelis,[8] hatte in Vorgesprächen mit dem für die sächsischen Hochschulen zuständigen Ministerialrat im Ministerium für Volksbildung, Robert Ulich,[9] die Weichen für eine Neubesetzung gestellt. Dabei wurde ein zweites Ordinariat für Neues Testament angestrebt. /386/ Für die zu besetzende Professur für Praktische Theologie nahm man den Connewitzer Pfarrer Alfred Dedo Müller[10] in Aussicht. Allerdings war zunächst eine ao. Professur vorgesehen, die nach dem Ausscheiden von Karl Otto Frenzel,[11] der 1911 die Leitung des Katechetischen Seminars übernommen hatte, in ein Vollordinariat umgewandelt werden sollte.

Aus der Niederschrift eines vertraulichen Gesprächs zwischen Achelis und Ministerialdirektor F. W. Konrad Woelker, das jedoch erst nach dem Verzicht Bultmanns am 10. April 1930 in Leipzig stattfand, sind die Vorbehalte deutlich zu erkennen, die bei der Mehrheit

---

6 Rendtorff, *1. August 1860 Gütergotz/ Potsdam, Studium Kiel, Leipzig, Erlangen, Berlin; 1884 Pfarrer Westerland/ Sylt; 1885 Stiftsprediger St. Annen Eisenach, 1. Leiter des Eisenacher Diakonissenmutterhauses; 1891 Klosterprediger Preetz; 1896 Leitung des Predigerseminars Preetz; 1902 Habilitation und Privatdozent Kiel, 1906 Honorarprof. für Praktische Theologie, Konsistorialrat Kiel; 1910 o. Prof. für Praktische Theologie und Neues Testament Leipzig, 1912 Direktor des Predigerkollegs St. Pauli, 1916/34 Präsident des Gustav-Adolf-Vereins, em. 1930, †17. März 1937. Vgl. FRANZ RENDTORFF ZUM GEDÄCHTNIS. Leipzig 1937; Dedo MÜLLER: Franz Rendtorff. Sächsisches Kirchenblatt. NF 1 (1937), 140 f; Joachim HEUBACH: Gedenket an eure Lehrer, die euch das Wort Gottes gesagt haben ... EvDia 31 (1960), 69-72; F[ranz] LAU: Rendtorff, Franz. RGG³ 5, 1064.

7 Thieme, *20. Juli 1862 Spremberg; 1890 Habilitation und Privatdozent Leipzig, 1894 ao. Prof. für Systematische Theologie; em. 1930; †11. November 1932. Vgl. KDGK 1931, 3010; Hermann MULERT: Thieme, Karl. RGG² 5, 1147.

8 Achelis, *16. März 1865 Hastedt/Bremenz; Studium 1883/87 in Erlangen, Marburg, Berlin; 1893 Habilitation und Privatdozent Göttingen; 1901 ao. Prof für Neues Testament Königsberg; 1907 ao., 1913 o. Prof. für Kirchengeschichte Halle; 1916 Bonn; 1918 Nachfolger Albert Haucks in Leipzig; em. 1935, †23. Februar 1937. Vgl. Albrecht ALT: Nachruf auf Hans Achelis. BVSAW. PH 90 (1938) Heft 3, 1-9; [Theodor Johannes] REIL: Hans Achelis. NSKBl 42 (1935), 162-166; F[ranz] LAU: Achelis, Hans. RGG³ 1, 83; Ernst SCHÄFER: Achelis, Hans. NDB 1 (1953), 29 f, BBKL 1 (1990), 17.

9 Ulich, *21. April 1890 Riedermühl bei Lam/ Bayern; Studium der Germanistik, Geschichte und Philosophie in Freiburg i. B., München, Berlin, Leipzig; 1915 Dr. phil. Leipzig, 1915/16 Assistent; 1917 Bibliothekar; 1920 Wiss. Hilfsarbeiter im Sächs. Kultusministerium; 1923 Oberregierungsrat und Leiter des Referats Volkshochschulen und Volksbüchereien im Ministerium für Volksbildung; 1929 Ministerialrat, zuständig für die sächs. Hochschulen; 1928 Honorarprof. für Pädagogik an der PH Dresden; 1933 als Mitglied der SPD entlassen und Emigration mit seiner 2. Frau Elsa Brändström, die er im November 1929 geheiratet hatte, in die USA; 1934 Lecturer für Philosophie und Geschichte der Pädagogik an der Harvarduniv. Cambridge/ Mass. ; 1936 Prof. für Pädagogik, Mitglied des Department of History of Science and Learning; †1977. Vgl. UA Dresden: Catalogus professorum: Ulich, Robert, (MS); LPäd(F)⁵ 4, 683; Jonathan MESSERLI: In memory of Robert Ulich. Harvard educational review 47 (Cambridge, Mass. 1977), 478-480; Anneliese KAMINSKI: Elsa Brändström. ZdZ 42 (1988), 83 f; zu Ulichs Schriften vgl. NUC.Pre – 1956 Imprimint, Bd. 607, 223 f. Kurt Siebke verfaßte 1977 eine bisher ungedruckte Gedenkschrift (vorhanden UB der FU Berlin-West).

10 Müller, *12. Januar 1890 Hauptmannsgrün, 1916 Hilfsgeistlicher Kipsdorf; 1917 Ziegra; 1927 Leipzig-Connewitz; 1930 o. Prof. für Praktische Theologie Leipzig, Universitätsprediger, Domherr Meißen; †4. August 1972. Vgl. ZUM 60. GEBURTSTAG VON DEDO MÜLLER. ThLZ 75 (1950), 117-122; Heinz WAGNER: Alfred Dedo Müller zum 70. Geburtstag. ThLZ 85 (1960), 67-70; Bibliographie: ThLZ 85 (1960), 69 f; 90 (1965), 473 f; 95 (1970), 158.

der Fakultätsmitglieder gegenüber Johannes Leipoldt[12] (1916 Nachfolger seines Lehrers Georg Heinrici auf dem neutestamentlichen Lehrstuhl) und Albrecht Oepke (seit 1922 ao. Professor für Neues Testament)[13] bestanden und die vom Ministerium geteilt wurden. Wenn auch der Dekan in diesem Gespräch seine Bedenken stärker unter dem Eindruck vorbrachte, daß die angedrohte Einziehung einer Professur Wirklichkeit werden könnte, blieb doch der grundlegende Vorwurf bestehen, bei Leipoldt und Oepke käme das Neue Testament als theologische Wissenschaft nicht zu seinem Recht: »Prof Dr. Leipoldt [am Rand ›Professor der neutestamentlichen Wissenschaft‹!!] habe sich vorwiegend der Archäologie zugewendet. Die Studenten erhielten eine glänzende Schulung für das Alte Testament, während das Neue Testament zurücktrete. Prof. Dr. Oepke, von der Mission stammend, sei stark auf das Praktische gerichtet, treibe Bibelkunde und die erbauliche Behandlung des Neuen Testaments. Durch beide könne Prof. Dr. Rendtorff, der gerade auf dem Gebiete des Neuen Testaments eine sehr segensreiche Tätigkeit entwickelt habe, nicht ersetzt werden. Er sei auf diesem Gebiete der eigentliche Lehrmeister gewesen. Aus diesem Grunde sei die Berufung eines Neutestamentlichen Wissenschaftlers unbedingt nötig ...«[14]

Die am 10. Dezember 1929 dem Ministerium übersandte Vorschlagsliste zur Besetzung des Neutestamentlichen Lehrstuhls[15] spiegelt die unterschiedlichen Positionen innerhalb der Fakultät wider. Die Mehrheit mit Hans Haas,[16] Achelis, Emil Balla,[17] Horst Ste-

---

11 Frenzel, *31. Dezember 1865 Bautzen; 1890 im höheren sächs. Schuldienst; 1901 Direktor des Staatl. Lehrerseminars Plauen, später in Leipzig; 1911 Leiter des Katechetischen Seminars der Theol. Fakultät; 1913 o. Prof. für Praktische Theologie und Pädagogik, Domherr Meißen, Mitglied der Landessynode; †20. Januar 1934. Vgl. KDGK 1931, 729; NSKBl 41 (1934), 61.

12 Leipoldt, *20. Dezember 1880 Dresden; 1899/1904 Studium der Theologie und Orientalistik in Leipzig, Berlin; 1905 Habilitation für Kirchengeschichte, Privatdozent Leipzig, Halle; 1909 o. Prof. für Neues Testament Kiel, 1914 Münster, 1916 Leipzig; em. 1959; †22. Februar 1965 Ahrenshoop. Vgl. Christoph HAUFE: Johannes Leipoldt (1880-1965). In: Namhafte Hochschullehrer der Karl-Marx-Universität 5. Leipzig 1984, 20-30; Bibliographie: ThLZ 75 (1950), 755-758; 86 (1961), 75 f; 91 (1966), 635-638; Christoph HAUFE: Leipoldt, Johannes. NDB 14 (1985), 151 f.

13 Oepke, *10. September 1881 Arrle/Ostfriesland; Studium Göttingen, Erlangen; 1909 Pfarrer Völlen, Kr. Leer; 1914 Dozent Missionsseminar Leipzig, 1922 ao. Prof. für Neues Testament, 1. März 1954 o. Prof. ; em. 1. September 1954, †10. Dezember 1955. Vgl. Hans BARDTKE: In memoriam Albrecht Oepke. ThLZ 81 (1956), 185-188; Johannes MÜLLER-BARDORFF: Oeplke, Albrecht. RGG³ 4, 1587; Bibliographie: ThLZ 76, 1951, 693-698; 81, 1956, 188-190.

14 SächsHStA Dresden: Ministerium für Volksbildung, Nr. 10 185/3, 181 a.

15 SächsHStA Dresden: Ministerium für Volksbildung, Nr. 10 185/3, 153a-155a. Am 10. Dezember 1929 bat Achelis als Dekan unter Berufung auf persönliche Rücksprache mit Ulich das Ministerium, Besetzungsvorschläge einreichen zu dürfen; ebd, 152 a. Ausfertigung.

16 Haas, *3. Dezember 1868 Donndorf/ Bayreuth; 1889/93 Studium der Theologie und Klass. Philologie Erlangen; 1894 Stadtvikar Aschaffenburg; 1898 Pfarrer der deutschen Gemeinde Tokyo, Yokohama, Direktor der Theol. Hochschule der Ostasienmission Tokyo; 1909 Rückkehr nach Europa; 1913 ao. Prof. für Allgemeine und vergleichende Religionsgeschichte Jena; 1915 o. Prof. für Religionsgeschichte Leipzig als Nachfolger Nathan Söderbloms; †10. September 1934. Vgl. Kurt RUDOLPH: Die Religionsgeschichte an der Leipziger Universität und die Entwicklung der Religionswissenschaft. Berlin 1962, 123-133; Carl SCHNEIDER: Haas, Hans. NDB 7 (1966), 375.

17 Balla, *6. Februar 1885 Potsdam; 1904/09 Studium der Theologie und Orientalistik Berlin, Marburg, Gießen; 1912 Privatdozent für Altes Testament Marburg; 1915 ao. und 1921 o. Prof. Münster; 1924 Leipzig; 1930 Marburg; em. 1953; †11. Juli 1956 Würzburg. Vgl. CATALOGUS PROFESSORUM ACADEMIAE MARBURGENSIS. Bd. 2/ bearb. von Inge Auerbach. Marburg 1979, 6; Walter BAUMGARTNER: Balla, Emil. RGG² 1, 742; Friedrich Wilhelm BAUTZ: Balla, Emil. BBKL 1 (1990), 356.

phan,[18] Hanns Rückert[19] und Thieme schlugen in erster Linie gleichberechtigt Bultmann, Martin Dibelius[20] und Hans Windisch[21] vor. Sie hielten »diese drei für die prominenten unter den Neutestamentlern.«[22] In zweiter Linie sprach sich die Majorität für Ernst Lohmeyer[23] aus, während sie Johannes Behm[24] ablehnte und in ihm »keinen prominenten Gelehrten« sah.[22] Die verbleibenden Fakultätsmitglieder Rendtorff, Frenzel, Albrecht Alt[25] und Ernst Sommerlath[26] – Leipoldt gab ein Sondervotum ab – wollten keine besondere Liste aufstellen, benannten aber als ihre Kandidaten Oepke, Behm und Kurt Deißner.[27] Leipoldt entschied sich für Behm und Dibelius und schickte einen gesonderten Bericht mit, da er offensichtlich keiner der beiden Listen voll zustimmen konnte. Sein eigentlicher Wunschkandidat war wohl Oepke.

18 Stephan, *27. September 1873 Sayda/ Erzg. ; 1894/98 Studium der Theologie, Geschichte und Philosophie Leipzig; 1899 Religionslehrer Zittau; 1902 Königin-Carola-Gymnasium Leipzig; 1906 Privatdozent für Kirchengeschichte Leipzig, Umhabilitation Marburg; 1914 ao. und 1919 o. Prof. für Systematische Theologie Marburg; 1922 o. Prof. der Dogmatik und Systematischen Theologie Halle; 1926 Leipzig; em. 1938; †9. Januar 1954. Vgl. [Hermann] MULERT: Stephan, Horst. RGG² 5, 786; ZUM 75. GEBURTSTAG VON HORST STEPHAN. ThLZ 73 (1948), 763-765; Bibliographie: ThLZ 73 (1948), 766-768; Catalogus professorum …, 48.

19 Rückert, *18. September 1901 Fürstenwalde; 1925 Privatdozent für Kirchengeschichte Berlin; 1928 o. Prof. Leipzig; 1931 Tübingen; em. 1966; †3. Januar 1974. Vgl. [Paul] GLAUE: Rückert, Hans. RGG² 4, 2132; Gerhard EBELING: Hanns Rückert †. WA 60, VII-IX.

20 Dibelius, *14. September 1883 Dresden; 1910 Privatdozent für Neues Testament Berlin; 1915 o. Prof. Heidelberg; †11. November 1947. Vgl. Werner Georg KÜMMEL: Martin Dibelius als Theologe. ThLZ 74 (1949). 129-140; DERS.: Dibelius, Martin (1883-1947). TRE 8 (1981), 726-729 (Lit.).

21 Windisch, *25. April 1881 Leipzig; 1908 Privatdozent für Neues Testament Leipzig; 1914 o. Prof. Leiden; 1929 Kiel; 1935 Halle; †8. November 1935. Vgl. Hans-Otto METZGER: Windisch, Hans. RGG³ 6, 1732; Erik BEIJER: Hans Windisch und seine Bedeutung für die neutestamentliche Wissenschaft. ZNW 48 (1957), 22-49, Bibliographie: ThLZ 81 (1956), 500-510.

22 SächsHStA Dresden: Ministerium für Volksbildung, Nr. 10 185/3, 153 a.

23 Lohmeyer, *8. Juli 1890 Dorsten/ W. ; 1918 Privatdozent für Neues Testament Heidelberg; 1920 ao. und 1921 o. Prof. Breslau; 1936 Greifswald; †September 1946. Vgl. IN MEMORIAM ERNST LOHMEYER/ hrsg. von Werner Schmauch. Stuttgart 1951; Werner SCHMAUCH: Lohmeyer, Ernst. RGG³ 4, 440 f; Gerhard SASS: Lohmeyer, Ernst. NDB 15 (1987), 132.

24 Behm,*6. Juni 1883 Bad Doberan; 1912 Privatdozent für Neues Testament Erlangen; 1913 Breslau; 1916 ao. und 1920 o. Prof. Königsberg; 1923 Göttingen; 1935-1945 Berlin; †13. Oktober 1948. Vgl. Bruno DOEHRING: In memoriam Johannes Behm. ThLZ 74 (1949), 168 f; Bibliographie: ThLZ 74 (1949), 169-171; BBKL 1 (1990), 462.

25 Alt, *20. September 1883 Stübach/ Mittelfranken; 1902/06 Studium der Theologie und Orientalistik Leipzig, Erlangen; 1908 Inspektor des Theol. Studienhauses, 1909 Privatdozent für Altes Testament; 1912 ao. Prof. Greifswald; 1914 o. Prof. Basel; 1921 Halle; 1922 Leipzig; em. 1955; †24. April 1956. Vgl. Manfred WEIPPERT: Alt, Albrecht (1883-1956). TRE 2 (1978), 303-305 (Lit.); Siegfried WAGNER: Albrecht Alt (1883-1956). In: Namhafte Hochschullehrer …1. Leipzig 1982, 7-15; Friedrich Wilhelm BAUTZ: Alt, Albrecht. BBKL 1 (1990), 125.

26 Sommerlath, *23. Januar 1889 Hannover; 1907/1911 Studium Heidelberg, Greifswald, Leipzig, Göttingen; 1918 Pfarrer Hannover-Kleefeld; 1919 Dozent, dann Direktor des Christl. Volksdienstes und Religionslehrerseminars Leipzig; 1923 Leiter des Missionsseminars; 1921 Privatdozent für Systematische Theologie; 1924 ao. und 1926 o. Prof. ; em. 1958; †4. März 1983. Vgl. Dedo MÜLLER: Ernst Sommerlath zum 70. Geburtstag am 23. Januar 1959. ThLZ 84 (1959), 71-74; Hans MORITZ: Ernst Sommerlath 1889-1983. ThLZ 108 (1983), 476-487; Bibliographie: ThLZ 74 (1949), 49 f; 84 (1959), 73 f; 89 (1964), 153 f; 94 (1969), 75 f; 99 (1974), 78.

27 Deißner, *10. April 1888 Frohse/ Elbe; 1915 Privatdozent für Neues Testament Greifswald; 1919 ao. und 1920 o. Prof. ; †6. November 1942. Vgl. KDGK 1940/41, 286; GLANZ UND NIEDERGANG DER DEUTSCHEN UNIVERSITÄT/ hrsg. von Kurt Aland. Berlin 1979, 1231.

»Leipzig 6. Dezember 1929
An das Ministerium für Volksbildung,

Dresden - N

Sonderbericht D. Leipoldts zur Besetzung eines Lehrstuhls für neutestamentliche Wissenschaft.

Als Fachvertreter halte ich es für meine Pflicht, meinen Standpunkt, der ein anderer ist als der der Fakultätsmehrheit, zu begründen.

Ich habe immer gern mit D. Oepke zusammengearbeitet und schätze ihn hoch. Unbestritten ist sein Lehrerfolg, ausgezeichnet sein Buch ›Die Missionspredigt des Apostels Paulus‹ (1920). Leider hat D. Oepke, obwohl er verschiedene literarische Arbeiten unter der Fehder hat, seit der genannten Schrift nichts Größeres veröffentlicht. Aus diesem Grunde vermag ich D. Oepke nicht zu nennen, wenn ich die Frage beantworte: welches sind die Besten, die für den neuen neutestamentlichen Lehrstuhl in Betracht kommen?

Ich schlage vielmehr vor (in alphabetischer Reihenfolge): D. Johannes Behm in Göttingen und D. Martin Dibelius in Heidelberg.

D. Behms Hauptwerke sind: Die Handauflegung im Urchristentum 1911[28] (eine stoffreiche Untersuchung zur vergleichenden Religions- und Sittengeschichte); Der Begriff διαθήκη im Neuen Testament 1912 (eine sprachliche /287/ Studie zu einem der schwierigsten und umstrittensten Wörter der κοινή); Pneumatische Exegese? 1926 (kritische Stellungnahme zu methodischen Grundfragen der Bibelauslegung); Die mandäische Religion und das Christentum 1927 (eine auch von dem Philologen Richard Reitzenstein anerkannte Bearbeitung moderner Fragestellungen). Behms Bücher sind ausgezeichnet durch große Unbefangenheit, offenen Blick und sorgsame Erwägung aller Instanzen. Über seinen Lehrerfolg hörte ich nur Günstiges.

D. Dibelius ist ein Sohn des verstorbenen Dresdener Oberhofpredigers. Er lehnte vor kurzem einen Ruf nach Bonn ab. Ich kenne Dibelius persönlich und stehe unter dem Eindruck, daß er anregend zu wirken versteht. Auch Dibelius hat auf dem Gebiete der vergleichenden Religionsgeschichte gearbeitet (vor allem: Die Isisweihe bei Apulejus 1917)[29]. Wertvoll sind seine Kommentare zu den kleinen Paulusbriefen und zum Jakobusbriefe.[30] Dibelius ist der erste Vertreter der neutestamentlichen Formgeschichte (Die Formgeschichte des Evangeliums 1919;[31] Geschichte der christlichen Literatur 1926).[32] Hermann Gunkels Anregungen folgend, untersucht Dibelius hier die Vorgeschichte der neutestamentlichen Evangelien und gelangt so zu wertvollen Ergebnissen und Fragestellungen.

Einen dritten Namen, der sich mit denen von D. Behm und D. Dibelius einigermaßen vergleichen ließe, weiß ich nicht zu nennen.

Ich darf nicht verschweigen, daß ich gegen die Namen der Mehrheitsliste starke Bedenken habe.

---

28 Nachdruck Darmstadt 1968.

29 Martin DIBELIUS: Die Isisweihe bei Apuleius und verwandte Initiationsriten. Heidelberg 1917 = DERS.: Botschaft und Geschichte. Bd. 2: Zum Urchristentum und zur hellenistischen Religionsgeschichte. Tübingen 1956, 30-79.

30 DERS.: Die Briefe des Apostels Paulus: An die Thessalonicher 1. Februar An die Philipper. Tübingen 1911; 3., neubearb. Aufl. 1937; An die Kolosser, Epheser, an Philemon. Tübingen 1912; 3. Aufl., neu bearb. von Heinrich Greeven. Tübingen 1953; Der Brief des Jacobus. Göttingen 1921; 6. Aufl., mit einem Literaturverzeichnis und Nachtrag hrsg. von Ferdinand Hahn. Göttingen 1984.

31 DERS.: Die Formgeschichte des Evangeliums. Tübingen 1919; 3., durchges. Aufl. hrsg. von Günther Bornkamm, mit einem Nachtrag »Neuere Literatur zur Formgeschichte« von Gerhard Iber. Tübingen 1959; 6. Aufl. Tübingen 1971.

32 DERS.: Geschichte der urchristlichen Literatur. Bd. 1: Evangelien und Apokalypse, Bd. 2: Apostolisches und Nachapostolisches. Berlin 1926, 108. 110; Neudruck unter Berücksichtigung der Änderungen der engl. Übers. von 1936 hrsg. von Ferdinand Hahn. München 1975.

D. Bultmann veröffentlichte 1910 ein gutes und wohl allgemein anerkanntes Buch (Der Stil der paulinischen Predigt und die kynisch-stoische Diatribe).[33] Nach langer Pause erschien 1921: Die Geschichte der synoptischen Tradition?[34] Dieses Werk wird wohl von der überwiegenden Mehrzahl der Neutestamentler abgelehnt: es läßt, bei allem Scharfsinn, das Gefühl für Gewicht und Tragweite der Beweisgründe vermissen. In derselben Weise und aus denselben Gründen schießt Bultmann z. B. in dem Aufsatze über Johannesevangelium und Mandäer weit über das Ziel hinaus (Zeitschrift für die neutestamentliche Wissenschaft 1925).[35] In den letzten Jahren hat Bultmann seine hyperkritische Theologie mit einem Überbau Barthscher Gedanken versehen (Jesus – 1926)[36]: wie sich das mit den Gesetzen des Denkens verträgt, vermag ich nicht zu erkennen. Ich rede hier nicht von Unterschieden der theologischen Richtung. Bultmann hat einen anderen Begriff vom Wesen der Wissenschaft als ich. Ich sehe nicht, wie ich mit ihm gedeihlich zusammenarbeiten könnte.

D. Windisch kommt deshalb nicht in Betracht weil er eben (Oktober 1929) einem Rufe nach Kiel folgte.

D. Lohmeyer ist ein fleißiger Schriftsteller, der gern eigene Wege geht, aber dabei wohl nur selten einen größeren Kreis von Fachgenossen überzeugt. Verdienstvoll ist z. B. seine Zusammenstellung ›Vom göttlichen Wohlgeruch‹ 1919;[37] man vermißt eine Gabe der Unterscheidung der Geister. Lohmeyers Erklärung der Johannesoffenbarung versucht neue Deutungsmöglichkeiten; dabei werden aber nicht selten recht klare Tatbestände übersehen (1926).[38] –

Ich darf, als Direktor des neutestamentlichen Seminars, das Augenmerk des Ministeriums auf die Seminarfrage richten. Falls das Ministerium die neue neutestamentliche Professur mit einem ordentlichen Professor besetzt, erkläre ich mich damit einverstanden, daß der neue Professor zum Mitdirektor ernannt wird. Ich würde mich mit ihm in die Übungen teilen und dabei nur den Wunsch haben, daß auch für D. Oepke eine Seminarübung übrig bleibt; Oepke hat mir bisher treulich geholfen. Ein besonderes Zimmer im Seminare, für das allerdings die Möbel noch fehlen, könnte dem neuen Herrn als Sprechzimmer zugewiesen werden. Die Verwaltung des Seminars muß meines Erachtens um der Ordnung willen in einer Hand bleiben (wie ja auch in Preußen die theologischen Seminare von einem geschäftsführenden Direktor längere Zeit verwaltet werden; ich habe dieses Amt in Kiel und Münster i. W. innegehabt). Als ich 1916 nach Leipzig kam, mußte ich die Bücherei der Hauptabteilung meines Seminars neu ordnen, weil sie ganz unübersichtlich war: dabei habe ich die Bücherei kennen gelernt; ich weiß nun, wo Neuanschaffungen hingehören, damit Verwandtes beisammensteht. Die hellenistische Abteilung will ich demnächst neu ordnen. Ich lege deshalb Gewicht darauf, die Bücherkataloge des Seminars persönlich weiterzuführen, bin aber damit einverstanden, daß Anschaffungen von Büchern nur auf Grund eines Beschlusses beider Direktoren stattfinden.

Die neutestamentliche Abteilung des Forschungsinstitutes für vergleichende Religionsgeschichte[39] untersteht wohl auch in Zukunft mir allein.

Leipoldt.«[40]

---

33 Rudolph BULTMANN: Der Stil der paulinischen Predigt und die kynisch-stoische Diatribe. 1910. Nachdruck Göttingen 1984.

34 9. Aufl., Göttingen 1979; Ergänzungsheft/ bearb. von Gerd Theissen und Philipp Vielhauer. 5. Aufl. 1979.

35 Rudolph BULTMANN: Die Bedeutung der neuerschlossenen mandäischen und manichäischen Quellen für das Verständnis des Johannesevangeliums. ZNW 24 (1925), 100-146.

36 3. Aufl., Gütersloh 1977; Neudruck 1988.

37 Heidelberg 1919.

38 Ernst LOHMEYER: Die Offenbarung des Johannes. Tübingen 1926; 2. Aufl. Tübingen 1953.

39 Das 1914 gegründete »Forschungsinstitut für Vergleichende Religionsgeschichte« bestand aus einer allgemein religionsgeschichtlichen, neutestamentlichen und alttestamentlichen Abteilung. Vgl. Rudolph: Die Religionsgeschichte an der Leipziger Universität ..., 116 f.

40 SächsHStA Dresden: Ministerium für Volksbildung, Nr. 10185/3, 156 a- 157 b. Ausfertigung, eigenhändig.

Die massiven Einwände Leipoldts überzeugten im Ministerium nicht. Bereits am 20. Dezember entschied Ministerpräsident Wilhelm Bünger[41], der zugleich das Ministerium für Volksbildung verwaltete, mit Bultmann wegen einer Berufung zum o. Professor zu verhandeln. Nach dem Aktenvermerk Ulichs auf der Vorschlagsliste der Fakultät war das Konsistorium ebenfalls zu unterrichten.[42] Die Gespräche /388/ führte Ulich, der am 30. Dezember den Kandidaten nach Dresden einlud.[43] Er konnte dabei auf das Votum der Fakultätsmehrheit zurückgreifen. Möglicherweise hatten bereits Vorgespräche stattgefunden, die in den Akten nicht erkennbar sind, denn Bultmann antwortete sofort und kündigte am letzten Tag des Jahres 1929 einen Besuch im Ministerium für den 6. Januar 1930 an:

»Prof. D. R. Bultmann                                          Marburg, 31. Dezember 1929
Marburg a. d. Lahn
Friedrichstr. 1 (Stempel)
Hochgeehrter Herr Ministerialrat!
Den Beschluß des Sächsischen Ministeriums für Volksbildung, mir auf Vorschlag der Leipziger Theologischen Fakultät die Professur für Neutestamentliche Wissenschaft an der Universität Leipzig anzubieten, empfinde ich als große Ehre, und ich danke für das mir entgegengebrachte Vertrauen.
Ich bin gerne bereit, Sie zu weiteren Verhandlungen aufzusuchen und werde, falls Sie mir keine Gegen-Nachricht geben, mir erlauben, mich am Montag den 6. Januar im Ministerium einzufinden. Sollte dieser Tag nicht passend sein, so bitte ich, mich wissen zu lassen, an welchem der folgenden Wochentage Ihnen mein Besuch angenehm ist.
In ausgezeichneter Hochachtung bin ich
Ihr ganz ergebener
D. Rudolf Bultmann.«[44]

Die im Tübinger Nachlaß Bultmanns vorhandene Chronik für die Jahre 1917 bis 1945 verzeichnet im Dezember 1929 »Ruf nach Leipzig« und für Anfang 1930: »Reise Leipzig – Dresden (Berufungsverhandlungen) – Oldenburg – Bremen (Vortrag über die rechte Lehre).«[45] Eine bereits länger geplante Reise in das heimatliche Oldenburg wurde mit den Aufenthalten in Dresden und Leipzig verbunden. Aus der Niederschrift Ulichs über die Verhandlungen am 6. Januar[46] geht hervor, wie weit bereits die Absprachen gingen und daß der Fachreferent mit der Annahme des Rufes durch Bultmann rechnete, wenn er auch ausdrücklich die noch ausstehende Zustimmung seines Ministers hervorhob.

---

41  Bünger (1870-1937); Mitglied der DVP; 1924/27 sächs. Justizminister; 1928/30 Minister für Volksbildung; 1929/30 Ministerpräsident; 1931 Senatspräsident am Reichsgericht Leipzig. Vgl. GRUNDRISS ZUR DEUTSCHEN VERWALTUNGSGESCHICHTE. Bd. 14: Sachsen/ bearb. von Thomas Klein. Marburg 1982, 121.
42  SächsHStA Dresden: Ministerium für Volksbildung, Nr. 10185/3, 153a.
43  SächsHStA Dresden: Ministerium für Volksbildung, Nr. 10185/3, 158ab. Entwurf unter Benutzung des entsprechenden Formulars. Ulich informierte Bultmann über den Beschluß des Ministeriums, dem Vorschlag der Fakultät zu folgen und mit ihm die notwendigen Verhandlungen aufzunehmen. Er sollte mitteilen, wann er zu diesen nach Dresden kommen könne, mit denen Ulich beauftragt worden war.
44  SächsHStA Dresden: Ministerium für Volksbildung, Nr. 10185/3, 162a. Ausfertigung, eigenhändig.
45  UB Tübingen: Nachlaß Bultmann, Chronik 1917-1945, Bl. 19.
46  SächsHStA Dresden: Ministerium für Volksbildung, Nr. 10185/3, 164ab. Nach Randbemerkung von Ulich wurde eine Abschrift am 9. Januar an Bultmann geschickt.

Der Amtsantritt wurde für den 31. Oktober 1930 in Aussicht genommen. Schwierigkeiten bereitete die Festsetzung des Gehaltes. In Marburg erhielt Bultmann 12.200 RM. Eine Erhöhung auf 12600 mit 1000 RM Kolleggeldgarantie stand bevor. Hinzu kamen pro Jahr 6000 RM aus Kolleggeldern. Um den zu erwartenden Rückgang an Kolleggeldem in Leipzig auszugleichen, bot Ulich ein Grundgehalt von 17 100 RM an, das mit Kolleggeldern, Wohnungszuschuß und Kinderzulage etwa 21000 RM im Jahr ergeben würde.[47] Bultmann beanspruchte eine »8-Zimmerwohnung in freier Lage«[48]. Bei ausreichendem staatlichen Zuschuß sah er die Möglichkeit, ein eigenes Haus zu bauen. Die Kosten für den Umzug trug der sächsische Staat, die allerdings, wenn er vor Ablauf von drei Jahren den Ruf an eine andere Universität annehmen würde, zurückzuzahlen waren. Großes Interesse zeigte Bultmann an der Errichtung einer Assistentenstelle. Hier engte die Finanzlage sehr die Möglichkeiten der Regierung ein. Ulich konnte nur Überlegungen in Aussicht stellen, sich um die Anstellung einer wissenschaftlichen Hilfskraft mit monatlich 200 RM zu bemühen, die jedoch »den Namen eines Assistenten führen würde«.[49] Die von Leipoldt aufgeworfene Frage der Leitung des neutestamentlichen Seminars wurde ebenfalls geklärt. Bultmann erklärte sein Einverständnis mit der Ernennung zum Mitdirektor, während Leipoldt die Verwaltung des Seminars behalten sollte. Bei der Bücheranschaffung wünschte er jedoch einen jährlichen Wechsel zwischen den beiden Direktoren. Im Gespräch mit Leipoldt in Leipzig vereinbarte Bultmann dann eine Teilung der zur Verfügung stehenden Mittel.[50] Da das Preußische Ministerium für Wissenschaft, Kunst und Volksbildung gegen den Wechsel Bultmanns keine Einwände erhob, schien einer Berufung nichts mehr im Wege zu stehen.[51]

Bultmann muß mit dem Einspruch der sächsischen Landeskirche gerechnet haben. Oder hatte Ulich ihn auf die möglichen Schwierigkeiten hingewiesen? Dafür spricht, daß Bultmann ihn sofort nach seiner Rückkehr von Marburg aus über ein folgenreiches Gespräch mit Landesbischof Ludwig Ihmels[52] und über die in Leipzig gewonnenen /389/ Eindrücke berichtete. Diese Erfahrungen stimmten Bultmann nachdenklich:

---

47 Zu den 17.500 RM kommen 1728 Wohnungsgeldzuschuß, 780 Zulage für 3 Kinder, 1.500 Kolleggelder.

48 SächsHStA Dresden: Ministerium für Volksbildung, Nr. 10185/3, 164a. Nach Bl. 165a wurden die Heimstätten-Vorschüsse auf 1000 RM gesenkt, was »aber Prof. Bultmann nichts nützen« werde.

49 SächsHStA Dresden: Ministerium für Volksbildung, Nr. 10185/3, 164b. Nach einer Aktennotiz von Regierungsamtmann Willy Fiedler vom 15. Januar auf Bl. 165a wurde die Gesamtsumme, aus der die Hilfskraft zu bezahlen wäre, um 25000 RM gekürzt. Ob die benötigte Jahressumme von 2400 RM aus den »zugestandenen Etatmitteln zu bestreiten« ist, könne erst zu Beginn des neuen Rechnungsjahres Anfang April gesagt werden.

50 So Bultmann an Ulich am 13. Januar, vgl. Anm. 57.

51 Am 30. Dezember 1929 richtete Ulich die Anfrage an den zuständigen preußischen Ministerialrat, Prof. Dr. Wolfgang Windelband, ob besondere Bedenken gegen eine Berufung Bultmanns nach Leipzig bestehen (SächsHStA Dresden: Ministerium für Volksbildung, Nr. 10185/3, 160a. Entwurf), was Windelband am 2. Januar 1930 verneinte (ebd, 163a. Ausfertigung).

52 Ihmels, *29. Juni 1858 Middels/ Ostfriesland; 1878/81 Studium Leipzig, Erlangen, Göttingen; 1883-1894 Pfarrer auf Baltrum, in Nesse und Detern; 1894 Studiendirektor Loccum; 1898 o. Prof. für Systematische Theologie Erlangen; 1902 Leipzig; 1922 Landesbischof Sachsen; †7. Juni 1933 Leipzig. Vgl. Arthur LEIDHOLD: D. Ludwig Ihmels. Erlangen 1938; Ernst SOMMERLATH: Die theologische Bedeutung des ersten sächsischen Landesbischofs D. Ludwig Ihmels. In: Verantwortung/ hrsg. vom Evang. -Luth. Landeskirchenamt Sachsens. Berlin 1964, 238-249; Hans HOHLWEIN: Ihmels, Ludwig. NDB 10 (1974), 127; Bibliographie: von Johannes Ludwig in: DAS ERBE MARTIN LUTHERS

»Prof. D. R. Bultmann       Marburg, 13. Jan. 1930
Marburg a. d. Lahn
Friedrichstr. 1 (Stempel)
Hochgeehrter Herr Ministerialrat!

Da ich bis gestern abend auf Reisen war, ist es mir zu meinem Bedauern nicht möglich gewesen, Ihnen früher Nachricht über meine Unterredung mit dem Sächsischen Landesbischof, Herrn D. Ihmels, zu geben. Herr Ihmels war über meinen Besuch sehr überrascht und offenbar auch zunächst etwas in Verlegenheit gebracht. Als ich fragte, wie die Sächsische Kirche mein etwaiges Kommen nach Leipzig aufnehmen würde, und welche Aussicht auf ein harmonisches Zusammenarbeiten mit der Kirche bestehe, stellte sich heraus, daß das Konsistorium mit Entrüstung von meiner Berufung Kenntnis genommen hatte und darüber berate, welche Schritte zu tun seien. Ich mußte aus den Äußerungen von Herrn Ihmels schließen, daß das Konsistorium sich wahrscheinlich weigern wird, mich in die Prüfungskommission aufzunehmen, und daß es der Regierung gegenüber sein Recht auf Beteiligung an der Berufung Theologischer Professoren verfechten will. Beschlüsse seien noch nicht gefaßt. Herr Ihmels war, wie er mir sagte, gerade mit der Lektüre meines Jesus-Buches[53] beschäftigt, um sich über meine Person zu informieren. Ich gab Herrn Ihmels zu bedenken, ob es der richtige Zeitpunkt sei, jetzt mit dem Staat um das Recht auf Beteiligung bei theol. Berufungen zu kämpfen; ob ein solcher grundsätzlicher Streit nicht vielmehr dann durchgeführt werden müsse, wenn nicht gerade eine Berufung aktuell sei, sonst würde aller Zorn der Kirche sich auf die Person des Berufenen entladen. Ich sagte ihm auch, vermutlich würde die Kirche sich mit einem formalen Protest begnügt haben, wenn statt meiner ein der Kirche bequemerer Mann berufen worden sei. Herr Ihmels gab das alles zu, wie er denn überhaupt im Laufe des Gesprächs immer zugänglicher wurde und mir mehrfach, besonders zum Schluß für meinen Besuch und die Offenheit der Aussprache dankte. Ich habe den Eindruck gewonnen, daß er im Konsistorium zur Mäßigung raten wird. Aber ich habe einigen Zweifel, ob er stark genug sein wird, sich durchzusetzen, umsomehr als sich im Gespräch zeigte, daß er sowohl über meine Person und Arbeit wie überhaupt über die gegenwärtige theologische Situation recht mangelhaft orientiert ist.

Bei meinem Besuche in Leipzig bat mich bes. Herr Kollege Rückert, meinen Entschluß nicht von etwaigen feindlichen Äußerungen der Sächsischen Kirche abhängen zu lassen, und ich habe in der Tat auch nicht vor, das zu tun. Daß im übrigen meine Eindrücke bei den Gesprächen mit den Leipziger Kollegen verschiedenartig waren, werden Sie begreifen. Es wird mir danach nicht leicht, meinen Entschluß zu fassen. Ich möchte nur noch hinzufügen, daß Herr Prof Leipoldt in Bezug auf das Recht der Bücheranschaffungen für das Seminar statt des jährlichen Wechsels lieber eine Teilung der zur Verfügung stehenden Summe wünscht, damit würde ich einverstanden sein.

Morgen werde ich nun mit Herrn Ministerialdirektor Dr. Richter aus Berlin verhandeln.[54] Ich darf Sie wohl bitten, mir freundlichst Nachricht zu geben auf das Ergebnis Ihrer Verhandlungen mit Ihrem Herrn Minister betr. meiner Berufung.[55] Ich werde Ihnen dann meinen Entschluß in kurzer Zeit mitteilen.

---

UND DIE GEGENWÄRTIGE THEOLOGISCHE FORSCHUNG: theol. Abhandlungen D. Ludwig Ihmels zum siebzigsten Geburtstag …/ hrsg. von Robert Jelke. Leipzig 1928, 451-463. – Als Vertreter einer Offenbarungstheologie und in der Überzeugung, daß die Tatoffenbarungen Gottes die Glaubensgewißheit begründen, mußte Ihmels der kerygmatischen »Theologie des Wortes« Bultmanns skeptisch gegenüberstehen und sie ebenfalls als Enttheologisierung der Theologie auffassen.

53 Vgl. Anm. 36.

54 Werner Richter (1887-1960); Germanist; 1920 o. Prof. Berlin; Ministerialrat im Preuß. Kultusministerium; 1925 Ministerialdirektor. Vgl. Glanz und Niedergang …, 1262. Für die Ablehnung des Rufes nach Leipzig bewilligte das Ministerium Bultmann das Recht, für Promovenden oder Habilitanden ein Förderungsstipendium zu beantragen, vgl. THEOLOGIE UND KIRCHE IM WIRKEN HANS VON SODENS: Briefe und Dokumente aus der Zeit des Kirchenkampfes 1933-1945/ hrsg. von Erich Dinkler und Erika Dinkler-von Schubert, bearb. von Michael Wolter. Göttingen 1986, 71.

55 Über einen Brief Ulichs an Bultmann gibt es keinen Nachweis, im Schreiben vom 18. Januar geht er nicht darauf ein.

Ich darf Ihnen und Ihrer verehrten Frau Gemahlin noch einmal herzlich danken für Ihre liebenswürdige Aufnahme in Ihrem Hause,[56] und Sie bitten, mich Ihrer Frau Gemahlin zu empfehlen. In ausgezeichneter Hochachtung bin ich
Ihr ganz ergebener
R. Bultmann.«[57]

Ebenfalls am 30. Dezember 1929 informierte das Ministerium das Landeskonsistorium über die angestrebten Verhandlungen mit Bultmann und Alfred Dedo Müller und über seine Absicht, dabei »den beiden zu Berufenden den Eintritt in die Theologische Prüfungskommission zuzusichern«. Das Ministerium glaubte »anzunehmen, daß das Ev.-Luth. Landeskonsistorium gegen die Mitgliedschaft der beiden Gelehrten in der Theologischen Prüfungskommission keine Bedenken hat«.[58] Gerade diese bei der Berufung von neuen Mitgliedern der Theologischen Fakultät sehr formale Frage sollte bei Bultmann zu einem Problem werden. Theologische Bedenken gegen den Marburger Professor – nicht zuletzt wegen dessen Beziehungen zu Karl Barth – verbanden sich mit prinzipiellen, seit 1918 zwischen Konsistorium und Ministerium noch ungeklärten Fragen über die Verfahrensweise bei Berufungen. Die notwendige Zustimmung zur Aufnahme in die Prüfungskommission diente dem Landeskonsistorium dazu, ihre Ablehnung Bultmanns zu formalisieren. Das gilt auch /389/ für die Infragestellung der Notwendigkeit, eine zweite ordentliche Professur für Neues Testament zu errichten, da Rendtorff bisher eine ordentliche für Praktische Theologie innehatte. Dessen starke Lehrtätigkeit in der neutestamentlichen Disziplin wird übersehen, um den Eindruck zu erwecken, als ginge eine Berufung Bultmanns zu Lasten der Praktischen Theologie. Das vom Landeskonsistorium vorgeschlagene neue Extraordinariat für Neues Testament würde für Bultmann nicht in Frage kommen und ebenfalls die Berufung verhindern. Ungewöhnlich ist wohl auch, daß die oberste Kirchenbehörde Einsicht in die Begründung der Fakultät für ihren Berufungsvorschlag forderte. Vor einer Klärung der anstehenden Fragen wollte das Landeskonsistorium sich zur Frage der Berufung Bultmanns in die Prüfungskommission nicht äußern. Es wünschte, daß das Ministerium diese Sachlage auch Bultmann mitteilte.[59] Trotz aller verklausulierten Formulierungen beabsichtigte das Landeskonsistorium, sich in die Berufungsverhandlungen einzuschalten, da man – wohl nicht zu Unrecht – durch Bultmann eine Veränderung des theologischen Lehrprofils der Fakultät befürchtete.

Die im Entwurf vorliegende Antwort des Ministeriums,[60] die vor Eingang der Absage Bultmanns erarbeitet und die durch die veränderte Entwicklung nicht abgeschickt wurde, verteidigt den eingeschlagenen Weg. Sie verweist auf das Einvernehmen mit der Fakultät, da Achelis als Dekan sich am 16. Januar »ausdrücklich mit den Vorschlägen des Min.

---

56 1929/30 wohnte das Ehepaar Ulich Laubestr. 401. Zu Elsa Brändström-Ulich vgl. Eduard JUHL u. a.: Elsa Brandström: Weg und Werk einer großen Frau in Schweden, Sibirien, Deutschland, Amerika. Stuttgart 1962, 283-337. Nach S. 291 gehörte Ulich zur Gruppe der religiösen Sozialisten.

57 SächsHStA Dresden: Ministerium für Volksbildung, Nr. 10185/3, 167ab. Ausfertigung, eigenhändig.

58 SächsHStA Dresden: Ministerium für Volksbildung, Nr. 10185/3, 159a. Entwurf.

59 Dresden, 8. Januar 1930, SächsHStA Dresden: Ministerium für Volksbildung, Nr. 10185/3, 166ab. Ausfertigung, unterschrieben von Dr. Friedrich Seetzen, Präsident des Evang.-Luth. Landeskonsistoriums.

60 SächsHStA Dresden: Ministerium für Volksbildung, Nr. 10185/3, 171a-172a.

einverstanden erklärt hat«.[61] Die Einsicht in die Berufungsunterlagen und jede Mitsprache bei der Berufung werden abgelehnt, die Wahl Bultmanns ausdrücklich verteidigt. Was seine Persönlichkeit betrifft, »so ist bei der wissenschaftlichen Bedeutung dieses Mannes und seinem in ganz Deutschland bekannten Lehrerfolg dem Min. das Verhalten des Ev.-luth. Landeskonsistoriums nicht ganz verständlich. Das Min. glaubte vielmehr, gerade mit dem Versuch, Herrn Prof. Bultmann nach Leipzig zu ziehen, der Fakultät wie den Vertretern der ev. Kirchenangelegenheiten Sachsens einen besonderen Dienst zu erweisen. Im übrigen sei bemerkt, daß Prof Bultmann von der Mehrheit der Fakultät nebst 2 anderen Persönlichkeiten in erster Linie vorgeschlagen worden ist, so daß das Min. mit der Berufung Bultmanns auch den Wünschen der Mehrheit der Fakultät durchaus entspricht.«[62]

Zu den entschiedensten Befürwortern der Berufung Bultmanns gehörte Rückert. Eingehend schildert er in einem Brief vom 14. Januar die Lage in Leipzig und in Sachsen.[63] Er versucht mit fast beschwörenden Worten, Bultmann für Leipzig zu gewinnen:

> »Sehr geehrter Herr Kollege!
>
> Selbstverständlich bedurfte es keines Wortes von Ihnen, um mir verständlich zu machen, warum Sie mich vor 8 Tagen nicht noch einmal angerufen oder aufgesucht haben. Ich habe mir gedacht, daß ihr Bedarf an Gesprächen nach der Hetze dieses Tages gedeckt war, und habe es nachfühlen können, daß Sie ein paar Stunden für sich selbst haben wollten. Daß ich es trotzdem außerordentlich bedauert habe, Sie nicht noch einmal zu sehen, versteht sich von selbst. Ich hatte, auch abgesehen von allem Theologischen, noch sehr viel auf dem Herzen, was ich Ihnen sagen wollte. Eine Woche habe ich mir nun immer wieder die Frage vorgelegt, ob ich diese Dinge wenigstens schriftlich niederlegen solle. Ich hatte das Gefühl, eine Unterlassungssünde zu begehen, wenn ich es nicht täte. Aber ich wußte andererseits nicht, ob ich in Ihre Überlegungen über Annahme oder Ablehnung des Rufes noch einmal eingreifen dürfe. In dieser Situation bin ich Ihnen für Ihre freundlichen Zeilen[64] besonders dankbar, denn ich darf sie als Erlaubnis auffassen, die Dinge, die mir angesichts Ihrer Berufung am Herzen liegen und die im Café Felsche doch eben nur angerührt werden konnten, noch einmal ausführlicher zu sagen.
>
> Es läuft natürlich alles hinaus auf die herzliche, dringliche Bitte: Kommen Sie zu uns! Ich darf nicht, wenn ich sie vor Ihnen begründen will, mich auf den egoistischen und nicht einmal auf den Standpunkt der Leipziger Fakultät stellen, Wie dankbar ich es begrüßen würde, wenn Sie sich für die Annahme des Rufes entscheiden, wieviel ich mir für mich selbst von Ihrem Kommen verspreche, das muß im Augenblick ebenso außer Betracht bleiben wie das Interesse der Fakultät. Denn beides sind keine Motive für Sie. Sie können nicht kommen, um mir oder uns einen Gefallen zu tun. Eindruck kann es auf Sie nur machen, wenn Sie die Überzeugung gewinnen, daß eine sachliche Notwendigkeit vorliegt. Diese Bedingung scheint mir aber in der Tat gegeben zu sein. /391/ Es fällt bei der Beurteilung der Lage nicht sonderlich ins Gewicht, daß Sie und ich dem Begriff der ›Sache‹ inhaltlich ein wenig verschieden bestimmen. Ob dialektische Theologie, ob Hollschule, darin sind wir uns, denke ich, einig: Es geht um die Durchsetzung derjenigen persönlichen, theologischen und kirchlichen Haltung, die unter bewußter Ablehnung jeder geistes- und theologiegeschichtlichen Bindung – der an die Orthodoxie und der an den Liberalismus unmittelbar der

61 SächsHStA Dresden: Ministerium für Volksbildung, Nr. 10185/3, 171a. Das Schreiben vom 16. Januar war die Antwort auf ein ministerielles (so Ulich an Achelis, 11. Februar 1930, SächsHStA Dresden: Ministerium für Volksbildung, Nr. 10185/3, 178a, vgl. Anm. 78) vom 6. Januar, in dem vermutlich Ulich über sein Gespräch mit Bultmann die Fakultät unterrichtete. Beide Schreiben sind nicht überliefert.

62 SächsHStA Dresden: Ministerium für Volksbildung, Nr. 10185/3, 171b.

63 UB Tübingen: Nachlaß Bultmann. Ausfertigung, eigenhändig.

64 Nicht erhalten.

Botschaft des Evangeliums und der Reformation gehorchen will.[65] In Preußen, ja ich darf vielleicht sagen: im übrigen Deutschland wird diese Sache heute bereits von vielen vertreten. Sie sind gewiß unter diesen vielen ein Führer, aber Ihre Tätigkeit besteht doch nicht mehr darin, daß Sie eine erste Bresche schlagen müssen. Die Sache geht weiter, auch ohne Ihre persönliche Anwesenheit, ja, die Sache ist schon soweit in Fluß, Ihre Führerstellung so anerkannt, daß man Ihnen nachziehen wird, auch wenn Sie den Ort Ihrer Wirksamkeit wechseln, oder – wo das nicht möglich ist – doch auch auf Ihre Stimme hören wird, auch wenn sie aus räumlicher Entfernung kommt.

Sachsen ist, wie Sie selbst gesehen haben, von dem, was wir unsere Sache nennen, so gut wie unberührt. Das, was von Ihnen und anderen in den letzten Jahren im Dienst dieser Sache geschrieben worden ist, wird hier nicht gelesen und wird auch in Zukunft nicht gelesen werden, solange diese Gedanken nicht von Professoren an der Landesuniversität persönlich gelehrt werden. So ist man in Sachsen. Die Theologen studieren nur ausnahmsweise längere Zeit woanders als in Leipzig. Sie verstatten auch etwaiger Lektüre keinen Einfluß auf sich selbst oder wenigstens nur dem, der ihnen von ihren Leipziger Lehrern suggeriert wird, und sie leben dann als Pastoren ein Leben lang nur von dem, was sie auf diese Weise in Leipzig gelernt haben. Wenn also hier Wandel geschaffen und ein Neues gepflügt werden soll, wenn uns überhaupt dran liegt, daß auch Sachsen von der ›Sache‹ erfaßt und die sächsische Kirche aus ihrer gegenwärtigen theologischen Isoliertheit und Zurückgebliebenheit herausgerissen und wieder an das Leben angeschlossen werden soll, dann müssen Professoren her, die die ›Sache‹ vertreten. Und es muß uns daran liegen, auch Sachsen zu gewinnen. Denn erstens dürfen wir, wenn anders wir mit dem Gedanken der Kirche ernstmachen, kein Glied notleiden lassen, und zweitens ist die sächsische nächst der preußischen immerhin die größte unter den evangelischen Landeskirchen Deutschlands, also in keiner Beziehung eine quantité négligeable.

Sie könnten vielleicht einwenden, das alles betreffe noch nicht Sie persönlich, sondern lasse nur den Schluß zu, daß überhaupt dialektische Theologen bzw. ihnen mehr oder weniger nahestehende Vertreter der jüngeren Generation nach Leipzig berufen werden müßten. Ich würde darauf antworten, daß konkret eben doch nur Sie betroffen sind. Ihnen allein ist im Augenblick die Möglichkeit angetragen, und wenn Sie sich überhaupt von den Dingen, die ich oben andeute, angesprochen fühlen, d. h. wenn Sie überhaupt mit dieser Möglichkeit den Gedanken einer sachlichen Notwendigkeit verbinden können oder müssen, dann ist es auch Notwendigkeit für Sie und für Sie allein. Κατὰ ἄνθρωπον gesprochen, würde ich noch dies hinzufügen, daß es mir sehr fraglich ist, ob zum zweiten Mal eine Berufung glückt, die auch nur in diese Richtung weist, wenn – verzeihen Sie mir um der Kürze willen den anmaßend klingenden Ausdruck – ich allein bleibe. Und auch das andere wollen Sie recht verstehen, wenn ich sage: Gerade wo es sich darum handelt, Neuland zu erschließen, wüßte ich kaum einen, der berufener wäre als Sie.

Zusammenfassend stellt sich mir die Sache so dar – ich weiß natürlich, daß ich überhaupt von einem unter den vielen Motiven reden kann, die bei Ihren Erwägungen pro et contra eine Rolle spielen –: Es wird nichts verloren, wenn Sie aus Marburg fortgehen. Die ganze Weite Ihrer Wirkung bleibt Ihnen: Die Studenten ziehen Ihnen nach; die Öffentlichkeit hört Sie von Leipzig bestimmt nicht schlechter als von dort aus. Die gewisse Enge der Leipziger und der sächsischen Verhältnisse, die für den Augenblick noch zu konstatieren ist, braucht Sie also nicht zu schrecken. Sie wird für Sie nicht existieren und wird unter Ihrer Mitwirkung auch objektiv behoben werden. Gewonnen wird ein ganzes Land und eine Kirche, die sich nur, wenn Sie kommen, der ›Sache‹ erschließen. Von dieser Seite her gesehen, hat auch die Begrenztheit ihre sehr schätzenswerten Vorteile: Sie macht die Aufgabe ganz konkret und läßt eine viel größere Intensität der Wirkung zu. –

---

65 Vgl. Hans RÜCKERT: Karl Holl (2. Aufl. 1968). In: Ders.: Vorträge und Aufsätze zur historischen Theologie. Tübingen 1972, 369-373; Johannes WALLMANN: Karl Holl und seine Schule. ZThK. Beih. 4 (1978), 1-33.

Nun verzeihen Sie bitte, daß ich so starke und prinzipielle Töne habe laut werden lassen und mich in etwas gedrängt habe, was Sache Ihrer persönlichen Entscheidung ist. Ich wollte nichts als Ihren Blick hinlenken auf Verhältnisse, die Sie vielleicht so noch nicht gesehen haben, und Ihnen diese Ansicht der Dinge zur Diskussion stellen. Und wenn Sie nur dies aus meinem Brief ersähen, daß hier in Leipzig jemand mit heißem Herzen auf Ihre Zunge hofft, dann wäre er nicht ganz vergebens geschrieben.

Mit herzlichen Grüßen

Ihr sehr ergebener<br>Hanns Rückert. /392/

Ich brauche Sie wohl nicht erst zu bitten, die Urteile, die ich über Sächsische und Leipziger Verhältnisse Ihnen gegenüber ausgesprochen habe, vertraulich zu behandeln?«

Rückert, der bereits 1931 nach Tübingen ging, war 1928 als Nachfolger Heinrich Boehmers nach Leipzig gekommen. Bei seiner Berufung gab es bereits Schwierigkeiten mit dem Landeskorisistorium,[66] was sich in den im Brief an Bultmann geäußerten Vorbehalten gegenüber der Landeskirche widerspiegelt. Emanuel Hirsch, der sich nach eigenen Aussagen sehr für Rückerts Wechsel nach Leipzig eingesetzt habe,[67] lehnte 1927 selbst einen Ruf nach Leipzig ab. Die Verhandlungen mit ihm führte ebenfalls Ulich,[68] der offensichtlich zielstrebig versuchte, den spürbaren Aufbruch in der evangelischen Theologie auch in der Leipziger Fakultät zur Wirkung zu bringen. Dem gleichen Ziel dienten die intensiven Bemühungen um Bultmann.

Rückert, den Hans Lietzmann als den Besten von den Jüngeren »unter den Privatdozenten (und weit darüber hinaus)« Ende 1927 charakterisierte,[69] gehörte zu den Schülern Karl Holls, die sich mit der Dialektischen Theologie verbunden wußten, um unter Hinwendung zur reformatorischen Theologie den theologischen Liberalismus zu überwinden.[70] Wie stark Rückert diese Gemeinsamkeit auch später noch empfand, zeigt die von ihm verfaßte Denkschrift der Tübinger Fakultät zur Theologie Bultmanns. Diese nennt ausdrücklich den Römerbrief Barths und die Lutheraufsätze Holls als »außerordentlich fördernd« im Gesundungsprozeß der Theologie nach dem 1. Weltkrieg.[71]

Der eindringliche Appell Rückerts beeinflußte Bultmanns Entscheidung jedoch nicht. Am 18. Januar übersandte er Ulich die Ablehnung des Rufes. Die ausführliche Begründung in einem persönlichen Brief an den Ministeriairat ermöglicht uns Einblicke in den Entscheidungsprozeß Bultmanns.

---

66 Zum Protest des Landeskonsistoriums gegen die Umstände bei der Berufung vgl. Zusatz SächsHStA Dresden: Ministerium für Volksbildung, Nr. 10185/3, 166b.

67 Vgl. seinen Brief, Göttingen, 20. März 1928, an Hans Lietzmann in: Glanz und Niedergang ..., 572 (Nr. 622).

68 Dazu ebd, 554 f (Nr. 599): Hirsch an Lietzmann, Göttingen, 12. Oktober 1927.

69 Ebd, 562 (Nr. 609).

70 Vgl. Rudolf BULTMANN: Die liberale Theologie und die jüngste theologische Bewegung (1924). In: ders.: Glauben und Verstehen. Bd. 1. 8. Aufl. Tübingen 1980, 1-25; Wilfried HÄRLE: Dialektische Theologie. TRE 8 (1981), 683-686.

71 Für und wider die Theologie Bultmanns (1952). In: Rückert: Vorträge ..., 408. Ebd, 404 Anm. 1 nennt er noch Gerhard Ebeling als Mitverfasser.

»Prof. D. R. Bultmann                                    Marburg, 18. Jan 1930
  Marburg a. d. Lahn
  Friedrichstr. 1 (Stempel)
  Herrn Ministerialrat Dr. Ulich,

                                                              Dresden
                                        Sächsisches Ministerium für Volksbildung


Hochgeehrter Herr Ministerialrat!
    Nach langer Überlegung bin ich endlich – nicht leichten Herzens – zu dem Entschluß gekommen, die Berufung nach Leipzig abzulehnen und in Marburg zu bleiben.
    Ich möchte noch einmal meinen Dank für das mir in den Verhandlungen entgegengebrachte Wohlwollen aussprechen, und bin in ausgezeichneter Hochachtung
                                                         Ihr ergebenster
                                                         R. Bultmann.«[72]


»Prof. D. R. Bultmann                                    Marburg, 18. Jan. 1930
  Marburg a. d. Lahn
  Friedrichstr. 1 (Stempel)

Hochgeehrter Herr Ministerialrat!
    Das Entgegenkommen und das Verständnis, das ich bei Ihnen in unseren Verhandlungen gefunden habe, macht es mir zum Bedürfnis, Ihnen außer meiner offiziellen Absage auch noch einige persönliche Worte zu schreiben.
    Die Ablehnung des Rufes nach Leipzig ist mir wirklich nicht leicht geworden. Ich habe immer wieder erwogen, ob es meine Pflicht sei, nach Leipzig zu gehen. Aber ich mußte mit schließlich sagen, daß ich hier in Marburg meine Kraft in aussichtsreicherer Weise einsetzen kann als in Leipzig. Vielleicht hätte sich ja das Mißtrauen der Sächsischen Kirche im Laufe der Jahre überwinden lassen. In der Fakultät hätte ich, da Herr Balla sehr wahrscheinlich geht, nicht das Gefühl einer Gemeinsamkeit des Wollens und Arbeitens gehabt – von Herrn Rückert abgesehen. Und die Aussicht auf eine Erneuerung der Fakultät ist mir doch zu unsicher. Andererseits hätte ich hier in Marburg eine Arbeit abgebrochen, die bisher fruchtbar war. Ich habe hier als Hörer ja nicht nur eine sehr große Zahl von Theologen sondern auch von Philologen (künftigen Studienräten). Ich bitte Sie deshalb, zu verstehen, daß ich eine aussichtsreiche Wirksamkeit nicht mit einer ungewissen vertauschen wollte.
    Ich gestehe ihnen, daß mir die Ablehnung besonders schwer gefallen ist infolge Ihrer Bemerkung, daß Sie im Falle meiner Ablehnung die Professur /393/ Herrn Oepke anbieten würden; denn dadurch fühlte ich mich in die Verantwortung hineingezogen. Darf ich mir deshalb noch einige Bemerkungen erlauben die Ihnen zeigen sollen, daß ich diese Verantwortung empfinde? Wäre es nicht doch möglich, Herrn Dibelius zu berufen, dessen Kommen, da er ja aus Sachsen stammt, doch vielleicht nicht aussichtslos ist? Auch würde er sich ja, was die Hörerzahl betrifft, vermutlich verbessern. Wenn Ihnen das unzweckmäßig erscheint, so darf ich vielleicht noch auf E. Lohmeyer in Breslau hinweisen, der, wenn er auch zu etwas abstrakten Spekulationen neigt, als wissenschaftliche Potenz m. E. Dibelius noch überlegen ist. Wäre es vielleicht möglich, daß Sie die Leipziger Fakultät einfach fragten, warum er nicht mit vorgeschlagen ist, und wie sich die Fakultät zu seiner Berufung stellen würde. Ich nehme an, daß er für Leipzig ohne die Aufwendung besonders hoher Mittel zu haben ist. –
    Ich bitte Sie, diese Fragen so zu verstehen, wie sie gemeint sind, als entsprungen aus dem Interesse an der Leipziger Fakultät und dem Gefühl einer gewissen, Verantwortung, die ich durch meine Ablehnung auf mich nehme. –

---

72 SächsHStA Dresden: Ministerium für Volksbildung, Nr. 10 185/3, 168a. Ausfertigung, eigenhändig.

Noch einmal danke ich für das mir erwiesene Entgegenkommen und bitte Sie, mich Ihrer hoch-
verehrten Frau Gemahlin zu empfehlen.
Mit den besten Empfehlungen
Ihr ergebenster R. Bultmann.«[73]

Als am 20. Januar im Ministerium über das weitere Vorgehen in der Berufungssache
beraten wurde, lag die Absage aus Marburg noch nicht vor. Die Niederschrift jenes Gesprächs[74] zeigt jedoch, daß man bereits damit rechnete, auch in der Finanzfrage war noch
keine Entscheidung gefallen. Sollte Bultmann ablehnen, wollte man auf der Fakultätsliste
nicht weitergehen. Dibelius würde wahrscheinlich nicht zu bekommen sein und mindestens
die gleichen Kosten verursachen wie Bultmann, was auch für Windisch gelte. Ulich wandte
sich außerdem aus sachlichen Gründen gegen den Heidelberger Ordinarius. Er schätzte
ihn aus persönlicher Bekanntschaft zwar sehr, aber er sei doch »eine wesentlich auf Forschung eingestellte Gelehrtennatur, der gegenüber Leipoldt keine wesentlich neue Note in
die Fakultät bringen würde«.[75] Damit wird das eigentliche Ziel, das vom Ministerium mit
den Bemühungen um Bultmann angestrebt wurde, nochmals deutlich: Die Theologische
Fakultät sollte an den neueren Entwicklungen innerhalb der evangelischen Theologie teilhaben, und traditionelle Denkweisen sollten aufgebrochen werden. Resignierend kam man
zu dem Schluß, es bei der Vertretung des Neuen Testaments durch Oepke zu belassen, da
aus dem Berufungsvorschlag und aus anderen Quellen hervorginge, daß man einem Teil
der Fakultät damit geradezu einen Gefallen tue. Dies wähle aber »für die Zukunft der
Fakultät und für die geistige Berührung des Theologentums mit der Gegenwart nicht die
richtigen Wege«.[76] Für den Staat erbrachte diese Lösung die Einsparung einer Stelle. Minister
Bünger bestätigte am 4. Februar dieses Ergebnis.[77] Ulich selbst teilte die Entscheidung
acht Tage später der Fakultät mit.[78]

Kurz danach, am 18. Februar, trat die Regierung Bünger zurück. Unter seinem Nachfolger, Walther Schieck, der ebenfalls zugleich das Ministerium für Volksbildung verwaltete,
unternahm die Fakultät sofort bei Regierungsantritt einen neuen Anlauf.[79] Es gelang Achelis,

---

73 SächsHStA Dresden: Ministerium für Volksbildung, Nr. 10185/3, 169ab. Ausfertigung, eigenhändig.
74 SächsHStA Dresden: Ministerium für Volksbildung, Nr. 10185/3, 170ab.
75 SächsHStA Dresden: Ministerium für Volksbildung, Nr. 10185/3, 170b.
76 Ebd.
77 SächsHStA Dresden: Ministerium für Volksbildung, Nr. 10185/3, 176a. Niederschrift von Ulich.
78 SächsHStA Dresden: Ministerium für Volksbildung, Nr. 10185/3, 178 a. Entwurf. Der Weggang
   Ballas nach Marburg und die Ablehnung Bultmanns schufen eine neue Lage. Das Neue Testament
   sollte durch Leipoldt und Oepke in der bisherigen Weise vertreten werden. Der Lehrstuhl von Thieme
   könne eingezogen werden. Dedo Müller erhalte ein Vollordinariat. Am 17. Februar informierte
   Woelker das Landeskonsistorium über diese Entscheidung. Er verwies darauf, daß ein Teil der Fakultät Oepke ausdrücklich für seine Aufgabe empfohlen habe, und sprach die Erwartung aus, daß er
   in die Prüfungskommission aufgenommen werde (SächsHStA Dresden: Ministerium für Volksbildung, Nr. 10 185/3, 179ab. Entwurf).
79 Schieck (1874-1946); 1923 Präsident des Staatsrechnungshofes; 6./8. Mai 1930 - 8. März 1933
   sächs. Ministerpräsident und Minister für Volksbildung. Vgl. Grundriß zur deutschen Verwaltungsgeschichte ...14, 117. 122. Am 26. Januar protestierte Achelis gegen den möglichen Verlust der
   Professur Thieme (SächsHStA Dresden: Ministerium für Volksbildung, Nr. 10185/3, 180a. Ausfertigung). Nach einem Zusatz vom 2. April sollte nochmals mündlich mit der Fakultät verhandelt werden,

die Möglichkeit zu eröffnen, eine neue Vorschlagsliste einzureichen. Diese übersandte die Fakultät, nunmehr einstimmig, am 21. Juli 1930 nach Dresden[80] und sprach sich vor allem für Albert Schweitzer[81] aus. Sollte dieser ablehnen, so enthielt der Dreiervorschlag die Namen Carl Schneider,[82] Ethelbert Stauffer[83] und Otto Michel.[84] Minister Schieck stimmte sofort der Aufnahme von Berufungsverhandlungen mit Schweitzer zu.[85] Ende November traf jedoch die Ablehnung aus Lambarene ein.[86] Das Ministerium hatte schon kurz zuvor alle Hoffnungen auf eine personelle Erweiterung im Fach Neues Testament zerstört. Am 24. November ging der Fakultät der endgültige Bescheid zu, daß »angesichts der außerordentlich schweren wirtschaftlichen Lage des Staates, die Vorhandenen Fachvertreter bemüht sein werden, die Wissenschaft vom Neuen Testament in ausreichender Weise zu vertreten«.[87] Die ein Jahr zuvor sich abzeichnende Möglichkeit einer Doppelbesetzung der Disziplin Neues Testament an der Leipziger Fakultät hatte sich zerschlagen. /394/

Möglicherweise als Entlastung war die 1930 erfolgte Berufung von Paul Fiebig[88] zum ao. Professor gedacht, der sich besonders mit der rabbinischen Literatur in ihrer Beziehung

---

was am 10. April durch Woelker in Leipzig erfolgte (SächsHStA Dresden: Ministerium für Volksbildung, Nr. 10185/3, 181a, vgl. Anm. 14). Dieser machte sich die Wünsche der Fakultät zu eigen, doch einen Neutestamentler zu berufen. Am 8. Mai erneuerte Achelis die Bitte, Besetzungsvorschläge einreichen zu dürfen (SächsHStA Dresden: Ministerium für Volksbildung, Nr. 10185/3, 182a. Ausfertigung). In der Antwort vom 10. Juni räumte Woelker der Fakultät ein, Vorschläge zu übersenden (SächsHStA Dresden: Ministerium für Volksbildung, Nr. 10185/3, 183ab. 1. Entwurf, nicht ausgegangen; Bl. 184a. 2. Entw., wohl abgeschickt).

80 SächsHStA Dresden: Ministerium für Volksbildung, Nr. 10185/3, 186a-188a. Ausfertigung, von Achelis unterschrieben. Der Schweitzer betreffende Abschnitt abgedruckt bei Ingo ZIMMERMANN: Albert Schweitzer und Leipzig. Rundbrief 13 des Albert-Schweitzer-Komitees in der DDR (1969), 24 f.

81 Dazu ebd.

82 Schneider, *19. Dezember 1900 Zwickau; Studium Leipzig; 1926/28 Prof Wittenberg-College Springfield/Ohio; 1929 Prof. der neutestamentlichen Wissenschaft und hellenistischen Religionsgeschichte Riga; 1930 Privatdozent Leipzig, 1934 theol. Mitarbeiter beim Zentralvorstand der Gustav-Adolf-Stiftung Leipzig; 1935 o. Prof. Königsberg; später Pfarrer in Speyer; †16. Mai 1977. Vgl. RGG³ Registerbd., 219; KDGK 1976, 2842.

83 Stauffer, *8. Mai 1902 Friedelsheim; 1930 Privatdozent Halle; 1934 o. Prof. Bonn; 1948 Erlangen; em. 1967, †1. August 1979. Vgl. Glanz und Niedergang ..., 1270.

84 Michel, *28. August 1903 Wuppertal/ Elberfeld; 1928 Lic. theol. Halle; 1930 Studentenpfarrer; 1940 Vertretung der neutest. Professur Tübingen; 1946 o. Prof. ; em. 1971. Vgl. RGG³ Registerbd., 162; Friedrich LANG: Otto Michel zum 60. Geburtstag. ThLZ 89 (1964), 71 f; KDGK 1987, 3044 f.

85 Zusatz auf SächsHStA Dresden: Ministerium für Volksbildung, Nr. 10185/3, 186a vom 24. Juli. Am 26. Juli fertigte Regierungsrat Kaphahn die entsprechende Anfrage an Schweitzer aus, gedruckt: Zimmermann: Albert Schweitzer ..., 26.

86 Lambarene, 15. Oktober 1930, gedruckt: ebd, 27 nach SächsHStA Dresden: Ministerium für Volksbildung, Nr. 10 185/3, 192ab. Ausfertigung, eigenhändig.

87 Zimmermann: Albert Schweitzer ..., 27.

88 Fiebig, *3. Februar 1876 Halle/Saale; Studium Halle, Leipzig; 1905 Oberlehrer für Religion Ernestinum Gotha; 1918 Pfarrer St. Petri Leipzig; 1924 Privatdozent für Neues Testament; 1930 ao. Prof. ; †11. November 1949 Kalbe/Milde. Vgl. Johannes LEIPOLDT: In memoriam Paul Fiebig. ThLZ 75 (1950), 124; NDB 5 (1971), 139; Werner ROCKENSCHUH: Paul Fiebig (1878-1949): Religionslehrer am Gymnasium Ernestinum von 1904 bis 1918. Ernestinum NF Nr. 87 (August 1986), 447 f; Werner KEYL; Horst KÖNIG: Nochmals Paul Fiebig (1878-1949). Ernestinum NF Nr. 91 (Dezember 1987), 487 f.

zum Neuen Testament auseinandersetzte. Es fällt auf, daß sein Name in den benutzten Akten nicht genannt wird und bei den vielfachen Gesprächen 1929/30 keine Rolle spielte.

Die Berufung Bultmanns nach Leipzig scheiterte an der Haltung der Landeskirche und eines Teiles der Fakultät. Die finanziellen Nöte ermöglichten kein Angebot, das diese Schwierigkeiten aufgewogen hätte. Der Weggang Ballas 1930 nach Marburg ließ die Leipziger Theologen noch »konservativer« erscheinen. Vermutlich würde Bultmann, wenn er sich behauptet hätte, die weitere Entwicklung in Leipzig bestimmt und verändert haben. Ob es für die sächsische Landeskirche ein Gewinn gewesen wäre, muß offenbleiben. Die Turbulenzen während der Nazizeit wären nicht aufzuhalten gewesen, ganz abgesehen von den Schwierigkeiten der Fakultät zwischen 1933 und 1945. Die Bemühungen 1929/30 – vor allem auf Seiten des Ministeriums für Volksbildung durch Ministerialrat Ulich –, Bultmann für Leipzig zu gewinnen, sind eine Episode geblieben. Die zugleich beabsichtigte Errichtung eines zweiten Ordinariats für neutestamentliche Wissenschaft erfolgte erst – wenn auch nur für kurze Zeit – am 1. März 1954 mit der Berufung Oepkes zum o. Professor mit Lehrstuhl.[89]

---

89 UA Leipzig: PA 1165 (Albrecht Oepke).

# Eine theologische Fakultät im Schatten von Karl Marx

Reale Möglichkeiten und eigene Erfahrungen –
die Theologische Fakultät Leipzig zwischen 1961 und 1990[*]

Für dieses etwas ungewöhnliche Thema bin ich einige Erläuterungen schuldig. Wenn von theologischer Fakultät im Schatten von Karl Marx gesprochen wird, so gilt die Aussage in zweifacher Hinsicht, einmal ist es der Weg der sechs theologischen Fakultäten im Osten Deutschlands – Rostock, Greifswald, Berlin, Leipzig, Halle-Wittenberg, Jena – bis 1989/ 90 insgesamt, zum anderen der spezifische der Leipziger Fakultät, die seit 1409 zu einer Universität gehört, die vom Mai 1953 bis zum Februar 1991 den Namen »Karl Marx« tragen mußte. Durch meine biographische Verzahnung mit dieser Fakultät seit 1961 erhält die folgende Darstellung eine gewollt subjektive Note, die ich nicht verschweigen möchte, die bei der Begegnung mit der unmittelbaren Vergangenheit unvermeidbar ist und die m. E. sowohl einen gewissen Reiz ausmacht als auch uns in eine zukunftsorientierte Spannung versetzen kann. Daher verstehe ich meine Ausführungen vor allem als einen Beitrag, um ein wohl besonderes schwieriges Kapitel universitärer Geschichte aufzuhellen, das neben den Akten ohne mündliche Überlieferung nicht auskommt und in dem schnelle Wertungen und Bewertungen das Bild eigentlich nur verdunkeln können.

Die Jahrzehnte zwischen 1945 und 1990 spiegeln im Blick auf die theologischen Fakultäten in vielem die allgemeine geistige Entwicklung im Osten wie auch die Hochschulpolitik der SED wider. Sie vermitteln aber auch ein Bild vom zähen Ringen um wissenschaftliche Wahrhaftigkeit, um gelebte Verantwortung als Lehrender und als Christ, von ständigen Bemühungen um Möglichkeiten, theologische Arbeit unter spezifischen Bedingungen zu erhalten und zu gestalten, letztlich vom Ringen um die Substanz universitätstheologischer Strukturen im universitären Kontext. Was war das für ein Weg? War es ein Weg der Kompromisse, den zuweilen nur die Beteiligten noch nachvollziehen können? Oder war es der Weg in die Anpassung und Stabilisierung des politischen Systems? Wie glaubwürdig läßt sich eigenes Handeln vermitteln? Wie geht man damit um, wenn in der »Konzeption zur langfristigen Planung und Organisierung der politisch-operativen Abwehrarbeit im Bereich der Evangelisch-Lutherischen Landeskirche Sachsens für den Zeitraum 1986 bis 1990 durch die Bezirksverwaltungen Dresden, Leipzig und Karl-Marx-Stadt« des MfS vom 5. Mai 1986 zu lesen ist: »Der Schwerpunkt der weiteren politisch-operativen Arbeit in der Theologischen Sektion der Karl-Marx-Univeristät Leipzig, dem Theologischen Seminar Leipzig und dem Brüderhaus Moritzburg ist auf die Schaffung zielgerichteter Einflußmöglichkeiten, insbesondere IM, zu legen. Die inoffizielle Basis ist sowohl innerhalb des Lehrkörpers als auch unter den Studenten/Seminaristen weiter auszubauen?«[1] Oder wenn es im Jahresplan der Abteilung XX des MfS für 1989 heißt: »Aufgrund altersbedingter Kaderveränderungen in den Leitungsfunktionen der Sektion Theologie der KMU ist zu dem Nachfolgekandidaten

---

* Am 26. Mai 1998 in Marburg gehaltener Vortrag; Thomas Klein zum 6. Juni 1998 in der privaten Festschrift »Lectiones Saxonicae« gewidmet.
1 Gerhard BESIER: Staatssicherheit in Kirche und Theologie. Kirchliche Zeitgeschichte 4 (1991), 297 f.

für eine Schlüsselposition Prof. D. W. eine OPK durchzuführen und mit der Prüfung seiner Eignung für eine inoffizielle Nutzung zu verbinden.« Als Termin für die OPK-Einleitung war der 30. September 1989 vorgesehen, der Auftrag erging tatsächlich am 6. Oktober 1989.[2] Was waren die theologischen Fakultäten – zwischen 1971 und 1989 Sektionen Theologie – eigentlich und besonders der Leipziger Fakultät? Waren sie eine »fünfte Kolonne« des MfS, waren sie ferngesteuert, wie sah ihre Arbeit wirklich aus, waren sie noch der Ort akademischer Ausbildung von Theologinnen und Theologen? In drei Abschnitten möchte ich versuchen, eine Antwort zu geben. Zunächst ist der bis 1989 keineswegs endgültig geklärten Frage nachzugehen, wie Strukturen theologischer Lehre und Forschung an den Universitäten der ehemaligen DDR aussehen sollten. In einem zweiten Abschnitt wird der Weg der Leipziger Fakultät dargestellt, wie ich diese als Student zwischen 1961 und 1967 erlebt habe. Schließlich gilt meine Aufmerksamkeit der zwei Jahrzehnte zwischen 1970 und 1989, in denen ich als Mitarbeiter tätig gewesen bin, ab 1970 als Lektor für Griechisch und Latein und als Assistent im Wissenschaftsbereich (Institut) Kirchengeschichte, als Wissenschaftlicher Sekretär der Sektion und ab 1983 als Dozent für Neues Testament.

## I  Die Existenz theologischer Fakultäten (Sektionen) an den Universitäten der ehemaligen DDR

Zu den Besonderheiten des politischen Systems der DDR gehört, daß seit der Neueröffnung der sechs klassischen Universitäten 1945/46 an jeder dieser Bildungsstätten ununterbrochen bis 1989 theologische Fakultäten bzw. Sektionen bestanden, die ohne Unterbrechung Studierende und in unterschiedlicher Weise theologische Forschung betrieben haben.[3] Die Befehle der sowjetischen Besatzungsmacht zur Wiedereröffnung enthielten ausdrücklich auch die theologischen Fakultäten. Den politischen Zielen der SMAD entsprach es keinesfalls mit ihrer Option für ein Gesamtdeutschland, durch Eingriffe in die deutsche Universitätstradition den Neuaufbau zu stören und für Unruhe zu sorgen. Absichten für eine spätere Loslösung aus den Universitäten lassen sich zunächst nicht feststellen. Ganz anders ist die Situation bei den immer mehr zuständig werdenden deutschen Institutionen der SBZ. Diese stellten sehr früh den Status der theologischen Fakultäten in Frage als ein gesondert zu behandelndes Problem.

Am 17. Dezember 1948 diskutierte die Kommission Kirche, Christentum und Religion des Zentralsekretariats der SED über die Situation der theologischen Fakultäten. Es herrsche Übereinstimmung – so heißt es im Protokoll – »daß auf längere Sicht, also nach völliger Durchführung der Trennung von Staat und Kirche, die Theologischen Fakultäten keine echte Funktion mehr an den Universitäten haben könnten. Bis dahin dürften die Volksbildungsbehörden jedoch nicht übersehen, welcher tiefgehende Einfluß von den Geistlichen auf die politische Gesinnungsbildung breiter Volksschichten ausgeübt werde. Die personelle Erneue-

---

2 Ebd, 308. Der Auftrag für die OPK fand sich in meiner Stasiakte.

3 Vgl. zur Gesamtproblematik die an der Theologischen Fakultät Halle-Wittenberg verteidigte Arbeit von Friedemann STENGEL: Die Theologischen Fakultäten in der DDR als Problem der Kirchen- und Hochschulpolitik des SED-Staates bis zu ihrer Umwandlung in Sektionen 1970/71. Leipzig 1998. (AKThG; 3) sowie Falko SCHILLING; Friedemann STENGEL: Die theologischen Sektionen im »realexistierenden« Sozialismus der DDR. Kirchliche Zeitgeschichte 5 (1992), 100-112.

rung der Fakultäten durch Anhänger einer neuen Gesellschaftsordnung müsse deshalb mit Nachdruck betrieben werden.«[4] Daß sich die SED die theologischen Fakultäten auf Dauer an den Universitäten, wie sie diese systematisch vorbereitete und aufbaute, nicht vorstellen konnte, blieb eine Grundüberzeugung. Sie wurde immer wieder aufgegriffen, wenn es zu Spannungen mit den theologischen Fakultäten oder zu Hochschulreformen kam. Daß dabei die konsequente Trennung von Staat und Kirche ein willkommenes Argument darstellte, gilt auch noch heute. Allerdings standen die theologischen Fakultäten lange nicht im Blickpunkt der SED-Hochschulpolitik, was die zu beobachtende Unsicherheit der Deutschen Verwaltung für Volksbildung (DVV) im Umgang mit den Fakultäten nur bestätigt.

Eine andere Ebene bildeten die Überlegungen, theologische Fakultäten wegen der geringen Studentenzahlen zusammenzulegen oder wie 1950 die Greifswalder Fakultät aufzulösen. Bis 1951 stieg die Zahl der Theologiestudierenden, sie betrug im WS 1950/51 an allen sechs Fakultäten 807, im WS 1951/52 864. Die Pläne zur Zusammenlegung verstummten ebenfalls nicht, für Greifswald und Rostock sollten sie aber erst nach 1990 ernsthaft erwogen werden. Bereits 1946 entstanden in der DVV Überlegungen, die theologischen in religionswissenschaftliche Fakultäten umzuwandeln. Man berief sich auf Karl Barth und den religiösen Sozialisten Arthur Rackwitz, die »jede Einmischung der Kirche in die staatliche Schulpolitik« ablehnen und die Ausbildung der Pfarrer an kircheneigenen Ausbildungsstätten bevorzugen würden. Die Universitäten sollten für die »Wissenschaftliche Vorbildung« zuständig sein, während die praktische Ausbildung an kirchlichen Hochschulen erfolgen müßte. Die Fakultäten wären dann als konfessionsungebunden nicht mehr als Institution erforderlich, die Lehrstühle könnten den Philosophischen Fakultäten zugeordnet werden.[5] In die gleiche Richtung gingen Vorstellungen des Dresdner Pfarrers Karl August Busch von 1949/50. Seine »allgemein-religionswissenschaftliche[n]« Fakultäten sollten dem Einfluß der Kirche entzogen werden und nach der eigenen demokratischen Erneuerung diese auch in den Kirchen bewirken. Die von Busch zugleich geforderte, vom Staat zu gründende und zu bestimmende Kirchliche Hochschule als Ausbildungsstätte des kirchlichen Nachwuchses lehnte Otto Nuschke im September 1950 als »Rückfall in die Zeiten der Staatskirche« ab. Er befürchtete außerdem eine Verschärfung der Auseinandersetzung mit den Kirchen.[6] Busch wie auch andere Pfarrer aus dem Christlichen Arbeitskreis des Nationalrates der Nationalen Front wünschten Eingriffe des Staates, um kirchenpolitische Probleme zu lösen. Sie hofften auf die Einsetzung »fortschrittlicher« Kirchenleitungen und zugleich die Lösung eigener Schwierigkeiten, denn der Lehrkörper der Evangelischen Akademie sollte aus ihren Reihen kommen.

Die Hochschulreform von 1951 mit der Einführung des gesellschaftswissenschaftlichen Grundstudiums an allen Fakultäten, dem »unversöhnlichen Kampf gegen die bürgerliche Ideologie« und der »fortschrittlichen Erziehung des akademischen Nachwuchses« mit dem Ziel, daß alle Lehrkräfte und Mitarbeiter den »Weg zum Marxismus-Leninismus« finden,

---

4 Stengel: Die Theologischen Fakultäten ..., 71 f.
5 Ebd, 72 f.
6 Ebd, 73 f.
7 Joachim HEISE: Die Ausbildung des theologischen Nachwuchses an staatlichen Universitäten der DDR: Entscheidungen Anfang der fünfziger Jahre. In: Hochschule & Kirche. Theologie & Politik: Besichtigung eines Beziehungsgeflechts in der DDR/ hrsg. von Peer Pasternack. Berlin 1996, 88.

betraf die theologischen Fakultäten unmittelbar.[7] Die Einführung eines neuen Studienplanes für das Fach Theologie am 1. September 1951 signalisierte den Fortbestand der theologischen Fakultäten. Ein Jahr später jedoch schlug Ministerpräsident Otto Grotewohl dem Vorsitzenden des Rates der EKD, Otto Dibelius, Gespräche über die Herauslösung der theologischen Fakultäten aus den Universitäten und die Bildung einer Evangelischen Akademie vor, die von der Kirche selbst geleitet und verantwortet werden sollte, wobei die bisherigen finanziellen Aufwendungen des Staates für die theologischen Fakultäten dieser Akademie zugute kommen sollten.[8] Die innerkirchliche Diskussion war nicht einheitlich, schließlich wurde der Vorschlag abgelehnt und nicht weiter verfolgt.[9] Die Fakultäten, besonders auch die Leipziger, sprachen sich entschieden dagegen aus. Emil Fuchs befürchtete gegenüber Grotewohl, daß der Umdenkprozeß in den Kirchen behindert und die Kirchen in geistiger Enge versinken würden.[10] Der Leipziger Neutestamentler Johannes Leipoldt trat für einen eigentlich undurchführbaren Mittelweg ein, die geschichtlichen Fächer könnten in die Philosophische Fakultät übernommen, systematische und praktische Theologie sollten an einer Akademie gelehrt werden.[11] Sicher gehört der Grotewohl-Vorschlag nach einem Politbürobeschluß vom 5. August 1952 zu der mit dem »Aufbau des Sozialismus« 1952/53 eingeleiteten innenpolitischen Verschärfung. Bei den Gesprächen im Juni 1953 zwischen Staat und Kirche spielte jener Vorschlag aber keine Rolle. Vielleicht hat auch der starke Einsatz der CDU in dieser Frage die SED zur Zurückhaltung bewogen, um der Blockpartei keinen Einfluß auf die Theologenausbildung einzuräumen. Jedenfalls verabschiedete das Sekretariat des ZK der SED Ende 1955 einen Maßnahmeplan zur Änderung der politischen Situation und zur Verbesserung der Erziehungsarbeit an den theologischen Fakultäten. Dieses Konzept, das wohl nicht ohne die Bemühungen einer kleinen Leipziger FDJ-Gruppe um Fuchs und Leipoldt zustande kam, bestimmte die Arbeit der nächsten Jahre und schrieb die Existenz theologischer Fakultäten erneut fest.[12]

1958 wurde das Verbleiben bestätigt, die Fakultäten wären aber kein »Naturschutzpark für überholte philosophische, gesellschaftliche, philologische Theorien«, der sozialistische Aufbau, die Kultur- und Wirtschaftspolitik des Staates wären zu unterstützen, bloße Loyalität und Liebe zum Frieden reichten nicht. Der Preis für ein Verbleiben an den Universitäten scheint nicht gering gewesen zu sein. Die Bedingungen für theologische Fakultäten im Rahmen der von der 3. Hochschulkonferenz der SED im Februar/März 1958 beschlossenen Umgestaltung der Universitäten zu »sozialistischen« Bildungseinrichtungen, in denen der Marxismus-Leninismus Grundlage für jede Wissenschaft sein sollte, wurden deutlich: Verbleiben in der Universität, aber nicht als ein die sozialistische Umwandlung hemmender Fremdkörper. Man komme so, hieß es im Staatssekretariat für Hochschulwesen, »den uns im Friedenskampf verbündeten Theologen entgegen« und mit den Fakultäten sei »die ›beste Möglichkeit‹ gegeben, ›günstig‹ auf die Pfarrerausbildung einzuwirken«.[13]

---

8 Ebd, 94 f.
9 Zur Gesamtdiskussion Stengel: Die Theologischen Fakultäten ..., 78-96.
10 Heise: Die Ausbildung ..., 96.
11 Ebd, 96; Stengel: Die Theologischen Fakultäten ..., 89.
12 Ebd, 105-110.
13 Ebd, 546.

Intern gingen die Überlegungen jedoch in eine andere Richtung. Anfang 1958 erwog man im neugegründeten Staatssekretariat für Kirchenfragen, die Fakultäten auszugliedern, sie zusammenzulegen, aber weiter dem Staat zu unterstellen.[14] 1963 standen zwei Varianten zur Debatte: 1. Die gesamte Ausbildung übernimmt die Kirche, ab 1964 keine Immatrikulationen mehr, 1968 Abschluß der Ausbildung an den Universitäten, besondere Lehrbereiche sind an andere Fakultäten zu übergeben. 2. Zahl der Fakultäten auf drei reduzieren, aber weiter unter staatlicher Aufsicht, die auf die entsprechenden kirchlichen Ausbildungsstätten ausgedehnt wird, um Einfluß zu erhalten. Die Übernahme der Ausbildung des Pfarrernachwuchses durch die Kirche galt als ein weiterer Schritt zur endgültigen Trennung von Staat und Kirche.[15]

Die III. Hochschulreform führte erneut zu Sorgen über die Fortexistenz, da die theologischen Fakultäten erst relativ spät in die neuen Strukturen für die Universitäten einbezogen wurden. Regierungs- und parteiintern hielt man erneut an der Existenz einer theologischen Ausbildung an den Universitäten, allerdings auf Zeit, fest: Die Grundsätze unserer Politik gegenüber Kirchen und Religionsgemeinschaften wie die Bedingungen der Klassenauseinandersetzungen sprächen gegen eine »Liquidierung« der staatlichen Theologenausbildung. Die Fakultäten blieben aber »Erscheinungen von Übergangscharakter«.[16] Eine Konzeption des Ministeriums für Hoch- und Fachschulwesen (MHF), den bisherigen Umfang der theologischen Ausbildung und die Zahl der Ausbildungseinrichtungen bis 1975 aufrechtzuerhalten, mußte umgearbeitet werden. Universitätstheologie blieb vorerst bestehen, aber unter verschärften ideologischen Bedingungen. 1975 betonte das MHF, die staatliche Ausbildung von Theologen sei zwar eine Ausnahmeerscheinung im sozialistischen Hochschulwesen, aber die einzige Möglichkeit der Einwirkung durch unsere sozialistische Hochschulpolitik, um Pfarrer heranzubilden, die auf dem Boden der sozialistischen Staats- und Rechtsordnung der DDR stehen.[17] Zur gleichen Zeit entstand ein Papier vom Ministerium für Volksbildung, MHF und Staatssekretariat für Kirchenfragen, daß wegen des Rückgangs der Zahl der Studierenden an den Sektionen Theologie kurzfristig Maßnahmen zu ergreifen sind, um den kirchlichen Ausbildungsstätten die Studenten zu entziehen, aber langfristig die staatliche Theologenausbildung um 1990 auslaufen zu lassen und von den Universitäten an eine »Evangelische Akademie in der DDR« zu verlegen. In 10 bis 15 Jahren würde das religiöse Bewußtsein so zurückgehen sowie die marxistisch-leninistische Weltanschauung und sozialistisch-kommunistische Verhaltensnormen das Handeln der Mehrzahl der Bürger der DDR so bestimmen, daß es nicht mehr notwendig wäre, aus bestimmten traditionellen, außen- oder kirchenpolitischen Gründen theologische Sektionen im Rahmen der sozialistischen Universitäten zu unterhalten.[18] Staatssekretär Hans Seigewasser schlug Ende April 1975 vor, zwischen 1990 und 1995 eine Evangelische Akademie aus den sechs Fakultäten und den drei Kirchlichen Hochschulen zu gründen. Als Ort war Schwarzburg in Thüringen im Gespräch.

---

14 Ebd, 547.
15 Ebd, 547 f.
16 Ebd, 670.
17 Ebd, 675.
18 Ebd, 676 f.

Diese Pläne traten zunächst zurück, nicht zuletzt durch die »neue Kirchenpolitik« ab 1978. Sie blieben im Schreibtisch und wurden Ende der achtziger Jahre erneut erwogen, als die Universitäten zunehmend in ideologische Schwierigkeiten gerieten.[19] Es läßt sich kaum sagen, wie groß der Personenkreis war, der bis hin zu den Fakultäten/Sektionen solche Pläne tatsächliche kannte. Die Sorge um die Existenz theologischer Ausbildung an den Universitäten war ständiger Begleiter der Arbeit an den Sektionen Theologie. Wir waren der Meinung, daß diese Ausbildung auch unter den Bedingungen einer marxistisch-leninistisch ausgerichteten Universität möglich gewesen ist. War das eine Illusion, deren Folgen wir nicht gesehen haben oder sehen wollten?

## II  Das Studium an der Leipziger Theologischen Fakultät zwischen 1961 und 1967

Nach meinem Abitur, das ich im Sommer 1961 ablegte, erhielt ich für das Studium der Geschichte keine Zulassung, ich sollte im Ergebnis eines Aufnahmegesprächs mich erst in der Produktion bewähren. Da mir Naturwissenschaften, Medizin oder Wirtschaftswissenschaften nicht zusagten und man Lehramt normalerweise nicht studierte, blieb nicht viel übrig. Der Bau der Mauer am 13. August 1961 hatte die zeitweise erwogene Möglichkeit, nach Westdeutschland zu gehen, zerstört. So entschloß ich mich, doch noch ein Theologie-studium aufzunehmen, was nicht so einfach war, da die Zulassungen bereits erfolgt waren. Jedes Fach, auch die Theologie, hatte ein festes Zulassungskontingent, das Ende August 1961 sowohl in Halle als auch in Leipzig ausgeschöpft war. Aber nach Semesterbeginn bot sich in Leipzig eine Chance, da einige Studenten durch den Mauerbau nicht aus »dem Westen« zurückkamen.

Die ersten Studienwochen verliefen sehr turbulent. Der Zentralrat der FDJ hatte in einem »Kampfauftrag« alle männlichen Jugendlichen zwischen 18 und 25 Jahren aufgerufen, sich freiwillig für den Dienst in der Nationalen Volksarmee (NVA) zu verpflichten. An den Universitäten betraf das die vormilitärische Ausbildung. Für Studenten der Theologie war als Ersatz im Gespräch, sich für zwei Jahre zum Einsatz in der Produktion zu melden. Diese Erklärungen dienten jedoch vor allem dazu, die Studenten, auch die der Theologie, zu disziplinieren und möglichen Widerstand auszuschließen. Eine Lösung schien sich an-zubahnen, als die Möglichkeit erwogen wurde, statt des Dienstes in der NVA sich für eine Luftschutz- oder Rot-Kreuz-Ausbildung zu verpflichten. Problematisch war für uns damals, daß diese Ausbildung auch eine Ausbildung an der Waffe einschloß. Das 1. Studienjahr, zu dem ich gehörte, wurde zum damaligen Rektor, Professor Georg Mayer, bestellt. In Anwesenheit des Dekans, Professor Hans Bardtke, erläuterte jener uns kurz die Forderung und entließ uns, als keiner der Studierenden sich äußerte, mit der Auflage, innerhalb von drei Tagen zu unterschreiben. Inzwischen wurden zwei Texte für alle Studierenden ausge-arbeitet, der die Bereitschaft zur Arbeit in der Industrie – außer Waffenproduktion – bzw. zu einer DRK-Ausbildung im Rahmen der Genfer Konvention enthielt. Da eine Gruppe von Studenten diese Erklärungen gemeinsam verfaßte, wurde »die einheitliche Ablehnung des Dienstes in der NVA durch die Studenten der Theologischen Fakultät als Ergebnis einer planmäßigen Tätigkeit reaktionärer kirchlicher Kreise« dargestellt. Vier Studenten

---

19 Ebd, 502-507.

wurden verhaftet und schließlich verurteilt mit dem Vorwurf, die Ablehnung der Verpflichtungserklärungen organisiert zu haben. Wohl als Folge meiner Teilnahme an Diskussionen – auch in der kleinen FDJ-Gruppe – erfolgte ein Anwerbungsversuch durch das MfS, wie ich den Akten der Gauck-Behörde entnehmen konnte. Nach zwei Besuchen durch einen Mitarbeiter des MfS im Februar 1962 blieb ich von weiteren Gesprächen verschont, die gewünschte Berichterstattung über die Evangelische Studentengemeinde hatte ich abgelehnt. Meine Akteneinsicht ergab, daß ich 1965 untauglich für das MfS eingestuft und meine Akte abgelegt wurde. Ich galt als Einzelgänger, der keine Verbindungen besaß, um Informationen zu beschaffen.

Das Studium selbst verlief nach einen Rahmenstudienplan, der die Veranstaltungen in den einzelnen Fächern noch nicht für jedes Semester festlegte. Die Abschlüsse in Hebräisch, Griechisch und Latein – Lektoren der Fakultät vermittelten diese Sprachen – waren bis zum Ende des 4. Semesters zu erbringen. Russisch entfiel für Theologiestudenten als Pflichtfach. Zu den obligatorischen Leistungen gehörten das marxistisch-leninistische Grundlagenstudium, das Dozenten der Abteilung Marxismus-Leninismus an der Theologischen Fakultät gestalteten, und Sport. Das »Grundlagenstudium« umfaßte als Fächer »Wissenschaftlicher Sozialismus«, »Dialektischer und Historischer Materialismus« und »Politische Ökonomie«, die jeweils als Teilgebiet zur Pflichtzwischenprüfung gehörten, welche am Ende jedes Studienjahres abzulegen war. 1961 wurde die »Geschichte der Arbeiterbewegung« als Fach eingeführt unter Verzicht auf den »Dialektischen und Historischen Materialismus«. Die Lehrveranstaltungen in den theologischen Fächern verliefen ohne »gesellschaftliches Beiwerk« und nur fachbezogen, auch bei den Lehrenden, die als »fortschrittlich« galten.

Fast unmöglich war es, neben dem Theologiestudium ein weiteres Fach zu studieren. Dafür mußte eine offizielle Genehmigung vorliegen, ein Zweitstudium war grundsätzlich ausgeschlossen. Wer das dennoch beabsichtigte, mußte sich möglichst vor dem Examen dazu entschließen, am besten gelang es, wenn der Wechsel mit Zweifel an Richtigkeit der bisherigen Berufswahl begründet wurde. Die erneute Zuspitzung des Ringens um die Universitätskirche im Frühjahr 1968 und die Sprengung der alten Dominikanerkirche am 30. Mai 1968 erlebte ich nicht mehr als Student.[20] Zu den für mich unvergeßlichen Bildern gehört die mit Sprenglöchern übersäte Kirche. Die bewußte Zerstörung der Universitätskirche vor 30 Jahren als Akt praktizierter Machtarroganz, als Akt der gezielten Demütigung und der Machtdemonstration im kritischen Jahr 1968, aber auch als zielgerichtete Vernichtung der sich in der Kirche manifestierenden christlich-humanistischen Traditionen akademischer Bildung erschütterte die Theologische Fakultät. Diese Ereignisse bescherten ihr den Besuch einer Untersuchungskommission und brachten einige der fortschrittlichen Angehörigen der Fakultät zum Nachdenken. Den Professoren und Mitarbeitern der Fakultät ist es zu verdanken, daß sie mit einem besonnenen, vorsichtigen Kurs aus einer bedrohlichen Situation der Fakultät herausführten, ohne die klare Ablehnung der Vernichtung der Universitätskirche St. Paul aufgeben. Die Monate vom Frühjahr bis zum Herbst 1968 waren wohl die größte Gratwanderung der Leipziger Theologischen Fakultät zwischen 1945 und 1989. Nicht ohne Einfluß bei der Entschärfung der Lage blieben die guten Verbindungen einzelner

---

20 Vgl. Christian WINTER: Gewalt gegen Geschichte: der Weg zur Sprengung der Universitätskirche Leipzig. Leipzig 1997. (AKThG; 2).

Professoren zu führenden Funktionären der SED, die veränderte Problemlage nach der Niederschlagung des Prager Frühlings sowie das Interesse der Universitätsleitung an einer ruhigen Entwicklung.

## III Die Theologische Fakultät als Ort von Lehre und Forschung zwischen 1970 und 1990

Diese Zeitbegrenzung ergibt sich aus meiner Anstellung an der Karl-Marx-Unversität am 6. Dezember 1970 und dem Beginn des Neuaufbaus der Gesamtuniversität nach der Vereinigung Deutschlands. Ich werde versuchen, mit einigen Schwerpunkten, Einblicke in die Arbeit der Leipziger Fakultät zu geben, ohne ein umfassendes Bild entwerfen zu können. »Wir alle mußten Kompromisse schließen« so betitelt Bernd Hildebrand, systematischer Theologe und zeitweise Sektionsdirektor in Greifswald, eine Darstellung der Integrationsprobleme theologischer Fakultäten an den staatlichen Universitäten der DDR.[21]

Inhaltliche Vorgaben für die einzelnen Lehrveranstaltungen gab es nicht, auch fand in Leipzig keine Überprüfung des Lehrstoffes durch Kollegen statt, wie es von Berlin berichtet wurde. So kann vielleicht von einer sehr begrenzten »Lehrfreiheit« gesprochen werden. Selbstverständlich konnte sich der Lehrende nur im fachlichen Kontext äußern oder indirekt Gegenwartsprobleme kritisch ansprechen. Sicher war das für die biblischen Fächer und Teile der Kirchengeschichte einfacher als für die Systematische und Praktische Theologie oder die Neuere und Neueste Kirchengeschichte. Die Neueste Kirchengeschichte und die Ökumenik bildeten seit der III. Hochschulreform und der Umwandlung der Fakultäten in Sektionen die Fächer, über die verstärkt auf die Studierenden ideologisch eingewirkt werden sollte, was aber nur begrenzt verwirklicht wurde. Seit 1983 hatte ich die Verpflichtung, den Studenten Lehre zur neutestamentlichen Wissenschaft anzubieten. Das Angebot entsprach dem klassischen Kanon dieses Faches und unterschied sich kaum von einer westdeutschen Fakultät. Meine Forschungsarbeit konzentrierte sich seit 1970 auf die Reformationsgeschichte, später kamen Universitäts- und Auslegungsgeschichte hinzu. Die seit dem ausgehenden 19. Jh. in Leipzig als besonderer Schwerpunkt betriebene Erforschung der Reformationsgeschichte konnte nicht nur bewahrt, sondern 1983 und 1989 im Umfeld der Luther- und Müntzerjubiläen noch ausgebaut werden. Das von Franz Lau herausgegebene Lutherjahrbuch und die vor allem von Helmar Junghans konzipierte Lutherbibliographie blieben in Leipzig und schufen eine Brücke zur westdeutschen und internationalen Lutherforschung, eine Brücke, an der bewußt gebaut wurde. Zu den folgenreichen Projekten gehören eine mehrbändige Studienausgabe mit Lutherschriften, Sammelwerken zu Luther und zu Müntzer. Zu den weiteren Schwerpunkten kirchengeschichtlicher Forschung in Leipzig zählten die neuere Kirchengeschichte und Arbeiten zum Kirchenkampf, zur Kirche in der Weimarer Republik, aber ebenso zur sächsischen Territorialkirchengeschichte. Im Auftrag der Historischen Kommission der Sächsischen Akademie der Wissenschaften wurde die Arbeit an der »Politischen Korrespondenz des Herzogs und Kurfürsten Moritz von Sachsen« als einzige Quellenpublikation zur Reichsgeschichte im 16. Jh. in der ehemaligen

---

21 Vgl. Bernd HILDEBRANDT: »Wir alle mußten Kompromisse schließen.« In: Protestantische Revolution?: Kirche und Theologie in der DDR/ hrsg. von Trutz Rendtorff. Göttingen 1993, 121-136.

DDR fortgeführt. An dieser Edition bin ich seit 1971 beteiligt. Band 5, der die Jahre 1551/ 1552 umfaßt, wird noch 1998 erscheinen. Dieses Forschungsprojekt gab mir Gelegenheit, nachdem ich zum Lutherjubiläum 1983 erstmals eine Dienstreise in die Bundesrepublik erhalten hatte, nicht nur in den einschlägigen Archiven zu arbeiten, wozu regelmäßig das Staatsarchiv Marburg gehörte, sondern auch Kontakte zu Fachkollegen der Geschichte und der Theologen zu knüpfen. Der Preis für solche Reisen konnte hoch sein, viele, auch Theologen, haben diesen gezahlt. Die regelmäßigen, nach Abschluß der Reise zu schreibenden Berichte gingen ebenfalls an das MfS und wurden dort ausgewertet, eine Praxis, die uns bekannt war. Außerdem waren viele »Reisekader« als IM eingesetzt, um möglichst viele »operativ-bedeutende Informationen« zu erhalten.

Die IM-Tätigkeit von Angehörigen der theologischen Sektionen ist ein dunkler Schatten, der bis heute auf unsere Arbeit fällt. Viele Ereignisse und persönliche Entwicklungswege erscheinen so als zentral gesteuert. Das ist eine schwere Hypothek für die Leipziger Fakultät, die auf eine verantwortliche und angemessene Darstellung noch wartet. Kollegen, die zeitweise oder bis 1989 als IM tätig gewesen sind, haben jedoch zugleich sehr viel unternommen, um die Fakultät/Sektion als qualifizierte Institution für theologische Lehre und Forschung auszubauen. Das galt auch für die Beziehungen zur Landeskirche. In den Kontext dieser Anstrengungen gehört auch die Ehrenpromotion von Johannes Hempel Anfang 1983. So gelang es, die Politisierung der Fakultät zu begrenzen und diese so zu entwickeln, daß sie mühelos in vielen Bereichen 1990 auch forschungsmäßig weiterarbeiten konnte, ohne daß die geographische Herkunft in Deutschland auf Dauer Unterschiede schaffen wird. Eine DDR-spezifische Theologie gab es nur in Ansätzen, sie wurde in Leipzig vermieden. Sicher gab es vorsichtige und abgesicherte Formulierungen, um die Zensur zu überstehen. Disziplinen der Theologie mit größerem Gegenwartsbezug mußten auch hier eine stärkere Fähigkeit zum Kompromiß praktizieren als die historischen Disziplinen vom Alten Testament bis zur Kirchen- und Dogmengeschichte.

Schwerer nachvollziehbar werden für Außenstehende die Tätigkeiten sein, die bis 1989 als »gesellschaftliche« Arbeit galten, bei Einstellungen und Berufungen eine erhebliche Rolle spielten und von vielen als Feld für Kompromisse angesehen wurden. Andererseits boten einzelne Ebenen bescheidene Möglichkeiten zum Kontakt mit anderen Fachrichtungen wie der Kulturbund und die Gesellschaft für Deutsch-Sowjetische Freundschaft (DSF) oder die Formen des Dialogs mit gesprächsbereiten Marxisten, so in den Arbeitsgruppen Christlicher Kreise der Nationalen Front. Das darf nicht überbewertet werden, es soll auch nicht als nachträgliche Rechtfertigung der Mitarbeit erscheinen. Eine gewisse Sonderrolle spielten die Sektionsgrundorganisationen (SGO) Theologie des FDGB und die FDJ-Gruppe. Die III. Hochschulreform hatte beiden Organisationen eine bestimmte Rolle in der Struktur der Universitäten zugewiesen. Der Vorsitzende der SGO zählte zu den Mitgliedern der Dienstberatung des Sektionsdirektors, zu allen Einstellungen mußte ein Votum der SGO-Leitung erfolgen, das galt für Steigerungsstufen und für Prämien. Die Urlaubsplätze verteilte der FDGB. Eine ähnliche Funktion hatte die FDJ als verordnete Studentenvertretung zu erfüllen. Zu einer über das »notwendige Maß« hinausgehenden »gesellschaftlichen« Arbeit ist es m. W. in Leipzig nicht gekommen. Etwa 25 Prozent des Lehrkörpers gehörten der CDU an, der Anteil war zum Leidwesen dieser Partei rückläufig. Jüngere Kollegen, zu denen ich auch zählte, konnten sich zu diesem Schritt nicht entschließen, da sie eigentlich nur die Ohnmacht und Willfährigkeit der CDU-Funktionäre kennengelernt hatten.

Die studentische Betreuung vollzog sich in festen Bahnen. In jedem Studienjahr wurden zwei Seminargruppen gebildet, für welche die Studierenden jeweils selbst einen Sekretär bestimmten. Die Seminargruppen erhielten Studienjahresberater, an der Leipziger Sektion jeweils gemeinsam ein Hochschullehrer und ein Assistent pro Studienjahr. Mehrfach habe ich diese Aufgabe wahrgenommen. Wir verstanden uns als Begleiter der Studierenden und bemühten uns, auch als Seelsorger zur Verfügung zu stehen, wenn das gewünscht wurde. Nicht ganz einfach war die Verpflichtung, während der Einführungswoche zu Beginn eines jeden neuen Studienjahrs (»rote Woche«) zwei bis drei Seminare zu vorgegebenen politischen Themen zu halten. Neben dem Grundstipendium, das jeder Studierende erhielt, gab es die Möglichkeit zur Vergabe von Leistungsstipendien, die eine Note 2.0 und besser im Fach Marxismus-Leninismus voraussetzten. Gemeinsam mit den Seminargruppensekretären wurden die notwendigen Begründungen geschrieben, das galt ebenso für die Beurteilungen, die in den letzten Jahren der ehemaligen DDR für alle Studierenden zu verfassen waren.

Die Gewinnung von Nachwuchs lag in der Hand des jeweiligen Hochschullehrers, das galt auch für die Besetzung der wenigen Assistentenstellen, wenngleich hier ebenfalls das Votum der Universitätsleitung, sicher auch der SED und MfS, von Bedeutung war. Bei Berufungen und Personalplanungen wurde das Staatssekretariat für Kirchenfragen eingeschaltet wie auch die entsprechenden Abteilungen im ZK der SED. So kam es vor allem auf die Begründungen und das Geschick des Sektionsdirektors an, wenn sie Besetzungen vor allem nach fachlichen Gesichtspunkten erreichen wollten. Einige Vorhaben, politisch aktive Theologen von außen in die Leipziger Sektion »hineinzuschieben«, konnten verhindert werden. So erhielten in der Regel Schüler der an der Sektion tätigen Professoren die Mitarbeiter- und Hochschullehrerstellen, was den Zusammenhalt stärkte und sich unter den besonderen Bedingungen des DDR-Systems meines Erachtens als günstig erwiesen hat, aber natürlich zu Verkrustungen führte.

Neben dem allgemeinen politischen Rahmen für die Arbeit theologischer Fakultäten/ Sektionen wurde hier versucht, den Weg der Leipziger Fakultät seit 1961 bzw. 1970 schwerpunktartig zu verdeutlichen als Beispiel für die Gesamtexistenz der Universitätstheologie im DDR-System. Für die biographische Tönung bitte ich um Nachsicht, ich glaube aber, nur so kann ein realistisches Bild gezeichnet werden als Baustein einer noch ausstehenden Gesamtdarstellung. Ich hoffe, deutlich gemacht zu haben, daß universitätstheologische Arbeit vor 1989 sinnvoll und notwendig, aber auch ein wichtiger Dienst für die Landeskirche gewesen ist. Vieles wird im Zwielicht stehenbleiben, was die Aufarbeitung der Akten noch verstärken wird, subjektive Darstellungen werden oft nicht auf ihren Realwert zurückgeführt werden können. Die verstärkte Integration und Einbindung der Sektionen Theologie in das vom Marxismus-Leninismus dominierte realsozialistische System hat nicht zu einer generellen Vereinnahmung geführt. Wie dieser widerstanden wurde, lag oft am Einzelnen und der Gesamtposition der jeweiligen Sektion, aber auch an der theologischen Verankerung des Mitarbeiters und seiner persönlichen Glaubenspraxis. Universitäre Theologie in der ehemaligen DDR bildeten eine ständige Herausforderung an die Lehrenden und die Studierenden, die Theologie in die konkrete Welt der DDR hineinzutragen und die Studierenden so für die gemeindliche Praxis vorzubereiten, daß sie durch die Wirklichkeit, wie sie sich an der Sektion entwickelt hatte, für den kirchlichen Alltag eingeübt wurden.

# Bibliographie Günther Wartenberg 1969-2002

zusammengestellt von Markus Hein

Die Bibliographie enthält, nach Erscheinungsjahr geordnet, Monographien und Aufsätze. Darüber hinaus sind die Aufsatzbände aufgenommen, für die Günther Wartenberg als Herausgeber steht. Nicht aufgenommen wurden Rezensionen, Beiträge in Tages- und Wochenzeitungen, Berichte und Mitarbeit an Bibliographien.
\* vor der laufenden Nummer verweist auf Abdruck in diesem Band.

**1969**

1 **Der Soldat in der griechisch-hellenistischen Komödie und in den römischen Komiker-fragmenten.** 2 Bde. Leipzig 1969. 128; 55 S. (MS) – Leipzig, Karl-Marx-Universität, Sektion Kulturwissenschaft und Germanistik, Diss. A, 1969.

**1973**

2 **Der miles gloriosus in der griechisch-hellenistischen Komödie.** In: Die gesellschaftliche Bedeutung des antiken Dramas für seine und für unsere Zeit/ hrsg. von Walter Hofmann und Heinrich Kuch. Berlin 1973, 197-205.

3 **Der Soldat in der griechisch-hellenistischen Komödie und in den römischen Komiker-fragmenten.** In: Walter Hofmann; Günther Wartenberg: Der Bramarbas in der antiken Komödie. Berlin 1973, 7-82. (Abhandlungen der Akademie der Wissenschaft der DDR)

**1975**

\*4 **Martin Luther und Moritz von Sachsen.** LuJ 42 (1975), 52-70.

**1976**

5 **Territoriale Kirchengeschichte in Sachsen.** HCh 10 (1975/76), 213-221.

**1978**

6 **Politische Korrespondenz des Herzogs und Kurfürsten Moritz von Sachsen. Bd. 3: 1. Januar 1547 – 25. Mai 1548/** bearb. von Johannes Herrmann und Günther Wartenberg. Berlin 1978. 914 S. (Abhandlungen der Sächsischen Akademie der Wissenschaften zu Leipzig: phil.-hist. Klasse 68; 3)

**1979**

\*7 **Nachwirkungen des Bauernkrieges in der albertinischen Politik unter Moritz von Sachsen (1547-1551).** Jahrbuch für Regionalgeschichte 7 (1979), 243-251.

**1980**

8 **Die Confessio Augustana in der albertinischen Politik unter Herzog Heinrich von Sachsen.** Zeitschrift für bayerische Kirchengeschichte 49 (1980), 44-53.

9 **Die evangelische Bewegung im albertinischen Sachsen nach 1525.** In: Reform – Reformation – Revolution/ hrsg. von Siegfried Hoyer. Leipzig 1980, 151-155.

10 **Die Leipziger Religionsgespräche von 1534 und 1539:** ihre Bedeutung für die sächsisch-albertinische Innenpolitik und für das Wirken Georgs von Karlowitz. In: Die Religionsgespräche der Reformationszeit/ hrsg. von Gerhard Müller. Gütersloh 1980, 35-41. (Schriften des Vereins für Reformationsgeschichte; 191)

**1981**

\*11 **Die theologische Fakultät der Universität Leipzig während der Einführung der Reformation im herzoglichen Sachsen.** Wiss. Zeitschrift der Karl-Marx-Universität: Gesellsch.- und sprachwissenschaftliche Reihe 30 (1981), 576-583.

**1982**

12 **Die albertinische Kirchenpolitik unter Herzog Moritz von Sachsen von 1541 bis 1546.** 2 Bde. Leipzig, 1982. XIII, 544 S. (MS). – Leipzig, Theol. Fak., Diss. B., 1982. [Vgl. unten Nr. 41]

*13 Die Einwirkungen Luthers auf die refor-
matorische Bewegung im Freiberger Gebiet und auf die Herausbildung des evangelischen Kirchenwesens unter Herzog
Heinrich von Sachsen. HCh 12 (1981/82),
93-117.

14 Kromayer, Hieronymus. NDB 13 (1982), 74 f.

**1983**

15 Kurfürst Moritz von Sachsen und die Land-
grafschaft Hessen: ein Beitrag zur hessischen Reformationsgeschichte. Jahrbuch der
Hessischen Kirchengeschichtlichen Vereinigung 34 (1983), 1-15.

*16 Luthers Beziehungen zu den sächsischen
Fürsten. In: Leben und Werk Martin Luthers
von 1526 bis 1546/ hrsg. von Helmar Junghans. Berlin; Göttingen 1983, 549-571. (2.
Aufl. Berlin 1985).

17 Luther, Martin: Briefe: eine Auswahl/ hrsg.,
übers. und kommentiert von Günther Wartenberg. Leipzig; Wiesbaden 1983. 421 S. 1
Faks.

18 Luther, Martin: Unterricht der Visitatoren/
bearb. von Günther Wartenberg. StA 3 (1983),
402-462 (2. Aufl. 1996).

19 Zum Verhältnis Martin Luthers zu Herzog und Kurfürst Johann von Sachsen. In:
Martin Luther: Leben – Werk – Wirkung/
hrsg. von Günter Vogler in Zusammenarbeit
mit Siegfried Hoyer und Adolf Laube. Berlin
1983, 169-177. (2. Aufl. Berlin 1986).

*20 Der Versuch eigenständiger Kirchenpolitik
im albertinischen Sachsen: zum Leipziger
Konsistorialausschuß von 1543/1544. Theol.
Versuche 13 (1983), 127-131.

**1984**

21 Die kursächsische Landesuniversität bis
zur Frühaufklärung: 1540 bis 1680. In:
Alma mater Lipsiensis: Geschichte der Karl-
Marx-Universität Leipzig/ hrsg. von Lothar
Rathmann. Leipzig 1984, 55-75.

22 575 Jahre Alma mater Lipsiensis. Standpunkt 12 (1984), 325-327.

**1985**

23 Liebner, Albert. NDB 14 (1985), 510 f.

*24 Visitation des Schulwesens im albertini-
schen Sachsen zwischen 1540 und 1580. In:
Luther in der Schule: Beiträge zur Erzie-
hungs- und Schulgeschichte/ hrsg. von Klaus
Goebel. Bochum 1985, 55-78.

**1986**

*25 Die Entwicklung der lutherischen Theolo-
gie in Leipzig bis zur Zeit Bachs. In: Johann Sebastian Bachs Traditionsraum/ hrsg.
von Reinhard Szeskus unter Mitarb. von Jürgen Asmus. Leipzig 1986, 142-150. (Bach-
Studien; 9)

26 Zum Erasmianismus am Dresdner Hof Georgs des Bärtigen. Nederlands archief voor
Kerkgeschiedenes 66 (1986), 2-16.

27 Lutherische Reformation und sächsisch-albertinische Politik zwischen 1540 und 1553.
In: Martin Luther: Leistung und Erbe/ hrsg.
von Horst Bartel, Gerhard Brendler, Hans
Hübner und Adolf Laube. Berlin 1986, 227-
231.

28 Luther, Martin: Vermahnung an die Geistlichen, versammelt auf dem Reichstag zu
Augsburg, 1530/ bearb. von Günther Wartenberg. StA 4 (1986), 318-387.

**1987**

29 Zu den biblischen Grundlagen des Frie-
densgedankens in der Schrift »Querela
pacis« des Desiderius Erasmus. In: Frie-
densgedanke und Friedensbewegung am Beginn der Neuzeit: Beiträge einer wissenschaftlichen Konferenz am 6. und 7. Mai
1986 an der Karl-Marx-Universität Leipzig.
Leipzig 1987, 113-119.

30 Zur Erforschung des Neuen Testaments an
der Leipziger Theologischen Fakultät im
19. Jahrhundert. In: Wissenschafts- und
Universitätsgeschichte in Sachsen 18. und 19.
Jahrhundert – nationale und internationale
Wechselwirkung und Ausstrahlung = Beiträ-
ge des internationalen Kolloquiums im 575.
Jahr der Universitätsgründung am 26./27. No-
vember 1984 in Leipzig/ hrsg. von Karl Czok.
Berlin 1987, 227-235. (Abhandlungen der
Sächs. Akademie der Wissenschaften zu Leip-
zig: phil.-hist. Klasse; 71, 3)

31 Die evangelische Bewegung im albertinischen Thüringen. In: Fundamente: Beiträge zur thüringischen Kirchengeschichte/ hrsg.
von Herbert von Hintzenstern. Berlin 1987,
133-141. (Thüringer kirchliche Studien; 5)

32 Zur Geschichte der Edition der »Politischen Korrespondenz des Herzogs und
Kurfürsten Moritz von Sachsen«. Jahrbuch
für Regionalgeschichte 14 (1987), 26-34.

33 Johann Friedrich von Sachsen (1503-1554).
TRE 17 (1987), 97-103.

34 Mager, Reimer. NDB 15 (1987), 653 f.

35 **Zur Politik des Herzogs und Kurfürsten Moritz von Sachsen (1541-1553).** Sächsische Heimatblätter 33 (1987), 103-114.

*36 **Der Pietismus in Sachsen:** ein Literaturbericht. Pietismus und Neuzeit 13 (1987), 103-114.

*37 **Die Politik des Kurfürsten Moritz von Sachsen gegenüber Frankreich zwischen 1548 und 1550.** In: Deutschland und Frankreich in der frühen Neuzeit = Festschrift für Hermann Weber zum 65. Geburtstag/ hrsg. von Heinz Duchhardt und Eberhard Schmidt. München 1987, 71-102.

38 **Zur Religions- und Kirchenpolitik des Kurfürsten August von Sachsen.** Sächsische Heimatblätter 33 (1987), 10 f.

**1988**

39 **Die Kirchenverfassung im 1. Clemensbrief.** Wiss. Zeitschrift der KMU, Ges.- und sprachwissenschaftl. Reihe 37 (1988), 26-34.

40 **Die kursächsische Landesuniversität bis zur Aufklärung.** In: Alma mater Lipsiensis. Karl-Marx-Universität 1409-1987: ein Überblick. Leipzig [1988], 15-17.

41 **Landesherrschaft und Reformation:** Moritz von Sachsen und die albertinische Kirchenpolitik bis 1546. Gütersloh; Weimar 1988. 319 S. (Quellen und Forschungen zur Reformationsgeschichte; 55); (Arbeiten zur Kirchengeschichte; 10) [Vgl. oben Nr. 12]

42 **Die »Streitpfarreien« im Vogtland:** territorial-kirchenpolitische Auseinandersetzung zwischen Brandenburg-Kulmbach und Sachsen als Erbe der Reformationszeit.** Zeitschrift für bayerische Kirchengeschichte 57 (1988), 9-25.

**1989**

43 **Auslegung der Heiligen Schrift bei Thomas Müntzer und Martin Luther.** Standpunkt 17 (1989), 79-83.

44 **Die Entstehung der sächsischen Landeskirche von 1539 bis 1559.** In: Das Jahrhundert der Reformation in Sachsen = Festgabe zum 450jährigen Bestehen der Evangelisch-Lutherischen Landeskirche Sachsens/ im Auftrag der Arbeitsgemeinschaft für Sächsische Kirchengeschichte hrsg. von Helmar Junghans. Berlin 1989, 67-90.

45 **Die kirchlich-theologischen Beziehungen zwischen Thüringen und Franken im 16. Jahrhundert.** Frankenland 41 (1989), 198-207, Ill.

46 **Moritz von Sachsen:** zur Politik des ersten albertinischen Kurfürsten zwischen Reformation und Reich. In: Europäische Herrscher: ihre Rolle bei der Gestaltung von Politik und Gesellschaft vom 16. bis zum 18. Jahrhundert/ hrsg. von Günter Vogler. Weimar 1988, 106-122 (2. Aufl. Weimar 1989).

*47 **Philipp Melanchthon und die sächsisch-albertinische Interimspolitik.** LuJ 55 (1988), 60-82.

**1990**

48 **Zum Kommentar des Alexander Alesius zum Johannesevangelium.** In: Théorie et pratique de l'exègèse. Genève 1990, 329-342.

49 **Leipzig:** Universität. TRE 20 (1990), 721-729.

*50 **Das Missionsverständnis in der Reformationszeit.** In: Zum Missionsverständnis im Wandel der Zeit/ hrsg. vom Berliner Missionswerk und Gossner Mission. Berlin 1990, 5-11.

*51 **Verpaßte Chance oder vergebliche Mühe?:** Dokumente zu dem Versuch, Rudolf Bultmann Anfang des Jahres 1930 nach Leipzig zu berufen. ThLZ 115 (1990), 385-398.

**1991**

*52 **Christian Friedrich Börner (1683-1753):** ein Wegbereiter philologisch-historischer Schriftauslegung an der Leipziger Theologischen Fakultät. In: Johann Sebastian Bachs historischer Ort/ hrsg. von Richard Szeskus. Wiesbaden; Leipzig 1991, 36-48. (Bach-Studien; 10)

53 **Kurfürst Moritz von Sachsen.** In: Kaiser – König – Kardinal: deutsche Fürsten 1500-1800/ hrsg. von Rolf Straubel und Ulmann Weiß. Leipzig 1991, 106-114.

*54 **Der Landesherr und die kirchliche Neuordnung in den sächsisch-albertinischen Städten zwischen 1539 und 1546.** In: Recht, Verfassung und Verwaltung in der frühneuzeitlichen Stadt/ hrsg. von Michael Stolleis. Köln 1991, 109-119.

**1992**

55 **Moritz von Sachsen als Wegbereiter des Augsburger Religionsfriedens.** In: Staat und Kirche: Beiträge zur zweiten Melanchthonpreisverleihung 1991/ hrsg. von Stefan Rhein. Sigmaringen 1992, 25-34. (Melanchthon-Schriften der Stadt Bretten; 2)

56 **Politische Korrespondenz des Herzogs und Kurfürsten Moritz von Sachsen.** Bd. 4: **26. Mai 1548 – 8. Januar 1551**/ bearb. von Johannes Herrmann und Günther Wartenberg.

Berlin 1992. 1036 S. (Abhandlungen der Sächsischen Akademie der Wissenschaften zu Leipzig: phil.-hist. Klasse; 72)

57 **Wirkungen der Reformation auf den Umgang mit der Bibel und auf die Frömmigkeit im albertinischen Sachsen.** HCh 18 (1991/92), 48-61.

**1994**

58 **Die Albertiner in Friesland.** In: Herrschaft und Verfassungsstrukturen im Nordwesten des Reiches: Beiträge zum Zeitalter Karls V./ hrsg. von Bernhard Sicken. Köln 1994, 105-112.

59 **Caspar Borner:** ein Erneuerer der Universität Leipzig. Universität Leipzig (1994) Heft 1, 8 f.

60 **Zum Frankreichbild in der evangelischen Presse Sachsens: die Darstellung Frankreichs im »Neuen Sächsischen Kirchenblatt« bis 1914.** In: Kirche als Kulturfaktor = Festgabe der Theologischen Fakultät der Universität Leipzig zum 65. Geburtstag von Landesbischof Dr. Dr. h. c. Johannes Hempel DD/ hrsg. von Ulrich Kühn. Hannover 1994, 128-134. (Zur Sache; 34)

61 **Georgius Agricola und die geistigen Auseinandersetzungen seiner Zeit.** In: Georgius Agricola – 500 Jahre: wissenschaftliche Konferenz vom 25.-27. März 1994 in Chemnitz/ hrsg. von Friedrich Naumann. Basel; Boston 1994, 62-71.

62 **Leipzig:** eine Universität im Wandel. In: Feierliche Immatrikulation 1993/94. Leipzig 1994. (Leipziger Universitätsreden: N.F.; 76)

63 **Moritz von Sachsen.** TRE 23 (1994), 302-311.

**1995**

64 **Erich Brandenburg.** In: Ostdeutsche Gedenktage 1996: Persönlichkeiten und historische Ereignisse. Bonn 1995, 31-34.

65 **Die »Reform« vor der Reform:** zum Wandel an der Universität Leipzig im Jahre 1990. In: Zeiten und Medien – Medienzeiten = Festschrift zum 60. Geburtstag von Karl Friedrich Reimers/ hrsg. von Gerhard Maletzke und Rüdiger Steinmetz. Leipzig 1995, 60-69.

66 **Kirchengeschichte – Regionalgeschichte:** das Beispiel Sachsen. HCh 19 (1995), 67-79.

**1996**

67 **Alesius, Alexander.** The Oxford encyclopedia of the Reformation. Bd. 1/ hrsg. von Hans J. Hillerbrand. New York 1996, 18 f.

68 **Bibelinterpretation und »Zeitgeist«:** zur Schullehrerbibel Gustav Friedrich Dinters (1760-1831). In: Sprache und Kommunikation im Kulturkontext: Beiträge zum Ehrenkolloquium aus Anlaß des 60. Geburtstages von Gotthard Lerchner/ hrsg. von Volker Hertel ... Frankfurt 1996, 135-141.

69 **Brück, Gregor.** The Oxford encyclopedia of the Reformation. Bd. 1/ hrsg. von Hans J. Hillerbrand. New York 1996, 219 f.

*70 **Die »Confessio Saxonica« als Bekenntnis evangelischer Reichsstände.** In: Recht und Reich im Zeitalter der Reformation = Festschrift für Horst Rabe/ hrsg. von Christine Roll; Bettina Braun; Heide Stratenwerth. Frankfurt 1996, 275-294. (2. Aufl. Frankfurt 1997).

71 **Humanismus und Wittenberger Reformation:** Festgabe anläßlich des 500. Geburtstages des Praeceptor Germaniae Philipp Melanchthon am 16. Februar 1997; Helmar Junghans gewidmet/ hrsg. von Michael Beyer und Günther Wartenberg unter Mitwirkung von Hans-Peter Hasse. Leipzig 1996. 431 S.

72 **Interims.** The Oxford encyclopedia of the Reformation. Bd. 2/ hrsg. von Hans J. Hillerbrand. New York 1996, 319-321.

73 **Leipzig.** The Oxford encyclopedia of the Reformation. Bd. 2/ hrsg. von Hans J. Hillerbrand. New York 1996, 416 f.

74 **Mansfeld.** In: Die Territorien des Reichs im Zeitalter der Reformation und Konfessionalisierung: Land und Konfession 1500-1650. Bd. 6: Nachträge/ hrsg. von Anton Schindling und Walter Ziegler. Münster 1996, 78-91.

*75 **Melanchthon und die reformatorisch-humanistische Reform der Leipziger Universität.** In: Nr. 71, 409-415.

76 **Moritz of Saxony.** The Oxford encyclopedia of the Reformation. Bd. 3/ hrsg. von Hans J. Hillerbrand. New York 1996, 93 f.

77 **Saxony.** The Oxford encyclopedia of the Reformation. Bd. 3/ hrsg. von Hans J. Hillerbrand. New York 1996, 489 f.

78 **Stadt-, Kirchen- und Residenzgemeinde Torgau.** In: Torgau – Stadt der Reformation: Luthers Torgauer Kirchweihe 1544 .../ hrsg. von Martin Brecht und Hansjochen Hancke. Torgau 1996, 60-69.

79 **Die Wiedereröffnung der Universität Leipzig am 5. Februar 1946:** Neubeginn zwischen Wiedergeburt und Gleichschaltung. Universität Leipzig (1996) Heft 2, 9-12.

**1997**

80 **Bilder in den Kirchen der Reformation.** In: Die bewahrende Kraft des Luthertums: mittelalterliche Kunstwerke in evangelischen Kirchen/ hrsg. von Johann Michael Fritz. Regensburg 1997, 19-33.

81 Melanchthon, Philipp: **Briefe und Gutachten an die Grafen von Henneberg 1551/ 1552/** übers. von Michael Beyer und Günther Wartenberg. In: Nr. 88 Bd. 2, 260-271.

82 **Die Einführung von Master- und Baccalaureus-Studiengängen an der Universität Leipzig.** In: Gestufte Studienabschlüsse: eine Möglichkeit für Sozial- und Geisteswissenschaften? Dokumentation einer Tagung in der Universität Hamburg am 15. Dezember 1997. Hamburg 1998, 22-28. (Verbund-Materialien; 2)

83 **Fürst und Reformator:** zum Verhältnis zwischen Philipp Melanchthon und Georg III. von Anhalt. In: Reformation in Anhalt: Melanchthon – Fürst Georg III.: Katalog zur Ausstellung …/ hrsg. von der Evang. Landeskirche Anhalts. Dessau 1997, 47-57.

84 **Die Grafschaft Mansfeld in der Reformationszeit.** In: Philipp Melanchthon und das städtische Schulwesen: Begleitband zur Ausstellung/ hrsg. von der Lutherstadt Eisleben. Halle 1997, 35-46.

85 **Der Kampf zwischen Kaiser und protestantischen Fürsten – sächsische Politik unter Moritz von Sachsen zwischen 1546 und 1552.** In: Kurfürst Moritz und die Renaissance = Dresdner Hefte 15 (1997), Heft 52, 19-26.

86 Melanchthon: Reformator mit politischer Verantwortlichkeit. In: Kolloquium Melanchthon vom 6.-8. Mai 1997 in der Lutherstadt Wittenberg anläßlich des 500. Geburtstages von Philipp Melanchthon/ hrsg. vom Deutschen Philologenverband. Unterhaching (1997), 71-82.

87 **Moritz, Herzog von Sachsen.** NDB 18 (1997), 141-143.

88 **Melanchthon deutsch/** hrsg. von Michael Beyer, Stefan Rhein und Günther Wartenberg. 2 Bde. Leipzig 1997. 324. 311 S.

89 **Philipp Melanchthon und Johannes Pfeffinger.** In: Nr. 90, 41-50.

90 **Philipp Melanchthon und Leipzig:** Beiträge und Katalog zur Ausstellung/ hrsg. von Günther Wartenberg in Zusammenarb. mit Christian Winter und Rainer Behrends. Leipzig 1997. 178 S.

91 **Philipp Melanchthon als politischer Berater seines Kurfürsten:** ein Gutachten vom Herbst 1551. In: Landesgeschichte als Herausforderung und Programm: Karl-Heinz Blaschke zum 70. Geburtstag/ hrsg. von Uwe John und Josef Matzerath. Leipzig 1997, 329-338.

92 **Le protestantisme allemand et l'unification.** In: Les conséquences de l'unification allemande/ hrsg. von Dieter Gutzen. Paris 1997, 289-315.

93 Melanchthon, Philipp: **Rede über das unentbehrliche Band zwischen Schule und Predigtamt** (De coniunctione Scholarum, 1543)/ übers. mit Michael Beyer. In: »Nati sumus ad mutuam sermonis communicationem«: »Wir sind dazu geboren, uns im Gespräch einander mitzuteilen«. Materialien zum Melanchthon-Jubiläum 1997. Hannover 1997, 33-47; [auch in Nr. 88. Bd.2, 17-34].

94 **Wie man lernen und studieren soll:** De instituendis duobus pueris (undatiert). Ratio studiorum/ übersetzt von Günther Wartenberg. In: Nr. 88 Bd. 1, 102-105.

**1998**

95 **Die Bedeutung der Ratsschulbibliothek für die reformationsgeschichtliche Forschung.** In: 500 Jahre Ratsschulbibliothek Zwickau: 1498-1998/ hrsg. von der Ratsschulbibliothek Zwickau in Verbindung mit dem Kulturamt Zwickau. Zwickau 1998, 136-145.

96 **Johannes Briesmann.** In: Ostdeutsche Gedenktage: Persönlichkeiten und Historische Ereignisse. Bonn 1998, 234-236.

97 **Die Grafen von Mansfeld und die Klöster im Mansfelder Land.** In: Bete und arbeite!: Zisterzienser in der Grafschaft Mansfeld/ hrsg. von Esther Pia Wipfler in Zusammenarb. mit Rose-Marie Knape. Halle an der Saale 1998, 59-71.

*98 **Kirchengeschichte als Landesgeschichte.** In: Jahrbuch für Regionalgeschichte und Landeskunde 21 (1997/98), 189-198.

99 **Melanchthon – Kursachsen und das Reich (nach 1547).** In: Nr. 91, 225-239.

100 **Philipp Melanchthon und die kurfürstlichsächsische Politik zwischen 1520 und 1560.** In: Philipp Melanchthon und seine Rezeption in Skandinavien: Vorträge eines internationalen Symposions anläßlich seines 500. Jahrestages an der Königlichen Akademie der Literatur, Geschichte und Altertümer in Stockholm dem 9.–10. Oktober 1997/ hrsg. von Birgit Stolt. Stockholm 1998, 13-23.

101 **Philipp Melanchthon als Politiker zwischen Reich, Reichsständen und Konfessionsparteien** = Tagungsband der Wiss. Tagung aus Anlaß des 500. Geburtstages Philipp Melanchthons 16. bis 18.04.1997/ hrsg. im Auftrag der Stiftung »Leucorea« von Günther Wartenberg und Matthias Zentner unter Mitw. von Markus Hein. Wittenberg 1998. 248 S. (Themata leucoreana)

102 **Philipp Melanchthon:** the Wittenberg reformer alongside Luther. Lutheran quarterly 12 (1998), 273-382.

103 **Politische Korrespondenz des Herzogs und Kurfürsten Moritz von Sachsen.** Band 5: **9. Januar 1551 – 1. Mai 1552/** hrsg. von der Historischen Kommission bei der Sächsischen Akademie der Wissenschaften zu Leipzig; bearb. von Johannes Herrmann, Günther Wartenberg und Christian Winter. Berlin 1998. 959 S.

104 **Sachsen:** II. Freistaat. TRE 29 (1998), 558-580.

105 **Die Schlacht bei Mühlberg in der Reichsgeschichte als Auseinandersetzung zwischen protestantischen Fürsten und Kaiser Karl V.** Archiv für Reformationsgeschichte 89 (1998), 167-177.

**1999**

106 **Albert Hauck (1845-1918):** Vorträge der festlichen Veranstaltung aus Anlaß seines 150. Geburtstages in der Theologischen Fakultät der Universität Leipzig/ hrsg. von Günther Wartenberg. Leipzig 1999. 48 S.

107 **Gesellschaft für Sächsische Kirchengeschichte/** Arbeitsgemeinschaft für Sächsische Kirchengeschichte. In: Handbuch deutsche Landeskirchengeschichte. Neustadt an der Aisch 1999, 161-182. (Veröffentlichungen der Archive und Bibliotheken in der Evang. Kirche; 26)

*108 **Melanchthonbiographien vom 16. bis zum 19. Jahrhundert.** In: Nr. 111, 179-194.

109 **Theologischer Ratschlag in Zeiten politischen Umbruchs:** die Wittenberger Theologen und ihre Landesherrn 1546/1547. In: Religionspolitik in Deutschland: von der Frühen Neuzeit bis zur Gegenwart: Martin Greschat zum 65. Geburtstag/ hrsg. von Anselm Doering-Manteuffel und Kurt Nowak. Stuttgart 1999, 29-50.

110 **Werk und Rezeption Philipp Melanchthons in Universität und Schule:** Tagung anläßlich seines 500. Geburtstages an der Universität

Leipzig/ hrsg. von Günther Wartenberg unter Mitarb. von Markus Hein. Leipzig 1999, 209 S. (HCh: Sonderbd.; 2)

**2000**

111 **Benedict Carpzov als lutherischer Jurist.** In: Benedict Carpzov: neue Perspektiven zu einem umstrittenen sächsischen Juristen/ hrsg. von Günter Jerouschek, Wolfgang Schild und Walter Gropp. Tübingen 2000, 257-264. (Rothenburger Gespräche zur Strafrechtsgeschichte; 2)

112 **Friedrich (III.), der Weise von Sachsen.** RGG⁴ 3 (2000), 380.

113 **Grumbachsche Händel.** RGG⁴ 3 (2000), 1305 f.

114 **Höe von Höenegg, Matthias.** RGG⁴ 3 (2000), 1816.

115 **Kirche im mittelalterlichen Leipzig.** In: St. Thomas zu Leipzig/ hrsg. von Martin Petzoldt. Leipzig 2000, 123-131.

116 **Landeskirchengeschichte und landeskirchliches Archivwesen im geteilten Deutschland.** In: Zwei Staaten – zwei Kirchen?: evangelische Kirche im geteilten Deutschland; Ergebnisse und Tendenzen der Forschung/ hrsg. von Joachim Mehlhausen und Leonore Siegele-Wenschkewitz. Leipzig 2000, 107-125.

117 **Der letzte sächsische Oberhofprediger Franz Wilhelm Dibelius (1847-1924):** eine lutherische Landeskirche zu Beginn des 20. Jahrhunderts. In: »Alles ist euer, ihr aber seid Christi« = Festschrift für Dietrich Meyer/ hrsg. von Rudolf Mohr. Köln 2000, 459-474. (Schriftenreihe des Vereins für Rheinische Kirchengeschichte; 147)

118 **Die Mansfelder Grafen und der Bergbau.** In: Martin Luther und der Bergbau im Mansfelder Land: Aufsätze/ hrsg. von Rosemarie Knape. Lutherstadt Eisleben 2000, 29-41.

119 **Melanchthon als Politiker.** In: Der Theologe Melanchthon/ hrsg von Günter Frank. Stuttgart 2000, 155-168. (Melanchthon-Schriften der Stadt Bretten; 5)

120 **Richard Löber (1828-1907):** ein Vertreter des Neuluthertums als Hofprediger und Oberkonsistorialrat in Dresden. In: Vestigia pietatis: Studien zur Geschichte der Frömmigkeit in Thüringen und Sachsen; Ernst Koch gewidmet/ hrsg. von Gerhard Graf ... Leipzig 2000, 201-209. (HCh: Sonderbd.; 5)

*121 **Sachsen und die Universität Leipzig im Spätmittelalter.** In: Von Alexandrien nach Leipzig: Erschließung von Papyri und Hand schriften in der Universitätsbibliothek. Leipzig 2000, 13-22.

122 **Werner Vogler zum Gedenken (27. 03. 1934 – 22. 06. 2000).** ThLZ 125 (2000), 977 f.

**2001**

123 **Fürst und Reformator:** Philipp Melanchthon als Berater des Kurfürsten August von Sachsen in Bildungs- und Kirchenfragen. HCh 24 (2000, ersch. 2001), 75-101.

124 **Johannes Mathesius und die Wittenberger Reformation. Johannes Mathesius a wittenberská reformace.** In: Sächsisch-böhmische Beziehungen im 16. Jahrhundert = Sasko-české vztahy v 16 století. 6. Agricola-Gespräch/ hrsg. von Friedrich Naumann. Chemnitz 2001, 142-149. 286-293.

125 **Probleme der Transformation ostdeutscher Hochschulen nach 1990.** In: Politischer Systemumbruch als irreversibler Faktor von Modernisierung in der Wissenschaft?/ hrsg. von Lothar Mertens. Berlin 2001, 277-286. (Schriftenreihe der Gesellschaft für Deutschlandforschung; 76)

126 **Die Reform der Universitäten in Sachsen im Prozeß der deutschen Vereinigung.** In: 3. Oktober 1990: Voraussetzungen, Folgen und Ergebnisse der deutschen Vereinigung. Dokumentation der Ringvorlesung des Instituts für Deutschlandforschung der Ruhr-Universität Bochum im Wintersemester 2000/ 2001/ hrsg. von Paul Gerhard Klussmann und Frank Hoffmann. Bochum 2001, 130-139. (Kleine Schriften aus dem Institut für Deutschlandforschung: Reihe B; 3)

127 **»... Vergebung der Sünden«.** In: Übersetzungsversuche: Predigten über das Vaterunser und das Apostolische Glaubensbekenntnis; gehalten im Universitätsgottesdienst in St. Nikolai zu Leipzig 1996-1998; hrsg. vom Rektor der Universität Leipzig. Redaktion: Wolfgang Ratzmann. Leipzig 2001, 108-110.

**2002**

128 **Glaube und Tradition:** Referat anläßlich des Rittertages in Leipzig. Der Johanniterorden in Sachsen (2002) Heft 2, 3-5.

129 **Herzog Albrecht der Beherzte als spätmittelalterlicher Christ und als Herr der Kirche seines Landes.** In: Herzog Albrecht der Beherzte (1443-1500): ein sächsischer Fürst im Reich und in Europa/ hrsg. von André Thieme. Köln 2002, 197-212. (Quellen und Materialien zu Geschichte der Wettiner; 2)

130 **Latermann, Johannes.** RGG⁴ 5 (2002), 115.

131 **Leipzig, Universität.** RGG⁴ 5 (2002), 250-252.

132 **Mathesius, Johannes.** RGG⁴ 5 (2002), 912.

133 **Moritz, Herzog von Sachsen.** RGG⁴ 5 (2002), 1506 f.

134 **Müller, Johann.** RGG⁴ 5 (2002), 1571.

135 **Die Dresdener Konferenz 1850/51:** Föderalisierung des Deutschen Bundes versus Machtinteressen der Einzelstaaten/ hrsg. von Jonas Flöter und Günther Wartenberg. Leipzig 2002. 371 S. (Schriften zur sächsischen Landesgeschichte; 4)

136 **Die Theologische Fakultät Wittenberg 1502-1602:** Beiträge zur 500. Wiederkehr des Gründungsjahres der Leucorea/ hrsg. von Irene Dingel und Günther Wartenberg. Redaktion Michael Beyer. Leipzig 2002. 242 S. (Leucorea-Studien zur Geschichte der Reformation und der Lutherischen Orthodoxie; 5)

## Herausgeber/ Mitherausgeber von Zeitschriften und Reihen

Arbeiten zur Kirchen- und Theologiegeschichte (AKThG)/ begr. von Helmar Junghans und Kurt Nowak; hrsg. von Wolfram Kinzig, Volker Leppin und Günther Wartenberg. Red.: Michael Beyer. Bd. 1 ff (Leipzig 1996 ff). (Mitherausgeber).

Beiträge zur Leipziger Universitäts- und Wissenschaftsgeschichte. Bd. 1 ff (Leipzig 2002 ff) (Mitherausgeber).

Herbergen der Christenheit (HCh) Bd. 19 ff (Leipzig 1995 ff): Jahrbuch für deutsche Kirchengeschichte. (Beiträge zur deutschen Kirchengeschichte; 20 ff)

Herbergen der Christenheit (HCh): Sonderbände. Bd. 2 ff. Leipzig 1999 ff.

Jahrbuch für Regionalgeschichte und Landeskunde Bd. 18 (1991/1992)-21 (1997/1998). (Mitherausgeber).

Leucorea-Studien zur Geschichte der Reformation und Lutherischen Orthodoxie (LStRLO)/ hrsg. von Udo Sträter und Günther Wartenberg. Bd. 1 ff Leipzig 2002 ff.

Martin Luther: Studienausgabe (StA)/ unter Mitwirkung von Michael Beyer; Helmar Junghans; Reinhold Pietz †; Joachim Rogge †; Günther Wartenberg hrsg. von Hans-Ulrich Delius. Bd. 1 ff. Berlin; Leipzig 1979 ff.

Quellen und Forschungen zur sächsischen Geschichte16 ff (1999 ff)

Schriften zur sächsischen Landesgeschichte. Bd. 1-4. Leipzig 2000-2002 (Mitherausgeber)

Theologische Literaturzeitung (ThLZ)/ begr. von Emil Schürer und Adolf von Harnack (1876). Hrsg. von Ingolf U. Dalferth in Verb. mit Christian Grethlein … Günther Wartenberg. 125 ff (Leipzig 2000 ff) (Mitherausgeber)

# Personenregister

Aufgenommen wurden alle im Text und in den Anmerkungen vorkommenden Personen einschließlich der Autoren in den Literaturangaben bei ihrer ersten Nennung.

Ernesti, Johann August (1707-1781) 282. 284

Ernst, Hz von Braunschweig-Grubenhagen (1518-1567) 28

Ernst, Kf von Sachsen (1441-1486) 15 f. 245

Evang, Martin 285

Faber, Wendelin (ngw. 1526-1540) 135 f

Fabian, Ekkehart (*1926) 19

Fabian, Ernst Erich (1844-1917) 110. 172

Fabricius, Georg (1516-1571) 163. 166. 169 f

Fabricius, Johann (1644-1729) 279

Fachs, Ludwig (1497-1554) 53. 56. 76. 96. 100 f. 108. 110. 117. 119. 138. 149-151. 161. 177. 181. 252-254. 263

Facius, Johann Christian (1759-1834) 213

Facius, Moritz (1799-1855) 213-215

Falke, Johannes (1823-1876) 150

Farnese, Alessandro, Paul III., Papst (1468-1549) 72

Fausel, Heinrich (1900-1967) 205

Faust, Joachim (†1571) 65

Feilitzsch, Ursula von (ngw. 1523) 122

Feller, Joachim (1628-1691) 221

Ferdinand I., Kg (1503-1564) 22. 28 f. 69 f. 72. 92-94. 96. 100. 102. 106. 124. 141. 178. 187

Fiebig, Paul (1876-1949) 300

Fiedler, Willy 292

Flacius, Matthias Illyricus (1520-1575) 87 f. 99. 102. 109. 185

Fläschendräger, Werner (1936-1990) 224. 284

Flathe, Theodor (1827-1900) 37 f. 48. 134. 160. 276

Fleming, Paul (1858-1922) 160

Forster, Johann (Johannes) (1496-1556) 95 f. 99. 101. 111. 183-185

Francisci, Martin (1647-1698) 222

Franck, Andreas aus Kamenz (Camitianus, †1545) 253 f. 263

Franck, Jacob (1811-1884) 218

Francke, August Hermann (1663-1727) 219-222. 224-227. 271. 279

Francke, Gregor (1555-1592) 267

Frank, Gustav Wilhelm (1832-1904) 136

Franz I., Kg (1494-1547) 29. 72

Franz Xaver (1506-1552) 192

Franz, Hz von Lüneburg (1508-1549) 99

Franz, Peter (1645-1704) 279

Franzen, August (1912-1972) 43

Fraustadt, Albert (1808-1883) 53. 65. 127

Frentzel, Michael (1628-1706) 225

Frenzel, Karl Otto (1865-1934) 286. 288

Freyberger, Caspar (ngw. 1537) 136

Freyhub, Andreas (†1576) 167

Friedberg, Emil (1837-1910) 99. 278

Friedensburg, Walter (1855-1938) 19

Friederike Wilhelmine Luise, Gf.in zu Solms-Wildenfels (1714-1784) 226

Friedrich von Sachsen, Hochmeister des Deutschen Ordens (1474-1510) 39

Friedrich August I., der Starke, seit 1697 als August II. Kg von Polen (1670-1733) 209. 219. 226. 233. 273. 277

Friedrich d. J., Hz von Sachsen (1504-1539) 15 f. 47. 57. 132. 147. 153

Friedrich der Weise, Kf von Sachsen (1463-1525) 16-19. 22 f. 25. 40 f. 46. 51. 61. 123

Friedrich II., Kf von der Pfalz (1482-1556) 92

Friedrich IV., der Streitbare, Mgf von Meißen, Kf von Sachsen (1370-1428) 245

Fritsch, Thomas (1700-1775) 227

Fuchs, Emil (1874-1971) 306

Fuckel, Arthur 45

Fueß, Wolfgang (um 1485-1551) 64. 101. 118

Gail, Anton (1910-1981) 37

Gallus, Nikolaus (um 1516-1570) 87. 109

Gazes, Theodoros (1398-1478) 277

Gebhard VII., Gf von Mansfeld-Mittelort zu Seeburg (1478-1558) 135. 183 f

Gebser, Wilhelm 107

Geffcken, Heinrich (1885-1916) 116

Gehmlich, Ernst 171

Geier, Martin (1614-1680) 276

Gellius, Johann Gideon (ngw. 1689) 276

Georg der Bärtige, Hz von Sachsen (1471-1539) 15 f. 18 f. 22 f. 27. 32 f. 38. 39-48. 50. 52 f. 57. 61. 63. 67. 106 f. 112. 121-124. 126-128. 130-132. 135-144. 146-150. 153 f. 159. 170. 230. 249-254. 257. 260 f. 265

Georg Friedrich, Mgf von Brandenburg-Ansbach (1539-1603) 102. 124. 186

Georg III. der Gottselige, Fürst von Anhalt-Dessau (1507-1553) 52 f. 55. 64 f. 79. 88-91. 95-97. 99. 108 f. 116. 119. 138. 156. 177. 178. 203

Georg Podiebrad, Kg von Böhmen (1420-1471) 38

Georg, Hz von Mecklenburg (1509-1550) 78. 80

Gerber, Christian (1660-1731) 218

Gerhardt, Paul (1607-1676) 270

Gerlich, Alois (*1925) 229

Germar, Hans von (ngw. 1552) 107

Gersdorf, Joachim von (um 1523–1584) 78

Geß, Felician (1861-1938) 39. 148. 159. 258

Glaser, Clemens (ngw. 1536) 49. 126

Glaser, Erhart 170

Glaser, Peter (1528-1583) 173

Glaue, Paul (1872-1944) 288)

Gleisenthal, Heinrich von († nach 1577) 76 f. 79 f. 82

# Arbeiten zur Kirchen- und Theologiegeschichte

Helmar Junghans
**Spätmittelalter, Luthers Reformation, Kirche in Sachsen**
Ausgewählte Aufsätze

Hardcover, 431 Seiten
ISBN 3-374-01910-2

Die Festgabe zum 70. Geburtstag des renommierten Reformationsforschers Helmar Junghans, Prof. em. für Kirchengeschichte der Universität Leipzig und Ehrendoktor der Universitäten von Valparaiso/Indiana sowie Springfield/Ohio, vereint – zum Teil unveröffentlichte – Vorträge und Aufsätze aus den 40 Jahren seines Schaffens. Sie spiegeln in ihrer Auswahl die drei Forschungsfelder wider, auf denen Helmar Junghans vor allem arbeitete: Spätmittelalter, Luthers Reformation und Kirche in Sachsen.

EVANGELISCHE VERLAGSANSTALT
Leipzig

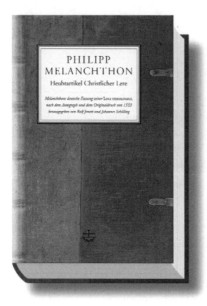

# Luther – Legende und Mythos

Stefan Laube/Karl-Heinz Fix (Hg.)

**Lutherinszenierung
und Reformationserinnerung**

Hardcover, 472 Seiten mit zahlr. Abb.
ISBN 3-374-01999-4

Wie kaum eine andere Persönlichkeit der deutschen Geschichte wurde Martin
Luther von Theologen und Nichttheologen zur Deutung der eigenen Gegenwart herangezogen. Die damit verbundene Lutherdeutung und -inszenierung
wurde damit auch immer zum Spiegelbild der jeweiligen Epoche.

Dieser Tagungsband behandelt die vielfältigen Formen des Luthergedenkens
unter dem Blickwinkel von Kirchen- und Theologiegeschichte sowie der
Kunst-, Architektur- und Museumsgeschichte.

EVANGELISCHE VERLAGSANSTALT
Leipzig

www.eva-leipzig.de

# 500 Jahre Leucorea

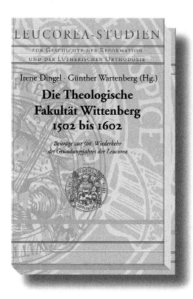

Universitäts- und
Wissenschaftsgeschichte

Irene Dingel/Günther Wartenberg (Hg.)
**Die Theologische Fakultät Wittenberg
1502 bis 1602**
Beiträge zur 500. Wiederkehr des
Gründungsjahres der Leucorea

Hardcover, 431 Seiten
ISBN 3-374-01910-2

Am 18. Oktober 2002 beging die Martin-Luther-Universität in Halle-Wittenberg die 500-Jahrfeier ihrer Gründung, die im Jahre 1502 unter Kurfürst Friedrich dem Weisen stattfand. Dieses Jubiläum der alten „Leucorea" bot den Anlass, das sich die „II. Frühjahrstagung zur Wittenberger Reformation" im März 2001 in der neuen Wittenberger „Leucorea" – einer Stiftung des öffentlichen Rechts an der Martin-Luther-Universität Halle-Wittenberg – den ersten 100 Jahren der Wittenberger Theologischen Fakultät widmete. Damit wurde der wohl gewichtigste Abschnitt der alten Wittenberger Universitätsgeschichte in den Blick genommen.

Behandelt werden Fragen zum Universitätsstandort zur Gründungszeit, Themen der frühen Universitäts- und Reformationsgeschichte unter besonderer Berücksichtigung des Wirkens von Luther und seinen Mitstreitern, die Stellung der Theologischen Fakultät als Beratungsinstanz sowie die von Kontroversen geprägte Zeit nach Luthers Tod.

**EVANGELISCHE VERLAGSANSTALT**
Leipzig

www.eva-leipzig.de